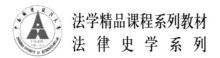

法学精品课程系列教材
法 律 史 学 系 列

吴汉东 总主编

主编、副主编简介

郑祝君 中南财经政法大学法学院教授，全国外国法制史研究会副会长、中国法律史学会理事、湖北省法学会法律文化研究会副会长。

李艳华 中南财经政法大学法学院副教授、硕士生导师，全国比较法研究会理事、湖北省法学会法律文化研究会理事。

滕　毅 中南财经政法大学法学院副教授、硕士生导师，全国外国法制史研究会理事。

外国法制史
（第二版）

主　编　郑祝君
副主编　李艳华　滕　毅
撰稿人　（以撰写章节先后为序）
　　　　郑祝君　李培锋　李文祥　李艳华
　　　　陈敬刚　滕　毅　刘一纯　项　焱
　　　　王海军　尚　清　李　栋

History of Foreign Legal System

北京大学出版社
PEKING UNIVERSITY PRESS

图书在版编目(CIP)数据

外国法制史/郑祝君主编. —2版. —北京:北京大学出版社,2014.8
(法学精品课程系列教材)
ISBN 978-7-301-24595-8

Ⅰ. ①外… Ⅱ. ①郑… Ⅲ. ①法制史－国外－高等学校－教材 Ⅳ. ①D909.9

中国版本图书馆 CIP 数据核字(2014)第 176389 号

书　　　名：外国法制史(第二版)
著作责任者：郑祝君　主编
责 任 编 辑：周　菲
标 准 书 号：ISBN 978-7-301-24595-8/D·3642
出 版 发 行：北京大学出版社
地　　　址：北京市海淀区成府路 205 号　100871
网　　　址：http://www.pup.cn
新 浪 微 博：@北京大学出版社　@北大出版社法律图书
电 子 信 箱：law@pup.pku.edu.cn
电　　　话：邮购部 62752015　发行部 62750672　编辑部 62752027
　　　　　　出版部 62754962
印　　　刷　者：北京鑫海金澳胶印有限公司
经　　　销　者：新华书店
　　　　　　730 毫米×980 毫米　16 开本　26.75 印张　509 千字
　　　　　　2007 年 10 月第 1 版
　　　　　　2014 年 8 月第 2 版　2022 年 5 月第 5 次印刷
定　　　价：49.00 元

未经许可,不得以任何方式复制或抄袭本书之部分或全部内容。
版权所有,侵权必究
举报电话：010-62752024　电子信箱：fd@pup.pku.edu.cn

《法学精品课程系列教材》编委会

总主编 吴汉东

编委会（以姓氏拼音为序）

蔡　虹	曹新明	陈景良	陈小君	樊启荣
范忠信	方世荣	韩　轶	雷兴虎	李汉昌
李希慧	刘大洪	刘茂林	刘仁山	刘嗣元
刘　笋	刘　焯	吕忠梅	麻昌华	齐文远
乔新生	覃有土	石佑启	王广辉	吴汉东
吴志忠	夏　勇	徐涤宇	姚　莉	张德淼
张桂红	张继成	赵家仪	郑祝君	朱雪忠

总　　序

　　法学教育的目标和任务在于培养法律人才。提高培养质量,造就社会需要的高素质法律职业人才是法学教育的生命线。根据教育部关于高等学校教学质量与教学改革工程精品课程建设的精神和要求,结合中南财经政法大学精品课程建设的总体规划,在全面总结我国法学教育经验和分析法律人才社会需求的基础上,我校确立了以培养高素质法律人才为目的,以教材建设为核心,强化理论教学与实践教学的融会,稳步推进法学精品课程建设的方案。两年来,我校法学精品课程建设取得了阶段性的成果,已有民法、知识产权法等十余门课程被确定为国家、省、校三级精品课程,并在此基础上推出了"法学精品课程系列教材"。

　　"法学精品课程系列教材"是一套法学专业本科教材及其配套用书,涵盖了我校法学本科全程培养方案所列全部课程,由教材、案(事)例演习和教学参考资料三个层次的教材和教学用书构成,分为法理学、法律史学、宪法与行政法学、刑法学、民商法学、诉讼法学、经济法学、环境与资源法学、国际法学和法律职业实训等十个系列。

　　"法学精品课程系列教材"由我校一批具有良好学术素养和丰富教学经验的教授、副教授担纲撰写,同时根据需要约请法学界和实务部门的知名学者和专家加盟,主要以独著、合著的形式合力完成。"法学精品课程系列教材"遵循理论与实际相结合的原则,以法学理论的前沿性、法律知识的系统性、法律制度的针对性、法律运作的可操作性为编撰宗旨,以先进的教学内容和科学的课程体系的统一为追求,融法学教育的新理论、新方法和新手段于一体,力图打造成一套优秀的法学精品课程系列化教材。

　　"法学精品课程系列教材"是我校在推进法学教育创新,深化法学教学改革,加强教材建设方面的一次尝试,也是对以"一流教师队伍、一流教学内容、一流教学方法、一流教材、一流教学管理"等为特点的法学精品课程在教材建设方面的探索。

　　我相信"法学精品课程系列教材"的出版,能为广大读者研习法学理论、提高法学素养、掌握法律技能提供有效的帮助。同时,我衷心希望学界同仁和读者提出宝贵的批评和建议,以便这套教材不断修订完善,使之成为真正的法学精品课程教材!

是为序。

2005 年 3 月

目 录

导　论 1

第一章　古埃及与古希伯来法律制度 12
第一节　古埃及法律制度 12
第二节　古希伯来法律制度 16

第二章　楔形文字法 21
第一节　楔形文字法概述 21
第二节　汉谟拉比法典 23
第三节　楔形文字法的基本特点和历史地位 30

第三章　古印度法 32
第一节　古印度法概述 32
第二节　摩奴法典 34

第四章　古希腊法 41
第一节　古希腊法概述 41
第二节　雅典的改革与政制立法 44
第三节　斯巴达的政制立法 49

第五章　罗马法 52
第一节　古罗马法概述 52
第二节　罗马宪制 62
第三节　罗马私法 68
第四节　罗马法复兴 75
第五节　罗马法的历史地位 78

第六章　日耳曼法 80
第一节　西欧封建制法律形成和日耳曼法的成文化 80
第二节　日耳曼法基本制度 84
第三节　日耳曼法对后世法律的影响 90

第七章　教会法 93
第一节　教会法概述 93

第二节　教会法基本制度 …………………………………… 99
　　第三节　教会法的历史地位 ………………………………… 105
第八章　伊斯兰法 ……………………………………………………… 109
　　第一节　伊斯兰法概述 ……………………………………… 109
　　第二节　伊斯兰法的基本制度 ……………………………… 123
　　第三节　伊斯兰法的改革和复兴 …………………………… 130
第九章　中世纪城市法和商法 ………………………………………… 134
　　第一节　城市法 ……………………………………………… 134
　　第二节　商法 ………………………………………………… 139
　　第三节　海商法 ……………………………………………… 141
第十章　英国法 ………………………………………………………… 145
　　第一节　英国法的形成与发展 ……………………………… 145
　　第二节　宪法 ………………………………………………… 157
　　第三节　行政法 ……………………………………………… 165
　　第四节　财产法 ……………………………………………… 170
　　第五节　契约法 ……………………………………………… 175
　　第六节　侵权行为法 ………………………………………… 179
　　第七节　刑法 ………………………………………………… 183
　　第八节　司法制度 …………………………………………… 190
　　第九节　英国法的历史地位 ………………………………… 196
　　第十节　其他重要法律制度 ………………………………… 199
第十一章　美国法 ……………………………………………………… 205
　　第一节　美国法的形成与发展 ……………………………… 205
　　第二节　宪法 ………………………………………………… 211
　　第三节　行政法 ……………………………………………… 217
　　第四节　财产法 ……………………………………………… 221
　　第五节　契约法 ……………………………………………… 226
　　第六节　侵权行为法 ………………………………………… 228
　　第七节　刑法 ………………………………………………… 230
　　第八节　司法制度 …………………………………………… 232
　　第九节　美国法的历史地位 ………………………………… 236
　　第十节　其他重要法律制度 ………………………………… 238

第十二章　法国法 …… 247
第一节　法国法的形成与发展 …… 247
第二节　宪法 …… 252
第三节　行政法 …… 260
第四节　民商法 …… 264
第五节　经济法 …… 269
第六节　刑法 …… 271
第七节　司法制度 …… 275
第八节　法国法的历史地位 …… 277

第十三章　德国法 …… 281
第一节　德国法的形成与发展 …… 281
第二节　宪法 …… 289
第三节　行政法 …… 296
第四节　民商法 …… 301
第五节　经济与社会立法 …… 310
第六节　刑法 …… 315
第七节　司法制度 …… 319
第八节　德国法的历史地位 …… 322

第十四章　日本法 …… 326
第一节　日本法的形成与发展 …… 326
第二节　宪法 …… 332
第三节　行政法 …… 335
第四节　民商法 …… 336
第五节　经济与社会立法 …… 340
第六节　刑法 …… 343
第七节　司法制度 …… 345
第八节　日本法的历史地位 …… 347

第十五章　俄罗斯法 …… 351
第一节　十月革命前俄罗斯的法律 …… 351
第二节　苏联时期的法律 …… 355
第三节　俄罗斯联邦时期的法律 …… 363

第十六章　欧洲联盟法 …… 373
第一节　欧洲联盟法的形成与发展 …… 373

第二节　欧洲联盟法的基本内容……………………………381
　　第三节　欧洲联盟法的历史地位……………………………386
拓展阅读书目……………………………………………………389
经典判例…………………………………………………………399
索　引……………………………………………………………411
后　记……………………………………………………………417

导　论

　　人类法律制度从最初的萌芽到今天的发展,经历了漫长曲折的演进历程。从人类最早的法的出现,到有机的法律制度结构体系的创制和发展,从朴素的、尚不具有独立品格的法观念的产生,到多姿多彩的法律思想和流派的争鸣、更替,这是一个人类实践的过程,是一个社会选择的过程,也是一个不间断地理性思索和制度创新的过程。当我们站在这一仍在延续的过程之中的一个"瞬间的终点"上往回看的时候,我们发现,关于法学的几乎所有基本问题都已包含在这一过程中,关于法学的几乎所有最新思想和制度都能在这一过程中找到它的萌芽和最初形态。一部人类法律史,它不仅记录了人类法律发展的史实,而且孕育了关于法律的一般理论和哲学,蕴含了人类不同民族和国家的伟大智慧与不懈探索。

一、外国法制史的研究对象和研究范围

　　外国法制史作为法学的一个独立学科,它是研究外国法律制度产生、发展和演变的历史及其规律的科学。

　　人类历史上不同民族、不同国家的法律制度都经历了产生、发展和不断完善的发展过程,由于历史传统和社会条件的不同,人类法律制度色彩斑斓、风格各异。不同民族、不同国家法律的发展过程表现出不同的轨迹和特色,每一个民族或国家的法律制度伴随着社会发展进程,也会显示出阶段性的特点。这种独特的轨迹和风格特点正是外国法制史所要关注的。

　　人类法律制度的发展,经历了从法律与宗教、伦理、政治等融为一体混合发展到法律与宗教、伦理、政治相对分离独立发展的历史,经历了从民刑不分、程序法与实体法不分到清晰地划分法律的调整领域和法律部门的发展历史。各国法律制度的发展史,又往往具体地表现为宪法制度、民法制度、刑法制度、司法制度等的发展,因此,各国宪法制度、民法制度、刑法制度、司法制度等法律制度的变迁,构成了各国法律制度发展史的基本内容。

　　法律制度是一定社会物质生活条件的反映,也集中地体现了一个民族、一个国家的传统文化和民族精神,体现了国家的政治目标和社会的理论思潮,体现了立法者的价值观念和利益倾向,因而,法律制度的发展不是孤立纯粹的简单线条,而是一个涉及诸多因素的复杂的演进历程。如果我们忽视某一国的民族传统,忽视社会政治、经济、文化和社会理论思潮与法律的相互影响而去孤立地研究法律制度的发展,我们就无法真正把握和理解该国法律制度的发展史。

从世界范围看,不同地区、不同民族、不同国家的法律制度是在相互关联中向前发展的,这种关联主要表现为:其一,任何一个法律制度都会或多或少地吸纳、继承在它之前的法律制度体系中的有益成分,或者说任何一个法律文明都会影响在它之后的法律。如代表了古东方文明的楔形文字法,通过米诺斯文明、通过波斯帝国的法律、通过希伯来法对西方文明产生过深刻影响;又如古代日本法对中国隋唐法律的借鉴以及欧洲国家对罗马法的继受。其二,同一时期不同国家的法律制度或多或少地会表现出相互借鉴和相互渗透,如大陆法系和英美法系国家法律的发展历史就说明了这一点。

人类法律制度发展的历史本身,决定了外国法制史的研究范围包括以下几个基本方面:

第一,世界上不同民族和国家法律的发展历史和特质。

第二,人类不同历史阶段的法律发展的特点。

第三,各国法律体系中的基本制度如宪法制度、民法制度、刑法制度、司法制度等的变迁。

第四,与各国法律制度的发展密切相关的经济、政治、文化等要素。

第五,不同民族、国家法律之间的相互联系和共同点。

外国法制史研究不仅应该客观地描述各不同历史传统下的不同国家法律发展的脉络、准确把握不同民族和国家法律的特质,而且应该探讨包含在这一历史中的基本道理和一般知识、探讨法律制度发展的基本趋势和规律。

从理论上讲,外国法制史应该研究除中国以外的所有国家的法律制度的发展历史;而作为一门课程来学习的外国法制史,由于学时的限制,它只能阐述人类历史上有代表性的国家和地区的法律制度发展的基本线索和概貌,只能探讨对人类社会发生重大影响的法律制度的演进历程及它所蕴含的基本知识和理论。因此,本教材在章节和内容的安排上,一方面考虑人类法律发展历史的连续性特点,尽可能给读者一个从古埃及法开始到现代世界法律的发展的基本脉络;另一方面,考虑具体国家、具体法律制度在历史演进过程中的典型性和代表性,试图给读者一个重点探讨和比较分析的视角。本教材对近代以前的外国法律制度发展的历史,主要介绍对世界上不同法律传统的形成产生了重大影响,并具有特色的古埃及与古希伯来法、楔形文字法、古印度法、古希腊法、古罗马法、伊斯兰法和教会法等,而对近代以来的外国法律制度的发展,则着重介绍、探讨法律制度相对发达的英国、美国、法国、德国和日本等国的法律制度。

二、人类法律制度发展的基本线索

(一) 古代法

迄今为止我们所了解的最早的法律是尼罗河流域的古埃及法律。大约在公元前3500年左右,埃及的氏族制度趋于解体,出现了奴隶制国家,并建立了上埃及和下埃及两个王国。公元前3100年左右,上埃及的美尼斯统一了埃及,建立了埃及历史上的第一个王朝,并开始进行立法活动,将古老的习惯法成文化,到公元前8世纪,这种立法已发展到相当规模,形成了较为系统的法典。公元前332年,马其顿的亚历山大大帝征服埃及,公元前1世纪,埃及又沦为罗马的行省,最终结束了古埃及法独立发展的历史。古埃及法对西方法律产生了不可磨灭的影响。[①]

公元前3000年左右,西亚两河流域地区产生了楔形文字法。公元前3000年至公元前2500年间,两河流域地区的苏美尔人和阿卡德人建立了一批城市国家。约公元前3000年代后期,两河流域的城市国家已经开始用楔形文字记载零星的法律规范,以公布法律的形式禁止欺骗、偷盗、抢劫和债务奴役以及保护孤儿寡妇[②],法律开始逐步走向成文化。这一时期,古代两河流域地区先后制定有乌尔第三王朝的《乌尔纳姆法典》、拉尔萨王国的《苏美尔法典》和《苏美尔亲属法》、伊新的《李必特·伊丝达法典》、埃什嫩那的《俾拉拉马法典》等法典。在以后近三千年的时间里,两河流域的各奴隶制国家都采用这种楔形文字记载和书写自己的法律,而且具有由这一时期的政治、经济、文化等的发展水平所决定的基本模式和共同点,故被称为楔形文字法系。公元前18世纪的《汉谟拉比法典》集两河流域楔形文字法之大成,是古东方法的代表性文献,在世界法制史上具有重要的历史地位。随着公元前6世纪新巴比伦王国的灭亡,严格意义上的楔形文字法也就退出了历史舞台。

约公元前15世纪,雅利安人入侵南亚次大陆,这一地区的氏族制度逐渐解体,古印度奴隶制国家产生,并进入以"吠陀"经典调整社会关系的法律发展的早期阶段。约公元前7世纪,古印度婆罗门教产生,并以"吠陀"为基础,编纂了《阿帕斯檀跋法经》《伐悉斯陀法经》等宗教文献,法经成为古印度主要的法律渊源。在古印度从分裂走向集权的过程中,制定了《摩奴法典》。《摩奴法典》融宗教、伦理、哲学和法律规范为一体,调整着人们的社会生活。古印度法不仅奠定了以后印度法发展的基础,而且影响了周边国家法律的发展。

公元前11世纪兴起的希伯来奴隶制国家,以上帝的名义创制了"摩西律

[①] 〔美〕莫里斯:《法律发达史》,王学文译,姚秀兰点校,中国政法大学出版社2003年版,第47页。
[②] 参见周一良、吴于廑主编:《世界通史》,上古部分,人民出版社1973年版,第77页。

法",其中,摩西十诫占有重要地位。摩西十诫以十分简短的篇幅,规定了希伯来人社会生活必须遵循的一些基本准则,奠定了希伯来法的基础。作为古东方法的一支,古希伯来法吸收了早期古东方法的内容,创造出简洁先进的生活准则,这些准则后来被基督教所吸收,并通过教会法的传播对整个西方法律文明产生了深远的影响。古希伯来法在传承东方法律文明、沟通东西方法律方面占有重要地位。

西方法律发展的源头和古代法律的典型代表是古希腊法和古罗马法。公元前20世纪,爱琴海区域的克里特岛上就产生了早期奴隶制城邦,并有了早期立法活动。在迈锡尼文明时期,有了用线形文字写成的法律。公元前8世纪至公元前4世纪,希腊各城邦都进行了成文法创制活动,雅典城邦国家的立法,集中反映了这一时期的社会生活观念和政治哲学思想,其宪制立法中的奴隶制民主化倾向和制度建设使它独具特色,对西方近代法律产生了深远影响。

约公元前8世纪,古罗马城邦建立,随后经历了罗马的王政时期、共和时期和帝制时期,从习惯法调整到《十二表法》的颁布,再到《查士丁尼法典》的编纂,在十多个世纪的发展过程中,罗马法学和法律逐渐成熟。罗马法的宪制和私法制度,都代表了古代西方法律的最高水平,是西方法律重要的历史基础。罗马法的实践特性以及与商品经济相契合的法律精神,对后世法律发生了深刻影响。肇始于公元11世纪的罗马法复兴运动,使罗马法精神和制度在欧洲大陆广泛传播,它不仅赋予古罗马法以新的活力,而且成为沟通古代和近代法律的纽带和桥梁。

人类早期法律发展的历史表明,古代东西方法律的发展具有基本的相似性。不同地区、不同民族的法律都经历了从氏族习惯到国家法律的演进历程,最初的立法,都是将习惯和惯例成文化,各民族的传统习惯构成了各自法律的历史基础;早期法律从氏族社会中孕育而来,因而或多或少地带有宗教信仰的特性,并与宗教、哲学、伦理融为一体。伴随着社会的发展,法律逐渐与宗教伦理相分离,成为相对独立的知识体系;国家法是伴随着社会成员的分化、阶级对立和利益冲突的出现而产生的,早期法律就是统治者手中的国家治理工具,它集中体现统治集团的利益和要求。同时,早期法律的发展也体现出地区的差异性。古东方法律发生得较早,带有较多的原始社会痕迹;其成文化过程也相对缓慢;法律所维护的是与其生产方式相适应的土地国有制度和专制集权统治。古代西方法律的发展比古东方法要晚得多,它既是西方社会经济、文化和习俗自然演进的产物,也是在吸纳古东方法的基础上发展的。因而,一方面,它体现了西方社会经济、政治的要求,给私有制的发展以较大空间,维护奴隶制的民主;另一方面,从人类法律发展的整体来看,古代西方法律是在古东方法所获成就的基础上向前发展的,因而,它从观念到制度都把人类法律推向了更高发展水平,古代东西方律之间的沟通和内在联系,是我们不应该忽视的。

(二) 中世纪法

以公元476年西罗马帝国的灭亡为标志,欧洲进入中世纪,一般也认为,以此为开端,人类法律进入封建法发展时期。中世纪法律的发展,在东方主要有印度法律的封建化、日本法律的改革和移植引进以及伊斯兰法的产生。在西方主要是以日耳曼氏族习惯为基础演变而来的封建法的产生、教会法与世俗法的并存以及罗马法传统、日耳曼法传统和教会法传统的融合,后期城市法、商法和海商法的诞生。

公元5世纪前后,印度社会进入封建制时期,这一时期,产生于奴隶制时期的《摩奴法典》仍然是印度社会的基本法律渊源,基于印度社会和宗教的变化,这一时期,对婆罗门教法进行了改造。此后,又经历了伊斯兰教法、英国普通法统治时期,但在整个封建时期,印度古老的婆罗门教法的影响始终存在。

日本646年的"大化革新",宣告了日本奴隶制时期的完结,日本法律也经历了从奴隶制法向封建制法的转化。日本封建制前期,主要致力于中央集权制度的建立,仿中国隋唐律,建立了较为完善的律令制度,制定了《大宝律令》《养老律令》等法典。1192年,日本进入幕府政治时期,律令的地位下降,以《公式方御定书》为代表的幕府法和以《御成败式目》为代表的武家法典成为主要法律渊源,构成幕府政治时期封建法的基础。

公元7世纪,伴随着阿拉伯国家统一的过程,伊斯兰法诞生。伊斯兰法以伊斯兰教为基础,以《古兰经》为主要法律渊源,在伊斯兰教法学的推动下,伊斯兰法成为伊斯兰国家封建法的基础。随着阿拉伯帝国的扩张和伊斯兰教的传播,伊斯兰法的影响逐渐扩大,形成了伊斯兰法系。

公元4世纪末,日耳曼人建立了法兰克王国等一系列蛮族国家,即西欧早期封建制国家。公元5—9世纪,各日耳曼王国将原来的部落习惯转变为法律,编撰了一系列成文法典,适用于日耳曼人,其代表性的法典有:5世纪末6世纪初法兰克王国的《撒利法典》、7世纪伦巴德王国的《伦巴德法典》等。公元9世纪,在法兰克王国分裂解体的基础上,形成了欧洲大陆的法兰西、德意志和意大利国家,开始了法国、德国和意大利封建法律的发展史,欧洲法律也完成了从属人法向属地法的转变。

法兰西是中世纪欧洲封建制度的中心,封建法兰西法律分为南部成文法地区和北部习惯法地区。南部成文法地区主要适用罗马法,北部习惯法地区以法兰克王国的敕令集、日耳曼地方习惯法和教会法为主要法律渊源。约从13世纪开始,法国法律走上成文化道路,著名的习惯法汇编有1225年的《诺曼底大习惯法》和1283年的《波瓦西习惯集》。法兰西也是罗马法复兴运动的中心,法兰西文化孕育了人文主义法学派,推动了欧洲法学和法律的发展。

德意志封建法的历史始于公元10世纪初,由于邦国林立,所以,德国封建法表现出分散性和多样化特点,其法律渊源主要有习惯法、帝国法令、罗马法和地方法。德国几乎和法国在同一时期开始了习惯法的成文化过程,这一时期著名的习惯法汇编有《萨克森法典》和《施瓦本法典》。16世纪的《加洛林纳法典》在德国法律的发展中具有重要影响。德国全面继受了罗马法传统,德国中世纪后期各邦国的立法活动为德国近代法律制度奠定了基础。

意大利中世纪法律的发展富有特色,由于商品经济的发展和自治城市的出现,意大利早在10世纪就有了城市法,此后,各城市在谋求自治的过程中,相互模仿借鉴,制定了一批城市法,如10世纪的热那亚城市法、11世纪的皮斯托亚城市法、13世纪的比萨城市法和米兰城市法以及15世纪的罗马城市法等。因此,意大利被认为是城市法的发源地。一般认为,意大利也是欧洲大陆商法最早形成的地方,意大利商法对欧洲大陆的商法产生了重要影响。城市法和商法的出现和发展构成了欧洲中世纪后期法律发展的重要特色。

英国中世纪早期法律的发展和欧洲大陆国家法律的发展处在同一进程和发展水平。5世纪中叶,盎格鲁·撒克逊等日耳曼部落进入不列颠,建立了一系列盎格鲁·撒克逊王国,并将日耳曼习惯法成文化,这些成文的习惯法是蛮族法典的组成部分,具有日耳曼法的一般特征。12世纪,英国形成了通行于全国的普通法。随着经济政治的发展,14世纪又创造了一系列衡平法规则,从而形成普通法和衡平法并行的二元格局。英国在中世纪逐步形成的法律原则和模式造就了它不同于欧洲大陆法的风格而对世界法律产生了深刻影响。

公元6—8世纪,斯拉夫民族纷纷建立封建国家,并进行习惯法汇编。如11世纪时,俄罗斯为维护王公政权和土地兼并、调整封建世袭领地内部的相互关系,制定了《罗斯真理》,14世纪末,俄罗斯以沙皇为中心的国家管理制度和法律制度逐步形成。其代表性法律有适应中央集权制需求的1497年《律书》(又称"大公律书")、为进一步加强中央集权而统一法院体系的1550年《律书》(又称"沙皇律书")以及巩固封建农奴制的1649年《会典》(又称《阿列克赛·米海伊洛维奇法典》)。俄罗斯帝国时期,立法内容涉及政治、经济、军事、文教和宗教等方面。1716年《军事条例》、1720年《海上条例》、1729年《票据条例》等都是俄罗斯封建后期的重要立法。俄罗斯封建法在相当程度上代表了这一时期东欧法律发展的基本状况。

产生于公元1世纪的基督教,在中世纪得到了广泛传播和迅速发展,以《圣经》为基本法律渊源的教会法作为封建法律的重要组成部分成为社会生活的基本准则,因此,教会法体系和世俗国家法体系的分立和二元并存是欧洲中世纪法的重要特点。12世纪编撰的《教会法汇要》、13世纪的《格列高利教令集》等教皇教令集以及以此为基础编撰的《教会法大全》都是中世纪教会法的重要渊源。教会法在继承古典文明、传播罗马法等方面起过桥梁和媒介作用,并奠定了西方的法制文明传统。

(三) 近代法

一般认为,开始于1640年的英国资产阶级革命,标志着英国跨入近代门槛,英国近代法律体系的形成是近代西方法律发展的开端。英国近代法律以中世纪形成的普通法和衡平法为基础,并根据资本主义精神和原则完成了法律的近代化改造。英国最早建立了资产阶级法律体系,确立了体现资本主义政治经济发展要求的法律原则。英国的判例法制度、对抗制诉讼模式以及英国法的结构体例、表现形式、分类方法、概念术语等都独具特色。英国法观念、原则和制度对世界许多国家和地区的法律制度产生了深刻影响,并形成了世界性的法系普通法系。

美国法的起源是在北美殖民地时期,在经历了殖民地时期短暂的法的多元化局面以后,美国法在继承英国普通法的基础之上开始了自己独立创建和发展的历史。美国制定了第一部成文宪法,创立了具有世界性影响的违宪审查制度,美国的联邦和州双轨制法律体系以及各部门法律制度都富有特色。美国法在其创建和发展过程中,充分表现出积极的创造精神以及它不同于英国法的特质。

法国在1789年大革命后建立了典型的资产阶级法律制度,创建了以成文法典为主体的系统完备的近代法律体系。法国法以公法与私法的划分为基础的法律分类方式以及这种分类所表达的法律观念对世界法律产生了巨大影响。法国的行政法制和通过立法所确立的资产阶级法律原则以及法典化立法模式也深刻影响了欧陆国家的法律。以罗马法为源头的法律传统经法国法的演绎最终形成了民法法系,从而奠定了不同于英美法的法律发展的基本模式。

德国于19世纪末建立了统一的资产阶级民族国家,并相继制定了宪法典、刑法典、法院组织法、民事诉讼法典、刑事诉讼法典、民法典和商法典,建立了和法国一样的法典化的法律制度体系。德国法全面继承了罗马法的传统,强调法的成文化和理性化,创造了富有特色的法律科学,因而造就了德国法语言精确、概念科学、逻辑严谨的特征。德国的法律科学和立法模式对瑞士、希腊、日本等国都产生了较大影响,是与法国并驾齐驱的大陆法系的重要代表性国家。

日本以1868年明治维新为标志,开始了法律的近代化进程。从19世纪中叶开始,日本先后编纂了以《明治宪法》为代表的几大法典,建立了资产阶级法律体系。近代日本一方面,接受西方法律的影响,按照西方模式制定大量反映现代经济和政治生活的法律,另一方面,保留日本固有的法律文化和传统,两种因素互相影响,互相融合,形成日本近代法律和法文化特色。

在世界范围内,近代法律的发展还表现为明显的法律改革浪潮,东方一些国家如印度、伊斯兰国家都进行了法律改革。

（四）现代法

20世纪以来,伴随着世界经济、政治的发展进程,世界法律发生了巨大变化,这种变化主要表现为以下几个方面:

1. 法律的统一化趋势和法律的多元格局并存

20世纪,伴随着国际大市场的形成和世界各国政治经济文化等方面交往的全面展开,世界法律出现了统一化趋势,这一统一化趋势首先表现在两大法系相互融合渗透。在传统的普通法系国家,成文法地位上升,随着法律调整领域的扩展,成文立法大量出现。在传统的大陆法国家,也开始注重判例的作用。两大法系相互吸纳和借鉴先进的法律规则和制度。其次,受地域政治和经济的影响以及受相似的文明和观念的影响,西方发达国家的法律逐渐走向统一,如欧盟法的出现以及它具有高于欧盟成员国国家法的效力,都表明了这种统一的趋势。另一方面,与这种统一化趋势同时存在的是在不同文化和传统背景下的各国法律的发展,因而,世界法律又表现为多元格局,如社会主义法的诞生和发展以及发展中国家法律的发展。

2. 法律日益科学和完善

20世纪以来,各国都顺应社会政治经济的发展,修订了传统法律,使各部门法更加完善。随着经济和科学技术的发展以及现代政府职能的转变,这一时期,出现了经济立法、社会立法、环境保护法、能源法、航空航天法、知识产权法等新的法律领域,法律体系更加完善。

3. 法律的民主化和社会化倾向加强

20世纪以来,特别是第二次世界大战结束以来,西方各国都修改了宪法,扩大公民权并为公民基本权利的实现提供切实保障,在法律上解决了种族平等、男女平权问题。各国还普遍建立了各具特色的宪法监督制度,加强了法律的民主化建设。这种民主化倾向在各国相关部门法中都有所表现,如这一时期美国行政法的行政公开原则的确立。

20世纪,随着西方工业化、现代化进程的发展,个人利益和社会利益的冲突日益激烈,与社会化大生产相伴随的各种矛盾日益突出,在这样的大背景下,产生了新的社会法学理论,出现了法律的社会化倾向,法律原则也相应发生了变化。如行政法不仅强调权力的不可滥用,而且要求行政机关积极地为公众提供福利和服务;民法、商法、刑法等注重对社会公共利益的保护。

20世纪法律的发展还具体表现为,刑法出现轻刑化、非刑事化趋势,刑罚趋向缓和,倾向于把刑罚控制在维护国家和社会利益所必需的最低限度。同时,诉讼程序日益便捷,并注重诉讼成本的降低和诉讼效率的提高。

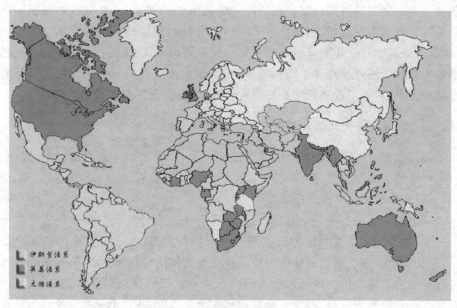

当今世界法系地图

三、学习外国法制史的意义

首先,有助于我们奠定坚实的法学知识大厦的基础。今天的法律是历史上的法律发展演绎的结果,一部法律发展史包含了博大精深的知识和智慧。了解历史上的法律及其演进过程,对于我们理解今天的法律具有十分重要的意义,正如德国学者罗伯特·霍恩在他的著作《德国民商法导论》的开篇所说的,"对一个国家的法制史一无所知,就不可能真正了解这个国家的法律"[①]。通过外国法制史的学习,可以使我们获得法学深入学习和研究的基本素养,获得对历史的法律制度进行科学思考和评价的能力以及对现实法律问题进行多角度、有价值观察的重要视角。

其次,有助于国际合作和对外交流。人类社会的发展越来越体现出国家间、地区间的密切联系以及加强这种联系的重要性。在国际合作和国际交流日益频繁的今天,有效的、主动性的对话具有十分重要的意义。外国法制史是外国政治、经济、文化等要素发展演变的最集中的体现,了解外国法律制度史及其所承载的法律文化传统,有助于我们的国际合作和对外交流。

最后,有助于本国的法制建设。外国法制史是人类文明史的重要组成部分,

---

① 〔德〕罗伯特·霍恩、海因·科茨、汉斯·G.莱塞:《德国民商法导论》,楚建译,中国大百科全书出版社 1996 年版,第 1 页。

包含了人类文明的共同成果。在法律发展的历史长河中,一些先发展国家不仅积累了丰富的实践经验,而且产生了一些符合社会发展要求的先进理念和学说观点,法律科学和法律制度设计已达到比较高的水平,法学的很多思想和制度已经对人类社会的进步产生了积极的影响,外国法律发展中所提出的解决问题的思路和方案,对于正在进行法制建设的中国,无疑具有重要的借鉴意义。

四、学习和研究外国法制史的基本方法

外国法制史作为一个独立的学科或一门课程,其内容丰富又显庞杂,因此,运用科学的方法对于学习和研究外国法制史具有重要意义。

(一)历史主义的研究方法

法律制度的发展是一个过程,是一个经历了从自然主义向理性化方向发展的过程,法律制度是在一定的历史条件下产生和发展的,学习和研究外国法制史,要从其产生和发展的具体的历史条件出发去作出分析和判断,要在法律发展的过程中去发现具体制度及其形态的传承关系。我们要以科学的、历史主义的态度对待我们的研究对象,防止全盘肯定或全盘否定,不以单纯的性质评判取代价值评价,而以开放的姿态总结和借鉴外国法制建设的成功经验。

外国法制史着重阐释外国法律制度发展演进的基本进程和规律,各代表性国家法律制度的基本内容、特点和运行方式以及有代表性的传统法律文化的基本知识。通过学习,我们应该了解外国法律制度产生、发展、演进的一般进程和各主要部门法演进、变迁的基本线索;把握世界代表性法律制度体系的文化传统、基本风格、制度模式、各自特点以及当代的发展变化;理解各有代表性的制度背后的思想基础、社会条件;探讨外国法律制度的发展规律及制度功能。因此,要将动态研究和静态研究结合起来,如既把握重要制度的基本内容、特点和地位,又要把握该重要法律制度在不同社会历史条件下的发展变化。

(二)综合研究的方法

法律制度是伴随着社会进程的发展而发展的,在社会结构体系中,有诸多因素都会影响法律的发展变化,如经济、政治、文化道德观念、民族传统习俗等都会在不同程度上给法律制度以影响,因此,要研究经济政治状况、法学思想理论以及民族文化传统等这些因素与法律发展的相互关系,准确理解和把握法律发展的史实和理论。

(三)比较研究的方法

不同国家和地区法律制度的发展有大致相同的历史进程和运行轨迹,同时,人类不同历史阶段上的法律又体现出不同的历史和时代特征,不同民族和国家法律的发展也会表现出各自的特性,这种客观存在的相似性和独特性为我们运用比较研究的方法来学习和研究外国法制史提供了基础。应用比较研究的方法对于我们清晰梳理外国法律发展的知识、深刻认识千姿百态的外国法律制度具有重要意义。

外国法制史是法学学科的重要组成部分,对它的学习和研究不是对法律历史的简单描述,我们的目的是发现、探讨和吸纳人类法律发展历史中所积淀的人类智慧,是在对历史的研究中获得科学的理论抽象和能够对实践提供指导的点滴思路,从而推进我国的法制现代化进程和法治理想的实现。这应该是我们学习外国法制史的基本态度和思路,也是本教材编写的宗旨。

思考题

1. 学习和研究外国法制史的意义。
2. 外国法制史学的研究对象。
3. 外国法制史学的基本研究方法。

第一章 古埃及与古希伯来法律制度

内容提要

古埃及法与古希伯来法是人类早期法律文明的重要代表,是古代东方世界的两颗法律明珠,对古希腊乃至整个西方世界的法律都产生过重要影响,在人类法律史上留有不可磨灭的痕迹。了解古埃及法与古希伯来法的产生与发展过程、基本内容、特点与地位,有助于认识和把握人类法律发展史的一般规律和多样性。

关键词

玛亚特　拉美西斯三世　摩西律法　摩西十诫　所罗门

第一节　古埃及法律制度

一、古埃及法的产生与发展

古代埃及位于非洲东北部尼罗河下游,东临红海和阿拉伯沙漠,西邻利比亚沙漠,南邻努比亚(今苏丹),北濒地中海。南到北贯通的尼罗河为炎热干旱、近似沙漠的埃及带来了河谷绿洲,为两岸灌溉农业的发展提供了得天独厚的条件。在尼罗河的孕育下,埃及早在公元前 4000 年左右就开始进入了文明社会。

大约在公元前 3500 年左右,埃及出现了奴隶制国家,并建立了上埃及和下埃及两个王国。公元前 3100 年左右,上埃及的美尼斯统一了埃及,建立了埃及历史上的第一个王朝。古代埃及的祭司和编年史家捏托(公元前 4 世纪末)把自第一王朝起至公元前 525 年波斯帝国征服埃及为止这一段埃及历史,划分为 26 个王朝,加上波斯统治时期存在的五个王朝,共计 31 个王朝。以后人们又把这 31 个王朝的历史划分为早王朝、古王国、中王国、新王国、后王朝等时期。

古埃及从第一王朝开始就出现了立法活动,美尼斯是人类历史上最早的立法者。他在统一埃及后,将埃及神话中透特神起草的法律推行到整个王国。到公元前 1300 年左右,古埃及出现了一位伟大的立法者汉姆哈伯(Harmhab),他的一座肖像化雕塑至今仍保存着。公元前 8 世纪时,这种立法已发展到相当规模,并形成了系统的法典。

从公元前10世纪起,埃及一直处于外来民族争夺埃及统治权的状态,其法律的发展不断丧失独立性。到公元前332年,亚历山大大帝征服埃及,埃及进入托勒密王朝时期。不久之后,埃及又沦为罗马的行省。在被希腊罗马统治之后,古埃及的法律也逐渐被古希腊与古罗马的法律所取代。

二、古埃及的司法观念与司法制度

古埃及司法中的正义观念与他们的宗教信仰有很大的关系。古代埃及人认为正义体现在神灵判决的整个过程中。传说中的何露斯神在天平上用鸵鸟羽毛称量死者的心脏(一个人的灵魂),由正义女神玛亚特(Ma'at)帮助他提出判决。如果心脏比羽毛重,表明邪恶深重,如果心脏与羽毛持平,表明灵魂正直、善良,充满正义。

正义女神玛亚特是太阳神的女儿,她头上戴着的鸵鸟羽毛象征着真理,她本人则是正义的象征。国王的司法活动都是在正义女神的指导下进行的,保证法律的公正实施被视为国王应尽的义务。国王有时自称"正义的太阳"或"正义",古埃及第十二王朝的阿门内姆哈特(Amenemhet)一世国王还曾被人描述成"执行正义"。汉姆哈伯国王则在一份敕令中描述了他如何不辞辛劳地在国内寻找法官以及指导法官的情景,他对法官说:"你们不能从当事人一方那里拿钱而不听另一方的陈述就作出判决。当你们中的一个做着违反正义的犯罪行为,你又怎么对其他人的行为作出评判?"而古埃及强盛时期的国王图特摩

正义女神玛亚特

斯(Thutmose)三世在任命一名法官的指示中则说:"你必须注意,根据法律行事,依照法律做事,每个官员根据申请人的要求依法行事才是安全的……偏见是神憎恶的行为。你必须学会一视同仁,把你认识的人当作陌生人对待,把你身边的人当作远方的人对待。"①

古埃及的司法官员也是在正义女神的指导下进行判决活动的。很多法官都在脖子上戴着正义女神的像章,象征着在正义女神的指导下进行判决。在作出判决时,大法官把正义女神的像章交给胜诉的一方,作为其胜诉的标志。在信奉正义女神及遵循国王的要求下,埃及的司法官员都带有强烈的公正观念。埃及

---

① 〔美〕威格摩尔:《世界法系概览》(上),何勤华等译,上海人民出版社2004年版,第7—8页。

第五王朝的赫特普海尔库特(Hetep-Her-Khut)法官曾对自己说:"我从不拿走任何人的东西。我从未压迫任何人。上帝热爱正义的事物。"①

在普遍信奉司法正义的氛围中,追求司法公正也成为古埃及一般民众普遍持有的观念。在中王国时期,甚至连一个地位低微的农民也会想到通过司法手段来反对有权势的人。《一位雄辩的农民的抗议》就告诉了人们这样一则故事:有位农民控诉一个宫廷官吏有私吞行为,而且取得了要这个贵族赔偿的一纸命令。②

就司法制度而言,从第四王朝时期开始,古埃及的司法体系就已获得高度发展。当时最重要的政府官员与司法管理人员是宰相(vizier)。宰相最初是从国王家族中选出,从第五王朝开始,大多出自皇家之外。宰相带有正义女神"玛亚特的先知"的头衔,监督国内六个大的法院。除了高级法院系统组织之外,埃及还设有一些称作"诺姆"(nome)的地方行政区,在上埃及有22个,在下埃及有20个。在每一个诺姆中,都有国王专任的地方官负责审理案子。到新王国时期,国王又增设了一位宰相,由两个宰相分别统领南北埃及的司法事务。在有些案件中,则由国王在审查宰相的书面报告后亲自对罪犯实施惩罚。

三、古埃及法的基本内容

(一)民事法律

古代埃及以农业为生,土地是最为重要的财产。古埃及的土地所有权主要属于国王与寺庙,但小土地私有权也大量存在,像牧羊人、牧师、养马人、佃农、士兵、抄写员乃至奴隶与妇女也经常拥有自己的小片土地。有时,土地也可以由两个人共同拥有。国家对私人土地所有权给予充分保护,即便是妇女,也可以购买、出售和拥有土地。

在古代埃及,契约已广泛适用于土地买卖、租赁及借贷之中。当时的土地买卖就已出现了书面的过户手续,买方以此作为拥有土地所有权的凭证。古埃及的土地租赁也十分频繁。如承租人租赁的是农业用地,则要以收获的谷物向出租人交付租金。古埃及也出现了大量的债务契约与担保契约。如借款人到期不能偿还债务,他可能要被抽打一百下或被要求偿付一倍的借款。

古代埃及总体上是实行一夫一妻制,但一些贵族与皇族却不止一个妻子。在新郎新娘开始婚姻生活之前,他们要相互交换财产。新郎通常要将一定数量的谷物交给新娘的父亲或新娘本人,而新娘则要将她的嫁妆、个人财产与维持本人与孩子的资金交给新郎。婚后财产由男女双方共有。在理论上,妻子拥有家

---

① 〔美〕威格摩尔:《世界法系概览》(上),何勤华等译,上海人民出版社2004年版,第6页。
② 〔美〕维拉曼特:《法律导引》,张智仁、周伟文译,上海人民出版社2003年版,第19页。

庭财产权益的三分之一,丈夫拥有三分之二,但女方直到丈夫去世或离婚后才可控制她的那部分财产。男女双方都有权以不能生育等为由提出离婚。丈夫提出离婚时,通常必须归还女方嫁妆、个人财产及婚后财产的三分之一。但如果女方有通奸行为,丈夫可不必给她任何赔偿。如女方提出离婚,则需将婚后财产的三分之一交给男方。如公元前四世纪的一份婚姻契约中女方这样说道:"如果我因讨厌你并且爱上别人,要求与你离婚,我应将聘礼的一半还给你,应将我在婚姻存续期间获得财产的三分之一给你"。①

（二）刑事法律

古埃及的犯罪类型有偷窃、谋杀、叛国罪、强奸、通奸,其刑罚包括死刑、肉刑、监禁、砍手、割舌、割耳、割鼻、罚金等多种方式。偷窃是古埃及常见的一种犯罪。如果一个人偷窃他人财产,他必须归还被偷物品并承担两倍到三倍的赔偿。但如果一个人偷窃的是国家的财产,惩罚更为严厉,其赔偿有时会达到百倍于所偷物品的数额。对于偷窃古墓的犯罪,则经常处以死刑。通奸与强奸在古埃及都是非法行为。对于男方的通奸行为,一般要抽打千下,对于女方的通奸行为,则要割去其鼻。对于强奸行为,最常见的惩罚方式是将男方阉割。古埃及也有监狱,但其功能主要是暂时关押犯罪嫌疑人的地方,后来也曾一度被用作一种惩罚方式。

（三）诉讼法

法律程序在古代埃及也占有十分重要的地位。古代埃及人认识到,没有解决争端的正式程序,个人将得到大的不公正。古代埃及法院可在任一天开庭。开庭的日程取决于案件的紧迫程度与法官是否有时间开庭。通常,一旦法院开庭,审判只持续大约一天。当时的证据有书证与人证,但法院更为重视人证。为防止证人作伪证,法院除了用拷打的方式胁迫证人之外,还要求证人宣誓不作伪证。很多证人在证词中都这样说道:"如果我说假话,我的鼻子和耳朵将被割去。"②

在实际审判中,法官将依据一批证人有无讲真话而作出最终判决。

（四）国际法

古代埃及还出现了人类历史上最早的国际条约。公元前1300年,拉美西斯（Ramses）二世国王和入侵的赫梯国王签订和约,在这一国际条约中,类似现代国际法的引渡条款已有明确的规定:"如埃及的任何一位军官潜逃到伟大的凯特首领那里,首领不得把他们留下服役,而是把他们送还伟大的埃及统治者";反之,"如果凯特的任何一位军官潜逃到伟大的埃及统治者那里,首领不得把他们

---

① 〔美〕威格摩尔:《世界法系概览》（上）,何勤华等译,上海人民出版社2004年版,第17页。
② 同上书,第26页。

留下服役,而是把他们送还伟大的凯特首领"。①

四、古埃及法的历史地位

古埃及法是人类创造的最早的法律之一,它不仅对埃及文明的昌盛发挥了重要作用,而且对后来整个东西方法律文明的发展都产生了重要的影响,在古希伯来人的摩西十诫与古希腊的梭伦立法中都打上了自己的烙印。这正如美国法律史学家莫里斯所说,希伯来立法家"毫不踌躇的为他们本国人民采用了埃及一部分的法律与制度",而"梭伦在雅典人中颁行其法典之前",也"曾详细地研究这些法律和制度"。② 所以,尽管古埃及法现已经被淹没在法律史的长河之中,成为死法,但它作为人类最早的法律文明之一仍然在世界法律史上留下了不可磨灭的痕迹。

第二节 古希伯来法律制度

一、古希伯来法概述

古希伯来法的发祥地是现在地中海东岸和阿拉伯半岛西侧的巴勒斯坦。据《旧约圣经》记载,希伯来人是一群受到古巴比伦文化影响的游牧部落。后来在其首领亚伯拉罕的带领下,沿幼发拉底河北上,并渡河向西进入迦南。当地的迦南人称他们为"哈卑路人"(Habiru),意即"渡河而来的人",后来根据音译称为"希伯来人"。希伯来人自公元前11世纪建国后,只存在了几百年就在亚述、新巴比伦的入侵下亡国了,到罗马帝国时期又被驱散到世界各地。

有关被别国征服之前的希伯来法律,现在主要见诸《旧约全书》中。《旧约全书》由三个主要部分组成:第一部分是摩西五经,传说是上帝在西奈山上传授给摩西的;第二部分是圣经中的各种预言书,在这些书中包括以赛亚、耶利米、以西结和其他先知者的高级道德教义;第三部分是著作,它由《雅歌》《路德记》《耶利米哀歌》《传道书》《以斯拉记》《尼希米记》以及《历代志》等篇组成。③

其中,被称作摩西律法的摩西五经是希伯来法的主要渊源,它包括《创世纪》《出埃及记》《利未记》《民数记》和《申命记》五篇,其中有很多关于财产、买卖、借贷、雇佣、租赁、寄托、婚姻、继承、刑事、证据等方面的法律规定。如根据摩西律法,土地为上帝所有,是上帝赐予百姓耕种的。财产继承方面实行长子继承制。签订雇佣契约要求雇主当日发工资,不可等到日落。在婚姻方面实行一夫多妻制,允许丈夫纳妾、离婚,准许妇女改嫁,并规定若兄死无后,其弟必娶其嫂为妻。

---

① 〔美〕威格摩尔:《世界法系概览》(上),何勤华等译,上海人民出版社2004年版,第11页。
② 〔美〕莫里斯:《法律发达史》,王学文译,姚秀兰点校,中国政法大学出版社2003年版,第47页。
③ 〔美〕弗兰西妮·科兰格斯伯伦:《圣哲箴言》,许和平译,文化艺术出版社1992年版,第4页。

二、摩西十诫

根据《旧约全书》的记载，希伯来人在迦南最初从事游牧生活，后来，因旱灾和饥荒而前往埃及避难。在居住埃及期间向定居农业过渡。后来由于在埃及受到排挤和压迫，所以在公元前15世纪左右，在其英雄摩西的率领下，希伯来人历经险阻走出埃及，重新进入迦南。

出埃及后，摩西以上帝的名义与民众立约，被称作摩西十诫。摩西十诫是通过"上帝的手指"刻在石头上传给后人的，具有法律上的、宗教上的和道义上的特点，在摩西律法当中占有特别重要的地位。

第一条诫律是宗教诫律。"我是耶和华——你的上帝，曾将你从埃及地为奴之家领出来，除了我之外，你不可有别的神。"第二条诫律是严禁对其他形式的偶像崇拜。"不可为自己雕刻偶像，也不可做什么形象仿佛上天、下地，和地底下、水中的百物。不可跪拜那些像，也不可侍奉它，因为我耶和华——你的上帝是忌邪的上帝。恨我的，我必追讨他的罪，自父及子，直到三四代；爱我、守我戒命的，我必向他们发慈爱，直到千代。"第三条诫律是针对渎神和亵渎行为的，旨在处罚那些以上帝名义发誓，却不遵守誓言的人。"不可妄称耶和华——你上帝的名；因为妄称耶和华名的，耶和华必不以他为无罪。"第四条诫律是一周休息一天。"当纪念安息日，守为圣日。六日要劳碌做你的工，但第七日是向耶和华——你上帝当守的安息日。这一日你和你的儿女、仆婢、牲畜，并你城里寄居的客旅，无论何工都不可做；因为六日之内，耶和华造天、地、海，和其中的万物，第七日便安息，所以耶和华赐福与安息日，定为圣日。"第五条诫律是孝敬父母。"当孝敬父母，使你的日子在耶和华——你上帝所赐你的土地上得以长久。"第六条诫律是不可杀人。法律最初规定，造成他人死亡的人绝对要被处死，后来考虑到杀人也有谋杀与误杀的区分，因而如果杀人者不是谋杀，那么可以逃避到一个城市躲避。避难城市将负责管理他。在约旦河彼岸有三个这样的城市，在迦南也有三个这样的避难城。举一个例子，两个人伐木，其中一个人的斧柄飞出去杀死了另一个人，在这种情况下杀人者可以逃到避难城继续生活。第七条诫律是不可奸淫。法律规定，若男子与别人的妻子通奸，他将会与那个犯错的妻子一道被处死。若男子与未婚女子私通，他就得娶她，如果女子的父亲不同意这桩婚姻，犯错的男子必须付钱给女子的父亲，数目相当于处女的一般嫁妆。第八条诫律是不可偷盗。当时偷盗的赔偿额为偷一头牛赔五头牛，偷一头羊赔四头羊。第九条诫律是不可做假见证陷害人。第十条诫律是"不可贪恋人的房屋；也不可贪恋人的妻子、仆婢、牛驴，并他一切所有的"。①

---

① 《圣经 Holy Bible》，中国基督教协会1995年版，第110—111页。〔美〕约翰·梅西·赞恩：《法律的故事》，孙运申译，中国盲文出版社2002年版，第86—91页。

摩西十诫从其内容与结构看是宗教法律与世俗法律的混合体，前四条是关于神与人的法律，后六条是关于人的法律。其中第五条是关于家庭的法律，第六、七、八条是关于刑事的法律，第九条是关于诉讼的法律，第十条是关于财产的法律。摩西十诫内容言简意赅，被誉为是"有史以来制定的最伟大而简短的道德准则，迄今仍比人文主义者和基督教徒的日常生活准则先进"。[①] 摩西十诫以十分简短的篇幅，规定了希伯来人社会生活必须遵循的一些基本准则，奠定了希伯来法的基础。以十诫中六、七、八条关于刑事法律的内容为例，短短三句话就已将刑法中三类最基本的刑事犯罪内容包涵了进去。

三、从摩西到所罗门时期的司法

摩西时期，法律来自上帝，但执法归于祭司。《出埃及记》中有关摩西岳父杰太罗对摩西的劝告中就很好地印证了这一点。

摩西作为领导者、上帝的喉舌、法律的接受者与一切争议的裁决者，工作很辛苦，经常忙得焦头烂额。他的岳父杰太罗来看摩西时，看到他整天坐着为人们解决纠纷，就问他说："你向百姓做的是甚么事呢？你为什么独自坐着，老百姓从早到晚都站在你的左右呢？"摩西回答岳父说，他在解决人们的争议，在双方之间作出裁决，叫他们知道上帝的律例与法度。摩西的岳父说，你这么做很不明智，它会使你很疲惫，且效率不高。你要是听我的话，我给你出个主意。你"要从老百姓中选择有才能的人，就是敬畏上帝、诚实无妄、恨不义之财的人，派他们作千夫长、百夫长、五十夫长、十夫长，管理百姓，叫他们随时审判百姓，大事都要呈送到你这里，小事他们自己可以审判"。[②]

摩西听从了这位明智的岳父的意见，挑选能者随时解决争议，小的案件都由他们自己作出评判，只有疑难的案件才交给摩西处理。

摩西带领希伯来人走出埃及重新进入迦南后，居住在南部山区的称犹太部落，居住在北方地区的其他部落统称以色列部落。约公元前1025年，扫罗在迦南建立了历史上最早的犹太人国家——希伯来王国。扫罗死后，南方的犹太人首领大卫当了国王（约公元前1000—960年），大卫通过征战建立起统一的以色列——犹太王国。大卫死后，其子所罗门即位（公元前960—930年）。所罗门统治时代是以色列犹太王国的极盛时期。

所罗门时期的司法同摩西时期相似，由国王负责审理重大及疑难案件，国王作为审判官具有非常大的自由裁量权，这在"所罗门的智慧断案"中就体现得十分明显。

[①] 〔美〕威格摩尔：《世界法系概览》（上），何勤华等译，上海人民出版社2004年版，第81页。
[②] 《圣经 Holy Bible》，中国基督教协会1995年版，第108页。

据《列王记上》记载,有一天,所罗门端坐在大殿的审判席上,两个妇女上殿向他陈述案件。其中一个陈诉说:

"我主啊,我和这妇人同住一房;她在房中的时候,我生了一个男孩。我生孩子后第三日,这妇人也生了个孩子。我们是同住的,除了我们二人之外,房中再没有别人。夜间,这妇人睡着的时候,压死了自己的孩子。她半夜起来,趁我睡着,从我旁边把我的孩子抱去,放在她怀里,将她的死孩子放在我怀里。天要亮的时候,我起来要给我的孩子吃奶,不料,孩子死了;及至天亮,我细细地察看,不是我所生的孩子。"

另外一个妇女说,"不然,活孩子是我的,死孩子是你的"。"不然,死孩子是你的,活孩子是我的",一开始陈诉的妇女在所罗门前与她展开了争论。

这件争子案当时没有任何其他的人证、物证来支持双方的陈述,更无条件通过 DNA 来辨别婴儿的亲生母亲。但所罗门凭借他超人的智慧突然对两位妇女说,"给我拿刀来"(手下人便将刀拿到所罗门面前),"将活孩子劈成两半,一半给那妇人,一半给这妇人"。

活孩子的母亲为挽救孩子的生命,赶紧说:"求我主将活孩子给那妇人吧;万不可杀他!"而另一妇人则悻悻地说:"这孩子也不归我,也不归你,把他劈了吧"。这时所罗门应声说道:"将活孩子给这妇人,万不可杀他;这妇人实在是他的母亲。"[①]

"所罗门的智慧断案"固然可以说明所罗门具有超人的智慧,但从司法实践的角度去进行解读,我们至少可以得出当时的裁判官具有极大的自由裁量权这个结论。因为如果所罗门没有先斩后断的权利,他的拿刀劈人的威慑智慧断不会产生如此的奇效。我们由此还可以进一步推出,所罗门时期还基本上是一个人治社会,其断案方式可基本归属于人治国家的司法。

所罗门审理二母案

---

① 《圣经 Holy Bible》,中国基督教协会 1995 年版,第 514 页。

四、古希伯来法的特点与地位

古希伯来法具有浓厚的宗教色彩。从摩西十诫开始便被罩上神圣的光环，《摩西五经》作为希伯来国家的主要法律规范，其本身就是犹太教的教规。在公元一世纪后希伯来人流散于世界各地的两千多年中，古希伯来人的法律也主要保存在他们的宗教经典《旧约全书》中，并凭借它得以保存下来。而且从摩西到所罗门时期的司法审判情况看，当时的裁判官也主要是敬畏上帝的祭司，这点也进一步反映了古希伯来法的宗教特征。

古希伯来法作为古代东方法中一支颇有影响的法律体系，后来被基督教所吸收，并通过《圣经》对整个西方法律文明产生了深远的影响。如摩西十诫中关于安息日休息的诫律，就已完全成为西方法律文明乃至后来整个世界法律文明的一部分。1793年法国大革命时，革命者曾狂热地攻击和废除了很多社会风俗，但却无法实现废除安息日的计划。所以说，古希伯来法在客观上充当了沟通东西方法律文明的纽带与桥梁。

思考题

简述古希伯来法的特点及其对西方法律的影响。

第二章 楔形文字法

内容提要

两河流域是世界古代文明的摇篮之一。从公元前3000年左右至公元前6世纪,在两河流域,楔形文字法经历了形成、发展和走向消亡的历程,并创造了古代东方法律文明的辉煌。乌尔第三王朝时期的《乌尔纳姆法典》是迄今为止所发现的世界上第一部成文法典,它标志着古代东方法进入了成文化阶段,并对以后两河流域的立法产生了深远影响。古代两河流域地区巴比伦王国的《汉谟拉比法典》是楔形文字法的集大成者,其基本内容反映了古东方社会、经济和政治的基本特点,提供了人类早期文明的有价值的资料。楔形文字法不仅是古东方文明的灿烂明珠,代表了古东方文明的伟大成就,而且通过米诺斯文明、通过波斯帝国的法律、通过希伯来法对西方文明产生了深刻影响。

关键词

楔形文字法 古东方法 《乌尔纳姆法典》《汉谟拉比法典》

第一节 楔形文字法概述

一、楔形文字法的概念

楔形文字法是指古代西亚两河流域地区各奴隶制国家以楔形文字镌刻而成的法律的总称。它产生于公元前3000年左右,到公元前6世纪,随着新巴比伦王国的灭亡而逐渐走向消亡。

两河流域是世界古代文明的摇篮之一。公元前3500年左右,两河流域最早的居民苏美尔人创造了象形文字,以后这种文字逐渐演变为用芦秆等刻在泥板上形如楔子、在古代两河流域国家通用的文字,即楔形文字。在以后近三千年的时间里,两河流域的各奴隶制国家都是采用这种楔形文字记载和书写自己的法律的。这些国家的法律不仅具有文字形式上的共同特征,而且具有由这一时期的政治、经济、文化等的发展水平所决定的基本模式和共同点。正是在这个意义上,一般又把楔形文字法称为楔形文字法系。

二、楔形文字法的产生和发展

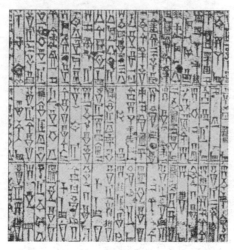

楔形文字

公元前3000年至公元前2500年间,两河流域地区的苏美尔人和阿卡德人建立了一批城市国家,其中,重要的城市国家有乌尔、乌鲁克、拉格什、尼普尔等,这些早期城市国家有自己的首脑,有自己的长老议事会和诉讼机构,已具备国家的基本特征。随着城市国家的建立,传统的部落习惯逐渐演变为法律。

约公元前30世纪后期,两河流域的城市国家已经开始用楔形文字记载零星的法律规范,开始以公布法律的形式禁止欺骗、偷盗、抢劫和债务奴役以及保护孤儿寡妇。① 法律开始逐步走向成文化。

约公元前22世纪末,乌尔纳姆创建了乌尔第三王朝(约公元前2113—前2006年)②,统一了两河流域南部。乌尔第三王朝实行中央集权统治,颁布了《乌尔纳姆法典》。这部法典用楔形文字所写成,除序言外,有条文29条,保存下来的有序言和部分条文。法典的内容已涉及损害与赔偿、婚姻、家庭和继承以及刑罚等方面,它反映出当时私有制的一定发展水平以及法典对奴隶主利益和私有制的坚决维护。《乌尔纳姆法典》是迄今为止所发现的世界上第一部成文法典。因此,它在世界法制史上具有重要意义,它标志着古代东方法进入了成文化阶段,并对以后的两河流域立法产生了深远影响。

乌尔第三王朝灭亡之后,两河流域南部又陷于分裂局面,这一时期的伊新、拉尔萨、埃什嫩那和玛里等城市国家也都制定了成文法典,这些法典主要有:拉尔萨王国的《苏美尔法典》和《苏美尔亲属法》,伊新的《李必特·伊丝达法典》,埃什嫩那的《俾拉拉马法典》等。从流传下来的楔形文字泥版和抄本看,这些法典基本继承了《乌尔纳姆法典》的风格,但在立法技术上有所改进,法典所涉及的范围也更为广泛。法典除涉及婚姻家庭继承、损害赔偿、刑法等领域外,还涉及房屋的租赁和所有权问题。这些法典的制定不仅表明继《乌尔纳姆法典》之后两河

---

① 参见周一良、吴于廑主编:《世界通史》上古部分,人民出版社1973年版,第77页。
② 参见〔美〕斯塔夫里阿诺斯:《全球通史——1500年以前的世界》,吴象婴、梁赤民译,上海社会科学院出版社1988年版,第119页。

流域楔形文字法的发展,而且也为后来楔形文字法的发展和完备提供了丰富的资料。

公元前19世纪,阿摩利人建立了古巴比伦王国。到公元前18世纪,巴比伦第六代王汉谟拉比(公元前1792—前1750年)完成了两河流域的统一,并制定了著名的《汉谟拉比法典》。《汉谟拉比法典》集两河流域楔形文字法之大成。它的制定,标志着楔形文字法乃至整个古东方法发展到完备阶段。《汉谟拉比法典》比较集中地反映了汉谟拉比时期两河流域的政治、经济和法律发展状况,而且比较完整地保留了下来,因此,它是我们研究楔形文字法的最可靠的史料。《汉谟拉比法典》在世界法制史上具有重要的历史地位。

古巴比伦王国灭亡以后,楔形文字法逐渐走向衰落,再无大的建树。虽然后起的赫梯和亚述等国家承袭了巴比伦文化,也仍然采用楔形文字法,但其立法水平较之《汉谟拉比法典》已大为逊色。随着公元前6世纪新巴比伦王国的灭亡,严格意义上的楔形文字法也就退出了历史舞台。

第二节 汉谟拉比法典

一、法典的制定

《汉谟拉比法典》制定前,两河流域的立法已经有了相当的发展。汉谟拉比统治时期,巴比伦王国成为两河流域政治、经济、文化的中心,并建立了强大的中央集权统治制度。这些都为法典的制定提出了客观要求,也创造了良好条件。

就法典制定的直接原因看,主要有以下几点:

第一,实现法的统一的需要。两河流域统一前,各城市国家都已经有了自己的习惯法和成文法。这些法律虽有基本统一的体例,但由于各国不同的政治、经济和文化特点,因而存有较大差异。汉谟拉比统一两河流域后,无论是从强化中央集权统治的角度,还是从法的实施的角度,都需要消除法的不统一现象,实现法的统一。因此,制定一部通行于全王国的法典就成为当时的一种迫切需要。

第二,调整新经济关系的需要。汉谟拉比时期,巴比伦社会的农业、手工业和商业贸易都得到发展,新的雇佣关系、交换关系、租赁关系和土地所有制关系相继出现。这些新经济关系在原有的各国法律中未得到反映,因而需要新法律予以规范和调整。

第三,缓和社会矛盾、稳定社会秩序的需要。由于私有经济和商品货币关系的发展,社会各阶层、各阶级之间的矛盾尖锐化,高利贷剥削和债务奴役制度猖獗一时。为缓和社会矛盾,稳定社会秩序,也亟须制定一部统一的法典。

汉谟拉比法典

汉谟拉比法典上部浮雕

二、法典的结构体系和基本内容

(一) 法典的结构体系

《汉谟拉比法典》由序言、正文和结语三个部分组成。

在序言部分,汉谟拉比颂扬了自己的丰功伟绩,自称是"众王之神""众王之统治者",是"巴比伦的太阳"。序言部分还集中宣扬了"君权神授""君权至上"思想,并阐明制定法典的目的是"发扬正义于世,灭除不法邪恶之人"①,使"公道与正义流传国境,并为人民造福"②。

法典的正文部分共282条。正文内容已涉及民事、刑事、诉讼等领域的基本问题,其内容之丰富,体系之庞大,在人类早期法中实属罕见。从《汉谟拉比法典》的结构和内容看,它典型地体现了古东方法诸法合体、民刑不分的特点。

在结语部分,汉谟拉比宣称:"此后千秋万世,国中之王必遵从我的石柱上所铭刻的正义言词,不得变更我所决定的司法判决、我所确立的司法裁定,不得破坏我的创制。"③汉谟拉比反复告诫人们必须遵守法典,不得变更和废除,如果后世之君能以该法典治理国家,统驭黔首,国中不法与奸宄之徒将会被消灭,人民将会被赐以福祉。同时,汉谟拉比严厉诅咒那些将来不遵守法典的人们必将受到神的惩罚。④ 这部分文字充分表达了汉谟拉比本人及其那个时代的法的神圣

---

① 《世界著名法典汉译丛书》编委会:《汉谟拉比法典》,法律出版社2000年版,第3页。
② 同上书,第10页。
③ 同上书,第121—122页。
④ 同上书,第122—126页。

性和永恒性思想。

如果说法典正文是关于当时社会关系和经济关系的具体规定,那么,法典序言和结语则主要表述了汉谟拉比时期人们关于法律的意识和观念。这一部分文字不仅表达了代表统治阶级利益的"君权神授""君权至上"和法的神圣性和永恒性思想,也从一个侧面反映出古代两河流域地区的人们对公平正义的渴望和对人类福祉的追求,反映出一种朴素的法律价值观。

(二) 法典的基本内容

《汉谟拉比法典》是楔形文字法的代表,也是古东方法的代表,因而法典的内容比较集中地反映了古东方的经济、政治和社会状况。《汉谟拉比法典》的基本内容有如下几个方面:

1. 土地国有与有限度的私有并存的土地制度

巴比伦王国地处美索不达米亚正中,位于当时西亚的商道之上。巴比伦社会的全盛时期,农业、畜牧业、手工业和商业都已经具有了较高的发展水平,私有经济有了一定的发展。但是巴比伦的生产力与奴隶制全盛时期的希腊、罗马相比,还是相当低下的。灌溉农业在巴比伦经济中居首要地位,水流受公社和国家的统一支配。由生产方式所决定,《汉谟拉比法典》所反映出来的土地所有制基本形式是代表了古东方土地所有制特点的公有制。这种公有制表现为全国土地基本以王室土地和公社土地的形式存在,王室所有的土地一部分作为份地交给穆什钦奴耕种,耕种者交纳实物租税;一部分赐给军人(里都或巴衣鲁)家庭耕种,作为军人服兵役的报偿。显然,对王室土地的占有是一种担负义务的占有,义务的不履行会导致占有权的丧失(如《法典》第 26、27、28、30、31 条)。并且,这两部分土地均不得作为买卖、赠与的标的,也不得用于抵偿债务(如第 36、37、38 条)。公社是巴比伦中央集权统治的基础,由国王派官吏管理,公社所有的土地归公社成员集体所有,交各个家庭耕种,各家庭使用这些土地时,必须以履行对公社的义务为先决条件,还必须受国家和公社的水源支配权的制约。

同时,由于私有经济的发展,《汉谟拉比法典》已经开始确认和保护土地的私有制,尽管这种私有是有条件和有限度的。《法典》对私有土地和房屋的买卖、抵押、租赁、赠与和继承等作了明确的规定(如第 39、42—47、60—65、150、165、178、191 条)。从《法典》的规定可以看出,在汉谟拉比时期,土地和房屋等不动产的私人所有制与土地国有制并存,不过土地等不动产作为私权的标的所形成的买卖、继承等关系一般都限制在公社和家庭范围内。

至于动产私有权,则已经相当发达,奴隶主的私有财产受到严格保护。

2. 社会结构

巴比伦王国的阶级结构与巴比伦的奴隶制占有关系相适应,并表现出与王国的土地占有形式相联系的特点。

巴比伦的奴隶制处于人类奴隶制早期阶段，具有家庭奴隶制的特点。根据法律规定，巴比伦居民分为自由民和奴隶。奴隶在法律上不被作为人看待，不是权利主体，而是奴隶主的动产。奴隶主可以对奴隶任意处置，如可以买卖、赠与、抵押、租赁，可作为遗产，甚至可损其肢体或处死。同时，法典又规定，杀死或损伤他人的奴隶，要向奴隶的主人负赔偿责任（如第118、119、199、213、214、219、231条）。显然，法典认为，前者是奴隶主对自己财产的一种处分，后者是对他人财产权的侵犯，奴隶只是权利客体。

根据《法典》，巴比伦的自由民被分为两个不同的等级，他们分别享有不同的法律地位。自由民的一个等级被称为阿维鲁穆，包括国王、大臣、僧侣、商人、高利贷者、自耕农和手工业者，他们享有完全的权利。《汉谟拉比法典》为阿维鲁穆确立了特权地位，严格保护他们的人身和财产所有权。自由民的另一个等级被称为穆什钦奴。穆什钦奴是指处于公社之外而依赖于王室经济为王室服务的人，包括耕种王室份地的"纳贡人"、以服兵役为条件而获得王室土地的人以及为王室负担其他义务的人。这一部分人的法律地位比阿维鲁穆低，但由于他们与王室经济有着密切联系，因而他们也享有很多特权，其人身和财产受到法律严格保护。在法典中，穆什钦奴的财产和奴隶通常与宫廷财产和奴隶相提并论，用同一个条文规范，受到同等保护（如第15、16、175、176条）。

必须指出的是，自由民中不同阶层的实际地位是有很大区别的。如商人、高利贷者（达木卡尔）不但有土地、奴隶，还从事经营，发放高利贷。他们同时又是国家的商务代办，国家和寺庙所垄断的大宗贸易，都委托达木卡尔专门经营。因此他们是巴比伦社会的特权阶层，是大私有者。而自耕农和小生产者则随时可能沦为债奴。可见，阿维鲁穆和穆什钦奴的上层是这个社会的真正统治者，其下层常常分化出去沦为奴隶。

在巴比伦社会结构中，军人也是一个特殊的阶层。军人属于享有不完全权利的穆什钦奴，但《法典》对军人作了一些特殊规定，并对军人财产给予特别保护。《法典》通过对军人财产的特别保护来维护和加强国家的军事力量。

3. 婚姻、家庭、继承法

根据《法典》的规定，巴比伦实行的是以契约为基础的买卖婚姻制度，无契约即无婚姻，契约对于婚姻的成立具有重要意义。如果没有订立契约，则婚姻关系不能成立。反之，假如已订立契约，即使女方还居住在其父家，婚姻关系也算成立，并受法律保护（第128、130条）。契约的订立，是在男方和女方父亲之间进行的，男方向女方父亲交纳一笔定金和身价费。这种婚姻形式表明女方在婚前是处于父权控制之下的，同时也就决定了婚后夫妻之间的不平等地位。法律允许丈夫纳妾（第138、145、148条）。丈夫可随意离弃妻子，妻子只有在发生《法典》第131、136、142、149等条规定的受到丈夫诬陷、凌辱备至等情形时，才可提出离开丈夫。

关于继承,《法典》确立的是家内继承原则。儿子们在父母死后,可继承同等份额的遗产,女儿则取得一份作为嫁妆。从《汉谟拉比法典》的规定来看,巴比伦时期的继承制度已排除原始公社的习俗,确立了父系的中心地位。如《法典》规定,同父异母的兄弟姐妹"应均分父之家产"(第 170 条)。此外,《汉谟拉比法典》已包含了遗嘱继承的因素,但它还不完备,而且仅限于家庭范围内。如《法典》规定,丈夫死后,"配偶取得自己之嫁妆及其夫所给且立有遗嘱确定赠与孀妇之赡养费"(第 171 条)。《法典》还规定,父亲以盖章文书形式将土地、房屋赠给其所喜爱的继承人,该父死后,兄弟分割遗产时,该子应先取得其父所赠之财产,然后参与均分所剩遗产(第 165 条)。

《汉谟拉比法典》关于婚姻、家庭、继承问题的规定反映出家长制特点。如丈夫可以将妻子抵债,可将行为不端的妻子丢入水中淹死。父亲可以将子女出卖为奴清偿债务,可以剥夺儿子的继承权,有权决定子女的婚姻。如果儿子殴打父亲,父亲可割去儿子的手指。

4. 债权法

对经济关系的调整是《汉谟拉比法典》的重要内容,法典中有大量对债的关系进行调整的内容。巴比伦王国债的主要形式是契约,此外,还有侵权行为之债。法典提到的契约种类主要有买卖、借贷、租赁、承揽、寄存、合伙、雇佣等。法典规定重要契约必须采取书面契约的形式,如金银、奴隶、牛羊等物的买卖与保管,必须提出证人,订立契约,如无证人和契约,则以盗窃论,处以死刑(第 7、122 条)。《法典》用大量的条文对土地、田园、房屋、牲口、船舶等的租赁中的一系列问题作了明确规定,诸如租金数额及交付方式、租赁物损害之赔偿、承租人的责任、出租人违约的法律后果等。① 《法典》还极重视对借贷关系的调整,对借贷利息等具体问题作了明确规定。② 《法典》除确立借贷双方的权利义务外,还比较明确地反映出侧重保护借用人的利益,限制出借人权利的倾向③,这主要是因为当时高利贷剥削以及由此产生的债务奴隶的增多动摇了巴比伦的经济和社会秩序,统治者试图通过限制高利贷来缓和社会矛盾,稳定经济秩序。《法典》确立了以债务人或其家属作为人质拘留于债权人之家的债的担保制度,以保证债的履行。《法典》保护债务担保人质的安全,如果人质在债权人家遭殴打或虐待而致死,则债权人要承担严厉的法律惩罚(第 114、115、116 条)。这些关于债的规定,都充分反映出汉谟拉比时期巴比伦王国乃至整个两河流域地区私有经济和商品

---

① 参见《汉谟拉比法典》第 42—47、60—65、78、242—249、268—277 等条。
② 参见《汉谟拉比法典》第 89—96 条。
③ 参见《汉谟拉比法典》第 89、91、96 等条。

货币关系发展的一定水平和规模以及与之相应的两河流域立法的发达程度,《法典》对债权关系的关注程度在古代东方法中是不多见的。

5. 刑法

《汉谟拉比法典》没有将刑法规范独立出来,通常是在同一个条文中既包括对所有权、债权、婚姻家庭继承等关系的调整,又包括对犯罪行为的制裁,起着加强这些规范的作用。

《法典》涉及的犯罪主要有如下方面:国事罪、侵犯人身的犯罪、侵犯财产的犯罪、侵犯婚姻家庭的犯罪、诬告罪、伪证罪、职务犯罪等。

《汉谟拉比法典》严格维护奴隶主阶级的统治,保护奴隶主的人身和财产不受侵犯。《法典》规定的刑罚手段极为残酷。刑罚手段主要有火焚、水溺等,除广泛适用死刑,还施行残害肢体刑,如挖眼、割耳、割舌、割乳房、断指等。《汉谟拉比法典》保留了同态复仇的氏族习惯。《法典》规定,如果自由民损毁任何自由民之眼,则应毁其眼。如果折断自由民之骨,则应折其骨。如果自由民击落与之同等之自由民之齿,则应击落其齿(第196、197、200条)。

此外,在一些情况下,犯罪者的所在公社和亲属要负连带责任或代为承担责任。如《法典》规定,打死自由民之女则应杀其女(第210条);建筑师建造的房屋不坚固而致房主之子死亡,则应杀该建筑师之子(第230条);如果发生盗窃案而未能抓到罪犯,则案发地或其周围公社及长老,应承担赔偿责任(第23、24条)。

6. 诉讼制度

汉谟拉比时期,诉讼活动已基本脱离传统的寺庙法院和祭司的影响而由世俗法院管辖,但司法权与行政权尚无严格的划分。公社首领兼行基层司法审判权,王室法官接受国王指派负责各大城市的案件的审理,国王享有最高司法审判权,对判决不服可向国王提出上诉。国王享有赦免权,并亲自审理一些重大刑事案件。

巴比伦王国尚无明确的刑事诉讼和民事诉讼的划分,《汉谟拉比法典》也极少关于诉讼制度的专门规定。从《法典》条文看,民事案件的审理大都带有私诉性质,如控告由私人提起,传唤证人到庭由私人执行,当事人有完全的举证责任,处罚结果很多都由私人执行(第1、2、9—12条)。同时,根据《法典》规定,对较重大的刑事案件都施以确定的严厉的刑罚,几乎没有给被告人或被害人留下自行选择的余地,犯罪行为人的刑事责任不因被害人的宽恕而免除,仅仅在通奸案件中丈夫宽恕妻子是个例外(第129条)。这反映出随着奴隶制的发展,对犯罪的惩罚已带有明显的国家追诉的性质。

《法典》还在一定程度上保留了私刑,《法典》规定对有些犯罪,可以不经审判而直接对其进行惩罚。《法典》对诬告罪和伪证罪处刑极重。《法典》规定自由民如果控告他人犯罪而又不能证实,则该控告人被处死(第1、2条)。自由民在诉讼案件中提供罪证,而所述无从证实,如果案关生命问题,则该证人应处死;如果关系到财产,则对该证人处以本案应处罚之刑(第3、4条)。《法典》紧接着对法官擅改正式判决书的行为作了明确的处罚规定:如果法官犯擅改判决之罪行,则科以相当于原案之起诉金额的12倍罚金,撤销其法官职务,使其不得再置身于法官之列,出席审判(第5条)。显然,这些都是为了保证巴比伦国家司法审判的严肃性。

巴比伦时期,发誓和神明裁判是合法的重要证据形式。《法典》规定,被告人对神发誓说明自己没有犯罪,可以减轻或者免除其刑事责任;被抢劫者于神前发誓说明自己被劫之物,则可以作为赔偿的依据(第23、126、131、206、227条)。如果有人被指控犯罪而又无法证实,则将被告人投入河水,借助神的力量来进行裁判(第2、132条)。

三、法典的特点

(一)法典体现了权力主义特征

《汉谟拉比法典》的这一特点集中表现为:

1. 维护汉谟拉比王的专制统治地位。《法典》用大量篇幅和极端的言辞树立汉谟拉比的绝对权威。《法典》序言称汉谟拉比为"恩利尔[①]所任命的牧者,繁荣和丰产富足的促成者",是"常胜之王""四方的庇护者""王者之贵胄"是"忠于拉马什[②]的强有力的合法之王",是"赋予乌鲁克[③]生命并授予其人民以充足水源之君主",是"国境之天盖""众之统治者",是"巴比伦之太阳"。结语中称汉谟拉比为"凌驾于众王之上之王",其"言辞超群出众",其"威力莫可与敌"。《法典》集国家一切大权于国王一身,通篇宣扬君权神授、君权至上思想,充分体现出《法典》坚决维护君主专制统治的最高立法目的。

2. 确立自由民对奴隶的绝对统治权和支配权。如前所述,《法典》确认主人对奴隶的买卖、赠与、继承、租赁,甚至伤害、处死为合法。《法典》对盗窃、藏匿奴隶或帮助奴隶逃跑者都处以极刑。《法典》严格保护奴隶主利益,赋予奴隶主对奴隶的生杀予夺之权,使巴比伦社会的权力牢牢掌握在统治阶级手中。

(二)法典体现了团体本位思想

《汉谟拉比法典》中的团体本位思想主要表现为:

1. 《法典》赋予公民权利时,强调以对国家和公社履行义务为前提。由于土地的国有制和公社所有制占统治地位,因此个人(如军人以及在王室承担其他义

---

① 苏美尔之地神,全苏美尔最高神,众神之父与王。
② 太阳、光明及审判之神。
③ 南部巴比伦之一城邦。

务的公务人员)占有和使用土地必须以为宫廷服务为条件,这种义务不是建立在契约基础之上,而是建立在以国家为中心的观念之上的。

2. 个人的权利义务与公社团体成员资格相联系。《法典》规定公社对发生在本公社抢劫案的后果集体承担责任。公社成员如果和公社断绝关系,则被视为不能容忍和宽恕的行为,会导致一系列权利的丧失。将某人逐出公社常常是公社成员犯罪的后果,是一种严厉的处罚。

(三) 法典保留有原始习惯的残余

作为人类早期的一部法典,《汉谟拉比法典》的一些规定反映了原始社会习惯的痕迹,如同态复仇和私刑的保留以及对神明裁判和发誓的法律效力的认可。

(四) 诸法合体,民刑不分

从法典的体例上看,《汉谟拉比法典》实体法和程序法合为一体,民法和刑法不分,比较典型地代表了早期东方法的特点。

第三节 楔形文字法的基本特点和历史地位

一、楔形文字法的基本特点

楔形文字法是古代两河流域经济和文化发展的结晶。古代两河流域国家大致相同的经济和文化背景,使两河流域各国法律表现出一些共同点,从而形成楔形文字法的基本特征。

通过对《汉谟拉比法典》《俾拉拉马法典》和《李必特·伊斯达法典》等具有代表性的楔形文字法典的分析,我们看到,楔形文字法主要有以下基本特征:

其一,法典的结构比较完整,一般采用序言、正文、结语三段式体例。序言和结语部分多以神的名义阐述立法目的,强调法典的神圣性和永恒性。正文部分是对法律问题的具体规定。这种结构体例表明楔形文字法已达到一定的立法水平,其立法技术和比它晚些时候的其他东方法相比都是有过之而无不及的。

其二,法典内容涉及面广,几乎涵盖了法的基本领域。如法典对国家统治形式,对民事、刑事、诉讼等方面的问题均已论及。但法典对一些重大问题又未作出明确规定。根据史料推断,很多问题当仍由习惯法调整。

其三,法典缺乏抽象原则。楔形文字法大多是司法判例汇编,法律条文一般都是对具体法律问题的个别规定,缺乏理论抽象和一般原则,反映出传统习惯法和判例法的强大影响。

二、楔形文字法的历史地位

楔形文字法系是人类历史上最早形成的一个法系,它的形成和发展在世界法律发展史上具有划时代意义,它不仅标志着古代东方法从习惯法阶段进入成文法阶段,而且代表着人类成文法律的开端。尽管楔形文字法在走过自己近三千年的历程后退出了历史舞台,但它留下的法律典籍为后人研究古代两河流域地区的经济和政治,以及研究人类早期法律的发展提供了丰富的史料。

楔形文字法独立于宗教之外以强制性规范确立奴隶主阶级的统治秩序,有效调整了古代东方早期奴隶制国家的社会关系。其法律特征之鲜明,条文规定之缜密,文字表述之准确,都是人类其他早期法所不能比拟的。

楔形文字法是人类最古老的文明美索不达米亚文明的结晶。楔形文字法系各国法典所反映出的对"今生"现实的关注,而淡化"死后"和"来生"的哲学观以及它的伦理观和朴素的社会正义观念,都深刻反映了美索不达米亚文明区别于其他文明的特质,因而它提供了人类早期文明的有价值的资料。

楔形文字法不仅是古东方文明的灿烂明珠,代表了古东方文明的伟大成就,而且通过米诺斯文明、通过波斯帝国的法律、通过希伯来法对西方文明产生了深刻影响。楔形文字法在世界文明史和法律发展史上的地位和作用是应该予以充分重视和肯定的。

思考题

1. 什么是楔形文字法?
2. 《汉谟拉比法典》为什么被认为是楔形文字法的集大成者?
3. 为什么说《汉谟拉比法典》是早期古代东方法的代表?

第三章 古印度法

> **内容提要**
>
> 古印度法是指印度奴隶制时期所有法律的总称,其内容除了婆罗门教法外,还包括早期佛教法及国王政府颁发的敕令。古印度法与宗教密不可分,很多法律文献源于宗教经典,一些法律准则原本就是教义及教规,连执掌法律者也主要是从事宗教活动的祭司。古印度法不仅具有浓厚的宗教色彩,还带有鲜明的等级特性,在大多数历史时期都严格维护种姓制度。了解古印度法的产生与发展过程,把握古印度法的宗教特性,有助于加深对宗教与法律关系的认识。而理解古印度法中的种姓制度,对于认识今天的印度法律与社会也大有裨益。

> **关键词**
>
> 古印度法 《摩奴法典》 婆罗门 种姓制度 吠陀

第一节 古印度法概述

一、古印度法的产生与发展

古代印度的地理范围要比今天的印度大得多,它除了包括当代印度外,还包括现在的巴基斯坦和孟加拉国,大致相当于今天的南亚次大陆。早在公元前31世纪中叶至前21世纪中叶,印度河流域就出现了由达罗毗荼人创造的哈拉帕文化。哈拉帕文化在发展水平上已进入青铜器时代,但在法律方面,并未给印度留下什么遗产。

公元前21世纪中叶,雅利安人从北部入侵,征服了当地的大部分达罗毗荼人。雅利安人在征服印度的过程中,出现了祭祀仪式上的圣歌《吠陀经》以及后来讲述英雄业绩和战争故事的叙事史诗《摩诃婆罗多》和《罗摩衍那》。约公元前7世纪,原始吠陀教演变为婆罗门教。婆罗门教宣扬"梵我一如"与"业力轮回",极力维护婆罗门的特权地位。婆罗门教产生后,很快发展成为国教。之后,婆罗门教的经典成为法律的重要渊源,婆罗门祭司成为法律的制定者和执行者。受婆罗门教推崇并维护的种姓制度也成为印度法律的基本内容。

到公元6世纪前后,面对经常发生的平民和奴隶反抗婆罗门统治的斗争,佛教应运而生。佛教主张众生平等,反对婆罗门种姓的特权地位,但在教义方面继承了婆罗门教的"因果报应"与"业力轮回"的学说。到公元前4世纪阿育王统治时期,佛教被定为国教,佛教的经典也成为法律的重要渊源。公元6世纪以后,佛教逐渐衰落,之后兴起的是经过改革的婆罗门教,即新婆罗门教或印度教。由于该教只是吸收了佛教和其他民间信仰的精华对婆罗门教进行的改造,故虽然此时印度已进入封建社会,但作为奴隶制上层建筑的婆罗门教法和佛法在很大程度上仍得以延续。

二、古印度法的渊源

古代印度法的渊源与宗教经典密不可分,按其历史发展大致有下列方面:

(一) 吠陀

吠陀是印度最早的传世文献和婆罗门教最古老的经典,是印度最古老最神圣的法律渊源。约成于公元前1500年至公元前600年,吠陀共4部,为《梨俱吠陀》《耶柔吠陀》《娑摩吠陀》和《阿达婆吠陀》,以诗歌体裁写成。《梨俱吠陀》是上古印度人对神的赞歌和祷告文;《耶柔吠陀》与《娑摩吠陀》是婆罗门的祷告文,记录古印度对自然力量的仪式;《阿达婆吠陀》是古代著名梵术大师阿达婆和安吉罗沙的家族密文手册。吠陀充满了神话和幻想,反映了当时印度社会的政治经济状况,其中许多涉及当时人们的行为规范和社会习惯。

(二) 法经

法经是用以解释并补充吠陀的经典,约成于公元前8到公元前3世纪。它主要规定祭祀规则、日常礼节和教徒的生活准则、权利义务以及对触犯教规者的惩罚等。主要的法经有《乔达摩法经》《阿帕斯檀跋法经》《槃达耶那法经》《伐悉私陀法经》《毗湿奴法经》等。

(三) 法典

婆罗门祭司根据吠陀经典、累世传承和古老习俗编纂的教法典籍。法典中所含的纯法律规范比法经要多,全部法典陆续出现于公元前3世纪至公元6世纪。其中最重要的法典是《摩奴法典》,它约成于公元前2世纪—公元2世纪,是印度法制史上第一部较为正规的法律典籍,具有相当大的权威性,较全面地论述了吠陀的精义,规定了以种姓制为核心的基本内容。其他重要法典有《述祀氏法典》《那罗陀法典》《布里哈斯帕提法典》《迦旃延法典》等。

(四) 佛教经典

佛教经典是古代印度法的重要渊源之一,总称为"三藏",即《经藏》《论藏》和《律藏》。《经藏》是佛教创始人释迦牟尼及其门徒宣扬的佛教教义;《论藏》是佛教各教派学者对教义的论说;《律藏》是规范寺院和教徒的生活规则,其法律性质最为明显。其中,有关佛教徒不杀生、不偷盗、不邪淫、不饮酒的"五戒",构成了佛教法的一个重要内容。

（五）国王诏令

国王的诏令也是法律的重要渊源之一，其中最为后世注目的是阿育王的诏令。阿育王在诏令中要求人们遵循佛法，服从官府，规定官吏不得贪污渎职。[①]

三、古印度法的历史地位

古印度法奠定了日后印度法律的基础。在穆斯林入侵印度之后，伊斯兰法虽然占据了主导地位，但古印度法仍然在印度教徒中发挥重要作用。后来到英国人统治印度期间，印度教法也还是解决印度教徒之间某些纠纷的重要依据。

古印度法不仅在印度法制史中占有十分重要的地位，对周边国家的法律发展也产生过很大影响。东南亚的许多国家，如缅甸、泰国、斯里兰卡、越南等，由于在历史上都曾程度不一地受过婆罗门教、佛教和印度教的影响，先后模仿过古印度法建立自己的法律制度，所以在其法律发展史上都带有很深的古印度法烙印。

第二节 摩奴法典

《摩奴法典》是一部关于古印度宗教、哲学和法律的汇编，它既是婆罗门教最重要的一部宗教典籍，又是古代印度最重要的一部法律文献。《摩奴法典》共分12卷，2684条。其中第七卷"国王和武士 种姓的行为"、第八卷"法官的任务 民法与刑法"及第九卷"民法与刑法 商人种姓和奴隶种姓的义务"，比较集中地阐述了古印度的刑事、民事、诉讼等各项法律制度。

一、《摩奴法典》的法律内容

（一）民事法律

《摩奴法典》对寄存物品、抵押物品及地下宝藏的所有权归属都作出了规定。对于寄存物，保管人不能违反物主的意愿去使用，物品即便被寄存人长久存放，其所有权仍归物主，保管人不得染指。对于抵押品，未经物主同意不得擅用，即便物品被人享有，其所有权依然属于物主。对于地下埋藏的财宝，如被婆罗门发现，可全部据为己有；若被国王发现，要一半给予婆罗门，只能留一半入己库。

《摩奴法典》十分注重对债权人的权利保护。法典规定债权人可使用各种手段强制债务人还债，如诉讼、诈术或强暴措施，对此，国王不能责难。《摩奴法典》还对订立契约的能力与契约的效力作出如下规定："凡醉人、狂人、病人、完全不

---

① 何勤华：《外国法制史》，法律出版社2001年版，第43—44页。

能独立的人、小儿、老人、或无权订立契约的人所订立的任何契约,完全无效";一份契约如"有悖于规定的法律和古来的习惯,虽证据确凿,仍属无效";"法官在抵押、出卖、赠予、接受中发现欺诈情况,以及无论在何处发现欺骗情况,应该宣布该事务无效"。①

《摩奴法典》中对牧人的过失责任也作出了相关规定。"当一只牲畜失掉,被爬行动物或狗弄死,或堕入深谷,由于牧人疏忽所致时,牧人必须赔偿另外一只"。② 但如果牧人积极履行了他的看管责任,在盗贼行窃时大声喊叫,在羊群遭到狼袭击时冲上前去驱逐,就不必对窃贼与狼对羊造成的损害赔偿。在一些意外情况下,如狼突然袭击羊群,牧人无法防范时,也可以不必对羊群的损害承担赔偿责任。如果车夫在路上和牲畜或其他车辆相撞,由于自己的过失而伤害了对方或牝牛、象、骆驼、马、鹿、羚羊、天鹅、鹦鹉时,要处以五十到一千钵那不等的罚金。但如果遇到轭折断、地面崎岖或缰绳折断等意外情况,且车夫尽到了喊叫当心的提醒路人责任时,就可以免除罚金。

《摩奴法典》列举了八种婚姻形式,分别是梵天的、诸神的、圣仙的、造物主的、阿修罗、天界乐师的、罗刹的和吸血鬼的婚姻。前四种婚姻形式都要履行特定的礼仪,只适用于婆罗门。罗刹的婚姻类似于抢婚,只适用于刹帝利。对吠舍和首陀罗只规定了阿修罗的形式。吸血鬼的婚姻被认为是最卑鄙的婚姻形式。《摩奴法典》规定寡妇不能再婚,"寡妇或无子之妇,再生族不宜准予从另一男子妊娠;因为准许她从另一男子妊娠的人,破坏古来的法律"。相反,在"丈夫死后完全坚守贞节的有德妇女,虽无子,却和这些戒色的男子一样,径往天界"。③

(二) 刑事法律

摩奴法典中对犯罪的种类与刑罚也有大量的规定。法典中的提到的犯罪行为有偷窃、强奸、伤害及违反种姓义务。其中,大量是关于偷窃罪的处罚规定。如"盗取水井的绳子或水桶者,以及破坏公用水源者,应处一金摩刹罚金",对于"偷窃十坎巴以上谷物的人"及"盗窃一百钵罗以上计重出卖的贵重物品,如金银或华美的衣服"时,要处以体刑,而对那些"抢夺名门世家的人,尤其是妇女,和价值高贵的珠宝,如钻石等",要处以死刑。摩奴法典中规定的刑罚有断肢、割舌、死刑等,并规定对婆罗门外的其他三个种姓用刑的地点有十个,即"生殖器官、腹部、舌头、两手和位居第五的两足、眼睛、鼻子、两耳、财产及全身"。摩奴法典中还有类似正当防卫的规定,"在争斗中为了自卫,为了捍卫神圣权利,以及为了保

---

① 〔古印度〕《摩奴法典》,〔法国〕迭朗善译,马香雪转译,商务印书馆1982年版,第185页。
② 同上书,第192页。
③ 同上书,第217、131页。

护妇女和婆罗门而正当杀人者,不构成犯罪"。①

(三)诉讼法

《摩奴法典》规定,司法案件由精通吠陀的婆罗门审理。"国王不亲身审案,可委任一个有学识的婆罗门代行职务"。"此婆罗门可审理属于国王裁决的案件;他要伴同三个陪审官到最高法庭去,在该处可或坐或立"。"三个精通吠陀的婆罗门由国王遴选其中一位非常渊博的婆罗门任首席,不管在何处开庭,他们这一团体被贤者称为'四面梵天法庭'"。②

《摩奴法典》中极为重视人证,并对证人的资格作了严格规定。最佳的证人是那些"值得信赖,知道一切义务,廉而不贪"的人。相反,下面这些人通常不能作为证人,如"唯利是图的人""仆人""病人""罪犯""声名狼藉的人""从事残暴职业的人""种姓混杂的人""醉汉""过度疲劳的人""孑然一身的人""陷身情欲的人",等等。但同时又规定,在"涉及暴行、盗窃、奸污、侮辱和虐待"时,对证人的资格可以放宽。对于

《摩奴法典》(梵文)

那些提供伪证的人,法典认为神会给予严厉的惩罚,让他们"落到裸体、秃头、忍受饥渴、奄奄一息地、手持破钵,乞食于敌人之家的地步"。同时,又根据作伪证的动机,规定了对提供伪证的处罚措施。"由于贪欲而作伪证者,处千钵那罚金;由于心神错乱者,处一等罚金,即二百五十钵那;由于恐惧者,处中等罚金五百钵那的两倍;由于友谊者,处一等罚金的四倍";"由于色欲者,处一等罚金的十倍;由于愤怒者,处另一罚金,即中等罚金的三倍;由于无知者,处整二百钵那的罚金;由于轻忽者,仅处百钵那罚金"。对于那些存在伪证的诉讼案件,法官需要重新审理。③

二、《摩奴法典》的宗教特性

《摩奴法典》不是国家颁布的法典,其制定带有浓厚的宗教神学色彩。据《摩奴法典》记载,该法典是摩奴依"众大仙"请求而宣示的"关于一切原始种姓和杂种姓的法律",是"为将婆罗门的义务与其他种姓的义务以适当顺序加以区分,

---

① 〔古印度〕《摩奴法典》,〔法国〕迭朗善译,马香雪转译,商务印书馆1982年版,第200—201、181、203页。
② 同上书,第168—169页。
③ 同上书,第174—180页。

生于自存神的摩奴特编纂了本法典"。① 但后来学者研究表明,《摩奴法典》并非摩奴所创,而是婆罗门教祭司根据吠陀经典、历代传承和古代习惯编成的一部教规,摩奴立法只是一种宗教上的假说。

《摩奴法典》的结构体系也带有浓厚的宗教典籍的特征。前六卷基本上是按婆罗门教徒一生的四个"行期"来安排先后顺序的。所谓"四行期",是婆罗门教徒一生生活和修行的历程,即梵行期、家居期、林栖期和遁世期。梵行期又称学生期,指儿童长到一定年龄后辞别父母,从师学习吠陀和祭祀礼仪的时期。家居期指一个人成年后结婚生子,从事某种社会职业,过世俗生活的时期。林栖期是指教徒老年后弃家隐居森林,锻炼身心,为灵魂解脱作准备时期。遁世期指一个人最后舍弃一切财富,云游四方,乞讨为生,把生死置之度外,终于获得解脱的时期。《摩奴法典》的第一卷为"创造",集中论述了梵天创造宇宙万物及人间四个种姓的神话。第二卷"净法 梵志期",论述了法的概念以及婆罗门教徒在梵行期应遵守的行为规则,第三卷"婚姻 家长的义务"、第四卷"生计 戒律"和第五卷"斋戒和净法的规定 妇女的义务",讲述家居期教徒处世、结交、参与社会活动等应有的言行举止以及妇女的义务。第六卷取名"林栖期的法 遁世的法",宣讲教徒年老后进入森林消除罪垢解脱灵魂之道。

《摩奴法典》在内容上始终贯穿了婆罗门教的种姓不平等思想,通篇都在宣扬婆罗门教的教义,如"节制欲望""善恶业报""人生轮回"以及"婆罗门至上"等思想。法典认为"如追求幸福,为人要完全知足,节制欲望,因为知足为幸福之源,反之则为不幸之源"。"不要沉湎于任何肉欲,要尽心竭力克服声色过度的偏好。"法典宣扬业力轮回的学说,认为犯罪者不但要受到现世的惩罚,还要受到来世的惩罚,死后变成牲畜。"偷食粮,下世变老鼠,偷铜变天鹅,偷水变潜水鸟;偷蜜变牛虻;偷牛奶变乌鸦;偷植物榨汁变狗;偷酥油变獴鼠";"偷肉转生秃鹰;偷油脂转生摩陀鸠;偷油类转生退罗迦鸟;偷盐,转生蝉;偷乳酪,转生鹤";"偷丝绸衣服转生竹鸡;偷亚麻布转生青蛙;偷棉布转生鹬类;偷牝牛转生鳄鱼;偷糖转生跋鸠陀鸟";"偷美味香料变麝香鼠;偷蔬菜变孔雀;偷各种调制好的米饭变刺蝟,偷生食粮变豪猪"。"偷火变苍鹭;偷家用器皿变大胡蜂,偷染色衣服变红山鹑";"偷鹿或象转生狼;偷马转生虎;偷果或根转生猴;偷妇女变熊;偷饮用水变迦多迦鸟;偷车变骆驼;偷家畜变公山羊"。②

三、《摩奴法典》严格维护种姓制度

《摩奴法典》自始至终都倡导种姓制度,公开确认并严格维护婆罗门、刹帝

---

① 〔古印度〕《摩奴法典》,〔法国〕迭朗善译,马香雪转译,商务印书馆1982年版,第1、20页。
② 同上书,第7、88、295—296页。

利、吠舍和首陀罗种姓的等级差别。宣扬梵天为了世界繁荣,以自己的口、双臂、双腿、双足创造了婆罗门、刹帝利、吠舍和首陀罗四个种姓。其中婆罗门来自梵天之口,是最高贵的种姓。刹帝利来自梵天的双臂,是最有力量的种姓。吠舍来自梵天双腿,是最勤劳的种姓。首陀罗来自梵天双足,是最低等、最肮脏的种姓。

四大种姓

《摩奴法典》对不同种姓的法律义务都作出了明确地规定,各种姓必须认真履行,婆罗门应尽的法律义务首陀罗等下级种姓无权代为履行,同理,婆罗门等高级种姓也不能去履行下级种姓的法律义务,否则就会受到惩罚。

婆罗门的义务有"诵读圣典,教人诵读,祭祀,帮助人祭祀、布施,接受布施","如果婆罗门不能以完成上述义务维持生活时,可以履行刹帝利的义务为生"。"但是,如果发生两种职务都不能维持生活的问题时,应该采取以下措施:耕耘,畜牧,过吠舍生活"。"然而,婆罗门或刹帝利被迫和吠舍过同样生活时,应尽可能设法避免从事耕耘,此工作伤生并依靠外力与牡牛的帮助"。"但如果婆罗门或刹帝利无以为生,而不得不放弃完满遵守自己义务以取得生活之资时,要避免应该避免的商品,卖吠舍经商的商品"。"婆罗门卖肉、漆和盐者,立即成为堕姓人;如果出售牛奶,三天之内,堕落到首陀罗地步"。"婆罗门自愿出售其他违禁商品,七夜之间堕落到首陀罗境地"。①

刹帝利的义务是"致力于以正义来保护属于他能力范围内的一切"。"因为,这个世界曾因为没有国王,到处为恐怖所搅乱,所以,为了保存万有,梵天才从天王、风神、阎摩、太阳神、火神、水神、月神和财神等的本体中,取永久的粒子,创造出国王"。"为帮助国王执行职务,梵天从太初时就创造了作为万物的保护者、执法者。亲儿子,纯粹神质的刑罚之神"。"刑罚支配人类……刑罚就是正义"。"如果国王不坚持不懈地惩罚应受惩罚的人,最强者就会像用烤叉烤鱼一样来烤最弱者"。"审慎恰切地用刑,给人民带来幸福;滥施刑罚,就彻底毁灭他们"。"国王被创造为致力于依次完成特殊义务的各种姓、各住期的保护者"。"保护人民的国王,被势均力敌的,优势的或劣势的敌人挑衅时,不可回避战斗",国王"决不能临阵脱逃,要保护人民,尊敬婆罗门:这些是履行了它们就可以带给国王幸福的卓绝的义务"。"在战斗中,互欲取胜,奋战而不退却的诸国王,死后径赴天

---

① 〔古印度〕《摩奴法典》,〔法国〕迭朗善译,马香雪转译,商务印书馆1982年版,第254—256页。

界"。①

吠舍的义务有"接受束圣纽仪式并娶和自己同种姓的妻子后,应始终该勤勉从事自己的业务,并饲养家畜"。"因为造物主创造了有用的动物之后委托吠舍来照管"。"吠舍决不可抱幻想,说'我不愿管理家畜了',当吠舍想照顾家畜时,其他任何人不得照管他们"。吠舍"要熟悉宝石、珍珠、珊瑚、铁、布、香料和调味料价格的高低","要熟悉播种应该使用的方式和地质的优劣,要了解整套的度量衡制",要熟悉"商品的优劣,地性的好坏,出卖货品的大概损益,和增殖家畜数目的方法"。吠舍"应该知道要交付仆人的工资,人们的种种语言,保护商品应该采取的最好措施,和一切关于买卖的事宜","应该以合法方式大力增殖财富,并注意给予一切生物以食品"。②

首陀罗首要的义务是"盲目服从精于圣学、德名卓著的婆罗门家长的命令",这会"给他带来死后的幸福","主要依附婆罗门者,取得较高的转生"。"首陀罗身心纯洁、服从高等种姓的意图,出言温和,不骄不矜。""但首陀罗无论是买来的或不是买来的,都应强制他们从事奴隶工作;因为他们是被自存神创造来事奉婆罗门的。""首陀罗虽被主人解放,但不能摆脱奴隶地位,因为这种地位对他是天生的,谁能使他摆脱呢?"③

《摩奴法典》严格维护各种姓之间的等级壁垒,倡导种族内婚,反对不同种姓的人通婚。若高级种姓的男子娶了低级种姓的女子,所生子女的种姓都要降格。一位婆罗门男子如果娶了首陀罗女子,所生的儿子又娶了首陀罗女子,依次类推,经过七代左右就会堕落到首陀罗的地位。若高级种姓的女子嫁给了低级种姓的男子,所生子女的种姓要比其父还要低贱。而低级种姓通过婚姻提高等级地位的道路十分狭窄且漫长。《摩奴法典》规定,首陀罗女子若嫁给婆罗门男子,所生的女儿又与婆罗门男子结婚,依次类推,至第七代种姓才可上升到最卓越的地位。④

《摩奴法典》还极力维护四个种姓的法律不平等地位。首陀罗辱骂了婆罗门,要处以体刑,而婆罗门辱骂了首陀罗,只处以十二钵那的罚金。与此相类似,"出生低贱的人无论用哪个肢体打击出身高的人,这一肢体应被切断","举手或举棍打击出身高尚的人,应割断其手;动怒而以脚踢者,应割断其脚","向婆罗门傲慢吐痰,国王可使人切去他的两唇,如果他向婆罗门放尿,切去其阴茎,如果他在婆罗门面前放屁,切去其肛门"。在财产权利上,婆罗门"可完全问心无愧地将

---

① 〔古印度〕《摩奴法典》,〔法国〕迭朗善译,马香雪转译,商务印书馆1982年版,第144—147、153页。
② 同上书,第243—244页。
③ 同上书,第244、209页。
④ 同上书,第253页。

其奴隶首陀罗的财产据为己有,而国王不应加以处罚;因为奴隶没有任何属于自己所有的东西,他不占有主人不能夺取的任何所有物"①。在衣食住行方面,《摩奴法典》还规定不同种姓的人不能在待在同一个房间里,不能同桌吃饭,不能同饮一口井里的水,以便使种姓的划分永久化。

思考题

简要评析《摩奴法典》中有关种姓制度的规定。

---

① 〔古印度〕《摩奴法典》,〔法国〕迭朗善译,马香雪转译,商务印书馆1982年版,第195—197、210页。

第四章 古希腊法

内容提要

古希腊法是欧洲法律文明的开端,在西方法律史上占有重要地位。它不是一个统一的法律体系,而是古代希腊世界所有法律的总称,其中以雅典法律最为典型。由于政治、经济、历史和文化条件不同,各城邦国家的法律存在着许多差异,但是它们在法律本质和基本特征方面具有很多共性。相对于罗马法而言,希腊法缺乏比较系统化的成文法典,在学理上也不像罗马法那样精深。古希腊的宪政立法对后世影响较大,这无疑与其崇尚哲学、政治学,注重对国家社会结构及其政体研究的文化传统有关。本章主要对古希腊法的形成与发展、基本特征、历史地位以及雅典和斯巴达的政治制度作了较为翔实的介绍。

关键词

古希腊法 梭伦立法 克里斯提尼立法 贝壳放逐法 莱库古法

第一节 古希腊法概述

古希腊是欧洲文明的摇篮,其地理位置包括希腊半岛、爱琴海诸岛屿、爱奥尼亚群岛以及小亚细亚的西部沿岸,周围是地中海、爱琴海。它是欧洲最先进入阶级社会和最早产生国家与法的地区。古希腊法不是一个国家法的概念,而是泛指存在于古代希腊世界的所有法律的总称。

一、古希腊法的形成和发展

公元前 20 世纪,爱琴海区域的克里特岛上就产生了由农村结合而成的早期奴隶制城邦。传说该岛克诺索斯(Knossos)城邦的国王米诺斯(Minos)是最早的立法者,斯巴达的法律就是从他的遗制中学来的。后经考古发掘,在其遗址的墙壁上发现了刻写的法律。约公元前 15 世纪,随着克里特文明的衰落,希腊文明的中心也由克里特岛移向希腊半岛南部的迈锡尼、太林斯、派罗斯等地,进而出现了迈锡尼文明。考古发现迈锡尼法是用一种直线形的文字写成的,因而称为"线形文字法"。

荷马时代(公元前 12 世纪—前 8 世纪)末期,伴随着希腊各地经济的迅速发展和交流,进一步加速了氏族制度的崩溃和阶级分化的过程,在阶级矛盾不断加剧的基础上,整个希腊世界出现了数以百计的具有主权性质的城邦国家,著名的有雅典、斯巴达、米利都、叙拉古、科林斯等。这些国家的政治制度、政治体制各不相同,有民主政体、贵族政体、专制政体或混合政体,并各有自己独立的法律制度。由于政治、经济、历史和文化条件的不同,各城邦法律存在许多差异;尽管如此,由于它们具有共同的传统或思想方法的联系,在法律本质和基本特征方面仍有许多共性。

公元前8世纪至公元前4世纪,希腊各城邦在从氏族制度转变为国家的过程中,都进行了成文法的创制活动。这些立法主要有公元前621年的《德拉古法》、公元前594年的《梭伦立法》、公元前560年的《庇西特拉图立法》、公元前509年的《克里斯提尼立法》、公元前440年的《伯里克利立法》以及阿提卡地区的《阿提卡法典》《哥尔琴法典》和《罗得岛海商法》等。其中在克里特岛发现的公元前5世纪的《哥尔琴法典》,载有关于养子、婚姻家庭、奴隶、担保、财产、赠与、抵押、诉讼程序的条文70条,它是保存比较完整的希腊早期的法律文献,为研究古希腊法提供了极有价值的宝贵原始资料。

公元前4世纪至公元前3世纪,古希腊社会开始进入衰退时期,城邦立法日趋式微。此时古希腊北方的马其顿迅速崛起,逐渐成为征服众多城邦国家的强国。公元前337年在科林斯召开的泛希腊会议确立了马其顿在希腊全境的领导地位。从公元前323年马其顿亚历山大大帝东征开始到他的继承者在东方建立国家,最后为罗马帝国吞并为止的这一时期是希腊化时期,其法律也随之演变为希腊化法律。希腊化法律曾适用于希腊人及定居在埃及、巴勒斯坦、叙利亚、小亚细亚和幼发拉底河畔的杜拉—欧罗波斯等地区的希腊化居民。希腊化国家有埃及的托勒密王国、叙利亚的塞琉古王国、小亚细亚的帕加马王国、伊朗的巴克特利亚王国和帕提亚王国等。一般来说,这些国家在私法方面适用的是当地居民原有的成文法和习惯法;在公法即政权组织法方面适用的是希腊征服者所带来的殖民地法。希腊化法律既无法典,也无法律著作,而是幸存于一些羊皮文书和碑文之中的,其中载有契约、申请书、诉讼案件记录等。

二、古希腊法的基本特征

(一) 古希腊法不是一个统一的法律体系,而是古希腊所有法律的总称

由于希腊自然环境分离隔绝,各城邦各自为政,境内又未能形成统一的经济前提,所以始终没有出现全境共同适用的法律制度,长期处于分离状态。但通过与埃及、迦太基及西亚诸国的经济、文化交流,希腊吸收了这些国家的立法成果和经验,形成了自己独特的法律体系。后期伴随着广泛的殖民活动,建立了许多殖民城邦,这些城邦既有各具特色的地方法律体系,又有共同适用的法律和

习惯。

(二) 与后世的罗马法相比,缺乏抽象概括完整严密的法典

古希腊成文法出现较早,在从氏族组织转变为国家的过程中,各城邦都编纂了自己的法律,然而与后世的罗马法相比,却大为逊色。古希腊产生了许多著名的思想家和哲学家,他们的旨趣在于探求自然界和人类社会的哲理以及国家社会等方面的理论,并不重视法律的研究与运用。因而在立法上未能创造出比较系统化的成文法典,在学理上也未能达到罗马法那样精深程度。

(三) 法律在技术处理上具有一定灵活性

古希腊从未出现过像罗马那样的务实的职业法学家集团,审判人员和陪审团往往身兼数职。在案件的审判过程中,审判人员和陪审团以及雄辩家的注意力和兴趣不在于分析和适用法律条款,而是旨在发现公平、正义的标准。在雅典城邦,陪审法院有数千余人,但有些人根本不懂法律。他们有时不是靠法律处理问题,而是根据他们发现的"公道"即正义感审判案件,所以,法律常常被虚置,在技术处理上具有灵活性。

(四) 古希腊宪政立法比较发达

与古代其他奴隶制国家相比,古希腊非常重视宪政立法,这是古希腊法所独具的重要特色。古希腊具有崇尚哲学、政治学,注重对国家社会结构及其政体研究的文化传统。著名思想家亚里士多德在他的著作《雅典政制》中曾对158部宪政立法进行了详尽的比较研究。

(五) 古希腊冲突法比较发达

由于各城邦都拥有独立主权,法律间存在着许多差异,在实践中便产生了冲突法规范。在雅典,为解决商业贸易纠纷,还专门设立了"商事法庭",商事法庭不以任何一方的法律为标准,而是以平等互利原则为基础处理问题。除此之外,各地商人在签订契约时还可以自由选择愿受其约束的法律,这意味着当时不同城邦之间确实存在着某些国际私法规则。

三、古希腊法的历史地位

古希腊法是西方法律文明的起源,对世界法律的发展作出了巨大贡献。虽然在立法成就上无法与后来发达完善的罗马法相提并论,但它上承埃及和两河流域法,下启罗马法,在东西方法律之间架起了一座桥梁,在西方法律史上的重要地位毋庸置疑。在法学思想方面,希腊的自然法思想、有关的法治思想直接影响了后世的罗马法学,罗马法学家正是在此基础上建立了自己的法学理论体系。在民主政治方面,古希腊的理论和实践,尤其是雅典宪政的理论与实践,包括关于全体公民参与国家管理的制度,选举和监督国家公职人员的制度,集体责任制和一人不能连续两次担任同一职务的原则等,一直被视为资产阶级民主政治的

先声。在具体原则和制度方面,古希腊的所有权法、债权法、海商法、诉讼法对罗马以及后世的立法产生了一定影响。

第二节 雅典的改革与政制立法

一、雅典政制改革与立法的过程

雅典城邦是古希腊世界实行民主制度的典型。其政制改革与民主政治紧密相连,是经历多次政治斗争,通过一系列立法改革,逐步形成的。这些旨在推进民主政治的立法相当于以后的根本法,所以赢得了"宪法"的名称。

雅典位于希腊半岛东南的阿提卡半岛,是古希腊境内较大的城邦国家之一,其面积大约1000平方哩。公元前20世纪中叶,爱奥尼亚人定居于此,形成四个部落。相传公元前8世纪左右,雅典的传奇英雄提秀斯进行了改革。他以雅典城为中心设立了管理机关,并将雅典自由民划分为贵族、农民和手工业者三个等级,形成了城邦国家的雏形。提秀斯时期,雅典城邦的权力掌握在氏族贵族手中,其邦法还处于习惯法阶段。贵族因操纵司法权而任意解释法律,时常作出不利于平民的判决,引起民众极大不满。

古代雅典

（一）德拉古改革

公元前 7 世纪，随着雅典经济的发展，特别是商业、手工业的发展，雅典平民阶层在社会经济中的地位日益重要。他们与贵族的斗争引起了雅典政治法律制度的一系列改革。公元前 621 年德拉古当选为执政官，迫于平民阶层的压力，他将现行的习惯法加以整理编纂，颁布了第一部成文法，史称《德拉古法》。该法主要有三项改革：规定公民权取得的条件，即只有能够自备武装的人才能享有公民权；将贵族会议选拔官吏改为公民抽签选举；组成一个由公民选举产生的四百零一人议事会。《德拉古法》原文曾经在公元前 409 年重新刻石，传世的碑文已残缺不全，仅保留了关于杀人行为的片段。从中可以看出，故意与非故意已经有了区分，并规定了不同的刑事责任。《德拉古法》以广泛采用重刑闻名于世。犯盗窃、纵火、故意杀人等罪都要判处死刑；连一个人"懒惰"，盗窃蔬菜、水果也与杀人等罪同罚，处以极刑，甚至某一物体倒塌压死人，也要被处罚。德拉古法本身，毫无疑义完全是维护贵族利益的，带有残酷性。但它开创了雅典成文法立法的先河。有些条文禁止血亲复仇，对财产关系作了相应调整，限制了司法特权，具有一定的进步意义。

（二）梭伦立法改革

公元前 594 年，雅典新兴工商业奴隶主贵族梭伦（Solon）当选为首席执政官。为解决平民和贵族之间的矛盾，进行了法律改革。主要有：

1. 颁布"解负令"，取消一切债务奴隶。"解负令"（Seisacktheia），照字面翻译为"解除负荷"，换句话说就是，拔出立在债务人份地上的记债碑。[①] 禁止人身奴役和买卖奴隶，废除平民的一切债务，释放所有的债务奴隶。因欠债被抵押的土地应无偿归还原主；因债务抵押为奴者一律恢复自由；因债务被卖到国外为奴的由国家负责赎回释放。以此缓和自由人内部矛盾，保证自由人数量的稳定，奴隶的来源只靠战俘。

2. 废除贵族世袭特权，以财产划分公民等级。在原则上废除贵族后裔的政治特权，以财产特权与职位特权取代世袭特权。将公民以财产的多寡分为四个等级：富农、骑士、中农和贫民，所有公民都有参加公民大会的权利，但只有第一等级才能担任高级官职，二、三等级公民可以担任一般官职，第四等级只有参加公民大会的权利。公民大会是最高权力机关，有权选举官吏、决定战争与媾和等国家大事；建立四百人议事会作为公民大会的常设机构，由四个部落各选 100 名成员组成，前三个等级公民都可以参加。元老院只负责实施法律的监督。

3. 首创陪审法院，作为雅典的最高司法机关。梭伦所创制的陪审法院原意为"作为法庭的公民大会"，与近代意义上的法院不同，雅典的审判完全由普通的

---

① 〔苏〕B. C. 塞尔格叶夫：《古希腊史》，缪灵珠译，高等教育出版社 1955 年版，第 183 页。

非专业人员来进行。首席法官和陪审员由抽签选出,任何公民都可以向法院提出控告,包括对官吏违法行为提出的控告和申诉。在审判中,法官更像一个公众集会的主持人,任何法官都无权宣告法律是什么;公民大会就是独立自主的法院,既认定事实又认定法律。举证和辩论后,所有人鱼贯而出,在离开时往瓮中投票来表决。[①] 这一通过城邦宪法精心构筑起来的制度,后来成为雅典民主制度的一个重要组成部分。

4. 颁布了一系列发展工商业的措施。如统一度量衡,改革币值;鼓励传子学艺及外邦手工业艺人移居雅典;鼓励葡萄酒和橄榄油出口,禁止谷物外销,降低粮价等。后又颁布了《遗产处分自由法令》《禁止奢侈法》,限制在婚丧嫁娶仪式中挥霍浪费。此外,还废除了德拉古的血腥法律,禁止对他人包括奴隶在内的暴力伤害,保障人身安全,也允许外邦人获得雅典公民权等。这些有助于促进雅典工商业的发展。

亚里士多德对梭伦制定的宪法及其民主特点给予了简要的概括。他在《雅典政制》一书中写道:"在梭伦的宪法中,最具有民主特色的大概有以下三点:第一而且最重要的是禁止以人身为担保的借贷;第二是任何人都有自愿替被害人要求赔偿的自由;第三是向陪审法院申诉的权利,这一点据说便是群众力量的主要基础,因为人民有了投票的权利,就成为政府的主宰了。"[②]客观地说,梭伦在经济方面的改革实际上只是一种改良主义措施。"解负令"并不是平分土地,贵族阶级并没有受到严重打击。政治上虽然给予公民选举权,但其本质上仍是一种金权政治,而不是民主政治。然而,梭伦的政制改革对于当时的雅典来讲仍不失为一次革命。他的立法改革使雅典整个社会的政治法律制度发生了重大改变,为雅典奴隶制经济,特别是工商业的发展创造了有利条件。同时也为雅典民主政治的确立奠定了基础。

(三)克里斯提尼改革

公元前509年—前508年,平民领袖克里斯提尼当选为执政官,又进行了立法改革,进一步推进了雅典民主政治的进程。这次改革的主要内容是:

1. 改革地方行政区域。取消原来的四个血缘部落,按地域划分居民,把雅典全国划分为十个地域性部落,每个地域性部落又划分为十个小单位,称为"德莫"(Demos),全国共有一百个德莫。德莫是具有各种政治和军事职能的村社,下面不再分氏族。村社都设有公民名册,18岁男性要载入名册,并服兵役,20岁时获得公民资格。每个公民都有当选陪审员、议事会成员和行政官员的资格。

---

① 参见〔美〕约翰·H.威格摩尔:《世界法系概览》(上),何勤华等译,上海人民出版社2001年版,第224页。
② 〔古希腊〕亚里士多德:《雅典政制》,日知、力野译,商务印书馆1959年版,第12页。

这个改革彻底摧毁了原始的、按血缘划分居民的旧制度。

2. 设立五百人议事会。以五百人议事会替代梭伦时代的四百人议事会,由每个地域性部落各选出五十人组成,除第四等级外都有资格参加。议事会享有更多权力,可管理财政、外交事宜,为公民大会准备议案和执行其决议案。公民大会仍然存在,为雅典的最高立法机构。每个部落还选出一个将军,组成"十将军委员会"统率全军。指挥权由十人轮换,不得擅权。

3. 确立贝壳放逐(也称陶片放逐)制度。即每年春季召开一次非常公民大会,用口头表决是否在公民中有人滥施权威、危害国家利益、践踏公民自由。如果有,便召开第二次公民大会,届时每个与会公民在贝壳或陶片上写下要被放逐者的名字,投入票箱,票数超过6000方能生效。被放逐者,须立即离开雅典,为期10年,中止其公民权,仍保留财产权,待期满返回时恢复一切权利。当时,雅典人并不把贝壳放逐看做是一种刑罚,而是看做一种政治措施,目的在于防止僭主政治。

陶片放逐

克里斯提尼改革为民主政治的高度发展创造了极为有利的条件,已经兼具主权在民和轮番而治的特色。① 在此之后,雅典基本上在沿着民主制的方向发展。希波战争后,雅典一跃而成为海上强国,经济进入最为繁荣时期。

(四)阿菲埃尔特和伯里克利改革

公元前462年,民主派领袖阿菲埃尔特出任执政官,进行立法改革,制定新的"宪法"。在他执政期间,实施了一系列剥夺贵族势力的改革,铲除了贵族政治的残余,宣布公民大会的决议不再受贵族会议的干预和监督;取消贵族会议审判公职人员渎职犯罪的权力,使贵族会议成为有名无实的机构。同时,在司法方面建立了不法申诉制度,借以保证民主政治不受寡头势力的干扰。

公元前443年—前429年,民主派杰出领袖伯里克利出任"十将军委员会"首席将军,成为雅典最高执政者和统帅,继续深化民主改革。

(1) 执政官和各级行政官职对所有等级的公民开放,取消公民财产资格的限制,每个公民均有权通过抽签方式当选。

---

① 顾准:《希腊城邦制度》,载《顾准文集》,贵州人民出版社1995年版,第181页。

(2)公民大会成为最高权力机关。公民大会每隔10天召开一次,凡年龄到18岁的男性公民均有权参加,并享有提出建议和弹劾公职人员渎职或违法行为、讨论国家一切对内对外的重大政策的权利。公民大会通过的规范性决议,是当时雅典法律的主要渊源。具有公民大会常设机构性质的五百人会议除了为公民大会准备议案外,还负责执行公民大会的决议,监督国家各管理部门的日常工作。

(3)陪审法院的民主色彩更为浓厚。陪审法院每年按每个地域性部落选600人的原则,以抽签方式选举产生,凡年满30岁的男性公民,只要不曾欠国库的债和不曾失去公民权利,都有权担任陪审员。为了工作方便,陪审法院内部分成十个陪审庭,每个陪审庭平均500人,具体处理有关案件,对公民大会的决议有最后的批准权。

(4)实行公职津贴制度。为了使全体公民参与国家政治活动,对重要公职人员由国家发放定额津贴,从而使贫穷的普通公民也有可能担任公职。

二、雅典的民主制度及其局限性

(一)雅典民主制的特点

在雅典,政治上的民主制度是平民与旧贵族经过反复斗争,通过梭伦改革、克里斯提尼改革、阿菲埃尔特和伯里克利的改革渐进发达起来的。其本质上是逐步提高和强化公民大会和陪审法院的地位,削弱旧贵族权力。主要有以下特点:

(1)主权在民。国家权力属于公民所有,雅典成年公民可以直接参政、议政与行使司法权。凡年满18岁的公民都享有各种政治权利,如出席公民大会、担任国家官职、领取国家津贴等权利。尤其是通过公民大会这个最高权力机关,参与国家的内政、外交、立法以及其他各项重要活动;通过陪审法院参与司法审判活动。

(2)权力制约。雅典没有总揽执行权力的最高官员,议事会是国家最高行政机关,由500人组成。议事会选出议长委员会,共50人。这50人分为10组,每组5人,每组轮流主持日常事务。陪审法院是国家重要的审判机关,由6000人组成。任何公民未经审判不得判处死刑,陪审法院的上诉机关是公民大会。行使军事权力的是"十将军委员会",由公民大会选举产生,他们之间的分工也由公民大会决定。公民大会是最高的权力机关,其他机关要对它负责。雅典大多数公职人员都是由选举产生,而且集体职务多于个人职务。除军职外,任何人不能同时担任两个职务,也不能连续两次担任同一职务。

(3)宪法至上。雅典公民把他们的宪法看做是最高法律,任何人都不得违背。雅典历史上的历次改革都是从改革宪法开始的,雅典的民主制度是一系列宪政改革的结果。根据宪法,雅典公民可以通过各种措施直接捍卫民主制度,以免遭到来自反民主势力的攻击和破坏。比较重要的有《贝壳放逐法》和不法申诉制度。前者是在克里斯提尼执政时期确立的,该制度有效地防止了僭主政治。后者是在阿菲埃尔特执政时期确立的,根据该法,凡雅典公民若发现现行立法中有违反民主制度的,均可向陪审法院进行申诉,要求予以修改或废除。

(二) 雅典民主制形成的原因及其局限性

雅典民主制度的形成,有其深刻的社会历史背景和阶级根源。雅典是一个国土狭小的沿海国家,工商业很早就比较发达,氏族贵族的势力相对较弱。工商业贵族在与氏族贵族的斗争中,与广大农民和手工业者结成了广泛的同盟,而广大农民和手工业者既是雅典公民的主体,又是军队的核心,奴隶主贵族不能不考虑他们参与民主政治的要求。再加上自由民与奴隶的数量对比悬殊,这样的力量对比,不能不影响统治阶级的政策,从而促使统治者缓和自由民内部的矛盾,以便集中力量,加强对奴隶的统治。当然,这一切也与平民同贵族的长期斗争密不可分。

雅典的民主制度在当时的历史条件下,具有进步意义,推动了雅典经济和文化的迅速发展,并对后来欧洲民主传统的形成产生了很大影响。但它毕竟是奴隶主民主,具有自身无法克服的局限性。在古代希腊的任何时代和任何城邦,公民绝不是指全体成年居民。妇女不是公民,奴隶不是公民,农奴不是公民,边区居民不是公民,外邦人也不是公民。在古典时代的雅典拥有公民权的不过居民总人口的1/20,政治权力实际上操纵在少数上层有产者的政治家手中。农民和手工业者由于经济、社会和文化等原因使他们很难行使法定权利,国家对将军等高级官吏任职资格的限制,更使他们与这些职务无缘。民众大会虽然是国家的最高权力机关,公民有权行使自己的权利,但是统治集团常常会利用各种手段去限制公民大会的作用。雅典的民主只是奴隶主、有产者的民主。

第三节 斯巴达的政制立法

斯巴达(Sparta),或称拉栖第梦(Lacedaemon),位于巴尔干半岛南部的伯罗奔尼撒地区,是古希腊另一个著名的城邦国家。多里安人入侵之前,斯巴达曾是迈锡尼时代的一个城市。斯巴达国家大约产生于公元前9世纪,是在武装征伐的过程中形成的。斯巴达制度的主要特点,就在于强固的国家生活与氏族制度的结合。

斯巴达的法律据说是莱库古（Lycurgus）[①]依照特尔斐神所托的神谕,以神意的执行者的资格公布了"瑞特拉"（Rhetra）。所谓"瑞特拉"与"公约"含义相近,希腊文原意为教训、格言,其中包含了许多重要的法律,近似于国家的宪法和部门法的混合体。莱库古在完成他的改革以后,就离开了斯巴达,在去国之前,要求斯巴达公民宣誓永远遵守他所订立的法律。从此以后,莱库古的名字,对于斯巴达人来说是正义的象征,热爱人民和祖国的理想领袖的象征。

一、斯巴达的国家机构

根据莱库古的立法,斯巴达的国家机构由国王、长老会议、公民大会和监察官组成。斯巴达的国王有两名,分别从有势力的阿基泰族与欧里蓬提泰族产生,二人权力均等。平时,国王的职责是主持祭祀、督导军事训练、审理有关家族法的案件。战时,一个国王作为国家最高军事统帅领军出征,一个留守国内。长老议事会是国家最高权力机关,由两个国王和28个长老共30人组成。除两个国王外,28个长老是公民大会从有势力的斯巴达氏族中选举出来的,任职终身。一切有关国家的重大事务、政策,均由长老议事会决定。公民大会由30岁以上的男子组成,每月集会一次,解决有关和战的问题,并且选举长老议事会人员和监察官。实际上贵族操纵一切。监察官制度早在莱库古之前就已有之,由公民大会选举产生。监察官共有5人,一年一选,其职责是陪同国王出征,监督国王的行动,负责招募军队,决定一切政策,后来又掌握司法裁判权。不过监察官还得对公民大会负责,宣战媾和等重大决定,要由公民大会通过。公元前5世纪以后,监察官逐渐掌握国家大权,成为贵族寡头机关。

二、斯巴达的社会结构

斯巴达的社会秩序是在墨塞尼亚战争期间逐渐形成的,一直保留了三百年之久（公元前7世纪—前4世纪）。斯巴达的全部居民划分为三等人,即斯巴达人、庇里爱克人和希洛人,法律上的权利义务极不平等。

斯巴达公民是统治阶层。一切能持有武器而且自备武装的斯巴达人,构成所谓的"平等人公社"。有平等权利的斯巴达公民大约一万人,但是到了公元前5世纪就不及6000人了。"平等人公社"是一种军事性质的公社,有集体的财产

[①] 相传斯巴达的第一个立法者莱库古于公元前885年颁布了他的法律。事实上,斯巴达的制度是逐渐形成的,而莱库古只是一个神话式的人物,他的名字的意思为"驱狼者",来源于阿加底亚。传说,莱库古为了给斯巴达立法,曾周游各地以便研究各种不同的制度。他喜欢克里特的"非常明确而严厉的"法律。他从埃及那里学到了把士兵和其他人民划分开来的好处,回来后"就把它拿到斯巴达来实行;规定了商人、匠人和劳作者各守其分,于是他就建立起一个高贵的国家"。参见〔英〕罗素:《西方哲学史》(上卷),何兆武、李约瑟译,商务印书馆1982年版,第140页。

和集体的劳动力。公社的一切成员皆被视为有平等权利。"平等人公社"的物质基础是土地,由被征服的民族希洛人耕种。斯巴达领土分为五个"俄巴"(oba,行政区)。土地则根据构成国民军的男子数目,划分成等量的份地(Kleros)。

庇里爱克人(Perioikoi),是与斯巴达结盟的边区居民。庇里爱克人与希洛人相比处于较好地位,可以拥有自己的财产和土地,可以在国民军中服役,但是没有公民权,不享有政治权利,也不能加入"平等人公社"。

希洛人(Helots),又译作"黑劳士",是被征服地区的居民。希洛人的真实地位是奴隶,如同土地一样被视为斯巴达的公共财产。他们没有公民权,也不能与斯巴达人通婚,世代为奴。每个全权的斯巴达男子,平等人社会的成员和重装部队方阵的战士,都用抽签的方法从公社分得一定的"份地"连同住在份地上的希洛。但是份地和希洛都不能出让。为防止希洛人起义,斯巴达人常常发动所谓的"特务行动"(Crypteia),定期让青年战士在无月光的夜晚摸进希洛人居住的村落,采取突然袭击的方式,专门捕杀最强悍的希洛人。无怪乎塞尔格叶夫说:"斯巴达的宪法,对斯巴达公民来说是民主制的,但是对附庸的民族来说就是寡头制的。"①

三、斯巴达的军事制度

在斯巴达公民中实行严格的军事训练和军事纪律,整个斯巴达社会就是一个兵营。斯巴达人和平时候的生活与战争时候的生活没有多大区别。斯巴达人的一生不属于他自己,而是属于国家。新生的婴儿,先由长老进行体格检查,只有强健的婴儿才能生存,病弱者将被抛到山峡墓地的"弃婴场"。从儿童到成年人都要接受严格的军事训练,30—60岁的男子均要服兵役。青年女子在出嫁前,也要参加体育训练,项目有:竞走、掷铁饼、投标枪等。妇女出嫁之后便专心料理家务,生育儿女。斯巴达还遗有许多群婚制的痕迹,斯巴达妇女比其他城邦的妇女更受人尊重。

思考题

1. 古希腊法的基本特征与历史地位。
2. 梭伦立法的主要内容及其意义。
3. 贝壳放逐法的立法宗旨。
4. 雅典民主政制的体现及评价。

---

① 〔苏〕B. C. 塞尔格叶夫:《古希腊史》,缪灵珠译,高等教育出版社1955年版,第162页。

第五章 罗 马 法

内容提要

罗马法是古代社会最发达、最完备的法律体系。其以市民法、万民法为代表,渊源众多,学理精深,实践中形成的罗马共和宪制颇具特色,罗马私法极为发达。罗马法学家为罗马法的发展作出了杰出的贡献,大规模系统的罗马法典编纂成就斐然。经由公元11—16世纪的"罗马法复兴"运动,罗马法对后世,特别是近现代西方法律产生了深远的影响。了解并掌握罗马法的形成与发展,掌握罗马私法体系,认识罗马法的复兴,对于理解罗马法的历史地位具有重要意义。

关键词

市民法　万民法　私法　国法大全　罗马法学家　罗马法复兴

第一节　古罗马法概述

罗马法是罗马奴隶制国家全部法律的总称。不仅包括自公元前8世纪罗马城建立到公元476年西罗马国家灭亡这个时期的法律,也包括查士丁尼(Iustinianus,527—565在位)执政时期东罗马帝国的法律。"罗马法经历了千年的历史发展;它所处的环境条件使它高瞻远瞩,把自己的视野扩展到不同的世界;法是罗马人民天才的最高体现"[①]。在一千多年中,罗马法伴随罗马国家的发展,形成了古代社会最发达的法律体系。

一、罗马法的产生

古代罗马国家地处欧洲中部亚平宁半岛上,原是半岛西部台伯河东岸的一个小城邦。据传说,罗马城是由拉丁人罗慕路(Romulus)于公元前8世纪建立的,它分为3个部落(tribus),每个部落下有10个胞族(Curie,库里亚),每个胞族又由10个氏族组成,整个罗马共有300个氏族。早期罗马人的连接纽带不是人为的社会组织,而是依靠自然血缘关系。

公元前8世纪—前6世纪是罗马原始公社制向阶级社会过渡的时期,这一

[①] 〔意〕朱塞佩·格罗索:《罗马法史》,黄风译,中国政法大学出版社1994年版,第2页。

罗马帝国

时期有7个王先后秉政,史称王政时代。王政时代罗马社会的主要政治组织有三:一是王,由贵族大会选举的部落联盟首领担任,他是罗马宗教、政治、军事和司法的最高首领,职位终身但不能世袭;二是元老院,由各氏族长老组成,主要为咨询机构;三是贵族大会(Comitia Curiata,库里亚大会),是当时罗马最基层的民众大会。王政时代调整人们行为规则的主要是长期形成的宗教习惯和自然形成的道德习惯。

公元前6世纪中期以后,第六任王塞尔维乌斯·图利乌斯(约公元前578—前534)对罗马进行了一次深刻的社会改革,使其从氏族社会过渡到奴隶占有制社会。这次改革的背景,从罗马氏族内部来看,是因财产不平等而导致的阶级分化愈演愈重;战争中俘虏的捕获使奴隶制开始发展起来。而在罗马氏族外部,罗马居民中出现了"平民"(plebs)阶层①,平民为争取权利与贵族进行了长期的斗争。塞尔维乌斯·图利乌斯通过改革废除了原有的3个氏族部落,代之以按地域原则划分的4个城区部落和一些乡村部落;吸收大批外来移民为公民,扩大了罗马城邦公民集体的基础;新建的地域部落为行政单位,设有管理机构。同时他对罗马自由居民进行了财产普查,按财产多寡把公民分为5个等级,第五等级以下的称为无产者。此外,塞尔维乌斯·图利乌斯还创设了军伍大会(Comitia

---

① 早期的罗马平民主要由因工商业发展而迁移来的居民和拉丁姆地区的被征服者组成,他们虽然人身自由,也有一定的经济实力,却不能同罗马人享有同等的权利。

centuriata)①,负责宣战、媾和、选举高级官员、制定法律和审判等。这次改革,是罗马原始公社制瓦解、国家产生的标志。

随着罗马国家的形成,罗马法律应运而生。王政时期古老的氏族习惯和社会通行的各种惯例,逐渐演变成为习惯法。公元前510年罗马的第七任王因暴政被推翻,罗马王政时代宣告结束,罗马共和国随之开始。正是在共和时期,罗马法开始了其有真正意义的发展。

二、罗马法的发展与演变

罗马法产生以后,随着罗马社会的变迁,经过了近千年的逐步完善,最终发展成为古代奴隶制社会最发达、最完备的法律体系。罗马法自身的发展、演变经历了三个时期:

(一) 形成时期(公元前6世纪—前3世纪)

形成时期的罗马法正处于罗马共和时代的前期。这一时期罗马社会政治组织的变化、平民与贵族的斗争,以及奴隶制经济的发展都影响着罗马法的形成。共和前期,罗马代替"王"执政的是每年由军伍大会选出,并经元老院批准的两名执政官,原有的元老院、贵族大会、军伍大会等组织继续存在。此外在公元前494年产生了平民会议(concilia plebis),平民会议可选举平民担任护民官(tribunus plebis)。平民与贵族的斗争是共和制前期罗马法形成时期的主要社会问题。此外,希腊文化的输入,也使形成时期的罗马法深受影响。

1. 形成时期罗马法的主要代表

形成时期罗马法的主要代表是《十二表法》(Leges Duodecim Tabularum)。作为罗马第一部成文法,《十二表法》的制定是罗马共和国形成以后,罗马贵族和平民围绕着国家政治权力的分配、债务奴役制、法律的成文化等问题展开的长期斗争的结果,也标志着罗马法由习惯法向成文法的过渡。

共和初期罗马长期适用习惯法,司法权操于贵族之手,平民对此强烈不满,他们要求颁布成文法、抑制贵族专断。公元前462年平民护民官曾提出编纂成文法的建议,但遭到贵族反对,后经过8年的激烈斗争,到公元前454年贵族和平民就立法问题相互让步达成协议,即十人立法委员全部由贵族担任,但法律必须经由平民参加的军伍大会通过才能生效。经过一年的工作,公元前451年公布了十表法律。次年,又另选出"十人立法会",制成两表,作为对前者的补充,二者合称为《十二表法》。

《十二表法》共有105条,其内容包括审判、债务、占有、家庭、继承等。宏观

---

① 军伍大会(Comitia Centuriata)直译百人团会议,音译森都里亚大会,也有译为兵团会议的。译为"军伍大会",意味着它是一个武装团体。

上看,《十二表法》和其他古代法律汇编一样,具有诸法合体的特征,具体分析《十二表法》的内容,可从三个方面见其对罗马社会分化和法律发展的反映:(1)《十二表法》的一些内容总结了前一历史阶段的习惯,反映了罗马奴隶制社会的发展状况。如在固定社会地位和权利的不平等方面,第十一表规定,平民与贵族间不得通婚。在维护私有财产方面,第三表规定,债权人有权以铁链扣押期限届满仍未还债的债务人60天,并可将债务人押赴"集市"三次,若有他人为之赎身,债务作为清偿,若无人赎取,则可将债务人杀死,可以肢解其身,也可将其出卖为奴隶。在保留原始社会的遗迹方面,第五表规定,死者无遗嘱又无继承人及父系近亲时,可由氏族成员共同继承财产等。(2)《十二表法》的一些内容肯定了平民斗争的胜利结果。如第三表规定了还债的30天恩惠期;第八表限制了利率,规定每月利息不得超过1‰;第九表规定了立法者不得为个人利益立法,贪官污吏应受到严惩,被判刑者可以上诉民众大会;等等。(3)《十二表法》的结构设置和内容安排反映了罗马法形成时期的立法水平。如把不同类别的法律规范通过设表分条加以汇集,注意条文之间的联系和一致性,从而使该法的条理比较清晰;又如确定了适合于当时社会发展水平的具有形式主义特色的诉讼形式,并使之列于前三表,反映了古代罗马人对于法律的认识,也表明当时的罗马法尚处于从习惯法向创制成文法转变的初期阶段。

《十二表法》是罗马法制发展史上的一个里程碑,在世界法制史的发展中也占有重要的地位。《十二表法》从内容到形式均为罗马法自身的发展奠定了基础,自其公布一直到查士丁尼皇帝编纂法典的千年历史中,罗马历代统治者从来都没有以明文废止过它,得到罗马人珍视的《十二表法》,同时也是古代奴隶制法中具有世界性意义的法律文献之一。

2.《十二表法》公布实施后罗马法的发展

《十二表法》公布实施以后,罗马平民继续努力,通过一系列法案,逐渐取得了与贵族基本平等的法律地位。公

《十二表法》

元前367年的《李锡尼·绥克斯图法》(Leges Liciniae Sextiae)及公元前326年的《博埃得里亚法》(Lex Poetelia)等有关成文法律,使平民获得了担任执政官和其他高级官职的权利,这些法案还废除了债务奴隶制,规定了对国有土地的最高

占有额。尤其是公元前287年《关于平民会决议的霍尔腾西法》(Lex Hortensia de plebiscitis)最终使平民会议在罗马成为具有完全立法权的机构。至公元3世纪左右,罗马的平民在法律上取得同贵族平等的地位,开始享有完全的公民权,平民上层和旧贵族一起成为掌握罗马政权的新贵族,习惯法已被大量的成文法取代,罗马社会和法律进入了一个新的发展阶段。

(二) 发展完善时期(公元前3世纪—公元3世纪)

发展完善时期的罗马法正处于罗马共和时代的后期和帝制时代的前期。共和后期罗马版图的进一步扩大,引起了奴隶制经济的深刻变革。罗马此前一直适用的有强烈属人色彩的市民法(ius civile)面临进一步发展的挑战,罗马人创造性地运用万民法(ius gentium)来调整复杂的社会经济关系。公元前27年屋大维被元老院奉为奥古斯都(Augustus,公元前27年—前14年在位),开始了罗马的帝制时期。帝制前期,共和的传统和习惯在罗马还有相当大的影响,罗马帝国继共和的繁荣之后又出现了200年的经济繁荣时期。这一时期,万民法形成,市民法进一步发展,法学走向昌明。

发展完善时期罗马法的主要特点表现为:

1. 市民法、万民法二法并存

(1) 市民法进一步发展

市民法也称公民法,是罗马国家固有的、仅适用于罗马公民内部的法律。市民法以《十二表法》为基础,包括民众大会和元老院通过的带有规范性的决议以及习惯法等,内容涉及有关国家行政管理、诉讼程序、财产所有、债权、婚姻、继承等方面。不过其中涉及财产关系的法律体系并不完整,而且具有保守性和浓厚的形式主义色彩,早期市民法的适用范围也具有狭隘的民族性和属人主义特色。市民法这种自身的特点使其无法满足罗马国家政治经济发展的需求。创立新的法律形式,促进市民法的发展,成为一种历史的必需。

公元前367年,随着罗马经济的迅速发展、自由民内部财产分化的加剧,罗马设置了裁判官(Praetor)一职,作为执政官的助手,拥有治权,后来其职责逐渐侧重于行使司法权。他们负责审理发生在罗马市民之间的争议案件,被称为城市裁判官(Praeto urbanus),意图通过城市裁判官的审判实践,使市民法的运用更适合现实社会的需要。裁判官在保证市民法适用的同时,还创制了许多新的法律规范,补充了制定法留下的大量空白。至共和末期,经长期积累,这些法律形成一套固定而统一的规范,独立于市民法之外,称为"裁判官法"(ius praetorium),它与市民法相比具有灵活而不拘形式的特点。

(2) 万民法形成

罗马疆域的扩大和商业的不断发展,使罗马市民与外来自由民之间适用法律的矛盾日益突出。为了调整居住在罗马的异邦人和被征服地区居民同罗马公民之间的权利义务关系,公元前242年罗马国家又设立了外事裁判官(Praetor peregrinus),运用万民法处理案件。

万民法意即"各民族共有的法律",主要来源于罗马固有的私法规范及与罗马人发生联系的其他各民族的规范,以及地中海商人通用的商业习惯与法规。万民法并非是罗马国家以外的法律,而是通过罗马外事裁判官的司法活动制定的并被罗马国家用强制力保证实施的法律,它适用于罗马公民和非罗马公民之间以及非罗马公民间纠纷的解决。万民法的内容着重于财产关系,特别是所有权和债权债务,而婚姻家庭、继承等关系仍由市民法或按属人主义原则由外邦人原来适用的法律来调整。由于万民法较市民法具有简易、灵活、不拘形式的特点,从而更加符合罗马社会的要求。

随着万民法的产生,罗马私法出现了两个并存的不同体系,即市民法、万民法二法并存,共同调整罗马社会日益复杂的经济关系。二者虽然产生的目的及特点有较大区别,但并非完全对立,在法律发展中,两种法律形式常常互为补充。城市裁判官经常把万民法的原则移植到市民法中去,而清除了形式主义的市民法的某些规范也常常被外事裁判官所引用。到公元3世纪,随着外邦人陆续获得公民权[①],两个体系的差别逐渐消失,至查士丁尼编纂法典时最终将二者统一起来。

2. 法学家作用突出

在罗马法的形成发展中,法学家的促进作用十分突出。罗马共和国后半期,经济生活日益复杂化,要求在立法上对各种法律关系予以确切的规范,这种需求使法学家们的活动具有了特殊意义。其法学活动可大致分为四项:一为解答,即对法律的疑难问题给予解释和答复;二为教学,即在学校教授法律课程,培养法律人才;三为诉讼及提供法律服务,即指导诉讼当事人起诉,为订立契约人编撰合法契约等;四为著述。其中解答和著述对罗马法的发展起了显著的推动作用。

法学家的解答经历了从提供个人意见到具有解答特权的发展。公元前3世纪以前,法律问题的解答权掌握在少数贵族手中。公元前254年,平民出身的僧侣科伦卡纽斯(T. Coruncanius)将所有的法律文献公开,并教授世俗青年学习法律,法律开始走向平民化,法学研究兴起。但在奥古斯都以前,法学家们对法律问题发表的见解并没有法律效力,纯系个人意见,他们的解答若与诉讼有关,则或由辩护士转达或自己直接送给审判官。由于某些时期一些民间审判官不甚精通法律,也由于法学家个人的声望较高等因素,这种解答常常为审判官接受并作为办案的依据。奥古斯都时期,若干法学家被赋予了公开解答的特权。哈德良

[①] 公元212年罗马皇帝卡拉卡拉(Caracalla, 211—217在位)颁布著名的《安敦尼努敕令》,将公民权授予帝国境内全体自由民(包括外邦人),市民法与万民法的区别逐渐消失。

皇帝(P. A. Hadrianus,117—138年在位)时进一步规定:取得解答特权的法学家意见一致时,即可产生法律效力;若几个法学家的意见有分歧,则审判官只可参酌判案。

帝制前期,对罗马法的研究走向深入,法学家们发表了大量解释法律、阐述法理的著作。不同见解的法学家因分歧而论战,其间观点相同或接近的则逐渐形成一个学派,公元1世纪至2世纪,曾出现过普罗库勒学派(Scuola Proculiana)和萨宾学派(Scuola Sabiniana)。两派各从自己所代表的政治、经济利益出发,展开了激烈的论战,在争论中法学家们纷纷著书阐明自己的观点,使罗马法研究走向深入。

帕比尼安

公元2—3世纪,法学昌明,学者辈出。著名法学家盖尤斯(Gaius,约130—180年)、帕比尼安(Papiniano,约140—212)、乌尔比安(Ulpiano,约170—228)、保罗(Paolo,约222年去世)、莫德斯丁(Modestino,约244年去世)等法学家撰写了许多著作和文章,有的还担任政府要职,积极从事立法、司法等方面的活动。上述五人先后获五大法学家的盛誉,他们的法律解答和著述备受统治者的推崇,享有极大的权威。

公元前3世纪至公元3世纪罗马法学家们的积极活动,尤其是他们的法律解答、法律著述以及法学流派的产生,使罗马法学和法律制度得到了空前发展,从实质上推动了罗马法的发展和完善。

3. 裁判官拥有立法权

从公元前367年罗马设立城市裁判官起,按照当时的法律和惯例,裁判官通过广泛的司法权逐渐获得间接和直接的立法权,他们同法学家的解答和著述一起,推动了罗马法的发展。

裁判官的间接立法权体现于审判实践中。裁判官在审理案件时按照罗马法的规定,有决定案件应否审理,用何程序的权力。如当事人对事实无争议则由裁判官自己审理,如当事人对事实有争议,裁判官则把案件移交给承审法官,并就有关审理方式及程序提出意见要点并告诉后者,后者则依此审理案件。在这种审理活动中,裁判官获得了创制诉讼程序规则的权力。

裁判官的直接立法权,是指裁判官上任后,可以颁布各种告示(edictum)作为人们获得司法保护时必须遵守的行为规则,依此裁判官获得了直接立法的权力。裁判官颁布的告示一般有四种:(1)一般告示(永继告示),由裁判官在上任时颁布的关于人们依据什么标准进行司法活动的命令,这种告示的有效期与裁判官的任期一致。(2)临时告示,裁判官就任期内所发生的民事纠纷及重大事件作出的处理命令,这种告示的效力仅及于命令涉及的案件。(3)传袭告示,后任裁判官对前任告示中的合理部分予以承认,并予再次颁布的命令。(4)新告示,后任裁判官继承前任告示中的合理部分后,又加入了新内容的命令。[①] 裁判官的告示能适应形势变化,并与罗马的社会实际联系紧密,故在实践上比成文立法更具灵活性。

裁判官拥有立法权这一特点,是共和后期至帝制前期罗马法发展完善阶段的一个历史产物。这一时期罗马复杂的法律关系及众多的法律事务,为裁判官的审判、立法活动提供了客观需要,罗马国家在共和后期赋予裁判官较高的政治特权,保证了他们通过"告示"创制法律活动的顺利进行;同时罗马法学家的法律解答和著述则为裁判官发布告示、指导审判提供了理论依据。不过裁判官的立法权与不断加强的皇权本质上是难以相容的,当罗马从共和转为帝制时,裁判官的职权开始逐步走向削弱。公元130—138年间,哈德良皇帝命令编订《最高裁判官告示汇编》,规定此后裁判官在颁布告示时,不得创制新规则,只能局限于以往告示的精神。裁判官立法的权力就此告终。

(三)法典编纂时期(公元3—6世纪)

公元3世纪以后,罗马帝国开始走向衰落,奴隶制出现危机,日耳曼人不断侵扰,罗马统治者更进一步加强集权。与这种政治环境相应,罗马法出现了较大的变化。

1. 皇权对立法领域的全面控制

随着皇权的逐步加强,皇帝的敕令(constitutiones principum)逐渐成为主要的法律渊源[②],原有其他形式的立法逐渐消失。如元老院此时所通过的决议几乎都是在形式上对皇帝提出的法令予以表决;民众大会的立法权已不复存在;裁判官颁布告示之权更为皇权所不容;因市民法与万民法区别消失,法制创新在帝制末期趋于减少,法学家的解答和著述活动也受到了很大限制。

公元426年,东罗马的狄奥多西二世和西罗马的瓦伦提尼安三世共同颁布了《学说引证法》(Oratio Valentiniani ad Senatum),规定只有五大法学家对法律问题的解答和著述具有法律效力,遇有成文法未规定的问题,均按五位法学家的著述解决;五位法学家对同一问题意见不一致时,采其多数主张;意见均衡时,则以帕比尼安的著述为准;若帕比尼安的著述没有涉及争论的问题,可选择五位法学家中较为公正的意见。该法的颁布,表面上肯定了五大法学家的地位,正式确

---

① 参见黄风编著:《罗马法词典》,法律出版社2002年版,第98—100、206页。
② 皇帝的敕令主要有:(1)诏谕,是对全国发布的有关公法和私法方面的各种命令;(2)裁决,是为裁决案件而发布的指令;(3)训示,是对官吏训示的命令;(4)敕答,是就私人或执法官所询问的法律事项作出的批示。敕谕是帝国中后期的主要法律渊源。

认他们的法律解答和著述为罗马法的渊源之一,但实质上却限制了罗马法学家的活动,强化了皇权。该时期法学家们的解答和著述受到限制之后,整理汇编以往的敕令则成为其主要工作。

2. 系统的大规模的法典编纂

罗马国家的法典编纂工作经历了从法学家个人编纂到国家正式统一编纂的历程①,系统的大规模法典编纂,是在西罗马帝国灭亡之后,公元6世纪东罗马皇帝查士丁尼统治期间和他死后的一段时间里进行的。罗马人创造性的编纂工作是人类古代法制史上的创举。

查士丁尼自公元527年继位起,为重建和振兴罗马帝国,任命了以大臣特里波尼安(Triboniano)为首的十位著名法学家参加的法典编纂委员会进行法典编纂工作。从公元528年到534年,先后完成了三部法律汇编。

《查士丁尼法典》(Codex Iustinianus,简称《法典》)。528年法典编纂委员会对当时有效的历代皇帝敕令进行整理、审订和汇编,删除其中自相矛盾的地方,于529年公布,534年又颁行了修订版。该法典是一部罗马历代皇帝的敕令大全,在编排上的特点表现为:共分12卷(现存9卷),每卷下分章节,所载敕令一律按颁布的时间顺序编排,并标明颁布敕令的皇帝的姓名。

《法学阶梯》(Institutiones,又名《法学总论》)。以盖尤斯同名著作为蓝本,参照其他法学家的著作进行改编而成,于533年底颁行。该书共分4卷,按照人法、物法、诉讼法的结构次序分章节编排。它是阐述罗马法原理的简明教本,也是官方指定的"私法"教科书,具有法律效力。

《学说汇纂》(Digesta)。从530年开始,法典编纂委员会将历代四十多名罗马著名法学家的著述和法律解答分门别类地汇集整理并进行摘录,于533年颁行。全书共50卷,主要有三部分内容:有关市民法的著作摘录;有关裁判官法的著作摘录;有关各种实用性法律问题及案件的著作摘录。这些摘录均写明当时皇帝的姓名、作者和书名,凡收入的内容均具有法律效力。

查士丁尼在三部法律汇编完成之后,曾先后颁布过敕令168条(现存124条),565年他去世后,法学家将这些敕令汇编成册,称《查士丁尼新律》,简称《新律》。内容主要涉及公法和教会法,也有一些是对现行法的解释,涉及私法问题的虽然不多,但有关继承和婚姻制度的规定给当时社会带来了较大的变革。

上述四部法律汇编,至12世纪时被合称为《国法大全》(Corpus iuris),又称《罗马法大全》或《民法大全》,它们完整系统地保留了罗马法的精华,成为研究罗

---

① 法学家编纂的皇帝敕令,有3世纪末草拟的《格里哥安法典》、《赫尔莫杰尼安法典》等;第一部官方的法律汇编是《狄奥多西法典》。关于这三部法典的详细情况,请参见〔意〕朱塞佩·格罗索:《罗马法史》,黄风译,中国政法大学出版社1994年版,第402—405页。

马法的主要资料。它们是罗马法已发展到最发达阶段的代表,也是世界古代法制史上最完备的成文法典,深刻地影响了后世西方法学和法律制度的发展。

三、罗马法律的分类

在罗马法发展完善的过程中,罗马法学家曾从不同角度用不同方法对罗马法作过种种分类。

(一)公法和私法

这是依法律所保护的利益而作出的划分。公法作为保护整个国家和社会利益的法律,指有关罗马宗教祭祀和国家机关活动的规范;私法作为保护一切私人利益的法律,指调整所有权、债权、婚姻家庭以及继承关系等方面的法律规范。在罗马法中公法与私法被明确地规定了不同的适用原则和效力,即罗马法中的公法是既定的,要无条件遵守,不得由个人之间的协议而变更;而私法遵循的原则为"协议就是法律"。罗马公法与私法划分的理论,不仅被当时的罗马立法所承认,也为后世欧陆法学所接受。

(二)成文法和不成文法

这是依法律的表现形式而作的划分。罗马狭义的成文法包括民众大会通过的法律、元老院的决议、皇帝的敕令;广义的成文法还包括长官的告示、法学家的解答等。罗马的不成文法泛指习惯法,其内容包括过去的一些传统风俗习惯和通行的惯例,虽然它没有以书面形式发表,但在罗马社会中它与成文法有着差不多相等的法律效力。

(三)市民法、万民法与自然法

这是依法律的适用而作的划分。①《法学阶梯》解释为,每一民族专为自身治理制定的法律,是这个国家所特有的,叫做市民法。出于自然理性而为全人类制定的法,受到所有民族的同样尊重,叫做万民法。

自然法是以自然为基础的,来源于自然理性,是生物间的规则,不仅适用于全人类,而且适用于一般的动物。《法学阶梯》中曾明确指出:自然法是自然界教给一切动物的,为其所共同具有,不论他们生长在天空、地上或海里,由此产生了男与女的结合,子女的繁殖及其教育。这种把自然法视为人类所固有,一切动物都知道,并且都普遍适用的观点,实际上是把自然法看成自然规律,是希腊自然法思想的通俗化表达。

(四)市民法和裁判官法

这是依法律来源的不同所作的划分。裁判官法是指由罗马国家高级官吏主

---

① 罗马法学家对法律适用的分类历来有二分法和三分法的争论。盖尤斯认为万民法即变相的自然法,故在自己的著作《法学阶梯》里分为市民法与自然法;乌尔比安采用了三分法。查士丁尼安编纂《法学阶梯》时采纳了乌尔比安的分类法,即把法律分为市民法、万民法、自然法。

要是裁判官颁布的告示、命令等组成的法律,又称为长官法,它在罗马私法发展中曾起过较重要的作用。裁判官法与市民法的主要不同之处表现为它不是由罗马立法机关制定的,而是靠裁判官的审判实践活动逐步形成的。在其与市民法长期并存的时间里,告示被汇编成集,作为对法律的重要补充,补充了市民法的不足。

罗马法学家以不同标准对罗马法的种种分类,有助于对罗马法律体系进行研究,表明了当时历史环境下罗马法学和法律制度的发达,其分类方法和重要的分类,如公法和私法的划分,对后世法学和法律制度影响巨大。

第二节 罗马宪制

罗马宪制属于罗马公法的范畴,罗马共和宪政制度为后世宪政传统的形成打下了基础。

一、罗马共和宪制的基本成分

罗马共和宪政实质上是建立在城邦社会基础上的一种国家制度。尽管罗马人在共和已呈衰颓之势时,才开始在理论上探讨他们的政治制度,但这种探讨到今天都弥足珍贵。罗马著名的法哲学家西塞罗在《论共和国》一书中认为,罗马共和国是一个典型的兼具君主制、贵族制和民主制优点的混合政体,其中执政官与人民的权力、元老院的权威相结合,构成了中庸与和谐的宪政体制。现代意大利罗马法史学家格罗索进一步总结为,罗马宪制的基本成分包括有:官制、元老院和民众(表现为民众会议)。①

(一) 官制

1. 执政官

罗马从王政走向共和的过程中,最主要的政治成果是用两名新设的执政官取代了"王"。执政官由军伍大会选举产生,拥有"治权"(imperium)。② 罗马把执政官的治权分为城内治权(城内行使)和军事治权(城外行使)两种,以城墙为划分依据。治权在城墙以内是不完整的,共和国为其设置了许多的限制,以使拥有治权的那些执政官不能以严厉的方式适用强制权和惩罚权。不过到了城外,在执政官行使军事治权时,这种限制就消失了。此处主要讨论的是城内治权。

治权是共和国时期罗马国家最高权力的表现形式。与王政时期"王"的单一

---

① 〔意〕朱塞佩·格罗索:《罗马法史》,黄风译,中国政法大学出版社1994年版,第32页。
② 治权,即统辖权。在古罗马意味着最高指挥权、司法权和强治权。执政官享有的特殊治权主要体现在军事指挥和民事司法领域。参见黄风编著:《罗马法词典》,法律出版社2002年版,第125、126页。

性、终身制、权力无限制而又不承担责任相比较,执政官的治权具有集体性、暂时性及治权有限性等显著特征。治权受到的一系列限制中有三项较重要:

(1) 特有制度对治权的限制。公元前509年和公元前300年的《瓦勒里法》①规定了"向民众申诉"(provocatio ad populum)制度,即市民有权就执政官判处死刑的决定向民众会议申诉,任何执政官不得处死或鞭笞已经提出申诉的罗马市民。罗马人认为这是对执政官治权的基本限制,是对市民自由权的最高宪制保障。

(2) 集体性原则对治权的限制。罗马法规定,两位执政官有平等的支配权,轮流执政,每人执政1个月,不执政的对执政的有否决权。

(3) 任职时间对治权的限制。罗马法规定,执政官任职期仅为一年,并在10年期限内禁止再次担任。历史上,罗马执政官是王权的继承人,设立之初他的无间隔连任一定程度上体现了罗马主权的连续性。公元前342年的一项平民会决议禁止了执政官的无间隔连任,决议一方面禁止官员同时担任两种官职,另一方面禁止在10年期限内再次担任同一官职,这一规定首先针对的就是执政官。

执政官治权这一权力概念,并不是罗马直接正面创造和完善的,而是在实践中通过对权力的限制而得以具体化发展的,它体现出权力制约机制的特点。

2. 其他官职的设立

随着罗马版图的扩大,国家政务的增多,罗马陆续增设了一些官职,以减轻执政官在某些具体领域的工作。另外,随着平民与贵族斗争的日趋激烈,官职也开始向平民开放。

公元前449年罗马最先设置的是事务官(quaestores)。他们由部落民众会议(Comitia populi tributa)选举产生,作为执政官的助手,协助执政官处理财务工作,负责审判涉及死刑的刑事案件等。

公元前443年罗马增设监察官(censores)。最初监察官只负责人口登记,后来发展到审查可进入军伍大会的名单,接受委托,评价个人的社会道德品质。他们行使的道德监督权,对罗马社会政治法律的发展起了较大的作用。

公元前367年在罗马平民的斗争下,罗马设置了市政官(aediles,也称营造司)。根据惯例他们是罗马的普通执法官,负责罗马城市的公共事务,管理物资供应和受理买卖奴隶、牲畜方面的诉讼,行使有限的民事司法权,他们曾对买卖契约的规范作出了重要贡献。市政官分平民与贵族两种,也被称为平民营造司(aediles plebis)和贵族营造司(aediles curules)。

罗马裁判官(Praetor)也设立于公元前367年。作为处理罗马内部事务的裁判官,他们的主要职责是接替执政官审判权中民事司法权的部分,负责处理罗

---

① 〔意〕朱塞佩·格罗索:《罗马法史》,黄风译,中国政法大学出版社1994年版,第153页。

马市民的民事纠纷。公元前242年又设立了外事裁判官。共和国后期,裁判官数量大增,但只有这两类裁判官与私法有关。除上述常设官职外,罗马还有非常时期设立的临时性官职,如独裁官(dictator)、十人立法委员会等。

3. 平民护民官

护民官的设立在罗马史上具有革命性的意义。平民与贵族的斗争突出体现于罗马共和宪政官制的发展中。最初平民与贵族的官职是分列的,约公元前476年设置的护民官,是罗马的非贵族居民为维护自己的权益而专门设立的执法官。① 平民护民官主要通过行使否决权、扶助权等一系列强制性权力制约贵族官员的擅权行为,帮助平民维护和实现自己的权益。他们有立法提议权;有主持召开民众会议的权力;对执政官、监察官采取的不利于平民的措施,有抵制否决权;他们执行职务时人身不受侵犯。

经过长达一个多世纪的斗争,公元前367年平民最终获准有担任国家最高官职——执政官的权利,后来甚至发展到有担任大祭司的权利,打破了传统氏族贵族对国家政权的垄断,此后不断有平民出身的"新贵"担任国家官职,在官制上开辟了氏族贵族与平民新贵共同执掌国家政权的新局面。

4. 罗马官制的特点

整个共和国时期,罗马官制的基本特点是"集体性、暂时性、任职结束后追究制和无偿性"②。集体性必然导致罗马国家为官制设置一定的制衡机制,并在各种官职的相互关系方面也确定了规则,如禁止兼职、限制连任、确定官职间的顺序等;暂时性则与责任的追究制有必然的联系,执政官在任职期不受侵犯,任职届满成为普通市民后,须对其任期内所作的侵犯私人或国家的行为负责,并承担法律责任;而无偿性最终决定了罗马国家的实权只会掌握在氏族贵族或平民新贵这些少数富有者的手中。应当指出,罗马的官职不仅是无偿的,而且还是花费昂贵的,虽然具备条件的公民都可要求取得官职,但是殷实的财富才可支撑他们真正取得官职。

(二) 元老院

元老院的存在由来已久。王政时期它产生于王的挑选,作为一个咨询机构,最初元老院并没有多大的实际权力,仅保留有一些传统的权力,如贵族大会通过的法律要由元老院批准,王若遇重大事项要咨询元老院等。

共和时期元老院逐渐演变成国家政治生活的中心,权力不断扩大。历史上,元老院几乎全部由有声望的高级退职官员(执政官、裁判官、监察官等)组成,元老院职权以咨询职能为发展基点,逐步扩展到行政领域,"除正常的行政管理活

---

① 黄风编著:《罗马法词典》,法律出版社2002年版,第247页。
② 〔意〕朱塞佩·格罗索:《罗马法史》,黄风译,中国政法大学出版社1994年版,第147页。

动外,没有哪个执政官胆敢在不征求元老院意见的情况下作出重要决定"①。元老院在财政事务领域具有重大权威,他们掌管财政、编制预算;元老院主管外交,一切外交问题,如缔结条约、派遣使节、接受外交使书等均由其负责;元老院有广泛的军事参与权,如确定征兵人数、监督战争的进行、负责为被征服地区确定有关制度等;在立法权方面,军伍大会、部落民众会议制定的法律,须由元老院批准才能生效。②

罗马元老院

(三) 民众会议

1. 库里亚民众会议

库里亚民众会议是罗马最古老的民众会议,又称贵族大会。早期的库里亚民众会议是以家族或氏族的从属关系为根据形成的议事组织,由3个氏族部落中达到从军年龄的男子组成,按照规定17—60岁的男子可以参加,但妇女、平民、门客不能参加。早期社会中民众会议的职权较为广泛,如选举王和高级官吏,制定和通过法案,决定宣战,受理上诉的死刑案件以及确认收养、遗嘱等。但自军伍大会和部落民众会议产生后,库里亚民众会议在共和时期逐渐丧失了立法权,变成一个礼仪性的机构,至共和国末年终至消失。

2. 军伍大会

军伍大会是塞尔维乌斯·图利乌斯改革后成立的,它既是一种军事组织,又是按财产组成的政治权力机关,由平民和贵族共同组成。前述改革中很重要的一项是按财产的多少把居民分为5个等级,按等级的高低可组织若干军伍,第1

---

① 〔意〕朱塞佩·格罗索:《罗马法史》,黄风译,中国政法大学出版社1994年版,第173页。
② 共和时期元老院还没有正式取得立法权。至帝政初期,元老院成为皇帝夺取立法权的过渡机构,开始正式取得立法权。公元3世纪初,随着皇权加强,元老院逐渐不再具有立法职能。

等级可组织 98 个,第 2、3、4 等级可组织 20 个,第 5 等级可组织 30 个。[①] 军伍取代了"库里亚民众会议"的一些权力和职能。

军伍大会最初的职能是决定战争和纳税等事项,随着共和国时期成为最高权力机构,它的职能也扩展到许多方面。如它有权审议法律提案,我们所熟知的《十二表法》就是由它通过的;至公元前 339 年后,它通过的法律无须送元老院批准,改由事前同元老院协商。军伍大会还具有选举职能,高级官吏如执政官、裁判官、监察官等都由它选举产生。此外,它还具有司法职能,审理可判处死刑的案件。随着社会经济的发展,军伍大会与军队制度逐渐脱离,人们开始通过不断的改革对它加以调整,至公元 74 年,军伍大会不复存在。

3. 部落民众会议

部落民众会议(又称为地区大会),是以地域为基础,以部落为单位举行的市民会议。在共和时期,每个部落民众会议都由平民和贵族构成,以平民为多,民主性较强。虽有资料说在共和时期它是与军伍大会平行的议事组织[②],兼有选举、立法和司法三项职能,但其职权没有军伍大会大,主要是通过高级长官的提案,选举事务官、税务官等下级执法官吏,通过一些次要的法律以及受理科以罚金的上诉案件。

4. 平民会议

平民会议指由平民护民官负责召集的、完全由平民参加的民众会议,产生于公元前 494 年。举行此种会议的目的是讨论和决策涉及平民政治经济利益的问题,通过的决定被称为平民会决议(plebiscitum)。平民会决议最初的效力仅局限于平民,公元前 287 年以后,平民会决议具有了等同于法律的效力,适用于全体罗马市民。平民会决议一般较多地涉及私法方面的内容,如允许平民与贵族通婚的《卡努勒亚法》(Lex Canuleia,公元前 445 年)、针对非法损害行为的《阿奎利亚法》(Lex Aquilia 约公元前 3 世纪初)等。平民会议至共和国末年不复存在。

在罗马共和宪制 500 年的发展演化中,民众会议的职权不断向有利于平民的方向拓宽。罗马公民有权参加国家管理的事实基础是兵农合一的公民兵役制,为国家出征既是公民的义务,更是公民获得参政权利的依据,并因此形成了深入人心的共和传统。正是在这个意义上,我们才说罗马公民社会构成了罗马宪制的基石。

[①] 这种军伍组织兼有军事职能和权力机构职能,参战时,由各军伍组织自行携带武器(包括石块、木棍);政治决策时,由于后 4 个等级的军伍组织数少于第 1 等级的军伍组织数,从而保证了第 1 等级在政治决策中的优势。

[②] 参见黄风编著:《罗马法词典》,法律出版社 2002 年版,第 59 页。

二、罗马共和宪制对后世西方宪政的影响

建立在城邦社会基础上的罗马宪制所包含的官制、元老院和民众这三种成分并不是孤立存在的,它们之间相互联系、相互制约,诚如西塞罗所说,这种最好的政体"包含可以说是卓越的王政因素,同时把一些事情分出托付给显贵们的权威,把另一些事情留给民众协商和决定"[①],它们之间的均衡混合共同构成了罗马宪制,并影响到西方宪政传统的产生。

其一,罗马宪制中体现了对法治的追求。罗马人没有提出系统的法治思想,但是在他们的宪制实践中却无处不体现着法治的要求。如立法所应遵循的程序、对治权概念的解释与扩充等。"官员的职责在于领导和发布正确的、有益的、与法律相一致的政令。犹如法律指导官员,官员也这样指导人民,因此完全可以说,官员是说话的法律,法律是不说话的官员。"[②]这是罗马人对法治观念的一种表述,它对西方宪政制度的影响不言而喻。

其二,罗马宪制中体现了各要素之间的制约平衡。罗马执政官虽拥有治权,即拥有最高指挥权、司法权和强治权,但对其治权的限制也非常明确,如执政官治权的行使既要受到元老院实际上的监督,也还要受到人民享有的"向民众申诉"的权利的限制;元老院曾是掌握罗马国家实权的机构,但平民护民官有权召集元老院会议以作出有关的元老院决议;各类民众大会是民主的机构,由其所出的官员皆由民选,他们只能就法案的通过与否发表意见。西塞罗在他的《论法律》中详尽地叙述了制衡原理[③],其中大部分是罗马当时正在实行的制度。罗马的制约平衡观念对后世孟德斯鸠三权分立学说的影响甚大。

其三,罗马宪制中初露"限权"观念的萌芽。限权本身和制衡密不可分。宏观上划分公权力与私权利的界限,严格区分公法和私法的界限,是罗马宪制发展中的一个值得注意的问题。罗马对权力概念的定义范围极为重视——执政官治权概念的发展就是一个例证;而护民官否决权设定的出发点,正是为了保护平民不受有损其利益的行政决定,防止因公权力的扩张而影响到私权利的发展。罗马私法领域强调的"私法自治"能够践行,与罗马宪制中交错复杂的"有限"权力密切相关,共和的传统能够在帝制前期较长久地留存,正是与最初奥古斯都对权力扩张的谨慎行使密切相关。限权观念本身正是西方宪政理念中的一部分。

其四,罗马宪制提供了一种实践理性的发展模式。罗马宪制是在实践中发展成熟而非理论预设的结果,罗马宪制的三要素及其相互之间的关系随着时代

---

① 〔古罗马〕西塞罗:《论共和国 论法律》,王焕生译,中国政法大学出版社1997年版,第60页。
② 同上书,第255页。
③ 同上书,第256—260页。

发展的需要而不断完善,伴随这一切的是政治生活中平民与贵族的斗争与妥协,而没有任何事先理论的预设与指导。"一向注重实践的罗马人直到公元前2世纪后半期,也就是罗马共和制度已呈衰退之势时,才开始对他们所生活的政治制度进行理论上的探讨。"①西塞罗的有关最好的政体标准的理论,正是在罗马共和宪制的长足发展之后,以罗马曾有的制度为蓝本而提出的。

第三节 罗马私法

罗马私法是罗马法中最发达的部分,它体系严整,内容丰富。罗马私法体系一般是指查士丁尼《法学阶梯》一书中沿用的盖尤斯的提法,并予以确定的法律结构,即人法、物法、诉讼法三个基本法律制度的顺序。下面分别介绍其主要内容。

一、人法

人法又称身份法,是关于在法律上作为权利和义务主体的人的规定。罗马人法包括人和婚姻家庭两个部分。

(一)自然人

1. 人与人格

罗马法上的自然人有两种含义:一种是生物学意义上的人,包括奴隶在内;另一种是法律上的人,指享有权利并承担义务的主体。罗马法规定,作为权利义务主体的自然人必须具有人格,即享有权利和承担义务的资格。奴隶虽是生物学概念上的人,但不具有法律人格,不能成为权利义务主体,而被视为权利客体。

2. 人格权

罗马法上的人格由自由权、市民权和家族权三种身份权构成,总称人格权。

自由权即自由实现自己意志的权利。在罗马,自由权是享有市民权和家族权的前提条件和基础,没有自由权也就无其他权利可言。自由权因取得的途径不同可分为两种,一是生来自由人,即父母为自由人,其子女也为自由人;二是解放自由人,即奴隶如因获得解放而取得自由人的身份,也可以成为权利主体。但二者的地位仍有差别,后者无选举权和被选举权,不能立遗嘱等。

市民权是罗马公民所享有的特权,其内容包括公权和私权两部分。公权指选举权、参政权、担任国家公职权等;私权指结婚权、财产权、遗嘱权、诉讼权等。根据市民权的是否享有及享有多少,自然人可分为罗马市民、拉丁人和外国人。市民身份的取得有出生、法律宣布和罗马皇帝赐予等方式。

---

① 陈可风:《罗马共和宪政研究》,法律出版社2004年版,第1页。

家族权即家族团体内的成员在家族关系中所享有的权利。罗马法对家父和子女的身份进行了严格的区分,家长(家父)对外能代表一家独立行使各种权利,故又称"自权人",其他处于家父权力之下的人(妻、子女等)称为"他权人"。

3. 人格减等

在罗马,如果原来享有的身份权有所丧失,人格就会随之变化,被称为人格减等(capitis deminutio,或称人格变更)。丧失自由权称人格大减等,丧失市民权称人格中减等,丧失家族权称人格小减等。不同程度的人格减等,都会使权利能力的行使受限。罗马法规定,只有同时具备上述三种身份权的人才享有完全的人格,才能在法律上享有完全的权利能力。

(二) 法人

古代罗马没有形成完整的法人制度,也没有产生"法人"的概念和术语。但在社会经济的不断发展中,罗马法开始承认特殊法律团体的独立人格,并通过立法规制它们的行为,为后世法人制度的发展打下了基础。

最初,罗马市民法只承认自然人为权利主体,法律上发生的关系均属个人关系。尽管共和初期已经有了各种团体,如宗教团体、士兵团体、互助性质的团体等,但在法律上它们并不享有独立的人格。至共和后期,商品经济的发展,以及人们为某种共同利益所进行的共同活动的增加,使社会团体大量涌现,他们在社会中的作用和相互间的关系需要相应的法律确认和调整,罗马国家开始承认某些特种团体享有独立的人格。至帝制后期,罗马法承认的"具有独立法律人格的特殊团体"已大量存在。这些特殊团体如商业团体、宗教团体、慈善团体、士兵团体乃至地方政府等,他们在法律上具有独立人格,享受权利承担义务。

罗马的团体分社团和财团两种。前者以人为成立的基础,如国家、地方政府、宗教团体、士兵会等;后者以财产为成立的基础,如寺院、慈善基金和待继承的财产等。罗马法规定,团体的成立必须具备三个条件:第一,必须以帮助国家或社会公共利益为目的;第二,社团要达到最低法定人数(3人以上),必须拥有一定数额的财产;第三,必须经过一定的批准手续,如帝制时期的法律规定,团体必须经过皇帝或元老院的批准方可成立。

罗马出现法人制度的萌芽,是商品经济高度发达的结果,是罗马法之人格观念产生和演进的结果。而罗马法学家提出的许多涉及法人概念的本质及主要特征的有价值的论断[①],则使罗马法人制度进一步理论化、系统化,并初步具有了后世学者提出的法人特征的基本内容。

---

① 帝制初期,罗马法学家提出了许多有价值的论断,如"团体具有独立人格""团体成员的变动不影响团体组织的继续存在""个人财产与团体财产要完全分开,团体债务并非个别人的债务"等。具体内容参见周枏:《罗马法原论》(上),商务印书馆1994年版,第268—273页。

(三) 婚姻家庭法

婚姻家庭法是人法中的重要组成部分，罗马实行一夫一妻制的家长制家庭制度。罗马法上的家庭以家父权为基础，家父由辈分最高的男性担任，在家庭中具有至高无上的权威，对家庭财产和所属成员有管辖权和支配权。直至共和后期，家长制的家庭关系才发生变化，家父的权力逐渐受到限制，家庭成员的地位开始不断得到提高。

罗马的婚姻制度经历了从"有夫权婚姻"向"无夫权婚姻"的演变发展过程。"有夫权婚姻"，也称"要式婚姻"，是共和制早期按市民法规定实行的婚姻方式（具体有共食式、买卖式和时效式）。基本特征表现为：首先，丈夫享有特权，妻子无任何权利。结婚以后，妻子完全受夫权支配，其身份、姓氏均依丈夫而定；妻子的财产不论婚前或婚后所得，一律归丈夫所有；妻子不忠时，丈夫有权将其杀死。其次，婚姻被视为男女的终身结合，以家庭利益为基础。婚姻的目的在于生男育女、继血统、承祭祀。而无夫权婚姻与前者相比其主要特点是：第一，婚姻目的在于男女双方本人的利益，不再以家族利益为基础，生子继嗣降为次要地位；第二，缔结婚姻不需要履行法定仪式，只要男女双方同意，达到适婚年龄即可；第三，夫妻双方意思表示一致可以解除婚约，也可以对方有过错为由提出离婚；其四，夫妻间形式上处于同等地位，夫对妻无所谓"夫权"，妻子没有绝对服从丈夫的义务，夫妻财产各自独立，妻子的财产不论婚前婚后一律属自己所有，夫妻对彼此财产没有继承权（后裁判官法规定，在无法定继承人时，配偶有继承权）。"无夫权婚姻"，在共和国中后期广泛发展，至帝制时期有夫权婚姻废止后则成为民间流行的唯一婚姻方式。

二、物法

物法在私法体系中占有极其重要的地位，是罗马私法的主体和核心，由物权法、继承法和债法三部分构成，对后世资产阶级民法的影响极大。

(一) 物权法

1. 物的概念和分类

罗马法上所说的物（res）范围较广，泛指除自由人以外存在于自然界的一切东西，凡对人有用并能满足人所需要的东西，都称为物。不仅包括有形物体和法律上具有金钱价值的东西，而且也包括无形物体的法律关系和权利，如役权、质权等。

物的分类主要有要式转移物和略式转移物、可有物和不可有物、有体物和无体物、动产和不动产、主物和从物、特定物和非特定物、有主物和无主物等。

2. 物权的概念和种类

物权是指权利人可以直接行使于物上的权利。依照罗马法，物权的范围和种类皆由法律规定,不能由当事人自由创设,只有法律所规定的物权才受法律的保护。罗马法上的物权主要有五种:所有权、役权(地役、人役)、地上权、永佃权、担保物权(信托、典质、抵押)等。按照物权标的物的归属,可分为自物权和他物权。物权标的物属于权利人本人的,称自物权(ius in re propria);属于他人的,称他物权(ius in re aliena)。上述物权中,只有所有权属于自物权,其余的均属他物权。

3. 罗马所有权

在罗马法的文献中并没有所有权的定义,仅有"对所有物的完全支配权"。后世罗马法的研究者们概括为,所有权是物权的核心,是权利人可直接行使于物上的最完全的权利,内容包括使用、收益和处分的权利及禁止他人对其所有物为任何行为的权利。占有则是罗马法上的一种相对独立的制度。

罗马法的研究者们总结出了罗马法所有权的三大特征,即绝对性、排他性和永续性。绝对性是指所有人在法律允许的范围内可以任意处分其所有物而不受任何限制;排他性是指"一物不能同时有两个所有权",所有权人有权禁止或排除他人在其所有物上进行的任何干预;永续性是指所有权与其所有物的命运共始终,在其所有物灭失或转移之前,所有人对该物的所有权将永远存在。

罗马所有权的形式,随着历史阶段的演进而有所变化。最早出现的是市民所有权,这种所有权的特点是:所有权的主体只能是罗马市民;所有权的客体十分有限,仅限于罗马附近的土地、部分被征服地、奴隶、家畜等;所有权的转移必须严格按照法定的要式买卖(曼兮帕蓄式、拟诉弃权式)方式进行。由于市民法所有权过于保守,不能适应奴隶制经济和商业发展的需要,共和后期逐渐出现了一些新的所有权形式,如最高裁判官所有权、万民法上的所有权等。这些所有权形式,都是适应罗马国家政治经济的新发展而对市民法所有权的补充。公元3世纪,由于罗马帝制后期中央集权加强,帝国境内居民(奴隶除外)全部获得公民权以及所有权转移方式普遍简化等原因,上述所有权的差别逐渐消失,最终形成了统一的、无限制的所有权。这种无限制私有财产权的观念为近代资产阶级法学所接受,孕育并发展了法律面前人人平等、财产无限私有的观念。

4. 他物权

罗马法上的他物权,是指在一定条件下或范围内对他人之物所直接享有的权利。他物权不能单独存在,而是基于他人的所有权所产生的物权。

他物权包括四种权利:

(1) 役权。为特定的土地或特定人的便利和收益而利用他人之物的权利。役权为所有权的一种负担,分为地役权和人役权两种。地役权是为自己特定土地的方便而使用他人特定土地的权利,如甲在乙的土地上设立的引水权、步行权等;人役权是为特定人的利益而利用他人所有物的权利,如奴隶使用权、房屋租用权等。

(2) 地上权。以支付租金为代价,利用他人土地建筑房屋的权利。

(3) 永佃权。以支付租金为代价,长期或永久使用并收益他人不动产的权利。这里的不动产开始指土地,后来也扩大至房屋。

(4) 担保物权。债务人或第三人以物权保证债务的履行而设定的权利,包括信托、质权、抵押权等。

(二) 继承法

1. "概括继承"与"有限继承"

罗马法上的继承原则经历了从"概括继承"到"有限继承"的转变。"概括继承"是指继承人必须继承被继承人的所有遗产和全部债务,当遗产不足还债时,继承人仍须负责偿还。罗马法上的继承原是指死者人格的延续,财产继承只是附属,这是由罗马长期实行家长制度所决定的。家父死后,其权利必须延续下去,他的人格就得由其继承人继承,既包括他的人身权利和义务,也包括财产权利和义务。公元前4世纪,裁判官对"概括继承"进行改革,初步确立了"有限继承"原则,即允许继承人对死者的债务仅就其遗产范围内负责清偿。查士丁尼时期进一步确认了这一原则,并指出罗马法上的继承权是指死者所有权的延伸,而非指继承人的权利。公元543年,查士丁尼颁布敕令对继承制度进行彻底改革,规定继承人对被继承人遗产的继承,仅以登记在财产目录范围以内的遗产为限,从而废除了以往继承人无限负责的原则,代之以有限继承原则(但仍以继承人在得知其为继承人的60天内提出遗产目录者为限,否则仍应负无限责任)。

2. 法定继承和遗嘱继承

罗马法上的遗产继承有两种方式,即法定继承和遗嘱继承。罗马早期只有法定继承,从《十二表法》起有了遗嘱继承的规定,其后在存在法定继承制度的情况下,遗嘱继承发展成为主要的方式。罗马的遗产继承不允许同时按遗嘱又按法定来处理。

法定继承,指死者生前未立遗嘱,而按照法律来确定继承人顺序的一种继承制度。法定继承必须在下面几种情况下才能被采用:被继承人生前未立遗嘱;虽立有遗嘱,但由于某种原因而归于无效;遗嘱中指定的继承人全部拒绝继承。共和末期罗马存有两种法定继承,即市民法的法定继承(宗亲继承)和裁判官法的法定继承(血亲继承)。公元543年查士丁尼颁布敕令确立了完全以血亲为基础的法定继承制度。法定继承人的顺序在罗马法发展的不同时期有着不同的规定,总的原则是变宗亲继承为血亲继承。[1]

---

[1] 有关法定继承的具体顺序可参见〔英〕巴里·尼古拉斯:《罗马法概论》,黄风译,法律出版社2000年版,第264—265页。

遗嘱继承,是依照行为人生前所立遗嘱,确立继承人并进行分配和转移遗产的一种制度。在罗马,遗嘱的效力从被继承人死亡时开始发生,效力涉及全部遗产,由于罗马奴隶制经济发达,遗嘱继承极为盛行。罗马法对遗嘱继承制度作了全面系统的规定,包括遗嘱方式、遗嘱能力、继承人的指定、遗嘱的效力和遗嘱的限制等。

(三) 债权法

1. 债的含义

在罗马法中,债(obligatio)是依法使他人为一定给付的法律联系,是物权的一个主要内容。债的基本特征表现为:债是债权人和债务人之间的权利和义务关系;债的标的是给付,债权人对标的物不能直接行使权利,只能通过向债务人请求给付间接行使权利;债权人的请求必须以法律的规定为依据。债一经成立,便具有法律效力。

2. 债的发生

罗马法将债的发生原因分为两类:一类是合法原因,即由双方当事人因订立契约而引起的债;一类是违法原因,即由侵权行为而引起的债,罗马法称此为"私犯"。后来,查士丁尼在编纂法典时,又规定了准契约和准私犯为债发生的原因。

(1) 契约

契约是发生债的主要原因。罗马法规定,契约必须具备如下要件:当事人必须具备订立契约的能力;当事人必须意思一致;必须具备法定的订立方式和法律认可的原因。

罗马契约的形式在历史发展中,经过法学家的总结渐趋完善。罗马早期,由于商品交换不发达,只有买卖、借贷等少数几种契约,如买卖要式转移物的曼兮帕蓄式、借贷活动中的涅克疏姆式(Nexum)等。共和国后期,随着商品经济的发展,契约开始增多,罗马法学家把这些契约分为四类,即要物、口头、文书和合意契约。要物契约是指要求转移标的物才能成立的契约,属于这类契约的有借贷和寄托。口头契约是由当事人以一定的语言订立的契约,由债权人提问,债务人回答而订立。文书契约是登载于账簿而发生效力的契约,相当于后世的契据。合意契约既不要求文书,也不需要当事人在场,双方当事人只要"意思一致"即可。属于这类契约的主要有买卖、租赁、合伙、委托等。其中合意契约流行最广,是现代契约的起源。

(2) 准契约

准契约是指双方当事人之间虽未订立契约,但因其行为而产生与契约相同效果的法律关系,并具有同等的法律效力的契约。主要包括无因管理、不当得利、监护、海损、共有、遗赠等。

(3) 私犯

在罗马,对违法加害他人人身或财产的行为称为私犯①,规定应负赔偿责任。《法学阶梯》所列私犯有四种,即盗窃、强盗、对物私犯和对人私犯。盗窃指窃取他人财产为己所有,或窃用、窃占他人财产。强盗指以暴力非法攫取他人财物的行为。对物私犯指非法损害或破坏他人的财物,如焚毁他人房屋、杀害他人家畜等。对人私犯指加害他人的身体和损伤他人的名誉、侮辱他人人格的行为。

(4) 准私犯

准私犯指类似私犯而未列入私犯的侵权行为。如法官因渎职造成审判错误,而使诉讼人利益受到损害;自屋内向屋外抛掷物件而致人伤害;奴隶、家畜造成的对他人的侵害行为等,都属准私犯,应负赔偿责任。

此外,罗马法根据债的标的物的不同,对债进行了详细的分类。主要有:特定债和种类债,可分债和不可分债,单一债和选择债,法定债和自然债。罗马法还对债的履行、债的担保、债的转移、债的消灭作了详细规定。

三、诉讼法

与公法和私法的划分相适应,罗马的诉讼也分为公诉和私诉两种。公诉是对直接损害国家利益案件的审理;私诉是根据个人的申诉,对有关私人利益案件的审理。私诉是保护私权的法律手段,相当于后世的民事诉讼。在罗马法的发展过程中,私诉程序先后表现为法定诉讼、程式诉讼和特别诉讼三种不同的形态。

(一) 法定诉讼

法定诉讼(legis actiones)是罗马国家最古老的诉讼程序,盛行于共和国前期,只适用于罗马市民。诉讼时非常注重形式,双方当事人必须依照法定的诉权和程序,讲固定的语言,配合固定的动作,并应携带争讼物到庭。整个程序分为法律审理与事实审理两个阶段。第一阶段主要是由裁判官对当事人的诉权是否为法律所承认、请求权属于何种性质、如何适用法律等,提出是否准予起诉的审查意见。如果对案件事实双方无争议,则由裁判官作出裁决,如果对案件事实双方有争议,则进入第二阶段。即由民选的承审法官(Iudex)对所起诉的案件作实质审理,主要依照裁判官的意见要点审查事实和证据并作出判决。

(二) 程式诉讼

程式诉讼(formula)是最高裁判官在审判实践中创立的诉讼程序。共和后期,随着罗马对外商业的发展,经济生活日益复杂化,最高裁判官开始采用新的

---

① 罗马法将违法行为分为"公犯"与"私犯"两种。公犯指危害国家的行为,违反者受刑事惩罚;私犯则负民事赔偿责任。

诉讼形式以弥补法定诉讼的缺陷。

程式诉讼是指诉讼当事人的陈述经裁判官审查认可后由其拟成一定程式的书状,交由民选的承审法官,命他按书状载明的案情要点和判决的提示而为审判的程序。裁判官做成的程式书状,内容主要包括诉讼人请求的原因和目的、抗辩的记载及判决的提示等。程式诉讼仍分为法律审理与事实审理两个阶段,但它废除了法定诉讼繁琐而又严格的形式,双方当事人均可自由陈述意见,并允许被告委托他人代为出庭辩护,也可以缺席裁判。程式诉讼在帝国初期较为流行,适用范围较大,不仅限于罗马公民,也适用于审理外国人的违法案件,基本上能满足大多数新的法律关系的需要。

(三)特别诉讼

特别诉讼(cognitio extra ordinem)亦称非常诉讼,开始于罗马帝国初期,在帝国后期成为唯一通行的诉讼制度。这是一种最高长官凭借其权力,发布强制性命令采取特殊保护的方法,以保护不能用一般司法方式来保护的特殊利益的诉讼程序。其特征是诉讼过程自始至终由一个官吏来担任,废除了两个阶段的划分;侦查时允许告密;为了取证,可对当事人进行刑讯逼供;对当事人提出的证据,法官可以自由心证;审判不再公开进行,只许少数有关人员参加,法官可强制当事人出庭和执行判决;诉讼当事人须交纳一笔裁判费;允许代理和辩护,并规定了上诉制度,但上诉者败诉则科以罚金。

第四节 罗马法复兴

查士丁尼之后,罗马法长期受到冷遇。自中世纪工商业发展,并"进一步发展了私有制的时候,详细拟定的罗马私法便又立即得到恢复并重新取得信任"[①]。罗马法的复兴,对于罗马法典的形式和内容、对于罗马法原则和学说的留传具有重要意义,奠定了罗马法在西方法律传统基础中的地位。

一、罗马法复兴的背景

从公元11世纪至16世纪,欧洲各国和各自治城市开展的研究罗马法典籍,并将其基本原则和制度适用到法律实践中去的社会运动被称为罗马法复兴。

罗马法复兴,并不是一个孤立的法律革新运动,它是适应中世纪中后期西欧社会经济生活急剧变迁、特别是商品经济飞速发展的产物。当时各国适用的领主法、教会法、习惯法等法律远不能满足发展的需要,而罗马法作为曾经发展得非常完备的法律,其原则正好被城市和市民借用来制定自己的城市法和商法,一

---

① 《马克思恩格斯选集》第1卷,人民出版社1995年版,第133页。

一适应那些资本主义经济因素的萌芽。"市民阶级的所有制的进一步发展,只能是而且事实上也正是变成纯粹的私有制,这种改变理应在罗马法中找到强大的助力,因为在罗马法中,凡是中世纪后期市民阶级还不自觉追求的东西,都已经有了现成的。"①

二、罗马法复兴的进程

西罗马帝国灭亡后,罗马法在西欧社会生活中虽然没有完全消失,但作为整体已经中断,法学作为一门学科也处于停滞、衰退的状态。1135年,意大利北部阿玛斐城发现了查士丁尼《国法大全》的原稿,这一发现引起了意大利法学家的关注与兴趣,而商品经济的发展也需要与其相适应的法律。意大利的波伦那(Bologna)大学率先开展了对《国法大全》的研究,吸引了欧洲各国的学生,形成了罗马法研究的策源地。

伊纳留斯

注释法学派的奠基人伊纳留斯(Irnerius,约1055—1130年)和另外两位法学大师阿佐(Azo Portius,1150—1230年)和阿库修斯(Accursius,约1128—1260)通过整理鉴别和综合分析,在理论上最先预见到罗马法的可适用性,把《国法大全》作为优于粗俗的习惯法和法庭实践的成文理性法,作为维持现存社会秩序的一种规范来研究,为罗马法的复兴打下了基础。

形成于注释法学派之后、以意大利的巴尔多鲁(Bartolus,1314—1357)为代表的评论法学派(la scuola dei commentatori),运用推理、分类评注等方法,使罗马法与城市法、封建习惯法、日耳曼习惯法和教会法的原则相互联结和适应,致力于罗马法的运用。

15—16世纪,以法国的居亚斯(J. Cujas 1522—1590)为主要代表的人文主义法学,以历史的方法研究罗马法,摒弃编纂者插入的曲解,力求恢复阐明罗马法的原状,主张通过探求罗马法的原义和适用性,对真正的罗马法予以综合归纳,以建立一个系统完整的法律体系。

---

① 《马克思恩格斯全集》第21卷,人民出版社1965年版,第454页。

三、罗马法复兴对西欧各国的影响

在罗马法复兴运动中,各学派对罗马法的研究及成果普及,几乎使欧洲各国都受到了罗马法不同程度的影响。

在法国,罗马法的效力虽然没有被正式承认,但其在实践中却具有较高的理论权威。从 12 世纪起,法国大批学生奔赴意大利学习罗马法,到 14—16 世纪,法国开始逐渐成为研究应用罗马法的中心。在其北部习惯法区,司法实践从罗马法中移植了许多法规和原则,使罗马法成为理论权威。在南部成文法区,当地居民大都按照罗马习惯而生活,罗马法的复兴使适用罗马法蔚然成风。

在德国,罗马法复兴运动起步较晚,但对罗马法的研究与运用力度却大大超过了欧洲其他国家。由于罗马法的效力得到了神圣罗马帝国皇帝的正式确认,德国早在 13 世纪就开始广泛采用罗马法;15 世纪末各大学已把罗马法列为必修课程,随着根据罗马法原理编纂的法律书籍大量出版,大学里形成了研究罗马法的风气;受过罗马法训练的法官和律师,在帝国的各级法院里适用罗马法,使以《学说汇纂》为主要内容的"普通法"适用于神圣罗马帝国全境;17 世纪末,德国采用的罗马法已不限于个别条文而是全部内容;18 世纪德国进入研究和继承罗马法的极盛时期,出现了"潘德克顿"(Pandectarum)中兴运动;19 世纪以萨维尼为首的历史法学派,更是视罗马法为本民族法律的基础,以研究罗马法为己任,使罗马法在德国民商法领域的影响大大超过欧洲其他国家。

在英国,尽管有英吉利海峡和普通法传统的阻隔,但仍不可避免地受到欧洲大陆长达几个世纪的罗马法复兴运动的影响。在法学教育与著述方面,早在 1145 年波伦那大学的罗马法教师瓦卡留斯(Vacarius,约 1120—1200 年)就曾应邀到牛津大学讲授罗马法;此后格兰威尔(R. Granville,1130—1190 年)和布雷克顿(H. D. Bracton,1216—1268 年)的著作,都对意大利注释法学派(尤其是阿佐)的研究成果有相当程度的吸收。在司法实践方面,由于 14 世纪衡平法院法官们的身份,使衡平法潜移默化地接受了罗马法的渗透。不过,由于英国特有的地理条件、政治状况和较早建立起来的统一的司法制度和法律体系,加之"遵循先例"原则的约束和独特的法律教育制度,使其所受罗马法影响与欧洲大陆国家相比,呈现为一种间接的、片断的而非直接的、系统的影响。此外,罗马法对意大利、西班牙等国的法律实践也都产生了深刻的影响。

罗马法复兴运动中欧洲各国对罗马法的适用,不仅使西欧在世俗法领域形成了一种共同法,同时它也是欧洲资本主义法律制度确立的前奏。它使欧洲在 15 世纪下半叶就已基本从法律发展的角度保证了对封建制度的胜利,"无论是国王还是市民,都从成长着的法学家等级中找到了强大的支持"①,使其法律制

---

① 〔德〕马克思:《资本论》第 1 卷,人民出版社 1953 年版,第 907 页。

度进入了一个新的历史阶段。

第五节 罗马法的历史地位

罗马法在世界法制史上具有重要地位,"罗马法对于法律制度结构的影响是整体性的,一方面影响了法律家研究法律的方法,另一方面影响了私法规范,这种影响是决定性的"①。因而德国学者耶林曾说:罗马帝国曾三次征服世界,第一次以武力,第二次以宗教(指基督教),第三次以法律。武力因罗马帝国的灭亡而消失,宗教随人民思想觉悟的提高、科学的发展而缩小了影响,唯有法律征服世界是最为持久的征服。②

一、罗马法对后世产生影响的原因

第一,罗马法是古代社会最发达和完备的法律体系。罗马法中公法、私法的划分,私法中人法、物法、诉讼法的极为详密的体系和制度,对古代私有制社会简单商品经济的一切重要关系,诸如买卖、借贷、租赁、合伙、雇佣、承揽、寄托等契约关系以及其他财产关系,都作了详尽而明确的规定。

第二,罗马法的一系列原则和制度,为后世资本主义政治经济的发展提供了现成的法律形式。罗马法中的理性原则、衡平观念非常适合资本主义社会发展的需要,尤其是它所提出的自由人在"私法"范围内形式平等、契约自由、财产权不受限制等重要原则,被近代法学兼收并蓄,巧妙地运用于近现代商品经济中,为资本主义制度的发展提供了现成的法律形式,尤其对后世民法的发展有着巨大影响。

第三,罗马法的立法技术发达。罗马法在形成中,创制法律的方法灵活多样;罗马法所确立的概念、制度和原则,措辞确切、结论清晰;罗马法典编纂中对不同题材赋予不同的编纂方法,给后世展示了风格迥异的罗马法典风格。

第四,罗马法强有力的传播途径与方式也使它具有了比其他古代国家法律更强的生命力。首先,罗马统治者运用武力扩大其版图,强行适用罗马法;其次,广大的被征服地区的居民折服于罗马法的发达和完备,自愿采用罗马法;最后,更重要的是在罗马法复兴运动中,许多国家不同程度地采用了罗马法,这是罗马法对后世尤其是资产阶级立法发生巨大而深远影响的又一原因。

---

① 〔美〕艾伦·沃森:《民法法系的演变及形成》,李静冰、姚新华译,中国政法大学出版社1997年版,第252页。

② 德国著名法学家耶林在其著作《罗马法精神》一书中对罗马法有此评价。请参见周枏:《罗马法原论》(上),商务印书馆1994年版,第10—11页。

二、罗马法对后世立法的影响

罗马法作为西方法律的重要历史传统之一,对近现代欧洲大陆资本主义法律的发展有直接的影响。近代以来,法德等国以罗马法为基础,结合本国法律发展状况,先后制定了以民法典为首的系列法典,形成了大陆法系。罗马法作为大陆法系的历史基础,其对后世立法的影响,具体体现在:

(一) 后世对罗马私法体系的继承

1804年制定的《法国民法典》,继承了《法学阶梯》的三编制体例;1900年实施的《德国民法典》则是以《学说汇纂》的精神为基础,创造性地形成了总则、债、物、亲属、继承的五编制体例。其他资产阶级国家如丹麦、意大利、希腊、瑞士等国的民法典,也都仿效法德两国受到了罗马私法体系的影响。对罗马私法体系的继承,推动了后世资产阶级法制的统一。

(二) 后世对罗马法原则的继承

罗马私法原则随着民事立法的发展,演变成近代资产阶级民法的三大基本原则,即民事主体权利平等、契约自由、私有财产神圣不可侵犯;罗马法上的其他一些具体原则,如遗嘱自由原则、不告不理原则等也为后世所承袭;而万民法中的某些原则则成为现代国际法的历史渊源。

(三) 后世对罗马法许多具体制度的继承

罗马法中的物权制度、契约制度、一夫一妻制度、法人制度等,在法律发展中体现了持久的生命力,在近代资产阶级民事立法的内容中都多有体现。

(四) 后世对罗马法律术语的继承与使用

如法律行为、民事责任、债、代理、占有、不当得利、无因管理等,这些概念表述严谨,学理精深,以致一切后来的法律都不能对它作出任何实质性的修改,更多的是在立法中直接地予以继承和使用。

(五) 后世对罗马法学理论成果的继承与使用

罗马法学家的思想学说及罗马法学发展的成果,尤其是凝集了众多法学家理论精华的《学说汇纂》深为19世纪德国法学家所重视,成为最发达之德国法学的历史渊源。

思考题

1. 如何认识罗马法学家在罗马法发展中的作用?
2. 论述罗马法复兴运动的进程及对西欧法律发展的影响。
3. 德国学者耶林认为:罗马帝国曾三次征服世界,第一次以武力,第二次以宗教(指基督教),第三次以法律。……唯有法律征服世界是最为持久的征服。你如何看待这个问题?

第六章 日耳曼法

内容提要

日耳曼法是西欧早期封建制时期适用于日耳曼人的法律的总称,它是日耳曼各部族在入侵西罗马帝国、建立"蛮族"国家的过程中,由各部族固有的风俗习惯发展衍化而成的。其后,在先进的古罗马成文法文化的影响下,各日耳曼王国编纂完成了包括《萨利克法典》在内的一系列成文法典,实现了法律的成文化。由于日耳曼法采用属人主义原则,确认日耳曼人依据自身的部族习惯法生活,同时允许罗马人仍然依据罗马法生活,因此,随着日耳曼人与罗马人混合居住局面的延续,这两种法律间的相互影响与融合也进一步得到加强。公元9世纪,整个西欧陷入封建割据之中,日耳曼法逐渐发展成为一种地区性的习惯法。日耳曼法是继罗马法之后在西欧形成的一种法律体系,它是构成西欧封建制法律的基本因素之一,同时也是西方近代资产阶级法律的重要历史渊源。

关键词

日耳曼法 《萨利克法典》 马尔克 团体本位 属人主义

第一节 西欧封建制法律形成和日耳曼法的成文化

一、西欧封建社会的初步确立与日耳曼法的兴起

公元476年,在"蛮族"入侵与隶农起义的双重打击之下,早已处于风雨飘摇中的西罗马帝国徐徐落下历史的帷幕。日耳曼各部在其废墟之上建立起一系列"蛮族"国家,将整个西欧带入封建制时代。

西方历史学家通常将公元5—15世纪称作中世纪。与古罗马时期社会经济形态与法律制度明显不同,这一时期在社会经济形态上呈现出封建制度的诸种特征:自然经济占有主要地位,商品经济不发达,以土地的层层封授为基础所形成的领主与附庸之间的个人人身关系成为社会重要组织形态,人身依附色彩浓

厚;在法律制度上则主要表现为法律体系的分散与多元以及司法管辖权的分割。① 而在西欧中世纪早期封建社会初步确立阶段广为适用的数种法源之中,日耳曼法无疑最为重要,且适用范围最为广泛。

日耳曼法是西欧早期封建制时期适用于日耳曼人的法律的总称。这一法律是日耳曼各部族在侵入西罗马帝国、建立"蛮族"国家的过程中,在罗马法和基督教教会法的影响下,由各部族固有的风俗习惯发展衍化而成的。从空间上看,所有古日耳曼人所建立的国家,其法律都属于日耳曼法,因此,除建基于西罗马帝国废墟之上的各"蛮族"国家的法律外,北欧的斯堪的那维亚人以及入主不列颠岛的盎格鲁·撒克逊人的法律也包括在内。从时间上看,大致上是从公元5世纪到公元9世纪,也即从日耳曼人开始建立国家到封建制在西欧最终确立以及整个西欧陷入封建割据之中、日耳曼法发展成为地区性的习惯法为止。

日耳曼人原居住于罗马帝国的东北方,主要分布在东起维斯杜拉河西至莱茵河,南自多瑙河北抵波罗的海的广大地区内。由于其所处的社会历史条件远远落后于奴隶制高度发达的古罗马,因此与凯尔特人、斯拉夫人等外来的部族一起被罗马人称为"蛮族"。直到公元前1世纪,日耳曼人仍然过着土地公有、没有私有财产的原始氏族社会生活。到公元1世纪时,受到罗马先进的奴隶制文化的影响,日耳曼人进入到军事民主制时代,其原始的氏族社会结构正逐渐趋于解体。自公元4世纪末起,在土地及人口的压力之下,日耳曼各部族开始了规模空前的民族大迁徙运动,大量涌入已处于内外交困、政权岌岌可危中的西罗马帝国境内,在被占领土地上建立了许多"蛮族"国家,其中主要有法兰克王国、西哥特王国、东哥特王国、勃艮第王国、伦巴德王国以及不列颠岛上的盎格鲁·撒克逊诸王国等。

日耳曼人建立的国家以法兰克王国最为强大,存在的时间也最长久。在其鼎盛时期(加洛林王朝查理大帝时),它所管辖的范围几乎涵盖了昔日西罗马帝国的所有土地。但由于法兰克人的庞大帝国仅是军事征服的结果,因此,其国家的统一并不巩固。

日耳曼法在性质上属于早期封建制法,这主要表现在,一方面它体现出封建性法律的基本特征,包含有大量维护封建教俗贵族等级特权地位的内容;另一方面也保留有较多的原始公社时期习惯的残余,如马尔克(Mark)土地所有制、血

---

① 需要注意的是,东西方封建制度无论在社会经济形态还是政治法律制度上均存在明显的差异。就社会经济形态而言,虽然东西方封建制度都建立在自然经济基础之上,但通过土地的层层封授所建立起来的领主附庸关系绝非东方封建社会的主要联结方式;就政治法律制度而言,西方封建制度明显表现出贵族政治、权力多元、司法管辖权分割的基本特征,而东方封建制与君主专制的政治体制紧密相连,在我国,与之伴随的还有高度发达的官僚政治形态,在这种君主专制主义的中央集权政治体制之下,不可能出现中世纪西欧所存在的权力多元以及各种司法管辖权的划分与争夺问题。

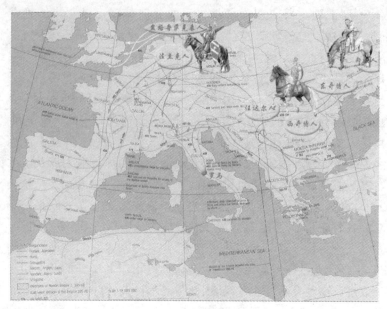

日耳曼人大迁徙

亲复仇、神明裁判等。

二、日耳曼法的形成和发展

(一) 日耳曼法的起源

日耳曼人在民族大迁徙以前,尚处于原始氏族公社时期,解决纠纷,调整人们之间的关系主要是依靠氏族部落生活中所形成的风俗习惯。最初各日耳曼王国的法律是不成文的习惯法,在形式上,它和氏族制度时期的风俗习惯一样,没有文字记载,靠口耳相传,并为各国贵族所垄断。为便于记忆,早期的日耳曼法常以较为简短的词句、押韵的方式或特殊的成语来表示,这种习惯法与道德规范之间并无严格的区别。

(二) 日耳曼法的成文化

从公元5世纪末6世纪初开始,在先进的古罗马成文法文化的影响下,各日耳曼王国以原有的习惯法为基础,同时吸收某些罗马法的原则、术语以及早期教会法的内容,编纂了一系列成文法典,这正如孟德斯鸠所说的:"当日耳曼各民族征服了罗马帝国的时候,他们在那里学会了文字的使用。他们就模仿罗马人,把自己的习惯用文字写出来,并编纂成为法典。"[①]由于当时罗马人称日耳曼人为"蛮族",因此这一系列法典被称为"蛮族法典"。

---

① 〔法〕孟德斯鸠:《论法的精神》(下册),张雁深译,商务印书馆1995年版,第225—226页。

在各日耳曼王国中,最早进行法典编纂的是入侵南高卢和西班牙地区的西哥特人建立的王国。在其国王尤列克统治时期(466—483年),整个王国发展到鼎盛阶段。这一时期制定的《尤列克法典》是日耳曼法成文化的最早尝试。其后,相继制定的"蛮族法典"主要有法兰克王国的《萨利克法典》①和《里普利安法典》、勃艮第王国的《勃艮第耿多巴德法典》、伦巴德王国的《伦巴德法典》以及不列颠岛上的盎格鲁·撒克逊诸王国的《埃塞伯特法典》《伊尼法典》和《阿尔弗烈德法典》等。北欧地区的习惯法成文化的最迟进行是在斯堪的那维亚各国,直到公元12世纪时才对各部族的习惯法加以汇编,其代表性的法典是1241年制定的《裘特法典》。

在众多的"蛮族法典"中,法兰克王国的《萨利克法典》在当时具有很大的权威性,对后世的影响也较大,因此一般被认为是5—9世纪蛮族法典的典型代表。

《萨利克法典》大约编纂于486—496年之间,是法兰克国王克洛维统治时期的习惯法和王室法令的汇编。这部法典反映的是法兰克部族从原始的军事民主制向国家过渡时期的社会生活状况,是法兰克王国最主要的法律渊源,集中体现了法兰克王国早期法律制度的基本特征。

《萨利克法典》共65章(一说70章,一说99章),每一章下又分为若干节。这一法典最初的原文已经失传,现存最早的抄本编订于矮子丕平及查理大帝时期。法典的大部分内容是对杀人、抢劫、偷盗、损伤他人身体、损坏他人财物等行为处以数额不等的罚金的规定,同时也包括其他一些内容,如规定女儿不能继承土地的条款。法典在结构体例上与其他古代法律汇编一样,诸法合体,民刑不分,实体法与程序法不分,并有序言和注释。

《萨利克法典》

《萨利克法典》由臣服于法兰克王国的罗马法律专家负责编纂,因此在编纂技术上与罗马法有很多相似之处,如古罗马的《十二表法》的第一表、第二表规定的是"审判引言""审判条例",以传唤当事人到庭作为开篇内容,《萨利克法典》也是如此。

---

① 萨利克(salic)在古日耳曼语中即"海"的意思,该法典由早期居住于荷兰瑞得尔海边的萨利克法兰克部族制定实施,故而得名。

(三) 日耳曼法和罗马法的并存与融合

各日耳曼部族建立国家、实现习惯法的成文化之后，在适用法律上仍沿袭氏族社会时期的习惯，采用属人主义的原则，即确认日耳曼人仍然依据自身的部族习惯法生活，同时允许罗马人仍然依据罗马法生活，当日耳曼人和罗马人之间发生法律纠纷时，则适用日耳曼法。随着日耳曼人与罗马人混合居住局面的延续以及社会封建化程度的加深，这两种法律间的相互影响与融合也进一步得到加强。

西罗马帝国灭亡以后，原来盛极一时的罗马法失去其权威地位，沦为各地的地区性习惯法之一。为了便于适用，一些日耳曼王国也曾对这种罗马法进行编纂。其中，最著名的是西哥特王国国王阿拉列克二世(AlarichⅡ,?—507年)在位时编纂的《阿拉列克罗马法辑要》。这部法典于506年颁布施行，在时间上比查士丁尼编纂的《国法大全》还要早一百多年，它在中世纪的西欧各国具有广泛的影响。除西哥特王国以外，在高卢、英格兰及勃艮第王国所辖地区，凡罗马人仍然依据罗马法生活之处，均须援用此法典作为准绳。

(四) 王室法令的发展

随着日耳曼国家的发展，国王对立法权的加强，王室命令逐渐增多，特别是法兰克王国查理大帝时期，为了加强王权，提出了用王室的法律取代所谓"公约"，并废止了"自由人大会"参与立法的权利，试图通过王室法令推进全国范围内的法律统一。

王室法令按其实施时期所起作用的不同可以分为三种：一种是补充"法典"之不足，适用于各个部族；一种是具有独立之意义，为创立新的规范而颁布，适用于全国；一种是国王对派到地方去的巡按使所颁布的训令，这种训令是巡按使在地方上处理案件的依据之一，具有规范性的意义。王室法令的效力高于其他法律。如果其他法律与王室法令的规定相冲突，则自然归于无效。

法兰克王国查理大帝时期是日耳曼法发展的最后阶段。9世纪中期以后，法兰克王国发生分裂，西欧大陆各地相继进入封建割据时期，日耳曼法被分散的地方性习惯法所取代。仅在不列颠及北欧地区，日耳曼法还继续存在，至更晚些时候才发生变化。

第二节 日耳曼法基本制度

一、财产制度

日耳曼法的财产制度与罗马法有所不同，在日耳曼法中，没有高度抽象的所有权主体和客体的概念，主体的身份地位不同，享有所有权的性质和范围亦各不相同,而客体的种类不同,所有权的效力和保护方法也有很大的区别。

(一)不动产所有权

受罗马法的影响,日耳曼法中也存在动产和不动产的区分,其区分的标准有二:一是标的物能否移动,二是标的物是否容易灭失,如有日耳曼法谚云"凡能够燃烧的即为动产"。由这两条标准可知,日耳曼法中的不动产主要是指土地。日耳曼土地所有制的形式有以下几种:

1. 马尔克公社土地所有制

马尔克公社土地所有制源于日耳曼人早期的氏族制度,也被称为自由农民土地占有制,实质上是一种土地公有制度。马尔克是日耳曼人在民族大迁徙的过程中,按地域关系组成的农村公社组织。在马尔克公社组织中,耕地属公社集体所有,定期分配给公社成员使用;森林、牧场、河流等也为公社集体所有,由公社成员共同使用;成员居住的房屋及其周围的小块园地归成员的家庭私有。在这种制度下,组成马尔克的各成员家庭只有对土地的占有、使用、收益权,而马尔克公社则行使管理、处分权。

每个家庭对土地的这种占有、使用、收益权与其家长的公社社员身份有密切联系,只有家长具有社员身份的家庭才享有这些权利。并且,严禁将土地卖给其他公社的成员,土地的转让只能在本公社社员之间进行。份地只能由男性继承,如家长无子,土地须交公社处理。社员占有、使用土地须遵守公社的传统习惯,不能侵犯其他社员的权利以及公社集体的利益。

马尔克公社土地所有制在日耳曼人的社会生活中占有极为重要的位置,从法兰克人侵入高卢直到 8 世纪初,马尔克的土地所有制始终是法兰克社会的经济基础,不仅如此,马尔克的组织形式给予日耳曼法以深刻的烙印,以至于恩格斯曾说:"日耳曼的法律,即古代的马尔克法律。"① 随着社会封建化的发展,马尔克公社组织逐渐解体,对公社成员土地权利的限制也逐渐减少,土地迅速由公有向私有转化。

2. 大土地占有制

在各日耳曼王国建立初期,教俗贵族的大土地占有制就已经开始形成,这种大土地占有制是西欧封建制度的基础。它主要通过两个途径得以形成:国王对土地的封赏以及公社社员土地财产的分化,其中,国王的封赏是大土地占有制形成的主要途径。在入侵西罗马帝国的过程中,除马尔克公社土地外,各日耳曼国王占有大量的被征服土地,并将其中一部分封赐给贵族、亲兵和教会等,而这些获得封赐的教俗贵族们又不断通过"委身制"大量兼并自由农民占有的小块土地,这样就形成了以国王为首的教俗贵族大土地占有制。

---

① 《马克思恩格斯全集》第 19 卷,人民出版社 1963 年版,第 363 页。

最初,各日耳曼国王封赐土地给教俗贵族是不附带任何条件的,土地一经封赐,即归受封者所有,可以自由转让或继承。不仅如此,大地主的土地所有权与其对领地的行政权及司法权紧密结合在一起,使封建贵族势力不断扩大,以至于国王不得不授予"特恩权",承认他们在各自领地上的这种权利。

为限制大土地所有者的权利,8世纪早期,在宫相查理·马特(715—741)的主持下,法兰克王国实行了采邑改革,他改变以往无条件赏赐贵族土地的旧制,代之以"采邑"分封。采邑是承担一定义务的封地,受封者(封臣)要为国王尽一定的义务,主要是服兵役。如果受封者不履行义务,国王可收回采邑。一开始采邑只能终身享有,不得世袭,封主或封臣任何一方发生改变,都要举行仪式,重新进行分封。至9世纪后期,采邑实际上已经变成世袭领地。除国王外,各级教俗大贵族也按照采邑制原则,把一部分土地分封给自己的下属。这样,随着马尔克公社土地所有制的式微,"采邑"在8—9世纪日益成为西欧最为重要的土地占有形式。

3. 农奴份地

农奴从领主处领取小块份地进行耕种,对所领有的份地只有使用权,没有所有权。他们被牢牢地束缚在土地上,不得随意离开所依附的土地。

(二)动产所有权

日耳曼法中的动产主要是指武器、牲畜、耕种狩猎的用具、奴隶以及其他能够移动或容易灭失的物品。在日耳曼法中,动产所有权和不动产所有权之间有着明显不同,对于动产,所有人已经确立了完整的私人所有权,即使是没有人身自由的农奴对其所拥有的动产也是如此,法律对此加以严格保护。丧失对动产的占有,所有人可行使追及权,不过,动产的丧失是基于所有人的意思还是违背其意思产生的,将产生不同的法律效果。

基于自己的意思而丧失动产的,如发生在寄存、出借等场合中的动产的丧失,所有人只能向相对人行使追及权,或要求其赔偿损失,而不能直接要求相对人以外的第三人返还该动产。对于违背自己的意思丧失的动产,如被盗、被骗、遗失等,无论标的物转移至何人之手,所有人都有追及权,有权要求占有人返还。

二、债权制度

在各日耳曼王国中,由于自然经济占主导地位,商品经济不发达,因此其债法的内容也比较简单。

日耳曼法中对契约之债的规定较为简陋,这表现在两个方面:第一,契约的种类很少,只有买卖、借贷、寄托等少数几种;第二,契约的成立规定较严,在形式上均属要式契约,带有严格的形式主义特征。特别是在土地转让中,双方当事人须亲自到场,并有法定的证人到场,讲特定的语言,做特定的动作,土地转让方能成立。另外,土地的转让也可以通过拟诉弃权的方式进行。

相较于土地转让而言,动产的转让稍为简便一些,但也需要有证人到场,并公开进行,有时还要宣誓。有些物品,如牲畜,只有在市场上或城里才能进行转让。

为了维护债权人的利益,日耳曼法规定了各种保证债务履行的方法,如宣誓、名誉保证、扣押财产、扣押人身等,其中扣押人身是一种经常使用的方法。当债务人无力清偿债务时,债权人可以通过扣押债务人的人身,使之充当奴隶,待债务清偿后,债务人才可恢复自由,可见,这实际上是一种债务奴役制。

三、婚姻家庭与继承制度

日耳曼人一般实行一夫一妻制,但国王和贵族可一夫多妻。按早期日耳曼习惯,成立婚姻关系有两种方式:买卖婚与抢夺婚。买卖婚由男女双方家庭订立婚约,由男方向女方家庭支付一定的身价,女方即交付男方为妻。这种婚姻不必经女方本人同意,她不是婚姻的当事人,而是其中的标的物。抢夺婚实际上是变相的买卖婚,因为在男方把女方抢走后,若该妇女的家庭同意接受赔偿金,即可成立婚姻关系,赔偿金的数额与买卖婚所支付的身价费大致相等。

婚姻关系成立后,妻子便处于夫权的支配之下。丈夫既对妻子有保护之责,也享有一系列的权利,如充当妻子的全权代表,管理妻子的财产并取得收益,有权惩戒妻子,妻子与人通奸时可将妻子杀死,贫困时可将妻子拿去抵债或出卖为奴等。丈夫还可以随意与妻子离婚。不过,丈夫不得在未经妻子同意的情况下,随意处分属于妻子个人财产的不动产。

在亲子关系方面,子女处于父权的支配之下,父亲有遗弃、出卖、驱逐、惩戒甚至处死子女的权利,有权决定子女的婚姻、职业,代理子女进行诉讼等。同时,父亲有义务抚养子女,对子女给他人造成的损害负有赔偿的责任。法律对父权的行使也有一定的限制,这表现在儿子可以享有单独的财产权,对于他所拥有的财产,尤其是不动产,未经儿子的同意,父亲不得随意处分。

日耳曼法对不同的财产实行不同的继承原则。继承方式只有法定继承,没有遗嘱继承。

从动产继承来看,法律规定首先由子女继承,无子女则由父母继承,父母死亡则由兄弟姊妹继承,如没有以上继承人,则由死者的其他近亲属继承。在同一顺序继承人中,男性优于女性,一般情况下,女性得到的遗产数仅为男性的一半。在动产中,武器固定由男性亲属继承,嫁妆则由女性亲属继承。

关于不动产继承,初期各家庭占有的份地在家长死后只能由死者之子继承,无子交还马尔克公社。为使土地不落入马尔克村社之外,妇女在任何情况下都禁止继承。① 自6世纪晚期以后,根据法兰克王国国王希尔伯里克的法令,女子才享有继承权。

四、违法犯罪行为及其惩罚

在日耳曼人的法律观念中,犯罪与侵权行为混在一起,通被称作违法行为。它们的区别在于侵犯私人利益构成侵权,侵犯公共利益构成犯罪;侵权行为将引起家族之间的复仇,犯罪则由公共权力机关进行惩罚。日耳曼法中的侵权行为的范围比近代法律中的民事侵权行为要广泛得多,近代法律认为是犯罪的许多行为,如公开杀人、强奸妇女等,在日耳曼法中都属于侵权行为。

对于侵权行为,按日耳曼部族习惯法,由被害方亲属对加害人或其亲属进行血亲复仇。后为了避免部族间过于频繁的纷争和仇杀,血亲复仇逐渐为赎罪金制度所取代。其后,当侵权行为发生后,在大多数场合下,由加害人及其亲属向受害人及其亲属支付赎罪金以求和解和防止复仇。杀人的赔偿叫做"偿命金"(wergeld),其他的赔偿叫做"补偿金"(bot)。② 在不支付赎罪金或损害极其严重的场合下,加害人将任凭受害人处理,并准许血亲复仇,即"要么赎回长矛,要么接受长矛"。赎罪金最初是出于自愿,在后来则带有强制的意味,公元802年,查理大帝颁布《关于巡按使团的敕令》,明确禁止复仇,全面代之以赎罪金制度。赎罪金的数额一开始由双方协商,后来逐渐形成惯例。赎罪金因被害人身份地位的高低而不同,体现出等级特权的原则。

早期,大部分违法行为属于侵权行为,犯罪的种类不多,主要有叛变、临阵逃脱、纵火、暗杀等,对这些行为的处罚方法是死刑或放逐法外。死刑的方法有绞刑、活埋、烧死和秘密处决等,而放逐法外实际上是一种变相的死刑,被宣布为放逐法外者,将丧失一切权利,任何人都可以像杀死一头野兽一样将他处死。

随着社会封建化的加深、国家权力的增长,由国家机关惩罚的犯罪范围扩大了,出现了许多新的犯罪行为,如侵犯国王、侵犯领主、侵犯教会等。与此同时,除死刑外,也出现了体刑、宫刑和其他残害肢体的新刑罚方法。

五、司法制度

(一)法院组织

日耳曼各王国的审判机关由普通地方法院和王室法院组成。地方法院大体上分为郡法院和百户法院,它们由原始氏族社会时期的民众大会延续而来,实际

---

① 《萨利克法典》中明确规定:"土地遗产无论如何不得遗传于妇女,而应把全部土地传给男性,就是弟兄。"参见《世界著名法典汉译丛书》编委会:《萨利克法典》,法律出版社2000年版,第40页。

② 杀人案件中加害人付给被害人亲属的赎罪金称为wergeld,其他案件中所赔偿的金钱则称作bot。

第六章 日耳曼法

上就是各郡和百户中由全体自由民组成的民众大会。郡法院和百户法院均定期召集,由各郡或百户的行政长官主持,法官则由经过选举产生的七个有"才智"的俗人或基督教僧侣来充任。在审判案件时,郡或百户的全体自由民都参加,并以表决的方式最后决定法官提出的案件判决书。后来,随着民众大会作用的下降,其审判的职能逐渐被少数贵族所控制。在法兰克王国查理大帝统治时期,进行了一项司法改革,取消了自由居民参加法院审判的制度,以国王任命的十二个承审官代替民选的法官进行审判。

王室法院由国王、宫相或国王委派的其他官员主持,负责处理涉及王室利益的案件,国王也可根据当事人的请求将案件从普通地方法院移至王室法院审理。加洛林王朝时,由于实行了巡按使制度,从而产生了一种新的王室法院,即巡回法院。随着基督教地位的提高,教会法院开始出现,负责处理婚姻家庭、遗嘱等方面的案件。

(二)诉讼制度

在日耳曼法中,诉讼分为两种:请求损害赔偿的侵权行为诉讼和请求惩罚犯罪的刑事诉讼。两种诉讼都实行自诉的原则,由原告方负责传唤被告,一经传唤,被告即有到庭应诉的义务,若拒不到庭,将受到严厉的惩罚。诉讼过程严格按形式进行,传唤、陈述、答辩都要配合一定的动作和语言,否则也将受到惩罚。

侵权行为诉讼一般采用宣誓断讼法。当诉讼当事人在法庭上陈述案情时,通常须双方宣誓并有人数不等的辅助宣誓人予以支持,辅助宣誓人人数的多寡,直接决定案件的成败。

在刑事诉讼中,证据主要有神明裁判和决斗两种。神明裁判视裁判对象的不同而采用水审、火审、吞物等方式,也可以用支付一定数额的金钱来免除。决斗是以击剑战斗胜负判断是否有罪,决斗中的败方即为有罪,须承担一切不利后果。

随着王权的增强,在王室法院和巡回法院中形成了纠问式程序的诉讼制度,即在审理涉及王室利益的案件时,不采用宣

司法决斗

誓断讼的方法,而是由王室官吏或巡按使主动传讯知情人,以查清事实,为判决提供根据。但9世纪以后,随着封建割据局面的形成,西欧大多数国家已不采用这种诉讼程序。

第三节 日耳曼法对后世法律的影响

一、日耳曼法的基本特点

作为早期封建制时期的法律,日耳曼法具有以下基本特点:

第一,团体本位的法律。即个人行使权利、负担义务应受团体(家庭、氏族、公社)的制约,人们之间的关系在法律上是由他们的身份决定的,而不是凭个人意志来决定的。在日耳曼法中,个人在团体中的身份和地位决定他可以享受哪些权利,需承担哪些义务。例如,作为一名氏族成员,当本氏族的人受到外族人侵犯时,须共同进行复仇或共享加害方及其亲属给予的赎罪金,而本族人侵犯外族人时,也须为此共同承担责任,不得随意拒绝或放弃。又如,在马尔克公社中,只有公社成员才能获得土地,虽然随着私有制的发展,原先为公社所有的土地逐渐转归私人所有,并且可以转让,但转让只能发生在同一公社成员之间,不能将它转移出本公社。日耳曼法的这种以团体为中心的特点,使之明显不同于以个人为中心、尊重个人意志自由的古罗马法。

第二,属人主义的法律。即各日耳曼部族成员不论居住在何处,一律适用本部族的法律,相反,外部族的人即使居住在本部族内,也不受本部族法的保护。这一原则起源于原始氏族公社时期的氏族习惯。当各日耳曼部族建立国家、制定法律之后,这一原则仍保留了相当长的一段时期,日耳曼法和罗马法的并存实际上是此原则适用的结果之一。但到公元9世纪以后,随着封建割据局面的形成,日耳曼法中的"属人主义"原则逐渐被"属地主义"所代替。

第三,具体的法律。与罗马法不同,日耳曼法中没有什么抽象的法规,只有一些解决各种社会纠纷的具体办法。例如,在日耳曼诸"蛮族法典"中,对偷盗行为没有规定一个总括性的概念和处理原则,而只是具体列举了盗窃什么样的物品处以多少数额的罚金。这表明日耳曼人尚处于社会文明发展程度较低的阶段,缺乏进行抽象概括和逻辑推理的能力,只能根据以前的经验处理日后发生的类似事件,而不能从中概括、归纳出一些抽象的规则。

第四,形式主义的法律。日耳曼法注重形式,注重法律行为的外部表现。各种法律行为,如转让财产、结婚、赔偿损害、脱离氏族关系等,都必须遵守固定的形式和程序,讲特定的语言,配合以特定的象征性动作,否则将不发生效力。个人外部行为表现出来的语言和动作,都按习惯加以解释并产生相应的法律后果,至于行为人的真实意思如何,则无关紧要。确定犯罪和违法行为的标准也是根据行为人表现出来的外部行为,而不考虑其主观方面的因素。

第五,世俗的法律。日耳曼法中虽然有某些原始宗教信仰的因素,例如在诉讼活动中广泛适用神明裁判等,但从整体上看,它与宗教并无直接的联系,其内容规定上不包括宗教教义和宗教法规,也没有明确宣布法律是神的意志、不执行法律就是不信神。即使在日耳曼人信奉基督教之后,日耳曼法的主体仍然在沿着世俗化的方向发展。

二、日耳曼法的历史地位

日耳曼法在西欧法律史上占有重要的历史地位,这主要表现为:
(一) 日耳曼法是西欧封建制法律的基本因素之一

日耳曼法是继罗马法之后在西欧形成的一种法律体系,是西欧早期封建制法的主导性因素。在早期封建制时期,建立于西罗马帝国废墟上的各日耳曼王国纷纷采用了本部族的习惯法,并使之成文化。由于日耳曼人在法律适用上采取"属人主义"的原则,由此导致了日耳曼法和罗马法二元并存局面的出现。尽管如此,在法律适用上日耳曼法依然处于优势地位,当两者发生冲突时,日耳曼法优先适用。

9世纪以后,西欧进入封建割据时期,法律适用上的属人主义为属地主义所取代,日耳曼法相应转变为各地分散的地区性习惯法,继续发挥其作用与影响。在此后西欧的封建社会中,虽然各地均经历了诸如罗马法"复兴"、教会法发展为独立的法律体系、商法和海商法的勃兴以及中央司法机关活动的增强等事件,其法律制度发生了很大的变化,但以日耳曼法为基础发展起来的习惯法在西欧各国仍占有重要的地位。以法、德、英三国为例,法国直到革命以前在法律适用上还分为习惯法区和成文法区,习惯法区内通行的是表现为地区性习惯法的日耳曼法。德国在"继受"罗马法以前,日耳曼法作为其本民族的法律,是其法律制度的主要渊源。英国中世纪的法律包括普通法、衡平法和少量制定法,而以盎格鲁·撒克逊法与诺曼法为基础的、通过王室法院的审判活动逐渐形成的普通法是其主要的法律形式。

(二) 日耳曼法是西方近代资产阶级法律的重要历史渊源之一

日耳曼法对西方近代资产阶级法律也具有相当的影响,西方近代法律在其中继承和汲取了许多原则和制度。法国在资产阶级大革命过程中进行了一场广泛、彻底的法律改革,较早地确立了资产阶级的法律体系,但改革后的法国法仍然吸收了很多渊源于日耳曼法的习惯法原则和制度。例如,《拿破仑法典》中关于妇女无行为能力、夫妻财产共有制和某些继承原则的规定,主要是依据日耳曼法而制定的。在德国,统一后的德国法律制度虽然主要依据罗马法,但同时也吸收了大量本民族的固有法律即日耳曼法的内容,如德国民法典在不动产以及婚姻家庭制度方面就保留了大量的日耳曼习惯法因素。在英国,特定的历史环境以及英国资产阶级的妥协性和保守性,使近代英国法的发展呈现出渐进性、连续性的特征,由此导致英国法中包含的日耳曼因素比欧洲大陆各国要多得多,这在财产法(尤其是不动产法)和诉讼制度方面更为明显。

思考题

1. 简述日耳曼法形成与发展的过程。

2.《萨利克法典》中规定:"如果有人杀了人,而交出他所有的财产,但还是不够偿付依法所该付的罚款,那么,他必须提出十二个共同宣誓人[他们将宣誓说]:在地上,在地下,除已交出的东西以外,并没有其他任何财产了。此后,他应走入自己家里,从四屋角搜集一把泥,站在门槛上,面向屋内,用左手把这把泥越过自己肩膀撒到他认为最近的亲属身上。如果父亲或父亲的兄弟已付过款,那么,他应把这泥撒到自己的,就是母系和父系方面的各三个最近亲属。此后他穿着[一件]衬衫,没有腰带,没有鞋子,手执木桩,应跳过篱笆,而这三个人[母系亲属]应缴付那依法该付罚款的不足数之一半。其余三个属于父系方面的亲属应照办。"

——摘自《世界著名法典汉译丛书》编委会:《萨利克法典》,法律出版社2000年版,第37页。

请根据上段材料简要归纳一下日耳曼法的基本特点。

第七章 教会法

内容提要

中世纪天主教会法的产生与发展与基督教及教会地位紧密相连。教会法把圣经、教皇教令集、宗教会议决议等视为主要法律渊源,其内容主要是关于教会和教徒管理的法规,但同时又广泛涉及财产、契约、婚姻家庭与继承、刑法、诉讼法等领域。教会法本质上是一种神权法,同时又具有浓厚的封建色彩,它促进了罗马法的传播,并与罗马法、日耳曼法并列,成为欧洲中世纪三大法律支柱之一。了解教会法的形成与发展,认识其内容与性质,对于我们理解教会法的历史地位,认识其与西方法律传统的关系具有重要意义。

关键词

教会法 圣经 神权法 教会法体系 教会婚姻家庭法 教会司法

第一节 教会法概述

教会法(Canon law)也称"寺院法""宗规法",有广义和狭义之分。广义上的教会法是指对天主教、东正教、基督教以及其他教派教会法规的总称。狭义上的教会法通常仅指西欧中世纪罗马天主教会的法律。本书使用的是狭义上的教会法概念。

一、教会法的形成与发展

(一)教会法形成的背景

教会法形成于基督教与教会的产生与演变过程中。

1. 基督教的产生与传播

基督教源于犹太教,产生于公元 1 世纪亚洲西部的巴勒斯坦。[①] 古代的巴勒斯坦分为南北两部分,北部为以色列王国,南部为犹太王国,是世界上最早发

---

① 也有宗教学者对此持有异议,参见〔苏〕约·阿·克雷维列夫:《宗教史》(上),王先睿等译,中国社会科学出版社 1984 年版,第 110—113 页。本书此处仍采目前学界通说,即基督教产生于古代的巴勒斯坦。

展农业的地区之一。公元前11世纪犹太王大卫(David)建立了统一的以色列王国,其内部始终充满着斗争与冲突。而在外部,周围各国一直将巴勒斯坦视为争夺的目标,亚述王、新巴比伦王、马其顿国王都曾先后率兵侵入,残酷地劫掠巴勒斯坦的犹太人,在其漫长苦难的经历中有关"救世主"的思想逐渐产生,此时犹太教已经出现,并得到了初步发展。公元前63年,罗马军队攻克了耶路撒冷,为反抗罗马的统治,犹太人曾多次起义,公元131年犹太人再度起义后,罗马哈德良皇帝派出大量军队镇压,费时三年,毁灭城市并屠杀犹太居民。经此浩劫后巴勒斯坦的犹太幸存者只能背井离乡,从此散居于世界各地。犹太下层人民在犹太教基础上,更迫切地企望救世主把他们引渡入千年幸福的王国。正是在这种历史背景下,基督教产生于巴勒斯坦。

基督教产生后广泛传播于罗马。公元前3世纪至公元2世纪罗马奴隶制发展成熟并达于极盛,奴隶和社会底层的人民为反抗压迫,采取了武装斗争。如西西里恩那城奴隶起义、斯巴达克起义等,但斗争的结果让人们感到,当时对罗马政权的任何反抗都是没有希望的,他们转而寻找精神上的安慰,以此摆脱完全绝望的处境。此时在罗马帝国东部行省到处出没的"先知",传递着福音,使人们有了可以向往的永恒幸福的天堂,基督教正是作为把苦难者导入天堂的救世主而出现的。

2. 教会与教会法

教会法的形成,以基督教及教会地位的确立为基础。基督教在其兴起之初,主要采取自愿原则组成基督徒公社。正如圣经中所说,"那许多信教的人,都一心一意,没有一个人说他的东西有一样是他自己的,都是大家共用"。这种原始平均消费性公社对贫苦人有很大的吸引力,但自然也带有它的消极性。

公元2世纪,公社组织开始发生新的变化。作为消费性团体,公社自然倾向于财富,欢迎有产者参加,而罗马社会的许多上层人物由于对国家的发展感到失望,转而皈依基督教,公社逐步由贫民组织变成贫富共有的组织。公社通过赠与、赐予拥有越来越多的财富,圣职人员开始由义务变成职业,宗教公社开始融合成强有力的组织——教会。这种变化表现在组织上,使加入教会的大批富人、商人、城市平民从经济优势转为组织优势,使教会成为有严密组织、严格等级的教会组织;表现在思想上,使以前"服从""等待"思想进一步发展,主张把王权交给国王,把天国交给上帝,宣扬君权神授。教会组织开始由宗教社团蜕化为世俗政权统治的支柱。

罗马国家在对基督教长期迫害之后,终于发现了其特有的价值。君士坦丁(Constantine the Great,306—337年在位)大帝于公元313年发布"米兰敕令"(Edict of Milan),宣布"帝国境内有信仰基督教的自由";公元380年罗马皇帝狄奥多西颁布敕令,宣布基督教为国教。随着基督教取得合法地位,教会也日益世俗化、特殊化。公元325年,尼西亚会议时,教会开始被神化,并被赋予种种特权。教会法正是在基督教和教会地位与特权的确立过程中得以逐步形成发展起来的。

(二) 中世纪教会法的发展

教会法随着教会地位的逐步上升及神职人员司法权的扩大而逐步发展。在中世纪前后经历了三个发展阶段:

1. 形成时期(公元4—9世纪)

公元325年,罗马君士坦丁大帝颁布的《尼西亚信经》作为第一部正式的教会法,标志着教会法开始形成。初期的教会法只限于约束神职人员的行为,《圣经》为当时主要的教会法。随后,333年罗马皇帝正式确认了主教的裁判权,即民事案件的原告既可向主教请求裁判,也可以向世俗法院起诉;大部分刑事案件可先由教会审判,若认为被告有罪,则剥夺其教籍后,再交由世俗法院对其罪行进行判决。这个"二元化"的管辖原则,为教会法体系的形成打下了基础。

教会法的形成同教会势力的扩展相连,并同西欧封建化过程结合到了一起。496年法兰克国王克洛维(Clovis)皈依了基督教,在利用基督教吞并了其他较小的几个蛮族国家后,他于511年下令召开奥尔良会议,使会议制定的宗教法规同时也具有封建国家法律的性质,如规定全体居民必须信奉基督教,教堂拥有神圣地位,主教不但有权修改地方法官的判决,而且有权处分被控渎职的法官。750年,法兰克国王丕平为酬答教皇支持他篡位,赠给其土地使之成立了教皇国。此后教会地位不断提高,教会的司法权进一步扩大,教会法不仅适用于教徒,而且对所有居民也开始具有强制性。

不过这个时期,教会仍受世俗王权的制约,教会法的内容主要为调整教会内部事务,涉及世俗事务的法规较少。形成时期的教会法在充实自身内容、确定管辖权等方面为中世纪教会法的进一步发展奠定了基础。

2. 鼎盛时期(公元10—14世纪)

这个时期教会在以下两个背景下,发展至于鼎盛。其一,法兰克帝国解体。随着西欧进入封建割据时期,基督教会努力摆脱世俗王权的控制,发展自己的实力,逐步成为欧洲封建社会的国际中心。其二,东西教会分裂。1054年基督教东西两派正式分裂,东部教会以君士坦丁堡为中心,称为东正教;西部教会以罗马为中心,自称"公教",即天主教。天主教是西欧封建社会中占统治地位的宗教,在社会割据动荡的背景下,它提出了绝对统治世界的要求,并为实现这一目的在数百年间进行了激烈的斗争,斗争中教会法发展至于鼎盛。

鼎盛时期教会法的变化主要表现在两个方面:

(1) 教会法的地位不断提高

罗马教皇通过不断改革,扩大了教会的权力,提高了教会法的地位。1075年教皇格列高利七世(1073—1085年在位)对教会进行了重大改革,改革中确立的教会法原则规定:教皇在教会中拥有至高无上的地位,教会法必须由教皇颁布或核准;僧侣不受世俗控制;地方教士应服从教皇特使;每一种教职都由教会当局任命,其他方式取得的教职无效等等。到13世纪英诺森三世任教皇时,教会权力达到顶峰,教会立法权及教会法庭管辖的范围不断扩大,教皇几乎成为各国宗教事务和有关国际问题的最高主宰。

(2) 教会法内容不断完善,教会法体系形成

这一时期罗马教皇召开了一系列宗教会议,发布了无数教令,并把这些教令、会议决议汇编成集。随之产生的不少有关教会法的专著、注释与法律汇编,使分散的教会法规向综合的方向发展。教会法内容的充实、完备,使教会法成为独立的法律体系。鼎盛时期的教会法,其效力往往高于世俗法律,成为中世纪欧洲各国通用的法律。

梵蒂冈圣彼得大教堂

1917年天主教会法典

3. 衰落时期(15世纪以后)

15世纪以后,随着统一民族国家的形成,科学与人文主义思想的发展,教会势力日趋衰落。16世纪进行的宗教改革,不仅动摇了神权统治,也带来了天主教世界的分裂。教会法的适用范围日趋缩小。在新教国家,天主教会法在整个体系上不再发生效力;在旧教国家,教会法的世俗管辖权也受到了限制。这个时期的教会法主要是1582年教皇格列高利十三世时,将教令集汇编在一起制成的《教会法大全》。17、18世纪随着资产阶级政权的确立,西欧各国普遍奉行政教分离的原则,使教会法的管辖范围缩小到有关精神与信仰的领域,但教会法仍作为一

个法律体系保存了下来。教会法中有关婚姻、家庭继承方面的内容,成为资产阶级各国民事立法的重要渊源之一。

二、教会法的基本渊源

(一)《圣经》

《圣经》又称《新旧约全书》,是教会法的主要渊源,包括有《旧约》(Old testament)和《新约》(New testament)两部分。

1.《旧约》

《旧约》来自犹太教经典,也叫"约书",意为上帝在西奈山下同人们所订的盟约。由律法书、先知书和圣录三部分构成,共39卷。主要内容是关于世界和人类起源的故事和传说,犹太教的法律,先知的语录、戒条,诗歌及其他宗教文学作品等,后为基督教所继承。《旧约》的精髓是律法书部分,共有5卷,是集中记载法律规则的部分。相传由犹太教创始人摩西所作,故称"摩西五经",其中著名的"摩西十诫"是古代希伯来法律规范的归纳和概括。[①]"摩西十诫"一直是教会法的中心内容,被其视为"基本法"。

2.《新约》

《新约》是基督教本身的经典,意为上帝同人类重新签订的盟约。《新约》包括有启示录、使徒行传、使徒书信和福音书等内容,共27卷,反映了基督教早期的活动情况,其中的基督教教义成为教会法的基本出发点。

《圣经》作为基督教各教派信仰的基础,不仅是教会法最有权威的依据,具有最高的法律效力,而且也是教会法庭遵循的重要准则,甚至对世俗法院也有一定的约束力,是西欧封建法律的重要渊源。

圣经

---

① "摩西十诫"的内容见本书第1章第2节古希伯来法律制度。

(二) 教皇教令集

教皇教令集是教会法的另一重要渊源,是罗马教皇向各地或某一地区颁布的敕令及其教廷所公布的通谕、教谕的汇编。

最早的、盛名一时的教令集是意大利波伦那大学修道士格兰西于公元1140年前后完成的《教会法汇要》(Decretum Gratiani,又译《格拉蒂安教令集》《历代教律提要》或《教会法规歧异汇编》)。这部教令集汇集了12世纪前大约四千种教会法文献,其内容主要是论述法律的来源、神职人员的特权及一些触犯教会法的案例等。这部汇编的特点突出表现为:把教会成文法和判例法汇编在一起;把触犯教会法的各种情况分类编排,且就典型案件进行法理分析;在每一教会法规下,援引圣经、教皇敕令和宗教会议决议加以注释,消除歧义。这部教令集问世后,成为欧洲各法庭和各法律学校讲授教会法的主要依据,后被教皇收入教会法汇编,成为官方法律文献,适用达五百年之久。

13世纪教皇格列高利九世正式进行官方法典编纂工作,于1234年编纂出《格列高利九世教令集》,也称《官刊教令集》。其内容共分5编,分别为教会法院组织、诉讼程序、教士的义务和特权、婚姻、刑法与赎罪。这种编制方法开创了教会法典的编纂体例,以后各次法典编纂大都采用了上述体系。

此后,又有13世纪《卜尼法斯八世教令集》(又称《第六书》)和14世纪《克莱孟五世教令集》,从而使教会法内容更加完备。1582年教皇格列高利十三世时,将《教会法汇要》在内的上述历次各部教令集汇编在一起,定名为《教会法大全》[①],与《国法大全》相对,成为中世纪西欧教会法的最基本的渊源,直至1917年才被新编的《天主教会法典》所代替。

(三) 宗教会议决议

宗教会议决议专指教皇或地方召开的各种宗教会议所制定的决议和法规。宗教会议为僧侣上层所操纵,他们通过的决议常常成为各地教会、教徒和宗教法院所必须遵照执行的文件。另外,西欧封建君主为利用教会巩固自己的统治,往往亲自参加并主持宗教会议,批准大会决议,甚至用国家的名义颁发决议文件,使之推行全国。

公元4—5世纪,教会曾多次召开各国或各地的宗教会议,会议决议发布甚多,最早的决议文件通常用希腊文字写成,现大多已失传。5世纪以后的宗教会议决议,则多是拉丁文的文本。宗教会议决议的汇编流传甚广,成为各地宗教法庭的办案依据。

(四) 罗马法和日耳曼法的某些原则和制度

教会法从罗马法中吸收了一些原则和制度。罗马统治时代,基督教从受迫

---

① 参见彭小瑜:《教会法研究》,商务印书馆2003年版,第29—32页。

害地位,跃升为罗马国教,许多罗马人的观念开始溶入教会,教会法在形成过程中,自然受到已经发达的罗马法的影响。待西罗马帝国灭亡,日耳曼人在新建的蛮族国家中实行属人主义的法律原则,罗马法在一定范围内被允许合法存在。西欧封建社会中,许多僧侣既是各封建王国的法律顾问,又是罗马法学家,这就为教会利用罗马法的既定成果提供了便利。另外,日耳曼法的一些内容也为教会法所吸收。

第二节 教会法基本制度

教会法内容中较为重要且表现较多的是教阶制度、所有权制度、婚姻家庭制度、犯罪与刑罚制度及法院与诉讼制度。

一、教阶及神职人员的权利与义务

(一)教阶制度

教阶制度即"教阶体制",是规定基督教神职人员的等级和教务管理体系的制度。教阶制度最早萌芽于公元2—3世纪,4世纪继基督教成为罗马国教后逐步完备,待11世纪东西教会分裂后,天主教会的教阶体制进一步确立,并于13世纪达到鼎盛。按教会法规定,罗马教皇是教会的最高统治者。教皇对教会及教徒的道德、纪律及政治地位有最高的和完全的管辖权;教皇有召集宗教会议及任免主教、调动主教、划定主教辖区的权力;教皇也是教会法院的最高审级,各地教会较重大的案件均呈送教皇审核,教皇本人可以不受任何审判。教皇之下,等级阶梯森严,分为枢机大臣级、主教级、司祭级、修士和修女。

(二)神职人员的权利和义务

教会法规定,凡从事宗教活动的神职人员均享有许多权利,等级越高,所享有的权利越多。主要有:(1)享有获得神品及领取教会恩俸之权,以及按等级规定享有该教区执行宗教事务和征收什一税的管辖权。(2)享有与其品位及等级相应礼节的权利,凡侮辱或侵犯这些权利的,便以亵渎罪论处,给予严厉惩罚。(3)享有独立的司法审判权。(4)享有世俗兵役豁免权。

同时,神职人员也要承担一定的义务,如:(1)宣讲教义和忠实履行教职的义务。(2)凡教士都有自省、忏悔的义务。(3)凡领受高级神品的高级神职人员,皆有坚守独身、恪守贞操的义务等。

二、财产制度

中世纪的教会经过几百年的积累,通过赠与、税收以及它自己的农业、制造业和商业获得了巨大的财富,成为一个具有雄厚经济实力的宗教组织。

由于教会曾拥有西欧1/4—1/3的土地,教会立法者、教会法院和教会法学家都对有关土地的占有、使用、处分的权利给予较多的关注。为了维护教会土地的完整性,教会法规定了"自由施舍土地保有制度"。鉴于教会的大多数土地和建筑是由赠与人向教会社团及其官员的捐赠而取得的,该制度规定,通过这种方式取得的财产是属于某个教会社团的财产,而从来不是某个人的财产。另外,教会法学家于12世纪还发展出了具有近代意义的"占有权救济"的概念。"占有权救济"是一种恢复土地、财产以及无形权利的法律诉讼,通过它,被使用暴力手段或欺诈手段剥夺了占有权的先前占有人,可以仅通过对不法剥夺所有权行为的证明而无须证明自己具有一种更有利的权利,便可以从现时占有人那里收回占有权。

此外,为了确保教会财产所有权不受侵犯,教会法对所有侵犯教会财产(包括动产和不动产、有形物和无形物)的行为均规定了严厉的惩罚措施。

三、契约制度

中世纪的教会不仅拥有对各教会社团间经常发生的经济关系的调整管辖权,教会法院还寻求并获得了对于世俗人之间契约关系的广泛的管辖权,并确立了契约当事人必须遵守教会契约法的原则。

教会契约法特别强调契约的履行。如教会法规定,凡经当事人宣誓的契约,必须严格履行。因为宣誓被看做是一种对上帝的承诺,为使立约人"灵魂得救",必须履行契约,即便这种契约本身违反了教会法或世俗法,也不能免除履行的义务。教会法学家还从赎罪戒律的原则出发,发展出"协议必须恪守"的契约法规则。根据这一规则,契约的每一项承诺无论其形式如何,都具有约束力,该规则适用于一切契约。在教会法学家们看来,发誓和未经发誓的承诺是同等的;不履行契约义务无异于撒谎,应受到谴责和处罚。

教会契约法严格禁止高利贷。9—11世纪教会法对高利贷的概念还没有加以清楚的界定,但教会认为任何从放贷中取利的行为,不管其目的或形式如何,都应被看做是高利贷而被禁止,并为此宣布了许多禁止高利贷罪孽的普遍适用的禁令。12世纪以后,随着西欧经济的急剧变化,教会法学家们开始对高利贷法律进行研究。提出高利贷的罪孽是由以获利为目的的放贷构成的,如同盗窃犯一样,高利贷者也必须归还他所索取的超过借款之外的金钱。但在高利贷的界定上,教会法仍显得比较混乱。到13世纪后半期,教会法接受了罗马法上的"利息"概念,第一次承认了贷款人可以索要合法收益的正当性,以区别于高利贷的罪孽。

12世纪教会法还发展出契约法中的"正当价格"原则。"正当价格"原则首先需要确定的是"正当性"问题,它既涉及道德领域也涉及市场。实际上,正当价格不是一种固定的价格,而是普遍估价,即市场价格,它要根据时间和地方的差异而有所变化。由于土地买卖很难确定一种市场价格,在这种情形下,土地买卖的正当价格通常是通过考察土地收益、通过比较邻近土地出售价格而确定的,如果这些方法都无法做到,还可以通过询问熟悉地方价格的人员的意见而确定。这一原则最初取自罗马《学说汇纂》,后被教会法学家发展成为一种首要原则,它可以检验任何契约是否有效。

四、婚姻家庭与继承制度

(一) 婚姻家庭制度

婚姻家庭制度是教会法的重要组成部分,其发展与完备经过了长期的演变过程。自基督教成为罗马国教后,理论上教会一直具有对婚姻家庭案件的管辖权。中世纪初期,教会法开始倡导由配偶双方自由同意的一夫一妻制的婚姻制度,在 10 世纪,地方宗教会议还颁布过有关婚姻事务的法令,但这一阶段教会婚姻家庭法规范大多是劝告性质的,占统治地位的仍是西欧各民族的传统和习惯法。11 世纪末以后,随着教会地位的不断提高,教会婚姻家庭法规范逐渐取得支配地位,即欧洲天主教国家的全部婚姻家庭关系,无论是理论还是实践全都建立在教会法的基础上。

1. 婚姻的成立

教会主张只要男女当事人双方同意即可构成合法婚姻。教会法也确定了除同意之外的其他决定婚姻有效的必要条件。至于婚姻的无效,教会法从"结婚属宣誓圣礼之一"的教义出发,确认了"一夫一妻"原则,教会认为一夫一妻制婚姻是上帝的恩赐与安排,违反这个原则的婚姻则为无效婚姻。此外,教会法总体上规定基督教徒与异教徒的婚姻也属无效。12—13 世纪,教会法规定法定结婚年龄依据罗马法规定。

2. 婚姻的解除

教会的婚姻原则是一夫一妻,永不离弃。婚姻被看做是一种"神圣契约",一旦有效地订立,便不能解除。教会法允许以通奸、背教或严重的残酷行为为理由的司法分居(divortium),但不允许离婚。

3. 女方在婚姻中的地位

教会法主张婚姻双方当事人在上帝面前平等,主张夫妻婚姻义务、忠诚义务的相互性。不过在教会的婚姻制度中,丈夫仍是家庭首脑,他可以选择住所地,可以"合理"地纠正他的妻子,要求她履行与她的社会地位相符合的家庭义务。教会法一方面规定了对妇女财产以及一般民事权利的苛刻限制,另一方面为了保护寡妇,又坚持在订立婚姻契约时,确立一项扶养寡妇的财产,即保证在婚姻存续期间不得减少其价值的资产,否则婚姻契约不得订立。

(二) 继承制度

教会法采用遗嘱继承和无遗嘱继承两种制度。教会法学家把遗嘱的制作看做是一件非常重要而神圣的行为,并将遗嘱本身视为一种宗教文件。12 世纪以后,教会法和教会法学家发展出一套较为完整的遗嘱继承体系。

关于遗嘱的有效性,教会法与罗马法规定不同。教会不严格要求遗嘱的程式化,不仅临终前因忏悔所讲的"遗言"被作为正式的遗嘱,而且口头遗嘱一般也被认为是有效的。

关于遗嘱的执行,教会法学家提出了一整套规则体系。教会法不仅改变了罗马法上的做法还有所创新,重点是强化了对活着的配偶以及子女的保护,以使他们免于被遗嘱剥夺继承权。12 世纪,教会法还创造了一种新的遗嘱执行人制度,其主要内容是:在遗嘱人死后,不是由继承人马上继承遗产,而是由遗嘱中所任命的一位执行人占有待分配的所有财产,并依照遗嘱对遗产进行处理。行使遗嘱人权利和承担他的债务的,不是继承人而是执行人。他可以在世俗法院中起诉遗嘱人的债务人;遗嘱受益人针对执行人的诉讼主张只能向教会法院提出;由于执行人而使妻子和子女的法定份额得不到保障的问题也要由教会法院予以处理。

教会对无遗嘱继承也同样具有管辖权。教会法院还发展出任命一名管理人,负责分配无遗嘱死亡者的财产的惯例,管理人的职能与遗嘱执行人的职能相类似。

五、犯罪和刑罚制度

(一) 犯罪

西欧封建社会早期,宗教意义上的"罪孽"与世俗意义上的"犯罪"是不分的,不仅所有犯罪都是罪孽,而且所有罪孽也都是犯罪。[①] 在 11 世纪末至 12 世纪初,在罪孽和犯罪之间开始有了明显的程序上的区别,世俗法院能够惩罚的行为都是违反世俗法律的行为,而不是一项罪孽。而教会则对罪孽行使专属管辖权,并将罪孽区分为一般罪孽和刑事罪孽[②],刑事罪孽被看做是对教会法的违反,又称为教会法上的犯罪。教会法规定,构成犯罪要有三个要件:一是它必须是一项严重的罪孽;二是罪孽必须表现为一种外在行为;三是行为必须对教会产生滋扰后果。从中可看出,"刑事罪孽"的概念已经具有近代犯罪构成理论的因素。

---

① 〔美〕哈罗德·J. 伯尔曼:《法律与革命——西方法律传统的形成》,贺卫方等译,中国大百科全书出版社 1993 年版,第 225 页。

② 一般罪孽是由教会的"内部法庭"加以审判的罪孽,也就是由一名教士根据他的授任权威而加以审判的罪孽,尤其是作为补赎圣事一部分所进行的审判;刑事罪孽则是由教会的"外部法庭"审判的罪孽,也就是由一名教会法官据他的管辖权威而审判的罪孽。

(二) 刑罚

教会法主张刑罚适用上人人平等。教会法和教会法学家从"上帝面前人人平等"的观念出发,摈弃了中世纪世俗封建刑法中普遍存在的等级不平等原则,主张在刑罚的适用上不分贫富贵贱人人平等。但实际上,由于存在教俗两种司法体系以及神职人员和世俗人的身份差异,适用刑事制裁的方式存有很大的不同。教会法把异端、叛教、亵渎圣物等定为最严重犯罪,广泛适用死刑。

六、司法制度

(一) 教会法院

1. 法院组织体系

教会以教阶制度为基础,依据世俗国家法院的模式,建立了不同等级的教会法院,形成了独立而完备的宗教法院体系。第一审级法院是主教法庭,由主教或主教代理人主持,通称为"教会裁判官"。下设副主教法庭,管辖一般民事案件。第二审级法院是大主教法庭,由大主教主持。同级的还有大修道院和皇宫礼拜堂所设的专门法庭。对以上各种法院的判决不服的,均可上诉至罗马教皇法庭。教皇法庭是最高审级法院,教皇对上诉案件既可授权当地教会裁判官按教皇训令进行审判,也可以由教皇委派全权代表组成特别法庭判决。教会于13世纪专设了特别刑事法庭,又称异端裁判所或宗教裁判所,它直接隶属于教皇,是专门审理有关宗教案件的司法机构。

2. 管辖权

教会法院的管辖权一般分为两类,即对"特定种类的人的管辖权"和"对事的管辖权"。教会主张的对人的管辖权包括以下几类:(1) 神职人员及其随从和家庭成员;(2) 学生;(3) 十字军参加者;(4) "不幸的人",包括穷人、寡妇、孤儿;(5) 在与基督徒发生纠纷的案件中的犹太人;(6) 旅行者,包括商人和水手。教会对于人的管辖权基本上扩展到了涉及上述六类人的所有案件。教会主张的对事的管辖权主要是指所谓精神案件和涉及精神案件的案件,包括以下几类:(1) 圣事的管理;(2) 遗嘱;(3) 有俸圣职:包括教会财产的管理、教会官职的授任以及以什一税方式征收的教会税;(4) 宣誓,包括信仰宣誓;(5) 应受教会指责的罪孽等。

此外,教会法院还通过两种形式实现了管辖权的有限扩展。一种是教会通过向那些愿意选择教会司法的人提供司法救济,具体做法是,任何民事纠纷的当事人都可以在契约中订立一个条款,预先规定如果将来该契约发生纠纷,则放弃世俗法院管辖权而诉诸教会法院或教会仲裁,从而将教会法的管辖权扩展到其他类型的案件中。另一种是根据教会法的规定,在例外情况下,任何人都可以以

"世俗审判的缺陷"为由,不管另一方当事人是否同意,在教会法院提起一项诉讼,或者将案件从世俗法院移送到教会法院。西欧中世纪,教会法院管辖权的大小与教会地位的高低成正比。由于教会法院与世俗法院的管辖权之争始终存在,因而两者的界限并不是十分清晰,而是此消彼长。

(二) 诉讼制度

教会诉讼制度基本承袭了罗马法,也借鉴了部分日耳曼法的内容,在二者基础之上,形成了对后世影响较大的几个特点:

1. 采用书面程序

根据教会法,一项民事或刑事诉讼只有通过包含着对事实的简要陈述的书面诉请或控告方能开始。被告人也要以书面的形式回答原告人或控告人所提出的要点。此外,法官的判决、当事人询问证人以及互相询问都必须是书面的。这一做法使教会诉讼制度区别于罗马法和日耳曼法。

2. 宣誓后提出证据

教会法要求当事人或证人在如实回答向他提出的适当问题之前要进行宣誓;无论是书面证据还是口头证据都要在宣誓之后提出;作伪证要处以重罚。

3. 首倡法律代理人

法律代理人的概念是教会法学家首先倡导的。教会诉讼程序允许当事人由代理人加以代表,代理人在法庭上根据证据所揭示的事实而对法律问题进行辩论,不承担当事人的权利与义务,区别于罗马法和日耳曼法中的代表人的地位。[①]

4. 法官依据理性和良心进行司法调查

在刑事程序方面,教会法要求法官依据"理性和良心原则"对当事人和证人进行询问。也就是说,法官必须发自内心地确信他所作出的判决;法官必须将自己置于接受法庭审判者的地位,以确保案件审理的公正性和客观真实性。

5. 两种诉讼程序并行

教会法学家发明了一种二元程序体系。一种是"庄重的和正式的"程序,另一种是"简易的和衡平的"程序。后者无须法律代理人以及书面辩论和书面询问,适用于某些类型的民事案件,包括那些涉及穷人或遭受压迫者的案件和那些常规法律救济不适合的案件。

[①] 罗马法和日耳曼法中代表人的地位,实际上是一个代替者而不是代表者,他要为他人做事,承担他人的权利和义务。参见〔美〕哈罗德·J.伯尔曼:《法律与革命——西方法律传统的形成》,贺卫方等译,中国大百科全书出版社 1993 年版,第 304 页。

第三节 教会法的历史地位

一、教会法的基本特征

教会法的产生、发展始终与基督教相依存。它以基督教教义为其理论指导，以基督教的精神为其根本内容，本质上是一种神权法。同时，教会法又是在教会与世俗权力的斗争中发展起来的，它与各种世俗法律既相互排斥，又相互影响和渗透，表现出世俗封建性和体系完备性的特点。

（一）教会法是以基督教神学为理论基础的神权法

基督教神学是一门论证上帝的存在与本质、研究教义和教规的学问，它是基督教的理论体系。教会法建立在基督教神学的理论基础之上，其目的是为了维护上帝以及由上帝创造的秩序。

从教会法的法律渊源来看，宗教会议决议、教皇教令等，都是基督教神学对神的启示、教权理论等问题不断深入研究，完善其理论体系的结果。从教会法的内容来看，教会法所确立和调整的关系不是人与人之间的关系，而是人与上帝之间的关系。教会法的神权法特征尤其突出体现在刑事法律方面。如教会法中对犯罪的界定，一般并不作为直接针对政治秩序和一般社会的侵犯，而是作为一项针对上帝的侵犯行为；与此相应，教会法中的对犯罪者的惩罚也主要被看做是对损害了上帝荣耀而实行的一种"补赎"行为。对犯罪与惩罚的这种理解构成中世纪教会刑法许多重要内容的来源。

（二）教会法是披有宗教外衣的封建法

教会法以世俗封建等级结构为模式，确立了体系完备的中央集权制度。从12世纪末期开始，西欧天主教会便形成了一种以教皇为中心的中央集权式的体系结构。在这一体系结构中，教皇是最高首脑，由各地教区大主教和红衣主教团选举产生，终身任职。在法律上，从格列高利七世起，教皇便是最高的立法者、最高的行政官和最高的法官，教皇具有如此"完整"的权威和权力，只是因为他是教皇。罗马教廷实际上成为了与世俗封建国家类似的"教皇国家"和"教皇政府"，并构成了一种金字塔式的官僚体系。教皇最高权力的来源有着与世俗封建权力相同的道路。

教会法的许多具体内容与世俗封建制度密切联系，表现出浓厚的封建性。如土地制度、婚姻家庭制度、刑法和诉讼制度等。教会法是涂上了一层神的油彩的封建法，在中世纪它产生了比世俗封建法更严厉、更神秘的不可抗拒力。

(三) 教会法具有较完备的体系

教会法作为一种体系性的法律,形成于 11 世纪晚期、12 世纪末和 13 世纪初。[①] 教会法的体系化是随着教会势力的不断扩张,教会法汇编工作的开展而渐次完成的,作为一种自觉创造的产物,它主要得益于教会法学家的努力。随着教会法被带到大学,作为大学的一门课程,西欧第一次把法律作为一门独特的知识体系来讲授,大学教授们不仅讲授案件、规则、原则,并在论著中对它们加以归纳分析和协调整理,使整体性的教会法体系出现了它的次级体系即部门法体系,如婚姻法、继承法、财产法等,教会法学家们后来将既存的各种性质不同的因素不断加以重新组合和调整,使教会法的体系更加完备。"逻辑的、道德的以及政治的因素的结合有助于产生一种系统化特征,这种系统化与仅仅是对法律规则进行学理的和教条的分析大不相同"[②],虽然这些法律体系并没有如后来西方独立存在的部门法那样走向概念化,但它在中世纪作为一种超越国界普遍适用的法律,与各种世俗的封建法律相比,已具有了相当完备的体系性。

二、教会法的历史地位

教会法与罗马法、日耳曼法并列,一起成为西欧中世纪三大法律支柱。由于中世纪教会在经济、政治、文化上形成的巨大的统治力量,因而教会法在适用和管辖范围上,要比各种世俗封建法广泛得多,其效力实际上也高于世俗法。

教会法在继承古典文明、继承罗马法、促进罗马法复兴方面起过桥梁和媒介的作用。西欧中世纪初,日耳曼人的征服使希腊罗马文明几乎灭绝,神职人员和教会作为当时知识的拥有者和垄断者,为 5—10 世纪西欧局部保留罗马法作出了贡献。11—16 世纪的罗马法复兴也有赖于教会法学家的努力,12、13 世纪许多著名大学的前身都是修道院所附设的学校,在这些学校里,法学是最重要的学习和研究科目,教授们为学生讲授罗马法、教会法和日耳曼法。许多僧侣既是教会法学家又是罗马法学家,他们对罗马法的传播和罗马法学家的培养作出了贡献。

教会法奠定了西方的法制文明传统。教会法以自己的神学体系奠定了西方的"理性化"传统,以"世界本身服从法律"的神学信条,奠定了西方"法律至上"的传统。西欧各国在中世纪都经历了教权与王权相互斗争而造成的那种紧张状态,权威的多元化格局,为"法律至上"观念的生长提供了前提条件。教会法奠定的把法律看做是信仰的精髓这一西方法治传统,表明了教会法在西方历史上的

[①] 〔美〕哈罗德·J.伯尔曼:《法律与革命——西方法律传统的形成》,贺卫方等译,中国大百科全书出版社 1993 年版,第 307 页。

[②] 同上书,第 309 页。

地位与价值。

三、教会法的影响

教会法对后世法律的影响多元而深刻。不仅有思想观念层面的,如法的价值观念、法的信仰观念、权利义务观念等,也有法律制度结构和形式方面的,如法律体系、成文法的结构等。尤其是其法律制度的内容对西方近代部门法的发展产生了直接的影响。

（一）宪法

教会法对近代宪法的影响突出地表现在两个方面。其一是教会法所承认和确立的权力结构。中世纪的西欧,教权与王权相互重叠冲突而构成的政教二元对立的政权结构,是近代宪法制度最重要的历史来源。其二是教会法学家主张的权力合法性的法律观念。在教会内部,教皇的权力也要受到神法和自然法两方面的限制。12和13世纪教会法还进一步规定,教皇不得从事与整个教会的"地位"相反的行为;假若教皇命令一个人去做一件将会损害教会地位的不公正事情,那么教徒就有拒绝服从的权力。中世纪基督教神学家、经院哲学家托马斯·阿奎那论证道:服从的权力本身必须是合法的,服从应以权力的正当行使为前提。在中世纪,虽然没有人具有推翻或否决一项违反神法或自然法的教皇法令的权威,然而教会法学家却通过上述法律规定为这种抵抗奠定了基础。后来在宗教改革中,这一原则又被当做反对教皇权威的武器。近世宪法中政府权力的有限性原则可以从这里找到其部分渊源。

（二）刑法

在犯罪问题上,教会法较强调犯罪主观方面的条件,重视对善恶的区分。教会法指出,一个人除非有能力在善恶之间加以选择并在事实上选择了恶,否则他便不应该受到惩罚。因此教会法规定,儿童、精神病患者以及由于意外事件而出现的不法行为是不可以加以惩罚的。该规定后为世俗刑法理论所借鉴。

在刑罚问题上,教会强调不把刑罚看做是一种复仇的满足,而看做是用惩罚手段,对被犯罪破坏了的上帝秩序的一种恢复,因而在施加刑罚时必须考虑对犯罪者灵魂的净化和道德的矫正。教会主张囚禁刑优于死刑,因为要给予犯罪者一个反省自己罪孽的机会。这实际上是后世教育刑的雏形。

（三）诉讼法

教会法确定了审判过程中的"良心原则",坚持法律存在于法官心中,从而教会法院的法官被赋予了更多的自由裁量权。后世不仅可以在英国衡平法院的诉讼中,也可以在近世西方刑事诉讼的一些原则（如自由心证）和实践中,看到这一原则的某些痕迹。

教会法对世俗刑事诉讼方面产生的重大影响是纠问式诉讼程序。中世纪初期的日耳曼法,对刑事犯罪的起诉和刑罚的执行都是由受害人或其家属加以实施的,这对于一个受到侵犯的弱者来讲很难做到。英诺森三世时教会法明确了纠问式诉讼的基本模式,即根据公众告发或私人控告,法院即可对案件进行调查,从调查证据到执行刑罚都由官方负责;被告人必须到庭,法院告诉他起诉人的姓名并出示证据,允许被告人进行辩解提出对自己有利的证据(这一制度由于被滥用,使得后世的人们谈虎色变,把它与司法专横联系在一起,但这并不符合纠问式诉讼的本来目的)。纠问式诉讼对大陆法系各国刑事诉讼制度的发展有十分重要的影响,在诉讼法发展史上也有着较大的进步意义。在资产阶级革命前,大陆法系各国都采用了纠问式诉讼;革命后,虽然进行了改革,但刑事诉讼中仍然保留着浓厚的纠问主义色彩。

(四) 婚姻家庭法

教会法对近世法律影响最大的是婚姻家庭制度。教会法关于一夫一妻制的原则、主张婚姻自由、反对重婚和童婚、反对近亲结婚的规定,均被近代西方国家的法律所接受。教会法注重保护寡妇利益,要求结婚时丈夫必须保证抚养其妻的制度,直接导致了西方国家"抚养寡妇财产"制度的建立。教会法长期浸染着西方国家的婚姻家庭制度,即使在当代它也仍有很大势力,影响着各国离婚立法改革的步伐,这些都说明教会婚姻法在当代西方立法中仍有着不可低估的作用。

(五) 国际法

教会法对国际法的影响也较大。中世纪西欧的罗马教廷是天主教各国的最高仲裁者,国际法的发展便开始于"基督徒间的法律"。教会以基督教的教义和道德标准制定了国际关系的准则,主张基督教民族间的关系应是和平关系,国与国之间应友好和平相处,所有争端都应通过协商而加以解决,这对近代国际法具有很大影响。在战争问题上,教会法认为,战争的目的不是为了征服,而是为了和平的重现,是对恶行的惩罚和被掠夺财物的复得;为了报仇和掠夺而发动的战争是不正义的。后世的国际法基本上接受了这种对待战争的态度。另外,教会为了使战争人道化,还对武器的使用加以限制,如英诺森三世时规定,禁止在战争中使用投石器等杀伤性较大的武器。

思考题

1. 举例分析说明教会法的性质。
2. 如何认识教会法在西方法律传统中的地位。

第八章 伊斯兰法

内容提要

伊斯兰法是中世纪东方国家一种重要的宗教法律体系,它是伊斯兰教和阿拉伯统一国家的伴生物,并随着阿拉伯帝国的对外扩张得到广泛传播,终致形成影响深远的伊斯兰法系。本章介绍了伊斯兰法的主要渊源和基本制度、伊斯兰法的历史沿革;阐述了教法学家及其法学理论在伊斯兰法的发展演进中所起的重要作用;并通过与其他世俗法和宗教法的分析比较,归纳出伊斯兰法的若干特征;通过对伊斯兰法在近现代的改革和复兴历程之回顾,为思考中国法制现代化进程中的困境以及摆脱的途径提供一个有益的参照。

关键词

伊斯兰法 教法学派 卡迪司法 改革复兴

第一节 伊斯兰法概述

一、伊斯兰法的概念

伊斯兰法是阿拉伯语"沙里亚"(Shari'ah)的意译,原意是"通向水泉的路径",引申为"安拉指引的道路",后被确定为伊斯兰法的专称。它并非由国家颁布的制约全体臣民的一部法律,而是与伊斯兰教义密切相关的适用于全体穆斯林的宗教法规范的总称。

就其性质而言,伊斯兰法是一种宗教法,所以,它不同于伊斯兰国家法概念。前者仅指宗教法,而不包括伊斯兰国家的世俗法在内;而后者除了宗教法之外,还包括伊斯兰国家政府的行政命令和地方习惯法。

二、伊斯兰法的沿革

(一)伊斯兰法的诞生

公元6世纪末,正值原始公社解体阶段的阿拉伯人愚昧、迷信,存在杀婴和人祭的习俗,常为水源和绿洲而卷入战争,物质的匮乏使得劫掠成为男子气概的证明。偶有氏族间的犯罪侵权,动辄便用血亲复仇来解决争执,无休止的厮杀使阿拉伯半岛时常陷入长期的混乱状态。在阿拉伯半岛,大部分部落信奉多神教,崇拜树、泉水和石头。因此,政治分裂、部落战争、多神崇拜,就是阿拉伯半岛当时的现实。这一种状况后来被一位先知改变——穆罕默德(Mohammedan,570—632年)。

穆罕默德出生于公元570年麦加的古莱氏部落,祖先曾是麦加的一个望族,到他出生时却已经败落,而且,他早期的生活也充满悲剧。贫穷和磨难使他痛感社会的种种弊端需要祛除,并且思考变革的出路。公元610年,一些特别的宗教体验促使年届不惑的他开始了作为安拉使者的事业。23年来,穆罕默德以毫不动摇的意志创立伊斯兰教。其间,他经受了麦加贵族的迫害、驱赶,终于战而胜之,并且以征服者的名义重返麦加城。他将"克尔白圣殿"①奉献给安拉,定为伊斯兰的中心,全麦加城从此改信了伊斯兰教。公元632年穆罕默德故去时,在他的手中,一个将给世界以巨大影响的伊斯兰教诞生了,一个统一的阿拉伯国家诞生了。由于阿拉伯国家的政教合一的性质,穆罕默德代表安拉所宣示的教规,也就自然具有了法律性质,由此,伊斯兰法也随之诞生了。

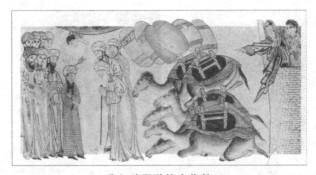

先知穆罕默德在传教

(二) 伊斯兰法的发展

伊斯兰法诞生后,随着阿拉伯国家的对外扩张,伴随着伊斯兰教适用范围的不断扩大,伊斯兰法自身的发展也呈现出复杂多样性。在现代法律改革之前,古典伊斯兰法的发展大致经历了三个阶段。

1. 形成时期(公元7世纪—公元8世纪中叶)

这一时期以穆罕默德创立伊斯兰教和伊斯兰法为开端。穆罕默德作为先知,在以安拉名义发布经文的过程中,巧妙地利用并改造了部落社会的原始习惯,审慎地吸收了犹太教法和基督教教会法的某些成分,同时结合自己对具体案

---

① 阿拉伯文 Ka'ba,意为"立方体形的房屋"。指麦加的一座方形石殿,用麦加近郊山上的灰色岩石建成。克尔白被古阿拉伯人奉为神圣,为多神教徒敬神献祭的中心。630年穆罕默德进占麦加后,清除殿内偶像,改为清真寺,始为穆斯林朝拜中心。石殿由用金线绣着《古兰经》经文的黑锦罩幕所覆盖。

件的裁决意见融会而成一种崭新的伊斯兰法律制度。

公元632年穆罕默德去世时,由于没有指定继承人,统治集团便以推选方式产生"先知"的继任者"哈里发"(caliph,意为使者的继承人)。自公元632年至661年,先后有四位穆罕默德的近亲和密友被拥戴为哈里发,他们是政教合一的国家首脑,集宗教、军事、行政、司法诸权于一身。倭马亚王朝(Umayyad dynasty,公元661—750年)建立后,哈里发职位改为世袭制。自第二任哈里发欧麦尔(Umar 公元634—644年在位)始,历任哈里发不断向外扩张,至8世纪中期,形成了地跨亚、非、欧三大洲的阿拉伯帝国,伊斯兰法在整个帝国范围内得到广泛适用。在对不同社会发展状况、不同经济水平、不同文化渊源的地区进行统治的过程中,阿拉伯统治者面临许多未曾遇到而又亟待解决的复杂问题。在《古兰经》中没有现成规定可供援引的情况下,政府、法官和法学家们就参考和吸收各征服地的习惯和外来法律,并对这些习惯和法律进行改造,使之与伊斯兰法的原则和精神协调起来。在这一时期,作为伊斯兰法最高渊源的《古兰经》已经定型;作为穆罕默德言行录的"圣训"也开始传述;哈里发政府颁布的行政命令取得重要地位,成为伊斯兰法的一个组成部分;此外,倭马亚王朝还建立了最早的卡迪(Qadi,教法执行官)司法制度。通过上述立法和司法活动,伊斯兰法的主要原则和基本制度开始确立,伊斯兰法律体系逐渐形成。

2. 鼎盛时期(公元8世纪中叶—公元10世纪中叶)

继倭马亚王朝之后是阿巴斯王朝(Abbasid dynasty,公元751—1258年)。阿巴斯王朝统治的最初一百年是阿拉伯帝国极盛时期。帝国疆域进一步拓宽,及至东临印度河,西接大西洋,随着政治、经济、文化的繁荣,伊斯兰法和伊斯兰法学获得空前发展。为了适应阿拉伯帝国迅速发展变化的社会状况,为了满足对不同地区进行治理的需要,一些虔诚的学者集结成松散的学术团体,就法律问题各抒己见,一个伊斯兰法学家[阿拉伯语中称为"穆夫提"(Mufti)]阶层由此应运而生。一时间,众家蜂起,派别林立,他们纷纷对《古兰经》的有关法律规定进行广泛诠释。通过对"圣训"进行编汇和整理,使其成为伊斯兰法的重要渊源。他们运用"公议"和"类比"等方法使教法学本身也成为伊斯兰法的重要渊源。为了争夺伊斯兰教法学的正统地位,各派之间相互竞争,从早期分为伊拉克教法学派、希贾兹教法学派和叙利亚教法学派,到后期形成的哈奈斐、马立克、沙斐仪、罕伯里四大教法学派,伊斯兰法学在大约两个世纪的时间里得到了长足的发展。而在公元10世纪中叶,逊尼派内部四大教法学派权威的确立,也标志着伊斯兰法发展的顶峰。

3. "塔格利德"时期(公元10世纪中叶—18世纪末叶)

随着阿巴斯王朝日渐衰落,伊斯兰法进入到"塔格利德"(Taqlid)时期("塔格利德"原义是指"因袭传统或对权威的无条件服从",后来专指10世纪中叶以后,人们对先前法律学说的盲目遵从)。随着四大教法学派权威的确立,作为正统派的逊尼派认为伊斯兰法已经达到完备程度,所有疑惑已然获得妥善解决,后人只消尊奉"四大法学家"所阐释的理论和规则,一切法律问题就能迎刃而解。而且,任由法学发展下去,势必造成更多的法学理论分歧,将有碍于伊斯兰法的统一性,于是宣布关闭"伊智提哈德"(Ijtihād)之门("伊智提哈德"原义是指"尽力而为",后来引申为运用推理解释"古兰"和"圣训",从而发现神启法的真谛)。一旦宣布关闭此门,就意味着教法学家今后仅只限于对前人学说的因袭和注疏,不得有所僭越和违逆,伊斯兰法学与伊斯兰法昔日的繁荣便就此终结。伊斯兰学者把这个时期称作"盲从"时期,这种情况一直持续到近代法律改革时期。

4. 从"改革"到"复兴"(公元 18 世纪末叶至今)

由于原阿拉伯帝国势力范围内的国家和地区以及其他信奉伊斯兰教的国家和地区的法律,都是以《古兰经》和"圣训"为主要渊源发展起来的,具有共同的特征和历史联系,因此,这些以伊斯兰法作为基本法律制度的国家和地区所形成的法律传统被称为伊斯兰法系,它是东方诸法系中迄今唯一的活法系。

自 18 世纪末叶以降,随着西方对奥斯曼帝国的大规模进犯,在此困境之下,帝国被迫进行了一系列改革,改革的总体倾向表现为西方化和世俗化。自奥斯曼土耳其人首开承认世俗法并引进西方法的先例之后,其他伊斯兰国家群起效法。

自第二次世界大战以来,许多伊斯兰国家基本摆脱了殖民统治,随着民族主义运动日益高涨,掀起了"伊斯兰法复兴运动"。即使那些法律制度西方化程度较高的伊斯兰教国家在许多方面也恢复了传统的法制,用以取代从西方引进的世俗法律制度。这充分表明了伊斯兰法系仍具有一定的活力,并且在未来相当长的时期内不会彻底退出历史舞台。

三、伊斯兰法的渊源

(一)《古兰经》

《古兰经》是伊斯兰法最根本的渊源,是伊斯兰教的最高经典。它是穆罕默德在长达 23 年(公元 610 年至 632 年)的传教过程中,以"安拉"的名义陆续发布的经文。每当天使的话音如荡漾的钟声般响起,穆罕默德便在出神状态下呼喊出这些话语,他的随从们也就默记下来,并写在骆驼骨、树皮、羊皮纸、莎草纸上,这就是后来编成的《古兰经》的经文。

"古兰"一词是阿拉伯文 Qur'an 的音译,在阿拉伯语里的意思是"朗诵",所以,伊斯兰教是被"听"到的宗教。"安拉"是用阿拉伯语来思考的,因此,用阿拉伯语表达古兰经文,犹如按照乐谱来演奏音乐。阿拉伯语抑扬的声调,能产生一种奇妙的催眠效果,因此,《古兰经》的启示力量不单在字面的含义里,而且在声

第八章 伊斯兰法

调抑扬顿挫的音韵中,阿拉伯语与伊斯兰宗教思想不可分离地融成一片,一旦将那些陈述翻译成异族语言,原有的激情和神秘感都荡然无存。这也就是为何当我们读到翻译本的《古兰经》时,无法感受到阿拉伯人所宣称的那种优美韵味和丰富意蕴的缘故。

《古兰经》内容广泛,包括教义、教法、伦理道德等,凡 30 卷,计 114 章,约 6211 节。全部经文分为"麦加篇章"和"麦地那篇章"两大部分。前者是公元 609—622 年间穆罕默德在麦加活动时期发布的,占全部经文的 2/3,内容多与信仰相关;后者是公元 622—632 年间穆罕默德在麦地那活动时期发布的,占经文的 1/3,大多针对具体问题而论。涉及法律的经文大部分集中在"麦地那篇章"中,特别是其中的《黄牛章》和《妇女章》。经文的编排顺序既非依各章所颁布的时间,亦非按经文内容的性质,而是根据各章篇幅的长短为序,长者置前,短者在后。发布《古兰经》主要是为了解决实际生活中出现的问题和产生的纠纷。降示经文时,由穆罕默德口授,他的弟子记录或默记,虽以文字或记忆方式得以保留,但却散落于各地,未能进行统一编纂。由于各位弟子记载不一,对于某些经文的真实性遂引起争议,又由于某些经文随着直接聆听者的故去而无法得到证实。于是,第一任哈里发阿布·伯克尔(Abu-Bakr,公元 632—634 年在位)曾下令搜集整理,出现过许多传本。第三任哈里发奥斯曼(Uthman,公元 644—656 年在位)下令将以往有关《古兰经》的资料整理核准,正式定本,这就是全世界通行的"奥氏本"。

《古兰经》如同其他宗教经典一样,内容庞杂,涉猎广泛,但具有纯粹法律意义的经文却极为稀少。其作用主要在于确立伊斯兰法的原则和精神及其在伊斯兰法法源上的权威性。伊斯兰各教派及相关的法学家固然对于许多法律问题意见不同,观点各异,却没人敢公然挑战《古兰经》的无上权威。

《古兰经》里只有很少的记述是可以作为法律规则直接适用的。如穆斯林不得贿赂法官、不得饮酒、禁止进行高利贷和赌博等,但它没有具体规定假如违反这些戒律是否带来法律后果,以及这种后果是怎样的性质,即没有规定与这些戒律相适应的制裁措施,或者虽规定了惩罚但却是来世的惩罚。这些戒律到底应当被看做只是为神所喜悦的一般伦理和宗教指针,还是具有一定的法律效果的法律义务?《古兰经》并没有给出任何明确答案。

《古兰经》

因此,它们显然缺乏现实的可操作性。另外,《古兰经》也没有完整的规范体系,只是列举出穆罕默德对于个别疑难问题所提出的一些解决办法。《古兰经》

本身的局限性很快变得显而易见了,于是,《古兰经》的缺漏处就由先知的言行录加以补充。

(二)"圣训"

"圣训"是阿拉伯文"哈迪斯"(Hadith)和"逊奈"(Sunna)两词的中文音译。前者意为"言语"和"消息",即通过口头传述的方式向人们表达的信息。后来特指对于"逊奈"的传述。后者意为"方向""道路"和"行动",专指既定的习惯和行为,在伊斯兰教产生之前,指部落约定俗成的习惯或习惯法。各部落都有其"逊奈",以为约束行为和处理纠纷的准则。"圣训"为两词之结合,指所传述的先知的言论、行为和生活习惯,分为言语的"圣训"、行为的"圣训"和默示的"圣训"三种。"圣训"因为所具有的权威性,而被奉为"潜在的启示",故而其地位仅次于《古兰经》。又因为其中涉及大量法律问题,所以,伊斯兰法学家将其视为重要的法律渊源。

"圣训"的权威主要来自穆罕默德的特殊地位,《古兰经》中宣布穆罕默德是安拉的使者和最后一位先知,他不仅要作为安拉的代言人宣布安拉的启示,还要以自己的行为来垂范天下。他的言行被认为是天启的产物,与安拉的意志相一致,是真主之命的体现和表征,因而具有神圣性并由此获得权威性。有两个原因使"圣训"成为伊斯兰法的重要渊源。一则,《古兰经》许多涉及法律方面的规定失之笼统,如不加以具体化便难以执行;二则,穆罕默德去世后,阿拉伯社会的各种状况发生了急剧变化,出现大量在《古兰经》里找不到现成答案的新问题。《古兰经》除了本身的规定外,还指明了对于它的局限性加以增补的手段,它是通过"服从真主,服从先知"这则不断重复的命令告知人们的。所以,哈里发政府正好求助于"圣训"的权威,依照先知的前例来办理,从而弥补了《古兰经》之不足。阿巴斯王朝前期,"圣训"的作用得到前所未有的强调,"圣训"的传述成为创制教法的重要途径,有些学派还把穆罕默德的直传弟子和再传弟子的言行归为"圣训",还有人把一些宗教学者和法学家的言行也奉为"圣训",更有甚者,大量伪造"圣训"的现象也随之出现。为了保证"圣训"的权威性,消除"圣训"传述过程中的混乱现象,沙斐仪派主张:只有先知的言行和习惯才是"圣训",从而限制了"圣训"的范围。有鉴于此,公元9、10世纪之际,一些圣训学家对"圣训"进行了全面搜集、整理,对其真实性和权威性予以考证审核,将那些真实可靠的"圣训"汇编成集,结果在逊尼派中形成"六大圣训集"。其中,最具权威性的是布哈里的《圣训实录》和穆斯林的《圣训实录》,被称为"两真本"。在什叶派中,则有五部"圣训集"受到推崇,被称为"五圣书"。

(三)"公议"

阿拉伯语"伊制马尔"(Ijma),一指决心、决意,一指一致公认、一道赞同,常译为"公议"。"公议"在伊斯兰法的概念中是指权威法学家就某一宗教、法律问题所发表的一致意见和所达成的最终裁定。据考,"公议"原为阿拉伯民族原始部落时期的遗风,氏族和部落内部举凡遇到重大问题,必经全体成员一道商议方才有效。随着穆罕默德的故去,伊斯兰社会出现许多亟待解决的问题,而经训又无明文规定,权威法学家遂沿用古风采取集体创制的方式予以解决。意在共担职责,以避免个人决定之偏颇和误差。

穆罕默德逝世之后,由于临终并未留下遗嘱以确定继承人,法学家便通过"公议"方式决定由阿布·伯克尔担任哈里发。此后,"公议"逐渐为法学家们广泛适用。因此,当社会中出现新的法律问题,而在《古兰经》、"圣训"中又无现成答案可供援引时,权威法学家便依据《古兰经》、"圣训"的原则与精神,通过"公议"方式创制出新的法律规则来。

由于阿拉伯帝国版图广大,各地情形的差异和各派学说的不同,使得全国权威法学家不可能就一个法律问题达成"公议",因此,"公议"难免带有地域的色彩和派别的性质。自从"公议"被确定为法源以后,法官再也不用直接查阅《古兰经》和"圣训",从中寻找判决理由,而是到那些被"公议"认可的权威书籍中去寻找。"公议"并非权威的标准,而只是共同宗教信念的集合表现形式。恰恰是这样的"公议"保证了《古兰经》和作为神圣启示记录的各种各样的"圣训"汇集的可信性、类比方法的有效性及整个法律结构的权威性。[①]

(四)"类比"

阿拉伯语称为"格亚斯"(Qiyās),意为衡量和确定某物的长度、质量和重量等,但通常指两个物体间的比照。"类比"指伊斯兰法学家和法官就某一法律问题在《古兰经》、"圣训"中没有直接明确规定的情况下,比照其中相类似的规定加以解决的一种方法。穆罕默德在世时,他就曾运用"类比"方法处理过案件。"四大哈里发时期",这种方法也被经常使用。《古兰经》虽规定饮酒为犯罪,却没有规定"饮酒罪"的量刑。第二任哈里发欧麦尔便比照《古兰经》所规定的对"诬告妇女贞洁罪"的处罚,确定了对"饮酒罪"的处罚。其后,伊斯兰法学家频频运用此法填补《古兰经》、"圣训"所留下的法律空白。"类比"是一种理性的、严密的法律推理活动,与现代刑法学中的类推原则颇相类似,所不同的是,它不仅只是简单的推理方法,或者一项法律原则,它所得出的结论还构成伊斯兰法的主要渊源。对"类比"的运用极大地拓宽了伊斯兰法的领域,使得伊斯兰法能够更为灵活地适应现实社会的发展变化。

四、伊斯兰法学

(一)法学的概念

阿拉伯语"斐格海"(Fiqh)一词,意为知道、理解。伊斯兰早期时代,斐格海

[①] 参见〔英〕库尔森:《伊斯兰教法律史》,吴云贵译,中国社会科学出版社1986年版,第60页。

是泛指人们通过学习掌握经训知识而成为学者,并非专指法学。随着伊斯兰文化的发展,逐渐形成各自独立的专门学科,法学也不例外,至阿巴斯时代斐格海方才成为"伊斯兰法学"的专称,亦即专指以规范穆斯林个人和社会法律行为为研究对象的学科的总称。严格地讲,它是法学家依据经训的细则条文及其原则精神创制法律规范的学科,是法学家以经训的明文和精神为指导精心构筑的伊斯兰法律实体。

(二) 法学的流派

1. "早期法学派"

身为伊斯兰教和伊斯兰法的创始人穆罕默德,是立法者、执法者、法学家一身而三任。穆罕默德传教23年,是伊斯兰法学史的启蒙阶段。既是宗教领袖又是国家首脑的穆罕默德,成为一切纠纷的唯一裁决者和《古兰经》最具权威的阐释者。穆罕默德的创教活动是伊斯兰法的根本和依托,它为后来的伊斯兰法学家解释、扩展和完善其法学体系奠定了理论与实践基础,如无这一时期的经训立法,伊斯兰法也就无从谈起。

作为穆罕默德的承继者,政教合一的"四大哈里发",他们都是穆罕默德生前的亲密伙伴,精通《古兰经》和"圣训",对伊斯兰教充满虔诚的信仰,在社会上享有极高威望。因此,他们就现实生活中的纷争所作出的裁决以及就经训所进行的解释自然会受到人们的尊重和遵循。从这个意义上说,他们是穆圣(穆斯林对穆罕默德的尊称)之后最早的权威法学家。他们通过解释《古兰经》,通过共同商议或是运用个人意见裁决疑难案件,解决了面临的诸多新问题,创制了许多判例,从而推动了伊斯兰法学的发展。

时至倭马亚王朝末期,地跨亚、非、欧三大州的阿拉伯帝国业已形成,面临广阔疆域中宗教法与世俗法、本地法与外来法并存杂陈的混乱局面,由于后继的哈里发已经不再具有前辈("四大哈里发")那样的威望和地位,一些宗教学者对于法律发表的意见日益受到人们的重视,他们开始专注于对各种法律素材的搜集,并将搜集到的法律按照伊斯兰教的原则和精神进行改造和整合,使之伊斯兰化。在这一过程中,伊斯兰法律史上第一个法学家阶层也就随之形成,他们被后人称为"早期法学派",为后世的伊斯兰法的发展和伊斯兰法学体系的建立奠定了基础。其中最有影响的是麦地那学派、伊拉克学派和叙利亚学派。

2. "四大法学派"

公元8世纪至9世纪,分布于阿拉伯世界不同地域的"早期法学派"中,一些杰出人物脱颖而出,他们对于经训明文未作具体规定的问题援引经训精神,或者在不违背经训原则的前提下依照国家的行政命令、司法实践和地方习惯提出自己的见解,回答社会上出现的各种法律疑难,从而形成相应的判例。这种来自民间的学术活动以及专业研究队伍的出现,为伊斯兰法学体系的建立奠定了基础。

这些法学家的学说逐渐被奉为圭臬并得到遵循,许多人云集门下拜师求学,蔚为风气。事实上,伊斯兰法主要以学说为基础,来源于经训者少之又少。由于所处地理环境和文化背景的差别,对于经训明文的理解不同,对于经训取舍的标准各异,导致法律创制方式的相左,从而以著名的法学大师为中心形成伊斯兰法学史上的诸多派系,其中有四派影响最大,远远盖过其他学派,即所谓"四大法学派"。

(1) 哈奈斐派

该派创始人阿布·哈尼法(Abu-Hanifa,699—767)原籍波斯,生于库法。自幼拜师习法,后因拒绝出任法官,遭迫害死于囚禁。该派最大特点是强调人类理性在创制法律过程中的作用,在没有经训和先例可依的特殊情况下,注重运用"类比"、"公议"以及"个人意见",对于"圣训"的传述和使用则持审慎态度。他们所以限制"圣训"的使用范围,并非为了尊重"圣训"的权威地位,而是为了给自己运用推理方法创制法律留下更多的空间。哈奈斐派所采取的这种强调理性、注重灵活变通的原则,在后来的法学论争中被曲解为随意发表的意见,故有"意见派"之称。该派在"四大法学派"中影响最大,其著名作品有《法学大全》等。

(2) 马立克派

该派创始人马立克(Maliki,约715—795)生于麦地那,在《古兰经》和"圣训"的研究方面造诣颇深。其代表作《穆瓦塔圣训集》深得弟子推崇。其中汇集"圣训"约500余段,包括1700个有关司法的惯例。马立克派十分重视"圣训",他们要求以正式传述的"圣训"作为立法和解释法律的根本依据,可谓"言必称'圣训'",故而被称为"圣训派"。他们以"麦地那的圣训"为权威,当经训无明文规定之处,他们也认可依据"类比"和"公议"方式创制法律规则的有效性。

(3) 沙斐仪派

沙斐仪(Shafi'i,767—820)生于巴勒斯坦的加沙,曾是马立克门下弟子,后转而研修哈奈斐派学说。故能集两派之长,成一家之言,该派因此被称为"折中派"。沙斐仪扬"古兰"而抑"圣训",认为一切与《古兰经》相抵触的"圣训"均属无效。同时,他坚称"圣训"仅仅指"先知的逊奈",极力反对将穆罕默德直传和再传弟子的言行列入"圣训"范围。并且宣布只有"全体穆斯林社会的一致同意"才能形成"公议",各派的所谓"公议"不足为据。他还强调对于运用"类比"须严格谨慎,反对以"个人意见"为创制法律的手段。为防止学说的分歧导致伊斯兰法的解体,基于上述观点,沙斐仪正式确立伊斯兰法的四个渊源,即依据《古兰经》、"圣训""公议"和"类比",作为寻找法律统一的可靠方法,为伊斯兰法系统化作出卓越贡献,从而形成伊斯兰古典法学体系。当沙斐仪派创立的古典法学体系处于统治地位时,法学家的创造力就日渐枯竭。10世纪中叶,关闭了"伊智提哈德"之门,法学家们不再允许直接从《古兰经》、"圣训"出发对某一问题形成自己的独立判断,他们只有把自己的活动局限于说明或解释被认为权威的法律书籍。

这就造成法律的僵化与学说的荒芜,也促使某些法律事项后来在沙里亚和宗教法院之外寻求发展。

沙斐仪的理论将"早期法学派"地方的、有限的成分改造为普遍有效的适用于整个伊斯兰教的概念,从而把法律的权威依据置于更高的水平之上,体现了神的启示和人的理智在法律中的妥协,体现了"早期法学派"各种学说的万流归宗,它是一种以严谨的逻辑表达穆斯林法学里固有理想的法学原理。这些成就确立了他作为"穆斯林法学之父"的地位,他在沙里亚法学里的地位堪与亚里士多德在哲学领域的地位相比拟。[①]

(4) 罕伯里派

该派创始人阿赫默德·伊本·罕百勒(Ahmad ibn-Hanbal,780—855)生于巴格达,曾专修"圣训",成为著名的圣训学家,搜集和汇编了《穆斯纳德圣训集》,后转攻法学,卓然成一家之言。他只承认两种渊源,一为《古兰经》,一为"圣训"。坚决反对运用理性创制伊斯兰教法,"公议""类比"和"个人意见"遂被该派排除在法律渊源之外。该派亦由"圣训派"发展而来,主张圣训无论品级高低,都要强过"公议""类比"和"个人意见",故而也被称为"圣训派",该派著名作品为《法学大汇集》等。在逊尼派的"四大法学派"里,罕伯里派是最保守的一派,影响范围相对较小,影响时间却延续至今。

各法学流派的地理分布由多种因素促成。或者是政府当局将它正式颁布于民;或者是因为转信伊斯兰教的居民的一致接受;或者是通过与沿着商道旅行的穆斯林商人的交往。大体说来,哈奈斐派主要分布在土耳其、叙利亚、黎巴嫩、约旦、埃及、苏丹、利比亚、印度、巴基斯坦和中国;马立克派在北非、西非、科威特、上埃及势力较强;沙斐耶派主要流行于东非、埃及、阿拉伯半岛和东南亚;而罕伯里派现在流行于卡塔尔和沙特阿拉伯,并且是沙特阿拉伯的官方法学派。四派之中,以哈奈斐派的学说影响最大和传播最广。

(三) 伊斯兰法学家的贡献

穆罕默德逝世以后,伴随着阿拉伯国家的对外军事扩张和经济交往,造成穆斯林与其他民族的长期接触和交互影响,使阿拉伯国家在社会结构、文化形态等方面均发生巨大变化。其结果是出现大量问题无法从经训之中找到明文规定据以解决,致使伊斯兰世界面临两个难以回避的困境:一是怎样处理异地异族法律与伊斯兰法的冲突和融合,一是如何继续保持伊斯兰法在国家和社会中的主导地位。这两个困境能否得到顺利解决,关乎伊斯兰法的盛衰存亡。由于学者被认为是"先知的继承人",阿巴斯王朝确定了一个原则,即哈里发是法律的仆人,而非主人;法律权威属于法学家,而不属于政治统治者。于是,作为身负解释并

---

① 参见〔英〕库尔森:《伊斯兰教法律史》,吴云贵译,中国社会科学出版社1986年版,第47页。

遵循经训精神和原则,创制具体法律以适应社会发展变迁的伊斯兰法学家们担当起了此项重任。他们通过自发的学说活动,逐渐建立了一支专业研究队伍,针对经训探微索隐,提要钩沉,并且阐明概念,撰写典籍,创立学说,形成派别,极大地推动了《古兰经》、"圣训"的研究、法理学学科的发展以及伊斯兰法学体系的构建,进而依据思想精湛、逻辑严密的法理学说,确立"公议""类比"等各种法律渊源,发展多样的法律创制方式,极大地推动了法律对于变动中的阿拉伯国家社会生活的适应和促进。

五、伊斯兰法的特点

(一) 与伊斯兰教密切相关

1. 从伊斯兰法的产生发展来看

伊斯兰法与伊斯兰教是同时产生的,但二者并不是并列关系。伊斯兰教本来就是一个笼统宽泛的信仰系统,只是我们用理性眼光去审视,就会发现其中涵盖伦理、政治、法律的要素在内,故而法律仅为伊斯兰教不可分割的组成部分,它本身并不具有独立地位。穆罕默德在创教过程中虽然吸收和借鉴了阿拉伯部落习惯以及犹太教和基督教的法律,但也只是将其中可资利用的内容加以伊斯兰化,使之成为伊斯兰法的一部分。可知,伊斯兰法自始便与伊斯兰教融为一体,难以区分。

倭马亚王朝时期一度出现法律世俗化倾向,却遭到教法学家的强烈不满和抵制,他们运用伊斯兰教原则和精神对当时流行的行政命令、地方习惯和外来法律进行审度,将其中为社会现实需要的世俗性法律和习惯进行整理、加工和改造,使之伊斯兰化,从而纳入伊斯兰法的体系中。在伊斯兰法学派形成和发展的过程中,出现了"圣训派"和"意见派"之争,前者坚持神启的权威性,而后者主张运用理性解释和创制法律。到10世纪中期,为了防止不断产生的派别造成更大的观点分歧和法律差异,影响宗教法的统一性和权威性,教法学家宣布关闭"伊智提哈德之门",不允许人们运用理智阐释法律,从而使伊斯兰法进入"塔格利德"(因袭旧制、恪守传统)时期。

2. 从法律渊源来看

在各法学派别之中,多数认可的法律渊源有四种,即《古兰经》"圣训""公议"和"类比"。《古兰经》被认为是真主的直接命令,其宗教性自不待言。"圣训"是作为"真主使者"的穆罕默德的言行录。由于伊斯兰教认为穆罕默德从真主那里获得了某种神性,因而其言行也自然具有宗教的权威性。"公议"和"类比"虽然代表了人的理智在法律领域的运用,但"公议"和"类比"都必须符合经训的原则和精神,而不能完全基于人们的理智。就实质而言,两者都是旨在运用人的理智发现"真主命令"的含义,它们的基本功能是解释《古兰经》,确定"圣训"的权威,理智仅仅为了服务于信仰。而且,就权威性而言,《古兰经》高于"圣训","圣训"高于"公议"和"类比",一切"公议"和"类比"都不得与经训的精神和原则相抵牾。可见,法律渊源与伊斯兰教存在十分密切的联系。

3. 从法律内容来看

伊斯兰法的内容包含两大方面,一方面是宗教义务,一方面是法律规定。宗教义务主要指伊斯兰教信仰的五大支柱即"五功"——念功、拜功、斋功、课功、朝功,它们都是伊斯兰法强制推行的宗教义务方面的规定,在伊斯兰法的体系中占据重要地位。除朝功外,其他四项义务如有违背,都要受到法律的追究,甚至极刑的处罚。关于法律的规定方面也直接或间接地与宗教相关联。法律所以禁止放贷取利,是因为伊斯兰教反对剥削,提倡均贫富的宗教理想;法律所以禁止树偶像,是因为偶像构成对安拉的权威的挑战;伊斯兰法中还有许多关于来世惩罚的规定,也只有对于信仰者才有威慑力。因此,在伊斯兰法中,几乎所有内容都与宗教相关联,都包孕着宗教的意旨,暗含着宗教的价值。

(二) 法学家作用显著

在穆罕默德逝世以后,穆斯林社会失去了创制和解释法律的权威。按照伊斯兰法的理论,法律是真主的命令,只有真主才享有立法权,其他任何人或机构都不享有正式的立法权,更无权修改和变更真主制定的法律;并且还认为真主颁布的法律是完善的,它适应一切时代和地区,放之四海而皆准,垂之万世而不易。于是在法律领域,世人所能做的只是发现和理解神启法律的真实含义,从中找到解决一切法律问题的正确答案。根据正统理论,只有信仰虔诚并精通经训的人士才能最准确地领悟真主法律的原意,才能对其作出最正确的解释。不享有正式立法权的政府在伊斯兰法的发展中无法扮演重要的角色,谁最有资格发现和理解这种神启法律的含义呢?当然就只有法学家了。"圣训"说:"在同魔鬼斗争时,一个法学家要比一千个只知祈祷却缺乏教育的人更有力量。""圣训"又说:"当真主想要施恩于他的臣民时,就派他去学习法律,逐字逐句地使他成为一位法学家。"因此,阿巴斯王朝确定了一个原则,即哈里发是法律的仆人,而非主人;法律权威属于法学家,而不属于政治统治者。于是,作为身负解释并遵循经训精神和原则,创制具体法律以适应社会发展变迁的伊斯兰法学家们(他们被称为"先知的继承人")担当起了此项重任。

在伊斯兰法中,除了《古兰经》和"圣训"之外,没有以政府和个人名义颁布的法典或法规。因此,对《古兰经》经文的具体解释,对于"圣训"的传述、"圣训"版本真伪的鉴别、"圣训"权威等级的确定以及含义的阐释都以法律学说的形式表现出来。对《古兰经》和"圣训"中没有规定或规定不明确的问题,权威法学家比照其中相类似的规定加以解决,或者依据《古兰经》、"圣训"的原则与精神,通过"公议"方式创制出新的法律规则,这些也都是以法律理论的方式加以体现的,其中潜含着法学家无数精辟的思想和巧妙的用心。通过研究和探讨法律的活动，伊斯兰法学家确立了四种正式法律渊源，维护了伊斯兰法的统一权威，并使得一个复杂的伊斯兰法学体系逐渐形成和发展起来。此外，各地法官在审理案件时，经常或亲自征询他们的意见，或从他们的著作中寻找解决问题的办法。当事人也常常聘请法学家作为私人法律顾问，为他们提供诉讼意见。意见以书面形式作出，并为委托人的利益作出论证，这一意见又依次受到对方法律顾问意见的诘难，这些工作起到相当于律师的作用。由此可见，伊斯兰法学家在伊斯兰法的发展中所起的作用绝对不亚于罗马法学家在罗马法的发展中所起的作用。

（三）理论与实践的矛盾

与基督教不同，伊斯兰教从一开始就是政教合一的宗教，它像关心宗教事务一样关心世俗事务，因此，不允许独立的世俗权威与它并存。同时，它主张法律是真主对世人的命令，这种法律管理一切事务（当然包括世俗事务在内），不存在处于真主法律管理之外的辖区。因此，理论上伊斯兰教只承认一种法律即伊斯兰法，不承认此外还有其他法律。无论是政府制定的规则还是流行的地方习惯，都不具有法律的地位，不能被称作法律。如果承认世俗法律的效力，那就意味着神圣的伊斯兰法不够完善，意味着安拉的权威存有局限，而这种结论是绝对不能被接受的。

而当我们把目光投向现实的时候，就会发现上述理论与伊斯兰世界的法律现实状况存在较大差距。实际生活中，古代伊斯兰国家，除了作为宗教法的伊斯兰法之外，还存在着世俗性的法律。其中最重要的是具有法律效力的政府行政命令和地方习惯与习惯法。它们在性质上是非宗教性的，其中虽有一些内容被伊斯兰法所吸收，但还有相当多的内容独立发展，与宗教法并存。它在功能上补充了伊斯兰法，有时还替代了某些不合时宜的宗教法，避免机械适用这些法律可能带来的某种不合理的后果。与此同时，还存在与宗教法院即沙里亚法院相对的世俗法院。在古代伊斯兰教国家中，有关土地、税收等政府行政管理以及刑法的大部分内容是由政府的行政命令加以规定的。在私法方面，存在着大量与宗教无关的习惯和习惯法，它们规范着人们日常生活的一些领域和商事活动的许多方面。从实际情况去看，伊斯兰法虽然是古代伊斯兰教国家中基本的法律制度，但并不是实际运作的法律制度的全部。在它之外，还存在具有法律效力的政府行政命令和流行于各地的世俗性习惯和习惯法。我们不应仅仅从伊斯兰教和伊斯兰法理论出发，认定古代伊斯兰教国家中只存在一种法律即伊斯兰法，此外不存在任何其他种类的法律。所以，在古代穆斯林社会，伊斯兰法的理论与伊斯兰国家的法律实践存在明显的矛盾，换言之，伊斯兰法虽然主张管理伊斯兰教国家中的全部事务，但实际上它并没有而且也不可能做到这一点。

作为宗教法伊斯兰法一方面追求理论上的圆融自恰，另一方面在法律的适用中又往往不得不作出对实践让步的姿态。

(四)多样性寓于统一性之中

1. 多样性

(1)因派别差异呈现出多样性。伊斯兰法在发展过程中形成了不同派别,其中最主要的有两大派,即逊尼派和什叶派。由于彼此在教义上存在分歧,所以在法律上也就各有主张。在法律渊源方面,什叶派只承认《古兰经》和"圣训"的权威,不承认其他渊源;在具体法律内容方面,什叶派强调母系亲属在继承中的地位,从而确立了较为有利于妇女的继承原则;在伊斯兰法与以前的氏族习惯的关系方面,什叶派不承认伊斯兰法包括某些先前的习惯和习惯法。此外,逊尼派内部也存在明显分歧,最典型的是"四大法学派"之间的观点分歧。他们对同一法律问题往往秉持不同的观点,进而形成不同的规则,这种主张和规则对当地法律实践产生了重要影响。其结果是,这种多元的法学发展增进了法律的多样化。

(2)因地域差异呈现出多样性。伊斯兰法在产生之初,其适用范围仅限于阿拉伯半岛。但随着阿拉伯民族的扩张,伊斯兰教势力延展至亚洲、非洲、欧洲地区,从而建立起庞大帝国。伊斯兰法的适用范围也扩展到这些地区。各个地区的经济、政治、文化方面发展水平的不同,以及种族、民族和传统习惯的各异,使伊斯兰法在适用上难以做到均衡一致,由于受到各地条件和境况的影响,必然带有地域的差异。故而,各地的穆斯林往往根据当地的特定条件和特殊需要来解释和适用伊斯兰法。所以,逊尼派内部的"四大法学派"的观点就分别在不同地域得到适用。其实,学说的差异性从某种程度上也反映了地域的差异性,因为有些学说本身就是地缘差异的产物。各学派所属的学者,在地理上彼此远离,他们的观点受到自己周围居民的生活方式、身处社会的发展程度以及法律习惯的影响,因此,观点不同是很自然的。有些派别地处较开放的环境,其思想更易接受外来影响;有些派别地处较为封闭的所在,其思想也容易墨守成规。

2. 统一性

上述所有这些多样性都必须在服从统一性的前提之下才能存在。穆罕默德在创教过程中,将那些非伊斯兰渊源的内容,按照伊斯兰的原则和精神予以消解,并经过加工和改造,纳入伊斯兰教的体系之中,从而整合成为伊斯兰法的组成部分。在伊斯兰法的发展过程中,统一的伊斯兰法经历过两次挑战。一次是倭马亚王朝的法律世俗化倾向。教法学家们将与伊斯兰法相冲突的法律予以剔除,把与伊斯兰法不相抵触的法律予以吸收,使之伊斯兰化,从而维护了宗教法的统一。一次是阿巴斯王朝出现的法学多元态势,法学家再次采取断然措施,宣布关闭"伊智提哈德"之门,又一次维护了宗教法的统一。无论从伊斯兰法的各部门法的内容,还是从伊斯兰教法学的各学派的观点来看,都要以经训的原则和精神为依归,所以,伊斯兰教的原则贯穿于伊斯兰法的全部内容之中,伊斯兰教的精神弥漫于伊斯兰法的字里行间。这就从根本上维护了伊斯兰法的统一性。总而言之,伊斯兰法的统一性确保了宗教法的权威性和适用的相对一致性以及效力的普遍性。

伊斯兰法的这种统一性和多样性的共存和互动,既保证了它在漫长的历史发展过程中始终维持统一的权威性和普遍的适用性,又使得其在具有种族、民族和文化背景差异的不同地区得以长期维系与发展。

(五) 独特的法律思维方式

伊斯兰法在表述方式上充满决疑的色彩。它不遗余力地列举一切可能发生和不可能发生的情况,试图将各种可能性都囊括无遗。它往往从一个核心概念出发,形成一系列假设的情况,然后提出相应的解决办法。例如关于拾得财物,如拾得者为穷人,可以使用该财物;如拾得者为富人,则应作为宗教公产而捐献出来;在后一种情况下,如拾得者有贫穷的父母和子女,他则可以将该物赠送给他们。故而,伊斯兰法的思维方式,既不同于大陆法由个别到一般,再由一般到个别的思维传统,也不同于普通法从个别到个别的思维传统,它是以某一具体规则作为基点,然后进行发散性思维,通过联想形成规则的网络系统。每个网络系统通常以一个规则作为起点,法学家们试图通过无数联想之网,将生活中所有与之有关的法律问题包罗殆尽。与此相应,无论是在《古兰经》和"圣训"中,还是在法学家的著作里,法律规则都是简单罗列,规则之间鲜有内在关联,甚至常常出现互相重复和前后矛盾的状况。另外,法学家们还习惯于回溯式思维,每遇法律问题,总会往从前去寻找依据。而且,先例越早权威越大效力就越高,而严格意义上的先例,惟有穆罕默德所确立的先例。时至今日,一些伊斯兰教国家的法学家们还倾向于回到古代法律传统中去寻找解决当下社会问题的方案。①

第二节 伊斯兰法的基本制度

就结构上而言,伊斯兰法大致分为两大类,一类为关于宗教义务方面的规定,一类为关于法律方面的规定。

一、关于宗教义务方面的规定

伊斯兰法学理论将穆斯林的行为分为五类:(1) 必须履行的行为,为者受到嘉奖,不为者受到处罚;(2) 嘉许的行为,为者受奖,不为者不受罚;(3) 准许的行为,履行与否,既不受奖,亦不受罚;(4) 受谴责的行为,为者仅受谴责,不受处

---

① 有关伊斯兰法的特征详见高鸿钧:《伊斯兰法:传统与现代化》,清华大学出版社2004年版,第145—195页。

罚;(5)禁止的行为,为者受罚。其中,只有第一类和第五类属于严格意义上的法律行为,按照现代世俗法律的标准衡量,其他三类行为既包含属于法律领域的行为,亦包含属于道德范畴的行为。由此可知,与古印度法等宗教法一样,在伊斯兰法中,法律和道德规范都汇入宗教体系的庞大框架之中,彼此浑然一体,难以区分。

伊斯兰法在对穆斯林的宗教信仰作了规定的同时,还对穆斯林的宗教礼仪作了更为具体的安排,而构成宗教礼仪基石的则是五功。如果说信仰是宗教的内核,礼仪则是信仰的外显。传统伊斯兰法学著作都把有关宗教礼仪的规定放在最前面。

(一) 信仰表白

阿拉伯语"舍哈代"(Shahādah),意为"作证"。即通过念作证词,以表明自己对于安拉的虔信。具体内容是"我作证:除安拉外,别无神灵;我作证:穆罕默德是安拉的使者"。中国穆斯林称之为"清真言"并将其概括为16字,也即"万物非主,唯有真主,穆罕默德,安拉使者"。此语是伊斯兰的基本信条的核心内容,也是穆斯林念诵频率最高的诵词。

(二) 礼拜

阿拉伯语"撒拉特"(Salāt)意为祷告,也即礼拜安拉。经训一再强调穆斯林应当"谨守拜功"。在穆斯林看来,礼拜是穆斯林因安拉赐予生命而表达的感恩和赞美之情,也是他们与安拉建立联系的最佳途径。根据伊斯兰法,除个别时间外,穆斯林在任何时候礼拜都受到嘉许,但于固定时间日行五次的礼拜则是必尽之义务。一日五拜,最好能到清真寺集体进行,如无条件,在家独礼亦可。每周五必行"聚礼"(亦称"主麻拜"),即到清真寺行集体礼拜(清真寺不仅仅是行"聚礼"之所在,而且寺前往往也是政治集会地和司法裁判处)。每年两次会礼(开斋节和宰牲节期间)也必行"聚礼"。参拜者必须沐身洁衣,面朝麦加,一人领拜,众人相随,以阿语念诵祷文,并依次完成鞠躬、跪拜等规定动作。

(三) 斋戒

阿拉伯语"索姆"(Sawm),意为戒食色、禁嗜欲。所有穆斯林于"莱买丹月"(伊斯兰历9月,伊斯兰教认为该月是颁降神启之月,是一年中最吉祥高贵的月份)每日自黎明至黄昏,禁绝一切饮食、房事或其他嬉狎非礼行为。据传先知穆罕默德曾于该月在哈兰洞中静坐修炼。通过斋戒,可以教人自我约束,并且强调受造物对于神的依赖,使穆斯林检行节欲,诚心静意,赎罪悔过,体贫恤弱,以表对安拉的敬畏。斋月结束后的第二天即为开斋节(我国新疆地区称为"肉孜节"),乃为穆斯林的盛大节日。根据伊斯兰法规定,举凡身患疾病者,长途旅行者,年老体虚者,妇女行经、生产、哺乳可以免除斋戒,但须根据各自情况缓行补斋或以施舍来补赎。

（四）天课

阿拉伯语"则卡提"(Zakāt)，意为纯洁、净化。指穆斯林通过缴纳天课使自己所占有的财产更加洁净。《古兰经》规定："你要从他们的财产中征收赈款，你借赈款使他们干净，并使他们纯洁。"依照伊斯兰法，穆斯林的财产除去日常的消费开支、必要的购置、需偿还的贷款之外，剩余的资产超过一定限额时，应按比例缴纳天课。该项制度初为富人向穷人的自愿施舍，旨在限制富人聚敛财产，贪婪自私，以缓和贫富悬殊造成的阶级对立。为了维持发展宗教和公共慈善事业，首任哈里发阿布·伯克尔将原来自愿施舍性质的"天课"制度改为强制性的税收制度。经训将"完纳天课"与"谨守拜功"等量齐观，以示其重要的程度。

（五）朝觐

阿拉伯语"哈吉"(Hajj)的意译。指凡能旅行到麦加的穆斯林，都有为安拉而朝觐天房的义务。伊斯兰法规定，每个成年穆斯林，无论男女，只要具备身体健康、理智健全、旅途方便、能自备往返旅途费用等条件，一生中应当至少前往沙特阿拉伯的麦加朝觐一次。妇女朝觐除具备上述条件外，还需由丈夫或至亲陪同。伊斯兰历12月8日至13日完成的朝觐称为"大朝"或"正朝"。此外的任何时候去麦加朝觐，称为"小朝"或"副朝"。一年一度的朝觐期间，来自世界各地语言、肤色、人种、身份各异的几百万穆斯林云集"克尔白圣殿"，他们要绕行"天房"（中国穆斯林对"克尔白圣殿"的别称）中的"黑石"①七次，每绕行一圈便要吻它一次。朝觐只是一种嘉许的行为，履行者将受到鼓励和称赞，不为者也不受处罚。而前四种义务则是必须履行的，不为者将受到处罚。

麦加朝觐

---

① 亦称"玄石"。指麦加克尔白东南面壁上镶嵌的一块褐色方石，直径约30厘米，离地面约1.5米。多神教徒视为"圣石"加以吻拜，伊斯兰教保留此传统，仍奉为神圣。

除以上五种基本义务外,为传教而进行圣战也是每个身心健康的男性穆斯林义不容辞的神圣使命。穆斯林还要遵守许多清规戒律,诸如禁止食用猪肉、血液、自死物,因为《古兰经》宣布它们是不洁的;禁止塑造和绘制人物画像(伊斯兰的建筑和绘画中鲜见人物形象,多为简单的几何图形或者色彩鲜艳的花饰图样),因为《古兰经》反对偶像崇拜。

上述宗教义务和习俗禁忌都是穆罕默德在创教过程中规定的,这些规定对于把处于分裂状态的各部落联合成为一个有机整体,对于借助宗教信仰的统一以实现阿拉伯国家社会政治的统一,起到至关重要的作用。故此,穆斯林五项基本义务被称为伊斯兰教信仰的"五大础石"。

二、关于法律方面的规定

(一)民商法

1. 财产法

在财产法中,土地制度较为发达。依照伊斯兰法的理论,土地被认为是"安拉"的财产,全部土地都实际为国家所有,只有先知和他的继承人哈里发才有权支配,普通自由人只有占有权。土地占有存在以下三种形式:一是"圣地",即穆罕默德出生及创教的地区,包括麦加及邻近区域,圣地不准居住或埋葬异教徒;二是被征服地区的土地,原则上归国家所有,居民可在缴纳土地税的前提下租用之;三是以"瓦克夫"形式出现的土地。

"瓦克夫"(Waqf)制度是伊斯兰法中最有特色的财产制度。"瓦克夫"意为保留,后来专指个人为宗教慈善目的而捐献的土地或财物。分为两种,一种是公共"瓦克夫",即所捐土地或财物均用于宗教慈善等公益事业,诸如建造寺庙、医院、墓地等;另一种是家庭"瓦克夫",捐献者宣布将所捐献的土地或其他财物首先留给子孙享用,只是在没有后裔的情况下,才用于公益事业,因而实际上是法定继承的一种补充形式。

"瓦克夫"实际上是一种施舍方式,但与"天课"不同,区别在于前者对财产的捐献是自愿的,而后者则是法定的。"瓦克夫"是一种奇特的财产制度,捐献者一旦捐出财产,便不得以任何方式转让和处理,更无权收回所有权,但仍可保留占有权。这便造成占有权与所有权的永久分离。

2. 债法

(1)关于契约法。伊斯兰法中,没有契约法的一般理论,更没有如罗马法那样的契约分类,买卖契约是所有契约的标准形式。正当商业活动受到保护和鼓励,穆斯林可以自由订立买卖契约,但不得与教义、教法相违背。因此,有些契约受到限制,比如,非穆斯林不得订立购买土地和穆斯林奴隶的契约;异教书籍、神像、处于自然状态的物品、不洁之物均不得成为契约的标的物。《古兰经》宣布:

"信道的人啊！你们当履行各种约言。"故而，契约应当严格履行，即使单方面发誓许下的承诺也应信守。伊斯兰法把违约酿成的损害，视为一种侵权行为，按侵权责任处理。食言者必须为了赎罪而行施舍，通常是救济10个贫穷的穆斯林，或者释放一个奴隶。否则，应斋戒三日。

(2) 关于禁止利息。《古兰经》宣布："禁止放债取利。"在创教初期，该项原则对于打击重利盘剥，保障平民免于因破产而沦为奴隶，从而缓和社会矛盾起到了很大作用。同时也有助于富人无条件地帮助穷人，以便实现反对剥削、提倡平均的宗教理想。但是，后来却成为发展商业和贸易往来的障碍，以致人们不得不想出许多变通办法以规避有关禁利的规定。"重复买卖"便是其中最为常见的法律技巧，并为法学家和法官所认可。即借方向贷方借财物的同时，卖给贷方一物，之后再以高于卖出的价格从贷方买回该物。通过虚设的"一卖一买"，借方买回原物所多付的金额，恰是双方事先私下约定的利息。结果，贷方既取得了应得的利息，又不致违背"禁止放债取利"的法律规定。沙里亚充满形式主义，要求尊重法律的字面规定甚于遵守其精神实质。因而伊斯兰法的许多规定，只要不是直接违反其文字规定，就可以使其不发生效力。

3. 婚姻家庭和继承法

大凡宗教法律，都把婚姻家庭和继承部分作为核心内容，而且不厌其详，伊斯兰法自不例外。这方面，《古兰经》本身包括为数最多的具体规定。

(1) 婚姻家庭法

第一，关于结婚。伊斯兰法鼓励结婚，提倡男女之间正常合法的婚姻生活，反对独身和出家修行，同时也严禁淫乱。婚龄的底线是男12岁，女9岁。《古兰经》规定，凡供养得起并能公平对待诸妻者，可娶四个妻子。据考，在伊斯兰教产生之前，阿拉伯部落中两性关系混乱，盛行多妻，且无限制。穆罕默德创教时，虽对旧制作了妥协，但毕竟规定了多妻的限额，因此，在一定程度上限制了多妻制。以前结婚是由父亲出售女儿，父亲获得丈夫的买价，取得卖方资格。这样，妻子便取得从前不曾享有的主体资格。《古兰经》规定，丈夫所赠聘礼仅归妻子本人。使妻子从出售的对象变为买卖契约中的一方，妻子以出让同其性交（失去处女身份）为交换条件，获得从丈夫处领取应得聘礼的权利。伊斯兰法规定了关于结婚的禁忌，以下五种情况者不得结婚：一为血统近亲；二为乳母近亲（指乳父乳母的直系尊亲属和直系卑亲属以及乳母喂养的不同姓兄弟姊妹）；三为姻亲；四为行为淫荡者；五为信仰不同者。但穆斯林男子可娶犹太教、基督教女子为妻，因为她们是"有经人"，但穆斯林女子却不可嫁给任何异教徒。

第二，关于离婚。伊斯兰独特的离婚法，在阿拉伯语中称"塔拉克"(Talāq)，意为休妻制。可见，离婚多数情况下是丈夫单方面的行为。但《古兰经》引进了"待婚期"('idda,伊达)的概念，妻子被休后，不能即刻离去，应等到妻子三次经期结束之后。三个月的"待婚期"的规定,一方面是为了确定妻子是否怀孕,以免未来难以确认亲子关系;另一方面,也给丈夫留下冷静考虑的余地,在此期间丈夫若回心转意,希望重修旧好,可以撤销休妻决定。等待期间,妻子有权住在原处,并由丈夫提供生活资源。等待期一旦结束,则无挽回余地。倘离婚时产有婴儿,丈夫应提供资金帮助妻子哺育至两岁止。另外,关于离婚,在丈夫许可的有限范围内,妻子仍然拥有一点权利。如双方婚前约定:婚后如果妻子违反承诺的约言,做了某件丈夫极力反对的事,婚姻即可自行破裂。婚后妻子如果不堪忍受丈夫虐待,则可故意破坏婚前约定,以获解脱。

第三,关于转婚制。伊斯兰法规定了非常奇特的转婚制。《古兰经》规定:"倘若他休了她,那么她以后不可以做他的妻室,直到她嫁给其他的男人。倘若后夫又休了她,那么她再嫁前夫,对于他们俩是毫无罪过的。"如此,转婚实为一种曲折委婉的复婚方式。希图复婚的丈夫,可以利用法律规定留下的缝隙,人为地制造一次结婚和离婚,以达到复婚之目的。也即休了妻的男子若想与前妻复婚,便可与另一男子事先约定,让后者与前妻结婚,旋即将她休掉,遂使他与前妻复婚成为合法。

(2) 继承法

伊斯兰法将继承分为"遗嘱继承"和"经定继承"(即《古兰经》规定的继承方式)。遗嘱继承仅能处分遗产的 1/3,另外 2/3 则按经定继承所确定的原则处理。在经定继承中,还分为"经定份额"和对剩余部分的继承。经定份额的继承人共有 12 种之多,每一个人的继承份额都会因其他继承人的存在与否而受到影响。经定份额并没有将遗产全部分完的,余下部分再按规定顺序进行继承。继承人资格有特定限制,如奴隶、导致被继承人死亡者、非穆斯林、居住国不同者等不得继承遗产;非婚生子女可以成为母亲的而不能成为父亲的继承人。订立遗嘱时须有两个公正的穆斯林在场方才有效,更改他人遗嘱者以犯罪论处。以前妇女是没有继承权的。《古兰经》特别认可了女性亲属继承遗产的法律资格,但份额仅为同一顺序男性继承人的一半。

(二) 其他法律规定

1. 犯罪和刑罚

刑法是伊斯兰法中较不发达的部门,在此方面,《古兰经》规定得既简单又含糊,其中甚至还包括来世的惩罚。伊斯兰法中通常将犯罪分为三类:

第一类是经定刑的犯罪。阿拉伯语"罕德"(hadd),即《古兰经》规定了固定刑罚的犯罪。通奸罪,未婚男女各鞭 100;已婚男女则先各鞭 100,而后用乱石砸死。但通奸必须要有四位无可怀疑的见证人详细陈述目击实情,方可认定,这使得通奸罪的惩罚往往难以执行。偷盗罪,初犯断其右手,再犯削其左足。抢劫罪,以暴力劫走财物而未伤人者,断右手,削左足;抢劫时又杀人者,即便财物未被劫走,仍处斩首或绞刑。但如果偷窃和抢劫是出于真正的需要(如在饥荒之年盗窃和抢劫者),则可以保留他们的手足。酗酒罪,鞭80。诬告妇女失贞罪,鞭80,且永不信其证词。但鞭刑有时仅仅是象征性的。因此,伊斯兰法固然规定了许多严酷的条款,但在执行时,仁慈往往也发挥作用。

第二类是酌定刑的犯罪。阿拉伯语"塔吉尔"(ta'zir),指《古兰经》中未明确规定刑罚而由法官通过自由裁量酌情量刑的犯罪。包括某些违反宗教道德的行为以及民事侵权行为。如吃禁食之物、宣扬恶事、侵吞孤儿财产、欺诈、毁约、吃重利、私入民宅等。酌定刑的犯罪种类较之经定刑更多,刑罚也较经定刑更轻。

第三类是杀人、伤害等侵犯人身的行为。对这类行为的处理,《古兰经》规定了"以命偿命,以眼还眼"的格言作为复仇的准则,并用"正当报复"取代"血亲复仇",将复仇主体限于被害人或其近亲,同时也将复仇对象限于加害人本人。假如被害人及其近亲对加害人表示宽恕原宥,则可以支付赎罪金方式替代同态复仇。赎罪金的数额依据伤害的部位和程度、被害人的身份和地位而有区别。例如,杀人致死或伤害单一存在的器官(如舌头、鼻子),原则上应支付完全赎罪金;伤害成对存在的器官(如眼、耳、手、足),应支付一半赎罪金;奴隶的完全赎罪金是其买价;自由人女子的完全赎罪金是男子的一半。

2. 司法制度

穆罕默德在世时,负责处理有争议的案件,其裁决具有强制性。穆罕默德逝世后,司法权由哈里发和各省总督享有。自倭马亚王朝以后,才逐渐形成"沙里亚"法院和"听诉法院"两个系统。

(1) "沙里亚"法院。倭马亚王朝出现的"卡迪"(教法执行官)最初只是总督的代表,附带排解法律纠纷,到王朝末期才开始专司法律事务。后来逐渐形成一个执行伊斯兰法的职业阶层,并建立"沙里亚"法院。该法院主要管辖私法范围的案件,除审理案件外,还受托管理未成年人和无行为能力人的财产等法律事务,以及监督清真寺等宗教事务。法院由一名"卡迪"主持,一至两名书记员协助。"卡迪"的任免权在行政长官手里,该法院没有上诉审级。

"卡迪"针对纠纷根据经训的过于笼统的规则,具体权衡,个案裁量,具有相当大的自由裁量权,往往导致同类案件不同法官会作出完全不同的判决。

(2) "听诉法院"。倭马亚王朝由哈里发及其钦差大臣负责处理行政官员和法官的违法行为。后来在各地由哈里发选派的行政官员组成"听诉法院",管辖范围涉及有关土地、税收等公法领域,且兼具上诉法院和行政法院职能。

此外,警察负责处理一些刑事案件,市场检查官(Muhtasib,穆赫塔希伯)负责对轻微违法的"风化案"及"渎神"行为的处理。

伊斯兰法的诉讼程序十分简单,民事案件和刑事案件的诉讼程序相同。证据主要分为三类:证人证言、当事人陈述、宣誓。证人证言最为重要,一般案件要求两人作证,两个女人证言的证据效力仅相当于一个男人的证言。此外,一个证人的证据要想被法庭接受,他首先必须有完美无瑕的道德操守。①

第三节 伊斯兰法的改革和复兴

一、伊斯兰法的改革

15世纪初,奥斯曼在土耳其建立庞大的帝国,至16世纪末,帝国开始每况愈下,政治僵化、经济落后、军事衰微、精神退化——这些恰好为正在向外殖民扩张的西方列强提供了可乘之机。18世纪以降,西方开始大规模进犯奥斯曼帝国,奥斯曼帝国不敌西方坚船利炮,被迫签订不平等条约,丧失大片领土。到19世纪,帝国的亚洲和非洲领土都被列强瓜分完毕。在此困境之下,帝国被迫进行了一系列改革。这类改革始于18世纪末叶,而更大规模的改革则是所谓"坦志麦特"(Tanzimat,改组)运动。该运动是19世纪中叶的奥斯曼苏丹麦吉德在首相拉希德为首的革新派的支持下,所领导的一系列自上而下的军事、经济、立法、司法、行政改革。1839年11月3日,拉希德在皇宫御花园里宣读了"御园敕令",正式宣布进行改革。从这项敕令颁布之日起,帝国进行了一系列重大的法律改革。如仿效法国颁布了《商法典》《刑法典》等,这些法典以西方的概念和制度替代传统的伊斯兰法原则和规定。与此同时,帝国还仿效法国模式建立了世俗法院。1850年颁布的商法典第一次正式承认,帝国允许存在一个独立于伊斯兰法的法律及其司法系统,以处理伊斯兰法范围之外的各项社会生活事务。自1840年之后,帝国不仅存在伊斯兰法和源自西方的世俗法,还存在伊斯兰法院和世俗法院。而且后者的管辖范围逐渐超过了前者。

一般而言,商法、刑法领域的改革遇到的阻力较小,因为商事活动历来靠各地的习惯法调整,而伊斯兰教的刑法又很不完整,经常以行政法、地方法予以补充。但在民事领域由于和穆斯林民众的日常生活关系密切,阻力自然会大得多。所以,对于民法如何改革,激进派和温和派发生了激烈争执。前者主张彻底放弃伊斯兰传统民事法律规则,直接移植《法国民法典》;温和派则认为民事法律与宗教信仰和宗教生活密切相关,以西方世俗法取代传统法律势必从根本上动摇伊斯兰教基础,改变穆斯林的生活方式。争执的结果是采取了温和派的主张,即采用西方大陆法系的法典形式,将传统的民事法律编纂成法典。形成于1869—1876年的《马雅拉》(民事实体和程序法律汇编)便是这类法典的代表,它是伊斯兰法律史上政府首次对伊斯兰法规则予以编纂的尝试,同时也是政府试图通过

---

① 参见〔英〕库尔森:《伊斯兰教法律史》,吴云贵译,中国社会科学出版社1986年版,第49页。

法典编纂的形式使传统法律系统化、明确化和现代化的最初探索（本汇编直至20世纪中叶仍为一些伊斯兰国家所采用），1926年土耳其正式采用了《瑞士民法典》。第一次世界大战后，奥斯曼帝国解体，许多阿拉伯国家先后沦为西方列强的殖民地或半殖民地。自奥斯曼土耳其人首开承认世俗法并引进西方法的先例之后，其他伊斯兰国家群起效法。1923年埃及颁布了宪法，1937年又仿照《意大利刑法典》颁布了刑法典，1949年还参考西方多国民法典颁布了民法典。伊朗也于1927年依据法国民法和刑法制定了自己的民法典和刑法典。西亚的黎巴嫩、叙利亚、伊拉克，北非的阿尔及利亚、突尼斯、摩洛哥等国也相继借鉴西方法律制定了自己的法典。此外，印度尼西亚采取荷兰法的模式，而印度、孟加拉国、马来西亚、尼日利亚则采取普通法的模式来构建自己的法律体系。

伊斯兰法近代化改革的结果：(1) 表现在财产法方面，是限制乃至废除了"瓦克夫"制度等。(2) 表现在债法方面，是承认了带有固定利息的投资和贷款的合法性，确认了赌博性契约的正当性等。(3) 表现在婚姻家庭法方面，是为了限制一夫多妻制，规定了婚约中双方可以约定：丈夫不得多妻，如有违约，妻子有权提出离婚。或者直接规定："非经法官许可，不得多妻。"(1959年《伊拉克私人身份法》第4条)为了限制男方随意地单方面休妻，规定了"丈夫在醉酒或受胁迫状态下所宣布的休妻决定无效"(埃及《1929年法令》第1条)。为了赋予女性以离婚的权利，规定了如果丈夫有经济能力而又拒绝扶养妻子、虐待妻子、丈夫有不可治愈的疾病或者失踪超过法定时间等，妻子便有权请求离婚。规定禁止童婚制，以限制父母对子女的主婚权，强调婚姻以当事人的同意为条件。而在该领域改革最为彻底的是土耳其，宣布实行一夫一妻制，以取代一夫多妻制，用男女自由离婚制度取代丈夫单方面的休妻权。(4) 表现在继承法方面，是增加了遗嘱自由；进一步提高了女性亲属的继承地位；取消了不同宗教的亲属间不得相互继承的陈规；确立了代位继承制等。(5) 表现在刑法方面，是规定了刑事犯罪的认定和量刑不得违反"人道主义"原则，并废除了砍手、断足和乱石砸死等传统酷刑；取消了"经定刑"和"酌定刑"的传统划分，将犯罪分为重罪、轻罪和违警罪；采用了西方国家的刑罚种类和方法，将监禁列为主要刑罚方法；将杀人和伤害行为纳入国家惩罚的犯罪类别，以取代通过同态复仇和缴纳赎罪金私下解决的方法。(6) 表现在司法制度方面，是建立世俗性法院并扩大其管辖范围，削弱或取消"沙里亚"法院等。

二、伊斯兰法的复兴

第二次世界大战后，许多伊斯兰国家基本摆脱了殖民统治，民族主义运动日益高涨，民众开始反对非伊斯兰法的制约，呼吁回归伊斯兰法，尤其是随着伊斯兰世界联盟的成立，这种回归浪潮愈发迅猛。20世纪60年代末以来，一些伊斯兰国家宣布废除原来从西方引进的法律，重新恢复适用伊斯兰法。这一转变史称"伊斯兰法复兴运动"。它是伊斯兰国家世俗政权进行全盘西化的一系列尝试遭到失败的必然结果。

近代以来，伊斯兰国家经历了持续不断的改革，至20世纪60年代，伊斯兰世界各方面都已经发生重大变化。在经济方面，市场经济体制逐渐占据主导地位，这种体制建立在依赖西方资本主义经济的基础上。在政治方面，西方的政治体制也成为多数伊斯兰国家仿效的模式，西方的政治理论及其概念，诸如："宪法""议会""分权""自由""平等""权利"等已被大部分伊斯兰国家所接受。在宗教方面，传统的宗教势力已大为削弱，而且出现了政教分离的趋势，开始走向世俗化的道路。在法律方面，多数国家大部分法律领域已经被引进的西方世俗法所盘踞。在社会生活方面，世俗化和西方化的生活方式已对伊斯兰传统的生活方式产生巨大冲击。所有这一切都对伊斯兰教的信仰系统、穆斯林传统的生活方式构成严重的威胁。加上主张改革的政府当局又往往采取强硬的措施加以推行。这种做法更是极大地伤害了穆斯林的情感，引起了他们极端的反感厌恶情绪。另外，伊斯兰世界的一系列改革也出现了许多负面效应，造成诸如政治腐败、道德沦丧等社会弊端，伊斯兰国家因为所采用的西方法律与本土环境不相适应，引起政局动荡、社会秩序紊乱等不良结果，致使广大民众对于西方民主和法治在伊斯兰国家是否可行产生怀疑。而包括工业化和城市化在内的现代化，又产生环境污染、贫富分化、疾病传播等社会问题。综上所述，使得许多有识之士认为，西方的民主和法治是西方国家特定历史的产物，只代表西方社会的经验，并不具有普世的价值。伊斯兰国家具有自己独特的历史文化传统和价值观念，只有按照自己的文化传统和价值观念来构建国家的政治、经济、法律制度，国家的繁荣与发展、人民的安宁和幸福才能真正得到保障。

"伊斯兰法复兴运动"滥觞于利比亚，卡扎菲于1971年执政后正式宣布恢复伊斯兰法，并且颁布了一系列刑事和民事法律。巴基斯坦的齐亚·哈克在1977年执政后，也提出了"实行伊斯兰法治"的口号。接着，就废除了许多西方式的法律，将传统的伊斯兰法以立法形式予以颁布。1979年，伊朗爆发"伊斯兰革命"，这场革命震撼了伊斯兰教国家乃至全世界。霍梅尼推翻了受美国扶持的巴列维王朝，建立了"伊斯兰政权"，根据新宪法成立的最高司法委员会于1982年宣布："废除所有革命前的非伊斯兰教法律"。在随后的数年里，陆续恢复了伊斯兰法。苏丹也在尼迈里执政后，恢复了伊斯兰法的统治地位。这些国家在恢复伊斯兰法的过程中充满曲折，恢复的程度和具体的措施都不尽相同，但它们构成了当代"伊斯兰法复兴运动"的核心，带动了整个伊斯兰世界的法律复兴。

伊斯兰国家的法律正经历着各种激烈的冲突，"伊斯兰法复兴运动"正是这些冲突的集中反映。这些冲突包括：传统法律和现代法律、本土法律和外来法律、宗教法律和世俗法律之间的冲突。这些冲突也是其他发展中国家所共同面临的问题。伊斯兰世界未来如何解决上述冲突和处理由此产生的法律与宗教的紧张关系,是摆在伊斯兰各国面前的难题。

思考题

1. 法学家在伊斯兰法发展进程中的作用。
2. 近现代伊斯兰法的演变特点。

第九章　中世纪城市法和商法

内容提要

城市法是中世纪获得自治权的西欧城市所适用的法律,是城市商品经济与民主政治发展的产物。城市法具有表现形式的多样性、适用范围的属地性、法律内容的混合性和法律性质的双重性等特点。中世纪商法和海商法分别是调整商人在内陆和海上商业贸易活动中所产生的法律关系的法律的总称。习惯和惯例是商法和海商法的主要渊源和内容。商法和海商法经历了各国商法和共同商法时期之后,最终又成为各独立国家的统一法律。

关键词

城市法　特许状　城市宪章　行会章程　商法　海商法　共同海损

第一节　城　市　法

城市法是在公元11—15世纪西欧获得自由和自治权的城市里产生和适用的法律的总称,其内容除了关于城市和市民的法律地位和权利义务的规定外,主要包括城市管理和城市工商业经济活动的调整等方面。城市法具有强烈的属地性,各城市的城市法只适用于本城市内的市民。这是由城市法独特的产生背景所决定的。

一、城市法的形成与发展

城市法是在西欧各国城市复苏和新兴城市出现的过程中,伴随着城市手工业和商业贸易活动的发展而形成和发展的。西罗马帝国灭亡后,一些城市尚存,但经济活动衰败。到公元10世纪后期,特别是进入11世纪以后,随着生产的发展,西欧的贸易活动得以复兴,在原罗马旧城复苏的同时,地中海沿岸西欧国家的手工业者和商人聚居在封建领主居住的城堡、教堂、修道院附近和十字路口、水陆码头等交通要道,从而形成新兴城市。[①] 如弗赖堡、卢贝克、慕尼黑和柏林

---

① 参见〔美〕伯恩斯·拉尔夫:《世界文明史》(第2卷),罗经国等译,商务印书馆1990年版,第30页。

等就是12世纪兴起的城市。西欧自给自足的庄园经济由此发生了质的变化。复苏和新兴的城市或者在政治、军事、宗教等方面占有重要地位，或者拥有发达的手工业，或者是贸易中心，或者是良好的自然港口。但由于一般都建立在封建主领地上，必须向所属领主交纳实物和金钱，服劳役或军役，还要缴纳各种捐税；同时，新兴城市中出现的商业贸易争端需要有相应的法规加以调整，市民和商人的利益需要得到相关法律的确认和保护，而有管辖权的领主法庭或教会法庭不但没有相应的规范来解决这些问题，而且"司法程序中僵硬的和传统的形式主义，延误时日，裁判决斗以及免诉宣誓的流弊，全凭偶然性判决的神意裁判等，对商人来说是无休止的折磨"①，这些都极大地束缚了城市的生存和发展。为争取自由和自治，一些城市以武装起义或金钱赎买等各种形式向领主和国王争取或换取了一定的自由与特权，有权选举市政官员和市长，设立城市法庭，成为"特许自治的城市"。至11世纪，西欧大多数城市先后在立法、司法和行政管理上获得了不同程度的自治，市民也得以摆脱对封建国王和领主的人身依附。威尼斯是最先获得相对独立地位的城市，于1082年获得在拜占庭帝国内免交一切关税的特权。"从12到15世纪，这类'自由市'约有五十个之多。其中较著者，有纽伦堡、奥古斯堡、阿亨、卢贝克、不来梅、汉堡、法兰克福等等。"②

城市所争取或换取的自由和自治权利一般都有领主或国王颁发的特许状或宪章等法律文件作保障，作为城市存在之合法性的依据，这些特许状或宪章成为城市的根本法。在获得自由和自治后，"中世纪城市中的人们并不满足于继承前辈遗留下来的法律和习惯，也不甘于坐等君主的立法，他们经常地投身到创制更完备、更公平的法律的活动中去。许许多多的行业组织创制了自己的'行会法'"③，由此产生了城市立法、城市习惯和大量的行会章程等城市法形式。到13—14世纪城市发展的巅峰时期，为了加强相互之间的贸易关系和商业信息沟通、统一经济活动步调，一些城市之间还结成了城市同盟，并制定共同遵守的法律即城市同盟法，从而使城市法的内容和形式进一步丰富和发展。

城市的独立自治状态存在于西欧13—15世纪这一历史时期，只持续了三四百年时间。此后，由于西欧封建王权的加强和民族国家的形成，城市的自治权逐渐被取消，独立地位丧失，城市又重新落入封建君主的控制之中，作为自成一体的城市法不复具有法律效力，但其内容作为人类的智慧和法律文化融入了其他法律体系之中。

---

① 〔比利时〕亨利·皮雷纳：《中世纪的城市法》，商务印书馆1990年版，第79—80页。
② 王曾才：《西方文化要义》，江苏教育出版社2006年版，第94页。
③ R. c. van Caenegem, *Legal History: A European Perpective*, Hamledon Press, London and Rio Grande, 1991, p. 127.

二、城市法的法律渊源、基本内容及性质

(一) 城市法的法律渊源

从城市法产生和发展的轨迹看,以下五种表现形式构成了城市法的主要法律渊源。

中世纪自治城市特许状

1. 特许状或宪章。指由国王或所属领地的封建领主或大主教颁发、用以确认城市的相对独立地位并授予其一定自治特权和经商权、明确市民权利义务的法律文书。以赋予城市立法权、行政权和司法权等自治特权、允许城市设立行政机构和商业行会、规定城市市民的权利和义务等为主要内容。如12世纪英王亨利二世颁发给林肯城的特许状、英国诺桑普斯顿城12—17世纪共获得的31份特许状、1111年德国皇帝亨利五世颁发的《斯拜尔特权宪章》、1135年马因斯大主教颁发的《马因斯宪章》、1215年英王约翰签署的《大宪章》等。作为城市法最为根本的渊源,特许状或城市宪章是城市的根本法,许多城市将其展示在市政机关门厅里,作为表明并保证城市拥有独立地位和自治特权的"尚方宝剑"。

2. 城市立法。指自治城市的市议会等权力机关为调整城市各种社会关系以保证城市生活的正常有序进行而制定颁布的法令。其内容主要涉及城市建设、商业活动管理、治安管理、财政、金融以及教育和社会福利等方面。

3. 城市习惯和判例。指在城市的社会生活和商业活动中形成并传承下来的习惯和城市法院及法官通过判决宣示的规则。其内容十分广泛,从法律关系上看既涉及公法也涉及私法,从规范的类型上看,既包括实体法也包括程序法。

从10世纪开始,一些城市将城市立法、习惯和判例编纂成法典,形成了城市法的法典和汇编等法律形式,如《热那亚城市法典》。到11世纪时,各城市都纷纷进行法典编纂活动,形成了各自的城市法典,比较有名的如11世纪的《毕士托瓦城市法典》、1160年的《比萨习惯与法律汇编》、1242年的《威尼斯城市法典》、1250年的《波伦亚城市法典》、1279年的《多托沙城市法典》、13世纪的《萨克森城市管辖法》、1308年的《卢卡城市法典》、1330年的《米兰城市法典》、1335年的《佛罗伦萨城市法典》和15世纪的《罗马城市法典》等,影响最大的是《巴黎习惯汇编》,不但广为传播,而且直至19世纪以前,仍适用于法属加拿大领域。

4. 行会章程和联合公告。行会章程是手工业者和商人为防止封建势力侵权并避免相互之间的不良竞争而建立的手工业行会和商人公会("基尔特")所制

定的章程,也称为基尔特习惯或惯例。用以规范行会组织、确定行会成员权利义务并调整行会成员关系、管理行会活动、维护本行业的利益,内容上通常都比较具体明确地规定了每座作坊里手工机器的数量、帮工学徒的人数、劳动时间、产品的质量和数量等。联合公告是各行会为协调相互关系、保持城市经济的良性发展而联合发布的具有法律效力的公告。行会章程一般都被作为管理城市工商业的主要依据。

5. 城市同盟法令。是指由结成同盟的城市共同制定并遵守的城市之间的共同法,如《汉萨同盟法令》《莱茵同盟法令》《斯特拉尔松德和约》等。城市同盟法令不仅以调整同盟城市之间的经济关系为内容,而且还包括对维护治安秩序和管辖刑事犯罪的组织及其活动规范的规定。

(二) 城市法的基本内容

综合城市法的各种法律渊源来看,城市法涉及以下几个方面的内容:

1. 城市自由和自治权。由特许状或宪章所赋予和规定。如英国1215年《大宪章》第13条规定:"伦敦城,无论水上或陆上,俱应享有其旧有之自由与自由习惯。其他城市、州、市镇、港口、余等亦承认或赐予彼等以保有自由与自由习惯之权。"

2. 市民的权利与义务。大多数城市法均规定,任何人,无论其原来的身份,只要在城里居住的时间届满1年零1天,即可获得市民资格,拥有人身自由权和其他自由权利。市民除具有民事权利主体资格,享有在民事、诉讼等方面的平等权利和经营手工业、商业贸易的自由权之外,还享有选举市长和市政官员的权利。同时,市民一般还应负有服从本城习惯与法律、照章纳税、维护城市治安、整修防御设施以及服兵役等义务。

3. 城市机关的设置及其职权。城市政体大都是共和制,由市民选举代表组成的市议会既是最高权力机关,也是行政机关,市长、税务官等执政官均由市议会推举产生,市议会还负责组织法院、任命法官。有的城市还设立了公民大会、议事会和执政官三级代表制。如比萨、米兰、阿雷德、卢卡和锡耶纳等意大利北部城市先后于1085—1125年开始通过选举产生执政官,到12世纪末,意大利北部各主要城市普遍采用了这种共和自治的政府形式。市议会实行任期制,除有权产生其他城市机关外,主要职权是议决财政、税收、城市建设和治安管理等事务,向市民报告工作情况。

4. 工商管理规则。主要反映在行会章程和工商业活动习惯规则中。行会一般将工商业劳动者严格地分为匠师、帮工和学徒,并规定只有加入行会才有资格经营手工业和商业,并且必须缴纳会费,手工业行会一般只允许匠师(同时也是作坊主)入会。商业行会章程一般规定了入会条件、会员权利义务和从业道德、专营权、统一度量衡、调解商务纠纷的司法权限等内容;手工业行会章程一般规定开设作坊的条件、作坊的规模和地点、统一工作时间、行会产品的规格和质量要求、学徒的招收、管理和工资以及行会惯例的法律效力等。各种行会对产品或商品质量都很重视,并注重诚信,严禁欺诈行为。

5. 刑法和诉讼制度。实行法律面前人人平等原则和罪刑相适应原则,但同时又实行同态复仇和株连,刑种主要有绞刑、斩刑、宫刑、肢解刑等,刑罚严酷。诉讼程序一般采用纠问式,废除了一些错综复杂和形式主义的程序,以证人作证代替宣誓保证人和司法决斗,审判过程有时公开,有时秘密。

(三)城市法的性质

城市法是在西欧的封建社会处于政治结构大分裂这一特殊的时代背景下出现的法律,西欧封建国家当时的领主分封割据、王权一时势弱、由生产力催生的城市工商业力量对于自治权利的特别要求以及西欧国家独有的地理条件,这一切都是城市法得以产生的必要条件。从城市法的产生和发展过程看,城市法与商品经济的联系十分紧密:城市法是商品经济的存在和发展对社会上层建筑必然要求的反映,商品经济的发达是城市法产生和发展的根本性因素。然而,城市法并不单纯是资本主义性质的法律。从前述城市法的法律渊源看,作为城市法最重要的法律渊源的特许状或宪章并不是城市工商业者自己制定的;城市的自治权和城市市民的自由权不是来自城市和市民通过权力机关和立法机关的确认,而是来自封建国王或领主的特许和"恩赐";特许状或宪章在实现城市工商业者愿望的同时也反映了封建统治阶级的意志和利益。城市立法和习惯也不同程度地反映了封建贵族的意志,而这些封建贵族兼营工商业和封建性农业及高利贷。从城市法的基本内容看,城市法在调整具有资本主义性质的财产关系和人身关系的同时也调整着封建性的生产关系和社会关系,如行会组织普遍具有一定的封建性,很多行会章程不但规定了严格的等级关系,而且通过行业内的依附关系限制劳动者的自由流动,已有主人而想辞职他求的工人、学徒与帮工不能被别的作坊所雇用。刑事法律中实行同态复仇原则,刑罚严酷。从城市法的产生和衰落看,虽然是资本主义因素的经济活动催生了城市法,但在城市法从最初取得存在的合法性到由于封建王权的加强和民族国家法制的统一而最终丧失独立性的历程中,封建性因素伴随着城市法的始终,封建性因素之于城市法的影响比起资本主义因素的作用更为重要。所以,作为独特的历史和社会背景下封建势力和新兴工商业力量两种主要意志的反映,城市法既不完全是封建法,也不单纯是资本主义法,而兼有封建的和资本主义的双重性质。

三、城市法的特点和历史影响

从不同角度看,城市法表现出以下不同的特点:

从产生和发展历程看,城市法是在封建割据的政治局势下、因商品经济发展

所引起的城市复兴而产生与发展的,又随着封建王权的加强而衰落;

从表现形式上看,城市法既不是唯一的统一法典、也不是单一的成文法或习惯法或判例法,而是存在特许状、宪章、法令、习惯、判例等多种表现形式的多元法;

从效力范围看,城市法既不是主权国家的独立国内法,也不是一些国家之间统一适用的国际法,而是仅以城市为适用地域的极其独特的属地主义法;

从规范的内容看,城市法既有对城市和市民的权利义务的规定,又包括纠纷裁判程序等内容,是实体法与程序法的混合法;

从法的历史类型看,城市法的根本性质是封建主义的,但又带有资本主义因素,是包含双重因素、具有混合性质的法律。

虽然城市法只是适用于封建王国中的城市这一特别地域范围内的法律,从空间、时间和对人的效力看,适用范围都很小,但由于其独特的规范内容和多样化的表现形式,特别是对商品经济活动中社会和生产关系的调整作用,因而对资本主义的产生和发展起了极其重要的作用,对资产阶级法具有重要影响。近代各资本主义国家的法律一般都直接或间接地借鉴或接受其中包含的一些制度、原则和规则。有鉴于此,我国有学者形象地把中世纪城市法与商法和海商法称为"资本主义民商法的摇篮"。[①]

第二节 商 法

一、商法的形成与发展

中世纪商法,也称商人法,是调整商人之间因内陆商事活动而产生的各种关系的法律的总称。近代有一些国家在进行法典编纂时将海商法纳入到其商法典中,故内陆商法与海商法有时也被统称为商法。本节所指的"商法"是不包括海商法在内的内陆商法。

早在奴隶社会时期,地中海沿岸的一些欧洲国家就出现了调整商业活动的法规,如雅典不但有进出口贸易法规,还设有以外国商人为当事人的专门部门和办事程序;罗马万民法中也有很多关于运输、商栈、银钱业以及简单商品经济活动中的买卖、借贷、雇佣、合伙和委托代理等商事契约的规定。但相对于当时各国的法律体系而言,涉及商业活动的这些规范只是很少的一部分而已,从其地位、数量以及商业活动本身在社会生活中的重要性等方面来看,不足以构成一个独立的法律部门。

[①] 叶秋华:《资本主义民商法的摇篮——西欧中世纪城市法、商法与海商法》,载《中国人民大学学报》2000年第1期。

作为一个独立的法律部门,商法与城市法一样,是随着商业活动的繁荣和城市复兴而形成的;但与城市法突出的属地主义特征刚好形成鲜明对比的是,商法不仅是以商人为适用主体的属人法,而且以各国商法为基础、在中世纪各城市之间还形成了具有一定普遍适用性的共同商法。

独立的商法最先形成于意大利。10—12世纪时意大利的城市里不但出现了以手工业和商业贸易活动为生的阶层,成立了商会,而且出现了定期集市,颁布了商业活动规则,并设立了行商法院解决贸易纠纷,由此成为最早产生商法的地方;同时由于意大利是罗马法复兴的发源地,其商法和有关法律书籍在西欧国家中具有很高的权威,意大利也由此被视为商法的母国。到12—13世纪时,由于手工业和商业的繁荣,西欧其他国家也陆续出现了定期集市,与此相应地,规定集市交易的日期和周期以及交易程序、商事契约和集市管理组织,确定税收、货币流通、度量衡标准等调整集市活动的习惯和规则逐渐形成和发展起来,解决商事纠纷的商业法庭也随之出现。各国的商事法规和法庭裁决一般参照和借鉴了罗马万民法中的商事规范,具有较高程度的共通性和相似性。有些集市由于规模大,商品齐,还吸引了外地商人甚至外国商人,成为国际性集市,同时也产生了各种涉外商事纠纷。由于商法是属人法,各国商法之间的冲突随着流动在各种集市上的商人的活动显现出来,为此出现了专门协调不同国家商法冲突和解决商事争端的商事混合法庭。法庭所作的一些判决对来自不同国家的商人有约束力,得到各国的普遍适用,从而形成共同商法。

二、商法的主要渊源和内容

(一) 商法的主要渊源

习惯、惯例和判例以及判例汇编(也有的国家或地区称其为"法典")是商法的主要渊源。习惯和惯例是在长期的商业贸易活动中逐渐形成的,具有较强的稳定性和连续性;判例主要由商业法庭作出,法官审理案件时一般是根据习惯和惯例作出判决的。此外,自治城市的商业行会章程和城市同盟法令也主要以调整商人商业活动为内容,也成为商法的一种渊源。

(二) 商法的主要内容

商法主要涉及有关商人资格及其权利义务、集市营业规范、票据制度和合伙规范等内容。

1. 商人的权利义务。中世纪的商人是城市市民的主要组成成分,主要来自摆脱了对封建主的人身依附和失去土地的农民。商法赋予商人以经商权、商号权、损害赔偿请求权和起诉权等商业活动权利,并规定商人应履行制作并保存账簿、不得欺诈、服从本行会章程、交纳各种税费等义务。在中世纪商业活动发达地区,还规定了外地和外国商人的权利,外地和外国商人与本地商人享有平等的法律地位。由于大、小地方的封建主以及盗匪对过往商人强索钱财的事情时有发生,甚至商人的生命安全也受到威胁,为此,各国普遍给予外地和外国商人予以特别保护措施,以保证商人的流动和集市的繁荣,如12世纪时形成了被劫商人可向劫盗者的国家寻求损害赔偿的惯例。

2. 集市营业规范。各集市所在地都有关于集市开闭时间、治安、征税、度量衡、兑换钱币、收缴管理费等方面的惯例或详细规定,还规定了闭市后清理货物、结清账目和合同盖章等事宜的程序和期限。集市还普遍设置了监督官、管理员、监印官和代书人等职位,以负责处理专门事务。

3. 票据制度。在中世纪的商业活动中,以信用为基础的票据因其清楚和便利的优点而得到广泛使用。此时的票据已经因其不同的功能而被分为汇票、本票和支票等种类,各类票据的基本规范和制度一直沿用到近现代资本主义国家。

4. 合伙规范。中世纪时期,不同地区和国家之间的贸易活动大多是以合伙经营的方式进行的,因此,关于合伙的规定也是商法的主要内容之一。如在运货管理方面,商人将货物委托给转运者承运,转运者应当宣誓保证履行契约,安全及时地运抵目的地,但因意外事故或第三方暴力行为所致的与转运者无关的货物损失,转运者不承担法律责任。

第三节 海 商 法

一、海商法的形成和发展概况

海商法是规范海上运输和航海贸易等商业活动的法律的总称。海商法与商法的关系十分密切,广义的商法概念就包括了海商法。两者在产生和形成的原因、发展过程和方式以及法律渊源等方面都基本相似,并且都以商人作为所调整的法律关系的主体。但海商法的适用范围主要以海上商业贸易活动为限。

与商法一样,欧洲一些沿海国家很早就有了关于海上贸易活动的规则。地中海东岸的奴隶制国家腓尼基被公认为是海商法的发源地,在地中海地区早期贸易活动中,该国占据了垄断地位,并产生了有关海上商业贸易的各种规则;继之而起的雅典和罗德岛古希腊也曾经是古代地中海地区海上贸易的中心,也较早地形成了一些海商法规。公元前3世纪的《罗得海法》在此后数世纪享有权威地位,公元8世纪时又根据航海中形成的新习惯被重编为《罗得海事法典》,继续在地中海沿岸地区普遍适用。

无论是作为具有独立调整对象的海商法还是作为商法部门的组成部分,中世纪海商法的迅速形成和不断发展都是与以地中海、北海和波罗的海为中心而逐渐兴起的海上贸易直接相关的。最早产生了内陆商法的意大利同时也是海上贸易发展最早的国家,古老的《罗得海法》被参照适用并得到新的发展,威尼斯、热那亚和比萨等港口城市繁荣的海上贸易活动促成了海商法典的编纂,促使海商法形成。如10世纪时,意大利的阿玛斐港口城市编纂了《阿玛斐法典》,11世纪时,编纂了特兰尼海员公会领事判例集。12世纪时,海上贸易向北扩展,法国和西班牙沿海的港口和城市也都出现了海上贸易活动,并随之形成了海商法规范。到13世纪末期,沿波罗的海海岸与地中海海岸的城市基本上都开辟了固定的海上贸易运输路线,有一些海路运输线还与一些集市较发达的城市直接连通起来,形成极为兴旺的陆海商业贸易联动局面。与此同时,对于相关规范的需求也非常迫切,大量的海商法规汇编或法典由此被编纂出来,成为商人从事海上运输贸易活动的规范和海事法庭审理有关船舶及航运方面纠纷的依据。海商法就这样随着海上贸易活动的频繁进行和广泛展开而得到发展。

17世纪中后期,欧洲各国为加强王权而制定了统一的海商法典,如1667年瑞典的《克里斯提安十一世海商法典》、1681年法国的《路易十四海商法典》、1683年丹麦的《克里斯提安五世法典》等。后来,法国《路易十四海商法典》的主要内容被吸收进1807年《法国商法典》,从此,海商法成为商法典的一部分重要内容,各国一般都不再有专门的海商法典。

二、海商法的主要渊源与基本内容

(一)海商法的主要渊源

海商法的主要渊源有习惯、惯例和判例以及将习惯、惯例和判例加以汇编而成的法典。其中以《阿玛斐法典》《康梭拉多海商法典》《奥列隆法典》和《维斯比海商法典》等著名法典影响甚大。这些法典的权威性因其内容丰富、规则详明、适用时间长、应用地域广而得到全欧洲的公认。《阿玛斐法典》是判例汇编,主要涉及有关海上争议的处理和诉讼规则,从11世纪末开始在长达五百年的时间里普遍适用于地中海地区;《康梭拉多海商法典》是由西班牙巴塞罗那海事法院编纂的习惯和判决的汇编,内容包括公法和私法两部分,并且既有平时法,还有战时法,内容主要涉及有关船舶运输中船长和船员的权利义务、共同海损和战争中私人财产的处理规则等问题,曾被译为法语、意大利语和拉丁语而得以广泛传播;《奥列隆法典》是对11—12世纪时期重要商业中心奥列隆岛的海事法庭判例的汇编,内容主要是船舶法,欧洲沿海国家一般予以适用,在英国更是被作为海事法庭审判的权威性依据;《维斯比海商法典》主要是对《奥列隆法典》《阿姆斯特丹法令》和《吕贝克法典》等13世纪以前的海商法典的摘录和汇编,适用于北海和波罗的海沿岸地区,以后14世纪的汉萨同盟也引以为颁布法令的依据,该法典在17至19世纪期间被多次重印,广为流传。

此外,由于中世纪欧洲的大部分地区原来都属于罗马帝国的版图,受罗马法管辖,罗马法中有关海上商业活动的原则和制度为各国海事法庭所援用,从而也成为海商法的一种重要渊源;同时期教会法中的公平交易、恪守协议等观念和自由代理制度以及日耳曼法中的善意取得制度等对海商法也有一定程度上的影响。

(二) 海商法的基本内容

1. 关于船舶及船上管理的规范。不但对船只大小、装载吨位和所载人数等都有规定,而且详细规定了货物的装载量及摆放方法,对船上的行为和事务处理规则也有专门规定,如船上签订的契约和产生的交易只能按照船上的规则履行而不能适用岸上的规范,船长与船员之间、船员与乘客之间的纠纷必须在船上解决而不能交由岸上法庭处理等。

2. 港口章程。港口城市对于有关船舶停靠及航行事务制定了专门章程。如船舶的停泊和浮标的使用方法,领港员对于因其过错所造成的损害应当进行财产赔偿或生命抵偿;船主在航行前应向船员征询气候,否则应对航行中因风暴所致的损害负责,在航行中改变航向或选定泊位,应事先与船员和乘客商议。

3. 共同海损制度。共同海损制度是指当为了紧急避险而决定抛弃部分货物时,船主一般应当征询货物的商人的意见,但如果情况十分危急,船主对货物商人的意见可以不予采纳,而由此所遭受之损失的赔偿责任由船主、船员和货物商人共同承担。

4. 船难保护制度。是指为保护遇难船只而对中世纪"船难法"的一种限制制度。船难法是指将遇难或搁浅船只所载货物全部或部分归属于海岸所有人所有的一种惯例。一些不义之人往往利用这一惯例制造海难事故,甚至劫船掠货,阻碍了海上商业活动的发展。欧洲各国规定了保护遇难船只的制度,尤以英国最为重视。如12世纪上半叶时亨利一世曾下令,遇难船只上若有一人生还,该船便不能被当作难船;后来理查一世也下令,领港员如果受贿于领主,故意将船只引向危险地带造成海难,应被处以绞刑,占有难船货物的领主将被以盗匪罪论处;领主如果帮助掠夺难船,将被连同其房屋一起烧毁。著名的"汉萨同盟"于1287年通过决议规定,难船财物应归还其原主,会员城市若由违反该规定的,将被逐出同盟。

三、商法与海商法的特点和历史影响

总体而言,中世纪的商法和海商法出现的历史背景和时代需求都是共同的,其形成和发展的直接动因和主要方式是相似的,其调整对象和基本原则基本上是通用的。除了分别适用于内陆和海上两个不同的商业活动地域之外,商法和海商法具有以下一些共同的特点:

在产生方式上,一般都不是由国家立法机关或其他权力机关制定出来的,而

是在长期的商业活动中逐渐演进而形成、经法院加以适用而确定的。

在表现形式上,除了单一的习惯、惯例和判决的形式以外,各国的商法和海商法一般还将习惯、惯例和判例加以汇编成册或记载成集,表现为集合的法典形式。

在法律内容上,法典形式的规范内容一般是混合型的,既包括各种商业活动中商人的权利义务等实体性规范,也包括诉讼规则等程序性规范;既调整私法范围中的关系,也涉及公法领域。

在规范表达上,无论是单一形式的还是法典形式的规范,一般都比较明确而具体,操作性极强。

在发展轨迹上,商法和海商法大致经历了从在各城市内自行适用的商法和海商法到各城市之间的共同商法和海商法、再到独立国家的统一商法和海商法这样一个发展过程。

从根本上说,中世纪的商法和海商法仍然是封建性的法,但由于其调整的社会关系中包含了较多资本主义因素,其规范内容主要涉及有关合伙、契约、票据、银行等商品经济生活方面的事务,并在一定程度上体现了自由和平等的精神,因此,不但对资本主义经济的萌芽起了一定的促进作用,而且其中一些原则和制度还被直接吸收到近现代资本主义国家的民商法中,在生命力得以延续的同时也展现了其独有的价值。

思考题

1. 中世纪西欧的城市为什么会产生城市法?
2. 中世纪商法与海商法的形成和发展过程。
3. 怎样认识中世纪城市法、商法与海商法的性质?

第十章 英国法

内容提要

　　1066年的诺曼征服对英国法律的发展产生了深刻的影响,此后逐渐形成了英国法的三大渊源:普通法、衡平法和制定法。英国宪法是不成文宪法,基本原则是议会主权原则、分权原则、责任内阁制和法治原则。在长期的宪政实践中,英国宪法形成了自己的特色,并对行政法产生了重大影响,并由此形成英国行政法上的越权无效原则、合理性原则与程序公正原则等三项基本原则。英国财产法中的地产制和信托制独具特色;契约法中所特有的对价制度,为契约法的继续发展和最终定型奠定了基础。世界上有关保护劳工的立法以及其他社会福利、社会安全的立法皆发轫于英伦三岛,其示范效应和影响巨大而深远。英国是世界上少数几个至今没有颁布成文刑法典的国家之一,然而英国刑法的发展却几乎伴随着整个英国法律史,其刑罚制度有很多可借鉴之处。英国司法组织因袭历史传统,体系比较错综复杂,相应的陪审制与律师制度更是别具一格。英国法虽然只有一千多年的历史,却对世界法制文明产生了深远的影响,而这种影响的最集中表现就是普通法系的形成与发展。

关键词

　　诺曼征服　普通法　不成文宪法　行政法　信托　对价　侵权行为　陪审制

第一节　英国法的形成与发展

一、英国封建法律体系的形成

（一）诺曼征服及其对英国法的影响

1. 诺曼征服以前的英格兰简史

　　不列颠岛上的土著居民为凯尔特人,公元1世纪中叶罗马帝国征服了不列颠南部和中部,但罗马文化对英国的影响甚微。5世纪初,罗马军队调往大陆,高卢被法兰克人征服,帝国与不列颠的联系中断。蛮族入侵的浪潮对不列颠诸岛亦不例外。自5世纪中叶起,盎格鲁·撒克逊人、裘特人进入不列颠后定居下来,岛上的凯尔特人对入侵予以顽强的抵抗,但最终凯尔特人被迫退往北部和西南部,日耳曼人则建立了一系列小的部落公国。这些公国之间彼此征战,互争雄长,6世纪末7世纪初归并为7个王国:肯特王国、埃塞克斯王国、苏塞克斯王国、威塞克斯王国、麦西亚王国、诺森伯利亚王国和东盎格利亚王国,史称"七国时代"。到9世纪初,威塞克斯王国的国王爱格伯特统一了这7个国家。从8世纪末叶起,丹麦人入侵,形成所谓的"丹麦法区"。10世纪中叶收复了全部丹麦法区,英吉利统一国家形成。

在前述早期国家产生的过程中,法律也开始逐步形成。根据盎格鲁·撒克逊时期一些法典和其他一些零星的记载,我们大概可以知道这一时期的法律制度的概况:在制定蛮族法典的浪潮中,各盎格鲁·撒克逊王国也不例外,制定了《爱格伯特法典》《伊尼法典》《阿尔弗烈德法典》等具有盎格鲁·撒克逊特色的法典,当然这些法典除用本民族文字写成外,还具有蛮族法典的共同特征。有学者对这一时期的法律制度的特点是这样总结的:该时期的法律几乎没有受到当地土著居民的法律和习惯的影响,但丹麦人、挪威人的入侵和占领也使他们的法律对英国的法律制度产生了不小的影响,另外,尽管盎格鲁·撒克逊时期的法律制度尚处于早期发展阶段,但对中世纪乃至近代英国的法律制度的发展仍有相当的影响。[①]

2. 诺曼征服及其影响

1066年1月,英王忏悔者爱德华去世,诺曼底公爵威廉以亲属身份要求继承王位。但按盎格鲁·撒克逊法律,王位继承问题应由贵族会议决定,贵族会议选举哈罗德为国王,威廉率军进攻英国,英军装备落后,10月14日,哈斯丁斯一役英军战败,哈罗德战死,威廉进入伦敦,加冕称王,是为威廉一世,史称征服者威廉。威廉的征服亦称"诺曼征服"。

诺曼征服对英国历史产生了深远的影响。一方面威廉通过武力征服了盎格鲁·撒克逊旧贵族,他们或被杀或潜逃或投降,原来持有的土地大部分被没收,王室除留下大部分外(英王的土地约占全国可耕地的1/7,此外他还把约占全国面积1/3的森林据为己有),其余分封给追随威廉到英国的诺曼底贵族,由于英王持有的土地面积大大超过其他封建贵族,威廉一世每年的地租收入达17650镑,而最大的贵族的年收入仅及其1/10[②],贵族们在经济上就很难形成与英王抗衡的力量,而威廉一世在分封领地时还有意识地将贵族的领地分散在不同的地方;另一方面,英王威廉在分封之时就极力做到"我的封臣的封臣是我的封臣",大、小封臣都与英王结成了直接效忠关系,追随威廉而来的诺曼贵族也极力维护

---

① 参见何勤华主编:《英国法律发达史》,法律出版社1999年版,第10—11页。
② 参见马克垚:《英国封建社会研究》,北京大学出版社1992年版,第73页。

和依靠强大的王权以加强对英国人的统治。因此,征服者威廉以后的英国国王由于拥有大量土地和充足的财源,相对于欧洲大陆的其他国家的国王来说,拥有更强大的权力。虽然有学者认为,这种英国式的封建制度并不是真正意义上的"封建",但卡内冈批判了这种看法,认为这不过是封建制度的另一种形式。①

诺曼征服对英国法律的发展产生了深刻的影响,尽管征服者威廉为了不致引起被征服者的反感,尽力以英国王位合法继承人的身份出现,明确宣布盎格鲁·撒克逊习惯法继续有效,但他对英国的统治使英国社会发生了根本性变化。威廉之征服,一方面加速了业已开始的封建化过程,另一方面,诺曼王朝的历代国王都致力于加强中央集权制,建立并完善皇家司法机构,使统一的封建法律体系的建立成为可能。诺曼征服后,逐渐形成了英国法的三大渊源:普通法、衡平法和制定法,从而使英国封建法律体系得以确立,在以后漫长的历史发展中,英国法很少发生实质性的变化,因此,有些西方学者认为,英国法的真正历史开始于诺曼征服。

征服者威廉

(二) 普通法的形成

作为一种法律渊源,普通法(common law)指的是 12 世纪前后发展起来的,通行于全国的普遍适用的法律。普通法的形成是以中央集权制为前提、以统一的司法机构的建立为条件的,并在此基础上形成了遵循先例原则和程序先于权利原则。

诺曼征服前,英格兰并无统一的皇家司法机构,各类诉讼皆由古老的郡法院和百户法院以及后来出现的领主法院管辖。威廉一世首先禁止主教们对百户法院行使宗教性管辖权,但同意成立教会法院,这一措施尽管排除了教会势力对世俗法院的干预,但却扩大了教会在诉讼方面的管辖权,教会法院至此成为英国法院组织的重要组成部分;他还实行全国土地调查,颁布《土地赋税调查清册》,由此了解封臣的实际收入状况;他还取消了盎格鲁·撒克逊时代遗留下来的、享有广泛权力的贤人会议,代之以御前会议,使之不仅成为国王的咨询机关,而且还行使着立法、行政、司法职能。威廉的这些措施有力地保障了国王的经济收入以

---

① 参见〔比利时〕R. C. 范·卡内冈:《英国普通法的诞生》,李红海译,中国政法大学出版社 2003 年版,第 8—9 页。

及以此为基础的王权,为普通法的形成奠定了基础。

亨利一世(1100—1135在位)时期,进一步推进威廉时期已经开始的土地、财政制度改革,首先从御前会议中分离出部分职能,创建了负责财务行政和财务诉讼的理财法院,另外还创建了对普通法的形成具有重要作用的巡回审判制度,即由中央派出司法长官,以监督国王的诉讼的名义到全国去巡回审案,这一方面是巩固中央集权、扩大王室管辖权的需要,同时也是经济利益驱使的结果——巡回法庭所征收的法庭罚金是王室收入的来源之一,不过这一时期的巡回审判远不如亨利二世时期那么普遍和经常。① 巡回审判制度最终在亨利二世(1154—1189年在位)时期的1168年正式形成。② 巡回法官外出审案后回到威斯敏斯特宫,一起讨论案件难点,交换法律意见,彼此承认各自的判决,并约定在以后的巡回审判中加以适用。

亨利二世

与此同时,御前会议中还分离出了"民事诉讼高等法院"(the Court of Common Pleas),到约翰时期(1199—1216年在位)又分离出"王座法院"(the Court of King's Bench),前者专门处理有关契约、侵权行为等涉及私人利益的案件,后者专门审理刑事案件和涉及国王利益的民事案件。至此,普通法的法院组织基本成型。

巡回审判制度和各普通法院的形成之所以对普通法的形成具有重要意义,是因为它实现了"司法的职业化和专门化"③,司法的职业化和专门化的另一面是司法的集权化和统一化,这不仅造成了传统的郡法庭和百户区法庭日趋衰落④,更重要的是导致了令状的广泛使用,以及与巡回审判紧密相关的陪审制度的出现。

令状(writ)并非英国独有,在中世纪欧洲,令状是各国统治者和教会常用的行政管理手段,早在盎格鲁·撒克逊时代,英国国王也常用令状来指导地方官员的工作,贯彻中央政府的旨意。诺曼征服以后,威廉以及其后的国王为扩大自己

---

① 〔比利时〕R. C. 范·卡内冈:《英国普通法的诞生》,李红海译,中国政法大学出版社2003年版,第26—28页。
② 同上书,第28页。
③ 同上书,第25页。
④ 参见程汉大主编:《英国法制史》,齐鲁书社2001年版,第67—68页。

的司法权限,开始将令状从原先的行政命令转化为司法文书。诉讼当事人可以向国王提出申请,经国王同意后,由国王文书处大法官签发,但"申请"实为购买。① 不过最初的司法令状并不是提起诉讼的起诉文书,而是国王的司法指令。到亨利二世期间,司法令状被大量而广泛地使用,令状的种类急剧增加,并形成了若干固定的格式,同时,令状的性质和作用也发生了某些变化,成为启动某一诉讼的必要手段,普通法中"程序先于权利"的原则据此形成。

尽管对陪审制度的最初起源尚有争议②,但是可以肯定的是,作为普通法主要诉讼形式的陪审制度是亨利二世在位期间确立起来的。③ 陪审制对普通法的形成之所以重要,是因为它作为巡回法官"了解地方习惯法的机制"④,使巡回法官得以通过审判实践对地方习惯法加以甄别、筛选和加工,并在此基础上最终"创造"出了适用于全体自由民的普通法。

简言之,普通法的形成过程就是在强大的中央政权的支持下,通过长期的巡回审判实践,便在原来的盎格鲁·撒克逊习惯法的基础上羼杂了诺曼人的习惯,以判例的形式把全国各地分散的习惯法逐步统一起来,大约从公元13世纪起就形成了全英国普遍适用的共同习惯法。而"普遍适用的习惯法"也是普通法名称的由来。

(三) 衡平法的兴起

衡平的观念起源于古希腊,古罗马时期的万民法则是衡平观念的具体体现,不过根据著名法律史家梅因的观点,英国法中的衡平法与罗马法并无关联。英国法中的衡平法是14世纪左右由大法官法院的审判实践发展起来的一整套法律规则,因号称"公平""正义"而得名。

14、15世纪英国资本主义萌芽的产生和封建主义自然经济的日趋解体是衡平法兴起的社会经济基础。14世纪是英国封建社会的转折时期,商品货币关系渗入农村和城乡工商业的发展,货币地租取代劳役地租逐渐成为不可逆转的历史趋势,随之而来的是庄园和农奴制的瓦解;另一方面,以羊毛纺织业为代表的乡村工业化进程使商业资本逐渐向产业资本转化,资本主义的生产关系开始出现。这些经济领域的变化引起的社会关系的变化,也必然要求法律制度作出相应调整,而陈旧僵化的普通法显然无法适应这一要求。

---

① 参见程汉大主编:《英国法制史》,齐鲁书社2001年版,第69页。
② 有学者指出,陪审制度早在罗马帝国时期就有,而且是由诺曼人带到英格兰的,但也有学者主张,陪审制度起源于盎格鲁·撒克逊人的习惯。参见程汉大:《英国法制史》,齐鲁书社2001年版,第78—79页;参见〔比利时〕R.C.范·卡内冈:《英国普通法的诞生》,李红海译,中国政法大学出版社2003年版,第79—108页。
③ 关于陪审制度的形成经过,详见本章第十节。
④ 〔比利时〕R.C.范·卡内冈:《英国普通法的诞生》,李红海译,中国政法大学出版社2003年版,译者序第4页。

普通法僵化的直接原因在于，在普通法形成的过程中，随着王室法院不断扩大自身的司法管辖权，传统的领主法庭日趋衰落，封建贵族的司法权益受到了侵害，1258年由封建贵族主持制定的《牛津条例》规定，没有国王和谘议会大臣的同意，大法官不得签发新的令状，尽管后来的第二次《威斯敏斯特条例》允许法官根据实际需要对现有令状进行修改后适用，但是法官对令状的保守态度已成定局。① 由于令状不仅意味着诉讼程序，也意味着权利的救济，令状的僵化直接导致了普通法的僵化，越来越多的案件无法得到普通法的救济。

普通法的僵化主要表现在以下几个方面：首先，普通法的救济范围有限，普通法的救济方法以损害赔偿为主，对无法以金钱衡量的损失以及受害人将来可能遭受的损失不予考虑，而且由于普通法院无法对侵权行为的加害人颁发禁令，因此无法为仅要求停止侵权行为的受害人提供救济手段；其次，普通法的实体法内容无法满足新出现的财产关系和人身关系的要求，普通法产生于封建自然经济为主的时期，主要调整封建土地关系，对资本主义萌芽阶段出现的大量商业纠纷和契约纠纷则无能为力；最后，普通法的诉讼程序繁琐冗长，诉讼费用昂贵，普通法法庭的审判过程分为若干阶段，每个步骤都有严格的程序要求，另外当事人还需要向大法官庭购买令状，诉讼过程中还需要交纳各种费用，这些都造成了当事人的经济负担。

自普通法形成之时，英国就形成了一项习惯：如果当事人在普通法庭上蒙受了冤屈，可以直接向号称"正义之源"的国王请愿，以伸张正义。到14世纪，国王已经开始接受要求在普通法外予以救济的请愿或起诉。如果他认为这些救济应该予以考虑，则自己作出决定，或者交给谘议会、大法官和议会解决。② 议会一般负责处理极重大的案件，谘议会需要承担较多的行政职能，因此大法官庭成为处理请愿书的主要机构，久而久之就逐渐演变成一个提供特别法律救济的专门法庭，独立于普通法庭的衡平法院到15世纪末最终形成。

大法官在审理案件时，拥有很大的自由裁量权，他们作为"国王良心的守护者"，以"公平、正义"为原则，创制出一系列规则，为普通法无法救济的权利提供保护。

(四) 制定法的发展

制定法(statute law)即成文法，是享有立法权的国家机关或个人明文制定并颁布实施的法律规范。作为英国封建法律体系的有机组成部分之一，制定法只是普通法和衡平法的补充，这种地位直到今天仍有其影响。英国封建时代享

---

① 程汉大主编：《英国法制史》，齐鲁书社2001年版，第164页。
② 〔英〕M.H.奥格尔维：《法律研究历史手册》，第147页。转引自程汉大主编：《英国法制史》，齐鲁书社2001年版，第171页。

有立法权的主要是国王,制定法最初是指君主的敕令——英王很早便发布过一些具有实体法或程序法内容的命令。13世纪以后作为等级代表机关的议会成立后也分享了部分立法权。在整个封建时代,国王和议会为了争夺立法权展开了激烈的斗争,而制定法的数量和地位正是随着议会立法权的加强而增多和提高的。在封建时代最主要的制定法有《大宪章》,第1、2、3次《威斯敏斯特条例》和《牛津条例》等。

1066年诺曼征服以后,随着王权的加强,国王立法的数量也日益增加,这类立法多为对普通法的补充。13世纪以后,随着诸侯对农民统治地位的巩固,摆脱王权的要求也日渐强烈。1215年,诸侯在反对国王的斗争中取得了胜利,国王被迫签订了《大宪章》。1215年的《大宪章》是制定法发展的重要进程,根据它的规定逐渐形成英国议会。

1265年,以西门·德·孟福尔为首的大贵族战胜了国王,根据《大宪章》召开了由僧俗贵族参加的"大会议",并首次正式允许骑士和市民代表出席大会议。这次会议便是英国议会的雏形。1295年,英王爱德华一世为筹措军费召开议会,出席议会的成员与1265年西门所召开的大会议一模一样。此后,英国统治者常以1295年议会为榜样召开议会,所以1295年的议会被称为"模范议会"。[①] 1297年,议会获得批准赋税的权力。14世纪时,议会又获得颁布法律的权力,并成为审理王国政治案件的最高法庭。由于各阶层的利害关系不同,贵族和平民经常分别集会,从1343年起,议会便正式分为上下两院:上议院由僧俗贵族组成,又称"贵族院"(the House of Lords),下议院由地方骑士和市民代表组成,又称"平民院"(the House of Commons)。从1414年起,法案必须由下院向国王提出,征得上院同意后方可制定成法律,国王对法案拥有否决权。

随着议会立法权的加强,制定法的数量逐渐增多,地位也逐渐上升。但从总体上说,在光荣革命以前,议会并未取得至高无上的立法权,在很大程度上仍要受制于国王,制定法不过是对普通法和衡平法的补充,其数量和地位都无法与资产阶级革命以后相比。

二、近代以来英国法律制度的发展

(一)资产阶级革命后英国法的变化

17世纪40年代,英国爆发了声势浩大的资产阶级革命,当然也有学者认为这是一次宪法危机,只是表现得比较激烈而已。不过,通说认为这是一次不流血

[①] 提出这个观点的是英国宪政史学家斯塔布斯,W. Stubbs, *The Constitutional History of England*, Vol. 2, Oxford, 1880, pp. 139—140;国内学者普遍接受这一观点,参见蒋劲松:《议会之母》,中国民主法制出版社1998年版,第1—3、15—16页;刘建飞、刘启云、朱艳圣:《英国议会》,华夏出版社2002年版,第6页;蒋孟引主编:《英国史》,中国社会科学出版社1988年版,第131页。

的光荣革命,革命的最终结果是确立了君主立宪制,对英国社会产生了深远的影响,英国的法律制度也发生了深刻变革。

第一,议会立法权大大加强,制定法地位提高。由于君主立宪制的确立,王权受到很大程度的抑制,议会的地位大为提高。虽然英王仍是"一切权力的源泉",是"国家的化身"和"大英帝国的象征",但国王的实际权力已经完全丧失。根据1689年《权利法案》和1701年《王位继承法》的规定,国王未经议会同意不得颁布法律或者废止法律;一切法律非经议会通过、国王批准均属无效。随着"议会主权"原则的确立,议会获得了至高无上的立法权,国王对于议会通过的法案必须批准,不得行使否决权。由于议会成为国家最高立法机关,形式上不受任何限制,其结果必然使制定法数量大增,地位提高。

第二,内阁成为最高行政机关。为了防止国王为非,18世纪前期逐渐形成了责任内阁制。内阁由下院多数党议员组成,帮助国王掌理朝政,对议会负连带责任。由于国王行使任何权力都必须由内阁首相副署,而内阁实际上只对议会负责不对国王负责,这样,内阁便逐渐成为最高国家行政机关,首相则是最高行政首脑。

第三,普通法和衡平法在内容上得到充实,并被赋予新的含义。普通法和衡平法虽然名称未变,形式上依然是判例法,但内容却得到了一定程度的充实。光荣革命后,大批法学家和法官对16世纪以前的普通法作了总结和解释,并将罗马法的某些原则输入普通法,出现了大量普通法著作和汇编,其中影响最大的要数布莱克斯通于1765—1769年写成的《英国法释义》(Commentaries on the Laws of England)。布莱克斯通试图将普通法与当时盛行的自然学说联系起来,为普通法的合理性辩护,因而国王政府对人民负有法律上的义务,不得限制人民的权利和自由,并引申出契约自由原则,为普通法注入了资本主义活力。同时,布莱克斯通还对判例的法律地位作出了精辟论述,他认为判例与法律具有同等地位,恪守先例是法官的义务,从而为"遵循先例"原则的确立奠定了理论基础。该书对英国普通法的系统化立下了汗马功劳,并成为法院争相引用的法律依据。衡平法在资产阶级革命后也得到很大发展,在很大程度上成为片断的、不系统的罗马法和英国传统法的结合体,不断创造出适应资本主义需要的新的法律原则和补救办法。

(二) 19世纪的法律改革

19世纪上半叶,英国的工业革命完成,社会发生了深刻的变迁,然而法律却未及时变革,以至于不能很好地适应社会发展的需要。在面临众多的社会问题时,传统法制的僵化、落后越来越明显,已经极大地阻碍了社会的进程。与此同时,以边沁为代表的功利主义学派对普通法制度进行了猛烈的抨击,力倡法律改革、法典化。在这样的背景下,英国在19世纪进行了广泛的法律改革。

1. 选举制的改革

1832年,议会通过了《选举改革法》,调整了受到激烈批评的选区划分和名额分配,对选民的财产限制有所放松,从而使选民数量大增,并使工业资产阶级在下议院中占据了统治地位。以后,随着"宪章运动"的高涨,改革进一步深入,议会选举制先后在1867年、1884年进行,秘密投票制取代了公开投票制,限制并处罚选举中的舞弊行为,与此同时,资产阶级政党在政治生活中的控制作用不断加强,最终形成"政府政党"[①],不过妇女的选举权仍未得到确认。

2. 制定法数量大增,地位提高

由于边沁等人的力倡,更由于社会变迁和工业资产阶级的统治需要,政府越来越注重通过立法来调整社会秩序。到20世纪初,大批重要法规相继出笼了,其中包括1837年《遗嘱法》、1855年《有限责任法》、1856年《地产法》(1877年修正)、1882年《汇票法》、1890年《合伙法》、1893年《货物买卖法》等。需要注意的是,这些立法是在总结长期的判例法基础上而制定的,它们的颁布并不意味着取代了该领域的判例法。相反,在实践的适用过程中,必须借助判例法的背景才能真正理解它们,而且它们的适用也离不开判例法的解释。在实践中,判例也改变着对这些立法的理解和适用。

3. 法院组织和程序法更加简化

1873年通过、1875年生效的《司法法》对英国的法院组织和程序进行了划时代的改革,结束了普通法院和衡平法院的划分和对立,将所有法院统一在一个法院系统中,简化了法院组织和诉讼程序,排除了法院重叠管辖的可能性;同时,废除了传统的令状制度及其诉讼形式,减轻了普通法的僵化程度。

(三)现代英国法的发展

两次世界大战尤其是第二次世界大战以后,英国的国际地位发生了很大变化,"日不落帝国"已成为历史,许多殖民地纷纷宣告独立。与此同时,生产和资本进一步集中和垄断,工人运动风起云涌,民主思潮广泛传播。国际国内形势的变化促使英国法进行变革。

1. 立法程序简化、授权立法增多

自14世纪以来英国的授权立法就已出现,不过在议会至上、立法权居于优势、行政权处于劣势的背景下,18世纪以后的相当一个时期授权立法逐渐减少。第二次产业革命后,引发了诸多社会问题,迫切需要国家通过立法加强对经济的控制,而立法机关不能满足这种需要,遂不得不授权行政机关制定行政法规来适应经济发展对立法的需求。而且,为了更好地应付社会管理的需要,政府的权力范围不断增加,因而制订授权立法的权力在数量上必然增长。正如1932年

---

① 周叶中:《代议制度比较研究》,武汉大学出版社1995年版,第191页。

英国大臣权力委员会在一份报告中所指出的,由于议会立法时间有限、现代立法内容的极具技术性、对于紧急事件急速处理的必要、授权立法面对新情况具有较大的适应性、授权立法有从容实验、不断完善的机会、应付紧急情况、保障人民利益的需要,授权立法必然增加。

2. 选举制度完善

为了适应民主化的社会思潮,1918年颁布了《国民参政法》,进一步降低了对选民的财产限制,而且有条件地确认了妇女的选举权。1928年的《国民参政法》规定了男女享有平等的选举权。第二次世界大战后,选举制度进一步完善,至20世纪70年代基本确立了普遍、秘密、平等、公正的选举制度。

3. 社会立法增多

第一次世界大战后,为了医治战争创伤,缓和社会矛盾,回应越来越高涨的人道主义呼声,政府加强了社会立法,对劳工的保护不断增加。社会保障制度得以建立并不断完善,实现了"福利国家"。此外,随着科技的发展,资源、环境等问题逐渐为人们所重视,科技立法数量大增,环境法、航空法等相继成为重要的法律部门。

4. 欧盟法成为法律渊源

1972年,英国加入欧共体。根据英国议会颁布的《欧洲共同体法》,英国承认欧共体所有现行的或未来的条约、立法和判例法在英国自动生效。根据欧共体法的原则,英国议会必须对已有的法律规范进行协调,以确保与欧共体法的一致性,并且不得通过与欧共体法相冲突的法律;同时,欧洲法院有权就涉及欧共体法的案件对英国国民进行判决,任何英国法院都必须承认其法律效力。1993年,英国议会通过了《欧洲共同体法(修正)》,正式批准了《马斯特里赫特条约》。随着欧共体已经成功转型为欧洲联盟,欧盟一体化进程不断加快,英国的法律体系必然会有相应的调整。

三、英国法的渊源

(一) 普通法

普通法是英国法最重要的渊源。从法源的意义来看,普通法是指由普通法院创立并发展起来的一套法律规则(判例)。

在普通法中,"遵循先例"是最基本的原则,意指以相似的方法处理相似的案件,并遵循既定的法律规则与实践,即一个法院先前的判决对以后相应法院处理类似案件时具有拘束力。需要注意的是,一个有拘束力的判决并非每个组成部分都可作为先例加以引用。事实上,只有判决的核心部分"判决理由"(ratio decidendi)才对今后的法院具有拘束力,至于其"附带意见"(obiter dicta)则仅有说服力而无拘束力。所谓判决理由是指一个判决中对于法律的声明和达成该判决所必需的理由;附带意见是指对于该判决不一定必需的法律理由和声明。因此,正确区分判决理由和附带意见对于法律实践是很重要的。然而,要真正地在二者之间作出清晰的区分并不那么容易。

相对于衡平法和制定法,普通法有许多特征,其中最重要、影响最大的特征是"程序先于权利"。所谓程序先于权利,是指一项权利能否得到保障,首先要看当事人所选择的程序是否正确,如果程序出现错误,其权利就得不到保护。这一原则的形成,是由于英国法是以令状制度为基础建立起来的。普通法这一特征对英国的法学教育模式、法律职业制度以及法律思维都产生了重要影响。1875年以后,虽然令状制度已经废除,与之相联系的诉讼形式也已取消,程序法已经大大简化,有关实体法的制定也越来越受重视,但英国法以及法律从业者更关注程序的倾向并未改变。另外,传统的诉讼形式虽然已经失去程序上的意义,但它们对实体法的发展仍然有深刻的影响。可以说,"程序优先于权利"的观念和法律精神也成为英国法律文化的一个重要内容。

(二)衡平法

现代意义上的衡平法指的是英美法渊源中独立于普通法的另一种形式的判例法,它通过大法官法院,即衡平法院的审判活动,以法官的"良心"和"正义"为基础发展起来。其程序简便、灵活,法官判案有很大的自由裁量权,因此,衡平法被称为"大法官的脚",可大可小,具有很大的伸缩性。需要注意的是,衡平法和普通法是两个不同的判例法渊源,普通法和衡平法同时成为司法裁判的法律依据。当然,与普通法相比,衡平法只是一种"补偿性"的制度,但当两者的规则发生冲突时,衡平法优先。

(三)制定法

就其历史而言,制定法最初是指君主的敕令。而现今所谓制定法,是指依据立法程序提出立法议案,经国会上、下两院讨论通过后,再由女王陛下批准颁布施行的成文法律(令)。尽管英国法以其普通法闻名于世,但在其法律发展史上,却一直没有放弃制定法。英国第一部印刷汇编的制定法是《新制定法》,其内容包括1327—1483年的制定法。1484年后,又有《古制定法》问世,其内容包括了从1215年的《大宪章》到1327年的制定法。1532年,《古制定法》第二部分又编辑出版,该法律汇编将1327年以前的《古制定法》没有收集的制定法汇集起来。1557年,威廉·拉斯太尔编辑出版了著名的《英国从大宪章到现行的制定法汇编》。此外,较为著名的制定法版本主要有:基布尔的《普遍的制定法》,包括1215—1676年的制定法,该汇编后来续至1733年;霍金斯的《制定法大全》,包括1215—1734年的制定法,后来续至1757年;拉夫黑德的《普遍的制定法》,包括1215—1757年的制定法,后来续至1800年的制定法,后来又续至1869年等。

英国制定法在法律渊源中的重要性不如普通法和衡平法两种判例法,但其效力和地位很高,可对判例法进行整理、修改。19世纪法律改革以后,制定法数量大增,主要体现在社会法、劳动法等一些重要法律部门。制定法的种类有:欧洲联盟法、议会立法、授权立法。其中议会立法是英国近现代最重要的制定法,被称作"基本立法"。

1. 欧洲联盟法(EU law)

由于英国是欧盟的成员国,因此,根据欧盟法的优先适用和直接适用原则,欧盟制定法中有关欧盟机构、组织、职能等方面的法律,以及欧盟为了实现经济、政治、社会、文化一体化而制定的相关法律也是英国法律体系的重要组成部分,对英国司法审判活动具有约束力。

2. 议会立法(parliamentary legislation)

议会立法是英国法律体系中的基本立法。最近两个世纪,特别是20世纪以来,议会更是在某些领域,通过了大批立法,如刑事案件的审判,其主要依据已是制定法,而不是判例。但英国的制定法有其特点,即不论民事、刑事的实体法和程序法,都没有统一的法典;对某些特定问题例如证据、货物销售、性犯罪、盗窃罪以及青少年犯罪等,虽然制定了单行法,但是往往民刑不分、实体规定与程序规定兼及,而且修改频繁,同名法令很多,在援用时必须注明法令颁布的年代;有的法令内容重复,甚至前后规定不一;而且,法令绝大部分是归纳判例而成,不论概念或原则,多来自司法习惯,因而解释和适用时往往需要借助判例。

在制定法不改变普通法的情况下,普通法继续有效。普通法中还有许多内容尚未形成制定法。反过来,由于制定法毕竟是在普通法基础上所发生的东西,因此,在两者发生冲突时,制定法优先被适用。

3. 授权立法(delegation legislation)

授权立法即议会将特定事项的立法权委托给本不享有立法权的政府部门、地方政权或其他团体,从而由这些机构制定成文法令、条例、章程、细则等。这些成文法令、条例、章程、细则等也构成了英国法律体系的重要组成部分。

1893年《规则公布法》标志着授权立法的恢复,为制定法和条令的颁布予以了某些规定:赋予大部分授权立法以法律文件的名称;认定授权立法是具有立法权性质的,而不是行政权性质,尤其是由政府部门制定的条例具有立法权性质。在英国的立法体制中,议会可以授权法授予内阁、部长或者其他权力机构立法权;授权法应当规定授权的原则、目的、范围和期限;在某些情况下,可以授权修正议会的制定法。在英国,授权立法的要件包括:必须依据法律并且为了执行法律而制定法规;授权立法应当符合授权法要求的目的和内容;法规必须在各该行政机关的权限内颁行;授权立法必须按照规定的程序和形式颁行。

(四) 其他渊源

在英国法制史上,习惯和学说也曾经起过重大作用,在许多领域影响着法律的内容及其实施。在现代英国,能够直接作为法律依据的习惯已经很少见,只有符合下列条件才能引用:(1) 远古性。1275 年的《威斯敏斯特条例》规定,只有 1189 年即已存在的习惯才能在法庭上加以引用。(2) 必须合理。如果一项习惯缺乏合法理由,即被证明为"不合理",将会被推翻。比如,它的产生仅仅由于意外事件或皇家特许,并非自古以来正常发展起来的。另外,与普通法的原则不相容的习惯也不会得到支持。(3) 必须确定。一项习惯必须在三个方面同时清晰和确定,才能加以引用:总体性质、所作用的人群、所作用的地点。(4) 必须具有强制力。(5) 必须从未间断。一项习惯必须自 1189 年以来从未间断过才能有效。至于学说,其对司法实践所起的作用越来越小,但还是具有论证和说服效力,可以用来解释、理解判例法。另外,如果在缺乏现成的制定法或判例法依据的极个别场合,一些学说就成了法律渊源。

第二节 宪 法

英国是近代宪政的发源地,其宪法、宪政在西方国家中最早产生,其议会制度、政党制度等对西方乃至世界各国都影响至深。近代英国宪政早在封建时代就已经孕育,资产阶级革命前后,随着英国政治体制的演变,英国宪法的内涵和体系也在不断变化。并且,英国宪法在形式和内容上也有自身的独特特点。

一、英国宪法的渊源

英国是一个典型的"不成文宪法"国家,国家没有成文的宪法典。其宪法渊源包括三部分:成文的宪法性法律、涉及宪法原则和制度的判例以及不成文的宪法性惯例。

(一) 宪法性法律

在英国历史的不同时期,议会曾经制定过许多宪法性法律,这些法令从不同侧面对国家基本制度和臣民权利进行了规定。和其他国家不同的地方在于,英国的宪法性法律的地位等同于普通立法,其制定和修改程序与普通法律一样。重要的宪法性法律包括:1215 年的《大宪章》(Magna Carta)、1628 年的《权利请愿书》、1679 年的《人身保护法》、1689 年的《权利法案》、1701 年的《王位继承法》等。

1.《大宪章》

《大宪章》签署于 1215 年,是封建贵族与人民反约翰王起义的产物。除序言外,《大宪章》共有 63 条。就具体条款而言,《大宪章》是对几百年来国王与贵族之间的封建契约关系的全面"记述",绝大多数条款只是重申了人所共知的封建习惯,其中非经贵族会议同意不得征税,非经合法审判不得逮捕、监禁和没收自由人的财产等条款,对英国宪政的形成具有重要意义。尽管《大宪章》本身只是一个封建契约文件①,与近代宪法还有相当的距离,然而它毕竟体现和宣告了一条崇高的宪法原则——王权有限、法律至上。因此,《大宪章》是英国宪法史上第一个重要的宪法性文件,也是英国宪政史上的一个重要里程碑。

2.《权利请愿书》

1628 年,英国议会通过了一个法案——《权利请愿书》(Petition of Right),全文共分 8 条,主要内容是重申《大宪章》对王权的限制和对臣民权利的允诺。

3.《人身保护法》

1679 年 5 月 26 日查理二世签署批准。全文 20 条,约 4000 字,主要内容是:除叛国犯、重罪犯,以及战时或遇紧急状态外,非经法院签发的写明缘由的逮捕证,不得对任何人实行逮捕和羁押;已依法逮捕者应根据里程远近,定期移送法院审理;法院接到在押人后,应于两日内作出释放、逮捕或取保开释的决定;经被捕人或其代理人申请,法院可签发人身保护状,命令逮捕机关或人员说明理由;不得以同一罪名再度拘押已准予保释的人犯;英格兰的居民犯罪,不得押送到其他地区拘禁。尽管这部法令主要是一些程序性的规定,但由于它旨在限制非法逮捕和拘禁,被英国人视为人权保障和宪法的基石。

1215 年《大宪章》

4.《权利法案》

1689 年 10 月 23 日威廉三世接受了议会提出的法案。该法案全文共 13 条,约 800 字。其内容的核心是限制王权,确立议会至上的资产阶级宪法原则。同时,第 5 条规定了请愿权;第 8、9 条规定了议员的权利和自由;第 10 条规定了免受酷刑等公民权利。

5.《王位继承法》

1700 年制定,1701 年颁布,旨在通过规定王位继承问题,保证资产阶级的权利和自由,实

1689 年《权利法案》

---

① 关于大宪章的介绍与作用,参见程汉大:《〈大宪章〉与英国宪法的起源》,载《南京大学法律评论》2003 年秋季号;另可参见齐延平:《自由大宪章研究》,中国政法大学出版社 2007 年版。

现资产阶级对王权的控制。

6. 完善议会制度的1911年《议会法》和1949年《议会法》

前者规定"上议院与下议院关联之职权",而其实质是通过该法进一步削弱和限制议会上议院的权力,使上议院丧失了对下议院通过的一切决议的否决权,而只有延搁权。后者则又对延搁权进行了进一步的限制。

此外,下列法律也是比较重要的宪法性法律:1918年的《国民参政法》、1928年的《国民参政(男女平等)法》、1931年的《威斯敏斯特条例》及1948年、1969年的《人民代表法》等。另外,1997年以来,英国进行了大刀阔斧的宪法改革,先后通过了《苏格兰法案》《1998年威尔士政府法案》《人权法》《信息自由法案》和《大伦敦法案》以及2004年的《宪法改革法》等,使英国的宪政体制产生了深远的变革。①

(二) 宪法性判例

在英国,最高法院、上级法院的判例对下级法院审理同类案件时具有约束力,形成判例法。其中涉及宪法内容的判例,就构成宪法性判例。简言之,宪法性判例主要是指具有宪法性质的法院判决。宪法性判例是英国宪法的重要渊源,如有关法官特权、人民控诉国家官员、颁发人身保护状、议会特权的判决等。

(三) 宪法惯例

宪法惯例是在国家政治生活中长期形成的并得到国家认可的与宪法具有同等效力的习惯或传统。宪法惯例既是英国宪法的重要组成部分,也是宪法的重要渊源。在实践中,确认了如下宪法惯例:英王为虚位元首,在政治上地位中立、超党派,象征国家的统一,不参加内阁会议,内阁首相由下院多数党的领袖充任,首相享有组阁的权利;英王不得拒绝首相呈请解散任期届满前的下院而重新改选的要求;内阁对下院负连带责任,共进退;英王不得为非;上院为上诉案件的终审机关,但没有法官资格的贵族不得参加审判等。

二、英国宪法的基本原则

英国宪法的基本原则主要有以下四个方面:议会主权原则、分权原则、责任内阁制和法治原则。

(一) 议会主权原则(Sovereignty of Parliament)

议会主权原则是英国著名法学家戴雪在他的名著《英宪精义》中所论的英国宪法的三项原则之一。按照戴雪的说法,所谓"议会主权",就是"具有上方界说的巴力门在英宪之下,可以造法、亦可以废法,而且四境之内,无一人复一团体能

---

① 参见〔英〕道格拉斯·刘易斯:《英国的宪法改革》(上、中、下),分别载《检察日报》2002年10月10日、17日和24日。

得到英格兰的法律之承认,使其有权利撤回或弃置巴力门的立法"①;议会主权有肯定和否定两方面的含义,所谓肯定方面,是指"议会通过的任何法案,或任何一个法案的一部分,无论是用以制定一部新法,还是撤销或修改旧法,法院都必须遵行"。如果从否定的角度看,则"在英国宪法下,没有任何人或任何团体能建立无视或取消议会任一法案的规则,换言之,即与议会任一法案相违背的规则法院将不予施行"。②

因此,议会主权就是议会至上——议会拥有最高立法权,议会立法不受限制;英国议会的权力在法律上具有最高性、永久性和不可分割性。具体而言,议会主权是指议会具有创制法律的垄断权;法院必须执行议会通过的法律;议会以外的任何机关或任何个人都无权宣告议会通过的法律无效;议会是国家最高权力机关,在国家机关中处于最高地位,政府由议会产生,向议会负责,并接受议会的监督。

不过,值得注意的是,20世纪以来,随着英帝国殖民体系的崩溃、行政权力的膨胀、英国加入欧共体和实行地方分权制改革等因素的影响,英国议会的立法权限实际上处于不断萎缩的状态,③但是理论意义上的议会主权作为英国宪法的主要原则仍然是成立的。

(二) 分权原则(Separating of Power)

虽然英国并不是典型的三权分立国家,但分权原则仍得到了一定的体现,由于其政治体制是权力混合与权力分离相结合的,因此这种分权体制也被称为"混合分权制"。权力的分立体现在以下几个方面:

首先,议会拥有制定、修改和废除法律的权力,并有权对政府进行行政监督,上、下两院各司其职,彼此制约。在1911年《议会法》生效前,上、下两院拥有大致相当的立法权,任何法案须经两院通过才能生效。1911年以后,下议院成为立法的主体,上议院的立法权则受到极大限制,但仍可行使搁置权。

其次,行政权由内阁行使,但必须向议会负责,接受议会的监督。

再次,英王虽然统而不治,但其象征性权力的存在在某种程度上也构成了对议会和内阁的制约。尽管有争议,议会中的女王仍常被认为是完整的君主主权。现代的议会权力属于通过民主选举而产生的下议院;君主仅作为象征意义,但两院的权力仍来自国王所代表的主权,称为"王在议会"(King in Parliament)。历史上英国女王否决了1708的苏格兰民兵法。如今,虽然英王对议会通过的法案

---

① 〔英〕戴雪:《英宪精义》,雷宾南译,中国法制出版社2001年版,第116页。
② A. V. Dicey, *Introduction to the Study of the Law of the Constitution*, 10 th, McMillan, 1964, p.40.
③ 参见项焱:《论20世纪以来英国议会主权原则受到的挑战》,载《20世纪西方宪政的发展与变革》,法律出版社2005年版。

并无否决权,但形式上任何法案都必须送英王批准才能生效;必须以英王的名义召开、停止和解散议会;从理论上说,英王有权任命首相,组阁名单也须经英王批准。此外,英王还有权宣战、媾和以及赦免。当然,英王行使权力必须得到内阁的副署。

最后,司法权由法院掌握,法官独立行使审判权,无经证实的失职行为得终身任职。这一方面有两个较大的变化,一是以加入欧共体、接受《欧洲人权公约》和1998年的《人权法》为契机,以安尼斯米尼克案、范特泰姆案、罗斯国际运输公司诉内政部案等一系列案件为标志,英国法院逐步策略性地发展出了一种内生于普通法体系的英国式违宪审查,并且还在逐步推进的过程中。[①] 二是英国于2009年10月1日正式成立了独立于上议院的最高法院,进一步深化了宪政分权体制。但需注意的是,最高法院对于英格兰法律、威尔士法律和北爱尔兰法律三个司法制度下的事务具有终审权,是这些司法管辖区的最高上诉法院,但对于苏格兰法律担当的角色则相对有限。

(三) 责任内阁制原则(Responsible Cabinet)

英国的责任内阁制的建立是由一系列惯例所成就的。1688年,查理二世从枢密院中选拔少数亲信秘密商讨决策,渐渐形成了固定的组织。因其在国王的私人密室活动,故名"内阁"。1714年,乔治一世即位,因不懂英语而经常不理朝政,便由一位大臣主持政务,便出现首相一职。随着国王逐渐退出内阁,内阁权力逐渐增强的同时,内阁进一步从向国王负责转到向议会负责。沃波尔时期,国王逐渐退出内阁会议,内阁实际上掌握了国家的行政权力,国王处于统而不治的地位,内阁制初步形成。然而1742年作为首相的沃波尔在新选出的下议院中未能取得多数信任,内阁全体辞职,开创了内阁向下议院负责的先例。1783年,年仅24的小威廉·皮特当选为首相,许多议员嘲笑他为"学童",认为"把国家交给一个小学生来管理",面对险恶局面,小皮特依靠国王的支持,别出心裁地解散了议会,重新选举议会,结果他获得了胜利,一百多名反对派议员落选,其空缺改换上了拥护他的人。小皮特解散议会,重新举行大选的方式,开创了内阁得不到下议院支持可解散下议院重新选举的先例,此后逐渐加强了内阁对议会的依赖性,对以后英国政治制度的发展产生了深远影响。随着内阁制的逐渐成熟和权利的逐渐增强,到了维多利亚女王时期,责任内阁制在英国得以确立。

在英国,根据责任内阁的原则,内阁必须得到议会的信任和支持才能执政,内阁若失去议会下议院的信任,就只有辞职一途。不过在实际运作中,这种情况并不常见,因为英国下议院只有多数党才掌握内阁首相的提名和选举权,所以多数党的领袖便顺理成章地成为首相。而其他内阁成员则由内阁首相拣选成为内

---

① 参见何海波:《没有宪法的违宪审查——英国故事》,载《中国社会科学》2005年第2期。

阁大臣。

另外,政府官员除了对政府政策承担连带责任外,还应对部门推行的政策承担个人责任,部门责任不连带其他政府成员。但是对政府首脑个人的不信任动机就会连带其他政府官员,若对首相的不信任动议获得通过,则整个内阁需要请辞。由于政府向议会负责,因此政府必须回答议会的质询,避而不答可能会引致议会对政府的信任问题。议会在审议和通过各种立法议案时有权否决政府的议案,迫使政府修改调整执政方案,否则又可能会引致议会对政府的信任问题。

(四) 法治原则(Rule of Law)

英国宪法的另一个原则就是法治。"法治"原则的字面含义是"法律的统治",是现代宪法广泛采纳的基本原则。它强调的是法律面前人人平等,任何人不得有超越法律的特权,政府必须在法律明确规定的权力范围内活动,不得滥用权力侵犯个人自由和权利。

1885 年英国著名宪法学家戴雪在他发表的《英宪精义》一书中,第一次明确界定了"法治"的含义,强调了法治原则,认为法治有三种含义。[①] 它强调的法治为法律至上、司法独立、司法救济和人人平等守法,并主张贬抑日益扩张的行政权。至 20 世纪 50 年代英国宪法学家詹宁斯等对戴雪的法治理论提出质疑和批判。虽然 20 世纪英国法治理论是在对戴雪的法治理论批判的基础上建构的,但戴雪对法治原则的阐述仍然富有启迪性。

三、英国宪法的新趋势:违宪审查的萌芽与发展

学界通说认为在奉行议会主权原则下的英国宪政体制中,不存在违宪审查的观念和制度。但是,如果我们并不严格拘泥于法院撤销违反成文宪法典的议会立法或宣布其无效的违宪审查概念,那么可以说某种形式的违宪审查已经在英国出现,宪法性审查的概念也开始在英国法律界萌芽。[②]

(一) 议会主权原则的修正

在议会主权原则的统治下,两百多年来,法院执行议会立法是一个不争的宪政事实,也是一个基本的宪政律令。虽然著名的柯克法官曾在博汉姆医生案中宣称"如果议会制定法侵犯普通法权利,违背理性,自相矛盾,或者无法实施,普通法将会控制它,并裁定这样的制定法无效"[③],但它很快就沦为法律史上的陈

---

① 参见〔英〕戴雪:《英宪精义》,雷宾南译,中国法制出版社 2001 年版,第 232—245 页。
② Jeffrey Jowell,"Of Vires and Vacuums:The Constitutional Context of Judicial Review",(1999) *Public Law* 448;"Beyond the Rule of Law:Towards Constitutional Judicial Review",(2000),*Public Law* 671.
③ 关于该案的详细介绍和评论可参见 Theodore F. T. Plucknett,"Bonham's Case and Judicial Review",(1926)*Harvard Law Review* 30.

迹。但是，这并不表明议会和法院之间不存在任何冲突。"光荣革命"之后，议会与法院最严重的冲突是围绕 1839 年的斯塔克戴尔诉汉萨德案①和 1965 年的缅甸石油公司案②展开的。在这两个案件中，虽然法院并未赢得最终胜利，但法院似乎也不准备轻易承认前案中下院的"议会特权"，并在后一案件中得到了学术界的重要支持。③ 然而，法院十分策略性地将违宪审查暗藏于对行政裁量的审查之中。转折点出现在 1969 年的安尼斯米尼克案④，里德法官虽然没有径直宣布议会立法中的排除司法审查条款的规定无效，但他利用法律解释技术将议会立法中规定的不受司法审查的行政决定解释为权限内的决定，而不应是任何决定，从而对于越权的行政决定，法院则不受排除审查条款的限制。根据这一判决，任何排除司法审查的法律规定对法院将没有实际的约束力。安尼斯米尼克案的判决虽然有些出奇，但放在普通法的语境中也并非离谱。法院在形式上遵循议会主权原则，适用越权原则，通过解释"权限"的概念获得了变相的审查议会立法的权力，这个看似矛盾的司法推理实际上正是议会主权原则与司法审查之间微妙的平衡关系的反映。

(二) 从"不适用"到制定法授权的审查

1972 年，英国加入了欧洲经济共同体（后成欧洲共同体，又演变成现在的欧洲联盟），由此承担了履行欧盟法的义务。同年，英国制定了《欧洲共同体法》，承认了欧共体法的直接、优先适用力。但是，该法并未明确回答英国法院是否有权拒绝适用抵触欧盟法的议会立法的问题。起初，多数英国法官认为在两者冲突时，他们仍应适用议会立法。后来，丹宁勋爵和迪普洛克勋爵主张将《欧洲共同体法》看成确立了一条新的法律解释规则：英国加入共同体后，承担了履行条约的义务，"只要议会立法有可能包容那样的意思"，就应当依此解释。⑤ 但这并不能解决所有问题。在 1991 年的范特泰姆案这一标志性案件中，上议院终于作出了重大突破，在历史上第一次宣布"不适用"（disapply）议会于 1988 年制定的《商船法》，理由就是它与欧共体法律相冲突。在 4 年之后的平等机会委员会案中，

---

① 关于该案的详细介绍可参见 R. F. V. Heuston, *Essays in Constitutional Law*, 2nd, Stevens & Sons, 1964, pp. 85—92.

② 关于该案的详细介绍可参见 J. Griffith, *Judicial Politics since 1920: A Chronicle*, Blackwell, 1993, pp. 83—84.

③ 例如英国著名的公法学家 T. R. S. 艾伦批评 1965 年的《战争赔偿法》"违宪"，see T. R. S. Allan, *Law, Liberty and Justice: The Legal Foundations of British Constitutionalism*, Clarendon, 1993, pp. 77—78.

④ 实际上，在安尼斯米尼克案之前，法院就在里奇诉鲍德温案、帕德菲尔德案等案件中对议会立法展开了变相的司法审查。由于这些案件都发生于 20 世纪 60 年代，因此著名的公法学家约翰·格里菲斯将其称为"六十年代的新图景"。See J. Griffith, *Judicial Politics since 1920: A Chronicle*, Blackwell, 1993, chap. 4 "The New Look of the Sixties".

⑤ 何海波：《没有宪法的违宪审查——英国故事》，载《中国社会科学》2005 年第 2 期。

上议院主张所有法院都有权宣布不适用与欧共体法相冲突的议会立法。至此,只要英国仍是欧盟一员,英国法院就继续行驶着审查议会立法是否符合欧盟法的权力。

20世纪50年代,英国与欧洲各国共同制定了《欧洲人权公约》。为实施该公约,英国于1998年制定了《人权法》,该法最引人注目的地方在于:第一,赋予《欧洲人权公约》以直接的法律效力;第二,设置了解决议会立法与公约冲突问题的两种机制。该法第6(1)条规定:"公共机构的行为,凡是与人权公约规定不相一致的,都是不合法的。"这实际上创造了"一项新的审查标准":侵犯公约规定的权利。① 第3(1)条规定:"只要有可能,议会立法应当按照与人权公约相一致的方式理解和实施。"事实上,法院根据这种解释方法在很多案件中达到了改变议会立法本身意图的目的。在这个意义上,《人权法》设置的解释机制实际上演变为法院对议会立法的审查机制。另一种冲突解决机制是宣告抵触。根据第4(2)条的规定,如果议会立法与人权公约存在明显冲突,而且法院不能弥合它们之间的鸿沟,法院就可以"宣告两者存在抵触"。尽管这样一种宣告"不影响制定法条款的有效性、不妨碍其继续实施","对诉讼双方也不产生约束力",但是它将敦促议会和政府修正法律。② 实践中,这两种冲突解决机制也显现出了极大的活力。《人权法》使得英国法院能够名正言顺地审查议会立法。它对司法审查短期内的实际影响或许不是很大,但对英国宪政的影响极为深远。伴随着欧盟法、《人权法》逐步获得一种"高级法"的地位,我们或许可以期待有朝一日一种完全意义上的违宪审查在英国出现。

四、英国宪法的特点

第一,英国宪法是历史长期发展的产物,具有极强的延续性。无论其成文的宪法性法律,还是不成文的惯例和判决,都是经过相当长时期的积累,逐渐定型、完善的。新的宪法原则和精神的发展并不意味着彻底否定旧的宪法渊源,而是对旧的渊源的继承和充实,使其能够顺应社会政治经济发展的要求。

第二,英国宪法渊源的多样性和分散性。英国宪法的构成是多种多样的,内容庞杂而含糊不清,甚至前后存在不同而互相矛盾,这就为灵活运用宪法提供了条件,以使宪法更好地适应社会的变迁。也正因为英国宪法渊源的多样性和分

---

① P. Craig, *Administrative Law*, 4 th, Sweet & Maxwell, 1999, pp.552—577.

② 根据《人权法》第10(2)条的规定,当法院宣布制定法与人权公约相抵触时,大臣有义务考虑"是否存在消除抵触的急迫理由"。如果是,"他可以通过枢密院令对立法作出修正,以消除这种抵触"。甚至在某些情况下,大臣在作出修正前无须事先获得议会的决议。但由于在很多诉讼当中,负责修正立法的大臣本身就是诉讼的一方当事人,因此,有学者批评此种程序设计违背了自然正义原则。See W. Wade & C. Forsyth, *Administrative Law*, 8 th, Oxford, 2000, pp.190—191.

散性而导致英国宪法内容的不确定,一般认为,如果一项英国法律是调整带有根本性的社会关系的,那么就都属于宪法的范畴,例如有关国家制度、社会制度、国家机关的组织和活动原则、公民基本权利自由等内容的规定。

第三,英国宪法是柔性宪法。由于英国宪法渊源众多,既包括宪法性的法律,又包括习惯和判例,因此宪法的修改无须经过特别的程序,而且其效力也往往与普通法律相同。要判断一项英国法律是否属于宪法性法律,主要看其内容是否调整带有根本性的社会关系。戴雪首次在《英宪精义》中提出了英国宪法是不成文宪法的观点,揭示了英国宪法的特征。然而需要注意的是,英国宪法也在变革之中,《人权法》的制定,欧盟法的适用使得一种"高级法"的观念开始在英国生长。英国法官也逐步开始试验性地对议会立法进行司法审查,并获得积极效果。进入新世纪,英国又推出《宪法改革法》,对宪政体制进行改革。[1] 有学者认为英国有可能在清理宪法性法律和宪法性惯例的基础上颁布一部成文宪法,结束不成文宪法的历史。

第三节 行 政 法

英国法律渊源的多样化,普通法院独特的地位以及英国独特的法治传统,造就了英国行政法。在长期的发展中,英国行政法具有自己鲜明的特色,发展出了一些贯穿始终的基本原则。

一、行政法的概念

英国最早给行政法下定义的是英国著名法学家奥斯丁(John Austin),他认为,行政法是规定主权行使之限度与方式:君主或主权者直接行使其主权,或其下属之高级行政官吏之行使主权者,授予或者委托之部分主权。另外,19世纪末一些著名的学者如 T. W. 霍兰特、史密斯、戴雪等纷纷从宪法或诉讼法角度,对行政法进行概念界定。[2]

由于戴雪的影响,英国关于行政法的定义长期以来有一种误解,认为英国没有行政法存在。但是随着英国在第一次世界大战,特别是第二次世界大战后大量成立行政裁判所,政府的委任立法权大大扩张,以及英国学者对法国的行政法和行政诉讼的进一步了解,一些著名学者诸如英国宪法学家詹宁斯开始认为,行政法是关于公共行政的全部法律,内容不以行政诉讼为限,包括行政机关的组

---

[1] 参见汪再祥:《英国宪政的历史性转折——英国〈2004年宪法性改革法案〉述评》,载《法商研究》2005年第3期。

[2] 章浩:《英国行政法控权论的历史分析——读威廉·韦德〈行政法〉有感》,http://www.gongfa.com/ zhanghaoyingguokongquanfa.htm,2006年12月23日访问。

织、权力、义务、权利和责任在内。但是就是当代英国对行政法仍有两种理解。如果把行政法理解为由行政法院管辖的,和一般法律不同的支配行政关系的法律规则,英国没有行政法。如果把行政法理解为支配行政活动的法律,英国作为一个法治国家当然有行政法。依这个理解,英国不仅有行政法的存在,而且这个法律随着行政职务的扩张越来越多。①

行政法虽然不是普通法中一个独立的法律部门,但在实践中是存在的。正如丹宁勋爵在1971年的布雷诉联合工程工会一案中所说:"最近二十年的情况改变了,并且有了重要的发展。现在的确可以说我们有一个发达的行政法制度了。"②

因此,结合各家学说,我们可以简单地对英国行政法作一个初步界定。英国行政法是关于公共行政的全部法律,内容不以行政诉讼为限,还包括行政机关的组织、权力、义务、权利和责任在内。简而言之,行政法就是支配行政活动的法律。

二、英国行政法的特点

(一) 宪法基础

作为支配政府公共活动准则的行政法,其基础和依据是宪法。英国宪法原则直接影响和制约着行政法的基本原则,事实上,行政法的基本原则就是宪法原则在行政法中的具体化。行政法主要由其所在时代的宪法决定。宪法决定着行政法的基本原则和基本制度,并左右着行政法的发展。英国宪法中的法治原则、分权原则等对行政法产生了深刻的影响,对此,王名扬先生早在《英国行政法》一书中有了论述。如今,他的这一思想也为学界所承认。③

(二) 同一法院

在英国,行政诉讼与普通的民事诉讼、刑事诉讼一样,由普通法院管辖,没有像法国那样设立独立的行政法院系统。由于中世纪主要受理带有公法性质诉讼的星宫法院滥用权力维护王权,肆意侵犯国民的合法权益,人们对行政法院极度不信任。在英国人心目中,普通法院才是自由和权利的可靠保证,是防止行政机关专横、滥用职权和维护法治的有利工具。因此,在光荣革命之后就形成了由普通法院受理行政诉讼的传统。虽然英国根据1921年颁布的《裁判所和调查

---

① 参见中国政法大学为庆祝王名扬先生九十华诞而举办的庆祝活动专题所写的《〈英国行政法〉导读》,http://fxy.cupl.edu.cn/birthday/subtitle.htm,2006年12月23日访问。
② 张正钊主编:《外国行政法》,中国人民大学出版社1990年版,第142页。
③ 刘东亮、司坡森、王彦:《王名扬先生法学思想述评》,http://law-thinker.com/show.asp?id=3458,2006年12月23日访问。另见赵元成:《英国行政法的宪法基础》,http://www.worldpublaw.sdu.edu.cn/wangkan/shougao/shoug2/sg2004052211.php,2006年12月23日访问。

法》①设立了行政裁判所以裁决大量的行政案件②,但它们没有终审权,对它们的裁决在某些特定的情况下可以上诉至普通法院,而且普通法院也可以根据所享有的司法审查权直接受理行政诉讼。

(三) 同一法律

英国普通法院审理行政案件与处理其他案件适用同一法律原则和程序,行政法并不是一种特别的法律体系,行政机关与公民之间的法律关系与公民相互之间的法律关系原则上也是一样的,应适用同样的法律。有关司法审查的法律、规则、判例是英国行政法的重要渊源。官吏在执行职务时如果超越权限侵犯了公民的权利,他所负责任与公民超越自己的权利范围从而侵犯其他公民的权利一样,适用同一种法律。虽然并不完全排除行政法上有特别的法律规则,但处理政府与公民之间的关系,应适用普通法。

三、英国行政法的基本原则

在前面我们已经提到英国行政法深受宪法的影响,因此,宪法的原则直接影响和制约着行政法的基本原则,甚至可以说行政法的基本原则是宪法原则在行政法中的具体化。那么,行政法的基本原则又包括哪几项呢?一般认为,普通法传统中的"法的统治"原理和"自然正义原则"对英国行政法一直起着支配的作用,并由此形成英国行政法上的越权无效原则、合理性原则与程序公正原则等三项基本原则。这三项原则在各自的发展历程中历经了时代的变迁,塑造了英国行政法的基本架构。

(一) 越权无效原则:从具体标准到统率行政法

越权原则表达了这样一种基本的公法理念:行政机关有权在权限范围内作任何决定,但是不得超越权限。但这一原则的广泛适用仅仅是19世纪的情况,是议会立法大量出现的结果。可以说,它是议会主权原则的衍生物。在越权原则之外,还有不正当动机、不相关考虑、违反自然正义和案卷表面错误等普通法司法审查原则。但在法院和议会的长期的权力制约消长的过程中,由于议会以"不得调卷令审查"来限制法院司法审查,于是实践中出现一种趋势,通过宽泛地解释制定法规定的行使权力的条件,行政机关种种不合理的行为都可以定性为越权。例如,"行政裁量必须按照法律授权的目的行驶。如果行政机关的行为出于不正当动机,没有考虑相关的因素或者考虑了不相关因素,或者恣意、反复无

---

① 1958年,英国议会又通过了新的《裁判所和调查法》(Tribunals and Inquiries Act 1958)。
② 关于行政裁判所的详细介绍可参见[英]詹·迈克科米克-华生:《英国法律体系基础》(第二版),武汉大学2004年影印版,第94—97页。

常,它就超越了权限"。①

1969年的安尼斯米尼克案是越权原则发展史上的里程碑式的判例。法官通过策略性的司法解释技术使得权限内的错误和权限外的错误的区别失去了实质意义,大大拓展了越权原则的适用范围,甚至案卷表面错误这一古老的普通法审查标准都可以并入越权原则的大箩筐之中。越权原则逐步发展成为统领英国行政法的综合性原则。韦德甚至将这一原则提升为"司法权的宪法基础"之一,与法治、议会主权、政府守法并列,认为"公共机构不能越权行事的观念可以被恰当地称为行政法的核心原则"②。

但从上世纪八十年代以来,越权原则作为行政法的基本原则受到越来越多的批评。克雷格教授将其缺陷归纳为以下几点:(1)"权限"含义不清,弹性过大;(2)不能解释司法审查标准的变迁,如法院对比例原则、正当预期原则、基本权利观念的接受;(3)法院对"排除审查条款"的抗拒表明越权原则的自相矛盾;(4)不能涵盖行政法的全部领域,如法院对国王特权、非法定权力的审查。③ 接受欧盟法以来,尤其是《人权法》出台后,法官可以找到更多更合实际案情的审查原则。乔维尔甚至提出,司法审查正在朝"宪法性审查"的方向发展,一些宪法性原则将直接构成司法审查的根据。④ 但时至今日,越权原则仍然是英国行政法最重要的原则,因为它为司法审查的合法性提供了一个宪法理论上的解释,既能够表示法院对议会主权的尊重,也为司法在现代的扩张提供了一件保护衣。

(二) 从合理性原则迈向比例原则

司法应在多大程度上干预行政机关的自由裁量一直是困扰行政法发展的难题。格林勋爵在1947年的温斯伯里案中提出了合理性原则,又称为"温斯伯里不合理性原则",他指出只有在行政决定"不合理到任何理性的行政机构都不会那样决定的程度,法院才会干预"。⑤ 这实际上是一个很低的标准。20世纪60年代,司法审查开始勃兴,1968年的帕德菲尔德案反映了法院对待行政裁量的新态度。一些法官提出,在涉及重大权利的案件中,法院应当进行"严格审查",行政行为干涉人权越深,法院对其合法性的要求越高。这种观点使得合理性原则呈现出一种弹性,并且有可能与欧陆国家和欧盟法的比例原则接轨。然而,上诉法院和上议院分别在史密斯案和布林德案中的态度仍然表明合理性原则与比

---

① De Smith, *Judicial Review of Administrative Action*, 1 st , Steven & Sons, 1959, p. 61, p. 75, p. 210.
② W. Wade, *Administrative Law*, 4 th, Clarendon Press, 1977, p. 40.
③ P. Craig, *Administrative Law*, 4 th, Sweet & Maxwell, 1999, pp. 12—17.
④ Jeffrey Jowell, "Beyond the Rule of Law: Towards Constitutional Judicial Review", (2000) *Public Law* 671.
⑤ Associated Provincial Picture Houses Ltd. *v.* Wednesbury Corporation [1948] 1 *KB* 223, at 234.

例原则之间存在着鸿沟。①

英国法院最终接受比例原则实际上是欧盟法和《人权法》步步紧逼的结果。尤其是《人权法》的实施,使得英国法院采纳比例原则成为不可避免的了。② 达利案标志着比例原则的初步胜利。上议院在该案中认为,监狱管理人员在犯人不在场的情况下搜查囚室,侵犯了《欧洲人权公约》所保护的权利。③ 对2001年的《反恐与安全法》的审查则标志着比例原则的最终确立。上议院在判决中明确指出该法允许不经审判而无限期关押有恐怖活动嫌疑的外国人的条款违背比例原则,不适当地限制人身自由,因此抵触《欧洲人权公约》。④

(三) 超越程序正义原则

程序正义原则是普通法传统中的自然正义在行政法领域中的具体运用,英国学者往往直接称之为"自然正义"或"自然公正"原则。程序正义原则作为行政法领域中的"自然正义"原则,要求行政机关在行使权力时保持最低限度的公正,具体包括公平听证和避免偏私两项规则。其中,避免偏私原则要求行政行为必须由没有利益牵连的人作出。回避制度就是这一原则的反映和体现。"没有利益牵连"通常指自己及亲属对这个行政决定没有财产上的利益,或其他足以影响行政决定的非财产利益,比如感情利益和精神利益。在行政程序上没有偏私,不仅指实际上没有偏私存在,而且在外观上也不能使人有理由怀疑为可能存在偏私。

与此同时,关注实质正义的司法态度也在持续地生长着。这着重表现在法院逐渐对实体性正当预期原则⑤的采纳。这一原则可能来源于英国法上的禁反言原则。⑥ 1969年丹宁勋爵率先在施密特案的附带意见中认可了"正当预期"应予以保护的观念。但在后来的公务员工会委员会案中,多数法官仅肯定了程序性正当预期的存在。但进入20世纪80年代以后,实体性正当预期原则成为英国司法审查的发展方向,尤其是在科赫兰案中,上诉法院十分明确地以正当预期原则为根据撤销了行政机关的决定,代表了实体性正当预期原则发展过程中的一个转折点。由此,注重程序正义的英国法院也逐渐走上了程序正义和实质正

---

① R. v. Ministry of Defense, *ex parte* Smith and Others [1996] *QB* 517; R. v. Secretary of State for the Home Department, *ex parte* Brind [1991] *AC* 696.

② Jeffrey Jowell, "Beyond the Rule of Law: Towards Constitutional Judicial Review", (2000) *Public Law* 671; I. Leogh, "Taking Rights Proportionality: Judicial Review, the Human Rights Act and Strasbourg", (2002) *Public Law* 265.

③ R. (Daly)v. Secretary of State for the Home Department [2001] 2 *AC* 532.

④ A (FC) and others (FC)v. Secretary of State for the Home Department [2004] *UKHL* 56.

⑤ 关于该原则的一个详细的介绍,参见余凌云:《论行政法上合法预期之保护》,载《中国社会科学》2003年第3期。

⑥ C. Forsyth, "The Provenance and Protection of Legitimate Expectation", (1998) *Cambridge Law Journal* 228, at 258.

义并重的道路。

第四节 财 产 法

财产法是英国法最古老的部门之一,也是最为复杂的部门之一。它是调整财产所有、占有、使用、转让、继承、信托等各种关系的法律规范的总称。英国财产法主要调整和保护私有财产,公有财产一般由公法加以调整和保护。

一、财产的概念与分类

(一)财产的概念

在英国法上,"财产"的含义,从狭义上说,可以理解为"由所有权而发生的权利"(right of ownership),或是"所有权的客体"(object of ownership),但广义的理解则是"有价值的东西"(valuable things)。也就是说,可以以金钱来衡量其价值的物或权利,或者是一种"可以交换的权利"。现代财产法上的财产概念是基于这种广义理解而建立的。一般传统的定义并不将财产限于"物"的范围,而是把财产定义为一种"关系",一种法律关系的"网状结构"(network of legal relationship),或者说是一种"权利束"(a bundle of right)。

英国法律界看待和划分财产主要有四个角度:其一是财物本身的自然特点的角度;其二是将部分债权升级的角度;其三是人们如何运用财产的角度;其四是财物的社会价值的角度。

(二)财产的分类[①]

正是由于英国法律界看待财产的角度比较特殊,所以对于财产的分类也明显地与大陆法系各国不同。在劳森和拉登的经典教科书中,作者对于财产的划分有十种之多。[②] 一般认为,英国财产法也把财产分为不动产(real property/realty)和动产(personal property/personalty),需要注意的是不要将其与大陆法系的相关概念相混淆。大陆法系的动产(movable property)指的是可移动而不改变其性能的物品,而不动产(immovable property)指的是不可移动之物,如移动就会改变其性能。[③] 而英国关于动产和不动产的划分源于中世纪普通法诉讼形式之分:不动产概念来源于 actio in rem/real action,指的就是对诉讼中的物

---

① 曹培:《英国财产法的基本原则与概念的辨析与比较》,载《环球法律评论》2006 年第 1 期。
② F. H. Lawson and Bernard Rudden, *The Law of Property*, 3 rd, Oxford University Press, 2002, p. 22.
③ 当然,也有学者对此进行了激烈的批评,认为应该废除传统的分类方法,而改采登记作为划分动产和不动产的标准。参见孟勤国:《物权二元结构论——中国物权制度的理论重构》,人民法院出版社 2002 年版,第 126 页。

(res)本身生效的诉讼,在此种诉讼中胜出的原告将得到国王(rexreg)给予的实在的(real)救济,即能够实实在在地得回他所主张的物,而该判决也可以约束相关的其他人。而英国法中的动产来自对人诉讼(actio in personam),通常认为"对人之诉"指诉讼上主张仅得对抗特定人的诉讼,这种诉讼要求特定人归还原物或者赔偿损失。

从范围来看,属于不动产的主要包括土地以及关于土地的各种利益,但土地的租借地产权(leasehold estate)被认为属于动产利益。属于动产的几乎包括所有可移动的物品和某些无形的权利。换句话说,动产可进一步分为占有动产(chose in possession)和权利动产(chose in action)。

另外,英国也有有形财产和无形财产的分类和其他的分类。

二、地产制

如前所述,英国法对财产的分类(包括财产概念本身)最初是从普通法中的诉讼形式中发展出来的,而这种区分则深深地植根于封建制度的地产制之中,以至于到了近现代,工商业飞速发展,封建地产制虽然不复存在,但法律制度却不再发生基本概念和分类的变动了。因此,我们有必要讨论一下地产制。

地产制是英国财产法的独特制度,是在诺曼人征服英国以后形成的。诺曼人征服英国后,把封建的土地占有方式强加于英格兰,规定国王拥有全国土地,私人只能拥有一定土地上的权益,即地产。换句话说,除国王以外的人,拥有土地被认为是持有或占有(hold)土地,而不是所有(own)土地;土地享有者,均称为持有者(tenant),而不是所有者(owner)。由于这样一种特殊历史背景,英国法创造了一个抽象的地产概念,即 Estate,表示对土地的某种权利。由此 Estate 取代了实物(土地)成为人们财产权的客体。于是,在同一块土地上便并立着多个平行的权利主体,每一个土地权利人均有相对应的客体。实际上,地产(Estates)是在土地最高所有权人(英王)和土地直接占有人之间置入了一个抽象的权利存在状态。这种状态使英国的不动产物权均是一种针对抽象物的排他支配权利,而不是针对房地产实物的支配权。在这个意义上,英国不动产物权均是抽象的权利。地产权并非严格意义上的所有权,因为它是以国王为根源的,私人持有地产一般都须向国王承担若干封建义务。

英国法的地产权制度直接产生于解决土地归国王所有和土地又必须将土地分散到不同主体利用这一矛盾。在 1925 年以前,英国存在着三种形式的地产权:

(一) 占有地产权(estate in possession)和将来地产权(estate in expectancy)

占有地产权是现在就占有土地的地产权,将来地产权是所有人必须等待他的占有权发生效力以后才能占有的地产权。例如,某人将一项地产授予甲终生占有,甲死后则由乙占有。甲获得的是占有地产权,而乙获得的是将来地产权。但无论是现在占有的地产权,还是将来占有的地产权,都是可以转让的。

(二)残留地产权(remainder)和复归地产权(reversion)

两者都属于将来地产权,前者指的是该地产的前一个所有人的地产权届满后才能成为有效占有的地产权,是让与人以外的第三人所享有的对未来利益的期待权利。例如甲让与乙10年的产权,并让与丙10年后的产权,丙即享有残留地产权,于乙的产权终止时,即可行使对 A 地全面支配的权利。后者与前者的相似之处在于所有人享有权利必须推迟到将来的某一天,但存在复归地产权时,土地最后将归还给土地的授予人,而存在残留地产权时,土地最终会转到第三者手中。例如甲让与乙 A 地 10 年的产权,甲即享有复归地产权,于乙的产权终止时,即可行使对 A 地全面支配的权利。

(三)完全拥有的地产权(freehold estate)和租借地产权(leasehold estate)

完全拥有的地产权是没有占有期限的地产权,它有三种基本形式,即不限嗣继承地产权、限嗣继承地产权、终身地产权。不限嗣继承地产权(fee simple)最大容量地包含了所有权对其财产具有的、法律承认的权益,今天,我们可以称它为绝对所有权。地产权人可依其意愿处分土地,死后土地传给其继承人,换言之,这种地产权只有在地产权人死后又没有继承人时才消灭。在英国封建时期的法律中,限嗣继承地产权指与承受人及其直系后裔联系在一起的、永远不可分离的地产权。限嗣继承地(fee tail)指根据 1285 年通过的《限嗣继承法》而产生的一种封土,这种地产应世代相替地传给继承人——受地者本人的后代。它不能由旁系继承人继承。终身地产权(life estate)以地产拥有人的寿命为限,不能继承,其所有人死亡后就消灭,或者确定其长度的人的生命终止,它就消灭。当然,这种地产拥有人有权占有地产,并获得地产收益。

租借地产权是一定期限的地产权,最常见的租借地产权是定期租借权,即地主和租户以契约形式规定一个期限,在该期限内,租户享有占有、使用和收益的权利。租借地在英国被认为是动产,不能通过不动产诉讼程序来保护其权益,只能按照动产诉讼程序控告地产授予人违约而要求赔偿。

1925 年,英国颁布了《财产法》《信托法》《土地授予法》《土地登记法》《土地特殊权益法》和《遗产管理法》等若干财产法规,废除了许多封建土地制度,地产权仅剩下两种:一种是完全保有地产权(不限嗣继承地产权),一种是租借地产权。此时的完全保有地产权已与真正的所有权没有多大的区别,地产所有人及租借人只需交纳税款或租金,无需承担封建义务。另外,取消地产权无限制地扩及地上和上空的硬性规定,作出便利土地抵押的新规定。同时,借鉴大陆法系的规定,大大简化了土地转让的手续,并规定了土地登记制度,实行地产所有权的统一登记,将土地使用和转让置于政府管理之下。因此,更多的学者也开始从公法的角度研究财产法。

三、信托制

信托制是英国法所特有的一种法律制度,这种制度的特点是当事人约定:一方(信托人)将其一定的财产(土地或动产)转让给他方(受托人),而由第三人(受益人)享受收益。信托制是英国法对世界各国最重要的贡献之一,现代信托法基本上源于英国,而英国的信托制又源于中世纪的用益制(受益制)。与财产法的其他制度不同,信托法不是在普通法院发展起来,而是由衡平法院的审判活动发展起来的,因此与衡平法有密切关系。

(一)受益制

英国中世纪的受益制又称为"用益权制",即为了他人的利益而占有和使用土地。它产生于13世纪中叶,由于贵族捐赠,宗教团体的土地不断增加,因为宗教团体持有地在英国为永久免税地,使领主遭受损失,13世纪后期,国王便颁布《死手条例》,禁止教会和僧团拥有不动产。教会和僧团为了规避这一规定,便把土地移转给俗人经营管理,而由教会和僧团享受收益。此外,由于当时普通法对土地移转条件限制极严,只允许长子单独继承,禁止遗赠他人,于是有些人也采用同样手法,将土地转让他人,而使长子以外的其他子女享受收益。受益制使出托人和受益人得以逃避封建义务:按照当时法律的规定,土地所有人必须承担繁重的封建义务,如各种赋税,由于土地已经出托,原所有人不再承担赋税,而受益人只单纯受益,并非通常意义上的土地所有人,亦不必承担赋税;继承遗产须付遗产税且继承人若未成年时领主得为当然的监护人,由于被继承人已在生前将土地出托,因此既无须付遗产税领主亦不必担任监护人,受托人已成为受益人实际上的监护人。受益制还可使当事人逃避法律的惩罚:"红白玫瑰战争"中,有没收土地的惩罚,有些人事先将土地出托,使妻儿受益;土地所有人受债权人追索,而又不愿将土地出售以偿债时,往往将土地出托,指定其近亲属为受益人。

在受益关系中,土地所有人(出托人)将地产交给受托人代管,受托人享有对地产的使用、收益权,并按约定将地产的收益交给出托人指定的受益人。受托人将收益交给第三人(受益人)享受,只是以信用为基础的,故称为信托。按照普通法的规定,信托人将财产转让给受托人,受托人取得信托财产的所有权,他可以随意经营管理,甚至处分信托财产,而使第三人享受利益,只是良心和道德上的义务,并不受法律的约束,第三人(受益人)并无法律上的请求权。13、14世纪用益权开始出现时,普通法令状制度早已固定下来,受益人因此得不到普通法的保护,在权益受到侵害时转而向大法官申诉,到15世纪下半叶,用益权的衡平规则逐渐确立下来,因此这项制度基本上是由衡平法院的审判活动发展起来的。

英国中世纪的受益制分为两类,一是消极受益制,即受托人仅按受益人的指示处理财产,对于受托地产并不承担经营管理的积极责任,目的仅在于逃避封建义务或法律制裁;二是积极受益制,即受托人对于受托地产承担积极的经营管理责任,直接收取土地的租金和孳息,并按约定将土地的收益转交给受益人。亨利八世当政后,于1535年颁布了《用益权法》(Statute of Use),规定用益制度下的土地所有权归受益人所有,但衡平法院通过限制性解释规定了三项例外,其中一项是:该法仅仅适用于在自由保有土地(freehold land)上设定的用益权,不适用于动产、租赁地(leasehold land)和经官册登记的土地(copyhold land)。由此取消了消极受益制,积极受益制得到承认,并逐渐发展为信托制。

(二) 信托制

信托制是财产所有人为了第三人的利益,将财产交给受托人管理的一项制度。它来源于中世纪的受益制,到资产阶级革命后,便发展成为现代意义上的信托制。

然而,信托制与受益制还是存在很大区别的,其中的主要区别有:(1) 信托制的标的更为广泛,受益制的标的仅仅是封建地产,而信托制的标的可以是任何形式的动产或不动产。(2) 受益制的受托人主要按照出托人和受益人的意愿管理地产,信托制的受托人则按照自己的意愿管理财产,不受受益人的支配。(3) 信托制的受托人范围更广,不仅可以是自然人,也可以是法人,如专门的信托投资公司。(4) 受益制的主要目的是为了逃避封建义务或自由处分地产,而信托制则主要是为了更好地经营地产,更多地增殖财富。(5) 信托关系当事人的权利义务主要由信托契约、有关法律以及法院命令加以规定。

信托制的特点体现在信托关系当事人的权利义务主要由信托契约、有关法律以及法院命令加以规定。在信托关系中,受托人的主要权利有:受托人有权按自己的意愿管理信托财产、受托人有权选择最有利的时机出售信托财产并进行投资、有权按规定取得报酬。受托人的主要义务有:按规定将信托财产的收益交给受益人,并以公正态度对待各受益人;定期向受益人提供充分的收支账目报告;除非得到委托人或法院认可,不得把自己的职权委托他人行使;不得从所经营的信托财产中牟利,不得购买信托财产;必须像一般人管理自己的财产一样管理信托财产,始终善意地为受益人的利益进行管理。受托人的义务体现了委托人和受益人的权利,如果受托人违背信托义务,对受益人造成侵害,必须负损害赔偿的责任,若侵吞信托财产,则必须负刑事责任。

在现代社会中,信托制最明显的作用是利用信托财产进行投资活动。为了更好地进行投资,促进财产的转移和管理,当前大量的信托投资公司应运而生,在社会中发挥的作用越来越大。毕竟,财产转移和财产管理是人类社会的两项基本需求,信托制度正是为满足财产转移的需求而产生发展,并随财产管理需求的不断丰富而完善成熟的。

第五节 契 约 法

作为财产流转的方式,契约扮演着举足轻重的角色,而契约法也是英国法中的一个重要法律部门。英国契约法的渊源除了传统的普通法和衡平法之外,还有大量的制定法。

一、契约法的演变

由于英国封建社会的影响,契约法的形成和发展晚于财产法。早期普通法院只受理涉及土地的契约,并且只保护书面盖印契约。因此,得不到保护的非正式契约当事人只好寻求衡平法院的保护。15世纪以后,随着商品经济的发展,私人之间的口头契约日渐增多,普通法院意识到如果再不接受这类诉讼,衡平法院必然取得对契约诉讼的管辖权。于是,普通法院的法官逐渐从非法侵害之诉中发展出违约损害赔偿诉讼令状,对口头契约等非正式契约进行保护。16世纪,出现了英美契约法中所特有的对价制度①,为契约法的继续发展和最终定型奠定了基础。17—18世纪,进一步确定了契约形式在契约法中的地位,并明确了必须按契约履行义务以及允诺是法律强制履行的依据。但从总体上说,契约法仍然是分散零乱的,远未完备。至19世纪,在大陆法系契约制度的影响下,在英国资本主义工商业的迅猛发展和自由放任经济思潮的推动下,英国确立了缔约自由、契约神圣等重要原则,契约法最终成为独立的法律部门。进入20世纪以后,契约法的原则得到进一步的发展。由于国家干预经济活动的加强以及垄断资本主义的形成,与梅因所总结的"从身份到契约"的历史过程相伴随的也出现了"从契约到身份"的潮流,缔约自由、契约神圣等原则受到限制并有所修正,越来越重视合同的实质正义,强调消费者等具有特殊身份主体地位的人的保护。与此相对应,是"契约落空"原则的发展与《1977年不公平合同条款法》《1979年货物买卖法》和《1999年合同第三人权利法》等立法的通过。随着知识经济的发展,电子商务的广泛应用,为了更好地适应社会的变迁,英国也采取了相应的措施,制定了《电子通讯法》等法律法规。随着社会的发展变化,英国的合同法仍将继续发展。

二、契约的概念和要素

对于契约(contract)一词,虽然国内有学者认为契约与合同是有区别的,但

---

① 关于对价制度的详细介绍,参见杨桢:《英美契约法论》(修订版),北京大学出版社2000年版,第97—178页。

目前大多数学者还是将两者混用的。在此我们考虑到英国法的习惯,用契约一词来翻译 contract。布莱克斯通认为契约是按照充分的对价去做或不去做某一特殊事情的协议。1893年颁布的《货物买卖法》对货物买卖所下的定义是:"所谓契约,乃是规定订立契约的一个为取得价款而将所有物以商品的形式转让于或者同意转让于企业的另一方的文件。"也有人认为,契约是产生可以在法律上承认或者执行的义务的协议。[①] 不管对契约如何定义,它的核心都是一种协议。当然,契约一定是协议,而协议不一定是契约,例如夫妻之间约定在圣诞节吃烛光晚餐的协议就不是契约。那么如何判断一个协议已经构成了契约呢?也就是说,契约的要素有哪些?

作为一种以发生、变更或消灭某项法律关系为目的而达成的协议,契约的要素一般可以分为如下几个方面:

1. 须以发生法律关系为目的

所谓以发生法律关系为目的是指在契约上产生权利义务关系而言。至于如何判断当事人是否具有发生法律关系的目的,则以客观标准判断,也就是以一个理性人(a reasonable person)在当时的情形下认为作出承诺的人是否希望所为之承诺具有法律后果为判断标准。因此,一般认为社交协议和家庭内部的协议不是契约,而在商业上的协议,考虑到双方的背景则通常认为双方的协议就构成契约。

2. 须有协议存在

协议指的是一方的允诺或者要约经对方承诺而达成的合意。

3. 存在对价或者以盖印契约(contract under seal)代替

英国合同法非常重视对价制度,认为契约的有效成立的前提就是具有对价,否则契约就不生法律效力。因此,无偿之允诺一般是无效的,除非以正式书面文件作成。至于对书面形式的要求,主要是出于证据角度的考虑。

4. 须当事人具有行为能力

所谓当事人具有行为能力是指当事人已经成年并且精神正常,可以有效地作出或者接受意思表示。未成年人、精神病人以及战时的敌国侨民一般不具备正常的缔约能力。

5. 标的合法

契约的标的如果违反法律规定或者公共政策,那么就无效。例如,逃税或者含有犯罪行为、侵权行为、不道德性因素的契约就是违法契约。

---

① Treitel G H,*Law of Contract*,11 th,Sweet & Maxwell,2003,p. 1.

三、对价制度

(一) 对价的概念

对价又称约因(consideration),它是盖印合同以外的各类合同有效成立的必备要素。"没有对价的许诺只是一件礼物;而为对价所作出的许诺则已构成一项合同。"有无对价是法院判断当事人之间是否存在契约、有无权利义务关系的主要根据。所谓对价,就是以自己的诺言去换取对方的诺言;或者说,是为了使对方作出某些有利于自己的行为而以自己对等的行为来作保证。1875年的居里诉米沙案将其定义为:"一方得到权利、利益、利润或好处,或者另一方抑制一定行为,承受损害、损失或责任。"但需要补充的是,这两者都必须是对履行义务当事人的回报。此外,接受义务履行的当事人诚实地放弃了某项请求权(不论该请求是否能成功)也被视为有效的对价。

(二) 对价的分类

对价在形式上可分为三类:(1) 待支付的对价(executory consideration)。例如甲许诺将向乙供货,而乙则许诺在收到货物后付款。这里,乙所许诺的付款就是甲许诺供货的对价,它属于以诺言对诺言的对价。当然,待支付的对价还包括一方当事人已履行了义务,而接受履行方许诺他将承担付款义务的情况。例如顾客在商店中购货后,以记账方式或延期付款方式所许诺的支付也属于待支付的对价。(2) 已支付的对价(executed consideration)。例如甲许诺将向乙交付货物,而乙应甲要求支付了甲5英镑。这里,乙支付5镑的行为就是甲许诺供货的对价,该行为表示甲的要约已获得接受。(3) 过去完成的对价(past consideration)。例如,乙借给甲某项财物,而甲在借用之后许诺他将承担某种额外义务。这里,乙暂时放弃对该项财物的占有已经构成了某种损失,但是按照英国法律,此类对价对于甲的许诺而言已经属于过去的事实,故属于无效的对价。由上可见,一项对价到底属于待支付的对价、已支付的对价还是过去完成的对价,实际上是相对接受对价一方当事人履行义务或许诺履行义务的时间而言的。

(三) 对价的一般规则

对价是合同有效成立的必备要素;但为了提供有效对价又必须遵循一定的规则,根据英国法律,一项有效的对价必须符合以下一般规则:

(1) 对价无须对等(must be sufficient but need not be adequate)。只要提供了对价,为此作出的承诺就可以强制执行,法院不问其价值的大小,只关心对价的有无。因为一直以来,法律都不干涉当事人之间的交易,契约是否公平不是法律所考虑的。例如,如果某甲将房子以一英镑卖给某乙,只要这个契约是当事人意思自治的体现,那么法律就会承认和执行该契约。也就是说,名义上的对价(nominal consideration)也会被认为是合适的对价(good consideration)。这一原则在自由资本主义时代极为流行,但在现代英国已有所动摇。尽管对价可以是不充分的,但如果接受履行一方当事人所支付的代价足以影响对价的真实价值或足以构成欺诈,则它们也不属于适当的对价。

(2) 过去的对价无效(past consideration is no consideration)。所谓过去的对价即订立契约前已经履行的对价,当某人为他人履行了某项劳务而没有后者的允诺,或没有理解为将被付给报酬,后者后来所作的对该劳务付酬的诺言不具备法律约束力。在1842年的罗斯蔻拉诉托马斯案中,法院认为被告的允诺是在交易完成后作出的,因此就是过去的对价。

(3) 履行原有义务(existing duty)不能作为新诺言的对价。还有,履行公共法律义务也不能作为对价。1809年的斯蒂尔克诉米瑞克案和1831年的柯林斯诉戈德弗罗伊案确认了上述原则。

(4) 平内尔原则(rule in Pinnel's case)。这是1602年的平内尔诉科尔案所确立的原则,即债权人同意债务人用归还部分欠款的办法来抵销全部债务的承诺不受法律约束,因为债务人未对此许诺提供新的对价,债权人可以追索余款。1884年的福克斯诉比尔案确认了该原则。当然,这个原则一直以来也都受到批评,批评者认为法律不应该考虑对价是否对等、足够的问题。尽管如此,该原则仍然为法院所遵守。

(5) 不得自食其言原则(promissory estoppel)。即衡平法上之禁止推翻的原则,这一原则是对对价制度的重要限制。当一方以言词或行动向另一方作出许诺,企图对双方的法律关系有所影响时,一旦对方确信此诺言并按诺言采取了行动,许诺人就不得推翻自己的诺言。即使被许诺者并未提供有效的对价,但由于已按照对方的诺言采取行动,如果许诺者不履行诺言就会造成明显的不公正,那么,该诺言可以由法院强制执行。因此,从另外一个方面也可以说该原则是对对价制度的重要修正,不属于英国对价制度中的对价原则。

四、违约补救

违约补救,又称违约补偿,当契约一方当事人不履行或不完全履行契约义务造成另一方当事人损失时,他方当事人有权要求补偿。补救分为两类:普通法上的补救与衡平法上的补救。

(一) 普通法上的补救

普通法上的补救主要是损害赔偿,受害一方当事人只能要求赔偿双方事先可以预见到的因违约可能引起的损失。赔偿的方式是通过对蒙受的损失给予补偿,而不是对错误施加惩罚。赔偿的范围包括直接损失和间接损失。受损害方有义务采取合理措施减轻违约造成的损失。

(二) 衡平法上的补救

衡平法上的补救包括特定履行和禁止令。特定履行又称强制履行,即法院指令违约方按照契约条款履行其积极义务。其适用前提是损害赔偿不能提供恰当或充分的救济。禁止令即当事人不履行不作为义务时,法院可以发布禁令,强制当事人履行契约,不得进行某种行为。禁止令只有在符合公平正义原则的基础上才适用。

第六节 侵权行为法

一、侵权行为法概述

(一) 侵权行为法的发展过程

侵权行为法(law of torts/ tort law)是英国法律体系中一项独特、复杂的法律制度。在大陆法系,侵权法属于民法的一个部分,而在英国,侵权行为法是独立的。侵权行为法历史悠久,并涉及社会生活和法律体系的各个方面。

在英国法中,侵权行为一词并没有统一的定义,一般是指侵犯私人利益的民事过错行为,其发展与普通法中的诉讼形式密切相关。起初,英国法并不区分侵权与犯罪,而事实上也不存在侵权与犯罪这样的字眼。如果人身受到伤害,那么救济就是以牙还牙,以眼还眼。随着法律开始介入私人之间的纠纷,协议赔偿有了动力,并且公力救济逐步涌现。1066年诺曼征服后,法院开始解决涉及土地的争议。1166年大陪审团建立后,逐渐地演化出了皇家令状,之后发展出了正式的令状,原告必须购买到合适的令状后才能起诉。1250年后,非法侵入(Trespass)诉讼变得多起来,而且成了最重要的对人民事诉讼。之后,演化出三种令状:(1) 针对殴打(battery)、恐吓(assault)、非法监禁(false imprisonment)的 trespass vi et armis;(2) 针对非法侵入动产的 trespass de bonis asportatis;(3) 针对非法侵入土地的 trespass quare clausum fregit。与此同时也产生了一些特别的令状,之后过失侵权以及其他一些特别侵权也得以救济。此后,衡平法院也开始对部分侵权行为进行管辖,使侵权行为的救济进一步扩展到禁令(injunction)。至17世纪,英国侵权行为法逐步成了一个独立的法律部门。

在侵权行为法的发展过程中,侵权行为不但与犯罪行为相独立,而且也独立于契约的违约责任。P. S. 阿蒂亚教授讲过一句话,很精确地揭示了违约责任和侵权责任的重大区别,他说:"人类的幸福是建立在人类的生命、健康、财产、财富的保存和发展之上的,为了保护人类的财富,我们有了侵权法,为了人类的发展,我们有了契约法,契约法是生产性的,侵权法是保护性的,换而言之,侵权行为人只要对使事情变坏而负责,契约义务人应当对没有使事情变得更好而负责。"当然,迄今为止,一个行为仍然可能既是侵权行为,也是违约行为,还是犯罪行为,三者交叉重合。

(二) 侵权行为法的一般理论

从整体上看,英国侵权行为法并不以法典形式存在,其法律渊源主要为单行的制定法与法官在长期审判实践中积累的判例法。在判例法中,各种侵权诉因大致可以分为有名侵权和过失侵权两大类。英国侵权法中的有名侵权主要有殴打、恐吓、非法监禁、毁损名誉、非法侵入等。在有名侵权之外,存在一个"无名侵权"集合的"过失侵权"类别。处于过失侵权中心位置的无疑是注意义务或义务概念。在判断是否存在一个注意义务时也有作为控制机制的政策考量。对此等义务之存在与否的最主要的检验方法是可预见性。至于如何判断可预见性,英国侵权法强调"理性人"概念,一般侵权责任以是否逾越"理性人"的注意义务为归责前提,当致害人违反"理性人"的应尽的注意义务时,便构成"疏忽"或"过失",应负侵权责任。在责任构成要件上,除"疏忽"要件之外,另有"损害"和"因果关系"二要件。对于因果关系的认定,英国采取了二阶段思考方法,分别称之为事实上的因果关系(factual causation, cause in fact)及法律上的原因(proximate/legal causation)。前者以"but for"(若无,则否)作为判断被告的侵权行为是否属于造成损害的必然条件的标准。后者以 direct(直接)、proximate(接近)或 foreseeable(预见)作为判断标准,即当原告要求被告承担侵权损害赔偿责任之时,必须证明两点:(1) 被告的行为事实上造成了原告的损害;(2) 原告遭受的损害在法律上不是被告侵权行为对原告所导致的一项过于遥远的结果,以至于被告无须对此承担责任。

当然,英国侵权法也有许多免责、不法阻却和其他例外规则。例如有受害人过失时,区别其程度而引入"受害人单方过失"规则或"比较过失"规则,阻却或减轻致害人责任。受害人也负有"积极避害"义务,不能就可得避免而不为避免的损失部分获得损害赔偿。确认预定危险规则,如果不抵触公共利益或公共政策,当事人也可以事先以协议预定一定的疏忽范围,并约定于此范围减免或不予归责。正当防卫和类似的行为也可以阻却不法。

二、各种侵权行为

在英国,侵权行为法和其他法律一样,都是由具体的判例构成的,没有任何关于侵权行为一般化的规定。在这些判例中,体现了英国的侵权行为法的基本内容,一般可以分为对人身的侵害、对财产的侵害和其他侵害。

(一) 对人身的侵害

1. 非法身体接触。非法身体接触是指在没有法律上正当理由的情况下,被告故意的或者过失的行为直接导致了对原告的身体上的干扰,反映的是对人身权利和自由的保护,一种免于侵犯的自由。非法身体接触包括两种:第一,如果构成了身体伤害,即使原告当时并不知晓,那么仍然可以提起诉讼。第二,即使被告的行为并没有对原告造成身体伤害,但如果该行为是冒犯性的,那么仍然可能是侵权,例如偷吻、强吻、故意打掉别人的帽子。

2. 恐吓。恐吓是使他人合理地恐惧自己将受到即刻的侵害或者殴打的行为。只要他人有恐惧(apprehension)即可,无须达到害怕(fear)的程度。

3. 非法监禁。非法监禁是一种刑事罪行,也是一种侵权行为,不单是指将受害人拘禁的行为,同时也是指无合法理由而禁止他人自由离开的行为。只要致使他人无法自由移动而且没有合理的或者安全的方法离开,就构成非法监禁。实施非法监禁可以在车内、房屋内、监狱内等。用以限制行动的障碍物既可以是物质的,也可以是精神的,例如以武力或者威胁而不允许离开。

4. 诽谤(defamation)。诽谤是指行为人实施捏造并散布某种虚构的事实,足以贬损他人人格、名誉的行为。包括两种,其一是 slander,通常指"口头诽谤";其二是 libel,指"文字诽谤"。诽谤的构成要件是:第一,须有捏造某种事实的行为,即诽谤他人的内容完全是虚构的。第二,须有散布捏造事实的行为。所谓散布,就是在社会公开的扩散。也就是说,诽谤的内容一定要足以让第三人知悉、了解。第三,诽谤行为必须是针对特定的人进行的,但不一定要指名道姓,只要从诽谤的内容上知道被害人是谁,就可以构成诽谤。

(二) 对财产的侵害

1. 非法侵入土地(trespass to land)。这种侵权行为是英国最古老的侵权行为。这种侵权行为是指未经所有人同意,故意进入或逗留于他人土地的行为。如在他人土地上行走,将石块或垃圾扔在他人土地上,在他人土地的底下铺设管道。①

2. 妨害(nuisance)。妨害分为私人妨害(private nuisance)与公共妨害(public nuisance),是指对某一特定个人或特定数人的土地使用权或相关权利的妨害。它威胁着某一或者相对少数的自然人,其实质特征是对土地使用和享用的侵犯(use and enjoyment of his land)。其权利被侵犯的某一或者数个自然人可以提起诉讼。公共妨害是指对公众的公共安全、卫生等造成不便或者损害。这种侵权行为对环境法影响很大,各种环境侵权责任制度也大都是在此基础上形成的。

3. 侵占(conversion)或侵犯财产(trespass to chattels)。这两者指的是对

---

① 〔英〕爱德华·J. 柯恩卡:《侵权法》,法律出版社和 West Group 1999 年合作出版,第 144 页。正如作者所指出的,土地的边界既是横向延伸,也是纵向延伸的,因此,对地底下和空中的侵入也都可能构成非法侵入土地。

私人动产的侵权行为。侵占是已经对他人所有权进行实质性干扰并影响到所有权的合法行使的一种侵权行为。目前这种诉讼形式已经基本上废除了。侵犯财产是故意干涉他人财产,包括损害、改变、毁灭、未经许可而使用等行为。

(三) 其他侵害

1. 对婚姻的侵害。如利用权势或实施暴力扰乱他人夫妻间的和谐关系,诱拐已婚妇女。

2. 经济侵权行为。其中包括三种典型的侵权行为:欺诈,须要有疏于考虑的过失。加害性欺骗,必须要有恶意,向第三人作出了一个不实的判断,导致了原告的损害。冒充,例如被告声称他的物品是你的,就是冒充。

3. 其他经济侵权。这种经济侵权所保护的是纯粹的经济利益,很典型地发生在经济领域。例如对合同的干预,诱使违约,强迫他人违约,即侵害债权的侵权行为,等等。这些侵权行为不仅要造成经济损害,同时必须故意违背善良风俗。

4. 精神折磨。是指故意或者极端放任对他人进行精神迫害或者严重情绪干扰的侵权行为,例如打电话故意骚扰他人。

(四) 英国侵权行为法的特点[①]

第一,法律所肯定的侵权行为类型,一目了然,具有直观、明确的特点。这样的法律,有利于普通人学习法律,掌握法律,运用法律保护自己的权益,从而避免当事人提出不当的诉讼请求,避免诉讼的弯路,提高了诉讼效率。

第二,具有极强的可操作性,便于法官适用。英国的侵权行为法是法官创造的法律,不是学者创造的法律,因此,对每一种类的侵权行为都尽可能地规定详尽,责任构成、责任形式、举证责任、法官应当注意的问题,以及如何处理各种各样的问题,都有极为详细的解释。可以说,英国的侵权行为法,更多的是实践经验的积累和升华,具有极强的可操作性。这样的法律对法官来说,既便于掌握又便于执行,更便于执法的统一,从而避免出现对法律理解的不一致,造成执法的混乱。

第三,法官造法的立法形式,随时保持侵权行为法的前卫作用。英国大部分的法律都是法官创造的判例的积累,侵权行为法同样如此。因此,英国的侵权行为法总是鲜活的、发展的和与时俱进的。

三、侵权行为责任原则

(一) 过失责任原则

如前所述,起初英国的侵权行为法与刑法是合一的,侵权与犯罪并没有明显

[①] 参见杨立新:《试论侵权行为一般化和类型化立法及我国侵权行为法的立法模式选择》,载《河南省政法管理学院学报》2003年第1期。

界限,12世纪时两者才开始逐渐分离。然而,当时对侵权行为的处理仍然带有刑事处罚的特征,采取绝对责任原则。14世纪末15世纪初,英国法院开始重视行为人的主观状况,被告如能证明其对原告所造成的损害既非故意也非过失,而是出于不可避免的偶然事故,即可免责,这就是所谓的无过失即无责任。到17世纪末资本原始积累时期,过失责任正式形成。该原则以被告对原告的利益负有适当注意的义务为前提,如果被告未能尽到法律承认的适当注意的义务就是过失,若因此对原告造成损害,被告须负赔偿责任。该原则与当时民法的基本精神相一致。在诉讼中,原告必须清楚地证明被告未能尽其适当注意的义务,即有过失,而且原告本人必须毫无过失。该原则在整个自由资本主义时代非常流行,有利于刺激资本家的冒险精神。

(二) 比较责任原则

19世纪中后期,在过失责任原则的基础上,形成了比较责任原则。它以个人的过失为基础,但确定赔偿时,不仅要考虑被告的过失,也考虑到原告的过失,对双方的责任进行比较,根据双方过失的轻重以确定责任的大小。它与过失责任原则的区别在于,过失责任原则强调的是只有被告的过失是赔偿的基础,如果原告也有过失,哪怕这种过失小到可以忽略的地步,也得不到赔偿,而比较责任原则注重的是过失的大小,如果被告的责任大于原告,就应负赔偿责任。

(三) 严格责任原则

19世纪后半叶以来,随着工业化程度的提高,由生产和操作引起的工伤事故频繁发生,依照过失责任原则和比较责任原则,都必须证明被告确有过失,这对于受害者非常不利,因此,许多受害者得不到应有的补偿,从而带来许多社会问题。于是英国法院又通过司法实践创立了严格责任原则,即在法律规定的某些条件下,无论被告是否有过错,只要发生了损害事实,被告就必须负完全的赔偿责任。19世纪末,这一原则被扩大适用于所有工业部门。进入20世纪后,英国许多的制定法也采用了严格责任原则。此外,在产品责任及交通事故中,为了保护消费者和受害者的利益,也都实行严格责任原则。当然,目前严格责任原则的适用是有限制的,一般只适用于工伤事故、高危行业、交通事故、环境污染这些领域,大量民事案件仍主要适用过失责任原则。

第七节 刑 法

一、概述

英国是世界上少数几个至今没有颁布成文刑法典的国家之一,然而英国刑法的发展却几乎伴随着整个英国法律史。在侵权行为法一节中,我们已经提到早期英国是不区分侵权行为与犯罪行为的,对于受害者而言,就是以牙还牙、以眼还眼这样的血亲复仇。之后,血亲复仇受到限制,作为赎罪的赔偿金出现。1066年诺曼征服以后,在保留传统习惯法的基础上,对刑法作了适当改革,减轻了刑罚的严酷性,血亲复仇进一步受到限制。1166年的克拉灵顿诏令赋予巡回法官以审判所有重大罪行的权力,从而初步统一了刑法规范。13世纪时形成了重罪与轻罪的划分,并通过普通法院的司法实践活动逐渐形成了一些普通法上的罪名,如叛国罪、谋杀罪、抢劫罪等。中世纪后期,政府也曾颁布一些刑事法令。但从整体上看,仍然可以说,英国刑法的渊源在历史上主要为以判例形式体现的普通法。当然,自19世纪60年代起,议会制定了许多刑事立法。一方面对杂乱无章的普通法上的有关犯罪与刑罚的内容进行整理,另一方面也根据社会发展的需要增加一些新的原则和制度,例如缓刑和假释等。在20世纪,特别在第二次世界大战后,英国对刑法进行了很多重要改革,又制定了不少新的刑事立法。例如,通过了1957年的《杀人法》、1968年和1978年的《盗窃法》还有新修改的《刑事司法法》《刑法法》等。虽然罪名主要成了制定法的调整范围,但有很多罪行仍仅仅由普通法所调整。

二、犯罪的概念和分类

英国刑法并未对犯罪这一概念作统一定义。学者也认为很难下定义,因为将行为定义为罪与非罪并没有表明行为本身的性质发生了任何变化,变化的只是行为在法律上的归属和分类。因此"任何定义罪行的尝试都面临着这样的困难:它可能在某一行为在法律上已经不再是罪行的情况下仍然将它包括在罪行的定义中,或者某一罪行在法律上已经成为罪行的情况下仍然将它排除在罪行的定义之外"[①]。不过,仍有学者尝试着对其进行定义,认为"犯罪是一种非法的行为、不作为或事件。不管它是否同时也是一种民事侵权行为、不履行契约或违背信托,其主要后果是:如果查明了行为人而且警方决定起诉,就要由国家或者以国家的名义提起控诉;如果行为人被判定有罪,则不管是否责令他赔偿被害人的损失,他都要受到刑罚处罚。"[②]也有学者将其简要地定义为:"犯罪是一种可以提起刑事诉讼并导致刑罚的违法行为。"[③]不管如何定义,罪行一般都具有公共危害性和道德危害性。前者是指对于公共利益有特别危害而不仅仅是践踏纯粹个人性的权利的行为,后者是指该行为在道德上是错误的。[④]

[①] 〔英〕J.C.史密斯、B.霍根:《英国刑法》,李贵方等译,法律出版社2000年版,第20页。
[②] 〔英〕鲁珀特·克罗斯、菲利普·A.琼斯:《英国刑法导论》,赵秉志等译,中国人民大学出版社1991年版,第1页。
[③] 徐尚清主编:《当代英国法律制度》,延边大学出版社1990年版,第195页。
[④] 参见〔英〕J.C.史密斯、B.霍根:《英国刑法》,李贵方等译,法律出版社2000年版,第21—23页。

就刑法的基本原则而论,英国和民法法系国家之间并无重大差别,如罪刑法定、法律不溯及既往、对刑法应作狭义解释、不应类推以及新的罪行仅能由议会通过法律制定等。只是在具体的问题上,英国具有很多独特的制度。在普通法传统上,犯罪分为叛国罪、重罪和轻罪。叛国罪指任何能威胁国家稳定或存续的行为,如杀害国王、制作伪币以资助反对国家的战争等。一项在18世纪的条文界定四种叛国的类型:促成或想象国王、王后或王储的死亡;对国王的随从、最年长而未嫁的公主、储妃等人使用暴力;发动反对国王的战争;在国境之内对国王的敌人表示拥护,或在任何地方对国王的敌人提供任何援助。叛国罪的处罚常常是长而且残忍的死亡。19世纪以前英国都以该法律对付不同意见人士。1945年英国最后一次以叛国罪判犯人死刑,并于1946年把该犯人吊死。此后英国理论上仍可判处叛国者死刑,直至1998年后把有关最高刑罚改为终身监禁。重罪是指涉及没收罪犯土地与财物的严重犯罪,如谋杀、伤害、纵火和抢劫等。轻罪是指除了叛国罪和重罪之外的较轻微的犯罪。

1967年,英国议会通过新的《刑事法案》(Criminal Law Act),废除了重罪和轻罪之分。《刑事法案》第2条引进了一个新的可逮捕犯罪的概念,不过之后又为1984年的《警察和刑事证据法》第24条所取代和修改。现代英国刑法中的犯罪主要有三种:可逮捕罪、即决罪、只可起诉罪。可逮捕犯罪是指任何"有法定判决或犯罪者(以前没有被定罪)将被判处5年刑期的犯罪或任何这类犯罪的未遂犯罪"。[①] 1977年《刑事法案》规定了即决犯罪,指的是在犯罪主体已经成年情况下只能即决审判的犯罪。[②] 只能起诉的犯罪是在犯罪主体已经成年情况下可起诉审判的犯罪。无论是只能起诉审判还是既可以起诉审判也可以即决判决,在犯罪主体已经成年的情况下,既可以以起诉方式审判,也可以以即决方式审判。这一类犯罪类别包括1988年《治安法院法》表1中所列犯罪和根据任何其他法令而成为两种审判方式都可以的犯罪。[③]

三、刑罚

英国历史上的刑罚较为严酷。由于长期盛行报复与威吓主义刑罚思想,死刑、苦役和肉刑等被广泛采用。19世纪以后,刑罚的严酷性大大缓和,苦役和肉刑被废除。进入20世纪后,英国的刑罚继续变革,越来越侧重保护罪犯的人权。例如,1998年《犯罪和骚乱法》彻底废除了死刑,对监禁刑进一步改革与完善。受刑罚理论的影响,英国刑罚近二十年来的发展,导致监禁刑的立法和适用有

---

① 参见〔英〕J.C.史密斯、B.霍根:《英国刑法》,李贵方等译,法律出版社2000年版,第33—34页。
② 同上书,第30页。
③ 参见同上书,第30页。

"重刑化"的倾向,同时新式非监禁刑开始兴起并不断发展。现代英国的刑罚主要包括如下几种[①]:

(一) 监禁(imprisonment)

监禁的期限短则几天,长则终身。通过简易程序判决的监禁一般在5天到6个月之间。通过公诉程序判决的监禁一般不得超过法律规定的该项罪名的最高期限,但对惯犯可在法定最高刑之上加重处罚。对于少数诸如谋杀这样特别严重的犯罪,可能判处终身监禁。在立法方面,新的立法规定了最低刑期,以前则只规定最高刑,表明立法对适用监禁刑最低刑期的限制。

(二) 缓刑(suspended sentences of imprisonment)

缓刑是对判处2年以下监禁刑罚的罪犯同时宣告缓期1至2年执行的刑罚方法。如果该罪犯在这一期限内又犯新罪,则应取消缓刑并将原判的刑罚与对新罪判处的刑罚合并执行。例如6个月的监禁,缓期2年执行。如果被告人在2年期限内又犯新罪,则要被判处6个月的监禁加上又犯新罪的刑期。缓刑只有在特殊情节中适用,且不适用于青少年犯人。这种刑罚苏格兰已取消,英格兰还存在。

(三) 保护观察令(probation orders)

适用16岁以上的犯人,法庭认为适用保护观察令有利于犯人康复,或有利于保护公众免受其害,或有利于防止其再次犯罪的,可以适用6个月以上3年以下的保护观察令。保护观察官员可以要求犯人参加一定的活动,在某一时间参加保护观察中心安排的方案。在保护观察期间,可以要求犯人接受精神问题或毒品、酒精依赖的治疗。

(四) 社区服务令(community service orders)

社区服务是英国1973年《刑事法庭权力法》创立的刑种。法官可以判令被告人进行无偿的社区工作即"社区服务",使其弥补因其罪行给社会或个人造成的损害。社区服务作为监禁刑的替代措施,其适用对象必须是16岁以上,最高年龄虽然没有限制,但实际上这种措施倾向适用于16岁至20多岁的罪行轻微的青少年犯人。社区服务的时间必须在服务令中明确规定,从40小时到240小时不等,时间的长短应当基本上反映出所犯之罪的严重程度。依据内政部国家标准(the Home Office National standard),犯人第一次劳动应在服务令下达后10天内进行,每周劳动时间不得少于5小时,但不能超过21小时。法院必须在

---

① 以下内容主要参考中英量刑制度比较研究课题组:《关于英国刑罚体系和量刑制度的考察报告》,载中国政法大学刑事法律研究中心、英国大使馆文化教育处主编:《中英量刑程序比较研究》,中国政法大学出版社2001年版。张伟:《多国刑罚体系与种类概览》,http://www.chinalawedu.com/news/2004_8%5C4%5C1331551725.htm,2006年12月20日访问;何勤华主编:《外国法制史》(第四版),法律出版社2006年版,第175—176页。

法庭用通用的语言解释社区服务令的目的和效果,以及没有遵守社区服务令的后果,法院有权根据犯人和保护观察官的申请对社区服务令进行审查。

(五)结合令(combination orders)

1991年《刑事司法法》规定,对16岁以上犯有可判处监禁之罪的犯人,地方治安法院和刑事法院有权对其适其结合令。该判决是保护观察令和社区服务令的结合。结合令是一种"社区令",因此,法院适用结合令必须符合"社区令"的各种条件。与保护观察令不同,结合令只适用于可被判处监禁罪行的犯人,法院在适用结合令之前应当听取审前报告。以前,适用结合令必须征得犯人同意,但到1997年,这一规定被取消。

(六)宵禁令(curfew orders)

宵禁令是一种社区令,可对任何年龄的犯人适用。宵禁令不应与适用保释(the grant of bail)附加宵禁相混淆。宵禁令是一个最终处置措施,而不是一个悬而不决的审判或判决。宵禁令可以具体指出宵禁的地点和时间,但宵禁令自下达之日起执行时间不得超过6个月;对于16岁以下的犯人,不得超过3个月。在此期间每天宵禁时间不能少于2小时,但不得多于12小时。

(七)禁入令(exclusion order)

2000年《刑事司法与法院管理法案》(Criminal Justice and Court Service Bill)规定的一种新的惩罚方法,是在家庭宵禁令基础上发展而来的。被判禁入令的被告人,在指定时间内不得进入特定场所。

(八)护理中心令(attendance centre orders)

护理中心令适用于10—20岁的青少年犯人,可以由刑事法院、成年地方治安法院或少年法院判决。它要求犯人在某一段时间参加某一具体护理中心的活动。以前适用护理中心令必须是犯人没有监禁经历,但这一规定到1988年被取消。

(九)监管令(supervision orders)

监管令相当于保护观察令,但主要是针对更年轻的犯人。可以由刑事法院或少年法庭针对10—17岁的青少年犯人适用,地方治安法院不得使用。对于16岁和17岁的青少年犯人,监管令和保护观察令都可以适用。尽管监管令和保护观察令都在于帮助犯人增强责任感,摆脱困境,但两者最明显的区别在于,监管令旨在帮助年轻人成长为一个成年人,而保护观察令更适合于那些在情感、智力、社交和身体方面都已成年化的犯人。因此,许多16、17岁的处在向成年过渡阶段的犯人,监管令也许是更合适的监管形式。其他相关的问题还有犯人依赖父母的程度、是否能够独立生活、家庭责任感如何、在多大程度上受到其他犯人的影响、是否需要或能够得到社会服务等。

（十）行动计划令(action plan orders)

行动计划令适用 10—17 岁的青少年犯人，为期 3 个月。行动计划令要求青少年犯人从适用之日起遵守监管人员的指示(对于犯人的行动有一系列的要求)。监管人可以是保护观察官员、社会工作者或者是少年犯罪工作组(young offending team)的成员。这一系列要求包括：(1) 在规定的时间参加规定的活动；(2) 在规定的时间和地点会见规定的人；(3) 参与一段时间的护理中心活动；(4) 不得接近某一或某些场所；(5) 服从为其文化教育所作的安排；(6) 对某人和社区进行补偿；(7) 参加由法院安排的听审。上述第(3)项只有在所犯罪行如果是成人应判监禁刑情况下才适用。第(7)项只有在犯罪有被害人，或有人因犯罪而受到影响，而该人同意接受补偿时才适用。行动计划令的要求不能影响犯人上学，或与他的宗教信仰相冲突，或与犯人必须遵守的其他社区令相干扰。

（十一）罚金(fine penalty)

在现代英国，罚金是一种广泛采用的刑罚，除谋杀罪以外，几乎所有犯罪都可以适用。罚金既可以作为独立刑，也可以作为附加刑使用。法律对罚金的数额未作具体规定，由法官根据犯罪的性质以及犯罪的社会环境、收支状况等酌情而定。

（十二）没收财产(confiscation of property)

没收财产为附加刑，一般不单独适用。只要法院认定罪犯曾使用或企图使用某项财产从事犯罪活动，就可没收该项财产。

除上述各种之外，根据俄罗斯学者的介绍，英国刑罚并不仅限于这几种，至少还包括其他一些辅助性刑罚，例如，剥夺选举权和被选举权、剥夺 3 年驾驶权等。①

四、刑事司法改革

进入 21 世纪，英国为建立一个更少犯罪、更加安全和公正的社会，开展了刑事司法改革。引人注目的是，2002 年 7 月，英国内政部长、大法官和总检察长专门就司法改革问题向议会提交了刑事司法白皮书《所有人的正义》(Justice for All)②。具体到刑法方面，这一改革的主要内容有如下几项。③

---

① 张伟：《多国刑罚体系与种类概览》，http://www.chinalawedu.com/news/2004_8%5C4%5C1331551725.htm，2006 年 12 月 20 日访问。

② 该报告中文译本见《所有人的正义》，最高人民检察院政策研究室组织编译，中国检察出版社 2003 年版。

③ 张朝霞、冯英菊：《从〈所有人的正义〉看英国刑事司法改革》，http://service.law-star.com/cac-new/201007/385060616.htm，2014 年 6 月 13 日访问。

(一) 在量刑方面的改革：使判决更有意义

为确保社区的安全，帮助罪犯回归社会，防止再犯，重犯、危险犯、惯犯应入狱服刑，而对其他罪犯可选择其他有效的刑罚，并保证量刑方面的统一性。为此，将进行以下改革：(1) 建立新的量刑指导委员会(Sentencing Guidelines Council)，创立量刑基准体系(sentencing framework)，提供明确的指导意见，以结束现在量刑方面存在的令人难以接受的分歧；(2) 确保强硬的社区刑罚成为监禁的可靠的替代选择。包括改革现有的社区刑罚；试图通过立法改革短期监禁刑，引入监禁＋(custody plus)、监禁—(custody minus)及新的间断性监禁(intermittent custody)等一系列创新性刑罚[①]；(3) 对未成年犯的量刑及执行，法院可以把强制毒品治疗作为对未成年犯的一系列社区刑罚的一种；并对所有获假释的犯重罪的青少年进行监视，直至刑期结束；(4) 对罚金刑的执行进行改革，制定更详细的执行计划，对不支付罚金的罪犯，增加罚金数额等；(5) 对监禁刑进行改革。允许被判12个月或更长监禁刑罚的罪犯，一半时间在监狱服刑，另一半时间在社区通过社区刑罚完成；而无期徒刑只适用于危险的暴力犯罪和性犯罪的罪犯。

(二) 在刑罚效果方面的改革：惩罚和回归

为避免入狱服刑的种种弊端，如切断罪犯与家庭的联系，影响孩子的成长，英国的量刑政策将保证在惩罚适当于罪行和罪犯的前提下，通过剥夺自由和要求赔偿来惩罚罪犯，社区刑罚将严厉、强劲得足以保护公众。通过社区刑罚，保证罪犯回归社会，减少再犯。

英国将在增加监狱容量，改善狱内生活、学习和医疗设施的基础上，进一步采取以下改革措施：给缓刑官员更大的灵活性，对监禁后释放的罪犯进行毒品测试；在2003—2004年，将有3万名罪犯通过国家缓刑部门授权的社区惩罚计划；通过风险评估，使短期监禁的罪犯以社区宵禁的方式，确保公众保护和罪犯回归社会之间达到良好的平衡；发展一个复杂的安置不当使用的财产的体制和计划；引导18至20岁的人"正直做人"，通过他们在狱中的所得对被害人进行经济赔偿；扩大吸毒者的检验治疗；通过新建筑，关闭那些不再满足我们要求的设施，使监狱设施现代化；使监狱管理标准化，在管理人员中明确责任，设定标准和成绩跟踪。

---

① 所谓监禁＋(custody plus,可读为：监禁加)是试图将所有应判12个月以内的监禁刑都由3个月的监禁附加一定时期的强制性的社区监控所取代。而监禁—(custody minus,可读为：监禁减)则是一种新的缓刑(suspended sentence)方式，即短期监禁在2年内可不执行，代之以社区刑罚，但一旦违反社区刑罚的规定则随时可能被收监。新的间断性监禁(intermittent custody)允许被监禁者周末服刑，而在其他时间继续工作和维持家庭联系。

第八节 司法制度

一、法院组织

英国司法组织因袭历史的传统,体系比较错综复杂。法院大部分也不是由固定配属的法官组成,而是由一定等级的法官到院组成法庭进行审判。1066年被诺曼底公爵威廉征服以前,各地设有郡法庭和百户法庭,根据地方习惯法行使司法职能;教会也自设法庭,依照教会法进行审判。诺曼王朝开始建立王国法院(或译御前会议,Curia Regis),并派出巡回法官到各地巡回审判。其后,陆续建立衡平法院(Court of Chancery)、星座法院(Star Chamber,即国王掌握的特种刑事法庭,因法院建筑有星状装饰而得名)、普通诉讼法院、继承和离婚法院以及海事法院等,各行其是,并无统一法院体系。17世纪资产阶级革命后,法院组织没有重大改革,只是陆续作了一些调整,以适应资本主义发展的需要。1875年英国司法改革以后,取消了普通法与衡平法两大法院系统的区别,逐步摆脱了旧的繁琐形式,形成了较为统一的法院组织体系。然而,在法院名称和诉讼程序方面仍保留了许多封建痕迹,审级和管辖都相当复杂。2004年英国出台了影响重大的《宪法改革法》,并于2009年根据该法第三章的规定成立了最高法院,进一步厘清了立法与司法的关系,完善了司法和宪政体制。现行的英国法院组织从层次上可分为中央法院和地方法院,从审理案件的性质上则可分为民事法院和刑事法院。

(一)最高法院(Supreme Court of the United Kingdom)

英国最高法院是依据2004年《宪法改革法》第三章而设立,并于2009年10月1日起开始运作。[①] 它的司法权力主要继承自上议院,这些权力过往一直由12位同时拥有上院议员身份的常任上诉法官(Lord of Appeal in Ordinary,或译"上议院高等法官")组成的上议院司法委员会行使。至于涉及权力下放事务的审判权,过往则由枢密院司法委员会执掌。英国最高法院的主要职责,是审理来自英格兰、威尔士及北爱尔兰三个司法管辖地区的上诉案件。最高法院尤其关注对一般大众具重要影响的司法案件,一如昔日的上议院受理上诉委员会,商业纠纷、家庭问题、涉及公共机构的司法复核以至于涉及《人权法》等各类型的上诉案,都可由最高法院审理。另外,最高法院亦可审理刑事上诉案件。[②] 最高法院

[①] Statutory Instrument 2009 No. 1604. The Constitutional Reform Act 2005 (Commencement No. 11) Order 2009(Coming into force 2009-10-01). http://www.legislation.gov.uk/uksi/2009/1604/introduction/made,2014年6月9日访问。

[②] The Supreme Court, *Role of The Supreme Court*, http://supremecourt.uk/about/role-of-the-supreme-court.html.,2014年6月9日访问。

亦可就"权力下放事务"(devolution issues,由《1998年苏格兰法》、《1998年北爱尔兰法》及《2006年威尔士政府法》所界定)作出裁决。这类型的诉讼,都与北爱尔兰行政院及北爱尔兰议会、苏格兰政府及苏格兰议会、或威尔士议会政府及威尔士国民议会三个地方政权的权力有关。在最高法院成立以前,这类案件一概由枢密院司法委员会审理,而过往的案件,主要涉及《欧洲人权公约》《权力下放法》,以及《人权法》。① 在欧盟层面,英国最高法院有权独立诠释由欧盟通过的法律,并确保英国各级法院履行由欧洲人权法院作出的裁决。在涉及人权的案件中,如果最高法院拒绝受理,与讼双方可向欧洲人权法院寻求协助,以便对人权范畴作进一步诠释。[10] 如果欧洲法院未有对欧盟法律作有效诠释,而有关法律又涉及最高法院的案件,最高法院法官亦可向欧洲法院寻求释法。② 英国最高法院的审讯不设陪审团。一般而言,案件会由多名法官会审,会审人数多为单数,以确保有大比数的裁决。会审后法官达成一致共识,才会撰写判词。一般案件会由5名法官会审,而特别重大的案件会由9位法官会审。最高法院的案件可开放让公众旁听,而法庭内更常设摄影机作转播审讯之用,是英国司法史的首次。③ 英国最高法院无权审理来自苏格兰的刑事案件,这些案件一概由苏格兰的高等法院(High Court of Justiciary)审理,因此苏格兰高等法院是当地的最高刑事法院。④ 然而,英国最高法院则一如昔日的上议院,继续有权审理来自苏格兰高等民事法院(Court of Session)的上诉案件,但要上诉获最高法院受理,就必先要由两名苏格兰大律师(Advocate)确认上诉理据合理。

(二)高级法院

1. 枢密院司法委员会(Judicial Committee of the Privy Council)

枢密院司法委员会是小部分英联邦成员国、英国殖民地、海峡群岛及马恩岛的终审法院。此外,委员会亦拥有一定的法定司法管辖权(Statutory Jurisdiction),受理来自教会及某些专业组织的上诉案件。⑤ 枢密院司法委员会的法官同时是英国最高法院法官。

2. 英格兰及威尔士高级法院(Senior Courts of England and Wales)

英格兰及威尔士高级法院经多部《司法机构法案》创立,原本称为"最高司法法院"(Supreme Court of Judicature),1981年改称"英格兰及威尔士最高法院"

---

① The Supreme Court, *A guide to bringing a case to The Supreme Court*, http://supremecourt.uk/docs/a-guide-to-bringing-a-case-to-the-uksc.pdf,2014年6月9日访问。

② Q & A: UK Supreme Court. BBC News Online. BBC News, 2009-9-30, http://news.bbc.co.uk/2/hi/uk_news/8283967.stm,2014年6月9日访问。

③ 同上。

④ 同上。

⑤ Judicial Committee of the Privy Council, *Role of The JCPC*, http://jcpc.uk/about/role-of-the-jcpc.html; *Powers*, http://jcpc.uk/about/powers.html,2014年6月9日访问。

(Supreme Court of England and Wales)。自《宪法改革法》落实后,再改名为"英格兰及威尔士高级法院",由高等法院(High Court)、皇室法院(Crown Court)和上诉法院(The Court of Appeal)组成。

高等法院起初由王座法庭,大法官法庭,遗嘱检验、离婚和海事法庭,普通诉讼法庭和理财法庭组成。1880年,普通诉讼法庭和理财法庭并入王座法庭。1971年,遗嘱检验、离婚和海事法庭改为家事法庭。高等法院由大法官、高等法院院长、家事法院院长、各庭普通法官和助理法官组成。王座法庭既受理民事案件又受理刑事案件,既受理初审案件又受理上诉审案件。大法官法庭审理有关信托、抵押、合伙、转账、公司、财产管理、专利、商标、著作权等知识产权的案件,同时受理来自郡法院的少量上诉案件。家事法庭主要受理有关家庭纠纷的案件。

皇室法院,又称刑事法院,它是根据1971年《法院法》设立的,由高等法院法官,巡回法官和兼职的、根据临时需要指定的城市法院法官组成。主要审理可诉罪和不服治安法院判决的速决罪的上诉案件。不服皇家法院对应予起诉罪的判决,可向上诉法院上诉。不服皇家法院对速决罪的判决,必须向高等法院上诉。

上诉法院由1873年设立的民事上诉法院和1907年设立的形式上诉法院合并而成。根据1966年的《刑事上诉法》,内设民事上诉庭和刑事上诉庭。上诉法院由职位不同的大法官、前任大法官、首席法官、案卷保管法官、家事庭庭长及上诉法院常任法官组成。民事上诉庭受理高等法院、郡法院、限制性贸易惯例法院、劳工上诉法庭和各种各样的法庭,尤其是土地法庭的上诉案件。刑事上诉庭主要受理不服皇家法院判决的刑事上诉案件。

(三) 低级法院

英国的低级法院主要是指它的地方法院,按照受理案件的性质分为郡法院和治安法院。郡法院根据1846年《郡法院法》设立,主要受理数额较低的民事诉讼,其管辖权受到两方面的限制:管辖权由制定法规定;诉讼和审判的法院地必须有一定的相关联因素。治安法院是英国最初级的法院,由依照制定法或普通法行使职权或根据授权行使职权的治安法官组成,也可由领薪裁判官责成,主要受理轻微刑事案件。

此外,英国的家庭法庭附设于治安法院之内,主要处理收养、婚姻、扶养和抚养等民事纠纷。刑事法院是全国性的法院,主要负责对公诉罪案进行审理。全国分为六个巡回区,根据设有刑事法院审判中心的城镇划分为一、二、三级三个层次。第一级审理民事和刑事案件;第二级审理严重和一般的刑事案件;第三级只审理一般刑事案件。除上述法院外,英国还有一些特别设立的专门法院,独立于民事和刑事法院系统以外,主要有军事法院、少年法院、劳资上诉法院、验尸官法庭和行政裁判所等。

(四) 法官人选问题

英国法院之所在是享有崇高威望的权力分支,部分也是因为英国法官的高素质。在英国,从法律职业人士中遴选法官已有悠久的传统。虽然政治观点和职业生涯对于法官的遴选能够产生明显的影响,但是法律经验一向都是必要条件。高等法院法官多从具有20年左右执业经验的出庭律师中挑选。上诉法院法官通常从高等法院法官中任命,最高法院法官通常从上诉法院、苏格兰高等民事法院法官中任命。法官绝大多数是中上阶层的白人男性,受过良好教育。[①]他们具有相似的社会背景,反映了社会主流思想,并被赋予了一种社会优越感和权威。从另一个角度来看,这种现象的长期持续也不免造成司法的僵化和官僚化。最近几年来,英国采取了一系列措施以改革司法体制。其中包括:改变由枢密大臣执掌法官任命职责的制度,建立更加开放的法官任命体制,从具有更加广泛的社会背景和法律实践背景的人士中挑选法官;建立一个独立的司法任命委员会,在更为透明的基础上推荐法官人选。[②]

二、陪审制度

(一) 历史演变

一般认为,英国是现代陪审制度的发源地。不过英国的陪审制是从欧洲大陆的法兰克移植而来的。法兰克的一些封建君主为了巩固王室权力,发展了一种调查程序,即召集若干熟悉情况的地方人士,宣誓证实有关古代王室的权力,以削弱诸侯的势力。随着诺曼人的征服,这种制度被带到英国。1166年,亨利二世颁布了克拉灵顿诏令,将陪审制正式确立下来。它规定,发生刑事案件后,必须由熟悉情况的12名陪审员向法庭控告,并证明犯罪事实。这就是所谓的起诉陪审团,即大陪审团。由于同一批人既控告犯罪,又证实犯罪,容易使被告陷入危险的境地,1352年,爱德华三世下令禁止起诉陪审团参与审判,要求另设一个12人的陪审团进行实体审理,这就是通常说的小陪审团。至此,英国出现了两个陪审团:大陪审团负责起诉,决定是否对嫌疑犯提出控诉;小陪审团负责审理,决定被告是否有罪。大小陪审团在英国共存了几百年,并因此构成英国陪审制的重要特点之一。

(二) 陪审制的运用

在英国的历史上,陪审制曾被作为一种民主的象征而广泛采用,几乎所有的

---

① See J. Griffith, *The Politics of the Judiciary*, 4 th, Fontana Press, 1991, pp. 30—38.

② Department for Constitutional Affairs, *Judicial Appointments Annual Report* 2002—2003; Constitutional Reform: A New Way of Appointing Judges, Consultation Paper, July 2003; A Constitutional Reform Bill was Introduced into the House of Lords in February 2004, http://www.publications.parliament.uk/pa/Id200304/Idbills/091/2004091.htm, 2014年6月4日访问。

初审民事和刑事案件都可要求陪审团参与审理。与此同时,许多其他司法制度与之相配套也发展起来。但随着社会的发展对审判节奏加快的要求,英国法逐渐限制了陪审制的运用。早期,大陪审团的职能包括犯罪侦查、预审和起诉。但进入19世纪以后,由于专门负责犯罪侦查和起诉的机构相继出现,大陪审团只剩下预审职能。20世纪初,治安法官又逐渐替代了大陪审团的预审职能。根据1933年的《司法管理(混合规定)法》的规定,在民事审判中,当事人有权请求陪审团参与的仅限于欺诈、毁谤、诬告、非法拘禁案件。1948年英格兰和威尔士则完全废除了大陪审团制度。

同时,小陪审团在审判中的作用也日益萎缩。司法实践中,小陪审团参与审判的案件越来越少。尽管根据1967年颁布、1971年修改的《刑事审判法》允许陪审团可以以10∶1甚至9∶1通过作为被告有罪判决的决定,但陪审团审理案件仅占全部刑事案件的1%,这些案件主要是欺诈和诽谤案件。而且,根据1990年的一个判例已经确立原则,即在这些案件中,法院也可以决定不设陪审团。在刑事审判中,只有皇家刑事法院在审理可起诉罪时才召集陪审团。陪审团的职责是就案件的事实问题进行裁决。在刑事案件中,陪审团必须就被告是否有罪进行裁决,一般不涉及量刑问题。如果裁决无罪,被告必须当庭释放;如果裁决有罪,则由法官决定刑罚。在民事案件中,陪审团必须决定责任程度和赔偿数额。陪审团的裁决在历史上必须是陪审员全体通过,现在一般案件只要求多数通过,但仍有些案件要求一致通过。如果不能作出一致或多数判决,法官将解散该陪审团,重新组织一个陪审团。对陪审团作出的裁决一般不允许上诉。当然,如果法官认为陪审团的裁决存在重大错误时,可以加以撤销,重新判决。

(三)关于陪审制的争论

英国陪审制曾被认为是保障个人政治自由和民主权利的重要手段,是实现民主司法的最佳途径,是英国法对世界法制的一个大贡献。然而,目前陪审制在英国的地位不断下降,人们对陪审制是否应该继续存在提出了质疑。虽然仍然有很多人认为通过陪审制可以防止法官徇私枉法,更好地、更清楚地反映出社会上普通人的观念。但也有人提出各种批评,认为陪审制本身存在很多固有的缺陷,人们认为陪审团成员一般缺乏法律知识和实践经验,也未必能理解案件的证据和领会法官的指示,因而其作出的裁决值得怀疑。此外,陪审制增加了审判成本,从而加重了纳税人的负担。虽然陪审制在实际运作过程中也暴露了许多弱点,但要彻底废除它则不大可能,如何改进这一制度,是英国法制建设中的一大任务。

三、辩护制度

罗马帝国后期,职业法学家在法庭中为当事人辩护已十分流行。英国继承了这项制度,并加以发展。由于英国普通法的形式主义以及程序的复杂性,职业律师参与诉讼更有必要。在长期的实践活动中,英国逐渐形成了具有特色的辩护制度和律师制度。

(一) 对抗制

对抗制(adversary system)又称辩论制,即民事案件中的原被告律师以及刑事诉讼中的公诉人和辩护律师在法庭上互相对抗,提出各自的证据,询问己方证人,盘问对方证人,并在此基础上互相辩论。法官主持开庭,并对双方的动议和异议作出裁决,对违反命令者则以藐视法庭罪论处。但法官不主动调查,也不参与提问,在法庭中仅仅充当消极仲裁者的角色。与此形成鲜明对照的是,大陆法系在这方面的特征是采用职权制(ex officio system),对于诉讼的进行以及对证人、证据的调查,都以法院为主,法官以积极的审判者姿态出现。[①]

(二) 律师制度

英国传统律师制度的最大特征就是其律师分为两大类:出庭律师(barrister)和诉状律师(solicitor)。[②] 诉状律师主要从事一般的法律事务,如提供法律咨询、制作法令文书、准备诉讼、进行调解等,也可在低级法院出庭,代表当事人进行诉讼。但不能在高级法院出庭辩护,这一权利由出庭律师独享。出庭律师可以在任何法院出庭辩护,他们不直接与当事人发生联系,而由诉状律师聘请。诉状律师向出庭律师介绍案情,为其准备材料,陪同其出庭辩护。两种律师之间界限分明,互不统属。相比之下,出庭律师地位较高,因为他们是法官的主要后备力量。他们执业十年或更长时间以后,可以被提名为巡回法官、高等法院法官或上诉法院法官,或者由大法官提名,由英王授予皇家大律师的头衔。

英国的律师制度本身是无可指责的,它对于弄清案情、维护当事人的合法权益起到了关键作用。当然,也有很多人对英国的律师制度提出了批评。人们认为,由于两类律师各有分工,当事人的诉讼时间和诉讼费用就不可避免地增多了。在一般案件中,当事人必须同时聘请两个律师[③];如果案件涉及皇家利益,则必须再聘请皇家大律师,这样当事人就要负担三位律师的费用。近年来,英国对律师制度进行了重大改革,两类律师之间的差距日益缩小,两者的职业垄断已经被打破。[④]

[①] 关于对两大法系发现法律的方法与诉讼程序的介绍,参见〔德〕K. 茨威格特、H. 克茨:《比较法总论》,潘汉典等译,法律出版社2003年版,第374—400页。

[②] 关于对英国律师制度的介绍,参见〔德〕K. 茨威格特、H. 克茨:《比较法总论》,潘汉典等译,法律出版社2003年版,第315—321页。

[③] 参见〔德〕K. 茨威格特、H. 克茨:《比较法总论》,潘汉典等译,法律出版社2003年版,第321页。

[④] 参见王云霞:《从分立迈向合并:英国律师制度改革的基本走向》,载《中外法学》2003年第2期。

律师会馆

第九节 英国法的历史地位

一、英国法的影响

在当今世界各种法律体系中,影响最大的莫过于普通法系和民法法系。而英国则是普通法系的发祥地,普通法系的许多重要原则和制度都来源于英国的法律传统。英国法无论在发展方式还是结构体例、表现形式、分类方法、概念术语、具体制度乃至思想观念上都与民法法系国家存在巨大差异,正是这些差异使得英国法独具魅力,并对许多国家和地区的法律制度产生了深刻影响[①],从而使普通法系具有与民法法系完全不同的内涵和形式。与此同时,英国法一直是普通法系的核心,普通法系在其形成和发展过程中,始终是以英国为中心向外传播的:普通法是传播的基础和核心,英语是传播的纽带和桥梁。总之,英国法虽然只有一千多年的历史,却对世界法制文明产生了深远的影响,而这种影响的最集中表现就是普通法系。

二、普通法系

(一)普通法系的形成

普通法系是指以英国普通法为基础建立起来的世界性法律体系。它是伴随着英国的对外殖民扩张而逐渐形成的。[②] 属普通法系的国家大都是原英国的殖

---

① 高鸿钧教授对此作了比较详细的阐述,参见高鸿钧:《英国法的域外移植——兼论普通法法系形成的特点及原因》,载《比较法研究》1990年第3期。

② 关于普通法在世界各地的传播,参见〔德〕K.茨威格特、H.克茨:《比较法总论》,潘汉典等译,法律出版社2003年版,第325—347页。

民地。

关于英美法系的历史形成,通常以1066年诺曼人征服英国作为英国法的开端。通过亨利二世司法改革,首先形成了王国统一适用的来自习惯的普通法,奠定了英国法的基础。随着英国商品经济的发展,为了弥补普通法的不足和缺陷,衡平法应运而生。它与普通法一起构成的判例法成为英国法的基础和核心,同时以国王以及议会的制定法为补充,英国法律体系就此定型。大约从17世纪起,英国开始殖民扩张政策,相继在世界各地建立了许多殖民地。随着英国殖民主义扩张和殖民地的扩大,英国法也被带到这些地区,作为英国殖民统治的手段,强行推行和适用。虽然英国在一定程度上允许殖民地适时制定一些法律,并相应建立了殖民地司法机构以行使审判权,但是,殖民地立法不得与英国法律相抵触,并且英国保有殖民地案件的最终审判权。经过几个世纪的殖民统治,英国法已成为殖民地占统治地位的法律规范。到19世纪英国成为"日不落帝国"时,普通法系也最终形成了。第一次和第二次世界大战以后,许多殖民地获得独立,但大都加入了英联邦,仍然在不同程度上保持着英国法的传统和影响,继续采用英国法的某些原则和制度,作为这些国家法律制度的基础。普通法系非但没有解体,反而通过英联邦这条纽带得到进一步加强,英国法的许多新发展都可能对英联邦成员国产生重大影响,成员国彼此之间在法律上的变化也可能相互影响。

在普通法系的形成过程中,由于殖民地的社会文化背景不同,接受英国法的途径和后果也不尽一致。主要有三种类型:(1)殖民地社会尚未开化,在英国殖民者到来之前还没有国家和法律,这些地区对英国法的接受相对来说比较顺利,也比较全面,只在某种程度上根据自身发展的需要作了适当修改。例如,美国、澳大利亚、新西兰等前英国殖民地就属于这种情况。(2)殖民地原有社会发展水平相对落后,但已经存在粗浅的法律制度,英国殖民者对这些地区一般采取间接管理的方法,既强行推行英国法,又在一定程度上允许原有习惯法和宗教法的适用。亚洲和非洲的许多前英国殖民地就属于这种情况。(3)殖民地原有社会发展水平较高,已经存在较为发达的法律制度,对于这些殖民地,英国殖民者没有从一开始就强行推行英国法,而是表示尊重原有法律传统,通过逐渐引入英国法律原则和制度、对原有法律传统进行改良等方式,建立一种既与英国法相兼容、又保留了传统法律的新秩序。典型者如印度。

(二)普通法系的主要特点

相对于民法法系而言,普通法系具有如下基本特点[①]:

1. 以判例法为主要法律渊源。普通法系国家的法律渊源一般都分为普通

---

① 参见〔德〕K. 茨威格特、H. 克茨:《比较法总论》,潘汉典等译,法律出版社2003年版,第290—298页。

法、衡平法和制定法,普通法和衡平法都是判例法,是通过法官的判决逐渐形成的,以遵循先例为基本原则。普通法系国家也有制定法,但普通法系的制定法大都是对判例法的补充或整理,往往缺乏系统性。即使是名为法典的制定法,也不像民法法系的法典那样高度概括、严密而富逻辑性,往往比较具体、细致,而且其内容往往比较狭窄,不能涵盖整个法律部门。当然,随着普通法系国家的制定法越来越多,两大法系在这一点上的区别正在逐步淡化。

2. 以日耳曼法为历史渊源。普通法系的核心是英国法,是在较为纯粹的日耳曼法盎格鲁·撒克逊习惯法的基础上发展起来的,日耳曼法的一些原则和制度对普通法的影响极大。这与民法法系以罗马法为历史渊源形成了对照。虽然英国法也曾受到罗马法的影响,但只在契约、动产、商法、遗嘱等具体制度上借鉴了罗马法,并不像民法法系那样从各方面全面继受罗马法。

3. 法官对法律的发展举足轻重。由于普通法系以判例法为主要法律渊源,而判例法正是法官在长期的审判实践中逐渐创造的。一项判决作出后,不仅对当时的案件具有拘束力,对以后相应的案件也同样具有法律效力。也就是说,法官的判决具有立法的意义,被称为"法官造法"(judge-made law)。此外,由于普通法系的制定法往往只是对判例法的重申和整理,对制定法的理解和适用自然就离不开法官的解释,以至于一项制定法的颁布本身已失去其实际意义,只有在法官依据它作出相应判决以后,人们才能理解并运用它。因此,普通法系认为法律适用的前提是法律解释。当然,这一点也在改变,法官的作用也没以前那么大了。

4. 以归纳法为法律推理方法。由于以判例法为主要法律渊源,法官和律师在适用法律时,必须通过对存在于大量判例中的法律原则进行抽象、概括、归纳、比较,然后才能将最适合的法律原则运用到具体案件中去。这一点深刻影响了普通法系的法学教育方式,法学教育主要采取案例教学法。

5. 在法律体系中不严格划分公法和私法。普通法系受罗马法的影响较小,并不按照法律规范所保护的是公共利益还是私人利益,将各法律部门划分为公法和私法。正因如此,英国的行政法长期得不到应有的重视,也不存在单独的行政法院,而且,普通法系很多国家都没有统一的民法部门,而是按照历史传统,将相关的法律划分为财产法、契约法、侵权行为法等法律部门。

第十节 其他重要法律制度

一、家庭法

(一) 婚姻关系

在相当长的时期内,英国实行的是中世纪的封建婚姻家庭法,而教会法是其中的重要渊源,当然世俗法和习惯法也发挥着重要作用。由于宗教教义的影响和法律制度的各种限制,结婚和离婚没有自由,婚姻状况比较混乱。在中世纪的教会法理念中,婚姻是一种体现上帝意志的神圣约定,因此必须严守一夫一妻制,结婚必须出于男女双方自愿(当然经常是由男女双方的父母家长做主),而且存在法定的婚姻障碍。主要的婚姻障碍包括:不准与异教徒和背叛基督教的人结婚、一定范围的亲属间禁止结婚等。至于婚姻的形式,以宗教形式为主,但也存在契约婚和秘密婚两种结婚形式。结婚之后,离婚是非常困难的,因为夫妻离异被认为是对上帝旨意的背叛,因此必须永不离婚。由于缺乏合法的离婚途径,感情不和的夫妻只能通过私下分居的方式来解除业已破裂的婚姻。因此,我们可以说,英国中世纪婚姻家庭法奠定了英国近现代婚姻家庭法的基础,也是英国婚姻家庭法近现代化的障碍。[1] 自中世纪以来一个很长的时期内,普通法和衡平法在调整婚姻家庭关系方面起着重要作用,后来才更多地采取了成文法形式,颁布了若干处理婚姻家庭事项的单行法。

1753年,政府颁布《婚姻法》,废除了契约婚和秘密婚,规定结婚必须连续三个周日发布公告或有官方许可证,否则无效,并且要求举行公开的教堂婚礼。

1836年,政府制定了一部新的《婚姻法》,对1753年的《婚姻法》作了修改,除承认宗教婚仍为结婚重要的形式外,肯定了不举行宗教仪式的世俗婚的合法性,即可以选择在政府部门进行登记,由登记官经过法定程序发给结婚证书建立婚姻关系。从那以后一直到现在,宗教婚和世俗婚这两种结婚形式一直保存下来。

1857年,政府颁布了第一部《婚姻诉讼法》,并以此为依据设立专门的离婚法院,专门受理离婚案件,也就是说,将婚姻案件的管辖权由教会法院移交到世俗法院。此后,人们无须经过立法程序而向议会提出离婚,可以直接通过司法诉讼程序申请离婚。至于在离婚的条件上,男女之间是双重标准,若男方提出离婚,只需妻子有通奸行为这一条即可,若女方提出离婚,必须是丈夫通奸再加其他过错行为方可批准,如通奸加虐待、通奸加两年以上的遗弃等。

---

[1] 李喜蕊:《英国中世纪婚姻家庭法评析》,载《辽宁大学学报(哲学社会科学版)》第34卷第5期。

1895年、1902年的几项立法进一步放宽了妻子的离婚条件。进入20世纪以后,随着社会的世俗化进程的加快,个人主义思潮的推动,离婚的限制越来越少。1923年的《婚姻诉讼法》取消了在离婚理由上的双重标准,作出了有利于妻子的规定,允许妻子仅仅以丈夫通奸为由而要求离婚。1937年的《婚姻诉讼法》进一步扩大了离婚理由,强调"过错主义",即夫妻一方有重大过错对方就可以要求离婚。

1969年的《婚姻诉讼法》规定了"破裂主义",强调夫妻感情的破裂。1973年的《婚姻诉讼法》和1984年的《婚姻诉讼法》进一步确立了婚姻自由的原则,只要婚姻破裂就可离婚。1996年,政府通过了《家庭法》,婚姻家庭问题有了更进一步的发展,更加民主化,注重维护婚姻自由和保护弱者。

(二)夫妻关系

妇女在家庭中的地位也是逐步提高的。在中世纪,按照教会法的"夫妻一体"原则,妻子处于从属于丈夫的地位,非经夫的同意,妻不得为任何法律行为。夫妻财产也是"一体制",妻子的所有婚前婚后财产都由丈夫支配,丈夫也有义务偿还妻子婚前债务,并对妻子的侵权行为负责。

为了改善已婚妇女的经济地位,衡平法通过对信托财产的调整和保护,确认已婚妇女可以成为信托财产的受益人。1882的《已婚妇女财产法》最终赋予已婚妇女独立的财产权。该法规定,已婚妇女有权将婚前或婚后取得的财产作为独立的财产,单独对该项财产进行管理和处分,从而形成了普通法系国家的"分别财产制"。1935年及其后颁布的一系列有关已婚妇女财产的法律进一步规定,废除"夫妻一体主义"的封建残余,已婚妇女成为独立的、完全的权利主体,不仅有权占有、管理和处分财产,还具有订立契约、偿还债务等行为的能力。

针对夫妻之间的家庭暴力问题,最近二十多年来,英国出台了一系列涉及家庭暴力的法律,如1976年《家庭暴力和婚姻诉讼法》、1977年《住房(无家可归)者法》、1978年《家庭暴力与治安法院法》、1983年《婚姻家庭法》、1989年《未成年人法》、1991年《未成年人抚养法》、1994年《刑事和公共秩序法》、1994年《住房法》、1996年《家庭法》、1997年《保护免受骚扰法》、1998年《人权法》等。

(三)父母子女关系

在父母子女关系方面,子女的地位有一个不断提高的历史过程。在中世纪,家长对子女享有绝对的特权,可以决定子女的婚姻、惩戒甚至禁闭子女。光荣革命后,子女地位有所提高,但仍保留着父权制的痕迹。例如1753年的《婚姻法》规定21岁以下的未成年人必须取得父母或者监护人的同意才能结婚,否则婚姻无效。第二次世界大战后,未成年人的权益受到越来越多的关注。1969年的《家庭改革法》将成年年龄降低至18岁。1974年的《未成年人救济法》规定,未成年人有权订立生活必须之契约,而他所签订的关于举债以及供应商品的契约一律无效,但对与之订立契约的成年人一方则有效。关于子女的监护,起初监护权一直都是归父亲。之后,考虑到幼年子女与母亲生活比较适合,所以1839年英国《儿童监护修正法》给予衡平法院自由裁量权,可判令将7岁以下儿童归其母亲监护。1873年该法修正后又授权法院可将16岁以下子女判由母亲担任监护。目前,根据1996年的《家庭法》,如果涉及子女监护,必须根据"儿童最大利益原则"来决定到底是将监护权赋予哪一方。

另外,在父母子女关系上,英国一直区分婚生子女与非婚生子女,他们的地位不同。非婚生子女,自古以来无论在法律上还是在事实上都受到歧视和虐待。英国普通法称非婚生子女为"无亲之子",非婚生子女不属于任何人的子女,与生父和生母均不发生法律上的权利义务关系。起初,非婚生子女在家庭中的地位完全不受法律保护,无权向生父提出任何要求。例如1235年的《麦顿条例》就明确禁止认领非婚生子女。由于非婚生子女的地位问题而引起很多社会问题,随着社会的进步与权利平等和自由等思想深入人心,父母与非婚生子女的关系逐步得到法律的确认。政府于1926年颁布了专门的《准正法》,规定非婚生子女因其父母结婚而取得合法地位。1935年的《未成年人监护法》和1959年的《准正法》进一步扩大了对非婚生子女的权利与义务。1976年,英国修改了《准正法》,承认奸生子的结婚准正制度,从而扩大了婚生子女的范围。在抚养方面,依1957年《确认生父程序法》及1975年《子女法》的规定,非婚生子女的生母或监护人有权提起确认生父的诉讼,被判定为推定之父者,应给予子女出生的附属费用,抚养及教育子女的每周费用,直到子女满13岁为止,或继续到16岁为止,必要时得延长到满21岁为止,如果子女于裁判前死亡,则推定之父应给付丧葬费。在继承方面,1969年《家庭改革法》大幅改善非婚生子女继承上的权利,规定在无遗嘱继承时,非婚生子女与生父母间互有继承权,准许死者之非婚生子女请求自遗产中分出维持其生活的合理费用,非婚生子女取得了与婚生子女平等或接近平等的权利。

二、继承法

与中世纪的婚姻家庭状况相对应,中世纪英国的家庭遗产分割也是强调男女继承权不平等、继承规则和方式不统一的。中世纪的继承制度除了财产继承之外,也牵涉身份和爵位的继承。

在财产继承方面,中世纪的继承事务比较复杂,动产和不动产适用不同的继承方式。不动产继承主要由世俗法管辖,盛行长子继承制,单纯强调财产的完整性而不考虑其他家庭成员的利益,子女之间、夫妻之间的继承权存在明显的不平等。在盎格鲁—撒克逊时期,英国习惯法允许土地在儿子中分割继承,但是在1066年诺曼征服后,由于封土制的流行以及封土世系制的确立,长子继承制也应运而生。13世纪之后,普通法进一步确认了长子继承制。英国的长子继承制不仅适用于大土地所有者,而且也适用于小土地所有者。在没有儿子的情况下,普通法也承认女性继承人的继承权,并且还给与寡妇一定的权利,这引起了很多人的不满,从而又出现了限嗣继承制,普遍的做法就是限定男性继承。除了法定继承外,在中世纪后期英国也出现了地产的遗嘱继承。1540年,亨利八世颁布法律承认了土地的遗嘱继承。查理二世时,又颁布法令,允许贵族阶级之外的土地所有人用遗嘱来处理土地。

至于动产继承,由于教会的巨大影响,所以主要由教会法调整,动产被平均分成三份,妻子、子女和教会各继承1/3。

光荣革命以后,遗嘱继承有了显著发展。1837年,英国颁行了《遗嘱法》,对遗嘱继承的有效性、无效性以及遗嘱继承的程序作了比较详细的规定,将处理不动产和动产的遗嘱形式统一起来。其中,规定遗嘱必须采用书面形式,必须有遗嘱人签字或者在其监督下由他人代签,遗嘱人签字时有两名证人在场并在遗嘱上签字证实,立遗嘱人必须年满14周岁。另外还规定遗嘱可以撤销。之后,政府又于1852年颁布了《遗嘱法修正案》,对遗嘱的签名问题作了进一步的规定和解释,避免了1837年《遗嘱法》的问题。1861年的《遗嘱法》对于动产遗嘱作了比较详细的规定。1963年,政府通过了新的《遗嘱法》,将适用的立遗嘱者的范围扩大,不仅仅适用于英国人,而且对遗嘱的变更等问题作了更加详细的规定。此后,关于遗嘱继承方面的规定没有作大的变动,延续至今。这一系列的遗嘱法奠定了遗嘱继承在英国的支配地位。

在英国,从一开始被继承人就享有几乎是绝对的遗嘱自由,立遗嘱人的遗嘱不需要经过任何人的同意,只要依一定的形式作出即发生法律效力。也就是说,立遗嘱人有权自由处分自己的财产,可以剥夺任何法定继承人的继承权,例如使自己的子女身无分文。这种制度在实践中带来一定的社会问题,因此英国开始对遗嘱自由进行一定的限制。1938年,政府颁布《继承法(家庭条款)》,规定法院可以对遗嘱进行变更,判决从遗产的收益甚至本金中支付一定数量的抚养费给配偶、未婚女儿或者不能供养自己的女儿以及未满21岁的儿子。此后,1966年的《继承法》和1969年的《家庭改革法》进一步作了修正,规定死者所有的子女,不论是否婚生都可以要求获得抚养费。1975年《继承(对家庭成员和依赖者供养)法》则进一步将有权从死者遗产中获得抚养费的范围扩大至成年子女、死者未再婚的前配偶以及死者生前部分或者全部直接抚养的人。

如果死者生前没有立遗嘱或者遗嘱无效,就实行无遗嘱继承。在无遗嘱继承问题上,英国长期实行长子继承制和男子优于女子的继承原则。1925年颁布的《遗产管理法》《财产法》和《信托法》等彻底废除了上述封建继承制度,并且将不动产继承和动产继承规则统一起来。如果发生无遗嘱或者遗嘱无效的情况,死者的遗产将由其遗产管理人以信托方式出售。在遗产已变卖为现款并已清偿债务后,遗产管理人即根据法律的规定,在死者的某些近亲属中分配遗产。有权分得遗产的近亲属包括:(1)生存配偶;(2)生存子女;(3)生存父母;(4)其他生存的近亲属,如兄弟姐妹、祖父母和外祖父母、叔伯姑舅姨等。[①] 如果无遗嘱又无其他继承人,则遗产将成为无主物而收归国有。与遗嘱继承一样,也允许某些受死者生前抚养的人向法院提出在遗产中请求抚养费。之后,英国又颁布了一系列修正性和补充性的法律,使得继承法不断完善。现在,英国继承法的现代化已经完成。

三、社会立法

(一)济贫法

英国是近代史上的第一个工业化国家。工业革命带来的阶级对立、贫富分化也一直困扰着英国。古老的济贫法经过长期的历史演变,历经起源、自由资本主义和垄断资本主义三个阶段逐步发展成为解决贫困问题的重要法律制度。1905年,英国政府组成了一个由各种社会改良分子参加的调查委员会对全国济贫事务进行大规模调查,之后公布了一系列法令,对现代社会法的发展产生了较大影响。

1. 1908年的《养老金条例》。其内容为:财政拨款120万英镑作为非捐助性养老金的费用,所有年收入不超过31英镑的70岁以上的老人均可申请领取养老金。具体办法为,年收入21英镑以下者每周给5先令,依次递减,直到1先令为止。

2. 1914年的《国民保险法》。内容分为两部分:第一,健康保险。16—70岁的体力劳动者和年收入160英镑以下的非体力劳动者,共2000万人在患病、残废时获免费治疗。第二,失业保险。失业者可领取15周失业津贴,每周7先令。

3. 1909年的《职业介绍法》。该法主要是为了解决严重的失业问题。

与此同时,济贫管理方式也进行了改革,1914年起由卫生部主管济贫事务。从1925年起,济贫税成为每个地区都必须征收的固定税。1948年,济贫法被《国家救助法》所取代,至此济贫法正式完成了其历史使命。

(二)劳动法

劳动法是调整劳资关系的法律部门。英国历史上对劳动法有不同的称谓,早期学者称之为"主仆法",后又有学者使用"工业法"和"雇佣法"之称。但随着

---

① 上海社会科学院法学研究所编:《各国宪政制度和民商法要览·欧洲分册》(下),法律出版社1986年版,第416页。

时代的发展,劳动法开始勃兴,开始普遍使用"劳动法"一词。[①] 工业革命大大提高了劳动生产率,很多工作雇佣童工和女工即可完成。但在工业化初期,童工和女工的工作条件和生活状况是极端恶劣的。1802年,英国议会颁布了《学徒健康与道德法》,它被劳动法学界公认为"劳动立法的真正起点"。19世纪到20世纪,英国又陆续颁布了一系列法律,主要包括工会立法、职业培训、教育立法、劳动安全立法和劳动争议立法等。20世纪后,英国劳动法有了进一步的发展,内容得到丰富和完善。劳动法的主要基本制度有以下几项。

1. 最低工资制度

1909年,议会通过了《行业委员会法》,规定了劳资双方通过谈判,确定最低工资水平,以保障工人最基本的生活需要,并由劳工部派专门官员负责监督该制度的实施情况,对拒不执行规定的资本家进行处罚。之后英国又于1948年通过《农业工资法》、1958年通过《工资委员会法》和1975年通过《雇员保护法》,进一步完善了最低工资制度。

2. 劳动安全卫生制度

在1937年的《工厂法》中,专章规定了各种劳动安全和卫生标准,建立了工伤死亡和职工生病的报告制度。之后,又通过一系列法律完善了该制度,如1954年的《矿山安全法》、1956年的《农业法》、1961年的《工厂法》等。

3. 社会保障制度

在垄断资本主义时期,英国劳动立法方面最辉煌的成就是社会保障立法。此前,英国就颁布了一些这方面的法律。第二次世界大战的1946年至1948年间,英国又制定了《家庭补助法》《国民卫生保健服务法》《工伤保险法》《国民救助法》《社会保险法》。国家对低收入者提供住房补贴和廉价房屋,以及免费医疗、失业津贴、生活补贴等社会保障,并免费为广大劳动者的子女提供义务教育。1948年,英国政府向全球郑重宣布其已建立起"从摇篮到坟墓"的社会保障制度。

思考题

1. 试分析英国司法审查原则、标准的变迁。
2. 试论英国普通法的形成与主要特点。

[①] 关于劳动法这一概念在英国的演变,参见何勤华主编:《英国法律发达史》,法律出版社1999年版,第347页。

第十一章 美国法

内容提要

美国法的起源是在北美殖民地时期,在经历了殖民地时期短暂的法的多元化局面以后,美国法在继承英国普通法基础之上开始了自己独立创建和发展的历史。美国法在其创建和发展过程中,充分表现出积极的批判精神以及它不同于英国法的特质。

美国创造了享誉世界的宪法制度。美国宪法中所体现的分权制衡原则及其违宪审查制度的创立都是人类宪政实践经验的总结,是人类政治文明的宝贵财富。美国还创造了富有特色的各部门法律制度,这些制度中所体现的基本原则和思想,展示了人类的伟大智慧,对世界法律的发展产生了重要影响。

关键词

美国法的创建 1787年美国宪法 违宪审查制 不动产法 统一商法典 侵权责任 公司制度 反托拉斯法 司法双轨制 美国法的特点

第一节 美国法的形成与发展

美国的前身,是英国在北美建立的13个殖民地。美洲大陆最早的居民是印第安人,1492年,意大利航海家哥伦布航行到达美洲大陆。从16世纪初开始,西班牙、荷兰、瑞典、法国、英国等殖民者纷纷入侵,对北美进行激烈争夺。到1722年,英国战胜其他殖民者,在北美建立了13个殖民地。[①]

由于美国和英国的特殊的历史渊源关系,美国法一开始就被打上了英国法的烙印,美国法是在继承和改造英国法的基础上逐步建立和完善的,其发展大致可划分为三个时期。

一、美国法的起源(殖民地时期)

美国法的发端,在北美的殖民统治时期。由于欧洲各殖民国家的激烈争夺,

---

① René David and John E. C. Brierley, *Major Legal Systems in the World Today*, Stevens & Sons, 1978, p.369.

北美殖民地出现过一个短暂的法的多元化局面。伴随着英国对北美的殖民统治的确立,英国普通法被带到北美并在北美殖民地推行。但是,18世纪以前,英国法并没能在北美取得支配地位。

从18世纪初到北美独立战争,北美出现了接受普通法的趋势,1722年,英国在北美建立了13个殖民地,在北美取得了绝对优势。1756—1763年,英法两国为争夺北美和印度,进行了著名的七年战争,结果,法国失败,两国订立了巴黎和约,英国在北美取得了加拿大和密西西比河东岸的土地,从而进一步确立了它在北美殖民地的统治地位。

至此,普通法在北美殖民地的支配地位也最终确立。这一时期,英国普通法在北美殖民地得以取得支配地位,其原因主要有如下几点:

第一,殖民地经济发展的需要。殖民地经济的发展,要求有与之相适应的法律进行调整,而当时的英国法已经适应资本主义经济的发展,逐步摈弃了法的封建性因素,走向近代化,为调整殖民地经济关系提供了现成的规范。

第二,英国政府加强了对北美殖民地立法的干预。英国政府要求殖民地立法必须服从英国法原则,凡被认为违反英国法的立法均被宣布无效。

第三,普通法文献和知识的广泛传播。从18世纪初期开始,随着经济贸易关系的发达和政治观念的改变,殖民地人民用新的眼光来看待大量输入的英国法律,很多人接受关于英国法律的专门训练,成为通晓英国法的法官和律师。1771年,英国法学家布莱克斯通的《英国法释义》在美国费城出版并引起"惊人的反映"。[①] 这些都为人们了解、研究英国法提供了极大方便,使英国法理论和原则得到广泛传播。

北美殖民地时期英国普通法的施行奠定了美国法的基础,决定了美国法的基本风格。以此为开端,美国法在继承、改造英国法的同时,赋予其法律以不同于英国法的特质,逐步形成自己的法律体系。

二、美国法的形成(1776年—19世纪中叶)

1776年至19世纪中叶,是美国法的形成时期。1776年7月4日,在费城召开的北美第二次大陆会议通过了《独立宣言》,宣布北美独立,建立美利坚合众国。这为美国法的形成和独立发展创造了条件,此后,美国法进入它的形成时期。

(一)美国法形成过程中的独立化倾向

早在殖民地时期,北美人民试图摆脱英国法的影响,走法的独立发展道路的观念就已经萌芽,一些殖民地纷纷制定自己的成文法律,如1639年康涅狄格的

---

① Lawrence M. Friedman, *A History of American Law*, New York, 1985, p.102.

《基本法规》、1641年马萨诸塞的《自由典则》、1668年卡罗来纳的《根本法》、1682年宾夕法尼亚的《施政大纲》等都清楚地表达了这种独立自主观念,以及一开始就存在的英美两国对成文法态度的差异。随着美国的独立,创建美国自己的法律制度和法律体系成为亟待解决的问题,法律创制的独立化倾向也日益明显。独立后,美国除制定全联邦性的《邦联条例》(1777年)、《联邦组织法》(1781年)和《美利坚合众国宪法》(1787年)等法律外,很多州禁止援用英国判例,并相继制定成文法,如1808年新奥尔良地区按照法国法的模式,通过了自己的民法典,1836年马萨诸塞州立法委员会也要求起草一部法典。美国试图摆脱对英国法那种往往不加鉴别或修改而给予认同的状况。加上边沁倡导的法律改革和法典编纂思想的影响以及美国社会生活和文化观念的特殊性,美国法在它的形成过程中,呈现出与英国法相对独立的发展趋势。

(二) 以普通法为基础的新法律的创制

18、19世纪的英国普通法已经随着工业革命的开展,完成了由封建性法向资本主义法的转变,古老的法律原则和法律概念,被赋予全新的资本主义内涵,这就决定了它与美国的政治经济性质的一致性,为美国对英国法的继承提供了一个基本前提。并且,对于刚刚独立的美国来说,英国普通法在法学理论上和司法实践上都表现出强大的优势,庞大的普通法法学家和法官队伍以及他们的努力工作已使普通法深入人心。此外,随着1783年英美《巴黎和约》的签订,民族矛盾得到解决,加之在美英国移民的增多,语言文化的相通,所有这些都影响了美国法风格的最后确立。

19世纪上半叶,是美国的法学研究成果多产的时期,美国法学家和法律工作者纷纷发表文章和著作,对美国法进行阐释,这些法学家中最有影响的人物是詹姆斯·肯特(James Kent,1763—1847年)和约瑟夫·斯托里(Joseph Story,1779—1845)。[①] 1826—1830年间,法学家詹姆斯·肯特的伟大著作——四卷本的《美国法律评论》出版。肯特主张尽可能地依赖古老的英国法律,当普通法判例不适当或者没有这方面判例时,应采用大陆法原则。1831年至1845年间,美国最高法院大法官约瑟夫·斯托里的多卷本系列美国法评论著作问世。[②] 这些著作包括:《保释》《论宪法》《冲突法》《衡平法法理学》《衡平法的申诉与答辩》《代理》《合伙》《汇票》和《期票》。在这些著作中,斯托里不仅系统评论了美国法,而且科学地阐释了美国法与英国法的关系。他们的著作不仅使人们知道了美国法是什么样的,而且他们的遵循英国法传统、创制美国化法律的基本思想和主张最终在理论上对美国建国初期的法律争论和实践作了小结,肯特和斯托里为美国

---

① See Lawrence M. Friedman, *A History of American Law*, New York, 1985, pp. 328—331.
② Ibid., p. 330.

最终继受英国法起了积极作用。

对美国法的形成起了重要作用的还有19世纪中叶戴维·达德利·菲尔德（David Dudley Field,1805—1894）倡导的法典编撰运动。菲尔德是美国律师，曾受纽约州立法机关的任命，任诉状和诉讼程序委员会的成员、法律汇编委员会主席，他致力于法典编撰著述和实践，领导制定了纽约州的《民事诉讼法典》（1848年）等几部法典，他声称："我们所要的是普通法的法典化。""我们将要拥有一部我们自己的法律文献——一部美国法典。"① 菲尔德的努力推动了其他州的法典编撰工作。这一运动虽然没有改变美国继承英国法的基本格局，但对美国法的独立发展起了重要作用。到19世纪中叶，以英国法为基础的美国法模式最终确立。

三、美国法的发展（19世纪中叶以后）

19世纪中叶以后，随着产业革命的完成，新科学技术被广泛应用，交通和通信得到了极大改善，美国在经济上已成为工业化强国，加之海外扩张的结果，使美国城市迅速发展，人口大大增加，这一切都给美国法的发展提出了新的要求，促进了美国法的发展。从19世纪中叶开始，美国对既有法律进行了卓有成效的改造。作为这种改造的结果，美国法在承袭普通法传统的同时，以自己的独创性风格迅速发展。就法律的发展进程来看，在19世纪中叶以后，美国法经历了南北战争以后的平稳发展时期以及罗斯福新政和第二次世界大战后两个大的发展时期。19世纪中叶以来美国法的发展主要表现为如下几个方面。

（一）法的统一化和系统化

美国法律体系既是一个以判例法为主体的法律体系，又是一个包含了纷繁复杂的各州法律的法律体系。为实现普通法法典化和各州法律的统一化，于1878年成立的美国律师协会（American Bar Association,ABA）将推动通行于整个联邦的统一立法作为它的主要工作目标。

1892年成立了美国统一州法律全国委员会②，其成员由各个州委派的代表组成。该委员会对判例法和各州立法进行了系统整理，先后制定出一百多部称为"标准法"的法典。根据美国宪法原则，这些法典对各州不具有当然的强制性效力，只是为各州的相关立法和司法提供参考和准则。这类法律比较重要的有1896年的《统一流通票据法》、1906年的《统一买卖法》和《统一仓库收据法》、1909年的《统一提单法》和《统一股票转让法》、1914年的《统一合伙法》、1933年的《统一信托收据法》以及1952年的《统一商法典》等。这些成文法有的为大多

---

① 〔美〕伯纳德·施瓦茨：《美国法律史》，王军等译，中国政法大学出版社1989年版，第79页。
② 即 National Conference of Commissioners on Uniform State Laws, NCCUSL。

数州所采纳,有的得到各州的一致采纳,如 1952 年的《统一商法典》就实施于美国的 49 个州和哥伦比亚特区。

1923 年,美国法学会(American Law Institution,ALI)成立,该学会由律师、法官和法学家创设,学会以非官方的法律重述(Restatement of the Law)的形式对判例法进行法典化的编纂,使普通法规则得到系统阐释和表述,这种编纂虽然不具有法定效力,但它对于美国法律的统一具有重要意义。

此外,在美国联邦国会众议院的监督指导下,美国对美国国会历年颁布的单行法规进行整理,按 50 个专题分类汇编,于 1926 年以《美国法律汇编》(又称《美国法典》,U. S. Code)的形式颁布。《美国法典》从 1928 年起每隔 5 年修订、增补一次。

(二)法律内容的近代化

在 19 世纪中叶以后美国法的发展中,美国法在实现统一化和系统化的同时,实现了由封建的普通法向资产阶级法的彻底转变。这种转变主要表现为根据美国国情和宪法精神,对普通法和旧法令进行修正和改造,使古老的法律原则近代化,跟上社会政治、经济和法律观念的发展进程。

南北战争以后,伴随着资产阶级在政治、经济和思想上的胜利,1865 年,美国《宪法第十三修正案》宣布废除奴隶制度,它标志着资本主义在美国取得全面胜利并得到根本法的确认。1868 年颁布的《宪法第十四修正案》,通过对各州权力的限制,为公民的生命、自由和财产权提供了充分的法律保障。以后又通过了一系列宪法修正案和法律,禁止对公民选举权在性别、种族、财产等方面的资格限制,并通过新判例和新法律废除了种族歧视性法律。尤其是美国根据国情和资本主义精神对普通法原则进行了批判和改造,如为鼓励资本主义的土地开发和利用,取消了对不动产转让的特殊限制,确立了土地的自由转让制度和土地的"逆占有"(adverse possession)[①]所有权转移制度。对繁琐的诉讼程序进行改革,使各州的诉讼制度趋于统一化。也是在这一时期,美国建立了富有特色的判例法理论,形成了自己的"先例原则"。这一原则的具体规则是:州下级法院在州法律问题上受州上级法院判决的约束。在联邦法律问题上,受联邦法院、特别是联邦最高法院判决的约束。联邦法院在联邦法律问题上,受联邦上级法院判决的约束。在州法律问题上,受相应州不违背联邦法律的州法院判决的约束。但美国联邦最高法院和州最高法院在实行先例原则的时候,一开始就享有在必要时改变先例和创造新判例的权力,不受先例的绝对约束。对先例是否遵循,主要

---

① "逆占有"也称"相反占有权",内容为如果有人以主人身份使用他人土地,而土地所有人在规定的时间内未采取阻止措施,那么,土地所有人就将丧失土地所有权,非法占有人取得该土地所有权。该制度的形成和发展与美国西部开发、国家鼓励人们有效利用土地资源的政策相关。See Lawrence M. Friedman, *A History of American Law*, New York, 1985, p. 413.

是以是否有利于美国资本主义发展为标准。通过一系列的立法和司法改革,美国法被赋予新的精神和观念,始终保持对美国经济与社会发展的保护和促进作用。

(三) 美国法在现代时期的发展

以19世纪末20世纪初为转折点,美国进入垄断资本主义时期。随着经济上从自由竞争走向垄断,美国在政治上表现出一种联邦主义倾向,联邦权力相对于州权不断加强。与此同时,联邦中央权力结构中,以总统为代表的行政权力日益扩大,法律的"社会控制"功能加强,这一切都使20世纪的美国法较之19世纪末期以前有了较大变化,带有现代社会的新特点。这些变化主要有以下几个方面:

1. 行政命令增多,委托立法出现

19世纪末以来,行政命令的作用和地位日益提高,成为一种重要的法律形式。如罗斯福新政立法涉及工农业、金融业以及劳工和社会保障领域。此外,国会往往以授权委托的形式将某一特定事项的立法权交给总统或某一行政机构行使。政府往往以这种行政命令和委托立法的形式干预和调整社会生活。

2. 新的法律部门的建立和成文法地位的上升

除了传统的法律部门外,伴随着现代经济的发展,新的法律部门纷纷建立。1890年美国制定了世界上第一部现代意义的反垄断法——《谢尔曼法》,随着以后《克莱顿法》《联邦贸易委员会法》等反垄断法的建立,美国形成了完善的反垄断法体系。1932年联邦国会制定第一部现代劳资关系法——《诺里斯—拉瓜迪亚法》,以后又制定了以1935年《国家劳工关系法》为代表的一系列劳工立法,从而形成劳工立法体系。1935年,美国制定了它的第一部社会立法——《社会保险法》,从此社会福利立法成为美国重要的法律部门。与这种变化同时存在的是成文法地位的上升,判例法地位的下降。

3. 民主性和科学性的加强

20世纪中期,世界范围内民主力量不断增长,工人罢工斗争不断。为限制工人的政治和经济斗争,保护垄断资产阶级利益,美国在这一时期制定了《塔夫脱—哈特莱法》(1947年)、《颠覆活动管制法》(1948年)、《国内安全法》(1950年)等一系列反民主法律。但20世纪50年代以后,美国法的民主倾向和科学性逐步加强。在公法领域制定一系列人权法案和宪法修正案,强调对人权的确认和保护以及对公民的平等保护。在法律上解决了种族平等、男女平权问题。在实施宪法平等保护条款的时候,提出了为真正实现法律形式上的平等,应当对事实上处于不平等地位的一部分人提供法律补偿的问题。行政法从以控制权力为中心转向以提供福利和服务为中心,完善了公众监督机制。刑事法律的修订和发展体现出轻刑化和非刑事化倾向。在私法领域,注重在保护私人利益的同时,强调对社会公共利益的保护。环境保护、消费者权益保护、劳动关系的调整打破了行业界限,形成了社会调整机制。新的科学技术在法学研究和法律实践中得到广泛应用。①

第二节 宪 法

一、宪法的历史渊源

美国宪法虽颁布于 1787 年,但美国宪法精神和基本框架的形成却起源于独立战争时期。

(一)《独立宣言》

从 18 世纪下半叶开始,英国加强了对北美殖民地的统治,先后颁布了《印花税法案》(1765 年)、《唐森德条例》(1767 年)、《茶叶税法》(1773 年)和《强制法令》(1774 年),因而激起北美殖民地人民的强烈反抗。1775 年 4 月 19 日,波士顿的列克星敦和康科得人民打响了武装反抗殖民统治的第一枪,开始了独立战争。1775 年 5 月 10 日,在费城召开第二届大陆会议,决定组织"大陆军",任命华盛顿为总司令。1776 年 7 月 4 日,大陆会议通过了《独立宣言》,向全世界宣告北美脱离英国的殖民统治,成立美利坚合众国。

《独立宣言》是由美国的资产阶级民主派托马斯·杰斐逊等人起草的。它以资产阶级启蒙思想家的"天赋人权"思想和"社会契约"论为理论基础,宣称:人人生而平等,他们都被造物主赋予不可转让的权利,其中包括生命权、自由权和追求幸福的权利。为了保障这些权利,所以才在人们中间成立政府。政府的正当权利,来自被统治者的同意,如果政府损害这些目的,人民就有权改变或废除它,建立新的政府。《独立宣言》指出:过去的一切经验表明,只要邪恶尚可容忍,人类总是倾向于默然忍受,而不愿意废除他们所习惯了的政治形式以恢复他们自己的权利。然而,当一个政府恶贯满盈、倒行逆施,并一贯施行暴政,显然是企图把人民压制在绝对专制主义的淫威之下时,人民就有权利和义务推翻政府,而为他们未来的安全建立新的保障。我们这些殖民地的人民过去一向是默然忍辱吞声,而现在却必须被迫起来改变原来的政治体制。其原因即在于此。现今大不列颠国王的历史就是一部怙恶不悛、倒行逆施的历史。他的一切措施的直接目的,就是在我们各州建立一种绝对的专制统治。……因此,我们这些集合在大会上的美利坚合众国的代表,吁请世界人士之最高裁判,判断我们这些意图的正义性,我们以这些殖民地的善良的人民的名义和权利,谨庄严地宣布并昭示:这

---

① 关于美国法在现代时期的发展,参见何勤华主编:《美国法律发达史》第 2 章,上海人民出版社 1998 年版。

些殖民地从此成为,而且名正言顺地成为自由独立的合众国,它们解除对英王的一切隶属关系,而它们与大不列颠王国之间的政治联系亦从此完全废止。

《独立宣言》高举革命的旗帜,列举了英国殖民统治的暴行,鲜明地表达了资产阶级的革命思想和政治主张。

《独立宣言》初稿中曾有谴责奴隶制的条文,但由于南部奴隶主的反对而被删掉,表明了这部宣言的局限性。尽管如此,这部宣言仍不失为一部伟大的政治纲领。它的字里行间闪耀着批判性和创造性光辉,因而被马克思称为"第一个人权宣言"。这份充满激情的政治性文件,不仅鼓舞和推动了美国乃至欧洲各国的资产阶级革命,而且为日后诞生的美国宪法奠定了政治和思想理论基础。

1776 年《独立宣言》

(二) 1781 年《邦联条例》

《独立宣言》通过以后,各州相继制定了州宪法,与此同时,各州着手组成同盟。1777 年 11 月 15 日的大陆会议上,各州代表达成协议,通过了《邦联和永久联合条例》,一般称《邦联条例》。《邦联条例》在得到 13 个州议会的批准后于 1781 年 3 月 1 日开始生效。

《条例》全文 13 条,其主要内容为:宣布 13 个州"缔结邦联和永久联合";规定"各州保留其主权、自由和独立,以及其他一切非由本邦联条例所明文规定授予合众国国会的权力、司法权和权利"。条例宣布,建立同盟的目的,是为着"共同的防御,自由的保证和相互间的公共福利",邦联各州之间"负有互相援助的义务"①。

《条例》规定,国会采取一院制,各州在国会中的代表名额不得少于2人或多于7人。国会决定合众国的问题时,每州只有一个表决权。《条例》规定,国会休会期间,由每州一个代表组成的"诸州委员会"执行职务。

《条例》没有规定邦联的常设行政机关和司法机关。国会有权任命在国务委员会指导下处理合众国公共事务所必需的其他委员会和文官。

国会对邦联的一些公共事务享有权力,但如果没有得到9个州的同意,合众国国会不得参加战争,不得订立条约和同盟,不得铸造货币,不得发行证券。没有合众国国会多数投票赞成,不能决定任何其他问题。

《邦联条例》的宗旨和内容表明,《条例》是美国特定历史条件下的产物,它并没有在合众国确立一种强有力的政治中心,但它在1787年宪法生效以前一直起着宪法性作用,《条例》中已初见端倪的邦联国会和各州权力的划分模式为1787年宪法作了必要的法律和实践的准备。

二、1787年联邦宪法

(一)宪法的制定

根据1781年《邦联条例》建立的邦联,随着形势的发展,很快表现出它的松散无力:对内由于它缺乏统一的经济财政基础和高于各州的权力,因而无法实现关税、货币和法律的统一,极大地阻碍了资本主义经济的发展;对外也缺乏共同防御、抵御外敌的合力。面对当时复杂的国际环境和国内矛盾,美国统治阶级感到迫切需要建立一个强有力的中央政府以巩固独立战争的胜利成果,发展资本主义经济。

1787年5月25日,各州代表出席了在费城召开的关于修订《邦联条例》的会议,但与会代表却超越了权限,围绕制定新宪法问题展开了激烈争论。9月15日,通过了宪法草案。9月28日,该宪法草案在提交邦联国会批准后,递交各州批准。1789年3月4日,宪法正式生效。1789年4月30日,根据宪法成立了以华盛顿为总统的第一届联邦政府。

(二)宪法确立的基本原则

1787年宪法由序言和正文两部分组成。宪法确立了如下基本原则:

1. 分权原则

宪法规定立法权、行政权、司法权分属于国会、总统和法院。国会是国家立法机关,由选举产生,有一定任期。总统是政府首脑,也由选举产生,任期4年。总统享有发布行政命令的权力,有官吏任免权、军事统率权、外交权和赦免权等。

---

① 外国法制史编写组编:《外国法制史资料选编》(下册),北京大学出版社1982年版,第445页。

联邦法院法官实行终身制,法院审理案件时,不受总统和国会的干涉。

美国宪法的分权原则不仅表现在联邦政府行政、立法、司法三机关的权力分立上,而且表现在联邦政府与州政府的权力分配上。①

宪法规定的美国的国家结构形式为联邦制。在联邦和州的关系上,联邦权力高于州权。宪法以列举方式授予联邦权力,以禁止性条款规定了各州不得行使的权力,并以《宪法第十修正案》规定:"凡宪法未授予合众国也未禁止各州行使的权力,保留给各州行使,或保留给人民行使。"

宪法列举的联邦权力主要包括如下方面:

(1) 联邦立法权。《宪法》第1条第8款对联邦国会立法权范围作了明确规定。

(2) 联邦司法权。联邦司法权主要包括:对合众国为一方当事人的案件、涉及外交使节的案件以及州际之间的诉讼案件的专有审判权;有关案件的上诉审理权;弹劾案审理权。

(3) 外交权。这主要包括:对外缔结条约、派遣驻外使节、管理合众国的对外贸易等。

(4) 军事权。主要包括:对外宣战和媾和、设立和装备军队、统率和指挥军队。

(5) 铸造货币,厘定国币和外币的价值,并规定度量衡的标准。

(6) 设立邮局,开辟邮路。

(7) 征税并计划合众国的国际和公共福利。

(8) 保障著作和发明的专有权。

(9) 接纳新州和管理州际事务。

(10) 提出宪法修正案、修正宪法。

禁止各州行使的权力,由《宪法》第1条第10款作了明确规定。这些禁止各州行使的权力包括:缔结条约、同盟或联盟;颁发拘押敌船许可状;铸造货币;发行信用券;使用金银币以外的物品作为偿还债务的手段;通过褫夺公权的法案、追溯既往的法律或损害契约义务的法律;授予贵族爵位。未经国会同意,不得对进出口货物征收进口税;不得征收船舶吨税;不得在和平时期设置军队或战舰,不得与他州或外国缔结协定或契约,不得进行战争。

从《宪法》的这些规定可以看出,美国联邦中央三机关以及联邦政府和州政府中的任何一方都只能在宪法规定的范围内行使各自的权力。

2. 制衡原则

由前一原则所派生,宪法确立了制衡原则。根据宪法规定,国会通过法律,

---

① 参见〔美〕杰罗姆·巴伦、托马斯·迪恩斯:《美国宪法概论》,刘瑞祥等译,中国社会科学出版社1995年版,第4页。

必须得到参、众两院的同意。两院通过的法律,如果总统不同意,可以行使否决权,总统对国会通过的法案还有搁置否决权。

总统及其政府的活动经费必须由国会通过预算法案,国会可以2/3的多数票推翻总统的否决权,国会可以弹劾总统,总统与外国签订条约、任命联邦高级官员须经参议院同意。

联邦法院法官由总统取得参议院同意后才能任命,国会可弹劾法官,可通过法律来决定法院的编制,联邦最高法院对国会通过的法律和总统发布的命令有权进行司法审查并宣布违宪而使之无效。[①]

美国宪法的制衡原则也和分权原则一样,不仅表现为联邦三机关间的制衡,而且表现在联邦权力和州权力的相互制约上,联邦中央三机关以及联邦政府和州政府中的任何一方都不享有完全的、绝对的权力。

3. 限权政府原则

美国宪法明确表达了政府职权和组织活动都由法律规定,政府必须在法律范围内进行活动的法治原则。政府各机关的权力都列举在宪法上,政府不能修改和增加自己的权力,正是在这个意义上,美国政府被称为限权政府。限权政府原则还具体表现在关于个人权利和自由的规定上。政府在行使权力的时候,必须保证个人权利和自由,如宪法规定,联邦政府和州政府都不得通过任何剥夺公民权利的法律和追溯既往的法律。宪法修正案在限制政府权力、保障个人自由方面作出了一系列明确规定。

(三) 宪法修正和宪法解释

1787年美国《宪法》自生效以来,经过了二百多年的发展,至今仍然有效。二百多年来,《宪法》内容和制度有了很大变化,但《宪法》第5条所规定的严格的宪法修改程序始终未变,正因为如此,美国《宪法》被称为"刚性宪法"。

根据《宪法》的规定和司法实践的历史,美国《宪法》的修改和完善主要通过宪法修正案和联邦最高法院的司法解释来实现。此外,国会的有关补充性法律以及惯例也都对宪法条文的具体实施和宪法制度的发展发生着作用。

1. 宪法修正案

宪法修正案是1787年《宪法》明文规定的修改宪法的唯一形式。根据《宪法》第5条的规定,宪法修正案由国会在两院各有2/3议员认为必要时提出,或由应2/3州议会的请求而召开的制宪会议提出。不论哪种方式提出的修正案,都须经3/4州议会或3/4州制宪会议的批准方能成为宪法的一部分而发生效力。

[①] 联邦最高法院的司法审查权在1787年《宪法》中未作规定,而是由后来的判例所确立,但它构成美国宪法制衡原则的重要内容。

自1787年《宪法》制定以来,美国共有修正案二十九个(第二十九个为修正案提案),至1995年为止,前二十七个修正案已经各州批准而生效。

第一——十修正案,是关于公民权利的规定。由于1787年宪法没有关于公民基本权利的条款,因而遭到各州人民和民主派的普遍反对。1789年第一届国会召开,提出了关于公民基本权利的前十条修正案,又称《人权法案》。前十条修正案的主要内容是:国会不得制定限制公民言论、出版自由,或剥夺公民和平集会和请愿的权利的法案;公民的人身、住宅、文件和财产不受无理搜查和扣押的权利不得侵犯;无论何人不得因同一犯罪行为而两次遭受生命或身体的处罚,不得在任何刑事案件中被迫自证其罪;不经正当法律程序,不得被剥夺生命、自由和财产。

第十一——二十七修正案主要涉及蓄奴制度的废除,选举制度的改革,正当法律程序和法律的平等保护以及种族平等、男女平权等问题。① 宪法修正案是美国宪法的重要组成部分,代表了美国宪法制度的基本发展方向。

2. 宪法解释

1787年《宪法》及其修正案并未明确规定宪法解释问题,但美国的宪法实践表明,联邦最高法院的司法解释是修改和完善宪法的重要途径。

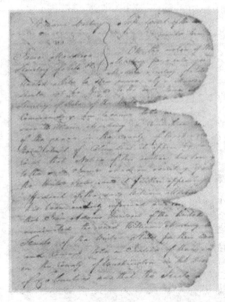

马伯里诉麦迪逊案档案

联邦最高法院对《宪法》的解释权是通过1803年的"马伯里诉麦迪逊案"确立的。根据"马伯里诉麦迪逊案"确立的联邦最高法院的司法审查权,最高法院在案件审理过程中就所涉及的州宪法和法律以及联邦法律是否合宪的问题进行审查,对宪法条文的含义进行解释,这种解释往往使宪法条文的含义得到修正、扩充或改变。

3. 对宪法进行补充的国会立法

作为根本法的1787年《宪法》对国家机构的组成及其活动原则作了基本规定,带有纲要性质。关于它的具体实施,则往往通过联邦国会和各州议会的相关立法加以补充和具体化,如各州议会所

---

① 第二十八修正案(关于哥伦比亚特区的选举权)于1978年8月22日经国会提出,至今未能获得多数州的批准。第二十九修正案提案(关于保护国旗)于1995年6月获众议院通过,但尚未获得参议院及各州的批准。

制定的有关联邦国会参众两院议员的选举法、关于各州选举人选派方式的立法、联邦国会所通过的联邦法院组织法和州际通商法等,都是对联邦宪法的补充。此外,国会为宪法所规定的最高法院的上诉管辖权的行使而制定的法律,为实施第十三、第十四、第十五、第十九、第二十三、第二十四、第二十六等修正案而制定的法律都构成美国宪法的重要内容。

在长期的宪法实践中,美国也形成了一些宪法性惯例,如在现代发展为宪法重要内容的政党制度、总统候选人由政党提名的制度等,都是以惯例形式存在的重要宪法制度。

（四）美国宪法的影响

1787年美国《宪法》是近代第一部成文宪法,它以自然法学思想和汉密尔顿、麦迪逊等的宪政理论为基础勾画了美国社会基本的政治制度和经济制度。在以后二百多年时间里,先后颁行的一系列宪法修正案、相关的国会立法以及联邦最高法院的司法解释,使美国宪法不断丰富和发展,成为一部对美国及其域外产生了深刻影响的宪法。这种影响主要表现在如下方面:

第一,它是美国经济和政治生活的最高准则。美国宪法具有高于其他法律法令的地位,其他各部门法律所规定的权利都是宪法权利的具体体现,都可以上升为宪法权利,这种宪法至上性观念的深入人心,使美国宪法深刻影响着社会经济、政治秩序的运行,影响着政府和公民的行为。

第二,美国宪法所设计的制度影响深远。美国是近代社会第一个通过激烈的革命性变革实现资产阶级统治的国家,它的宪法有一系列制度设计,如关于防止权力过分集中的分权制衡制度,关于正当法律程序条款,关于违宪审查制度,以及它的总统制共和政体和联邦制模式等。尽管这些制度在其运作过程中也存有弊端和局限性,但它对世界上很多国家产生了影响。而且,作为人类法律文明的成果,它为人类的宪政实践提供了一种可资借鉴的实例。[①]

第三节 行 政 法

一、美国行政法的形成与发展

19世纪末期以前,美国行政活动的领域比较狭小。在现代属于行政控制的领域,在当时则主要是通过市场调节和法院干预来介入,因而不存在行政法部门。对行政机关及其活动的规范和控制也主要沿袭英国法传统,并通过法院对行政活动进行司法审查来实现。美国行政法作为一个独立的法律部门而出现是

[①] 关于美国宪法对世界各国的影响,参见何勤华主编:《美国法律发达史》第3章,上海人民出版社1998年版。

在19世纪末20世纪初。

（一）行政法的形成（1887—1933年）

19世纪末，美国资本主义经济已经得到高度发展，从自由竞争阶段走向垄断阶段。现代工业和铁路运输迅速发展，生产和资本高度集中，托拉斯已成为经济生活中的统治力量。垄断造成了竞争机制的破坏和一系列矛盾的加深。在"自由放任"经济下的政府不干预态度已经不能适应经济的发展，这就需要运用行政力量对经济和社会活动进行有效控制。1887年，针对州政府无力有效地控制铁路运输中的垄断现象这一问题，国会制定了《州际商业法》，设州际商业委员会协调控制铁路运输问题，实际上，这就是美国最早的联邦行政裁判机构。州际商业委员会独立于行政机关和总统，可制定与自己的管理职能有关的法律，同时负责这些法律的执行，还有权裁决所辖领域的行政纠纷，兼有立法、行政和司法权。在1933年以前建立的这类独立机构还有：联邦储备委员会（1913年）、联邦贸易委员会（1914年）、联邦能源委员会（1930年）。

这一时期还确立了独立机构行政行为基本规范，法院有权按法律规定的程序对独立机构进行司法审查。

（二）行政法的发展（1933—1946年）

1929年至1933年，美国经历了一场空前的经济危机，为振兴危机后的美国经济，罗斯福政府实施了"新政"。在紧接着的第二次世界大战期间，美国政府进一步加强了对经济的调节和管制职能，所有这些都导致政府权力的大大扩张，同时行政法也得到迅速发展。这一时期，颁布了一批行政法规，并建立了一批新的独立机构。

这一时期，行政法的发展除了行政立法的大大增长，还突出地表现为行政程序的完善和统一。1946年，国会通过了《联邦行政程序法》，该法规定了行政机关的行政活动应当遵守的一般程序，从而使联邦行政程序得到统一。

此外，1946年还制定了《联邦侵权赔偿法》，该法否定了传统的主权豁免原则和观念，明确了国家侵权行为的赔偿责任。上述两个法律的制定，代表了美国行政法理论和实践的重大发展。

（三）行政法的现代化改革（1947年以后）

伴随着现代经济、政治的发展和民主化进程，1947年以后，美国行政法经过一段时间的巩固发展，很快进入了现代化改革阶段，通过改革使行政法更适应现代社会的发展。

1947年以后美国行政法的现代化改革主要表现为三个方面[①]：

1. 行政法调整领域的转变。此前的美国行政法的核心内容是对经济领域

---

① 参见王名扬：《美国行政法》（上），中国法制出版社1995年版，第56—59页。

的控制,而这一时期行政法的重心则转向社会控制领域、环境保护领域和消费者保护领域。

2. 行政法作用的变化。行政法产生的初期,其主要作用是防止政府及其工作人员滥用职权,保护公民的合法权利不受侵犯。而这一时期,不仅保留这一作用,要求行政机关不侵犯公民权利,而且更强调行政机关积极地为公众提供福利和服务。

3. 行政公开原则的确立。为了加强对行政活动的监督,这一时期对1946年《联邦行政程序法》进行了几次修改,提出了行政公开原则,要求除法律规定的情况外,全部政府文件必须公开,任何人有权要求得到政府文件,行政机关不得拒绝。

20世纪70年代以来,在美国的行政法理论和实践中,一直在探讨政府的行政控制权的行使与法院对行政机关的司法审查二者之间的关系问题,强调法院司法审查与政府行政控制权的平衡适度;探讨行政控制的效益分析问题,强调行政控制所得到的效益必须大于控制所带来的牺牲。

二、行政法的基本内容[①]

美国行政法具有不同于大陆法系代表法国行政法的特点。法国行政法最初的产生源于封建制末期法国司法专横,行政机关主张独立和权利以排除司法干扰,因而,有关行政机关的权利和行政活动的规范作为一个独立的部分和行政组织法、行政程序法、行政法制监督法等一起构成法国行政法的主体内容。而美国,其行政法具有控权法特征,加之美国具有一部至高无上的宪法,一切立法、一切领域的法律调整都须以宪法为最终基础,因而美国行政法中对行政机关的权利和活动一般只设定基本原则,而更注重从行政程序上对行政行为进行规范。

美国联邦行政法从其内容来看,大致包括行政组织法,行政程序法和对行政的监督与控制法三方面的内容。

(一)行政组织法

这方面的立法主要规定联邦政府的行政组织的设置、地位、基本活动原则及其相互之间权力的划分。

美国的行政组织包括总统、总统的执行机构、内阁、部、独立机构、政府公司。

总统是行政组织的核心。联邦宪法规定,行政权属于总统。总统享有宪法规定的官员任免权、条约缔结权、军队统帅权、保障法律执行权、减刑权、赦免权及法案否决权和搁置否决权,以及其他依法行使职权的权力,如发布行政命令权。

---

① 参见王名扬:《美国行政法》(上)(下),中国法制出版社1995年版。

总统的执行机构是指总统的一些办事机构,如白宫办公厅。它们是总统执行职务的参谋部。总统的执行机构设置哪些单位,根据工作需要而设置,可随形势的变化和总统的更替而变更或撤销。

美国的内阁是总统的顾问、咨询机构,和英国内阁不同,美国内阁不享有决策权,也不集体承担政治责任。

部是最主要的行政机关,其权力集中于部长,部长根据法律和总统行政命令行使职权。

独立机构是为了控制某一方面的经济活动或社会活动,按分管专业或行业设置的,享有行政权、行政立法权和行政司法权。

政府公司是以公司组织形式从事企业经营活动的行政机构,如从事航运和发电业务的田纳西流域管理局,从事铁路旅客运输业务的国家铁路客运公司,从事邮政业务的邮政公司。1945年以后,联邦的政府公司只有由国会制定法律才能成立。董事和经理由总统提名经参议院同意后任命,他们不是股东,不能购买公司的股票。[①]

(二) 行政程序法

1946年6月11日,美国国会通过了《联邦行政程序法》。该法后来经过多次修改,至今仍然有效。

《联邦行政程序法》对联邦政府几项重要的行政权力的行使程序分别作了系统的基本的规定。这些程序包括调查程序、制定法规的程序、正式程序裁决中的听证程序、证明程序、决定程序以及司法审查程序和行政赔偿程序等。

构成行政程序法重要部分的还有1966年制定并于20世纪70年代、80年代几次修改的《信息自由法》,该法规定除法定的特别事项外,全部政府文件必须公开。1976年,又制定《阳光下的联邦政府法》,该法规定,合议制的行政机关会议必须公开。

除了行政程序法对政府行为进行规范外,美国宪法第五修正案和第十四修正案都是关于正当法律程序的规定,行政法所规定的程序规则必须符合宪法上的正当法律程序。

(三) 对行政的监督和控制法

美国行政法强调和侧重对行政行为的监督和控制。这种监督和控制主要通过司法审查、总统控制、立法控制、行政公开制度等手段来实现。

司法审查对行政的控制是指联邦最高法院审查行政法规是否合乎宪法,以及法院审查政府行政行为是否合法。

总统控制主要是依据宪法赋予的最高行政权、任命权、要求书面意见权和监

---

① 参见王名扬:《美国行政法》(上),中国法制出版社1995年版,第188—191页。

督法律忠实执行权的行使来实现。

立法控制是指国会对行政的控制,包括通过法律进行控制和法律以外的控制、行政行为前的控制、执行中的监督和事后的检查,如监督政策和计划的忠实执行,制止行政机关滥用权力,检查法律、政策和计划执行的结果。

行政公开是实现公众对行政的有效监督的客观要求,第二次世界大战以后成为一种趋势。它主要是指个人或团体有权获知并取得行政机关的档案资料和其他信息,政府的特定的行政事项(如政府委员会的报告和决定)必须公开,以增加透明度。行政公开制度还包括另一个方面,即为了国家安全,保证行政行为有效地进行以及保护公民个人权利(如隐私权),政府享有保密权。美国的行政公开制度在西方国家中最为完善,对其他西方国家产生了影响。

此外,法律还明确规定了行政侵权的赔偿责任。

三、行政法的特点

(一)联邦法和州法双重体系并存

美国各州立法机关有权规定州行政机关的组织、权力和行政程序并监督州行政机关的活动,因此,联邦行政法和州行政法体系并存,如除《联邦行政程序法》外,联邦还制定了《州标准行政程序法》,各州参照该法形成了州行政程序规则。一般说来,有关教育、公共福利、保健卫生等方面的权限,由各州和地方团体行使。

(二)行政司法以独立机构为主体

美国的独立机构按主管事项和专业设置负责管理相关事务,制定所辖业务领域的行政法规,处理相关行政纠纷。这既不同于法国设专门的行政法院的模式,也有异于英国由普通法院行使行政司法权的传统。美国普通法院对独立机构的行为享有司法审查权。

(三)注重行政程序的完善

美国行政法中对行政活动之类的问题一般只作原则规定,且分散在程序法和对行政的监督控制法等法律中,而更强调从程序上对行政行为进行规范,行政程序比较完善。

第四节 财 产 法

美国不存在像大陆国家那样的民商法部门。美国的民商法领域的立法是以财产法、契约法、侵权行为法、继承法、家庭法、公司法、买卖法、票据法、保险法、破产法等形式独立存在的。

根据美国宪法原则,美国民商法领域的立法权,由联邦和州共同行使,有关税收、通商、归化、破产、币制和度量衡、著作权和发明权的保护以及合众国已接受或购买的州领土范围内的一切事项的立法权由联邦国会行使,其他的民商事问题的立法权由各州行使。

美国各州最初被英、法、荷、葡等国分割,民事法律极不统一。英国在北美确立统治地位后,北美殖民地因袭英国法。独立后,各州相继制定了一些成文法。

19世纪下半叶开始,完成了工业革命以后的美国致力于法律的统一工作,美国法学会和统一州法委员会制定了一系列旨在促进各州法律统一的"标准法",民商事法律逐步走向统一。这些立法主要有:《统一流通票据法》《统一买卖法》《统一合伙法》《统一信托收据法》《统一商业公司法》。美国各州或采纳标准法或以标准法为蓝本制定相应的州法调整州民商事活动,适应着经济的发展。1952年,颁布了《统一商法典》,该商法典颁布后,经过多次修订,现行商法典是1998年修订本,被除路易斯安那州以外的50个州所采纳。该法对各种交易活动和合同类型都作了明确规定,成为调整美国商事活动的一部非常成功的、有影响的法典。

一、财产法的渊源

美国财产法是在英国普通法的基础上,伴随着美国近代化和日益发展的城市化和工业化要求逐渐发展完善的。财产法是美国民商法最基本、最重要的内容之一,并在美国法律体系中占有重要地位。关于财产法的内容,散见于判例法、制定法及政府行政规范中。凡涉及财产的占有、使用、收益、处分的判例和制定法都属于财产法的范畴。

和英国不同的是,美国更注重成文立法,除联邦统一立法外,许多州制定了单行法规对财产的买卖等进行调整,路易斯安那州还以法国的法典为蓝本制定了州民法典。另一个不同是,在英国法中,财产一词是指某一具体的物,包括某种无形的有价值的物,如土地、房屋、汽车、有价证券等。而美国财产法中,财产除指具体的物外,还包括能带来利益的某种权利,如继承权。

二、财产法的基本原则

英国法学家布莱克斯通在他的著作《英国法释义》中对财产所有权作了这样的表达:"财产所有权是一个人能够在完全排斥任何他人权利的情况下,对世间的外部事物所主张并行使的那种专有的和独断的支配权。"这一观念奠定了英国早期财产法的基调,也为美国所接受和继承,构成美国近代财产法的基本特点。美国将财产权看成"独有的和专断的支配权",将财产权的行使看成一个人自由意志的体现。宪法第五修正案规定:"不经正当法律程序,不得剥夺任何人的生命、自由或财产。不给予公平赔偿,不得将私有财产充作公用。"在20世纪初以前,美国财产法彻底贯彻绝对私有权原则,这一原则在大法官霍姆斯时代的一个栅栏案①的审理中得到了最充分的体现。

从 19 世纪末 20 世纪初开始,财产法在对个人财产权给予保护的同时也高度重视对社会利益的保护,强调受保护的个人财产权与社会利益的一致性以及两者发生冲突时,社会利益保护的优先地位。财产在法律上不仅是权利,而且意味着责任。

三、不动产法②

美国财产法将财产划分为不动产和动产。

不动产主要指土地、建筑物、矿藏、植物及土地或建筑物上的添附物,土地是美国不动产的最基本、最普遍的形式,不动产法是美国财产法的核心。根据美国法律,对土地的所有权不仅指对土地本身的权利,而且包括土地之上的一系列权利如对土地上空的空间权、对土地之下的地下权以及对土地添附物的权利。

不动产的转让形式主要有买卖、赠与、遗赠和继承、折抵财产税的强制出售、逆占有、国家征用等。

美国早期不动产法主要来源于英国普通法,美国独立后逐步改造普通法,废除了带有封建因素的土地占有制度和土地继承制度。为适应美国西部开发,以及建设开放性、近代化国家的需要,美国财产法强调和保护不动产的有效利用,比较早地允许不动产的自由买卖,并且这一原则构成美国不动产法的主题。③

（一）土地权益

按照美国财产法,财产权是可以分离而分属于不同的主体的,因而,同一个标的物土地,可以产生两种或多种土地权益,法律分别予以调整。因而土地权益概念是不动产法中一个重要的问题。

土地权益概念渊源于英国封建的土地分封制度,当国王将土地分封给贵族,贵族再将土地分封给佃农时,佃农享有的是占有权,国王和贵族享有回收的权利。这就产生了两种土地权益,一种是现在的占有,一种是未来的权利。在美国财产法中,土地权益主要分为现实的土地权益和未来利益。

1. 现实权益

现实权益。又称即时权益,包括土地占有权、使用权和享受权,对土地的排他性占有是现实土地权益的最主要特征。现实土地权益可以由两个或两个以上

---

① 参见〔美〕伯纳德·施瓦茨:《美国法律史》,王军等译,中国政法大学出版社 1989 年版,第 136—137 页。

② 关于不动产法部分,参见李进之、王久华、李克宁、蒋丹宁:《美国财产法》,法律出版社 1999 年版,第 59 页以下。

③ Lawrence M. Friedman, *A History of American Law*, New York, 1985, p. 412.

的人共同占有。

现实权益分为绝对土地权益、限制性继承土地权益、终身土地权益和附条件的所有权。

绝对土地权益(fee simple absolute)。是一种完全所有权,所有权人可以自由处分他所拥有的土地。所有权人死亡而又无遗嘱时,该土地按法定顺序继承。

限制性继承土地权益(fee tail)。这是一种基于限制性继承而产生的土地所有权。它是适应着将土地在家族内世代相传的需要而出现的,限制性继承所有权人不能将土地转让给家族之外的人。如土地所有人将土地指定给其儿子甲及甲的子嗣,这时土地所有人的儿子甲享有限制性所有权,甲的儿子拥有限制性继承所有权。

由于限制性继承所有权的封建色彩和自身弊端,美国在独立战争后不久,就基本废除了该所有权制度,现只有四个州(缅因、马萨诸塞、特拉华和罗得岛)承认限制性继承所有权。

终身土地权益(life estates)。终身所有权人并不是地产的所有者,但他对地产拥有终身享有权。终身所有权人在行使享有权时,不能有浪费行为,即不能降低或损害原所有人的利益。终身所有权人甲可以将地产享用权转让给乙,但如果甲死亡,则乙必须将该地产还给原来的所有权人或原所有权人在转让该土地给甲时已指定的第三人。终身所有权人所转让的享用权随着终身所有权人的死亡而终结。

附条件的所有权(defeasible estates)。该所有权形式与大陆法所理解的意义基本一致。指土地所有权人在转让地产时,明确规定一些合理条件,作为受让人所有权发生的前提,一旦这一条件不存在了,则受让人的财产权便会终止或变更。这种附条件的所有权分为自动终止性的完全所有权和受未来条件支配的完全所有权。前者是在受让人没按约定的条件使用该地产时,该转让自动终止,地产便回归原所有人;后者是指在转让时约定了财产的用途,同时也规定了违反这一约定时原所有人保留收回地产的权利,当所附条件不存在时,即该约定被违反时,所有权是否收回取决于原所有人的态度。

2. 未来利益

在美国法中,土地权益中的未来利益是一种受法律保护的、现在就存在的财产权。分为回收权、继受权和取代权几种形态。

回收权是指财产所有人将地产转让给受让人,而由受让人享用该地产的某些权利(如终身所有权),当受让人权利期限完结时,如终身所有权人死亡而原所有人又未指定他死后的继承人时,该地产又回到原所有人那里,原所有人所拥有的这种财产权被称为回收权。回收权可以转让和继承。当未来利益所有权人在可以行使回收权而没有回收时,实际占有人可通过占有时效而获得该土地所有权。

继受权是受让人的未来利益。如财产所有权人在其财产上设定终身所有权将其地产转让给某甲终身享用,并指定某甲死后,该地产由某乙继承。这时该乙就拥有了继受权,它是一种财产法上的未来利益。这时某乙也获得了控告对该地产不法侵害(包括某甲在内)的权利。某乙甚至可以在某甲死亡前转让其所拥有的继受权。

取代权也是受让人的未来利益。指这样两种情形:财产所有人将土地转让给某甲,但若某乙从战争中生还,则该土地转让给某乙。这里,某甲是土地的受让人,某乙享有的是未来利益。若某乙从战争中生还,则某甲的利益就会被某乙所取代,某乙的未来利益是一种取代权。或者,财产所有人将土地直接转让给某乙,条件也是某乙从战争中生还,若某乙从战争中生还,则乙实现他所拥有的未来权益而取代原所有人的权益。在这两种情形下,如果某乙真的生还,则获得取代权。在前一情形中,乙取代甲的权益;后一种情形,乙取代原财产所有权人的权益。

(二) 不动产交易和不动产产权登记

不动产交易规则和不动产产权登记制度是美国不动产法的重要内容。在美国,不动产交易通常是通过合同来实现的。1677 年的《反欺诈法》对不动产买卖行为进行了规范,至今仍在美国大部分州生效。按照宪法的要求,不动产交易合同必须是书面合同,并由双方签字。不动产法对不动产交易合同条款的要求是极细的,合同主要条款包括交易双方的身份、对交易标的物的说明、价格、价金支付方式等等。在书面合同被法院认为是双方共同意志的最后表达,但又未包括全部条款时,法律也允许以不与书面合同冲突的口头协议作为对书面合同的解释和补充。关于不动产交易合同的履行、对违约后的救济等都遵循合同法的相关规定和规则。

不动产法对不动产产权登记作了明确规定,不动产所有权转让、不动产抵押、抵押品的转让、抵押契约的履行以及留置物的返还等都要求进行产权登记,通过法定程序对不动产所有权加以确认,并防止侵权行为的发生。根据美国宪法原则,美国各州有权决定州内不动产转让的形式和效力。

四、动产法

动产在美国财产法中,主要是指除土地和建筑物以外的其他各类财产。动产包括有形动产和无形动产。有形动产如汽车、家用电器和牲畜等。无形动产包括有价证券和专利权等。

动产所有权的拥有和转移一般是以占有为标志的,因此,占有是美国动产法中的一个重要问题。根据美国法律界通常的理解,占有指在事实上实际支配或控制财产的一种权利。占有权包括以下几种权利：(1) 在没有更优先的权利的情况下，继续其和平占有的权利；(2) 追索被非法侵占的财物的权利；(3) 向侵权行为人索赔的权利。

根据美国法律，占有权可以时效经过或法院确认方式而转为所有权。

动产所有权的取得和转让主要通过占有、购买、生产、接受赠与、接受遗赠、继承、财产添附、国家征用等形式实现。法律严格保护私人财产权。动产交易主要由《统一商法典》调整。

五、信托财产制度

信托财产制度也是美国财产法的重要内容。美国的信托财产制度渊源于英国。英国的信托财产制是在中世纪受益制的基础上发展起来的，它既是衡平法的创造，又是规避传统法律的结果。英国的信托财产制度以英国传统文化观念为背景，建立在信托人和受托人之间相互信任的基础上，因而信托财产制度主要表现为非营业信托，一般只适用于家庭财产的转移或继承、对已婚妇女财产权的保护以及宗教、慈善事业。民事信托是其信托制的基本形态。和英国不同的是，美国营业信托和非营业信托、民事信托和商事信托并行发展，并广泛运用于财产转移、融资集资以及公益事业的几乎一切领域，公司制和信托制相结合，使信托财产制度在美国得到了长足发展。

19世纪末20世纪初以来，美国财产法有了很大发展变化，这种变化主要表现为财产概念的扩张和法律对财产权的限制。财产不仅仅指有形的动产和不动产，而且包括无形财产，如能够带来物质利益的权利。随着垄断资本主义形成和社会法学思潮的出现，美国法在保护个人财产权的同时，倡导法的"社会化"精神，从社会的整体利益和长远利益出发对个人财产权加以限制，最终通过对社会利益的保护强化对私有财产权的保护。国家在对财产权进行保护的同时，强调财产权的行使不得违反第三人利益和社会公共利益。如法律规定，不动产的开发和利用必须符合环境保护的要求。国家可以为了公共利益征用私人土地。当然，根据法律规定，这种征用必须符合正当法律程序。

第五节 契 约 法

一、契约法的渊源

在美国，契约的运用极为广泛，契约的统治被视为近代法的标志。契约法同财产法一样，是美国民商事立法的重要组成部分。

美国契约法也是从英国普通法发展而来的。契约法的渊源主要有普通法和制定法。

在美国,契约关系主要由各州法律调整,基本上每个州都制定有本州的契约法,本州的契约法不仅适用于本州的法院,有时对联邦法院也有拘束力。

比较集中地规定契约制度的联邦制定法先后主要有 1906 年的《统一买卖法》(已废止)和 1952 年颁布经多次修订现依然有效的《统一商法典》。此外,美国法学会以《契约法重述》(The Restatement of the Law of Contracts)的形式而阐述的契约法基本理论和原则,对美国的契约法实践起着重要的指导作用。

二、契约法的主要内容

在早期普通法中,契约法只占有极小的位置,封建制度的衰微和资本主义经济的兴起,使契约法的发展成为可能。适应着市场经济的发展,契约法成为法律的主体部分。19 世纪以来,契约法领域不断扩大,契约法理论不断完善。因此,19 世纪被美国法学家劳伦斯·M. 弗里德曼称为"契约法的黄金时代"。[①]

所有主要的法的部门中,英美两国的契约法最为相似。在为数不多的有关契约的成文法中,最著名的立法是 1677 年制定、至今仍然施行于大部分州的《反欺诈法》。该法的目的是防止契约关系中的欺诈行为,在致力于这一目的时,它在法律上确立了契约的合意原则、契约必须履行的原则以及契约必须符合规定的形式等契约法基本原则。该法还列举了某些契约种类,如土地契约,涉及另一个人许诺偿还债务、承担债务不履行和错装货物责任的契约以及一定价值以上的商品买卖契约,这些契约必须是书面形式,并且必须由当事人或其代理人签字表示将要对此承担责任,否则,不能生效施行。该法在适用过程中通过司法解释已发生很大改变,以至于变得仅仅是一些普通法规则,它的适用往往依靠普通法院的详细说明。

近代美国契约法与当时的"自由放任"经济相适应,确立了契约自由原则,尊重订约双方当事人的自由意志,这一时期的判例和成文法都体现了这一原则。

和英国契约法一样,美国契约法理论将对价作为契约生效的前提条件。没有对价的契约不具有法律效力。这一原则要求,契约必须基于双方的交换需要,必须具有法律上的价值,而不仅仅是道德约束,否则,不具有强制履行的效力。[②]至于交换价值是否等价、是否公平,法律一般不予干涉。

美国契约法奉行保护财产的有效转让和买卖的原则。1859 年纽约州劳伦斯诉福克斯一案创造了所谓"第三方受益人契约"的先例。[③] 该案认为在一些旨

[①] See Lawrence M. Friedman, *A History of American Law*, New York, 1985, p. 275.
[②] Ibid., p. 277.
[③] Ibid., pp. 534—535.

在使第三人受益的契约中,尽管从确切意义上说,该第三人不是契约的一方当事人,但他可以要求有关一方当事人履行契约,使契约付诸实施。从而改变了不允许受让人向原始权利人提起诉讼的普通法传统,保证了财产的有效转让。

19世纪,随着契约法理论的发展,违约的损害赔偿法也得到发展。1854年英国的哈德利诉巴克森德尔一案确立了契约一方违约造成的损失的赔偿原则,这就是原告所要求的赔偿只能是违约造成的"自然结果",即能够预见和考虑到的损害。①

三、契约法的发展

现代社会的发展,使美国契约法也出现新的变化,以1906年《统一买卖法》的颁布为标志,美国契约法开始走向统一。1952年,美国统一州法委员会和美国法学会在对以前颁布的一系列联邦统一立法进行清理的基础上,颁布了《统一商法典》,该法以契约法为主体,经过多次修改,是除路易斯安那州外其他所有州都采用的现行重要成文立法。

现代美国契约法的变化还表现在契约自由原则的变化。一方面,伴随着经济上的垄断,契约的自由、合意原则受到冲击,具有垄断特征的定式契约出现。在一些经济领域,垄断经营的大公司凭借自己的经济实力,拟定专断性契约条款,迫使对方当事人接受,在契约的形成过程中,几乎没有协商余地。另一方面,对形式要件合法而又极不公正的契约,基于社会正义和公共利益的要求,法院有权拒绝强制实施。

契约神圣原则的动摇。近代契约法认为,契约一经成立,便对双方具有约束力,法律保护契约的强制履行。现代美国契约法有关于免除契约的履行义务的规定,在一些情况下,契约一方可提出免除契约履行义务的申请,依法免除义务。当然,这种申请的提出必须具有法定理由。②

第六节 侵权行为法

一、侵权行为法的渊源

美国侵权行为法的迅速发展是在19世纪,在传统的普通法中,侵权行为方面的法律很少。19世纪,美国除援用英国侵权行为法规则外,还创立了一些新判例,逐渐确立了基本的侵权行为法规则。美国侵权行为法体系中,以州法律为

---

① See Lawrence M. Friedman, *A History of American Law*, New York, 1985, p.535.
② 关于现代时期美国合同法的变化,请参见王军编著:《美国合同法》,中国政法大学出版社1996年版。

主,历史上,一些州判例对侵权行为法的发展起过重要作用。此外,大多数州都制定了单行法,成文立法对侵权法的发展有重要意义。

二、侵权责任的基本原则

美国侵权行为法是随着工业革命的发展以及与这种发展相伴随的人身伤害的增多而迅速发展的。一方面法律要对受害人提供保护,另一方面,又要保护企业不被侵权责任所束缚,不被侵权赔偿所拖累,保证整个经济的迅速发展。因而在19世纪末期以前,美国侵权行为法的基本倾向是对侵权赔偿加以限制,保护企业利益。这一时期,侵权行为法确立了如下基本原则:

第一,过失责任原则。美国侵权行为法认为过失即指对公众不履行义务,指被告没有做一个有理性的人应该做的。侵权责任以过失为基础,无过失则无责任。在这一原则下,原告不仅必须证明被告有过失,而且要证明自己无过失。如果原告有一点点疏忽,他就不能从被告处获得赔偿。

第二,风险负担原则。如果原告自愿地受雇于人,接受了某项工作,就被认为他在自愿受雇佣的同时,也自愿地承担了雇佣的风险,包括工作中受伤的风险,因而他就不能获得侵权赔偿。

第三,同伴工人过失规则(fellow servant rule)。根据这一原则,在生产和工作过程中,雇员受到的损害如果是由于另一雇员的过失造成的,则受害雇员不能向雇主提起诉讼要求赔偿,只有当雇主个人的过失行为造成雇员的损害时,雇员才可向雇主提出诉讼。雇主不对由于同伴工人的过失引起的损害承担责任。

第四,近因原则。要求承担侵权责任的行为必须是造成侵权后果的最接近的原因,中间不应有其他原因的介入。

第五,豁免原则。根据这一原则,政府以及慈善机构、医院等可免予侵权之诉。

从19世纪下半叶开始,侵权行为归责原则开始发生变化,社会正义和归责原则的公平性问题被引入侵权行为法领域,侵权行为法发生了如下主要变化:

第一,比较过失原则的应用。"比较过失"观念在一些州法院的判决中出现是在19世纪下半叶,但作为归责原则的广泛应用,是在20世纪。19世纪末20世纪初以来,侵权行为法通过判例和成文立法得到很大发展。

第二,事实自证原则的产生。[①] 事实自证原则最初见于1863年英国的Byrnes诉Boadle案,并为美国侵权行为法所援用。该原则的含义是:某人(原告)被坠落物砸伤,坠落物的主人(被告)如果不能证明自己无过失,则必须承担侵权赔偿责任,因为没有疏忽,坠落物当然不会自己落下,物体下落这一事实本

---

① See Lawrence M. Friedman, *A History of American Law*, New York, 1985, p.477.

身就证明了疏忽的存在。这一原则在对船难、撞击、爆炸以及坠落物或移动物击中人这类情形造成的伤害责任的归属问题的判定中被广泛应用。

第三,绝对责任原则的确立。在铁路交通等行业造成的损害中实行绝对责任原则。

第四,同伴工人过失原则和豁免原则的废除。联邦和很多州都制定法律,确立了工人有权就因同事的过失导致的伤害获得赔偿的原则。政府、慈善机构、医院等不再享有侵权诉讼的豁免权。

第五,侵权行为法调整范围的扩大。除财产权利保护外,人身权利保护已成为侵权行为法的重要内容。

第七节 刑 法

美国刑法受英国刑法的影响,19世纪以前主要援用英国普通法。19世纪,许多州制定成文法,以修正古老的普通法刑法原则,从而使刑法体系日益完善。

一、刑法的结构体系

美国刑法由联邦法和州法两部分构成。根据联邦宪法关于联邦权限的规定,有关伪造合众国证券和通行货币的惩罚、有关海盗罪和在公海上所犯的重罪以及违反国际法的犯罪行为的界定和惩罚、对叛国罪的宣告和惩处等属于联邦刑事法律的范畴,其立法权由联邦行使。对除此之外的其他犯罪和刑罚的规定,属州刑事法律范畴,其立法权由各州行使,州刑法构成刑法的主体。联邦国会通过联邦刑法,由联邦刑事执法机构、联邦检察官、法院、监狱等系统执行。各州议会制定本州刑法,由州和县的检察官、州和地方一级的法院、州或地方监狱行使刑事司法权,大部分刑事司法活动是在州和地方政府主持下进行的。但联邦刑法的权限在整个20世纪的扩张势头锐不可当。今天,联邦刑法可被用来起诉许多在传统上被视为归州负责审理的罪行。

联邦刑法和州刑法都表现为制定法和判例法两种基本形式。联邦以宪法形式对叛国罪作了特别规定:"对合众国的叛国罪只限于同合众国作战,或依附其敌人,给予其敌人以帮助和支援。无论何人,除根据两个证人对同一明显行为的作证或本人在公开法庭上的供认,不得被定为叛国罪。"最早的联邦刑事立法是1790年的《治罪法》,该法对叛国罪、海盗罪、伪造罪、伪证罪、贿赂罪等犯罪作了规定。以后陆续制定和汇编的刑事法律,都对重大犯罪作了明确规定。在司法实践中,联邦法院也以判例形式吸收运用普通法制度。19世纪以来许多州都制定了成文刑事法律,现在大多数州都有自己的刑法典。

二、刑法的历史发展

美国刑法是在普通法基础上发展起来的,殖民地时期不仅沿用英国判例法,而且有些上诉案要到英国去审理。[①] 独立后,美国通过成文立法和新判例对普通法进行了改造并创立了自己的刑法制度。从19世纪开始,刑事成文立法大量出现,如1876年纽约州制定《爱尔密拉教养院法》,规定纽约州在爱市设立的教养院里,对犯人分类管理,区别对待,给予职业训练和就业机会。刑期不定,根据表现可长可短,表现好的可在实现监督的条件下予以假释。该法第一次确立了假释制度和不定期刑制度。很多州还制定了自己的刑法典。在20世纪以前,由于联邦法和州法体系双重结构的特点以及判例法和制定法的并存,刑法表现出繁杂性和不统一性。20世纪,刑法逐渐走向统一,20世纪30年代,美国着手统一各州刑法的工作。1962年,通过了由美国法律协会拟定的《标准刑法典》,该法典的宗旨在于促使联邦和州对刑法进行全面审查,并为联邦和州刑法的修改和制定提供范本。该法典颁布后,虽未被各州所采用,但对各州刑法的统一有重要意义,现2/3的州都以它为蓝本修改或制定自己的刑法。1966年美国国会建立的联邦刑法改革委员会于1970年又提出一个刑法草案并于1979年由参议院通过,刑事法律制度的改革和完善成为趋势。从刑法内容的变化来看,20世纪中叶以前,刑法具有镇压职能日益加强的倾向,20世纪初制定了一些旨在加强镇压的法律。20世纪中叶以后,对刑法进行了改造,刑罚趋于缓和,出现轻刑化、非刑事化趋势。具有现代特征的刑事立法出现,如行政刑法、经济刑法等。[②]

三、犯罪的概念和分类

美国没有如同大陆国家刑法典那样的综合性和抽象性刑法典,因此美国刑法在理论上缺乏明确的犯罪概念,但联邦宪法对叛国罪作了特别规定。[③]

罪的分类是美国刑法的一个重要问题,美国刑法根据不同的标准对犯罪作了不同的分类[④]:

第一,按照犯罪行为的危害性程度划分,有重罪与轻罪。

第二,按法律渊源划分,有普通法的犯罪与制定法的犯罪。前者是指普通法上规定的犯罪,后者是指制定法上规定的犯罪。

第三,按犯罪性质划分,有本质邪恶的罪与法规禁止的罪。前者指违反人类

---

① Lawrence M. Friedman, *A History of American Law*, New York, 1985, p.43。
② 关于现代时期美国刑法的发展,请参见储槐植:《美国刑法》,北京大学出版社1996年版。
③ 关于美国对犯罪的各种定义,参见何勤华主编:《美国法律发达史》,上海人民出版社1998年版,第7章。
④ 储槐植:《美国刑法》,北京大学出版社1996年版,第14—17页。

同情心和正义感的犯罪,行为本身具有明显的反社会性和反道德性,不需要根据法规也可以作出否定的评价。后者是指其行为本身没有明显违反传统的道德伦理观念,只是由于法律的禁止才被认定为犯罪,如美国刑法中的酒后开车、经营赌具等。

概括地说,美国刑法设定的罪主要分为:对个人的犯罪(如谋杀和强奸);对财产的犯罪(如偷窃和纵火);对公共秩序的犯罪(如危害治安的行为和暴乱);对家庭的犯罪(如重婚和乱伦);对公共行政的犯罪(如行贿和作伪证)。

第八节 司法制度

一、法院组织

根据美国宪法的规定,合众国的司法权属于最高法院和国会随时规定与设立的下级法院。在实际中,联邦权力与州权力斗争和妥协的结果,历史地形成了联邦法院系统和州法院系统,这两个系统互不隶属,各自独立。

(一)联邦法院系统

1789年9月24日,第一届国会颁布了联邦《司法条例》,该条例对联邦法院的设置作了明确规定。以后,条例经过多次修改,其基本部分至今仍然有效。

联邦法院系统包括最高法院、巡回法院和地区法院三级。

(1)最高法院是联邦法院系统中的最高审级,它于1790年设立,最初由1名首席法官和5名法官共6人组成,以后有过几次调整,最后固定为由1名首席法官和8名法官共9人组成。最高法院法官由总统提名经参议院同意后任命,终身任职,不经国会弹劾不得被免职。最高法院审理的案件主要有:涉外的以及某一州为当事人的初审案件;对州最高法院判决不服又涉及联邦法律问题以及对联邦上诉法院判决不服的上诉案;对联邦上诉法院或州最高法院判决不服,经特别申请,最高法院法官投票表决获准,以最高法院调卷令的形式移送的案件。除初审案件外,最高法院只就案件涉及的法律问题进行审查。

(2)上诉法院又称巡回上诉法院,是联邦法院系统的第二审法院。1869年,根据国会法令,美国13个州划分为三个巡回区,各巡回区设一巡回法院,受理下级法院的上诉案。上诉法院在案件审理时也只就法律问题进行审查,不对事实部分进行审理。美国现有13个上诉法院,该院法官由最高法院首席法官提名,总统任命,终身任职,法官人数视工作需要而定。这13个上诉法院中,设在华盛顿的联邦上诉法院只受理与联邦事务有关的上诉案,如联邦税务法院、联邦索赔法院的上诉案以及专利商标局这类独立机构的准司法裁决的上诉案。实际上它是专门法院的上诉法院。

(3)地区法院是联邦法院系统的基层法院和一般民刑事案件的初审法院。该院法官由最高法院首席法官提名,总统任命,终身任职。法院审理实行陪审制。除一般民刑事案件外,还审理涉及美国宪法和法律及联邦政府为一方当事人的案件。美国现有联邦地区法院98个。此外,属于联邦法院系统的还有联邦专门法院,这些法院包括联邦权利申诉法院(又称索赔法院)、联邦关税和专利权上诉法院、联邦税务法院、联邦关税法院等。

(二)州法院系统

美国州法院的设置,由州法律自行规定,因而各州法院体制名称不尽相同。州法院系统大致有州基层法院、州上诉法院和州最高法院三级。有的州只设初审和上诉审两级。除宪法规定的或国会根据宪法授权规定的联邦法院管辖范围外,大部分民刑案件都由州法院管辖。对联邦法院和州法院拥有共同管辖权的案件,原告有权决定在联邦法院起诉还是在州法院起诉。州最高法院还对所在州的宪法和法律享有解释权。

(三)联邦最高法院的违宪审查权

联邦最高法院对美国的政治法律和经济生活具有极强的影响力,这种影响在很大程度上是通过它所享有的司法审查权来实现的。著名的1803年马伯里诉麦迪逊案开创了美国联邦最高法院司法审查的先例,确立了美国的违宪审查制度。根据这一案件所确立的原则,美国联邦最高法院有权通过审理有关案件,解释宪法并宣布联邦法律或州宪法和法律是否符合联邦宪法。联邦最高法院在具体案件的审理中,如发现州宪法和法律或联邦法律与联邦宪法相抵触,可宣布其违宪。某项法律一经宣布违宪,法院便不能再援用。联邦最高法院在行使司法审查权时遵循的一项重要原则是"政治问题回避",司法审查权的行使仅限于司法问题而不涉及政治问题。在司法实践中,司法问题和政治问题的划分有时是相当微妙的。联邦最高法院通过司法审查权的行使对美国宪法和法律的发展产生着深刻影响。

司法审查作为一种权力和制度,它以资产阶级的分权、制衡和法治原则为基础,它在维护资产阶级民主制度,调整联邦和州的矛盾冲突,调整行政、立法、司法三机关关系的过程中发挥了重要作用。

马歇尔法官

二、诉讼制度

殖民地时期,美国的诉讼制度因袭英国普通法,适用普通法法院和衡平法法院二元诉讼制度。独立后,美国宪法及其修正案和1789年《司法条例》都对诉讼制度和程序作了原则规定。在19世纪后的法律改革中,各州相继进行民事诉讼和刑事诉讼立法,规定本州法院适用的诉讼程序规则,各州法院根据自己的诉讼程序进行工作,但诉讼制度的基本方面与联邦相似。

(一)民事诉讼

1938年联邦最高法院颁布的《联邦民事诉讼规则》,是美国民事诉讼法历史上一个里程碑式的法律文件,它不仅规范了联邦法院的诉讼活动,而且推动了各州诉讼程序的改革和统一。

传统的普通法民事诉讼程序由诉答和开庭审理两个阶段构成。在诉答阶段,当事人之间只确定争点而不交换证据。美国民事诉讼制度是在英国法当事人主义诉讼观念和诉讼框架上,适应近代资本主义市场经济发展的需要而建立起来的,是一种当事人在诉讼中起主导作用的诉讼法律制度。

1938年《联邦民事诉讼规则》的一项重要改革和发展是:在诉答程序之后规定了发现程序,即将当事人在庭审前向对方收集和调查证据作为一个诉讼阶段和诉讼权利规定下来,这不仅在一定程度上防止了传统诉讼制度中很容易出现的当事人之间庭上突袭问题,而且对英美法系的当事人主义机制产生了巨大影响。为加强对发现程序的监督和管理,防止发现程序滥用,美国在20世纪80年代至90年代,围绕法院如何加强审前程序的管理问题对《联邦民事诉讼规则》进行了几次重大修改。1993年12月,美国联邦最高法院又进一步修改了《联邦民事诉讼规则》,规定了强制出示制度,即当事人向对方收集信息和证据之前应主动向对方提供与该请求相关的信息和证据。

美国民事诉讼的基本程序包括:起诉、初审、上诉审、发布执行令。民事审判采取辩论制,由权利主张者承担举证责任,并实行"占有优势证据"(by a preponderance of the evidence)的证据原则,即要想胜诉,必须提供至少51%以上的有利证据。

(二)刑事诉讼

美国的刑事诉讼也承袭普通法传统。联邦和各州都有自己的刑事诉讼法规,但没有统一的刑事诉讼法典。1945年制定的《联邦刑事诉讼规则》,经过多次修改,是现行有效的刑事诉讼制度。美国刑事诉讼制度包括了侦查、起诉、审判各阶段的一系列具体原则、制度和程序,而美国刑事诉讼中比较有特色和影响的是它的辩诉交易(plea bargaining)制度和诉讼权利宪法化特点。

1. 辩诉交易

辩诉交易又称辩诉谈判(plea negotiation)、辩诉协议(plea agreement)。它是一种庭外活动,由控、辩双方磋商和谈判,在这一过程中,控方以撤销部分指控、降格控诉或者建议法官从轻判决等许诺换取被告人作认罪答辩,以节省诉讼时间和开支,降低诉讼成本,特别是避免审判的不确定性。如果法官认为被告人已承认检察官所指控的犯罪,便不再召集陪审团听证审理而直接量刑。辩诉交易是自由裁量权最典型的体现。

为保护被告人的合法权益,对辩诉交易有一些限制或要求:第一,法庭不被允许参加辩诉交易过程;第二,被告人必须充分了解作认罪答辩的后果;第三,被告人必须是自愿;第四,要求辩护律师必须从被告人利益出发,认真分析指控的性质、控方掌握的证据,比较接受协议与接受审判的利弊,从而帮助被告人作出明智的选择。另外,《联邦刑事诉讼规则》和《联邦证据规则》均规定,有关被告人在与检察官进行辩诉交易中的陈述,关于被告人曾打算作认罪答辩、或者被告人曾作出认罪答辩后又撤回的证据,不得作为不利于该被告人的证据采纳。①

2. 诉讼权利的宪法化

美国以宪法修正案(如第四至第八修正案)的形式规定了公民的一系列诉讼方面的权利。如没有合理根据不得发出搜查和扣押状,任何人不得在任何刑事案件中被迫自证其罪,刑事案件中被告有取得律师帮助的权利,有要求陪审和公开审判的权利,有和证人对质的权利,有以强制程序取得有利于本人的证据的权利等。任何诉讼除必须遵循诉讼法规定的程序外,还必须符合宪法规定的正当法律程序条款。

刑事诉讼一般在犯罪地法院提出。刑事审判实行无罪推定,有罪判决必须以"毫无合理怀疑"为原则。刑事审判也采用辩论制。

(三)陪审制度

美国宪法第六条、第七修正案原则规定了陪审制度。在诉讼中,原被告都可提出陪审团参与审判的要求。陪审团分为大陪审团和小陪审团。大陪审团只适用于刑事案件,其主要职责和权利是决定是否起诉。小陪审团在刑事诉讼中通过对案件事实的认定,裁定嫌疑人是否有罪,在民事诉讼中决定是否赔偿。在刑事诉讼中,如果陪审团认定被告人有罪,法官便依法量刑。如果陪审团认定被告人无罪,法官则要宣布释放该被告人。而且,根据美国宪法第五修正案的精神,任何人不得因同一犯罪行为而两次遭受生命或身体的危害,该被告人不得再因此相同罪名接受第二次审判,陪审团的无罪裁决具有终审效力。

当今西方国家的陪审制度主要是指小陪审团制度,但美国联邦和一部分州

---

① 参见何勤华主编:《美国法律发达史》,上海人民出版社1998年版,第355—356页。

仍然保留了大陪审团制度,大陪审团制度的主要功能是对检察官的起诉权进行制约。大陪审团成员资格、产生办法以及任期,各州的规定不尽相同。

第九节 美国法的历史地位

一、美国法的历史地位

独立战争以来的二百多年时间里,美国法律经历了独特的发展过程。美国在接受英国普通法传统的同时,赋予古老的法律以惊人的活力,并以深刻的批判精神和创新精神建立了符合美国国情的法律制度。在普通法法系中,美国法占有重要地位,成为普通法系中与英国法并驾齐驱的又一代表性法律。

美国创造了对宪法产生了深刻影响的近代宪政思想和制度,制定了世界第一部资产阶级成文宪法,宪法中所体现的分权、制衡和法治原则,奠定了资产阶级宪法的基本格局,并对整个近代时期的资产阶级宪法实践发生了深刻影响。

美国首创了违宪审查制度,这一制度真正赋予了宪法以根本法的地位,它将一切法律都置于宪法精神的统治之下,一切法律权利最终都起源并归结于宪法权利。这一制度的实施,不仅对维护法制的统一、调整统治阶级内部关系有着积极意义,而且创造了发展宪法、实现宪法监督和保障的独特模式。因此,世界上许多国家都纷纷效仿,先后建立起各具特色的宪法监督和保障制度,以维护宪法的权威,保证宪法和法律的正确实施。如英国、瑞士等国建立了议会立法监督制度,依照立法程序来行使宪法解释权和宪法监督权。日本等国建立了由各级法院行使违宪审查权的司法审查制度。而法国、德国等国家则在普通法院之外设立专门的宪法法院来行使司法审查权。在违宪审查权的行使过程中,法国等大陆法系国家还进一步创造了被称为"抽象的原则审查"或"预防性审查"的制度,即由宪法法院依照法定程序,在某项法律颁布以前对其进行合宪审查。美国的违宪审查制度开世界宪法监督和保障制度的先河,大大推进了宪政制度的发展。

美国根据宪法的分权原则和本国实际,创造了立法和司法的双轨制,这种体制及其运作也为中央和地方关系的协调提供了经验。美国刑法率先创造了缓刑制度,并将教育刑观念和人道主义观念引入刑法的改革。美国法将反垄断作为法的重要职能,最早建立了反垄断法制。尤其是,美国法在继承普通法与建立本国法的过程中所表现出的批判和革命精神。所有这些都决定了美国法在普通法体系乃至西方资产阶级法中的重要地位。

另一方面,美国法在它的历史发展进程中,也曾以它的一些反民主立法对世界法的发展产生过消极影响,如它的反劳工立法和种族歧视性立法等。

二、美国法与英国法的联系与区别

美国法与英国法同属普通法系,二者有着天然联系。美国法与英国法的共同点主要表现为:

第一,判例是主要的法律形式。美国法律的主体部分是判例法,法律的创制、法律原则的形成和发展以及法律的解释往往是通过判例形式实现的。尽管19世纪下半叶以来制定了大量成文法,但始终保持了判例法的主体地位,奉行判例法主义。

第二,法律风格的一致。美国也遵循"先例原则",法院创造的先例对以后的同类案件具有拘束力。在司法实践中,法院和法官享有重要地位,法官不仅享有司法审判权,而且享有司法解释权以及由"先例原则"所决定的实际上的立法权。在审判风格上,同英国一样,美国也采用归纳法推理方式,即从先前的一个一个的判例中归纳出普通法原则,再分析本案,然后作出对本案的审判结论。在对待实体法和程序法的态度上,更强调程序法的重要性。此外,美国继承英国法关于法律分类的传统,不采用公法和私法的划分方式,也没有独立的民商法部门。

但是,美国法又具有不同于英国法的特质,它在成长过程中,逐渐形成了自己的特点。表现为:

第一,法律移植中的批判精神。美国法继承了英国普通法传统,英国的很多普通法判例被美国直接援用,但美国对英国法的运用,以符合美国的国情为前提,对不适合本国国情的普通法规则不予适用。如它改革了英国法中的不成文宪法传统,创造了成文宪法和富有特色的宪法制度。它改变普通法的诉讼制度,取消了"普通法之诉"与"衡平法之诉"的区分,简化了繁琐的诉讼程序。美国还通过制定法,消除了土地法、家庭继承法中的封建因素。在适用"先例"原则时,美国法认为,如果固守先例会不利于案件的公正处理或不利于法律发展时,决不恪守先例,等等。因此,英美两国法律相比较,英国法常常过分强调传统,较为保守,而美国法则更富于批判和创新精神。

第二,立法和司法的双轨制结构。和英国的单一制不同,美国的立法权由联邦和州根据宪法分别行使,联邦法和50个州法各成体系。法院分为联邦法院系统和各州法院系统,两套法院系统互不隶属,独立行使权力。

第三,判例法与制定法并重,学理和实践互补。美国法较之于英国法,较早地表现出重视制定法的趋向,尤其是19世纪下半叶以来,制定法大量出现,迅速发展,国会立法成为改革和完善法律制度的重要途径,除联邦法外,各州都有大量的成文立法。因而在评价美国法时,很多西方学者认为,美国法是国会立法和司法造法相互作用的产物,是一种判例法和制定法并重的"混合体制"。

英国强调法官的作用,一般排斥学理对实践的指导作用,法律工作者的培养也主要是以实务型的"学徒"方式进行。美国不同于英国,美国既强调法院和法官的作用和地位,也注重法学家的作用,如由律师、法官和法学教授共同完成的对法律规则进行抽象的理论表述的"法律重述",对美国的司法实践有着一定的影响力,有的州在判决中,如果没有先例可循或先例不明确,法官往往求助于"重述"。美国法官的培养也完全是大学法学院的任务,学生们所接受的是法学教育而不仅仅是法律技术。

第四,法律解释的灵活性。美国法院对先例、对制定法条文都享有司法解释的权力,这种解释往往造成判例规则和制定法条文含义的极大伸缩性。

第十节 其他重要法律制度

一、家庭法

家庭法主要是州法,各州的具体规定有一些差异,家庭法是在普通法基础上发展起来的,各州还制定了一些成文法以补充不足。

依照普通法,婚姻关系被看做契约关系,由具备结婚条件的男女双方订立。

美国在接受普通法婚姻传统时,对普通法婚姻制度进行了改造。由于美国的神职人员很多都是为了逃避压迫和排斥而从英国移居到美国的英国清教徒,因而他们在婚姻仪式中,只作为一般客人,不起决定作用。美国大法官肯特认为,普通法并不要求基督教形式的婚姻才有效。因而和英国比较起来,美国的婚姻制度要世俗化一些。

从联邦范围看,主要存在着宗教的和民事登记的两种婚姻形式。一些州规定只要进行了登记,婚姻即为有效。有的州要求到教堂举行宗教仪式。此外,近代还有依习惯结婚的方式,只要双方同意结婚并以夫妻相待而同居,就为合法婚姻。

夫妻关系最初实行"夫妻一体"原则,已婚妇女没有单独的居住权和其他民事权利。

1848年第一次妇女代表大会后,妇女获得了一些权利,如承认妻子的独立住所。直到20世纪初,妇女才逐步取得了独立于男子的经济权、财产权以及选举投票权这一类的政治权利,妇女的地位才真正开始改善。

美国独立后,在离婚许可上南北差异很大,南部比较严格,离婚仍然和独立前一样很少见。如南卡罗来纳在整个19世纪几乎没有完全意义上的离婚。南部其他州,采取由立法机关通过个别离婚法案而离婚的形式,如1798年的佐治亚宪法允许立法离婚方式,即在高等法院进行所谓"公正审理"之后,提出一个离婚判决,由立法机构投票以2/3多数票通过后准予离婚。在北部,法院判决是离婚的通常形式。关于离婚理由,大部分州遵循过错原则,即离婚诉讼的被告必须有婚事不法行为,而且要求原告自己没有婚事不法行为。以伊利诺伊州为例,离婚理由一般有:无性行为能力、重婚、通奸、遗弃1年以上、酗酒或吸毒成瘾2年以上、用毒害或其他"证明是恶意的手段"危害配偶生命、反复的肉体或精神虐待、使无辜的配偶染上性病等。纽约州仅将通奸规定为绝对离婚理由。佛蒙特州规定的离婚理由有:无性行为能力、虐待、通奸、3年故意遗弃、长时间失踪推定死亡。[①] 自20世纪70年代起,离婚问题的过错原则被感情破裂原则所取代。1970年1月1日生效的加利福尼亚州新离婚法标志着摈弃过错原则,支持破裂原则趋势的开始。

1970年,美国统一州法委员会制定了《统一结婚离婚法》,但到现在为止,许多州尚未采用。

二、公司、保险和破产法

(一) 公司法

1. 美国早期公司法

美国的公司制度渊源于英国法,在19世纪初,美国的公司法领域还是死水一潭,所涉及的多是非营利性的团体,如政府机构、慈善团体和教会。只有少量的桥梁业、制造业、银行和保险公司。19世纪,商业公司迅速发展,公司的迅速成长使美国公司法脱离英国法而获得独创性发展。

19世纪下半叶,渊源于英国法的公司建立的特许制度走向衰微,许多州,如纽约州、伊利诺伊州、威斯康星州、马里兰州等都实行按特许制建立公司和依普通公司法建立公司的双轨制度,当依普通法建立公司不能达到目的时,允许按特许制建立公司。路易斯安那州1845年《宪法》还采取更激烈的步骤,完全禁止适用特许制度,随之,别的州相继效仿。19世纪60年代中期,美国国会废除了所有公司组建的特别立法[②],全美实行依照普通公司法建立公司的制度。到19世纪70年代,公司体制在经济活动中取得了主导地位。[③]

美国公司法的主要渊源是私人诉讼判例和成文立法,主要属于州法范畴,各州都有自己的判例和成文法,一些州的重要判例和成文立法往往被其他州所采纳,因而各州立法虽不完全一致,但关于公司的基本原则和制度的规定大致相同。1950年,美国律师协会制定了《标准公司法》,旨在促进各州公司立法的统一。1991年,美国在前几次修订的基础上,对该法又作了全面修改。目前,该法

---

① See Lawrence M. Friedman, *A History of American Law*, New York, 1985, p. 205.
② Ibid., p. 512.
③ Ibid., p. 511.

的一些条款已被大多数州采用。

早期公司法倾向于主张公司管理自由,公司可以做它高兴和希望做的事情,法律对公司持保护和扶植态度。美国联邦最高法院认为,《宪法第十四修正案》所要保护的"人",已经包括公司在内,从而试图将对公司权利和利益的保护提升到宪法保护层面。

19世纪下半叶,各州对公司的权利义务、解散、清算等问题有了新的明确规定,公司制度不断完善。到1874年,有16个州的宪法规定国家不得拥有私人公司的股票,20个州禁止国家借资金给任何公司。这一时期的公司法还注重对公司行为进行规范,把确立诚实交易原则作为一个基本目标。通过判例确立了信托责任规则,根据信托责任规则,董事作为公司财产的受托管理人不得自己受益,不得同该公司做买卖。此外,通过立法确立了公司的有限责任制度。公司法便从早期的对公司的保护和扶植转而加强规范和约束。

在公司法领域,直到20世纪最初30年,其主题都是确保公司这一工具能得到充分利用,不受政府限制的束缚。法律的目标就是为企业家利用公司提供便利,而公司的目标就是实现股东利益的最大化。

2. 20世纪公司法改革和公司法理念的变化

20世纪,尤其是20世纪30年代以后,大型公司控制了美国的大部分经济,无论是市场规则还是法律规制,都不足以约束这些经济巨人。他们拥有市场优势,拥有运用政治和社会权利的能力,支配着美国的经济和政治,公司滥用权力以及公司利用有限责任制度规避债务的情况时有发生。公司将利益最大化作为唯一目的与社会全面发展目标之间的冲突凸显出来,加之世界性经济危机之后的发展问题摆在了面前,因而,引起美国学术界关于公司法基本理论的新一轮探讨。这场讨论涉及公司财产权与控制权、公司内部治理、公司有限责任滥用、公司刑法适用、公司宪法保护或约束等一系列基本理论问题,而影响最大的是关于现代公司作用或公司社会责任问题的争论。

争论的走向是公司社会责任观点逐渐居于主导地位,获得了越来越多学者的赞同。学者们认为,公司在作出商业决策时,不仅应考虑股东的利益,而且应考虑工人、消费者和公众的利益。到20世纪90年代末,美国主流观点认为公司不再仅仅是管理者与股东之间的信托关系,而是相关方面的"利益共同体"。

20世纪末,在经过半个多世纪的公司法理论的探讨和争论以后,面对公司法实践中的新问题,以1989年宾夕法尼亚州议会修改公司法为开端,美国共有29个州相继修改了公司法,公司社会责任观念在公司法文本中得到反映。这一较大规模的公司法变革深刻反映了美国现代社会和经济发展的需求,反映了现代美国公司法理念和公司法价值目标的革命性变化,美国公司法开始了它新的发展时期。

(二) 保险法

美国保险法主要是议会立法。将商事行为置于法律的规范之下最多的是保险,相对于议会来说法院处于第二位。在19世纪晚期以前,关于保险请求的诉讼极少。直到1870年,已报告的人身保险的案件大约只有一百件。在早期案件中,主要是火险和海事保险。

到19世纪末,关于保险法的诉讼裁定迅速增加。在保险诉讼中,公司律师一般都起草严格的条款来保护公司的利益,法院和法官往往对保险条款作扩大解释,以此保护某些当事人的利益,如允许寡妇获得丈夫去世的人身保险,对那些店铺或住房被烧毁的人提供帮助。这一时期,投保人如果在保险单事项上有诸如撒谎这类不道德行为,例如将已有20年历史的房屋申报为15年历史,则保险单无效,成为一纸空文。但在案件审理中,对不道德行为的认定,法官有解释权。由于这种解释权的运用,这一时期的条款解释弹性很大,具有不确定性,判例法变得混乱和复杂。

19世纪末以来,各州还通过了一系列成文的保险法规,这些法律涉及商事活动的各个方面,有的州明确地保护公司的利益,有的州保护保险单持有人,有的州折中两者的利益。这些法律对保险领域的重要问题作了明确规定,保险法走向规范化和成熟化。如1870年威斯康星州通过了一项法律,该法要求,火险和海事保险公司必须有强大充足的储备,只有当他们单独提出一笔和未到期的保险单等值的保险费时,公司才能分配利益。1889年的内布拉斯加法律要求保险公司在火、龙卷风、闪电损害中按照保险单所载明的价值偿付保险金,保险单上的价值被看做是带有结论性的真实价值。1895年威斯康星州颁布了标准火险保单,它标志着保险制度规范化的发展水平。20世纪以来,保险法不断走向完善,制定了财产保险、意外保险、责任保险等相关法律以及特定行业保险法如《联邦农作物保险法》(1938年、1980年)、《农业风险保障法》(2000年)。保险法更注重保护投保人利益,如在20世纪70年代倡行"满足被保险人合理期待"的保险法原则,从而促进了保险合同的进一步规范化和保险法的进步。

(三) 破产法

1. 破产法的历史演变

破产法在美国属联邦法范畴,其核心是破产程序。美国沿袭英国破产法,分别于1800年和1841年颁布过两部联邦破产法,但都在实施后不久被废止。因此,在19世纪中期以前,美国根本不存在有影响的联邦性的破产法,各州也都是一些关于无力清偿债务、延缓执行和免税方面的法律,几乎没有关于企业破产的法律。1867年,国会通过了第三部联邦破产法,该法允许两种形式的破产,即"自愿的"和"非自愿的"破产。由于该法对企业比较苛刻,因而遭到反对,它在1878年终于被废止。

1898年1月,经过激烈争论,通过了一部《联邦破产法》,该法的目的是为了在全国建立起一个统一的破产制度。根据该法,任何一个欠有债务的人,都被给予自愿破产的权利;对工薪阶层和主要从事农业种植的人不能强制实行非自愿破产;破产企业的工人和职员可优先获得破产前3个月或300美元以内的工资。在以前几次修改的基础上,1978年又对《联邦破产法》进行修改,颁布了《破产改革法》,并于第二年10月生效。此后,随着社会、经济的发展,美国于1984年和1986年先后对《破产改革法》进行了两次大的修改。1988年和1990年国会分别通过了关于专利及知识产权破产事项的修正案和个人债务人的债务解脱修正案,从而形成现行破产法体系。[①] 2005年4月,美国国会对破产法进行了自1978年以来的最大一次修订,修订后的破产法于2005年10月17日生效。

2. 破产法的基本原则和内容

现代美国破产法是面对激烈的竞争以及由此而导致的剧烈的经济和社会冲突,作为工业社会的一种减震措施和制度安排而存在的,它的理论基础是20世纪的社会法学和美国的现实主义法学。基于这种理论,破产法致力于最大限度地兼顾破产程序中债权人和债务人双方利益,致力于对社会整体利益的保护,在破产法的实际贯彻中,则主张"破产损失分担主义"[②]。破产法的这一原则深刻反映在破产法的具体规定中。

《破产改革法》不仅对清算程序、破产原因、财产豁免、清偿顺序、重整程序等问题作了一般规定,而且对债务人规定了一系列保护条款。

该法规定的破产程序有直接破产程序和协商改组程序。直接破产程序即由债权人或债务人向法院提出申请,按破产规定,宣布债务人破产并对其财产进行清算。协商改组程序即在债权人和债务人双方同意的情况下,签订协商改组协议,改变债务人企业的经营机构,暂缓清偿债务,继续经营一段时间后,再偿还债务。如暂缓期满后债务人仍无力清偿债务,可转为直接破产程序。该法希望帮助那些被称为"诚实而不幸"的破产者,在照顾债权人利益的前提下,尽可能使其在生活和经营方面有新生机会,因而该法有关于减免、延期清偿破产债务以及为破产者保留最低限度的资产的规定。联邦破产法从考虑社会利益的角度,建立起了预防破产制度。[③] 于2005年10月开始生效的修订后的破产法对个人申请破产的条件规定更为严格,对申请破产企业的重组问题规定更严格,要求申请破产企业必须在18个月内提出重组计划,以保护债权人利益。

---

① 参见何勤华主编:《美国法律发达史》,上海人民出版社1998年版,第254页。
② 同上。
③ 同上书,第6章。

三、反托拉斯法

（一）反托拉斯法律体系的形成

南北战争以后，美国加快了城市化和工业化进程，随着交通的发达，全国性市场的形成，生产力的提高，公司制的普遍施行，资本主义经济得到迅速发展，造成生产和资本的集中。在激烈的竞争中，一些大企业通过控股或其他方式，吞并或联合其他小企业组成垄断组织托拉斯，这类托拉斯具有强大的经济实力，并借助这种实力控制产品的生产、销售和市场价格，以不正当手段排挤其他企业，损害消费者利益。19世纪70年代至80年代，托拉斯迅速发展，在石油、铁路、制糖、产棉、煤炭、威士忌酒及烟草等行业都出现了托拉斯，托拉斯造成公平竞争秩序和合理市场结构的破坏，严重威胁了美国经济的生存和发展。传统的普通法和既有的成文立法都无法有效地控制这种垄断局面，于是反垄断法应运而生。

美国是世界上第一个建立反垄断法制的国家。根据美国宪法的规定，管理对外贸易和州际贸易的权力属联邦国会，因而美国的反垄断立法主要属联邦立法权范围。此外，很多州制定了相应立法对本州内的贸易活动进行规范。1890年，美国国会制定了第一部反托拉斯法——《谢尔曼法》（Sherman Antitrust Act），以此为开端，美国陆续制定了一系列反托拉斯法规，形成反托拉斯法律体系。这些法规主要有：《克莱顿法》(1914年)、《联邦贸易委员会法》(1914年)、《罗宾逊—帕特曼法》(1936年)、《惠勒·利法》(1938年)、《奥马荷尼·克发佛·西勒法》(1950年)和《哈特·斯科特·诺迪罗反托拉斯改进法》(1976年)；此外，还有规范企业合并事项的《合并准则》(1968年颁布并于1982年、1984年修订)和美国司法部和联邦贸易委员会联合颁布的《1992年横向合并准则》。

（二）反托拉斯法的基本内容

《谢尔曼法》颁布以前，主要遵循普通法关于"对贸易的限制违反公共政策"的规则，借助判例法保护竞争。1889年，密执安州、堪萨斯州、内布拉斯加州通过了州反托拉斯法令，内布拉斯加法令将"以任何契约、协议等形式为某一产品规定一个通用价格或限制该产品的生产、销售总量和范围"等行为规定为违法。[1] 这种少量的州立法组成美国反托拉斯运动的一部分，但未能控制托拉斯行为。

《谢尔曼法》是美国联邦第一个反托拉斯法，也是美国历史上第一个授权联邦政府控制、干预经济的法案。该法规定：凡以托拉斯形式订立契约、实行合并或阴谋限制贸易的行为，均属非法，旨在垄断州际商业和贸易的任何一部分的垄断或试图垄断、联合或共谋行为为犯罪。违反该法的个人或组织，将受到民事的

---

[1] See Lawrence M. Friedman, *A History of American Law*, New York, 1985, p. 464。

或刑事的制裁。该法奠定了反垄断法的坚实基础,至今仍然是美国反垄断的基本准则。但是,该法对什么是垄断行为、什么是限制贸易活动没有作出明确解释,为司法解释留下了广泛的空间,而且这种司法解释要受到经济背景的深刻影响。

1914年的《克莱顿法》对《谢尔曼法》作了补充,明确规定了17种非法垄断行为,其中包括在合同中签订搭售条款、排他代理条款等行为。《克莱顿法》的主要目的是制止反竞争性的企业兼并及资本和经济力量的集中,关于非法兼并和合法兼并的确认的原则是在该法的实施过程中不断完善的,它在反托拉斯法体系中占有重要地位。1980年的反托拉斯诉讼程序修订法对《克莱顿法》第7条进行了修改,使独立核算的大型合伙企业和不具备法人资格的合营企业都要受该法的规制。但该法的规定也很笼统。

1914年的《联邦贸易委员会法》授权设立联邦贸易委员会,该委员会负责反托拉斯法的实施,有权对涉嫌违反反托拉斯法的行为进行调查,有权命令个人或企业停止其违反反托拉斯法的活动。该法的主要目的是禁止不正当竞争和不公正或欺骗性的商业行为。该法所禁止的不正当竞争手段相当广泛:如骚扰、以拒绝出售为手段对买方施以强迫、联合拒绝购买、诽谤竞争对手、从事商业间谍活动、蓄意破坏商业合同的履行、盗用或假冒商业或公司名称、进行有误导作用的广告宣传等。

1936年的《罗宾逊—帕特曼法案》是对《克莱顿法》第2条的修正,主要目的是禁止那些会削弱竞争或导致市场垄断的价格歧视,鼓励价格统一,保护中小厂商利益。由于该法制定于20世纪30年代经济大萧条时期,因此有局限性,现实践中很少适用。

1938年的《惠勒·利法》修改了《联邦贸易委员会法》第5条,规定除了不正当竞争方法外,不正当或欺骗性行为也属违法行为。这一修改的目的是将该法的适用范围扩大到那些直接损害消费者利益的商业行为。

现行的《合并准则》主要调整企业横向合并事项,为企业合并提供具体的可操作的规范,限制不利于竞争的企业合并。

在长期的司法实践中,美国反托拉斯法的理论和制度不断完善,反托拉斯法成为推行政府的经济政策、保护经济正常运转的强有力手段。

四、劳工法和社会福利法

(一) 劳工法

美国劳工法的出现晚于其他法律,劳工问题被作为法律的重要话题是在南北战争以后。劳工关系的调整长期依赖判例法,传统的判例法从整个资产阶级的经济和政治利益考虑,确立的是一种劳资双方权利、地位极不平等的基本格局。法官往往站在雇主立场上,作出不利于被雇佣者的裁决。在诉讼中,法院也往往以契约自由原则和宪法规定的正当法律程序条款为理由否定工人所主张的权利,免除企业主的法律责任。19世纪末,美国一些州通过立法对工人最长工作时间、最低工资、童工问题等作了规定,但直到20世纪初,最高法院仍以这类理由否定关于工作时间、禁止雇佣童工、保证最低工资、在解决劳工争端过程中禁止发布禁止令等法规的效力。在19世纪末以前,美国劳工关系法的主要倾向是保护雇主利益、限制工人权利。

19世纪的最后十年,劳工运动取得了极大进展,各州制定的劳工保护法日益增多。有的州禁止将工人列入黑名单,有的州宣布强迫雇工承诺不参加工会的"黄狗契约"无效,有的法令对雇主支付工人工资的方式和时间作了规定,有的甚至惩罚侵害工会称号的行为。[①]

20世纪30年代,由于经济危机等原因,工人运动进一步高涨。1932年,联邦国会颁布了《诺里斯—拉瓜迪亚法》,该法赋予工人签订集体合同的权利,禁止对工会适用反托拉斯法。作为罗斯福"新政"立法的一个组成部分,美国制定了一系列劳工法,对劳工关系进行调整,如1935年的《国家劳工关系法》等。《国家劳工关系法》规定工人有组织、成立和参加劳工组织的权利,有选派自己的代表进行集体谈判的权利,有为了集体谈判或其他互助或保护的目的采取一致行动的权利。这一时期的劳工法注意到了对工人权利的确认和保护。这些法律实施的结果,引起了资产阶级保守派的激烈反对,因此20世纪40—50年代,美国又制定了一些反劳工法律,如1947年的《国家劳资关系法》(又称《塔夫脱—哈特莱法》)。该法加强了对工人权利的限制,规定法院有权下令禁止工人罢工80天;罢工前必须有60天的"冷却期",静候政府调查;禁止工会代表全国性同业工人与资方谈判;等等。并宣布,1935年国会通过的《国家劳工关系法》中允许工人自由组织工会、集体谈判和签订合同的条款无效。

20世纪60年代后,美国的劳工关系法逐步走向民主化。如1959年对《国家劳资关系法》进行修改,成为调整劳资关系的重要法律;1962年通过了《人力开发培训法》,规定由联邦拨款举办就业培训和在职培训;1975年又制定了《综合就业与培训法》,对以前的相关法律作了补充修改;1970年美国国会通过的《职业安全与卫生法》和1977年国会的《联邦矿山安全与卫生法》等,则对劳工的安全生产作了详细规定。现代美国劳工法包括工资和工时、劳动保护与安全卫生、职业教育、劳动仲裁以及劳资关系调整等方面的内容,形成了比较完善的劳工法体系。[②]

---

① See Lawrence M. Friedman, *A History of American Law*, New York, 1985, p. 588.
② 参见何勤华主编:《美国法律发达史》第6章第9节,上海人民出版社1998年版。

(二) 社会福利法

美国的社会福利立法也出现得较晚,社会福利立法是在劳工赔偿法等保护工人权利和利益的法律的基础上发展起来的。20世纪初的宪法革命及宪法观念的更新,为社会福利立法的发展奠定了基础,建立社会福利制度成为现代社会政府的一项重要职能。此后,社会福利救助不再被看做仅仅是州和地方当局的职责,责任的重心向联邦政府转移,提供社会福利救助成为联邦和州共同的职能。法律也从最初的对工资保障、工时限制、女工和童工保护、损害赔偿这些有关工人福利和利益的基本问题的规定,逐步扩展为以退休和抚恤制度以及失业保险制度为中心内容的社会福利和社会救助制度的确立。

1935年8月,美国颁布了《社会保障法》,政府也相应设立了社会保险局,这是美国社会保障法的开端。《社会保障法》的主要内容有:建立联邦—州失业补贴联合系统,促进各州制定失业保险立法;联邦通过税收、建立社保信用基金、发行信用基金债券和贷款等方式分别建立联邦和州的社会福利救助基金,对老年人、退休者、失业者、残疾人、贫苦人和孤残儿童提供补贴和救助;帮助各州设立公共健康、职业康复、妇幼照料之类的社会服务项目。该法的颁布,使美国的社会福利制度开始走向统一,标志着联邦将社会福利和保障事业纳入法律规制的范围。该法以后经过多次修改,其发展趋势是逐步扩大社保对象的范围、降低获取保障的年龄等条件限制。美国于2000年通过的《老年公民自由工作法案》对1935年颁布的《社会保障法》作了历史性改变,该法案规定,已超过退休年龄但仍在工作的人也可以是社会保障的受益人,而此前的法律要求必须先退休才能获得足够的社会保障。美国社会保障法实施过程中,在20世纪七八十年代遭遇了财政资金不足的问题,虽得到解决,但从长远来看,这依然是一个制约着社会保障制度发展的并在不断探讨的问题。

社会福利立法是美国的福利国家政策的重要方面,也是实施福利国家政策的有效手段。

思考题

1. 美国法的普通法传统与独创性发展。
2. 美国宪法的基本原则。
3. 20世纪末以来美国公司法的变革。
4. 美国反托拉斯法律制度及其对经济发展的影响。
5. 美国联邦最高法院违宪审查权的确立、运用及其影响。
6. 美国司法制度的特点。

第十二章 法 国 法

内容提要

法国以其绵延千余载的法律演进史,逐渐形成以公法与私法划分为基础的具有逻辑性、系统性的法典化体系,给予欧陆国家的法律传统以深刻影响,因而成为大陆法系的发祥地。通过对法国法演进历程、法律渊源、各项法律制度、法律原则及特征的学习,既可从整体上把握法国法律制度的独特性,亦可从中窥知大陆法系的共同传统。

关键词

法国封建法 拿破仑全面立法 法国行政法 法国民法典 法国法的基本特征

第一节 法国法的形成与发展

一、封建法兰西王国时期的法律

法兰克王国的查理曼死后,根据公元843年的《凡尔登条约》,其三个孙子将王国一分为三。一个获西部(即今法兰西);一个获东部(即今德意志);一个获中部(即今意大利)。

法兰西王国依然承袭法兰克王国的法律渊源,即日耳曼法、罗马法、教会法和王室法令。在诸因素相互作用之下构成复合型法文化。综观法兰西王国千年法制史,以地理(卢瓦尔河)为界,分南北法区。南为罗马法区,北为习惯法区。两者分别占法国疆域的2/5和3/5。以时间为界,分三个时期:封建割据时期(公元9—12世纪),习惯法为主,法源颇为分散;等级代表君主制时期(公元12—16世纪),罗马法影响渐大,王室法令地位上升,教会法作用先扬后抑;君主专制时期(公元16—18世纪),王室法令凌驾于其他法源之上,大有一统天下之势。以僧俗标准划分,依中世纪西欧二元对立的政治格局,所谓"上帝管天国,恺撒管人间"。教会法与世俗法各行其道,但因教权与皇权的势力消长而彼此时有僭越。

其实,罗马法区与习惯法区也并非泾渭分明。南部不乏日耳曼因素浓重的习惯法,北部在习惯法未涉及处,亦采罗马法补其不足。伴随12世纪《国法大全》的被发现,罗马法影响自南往北缓慢推进,习惯法渐为罗马法所改造。承认罗马法的方式,南北各有不同。南部是因罗马法已成地方习惯的缘故。而在北方,是基于其内在性质,作为"成文理性"来采用。罗马法与习惯法间的差异,亦因教会法之影响而缩小。最后,实务法律家阶层与国王结盟,折中习惯法与罗马法,调和教会法与世俗法,以法典形式颁布系列王室法令,使法国法由南北对峙、僧俗相争局面,趋于统一化、民族化、系统化,为大陆法系的形成奠定了基础。

公元9—11世纪,法国封建生产关系逐步确立。大小封建主分为领主与附庸,形成保护与效忠关系。附庸又是另一附庸的领主,以此类推,形成一连串等级关系。在法律上,他们不能平等行使权利和履行义务。农民亦由农奴(塞尔夫)和依附农民(维兰)构成,彼此间法律地位各有不同。但在中世纪末,均转变为自由农民。12世纪后,迅速发展中的法国城市通过"特许状"获准自治。

(一)封建土地所有制

土地所有权具有等级结构特征。从国王和大领主处取得封地的附庸,只有土地占有、使用和收益权而无处分权。且所有土地上,都是数人同时拥有同一块地的附义务的占有权。因此,无限私有制是不存在的。自由农民耕种领主份地,应向领主缴纳固定地租,为其服劳役。而农奴则全无土地所有权。

(二)债权制度

封建制初期,债法仍不发达。中后期商品经济日趋繁荣,契约形式相应增多。订约形式是罗马式的,订约原则是教会式的(包括诚信原则)。14世纪以后,合意原则取代形式主义成为契约生效条件。

(三)商法

由于商品经济的发展,一些港口城市由商人自设法庭,会同审判,以处理商人纠纷,逐渐形成早期商法。12世纪出现著名的海事判例集《奥列隆海法》。国王政府设编纂委员会,制定《商事法令集》(1673年)和《海事法令集》(1681年),对日后的《拿破仑法典》有一定影响。

(四)婚姻、家庭与继承制度

婚姻方面,法兰西王国婚姻方式仍带有买卖婚姻性质。11世纪末叶以后,教会婚姻法渐居支配地位,遂倡导由配偶双方自愿同意原则。当时存在宗教婚与法律婚两种制度,可由当事人自行选择。教会法视婚姻为"神圣契约",故禁止离婚。家庭方面,仍采家长制。子女受父亲监护,没有独立财产。继承方面,实行长子继承制。土地多由长子继承,其他子女仅能继承动产。受罗马法影响的南部,则盛行遗嘱继承。

(五)刑法制度

王国早期,仍将犯罪视同侵权行为,或报复,或罚金。后将其视为破坏社会秩序行为,改由国家制裁。君主专制时期盛行"密封信令",取得此一盖有御玺之密封空白逮捕令者,可任意罗织罪名,构陷他人下狱。此信令亦可高价出售,以应图谋复仇者之需。获此信令之达官显要,纵有滔天重罪,亦可赦免。该时期刑法体现报应主义和恐吓主义特征,刑罚残酷,对国事罪和宗教罪惩处尤烈。

（六）司法制度

王国同时并存四种法院,即领主法院、国王法院、教会法院和城市法院,此外还有商人法庭。13世纪,路易九世实行改革,扩大国王法院的司法管辖权。此后其他法院权力均遭削弱。巴黎于此时建立王室最高法院（即"巴列门"）,作为巴黎地区重大案件第一审法院和各地普通案件上诉审法院。其诉讼程序对法国现代诉讼模式产生巨大影响。巴列门除司法权外,还干预立法,参与起草王室法令,并形成王室法令未经巴列门登记即无效力的惯例。此乃其后巴列门与国王冲突的原因之一。审判制度在割据时期,采取司法决斗方式。两个纷争者被全副武装起来,放到比武场上决输赢,而非在法官面前定曲直。13世纪中期,该方式被国王敕令废除,后引进纠问主义诉讼和形式主义证据制度。14世纪,出现专事控诉职责的检察官,该制度被视为现代检察制度的滥觞。

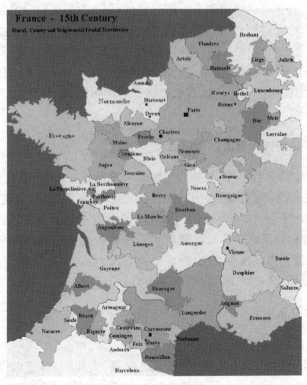

封建时代的法国

二、近代法国法律体系的形成

1789年法国大革命是世界史上划时代的事件和重要转折点。它敲响了封建制度的丧钟,宣告了全新的资本主义社会的诞生,也揭开了法国近代法的序幕。近代法国法律体系的形成经历了两个阶段。

(一) 初创阶段(1789年法国革命爆发—1793年雅各宾专政结束)

这一时期的立法被称为过渡时期法,因为它是连接古代法与近代法的过渡阶段,对于法国近代法所具有的意义不容忽视。通过1789年的"八月法令""人权宣言""1791年宪法"和"1793年宪法"等一系列法律、法令,废除了封建土地所有制,代之以所有权无限私有;废除了行会制度,代之以商业自由。并且,在自然法学说的基础上,提出了法律面前人人平等、罪刑法定、无罪推定等一系列资产阶级法治原则。如此急风骤雨式的法制变革,奠定了近代法国法律体系的基础,规制了法国法的发展方向。

(二) 全面立法阶段(1804年—1814年的第一帝国时期)

如果说,前一阶段主要侧重于破坏旧制度,这一阶段则是着手全面建立新秩序。拿破仑以其罕有的胆识和卓越的智慧,邀集一批思想稳健的法律家,结合革命原则和传统观念,耗十载光阴,建构起包括宪法典、民法典、商法典、民事诉讼法典、刑事诉讼法典、刑法典在内的完备的六法体系。全面规定了资产阶级法律制度,贯彻了个人主义和自由主义的法制原则。这是一个以罗马法为蓝本、以民法典为基础、以宪法为根本法的有机整体。它的出现,标志着以法国法为代表的大陆法系的形成。

三、现代法国法律制度的发展变化

迄至19世纪下半叶,资本主义开始步入垄断时期,从而引发法国社会各方面的深刻变化。为适应这些变化,法律制度也作了相应调整,出现了法律社会化的倾向,强调对社会利益的维护。立法者本此精神对原有法典进行修改和补充,诸如在民法方面对所有权的行使和契约自由进行必要限制。同时,出现了大量行政立法、经济立法和社会立法,产生了介乎公、私法之间的新法规。判例的作用开始得到重视,且被赋予一定的法律效力。

四、民法法系

(一) 民法法系的定义

民法法系又称罗马法系、罗马-日耳曼法系、大陆法系,是以罗马法为基础,以《拿破仑法典》为代表的一个世界性法律体系。它是在法国继受罗马法传统,建立自己的近代法典化体系,并将其强制向外推行,同时其他国家竞相仿效的过程中逐步形成的。

(二)民法法系的形成和发展

公元476年,西罗马帝国毁于侵寇之手,拉丁文明遭逢浩劫。西欧从此陷入黑暗时代,查士丁尼法典亦湮没无闻达六百年。自12世纪始,人们关注罗马法的热情被重新唤起。注释法学派视《国法大全》为正典,对其深加研讨、精读谙诵、析文释义。罗马法复兴运动从此以意大利波伦那大学为中心在欧陆蓬勃展开。13世纪以来,经过评论法学派、人文法学派的薪火传递,《国法大全》和复兴运动诸流派发展起来的法学一起,逐渐形成"欧洲共同法"。共同法有着共同的法律体系和法学思想、共同的法律语言、共同的法律教学和研究方法。借助于经济活动的扩展,法律学家传播罗马法的热情以及永续罗马帝国的观念,"欧洲共同法"成为欧洲大部分地区的基本法。15世纪之后,各民族国家的君主在致力于统一本国法的过程中,将"欧洲共同法"纳入其中,使之成为国家法的组成部分。编纂法典是这场以继受罗马法为目的的运动之必然归宿,这一使命由18世纪的法国资产阶级成功地担当起来。最终,罗马法之花,结出了法国近代六法体系之果,它标志着民法法系的形成。

新的法制模式和法律思想经由两个途径迅速向世界各地传播开来。第一个途径,是通过法国在其占领地或殖民地强制推行的方式加以传播。比利时、德国、瑞士、荷兰等法国邻国以及亚洲、非洲、美洲的法属殖民地国家,多是通过这个途径被迫接受法国法体系的。第二个途径,是一些国家基于对法国法体系优越性的认同而予以自愿仿效。通过这个途径主动接受法国法体系的国家有意大利、西班牙、葡萄牙、奥地利、日本、埃及、埃塞俄比亚等。

(三)民法法系的特点

民法法系具有以下特点:

第一,在法律渊源上,以法典为主要的法律渊源。该法典是建立在理性主义基础上、系统地按逻辑联系组织起来的成文法规的整体。它有别于英美法系简单罗列式的法规汇编。

第二,在法律传统上,从成文法形式、各项制度和原则,乃至概念、思维方式等方面,民法法系全面继受罗马法传统。

第三,在法官职能方面,严格限制法官的自由裁量权。依照欧陆国家的习俗观念,法官不过是法学家设计、立法者制造的法律机器的操作工而已。法国法官不如英美法官声名显赫、受人敬重,是由于其权力和创造力相对较小的缘故。

第四,在司法组织和程序方面,民法法系国家一般都采用普通法院和行政法院分离的两套系统。相对英美法系注重程序法而言,民法法系更注重实体法的作用。

第二节 宪 法

一、大革命时期的宪政立法

（一）《人权宣言》

1789年7月14日巴黎民众的武装暴动，标志着捣毁旧制度的大革命开始。早在7月9日的制宪会议上，代表穆尼埃就建议，在新宪法前面附上一项权利宣言。随着大革命的全面展开，资产阶级迫切感到有必要以宣言形式制定一个施政纲领，载明创立新社会的各项原则，以便激励人民，推动革命。经过月余的商讨，参照《独立宣言》制作出的《人权与公民权宣言》（即《人权宣言》）于8月26日由制宪会议通过。

《人权宣言》由序言和17条组成，其核心内容是有关自由、平等诸项人权的规定，同时涉及国家政权和法制基本原则。

关于人权，《人权宣言》首先宣布了天赋人权神圣不可侵犯的原则，并指出对于人权的无知、忘却或蔑视，是公众不幸和政府腐败的唯一原因。一切政治结合的目的都在于保存自然的、不可让与的人权。然后逐一列举了自由权、平等权、财产权、安全权、反抗压迫权、课税承诺权等。其中，自由权包括人身自由、思想自由、信仰自由、言论、著作和出版自由等。关于政权，《人权宣言》确立了"主权在民"、"权力分立"的资产阶级国家政权建设的基本原则。《人权宣言》还提出了法律是公共意志的表现、法律面前人人平等、法无明文禁止不为罪、法不溯及既往、罪刑法定、无罪推定等法治原则。

《人权宣言》处处烙下启蒙思想家的鲜明印记。如三权分立的学说源自孟德斯鸠，自然权利的理论源自洛克和百科全书派，公共意志和人民主权的观念源自卢梭，人身不得受到非法侵害的思想源自伏尔泰。同时，该宣言也并非空洞的虚文，许多条文背后皆有具体事例作为依托。如申明公民有反抗压迫的权利，实际上是为7月14日暴乱提供合法依据；宣称公民有不受非法控告、逮捕和拘禁的权利，意味着不准再发"密封信令"随意捕人。该宣言陈词之慷慨激越，二百余年后，闻

《人权宣言》

之犹掷地有声。它被称为"旧制度的死亡证书""新时代的信条"。它确立了法国大革命的原则,表达了资产阶级的理想和憧憬,奠定了新社会秩序的基础,成为日后法国一系列宪法的组成部分,对世界宪政史产生了深远影响,其流风余韵,历久不渝,迄今未绝。

(二) 1791年《宪法》

1789年7月7日国民议会创立制宪委员会,开始着手宪法之起草。历经两年时间,于1791年9月3日最后通过,并迫使法王路易十六签署公布,是为1791年《宪法》。

《宪法》分为两部分,第一部分是作为宪法基础的《人权宣言》;第二部分由序言和八篇组成,规定国家机关的组织和职权。宪法分别确立了人民主权原则和代议制、三权分立的君主立宪制和二院制的国民议会。宣布立法权交由民选的国民议会行使,行政权交由国王及其大臣行使,司法权交由民选的审判官行使。宪法还规定国王对国民议会的法案可以行使否决权。在就此问题进行的辩论中,产生了为后人惯用的将各种政治势力划分成"左派"和"右派"的分类法,这是法国大革命的伟大创造。

《宪法》虽在重申《人权宣言》公布的公民权利基础上,增加了有限制的集会、请愿权利,却又违背宣言主张的平等原则,将公民划分为"积极公民"和"消极公民"。只有"积极公民"才享有选举权。

这是欧陆第一部成文宪法,由代表大资产阶级利益的君主立宪派制定。它体现了孟德斯鸠的君主立宪和三权分立思想,从而奠定了法国近代国家制度的基础。但它保留了一个受制于法律的国王,规定了纳税限额选举制,均表明宪法的保守性。

(三) 1793年《宪法》

1791年《宪法》颁布后,法国革命仍在波澜起伏中向前推进。1792年9月宣布废除王权,建立共和国。1793年1月21日,判处路易十六死刑。6月雅各宾派执政。6月24日通过宪法。史称"雅各宾宪法"或"法兰西第一共和国宪法"。

1793年《宪法》由35条《新人权宣言》和124条正文组成。《新人权宣言》是由卢梭的狂热崇拜者、雅各宾派领袖罗伯斯庇尔撰写的,它与旧《人权宣言》有如下区别:条文由原来的17条扩充至35条,增补劳动权、受教育权、受救济权、起义权和集会、请愿权等,使公民权利与自由范围比以前更广泛了;用卢梭的主权不可分割思想取代了孟德斯鸠的三权分立理论;用"平等"取代"自由"置于人权之首,宣布社会目的是共同幸福,强调平等和民主精神;突出人民反抗压迫的起义权;宣布当政府违背民意时,人民起义就是最神圣的权利和不可或缺的义务;宣布人身是不可让与的财产,法律不承认仆人身份。

正文部分与1791年《宪法》相比,条文少,内容亦简洁。它以直接普选取代有纳税限额的两级选举制。按照卢梭主权不可分割理论设置国家权力机构,规定一院制的国民议会是最高权力机关,统一行使国家权力,执行议会从属其领导。摒弃了孟德斯鸠的权力分立且相互制约的理论。

1793年《宪法》是法国第一部共和宪法,也是法国革命时期最激进的宪法,它终因雅各宾专政的失败而未及实施即告夭折。

(四) 1795年《宪法》

1794年7月,代表大资产阶级利益的热月党人发动政变,推翻雅各宾政权,建立督政府,并于次年8月颁布宪法,史称"共和三年宪法"。它由序言30条和正文377条组成。这部《宪法》虽仍以《人权宣言》为序言,却消减了公民的权利,增加了公民的义务,并且恢复了间接选举和纳税限额选举制。根据该《宪法》规定,立法会议由元老院和五百人院组成,实行两院制。同时,建立立法会议选出的由5人组成的督政府以行使行政权。它在民主性方面,比之1793年《宪法》是远为逊色了。

二、拿破仑时期的立宪活动

1799年11月,拿破仑发动"雾月十八日政变",推翻督政府。随后于12月24日颁布《共和八年宪法》(亦称"拿破仑宪法")。

该宪法凡7章,计95条。根据宪法规定,建立由3个执政组成的临时执政府,拿破仑任第一执政。惟第一执政握有实权,其余两位居咨询地位。立法权由参政院、保民院、立法院和元老院共同行使,四院制表面为求权力平衡,实际为了分散权力使之陷于无能境地,以便第一执政对其控制。

1802年7月,立法机关宣布拿破仑为终身执政。8月4日通过宪法修正案(史称"共和十年宪法"),规定终身执政有权任命后继人,有权指定元老院、最高法院以及第二、第三执政候选人等,旨在确认独裁统治,为建立帝制铺平道路。1804年5月18日,颁布《元老院整体建议案》(史称"帝国宪法"),它仍是对1799年宪法的修改。其主要内容是宣布法国为帝国、拿破仑为"法兰西人的皇帝",并规定帝位世袭,实行皇室和爵位制。同年12月2日,拿破仑偕皇后因循旧制,在巴黎圣母院由教皇隆重加冕称帝。

切莫仅就表面现象,将其视为旧制度的恢复。拿破仑尽管做了皇帝,却从未否定革命。相反,1789年革命的许多成果都是在他任内彻底实现的,他是在真正意义上完成了革命。大革命摧毁了旧制度,建立了新社会,但十年动乱,这个社会还缺乏适当的基础。拿破仑给了它一个稳定的政治体制和社会秩序,以致日后屡次的王朝复辟也无法将旧制度拉回到现实中来。1815年"百日王朝"期间,又颁布《帝国宪法补充法案》。然而,在整个欧洲的围剿之中,波拿巴皇帝大势去矣,帝国宪法亦随滑铁卢一役付诸东流。

三、1814—1870 年期间的宪政立法

1814 年反法联军攻陷巴黎，拿破仑被迫退位，路易十八复辟称帝。是年 6 月 4 日国王颁布《钦定宪章》。宪章仿行英制，确立较英王权力更大之君主立宪政体。国王既为国家元首，亦为行政首脑，且与议会共同行使立法权。议会亦仿英制，设贵族与平民两院。宪章虽承诺公民享有基本人权且权利平等，却设定较高纳税限额作为选举条件，俾成有产者之特权。此时资本主义根基已牢，封建势力无力回天，只有在承认现存制度前提下，尽量照顾贵族利益。波旁王朝的《钦定宪章》便是此一背景的产物，它对普鲁士、日本等君主国之宪政有相当影响。

1830 年 7 月，巴黎市民纷起暴乱，推翻波旁王朝。议会乃推举路易·腓力为王。8 月 14 日颁布《七月王朝宪章》。宪章在削弱君权的同时，扩大议会权力，取消贵族称号的世袭制，降低选举的年龄和财产限制，并以革命的三色旗取代王朝的白色旗作为国旗。

七月王朝时期，王党与共和党对抗甚烈。1848 年因否决普选法案，激起民愤，遂引发二月革命，腓力被迫退位，共和党乘势宣告建立共和国。同年 11 月 4 日颁布新宪法，是为"法兰西第二共和国宪法"。

宪法凡 12 章计 176 条，它宣布法国为民主共和国，首次将"博爱"置于自由、平等之末，共同作为宪法原则，其后的法国宪法亦前车后辙加以仿效。与此相适应，将劳动者之保护、贫困者之救济、劳资平等、失业对策等规定载入其中。"博爱"遂被称为 1848 年宪法精神。

1848 年宪法实施之后，路易·波拿巴当选总统。他认为该宪法不合国情，遂于 1851 年 12 月发动政变，解散议会，另拟新宪，并于 1852 年 1 月交付国民投票通过，史称"法兰西第二帝国宪法"。根据宪法规定，总统总揽大权，既是国家元首、行政首脑，又召集议会，批准宪法。这是形式上的共和，实质上的独裁。同年 12 月 2 日，波拿巴称帝，法国改共和为帝国。拿破仑三世统治期间，内外政策频遭国民反对。为缓和矛盾，帝国乃行自由主义改革，涉及宪政方面，诸如限制王权，扩大议会权力，政府由对皇帝负责改为对议会负责。

四、1875 年《宪法》和 1946 年《宪法》

1870 年的普法战争中，法军惨败，法人群情激昂，高呼颠覆帝政，重建共和。经过共和派顽强斗争，于 1875 年通过《宪法》，第三共和国始得建立。

第三共和国宪法形式颇见殊异，它由三个单行法组成，即《参议院组织法》《政权组织法》和《政权关系法》。这些宪法性文件规定立法权由众参两院共同行使，总统通过内阁行使行政权，内阁向议会负责。规定还显示，总统没有解散国会的有效权威，国会则可任意推翻内阁。诸条款的实施，使法国成为典型的责任

内阁制国家。

1875年《宪法》形式上甚不完备,内容上亦多欠缺。它全无保障人权之规定,且无宪法之一般原则,亦无司法组织与地方政府之规定。究其原委,盖因王党与共和党就国家政体相持不下,而宪法之制定又不容久延,故有此特殊宪法问世。由于该宪法的结构残缺、内容阙如,使日后对其修订损益变得很容易,也就更能适应变动不居的社会政治状况。因此,它竟延续六十余年之久,为法国历次宪法所仅见。1940年纳粹侵法,法国投降,以"维希伪政权"取代第三共和国,宪法遂告废止。

在反法西斯战争胜利结束,国内外民主进步力量日益壮大,法共成为议会中第一大党的背景下,法兰西第四共和国宪法于1946年10月13日经国民复决通过。该宪法包括序言和正文12篇106条。序言部分除对《人权宣言》所列举之权利予以确认外,又添加罢工权、男女平等权、劳动者企业参加权等若干权利,并首次赋予妇女以选举权;还允诺为保障世界和平计,愿对主权进行必要限制。正文部分,宣布共和国的原则为"民有、民享、民治"的政府;规定立法权不得委托代行;立法机关中国民议会地位高于参议院;国民议会享有修宪、倒阁及对总统拟出的政府总理人选进行信任表决等独有权力;并规定,总统发布的任何命令,均须政府有关部长副署后始得生效,总统无权否决议会通过的法案,从而进一步削弱了总统权力。宪法还对内阁解散议会设置诸多苛刻条件,并以内阁辞职、改组为代价,变成自杀性行为,从而使解散议会之举几近不可能(议会倒阁却可以不受限制)。宪法还规定设立宪法委员会,确立违宪审查制,此为引入美国司法审查制之结果。宪法对修宪程序亦作严格规定。

基于第二次世界大战结束的国际背景,这部宪法民主色彩甚浓。由第三共和国延续下来的议会优于内阁的体制,似可看成法国人反对独裁统治的必然的反作用,它也必然地加剧了法国本已存在的内阁频繁更迭的状况。

五、1958年宪法

第四共和国时期,法国经济持续疲软,政局极不稳定,不足12年光景,内阁竟更替26次,平均寿命仅半年左右。东南亚、北非法属殖民地民族解放运动亦声势浩大。1958年5月,阿尔及利亚殖民军因不满政府的北非政策,策动哗变,公然与巴黎中央政府对抗,并要求戴高乐将军出而秉政。内阁已无法控制三军,总理辞职,总统亦以去职力争,最终迫使国民议会和内阁同意此要求。6月1日,戴高乐受命组阁,提出施政方针:要求议会授予全权,以半年为限,俾能重建国家秩序,并要求授权政府草拟新宪,无须通过议会径自提交公民复决,以便革除现行体制之弊端。

1958年夏,由法律专家组成、戴高乐亲任主席的宪法委员会开始起草工作。

9月4日,戴高乐亲赴巴黎"共和国广场"宣布新宪法草案,要求公民给予支持。9月28日交付公民复决,以压倒多数通过,10月5日公布生效。斯谓"第五共和国宪法"或"戴高乐宪法"。它由序言和正文组成。序言部分,除对《人权宣言》所列权利以及1946年《宪法》新增权利郑重申明恪守不渝外,并未就权利内容作具体列举。正文凡15章,计92条。由其篇目观之,此次制宪旨在变更体制。

由于法国采行多党制,致使议会及政府均无过半数之多数党控制局面,又由于第三、第四共和国所设计的议会与政府权力关系格局中,议会处绝对优势地位,一旦结盟之各政党在议会中稍生龃龉,内阁命运便岌岌可危。此前法国政局不稳,多半是议会滥用倒阁权之故。内阁的频繁更迭,大大削减了法国政府的力量,并影响到法国在国内和国外的威望与地位。戴高乐希图通过抑制议会权力从而抑制党派势力,以求达到重树政府权威之目的,宪法便是此精神之充分体现。

(一) 削弱了议会权力

首先,宪法缩短了议会会期。议会集会次数多少或时间长短,与其权力大小恰成正比。宪法将原来每年7个月的会期缩至5个半月,从而减少议会行使权力的机会。其次,限制了议会立法权。宪法对法律规定的事项,采取列举方式。不属列举范围的,议会无权管辖,政府可以命令方式调整之。政府据此制定的命令与法律同效。命令可与法律分庭抗礼,此为第五共和国所开先河。再次,削减了议会的财政权。宪法规定,如果议会就政府提出的财政法案在70日内仍无决定时,该法案规定事项得以政府法令形式生效。最后,还限制了议会的行政监督权。宪法规定,对政府的不信任案,只有获得议员1/10签署和半数以上赞同才得通过。如不信任案被否决,最初签署人在同一会期内不得再次提出此案。

(二) 加强了总统权力

法国第三、第四共和国时代的总统,内部受制于总理部长,外部须承担议会压力,被讥为"宝塔中的木偶"。这便是戴高乐1946年去职的原因,也是他此次制宪发愿要革除的首要弊害。

宪法将"共和国总统"一章置于规定国家机构的章节之首,足见其在整个国家机构中的主导地位。宪法规定总统由选举团选举产生,任期为七年。总统拥有将法案提交人民复决、解散国民议会、于国家危难之际采取紧急措施的权力。这些事关重大之权力,竟无须经过总理副署,径由总统单独行使,足见其权力之大。此外,总统还有任命总理、各部部长、宪法委员会主席及委员;主持内阁会议;签署和公布法律;咨请宪法委员会审查条约和法律是否违宪等权力。几乎遍及立法、行政、司法、军事、外交各领域,总理及其政府实际是总统的执行机构,总理实际是政府的"首席部长"。

宪法使总统由此前的虚权总统一变而为实权总统,甚而至于成为"共和国王"或"皇帝总统"。有人曾作如此对比:在美国,是一个不可动摇的总统面对一个同样不可动摇的国会;在英国,是一个可以动摇的首相面对一个可以动摇的议会;而在法国,则是一个不可动摇且又不负责任的总统面对一个他可以随意解散的议会。[①] 宪法使法国的政治体制成为半总统制、半议会制,实质上是"隐蔽的君主制"。就个人对于法典影响而言,戴高乐之于1958年宪法典,犹如拿破仑之于1804年民法典。

(三) 完善了宪法委员会制度

宪法规定,宪法委员会成员共9人,由总统、国民议会议长、参议院议长各任命3人,任期9年,不得连任,每3年更新1/3。委员会主席由总统任命,当赞成与反对票持平时,主席有决定性的投票权。委员会的主要职责有:监督国民议会、参议院、总统的选举、监督公民的投票;审查法律、法令、条约是否违宪;接受总统咨询等。宪法委员会依法对未实施的法律行使审查权,其裁决对公共权力机构、一切行政和司法机关均有拘束力。宪法委员会的判例法已成为法国法律和政治制度中的重要因素。法国违宪审查制属于欧洲模式,而与美式相区别。

该宪法自实施以来,先后经历了1960年、1962年、1963年、1974年、1976年、1992年、1993年、1995年、2000年等9次修改,但此类修宪活动并未使宪法本身产生实质性的改变,它仍是法国现行宪法。

六、法国宪法的主要特征

(一) 变更频率高且变更方式激烈

自1791年首部宪法始,至现行宪法颁布止,计167年,法国宪法前后变更11次,平均15年就有一部宪法问世(其中尚不含未颁的宪法草案和对已颁宪法的修改)。尤其在1789—1870年的81年间,竟颁布宪法达8部之多,平均每10年出台一部。法国无疑是宪法多产国,堪称一个"宪法实验场"。不仅宪法变更频率高,而且形式纷繁,有君主立宪制宪法、共和制宪法和帝制宪法。即便同种形式的宪法间亦颇多殊异。如君主立宪制宪法中,对君权的赋予有大小不同;又如共和制宪法中,有议会制、总统制,还有半议会、半总统制。五花八门,不一而足。同时,法国宪法多以激烈方式进行变更,甚至诉诸暴力。它们多为革命、内战、政变或复辟的结果。穷原究委,似有下列数端。其一,近代以降,法国党派林立、政潮迭起,导致政治冲突异常尖锐,难以调和,动辄酿成革命。宪法的频繁变更乃政权屡遭易手之结果。其二,在政坛如此风起云涌的国度,实行刚性宪法,亦是造成宪法变更频繁之因素。

[①] 参见王广辉:《比较宪法学》,武汉水利电力大学出版社1998年版,第63页。

(二) 成文宪法和刚性宪法

始终保持成文宪法形式是法国宪政史上一以贯之的特点。成文宪法通常指以一种或数种书面文件表现出来的宪法。在法国，除去1875年宪法是由3个文件组成外，其余各部宪法皆为体系完备、结构严谨的法典化形式。何以采用此种形式，原因在于：其一是深受启蒙思想浸润、抱持民主自由观念的法国资产阶级，坚信制定成文宪法的必要性，因为它与契约论的学说互相契合。将人民之公意形诸明文，借以建立新的政府和国家，经由成文宪法方式更易表明，政府的一切权力来自人民的授权。其二是法典是法律原则与权利义务的简明概括，具有明确清晰之优点，便于民众了解。其三是美国宪法典的颁行给法国以启示和鼓励。因此，自大革命以来，成文法律乃为最优越法律渊源之观念深入人心，从而在法国逐渐形成采用成文宪法的传统。

凡规定变更宪法之机关、变更宪法之程序不同于普通法律者，该宪法即为刚性宪法。法国除1814年和1830年宪法外，历次宪法均具有刚性宪法特征。依法国革命领袖们的见解，一部完好宪法，理应具有永久性。因为宪法关乎立国之根本，为国家基础稳固计，不应使其仓促变易。因此，为求宪法不致轻易更改，他们认为国家的政治基础必须超出立法机关的活动范围之外，遂规定法国所有议会均无制宪权（该规定日后成为通例）。假如确有修宪必要，则须另行组成制宪会议，并且务必令其手续繁难与进展缓慢，待国民对于修宪的条陈深思熟虑后，再行修改不迟。通常是由议会提议，组成专门制宪会议。该会议仅限于对宪法作局部的修改，修宪后会议自行解散。有的还须交由国民投票复决。

这一特征，在法国最初三部宪法（即1791年、1793年、1795年宪法）中表现尤为突出。以后历次宪法绝大多数均有修宪之严格规定。其中，1791年和1795年宪法规定，非经十年光阴，不得变更宪法或召集制宪会议。以保证法兰西政治基础于此期限内不致变动。19世纪英国著名法学家戴雪认为，刚性宪法旨在维护宪法的稳定性，然而，正因其力求遏止变易，"故在不顺适的情势之下，足以促成革命"。因为，当宪法与掌权者的意志两相冲突，后者的愿望用法律不能实现，则必用武力以图解决。革命之后，另立宪法自是不可避免。所以，刚性宪法丝毫不能保证其永久性，相反，恰恰是使之短命的原因所在。因为宪法的不变性往往成为政变的口实。路易·波拿巴正是借此发动1851年政变的。① 法国制宪者欲令其永存，反而速朽；英国宪法，并未绳以年限，反能永垂不变。

(三) 以《人权宣言》确立的原则作为宪法基础

启蒙运动作为法国革命之先导，是一场深刻的思想革命。1789年原则（包括自由、平等、人民主权等原则）便是建立在普遍理性的启蒙思想基础之上的，而

---

① 参见〔英〕戴雪：《英宪精义》，雷宾南译，中国法制出版社2001年版，第185—192页。

《人权宣言》则是以宪法性法律的形式对这些原则的明确表达。大革命期间,通过历书、歌谣、文明守则、教理问答、招贴、报刊、演讲等大众化形式的广泛传播,《宣言》及其原则早已孺妇皆知,内化为民众根深蒂固的观念意识。以致历次宪法无论师法谁家、采行何种政体,大多将《宣言》置于篇首,作为序言。有的序言则对其稍行修改抑或扩而充之。当权者即便在事实上背离了《宣言》原则,为顾及民意,在宪法形式上亦不敢公然违逆之,直至现行宪法仍在重申恪守"宣言"张扬之原则。它已然成为贯穿法国宪政史的一条时显时隐的红线,成为法国宪法之魂。

第三节 行 政 法

一、行政法院的形成与发展

行政法是管理公共行政的法律,发轫于法国。由于行政法的主要渊源是由行政法院的判例构成,因此,行政法与行政法院的演进历程是相伴而行的。甚至说行政法院造就了行政法亦不为过。

法国行政法院的产生与法国普通法院在历史上所起的反动作用密切相关。革命前的法国司法机关与英国不同,虽然都与国王政府存在冲突,英国法官坚持资产阶级立场以反对国王的封建专制,而法国法官却站在封建势力一边抵制国王的改革。17世纪以来,司法裁判权操于"穿袍贵族"之手,巴黎及各地高等法院拥有重要权力。其一是法规登记权。国王的所有法令均须送达法院登记,否则无效。法院有权予以驳斥,倘国王执意要执行之,则须"御临法院",命令法院登记。当冲突尖锐时,法院甚至以停止审案、全体辞职相要挟。其二是审判权。各高等法院的判决均具有拘束力。法院通过这两项权力的行使,干预或僭越立法权和行政权,阻挠国王的财政改革措施的顺利实行。他们还用"进谏书"形式攻击宫廷弊端,刺激舆论以反对政府,致使普通法院成为行政部门行使权力的严重障碍。

自路易十五始,王命屡遭抗拒,冲突愈演愈烈。大革命爆发后,各高等法院转而将锋芒指向国民议会,继续充当封建卫道士。旧法院遂成革命攻击目标之一。国民议会于1790年8月16日至24日制定了关于司法组织的法律。其第13条规定,司法职能与行政职能有别,今后彼此将永远分离。法官不得以任何方式阻碍行政机关活动,亦不得因职务上的理由传唤行政官吏,违者以渎职罪论处。

虽然普通法院受理行政案件的禁令业已颁布,但此时尚无独立的行政法院。法国行政审判制的最终确立经历了漫长的发展过程,其与最高行政法院之演变关系至为密切。最高行政法院之沿革,约略分为以下四个阶段。

(一)保留审判权时期(1799—1872年)

最高行政法院的前身,系君主专制时期的国王参事院。它辅佐国王处理争讼,并向国王提出裁决建议,大革命期间乃告废除。1800年根据共和八年宪法又予重建,改称国家参事院。它同国王参事院一样,并非完全独立。受保留司法理论之影响,它在行政诉讼方面的裁决权力,只是以国家元首名义行使其保留的司法权,故称"保留的审判权"。该制度一直持续至1872年。

(二)委托审判权时期(1872—1889年)

1870年普法战争结束后,国家参事院一度被取消,1872年5月24日法律重新恢复之,并最终确立其独立审判地位,成为行政争讼案件的终审机关,真正意义上的最高行政法院于兹诞生。该法律还规定,设立"权限争议法庭",以裁决普通法院与行政法院间的冲突和争执。但此时的国家参事院在诉讼管辖方面,仍受"部长法官制"之制约,凡行政争讼(法律规定可直接向国家参事院起诉者除外),须先向内政部长申诉,部长以法官身份审理。只有在不服部长裁决时,始得向国家参事院起诉,因而国家参事院仅为授权法官,该制度持续至1889年"卡多先生诉内政部长"案件审理时止。

(三)一般权限时期(1889—1953年)

1889年12月13日,最高行政法院在对"卡多先生诉内政部长"一案的判决中否定了部长法官制。通过"卡多判例",最高行政法院方始取得对行政诉讼的一般管辖权。即除非有相反的法律规定,它在任何情况下均有权受理所有因行政争议提起的诉讼,从而也使行政机关失去了司法职能。它标志着法国行政审判制度的正式形成。该制度适用至1953年9月30日法令颁布止。此间,在最高行政法院判例的推动下,法国行政法获得长足发展,行政法学的许多重要原则和理论通过判例得以确立。

(四)特定权限时期(1953年以后)

最高行政法院成为一般权限法院后,每年受理行政争讼成千累万,案件审理亦不免造成迟延与积压。1953年9月30日的《行政审判组织条例》和11月28日作为补充规则的《公共行政条例》,对最高行政法院和地方行政法庭的权限划分,作了重大调整。凡行政争讼案件,法律未规定由其他法院受理者,均由地方行政法庭管辖。地方行政法庭从此成为一般权限法院,而最高行政法院则成为特定权限法院,其管理行政诉讼的范围以法律规定者为限。

二、行政法院的组织系统

法国行政法院名目繁多,大致可粗分为普通行政法院和专门行政法院两大类。前者管辖范围广泛,设有最高行政法院、上诉行政法院、行政法庭和行政争议庭。后者仅对某类特殊行政争讼具有管辖权。择其要者有：审计法院、财政和预算纪律法院、战争损害赔偿法院、补助金和津贴法院、银行监督委员会、全国教育高级委员会等。兹就普通行政法院扼要介绍如下。

（一）最高行政法院

最高行政法院一方面充任中央政府最重要的咨询机构，另一方面是最高行政审判机构。总理为法定院长，但从不参加任何活动。实际由内阁任命的副院长领导。成员总计300人，其中1/3为兼职；分6个小组，其中5个为行政组，1个为审判组。最高行政法院在审理行政案件的职能方面享有初审、上诉审和复核审管辖权。

（二）上诉行政法院

上诉行政法院依1987年12月31日的《行政诉讼改革法》创设，旨在减轻最高行政法院的上诉审讼累。它只有上诉审管辖权，而无初审管辖权。

全法国分设巴黎、里昂、南特、波尔多、斯特拉斯堡等5个上诉行政法院。

（三）行政法庭和行政争议庭

行政法庭为法国本土及海外省之地方行政诉讼机构。依1953年9月30日法令设立。此前为省际参事院，1926年前为省参事院。行政法庭为一般权限法庭，除非法律有相反规定，一律以它为初审法庭。目前，法国有33个行政法庭，本土设26个，海外7省各设一个。行政争议庭是没有建省的海外领地的行政诉讼机构。行政法庭和行政争议庭均为法国普通行政法院中的基层行政法院。

三、法国行政法的主要特征

（一）行政法院自成独立的法院系统

法国是最早实行行政裁判制度的国家，政府的行政活动只受行政法院管辖，普通法院不得染指。行政法院与普通法院各成系统，互无瓜葛，且有各自的管辖权限、各自的诉讼程序和各自适用的法律规范。

这种二元制的法院组织系统自始就非人为建立起来，而由特殊历史条件所促成。鉴于历史上司法干预行政，致使中央行政无法正常运转的教训，面对极端保守、滥用职权的旧法院，大革命时期的资产阶级遵循分权原则，认定裁决行政争讼属于行政权的行使范围，如果任由普通法院插手，等于听凭司法机关僭越行政权。据此剥夺了普通法院对行政争讼的管辖权，并将此权交由行政机关行使，由此诞生了独具特色的法国行政法院系统。约言之，司法机关滥用职权干预行政乃为行政法院产生之特殊历史背景；孟德斯鸠分权学说乃为行政法院产生之思想背景。

（二）行政法自成独立的法律体系

既然行政裁判权已从普通法院分离出来，交由行政法院行使，依照分权原则,自创一套有别于普通法院所适用并与行政法院相匹配的法律规则,自是顺理成章之事。因此,独立的行政法实际是行政法院的必然伴随物。另一方面,根据欧陆国家传统的公私法分类方式,政府的行政活动显系公法调整范畴,故而有必要创造一个不同于私法体系的独立的行政法体系。这使法国与无论个人抑或政府机关均受同一法律体系调整,且均受同一法院系统管辖的英美国家大异其趣。

(三) 判例是行政法的主要渊源

法国是成文法国家,原则上不认可判例的拘束力。但在行政法却是例外,判例成为主要法律渊源。这是由于相对私法关系而言,行政关系显得更为繁复多变,难以预料。尤其在法国这样的国度,党派林立,政潮迭起,使政治生活时常处于风云突变状态。倘若像民法那样制定成文法典,其滞后和不周延之特性,难免挂一漏万,致使法律呈现捉襟见肘之窘境。因此,面对汗牛充栋的争讼文牍,行政法院法官只有针对具体案情,根据法的一般原则和公平正义观念创制解决争讼的判例,导致行政法的重要原则几乎全由行政法院的判例产生。

由于行政法院不乏知名法学家,最高行政法院的判决又定期公布,供学界研讨,判例与学理的结合确保了判例的高质量。这也是判例在法国行政法中占据重要地位的原因之一。法国学者维戴尔曾指出,如果我们设想立法者大笔一挥,取消了全部民法和刑法条款,法国的民法和刑法将不复存在。倘若取消全部行政法条款,法国行政法却将依然存在。[①] 此番话可谓法国行政法该特征之有力概括。在英美国家情形却正好相反,一般而言,法律皆以判例为主要渊源,独于行政法领域,却存在大量成文法规。

(四) 法国行政法具有较大的灵活性

由于法国政治生活的极大变动性,法国行政法与宪法一样,在此变动中饱受震荡。因此,为适应这种状况,相对于私法的稳定性而言,行政法则具有较大灵活性。这表现在:(1)法律渊源多元化。构成法国行政法渊源的不仅有宪法、法律、行政法规、条例、欧盟法和国际条约等成文法,而且还有判例、习惯法、法的一般原则等不成文法。这使得行政法院在处理争讼过程中有着极大的选择余地。(2)概念富于弹性。行政法常见的一些概念,诸如"公共福利""公共秩序""公共安全"等均极具伸缩性。还有作为渊源的法的一般原则(行政法院最乐于援引《人权宣言》里的原则以及由此必然导致的推断)也极具解释的空间。至于行政法院法官在运用自由裁量权适用或创制判例过程中,甚至允许"像一个立法者所应做的那样"来作出决定,其灵活性更是自不待言。"行政法院的法官不大因循

---

① 参见胡建淼编著:《十国行政法比较研究》,中国政法大学出版社 1992 年版,第 111—112 页。

守旧,常较司法界的法官更愿意弥补成文法的不足。"①

第四节 民 商 法

一、历史渊源

欧陆国家里,公法与私法之分是基本的法律分类形式。私法主要包括民法与商法。前者为调整私人间的一切非专业关系的法律,后者为调整商人间商事关系的法律。

法国民事法律可远溯至罗马统治的高卢时期。其时,高卢—罗马人的财产和家庭关系均受罗马私法的保护。法兰克王国时期,高卢—罗马人与日耳曼人在属人主义原则下各自适用本民族法。《萨利克法典》等"蛮族法典"中,对于所有权、债权、婚姻、家庭和继承制度已多有涉及。时至法兰西王国时期,民族杂居和封建割据促使适用法律原则改为属地主义。司法管辖产生对峙和竞争局面,法律渊源亦出现多元且重叠状态。全国分成南北法区,南部适用罗马化的习惯法,北部适用日耳曼习惯法。此外,尚有教会法、王室法令等法源。王权式微之际,适用法律是南北僧俗各行其是。

10世纪以降,随着海上贸易的繁荣和内陆集市的出现,法国通过商业法庭的判例,逐渐形成早期的商法(当时海商法与商法尚无严格区分)。12世纪法国西海岸的奥列隆岛上出现《奥列隆海法》,它作为海事判例集,广泛适用于法、英、比、荷及北欧各国。自13世纪始,法国的习惯法逐步走向成文化,出现了私人辑录的《诺曼底大习惯法》《博韦习惯法》等习惯法汇编,以期克服习惯法的杂多现象。16世纪上半叶,借助日渐强大的王权,又完成了《巴黎习惯法》《奥尔良习惯汇编》等官方的习惯法汇编,有力推动了各地区习惯法趋于统一的进程,并且据此形成"法国普通法"。

随着民族国家的建立,一批法学家与国王结盟,致力于民族统一法律的构建。尤其是多马、迪穆兰、波蒂埃等人,通过各自的著述(如1694年多马的《自然秩序中的民法》、1761年波蒂埃的《法学论文集》等),为统一民法的形成奠定了理论基础。路易十四以来的国王政府也通过一系列法令的颁布(如17世纪的《商事法令集》《海事法令集》,18世纪的《捐赠法令》《遗嘱法令》《欺诈法令》《代位继承法令》等),在实践方面为统一民法典和商法典的编纂铺平了道路。但是,王室法令内容多关涉民事诉讼程序的统一方面,对于实体法的统一则少有触及。大革命前夕,在土地所有权、夫妻财产关系、继承和遗嘱制度诸多方面,仍是南北

---

① 上海社科院法学所编译:《各国宪政制度和民商法要览》(欧洲分册,下),法律出版社1986年版,第174页。

各异,婚姻制度则始终受到教会法的支配。因此,实现全国范围民法和商法的统一尚待时日,而这时日正是伴随大革命的爆发一起来临的。

大革命时期是立法活动异常频繁的时期。被启蒙思想家激荡起来的革命热情很快使法律领域得到改变,旧王朝的全部制度在短暂时间内被废除,从而把公民从封建的、教会的、家庭的、行会的以及身份集团的传统权威中解放出来,并赋予他们自由和平等的权利。在民事领域,废除了封建土地所有权、封建行会制度和税收制度;废除了家父制度,废除了婚姻的宗教束缚并且允许离婚;宣布夫妻地位平等、继承人享有平等继承权、非婚生子女享有与婚生子女同等权利等。

在整个革命时期,历届政府相继保证要制定一部适用于全国的民法典,并组成立法委员会着手编纂工作。草案亦三易其稿,终因意见分歧和时局严峻乃告中断。要使统一法国民法的思想变成现实,需要两个条件:一是法国大革命的政治冲击,一是拿破仑的权威和决断力。因此,拿破仑的执政才能使编纂民法典的条件完全成熟。

二、1804 年《法国民法典》及民法之发展

（一）法国民法典的制定

法国革命是一场摧枯拉朽的大革命。革命后,客观上要求建立稳定的新秩序,否则,革命的基本成果便会在动荡中得而复失。所以,必须有一个强力政府来担此重任。顺应时势的拿破仑借助资产阶级的扶持,于 1799 年雾月 18 日通过政变成为法兰西的主宰。他的掌权,结束了长达十年的剧烈动荡,建立了稳定的秩序,挽救并完成了革命,并为大规模的法典编纂活动提供了坚实的保障。

拿破仑对民法典抱有极大兴趣,且倾注全部心力,准备一举完成法典编纂的伟业,以便作为伟大的立法者而名垂青史。1800 年 8 月,他任命特隆歇、普雷亚梅纽、马勒维和波塔利斯四人组成委员会,负责法典起草工作。法典起草委员会仅在 4 个月的短暂时间内便完成了草案。在参政院为审议草案举行的 102 次会议中,拿破仑亲自主持竟超过半数。他以其果敢的决断力、天才的组织能力,还有渊博的知识和超凡的智慧,保证了法典高效率、高质量地完成。结果,36 个单项立法于 1803—1804 年陆续获得通过。最后,由 1804 年 3 月 31 日的法令将它们合为一体,并冠以"法国人民的民法典"的名称公布生效。

（二）法国民法典的内容

《法国民法典》由前编和 3 编正文构成,正文凡 35 章,计 2281 条。其主要内容如下。

1. 民事主体

《法国民法典》第 8 条规定:"所有法国人都享有民事权利。"第 488 条规定:"满 21 岁为成年,到达此年龄后,除结婚章规定的例外外,有能力为一切民事生活上的行为。"这意味着,所有法国人自成年之日起均享有平等的民事权利能力和行为能力。但对此能力的享有法律亦有限制,第 6 条规定:"个人不得以特别约定违反有关公共秩序和善良风俗的法律。"此处规定的民事主体为自然人。

2. 婚姻与家庭

关于最低婚龄,法典规定男为 18 岁、女为 15 岁。并规定,男满 25 岁、女满 21 岁无须父母同意即可结婚。关于结婚仪式,法典规定,婚礼须在世俗官员前公开举行方才具有法律效力。法典规定了离婚制度。离婚理由凡四种:通奸、虐待或侮辱、受名誉刑的宣告以及双方协议,对最后一种限制甚苛。关于夫妻关系,法典明确规定妻子应该服从丈夫,原则上妻子没有行为能力,而丈夫在一切方面皆享有主动权利。

3. 继承和赠与

关于法定继承,法律规定对死者的土地和动产不加区别,同样处理;同亲等的全体继承人平分遗产。关于继承顺位,法典规定遗产首先分给子女,第二位是死者的父母和兄弟姐妹,第三位是祖父母,第四位是最近的亲属直至第十二亲等。除非十二亲等内无亲属,否则配偶无权继承。非婚生子女的继承份额要少于婚生子女。法典对代位继承作了规定。对以遗嘱或赠与方式自由处理遗产者,法典作了适当限制,以便保护法定继承人的利益。

4. 所有权

法典将财产分为动产和不动产。《法国民法典》第 544 条规定:"所有权是对于物有绝对无限制地使用、收益及处分的权利。"该定义表明,所有权是一种完全的、绝对的、自由的和无条件的权利,从而排除了所有权得以实现的障碍。

5. 契约、准契约和侵权行为

契约法的基本原则为不拘形式和自由订约。《法国民法典》第 1134 条规定:"依法成立的契约在契约的当事人间有相当于法律的效力。"关于侵权行为,法典第 1382 条规定了民事责任的总依据:"凡因自己的过失引起损害者,他对此负有补偿的法律义务。"

(三)民法典的特征

1. 确立了一系列资产阶级民法原则

《法国民法典》第 8 条、第 488 条等条款确立了民事权利主体自由和平等原则;第 1101 条、第 1134 条等条款确立了当事人意思自治或契约自由原则;第 1382 条等条款确立了过失责任原则。以上诸原则均建立在个人主义和自由主义观念的基础之上。

2. 大革命与旧制度妥协的产物

革命时期过于激进的民事立法,表现出立法者狂热的理性主义精神和极端的个人主义倾向。这些法律由于与法国现实状况严重背离,因而难有持久的生命。鉴于这种偏激行为导致的不良后果,拿破仑声称:要结束革命的浪漫史而开始写它的正史。他希望民法典不再是一部理论家强加给社会的空想之物,而是一个以符合实际的方式对民事领域进行有效调整的法律文件。于是,立法的重心由原来向理想的倾斜变为向现实的回归。拿破仑的务实精神实质上就是妥协精神。他精心挑选了四位法官来实现其立法意图。这四位法官分别来自习惯法区和成文法区,他们既是自然法学说的服膺者,又是经验丰富、尊重传统的实务家。当革命时期的法规与以前的法规产生冲突需要作出选择时,他们便依据经验采用最适合于法国人民的各种规则。这种折中方法的结果是一部以经验为基础的法典的诞生。其中,有关婚姻和亲属制度主要来自教会法,有关债权制度主要来自罗马法,有关夫妻财产制度主要来自习惯法,有关所有权和继承制度则来自革命时期的法规。它是自然法原则与传统观念、成文法与习惯法、世俗法与教会法、旧制度与大革命的巧妙融合物。与法国宪法的剧烈变动性恰成对照的是法国民法惊人的稳定性,整个19世纪法国民法典几乎没有重大修改。民法典这种兼容并包的妥协性,是其具有长久生命力的奥秘所在。

3. 具有巨大的扩散力

《法国民法典》声名远播欧洲、美洲、非洲和亚洲,成为各国竞相仿效的对象。它所以具有如此广泛的影响力,是因为:法典参照盖尤斯《法学阶梯》的编制体例,更易被深具罗马法传统的欧陆国家普遍接受;法典所蕴含的自由、平等的自然法观念与反封建的革命精神,有着极大的感召力;法典精炼抽象的结构和弹性灵活的表达,使之不易受时空的局限;法典简单明晰的文风易为民众所理解,并且在移译过程中不致发生理解和表达的障碍,因而便于域外的传播;法典在革命理想与传统制度间达到的微妙平衡,使之能较好地适应19世纪市民社会的利益和需要。此外,拿破仑基于"输出革命"的考虑,在军事扩张过程中,对占领国强制推行,也是其影响广泛的重要原因。

(四) 法国民法的发展

自1804年至19世纪末,法国民法的基本原则和民法典的主要条款均未发生重大改变。19世纪末以来,法国逐渐过渡至垄断资本主义阶段,经济、政治条件发生较大变化。为适应这种变化,法学思潮亦出现相应改变,社会法学取代了自然法学,强调个人义务和社会责任,认为应对个人私有权的绝对性和意志自由进行限制。为此,法国颁布了大量单行民事法规,同时对民法典进行了修订。民事立法社会化倾向明显,借此达到更合理地分配财产、更公平地履行义务以及作出更适当的损害赔偿等目的。而于家庭法方面,由于人权观念和民主意识的日益普遍化,则表现出更强烈的个人主义色彩。大量单行民事法规的生效,事实上起到对法典进行修改和补充的作用,从而使其有效适用范围日趋缩小。另一方面,正由于法典的一些条款已不合实际,司法实践便大胆灵活地进行解释,使之另具新意。而另一些条文,则仅具纯理论意义,实践中已搁置不用。因此,法国的司法审判在调整、补充和发展民法方面起到了重要作用。

《法国民法典》颁布后法国民法的发展表现如下:(1) 民事主体与民事客体之范围扩大。民事主体从自然人延伸至合伙、法人、公司、国家,民事客体由物质财富扩展至非物质财富。(2) 削弱所有权人对其财产的绝对权。如对矿山、草原、森林、土地的地面权和上空权等绝对所有权给予限制。(3) 契约自由日益受到限制,出现了新的契约类型。诸如"定式契约""强制契约""集体契约"等。(4) 侵权损害赔偿的归责原则由过失责任原则转向兼采过失与严格责任原则。(5) 婚姻家庭关系方面,削弱了父母对子女婚姻的支配权;夫权亦大受限制,妻逐渐获得完全权利;非婚生子女获得与婚生子女同等权利。

民法典颁布迄今几近两个世纪,法国宁可以小修小补方式保持其整体的存在,而不愿以新法典取代之,足见其在法国人心中的崇高地位。现在它仍是法国民法的重要支柱,是保持民法统一性的重要因素。《法国民法典》的文字和精神虽经多次修改,但其结构和阐述方法仍然未变,法国民法的基础和各项原则仍然要到民法典中寻找。

《法国民法典》

三、1807 年商法典及商法之发展

欧洲商法大致形成于 10—12 世纪,由于欧洲商业的复兴始自意大利,故而意大利商法遂成为欧洲商法的"母法"。法国最早的商事立法是 12 世纪的《奥列隆海法》,它是当时西欧和北欧许多国家的共同海商法。16 世纪以降,随着民族国家的形成,商法成为国家法的组成部分。1673 年法国王室颁布《商事法令集》,该法令凡 12 章,计 112 条,其内容包括商人、票据、破产、商事裁判、管辖诸方面。1681 年王室又颁布《海事法令集》,该法令凡五编,涉及海上裁判所、海员及船员、海事契约、港口警察、海上渔猎等内容。此两项法令为民法与商法的区分开了先河,也为《法国商法典》的产生奠定基础。

自《法国民法典》颁布后,1807 年《法国商法典》在上述王室法令基础上被制定出来。商法典凡4编,计648条。第一编为商事总则,凡9章,包括商人、商业账簿、公司、商业交易所及证券经纪人、汇票及时效等内容;第二编为海商,凡14章,包括船舶、船舶抵押、船舶所有人、船长、船员、租船契约、海上保险、海损、货物投弃等内容;第三编为破产,凡3章,包括财产转移、破产及复权等内容;第四编为商事法院,凡4章,包括商事法院的组织、管辖、诉讼及上诉程序等内容。《法国商法典》为第一部近代商法典,它摒弃了中世纪商法仅适用于商人阶层的商人法主义传统,以商行为作为立法基础,确立了凡实施商行为者不论其为商人与否,均适用商法的商行为主义原则。但与民法典相比,商法典内容较陈旧(许多规定仅限于重复1673年和1681年法令集)、规则多缺憾(如海商多而陆商少)、体系欠完善。其影响亦不及1804年民法典。法国创立的民商分立体制为欧陆国家广为仿效。

商法典颁布迄今已近两个世纪,随着资本主义进入垄断时期,社会和经济发生巨大变化,这种变化反映到商法方面,一是许多商事法的应运而生,诸如证券法、银行法、保险法、航空法等;一是商法典中多数条款或被废弃、或予修改,继续有效者不足1/5,原样保留者仅30条而已。即便依然有效的条款,其规定亦嫌太粗,远不能适应现实需要,商法典因此仅能起到通则的作用。19世纪末以来,法国学者拟将商法典作全面修订,无奈商事法规头绪纷繁,涉及广泛,一部法典尚难囊括净尽,故有学者建议将商法编成若干部法典。

第五节 经济法

一、概述

19世纪初期的法国,经济交往纯粹是以个人为主体的私人之间的事情,与这种资本主义自由竞争时期的经济状况相适应,法学理论主张"私法自治"原则,经济学倡导"自由放任"学说,"个人最大限度的自由,国家最小限度的干预"成为公民信奉的政治格言。国家的任务仅仅是维护国际国内的安全,以保证商品流转的正常进行。此时调整经济关系的法律是纯属私法领域的民商法。到19世纪末,法国进入垄断资本主义时期,尤其是两次世界大战后,政治、经济和社会状况发生巨变,鉴于诸多因素,如大企业的诞生、战争、经济的停滞与衰退以及由国家承担社会福利的责任等,促使国家改变对经济活动的态度,导致国家在各个领域里的干预大量增加。而颁布经济领域的法律,便是国家干预经济的重要手段。由此,一个崭新的法律部门——经济法应运而生。1948年,法国成立法典化最高委员会,厘定一系列新的法律法规,诸如《农业法》《矿业法》《税收法》《国家财政法》《国有市场法》等。这些法规调整的对象为各种介于公私法之间的新型的经济法律关系,并且不注重理论性和系统性,类似特定领域具体法规的汇编。

二、国家财产法

19世纪末,法国建立国营企业,且以法令确认水力资源收归国有。1936至1937年,政府通过法律,建立法国国营铁路公司、成立国家小麦管理局,并将军火工业国有化。第二次世界大战结束,临时政府公布将北方煤矿、雷诺汽车厂、法国航空公司和主要新闻机构收归国有的法律。1946年政府将私营煤矿、煤气、电力和部分运输、电讯、机器制造业收归国有。时至1968年,法国国有化企业资本已占全部资本的35.5%。国家垄断资本控股80%以上的行业有:电力、通讯、煤、天然气和煤气等;控股40%—80%的行业有:航空、汽车、军火、矿业、运输、焦炭和自动化设备等。1981年政府又通过国有化法令,对5家垄断工业集团、36家大银行、2家大金融公司实行国有化。由此观之,法国是西方国有化程度相当高的国家。

三、计划经济法

早在1936年人民阵线主政时期,政府便在农业、工业和金融领域尝试实行计划经济。自1946年颁布《关于实施中期计划法令》始,迄今已颁布十多个经济发展计划。法国计划经济法又称"公共经济法",以占有重要地位的国有财产作为物质基础,具有指导性和协议性特征。它没有编纂统一法典,散见于法律、条例、协议或行政命令中。

四、农业法

第二次世界大战以后,法国由农业工业国转变为工业农业国。1955年政府将所有农业法规统一汇编为《农业法》,凡8编,计1336条。涉及土地制度、农事租赁合同、农业职业团体、农业金融制度、家畜和植物保护、狩猎和捕鱼、农业教育和科研等。1960—1962年,政府连续颁布《农业指导法》《合作法》《市场法》《商业法》,旨在改造小农经济,扩大农场规模,以实现土地集中化。其中《农业指导法》被视为农业基本法。1967年又颁布《农业合作调整法》,使农业与工商业配套发展,以利于法国农业现代化。

五、环境保护法

法国的环境保护法已由消极地防止公害,逐步转向积极地对环境实施管理和养育。1917年政府颁布的《危险等设备管制法》规定了对环境影响进行评估制度,对公害进行事前调查制度和强行设置妨害设备制度。第二次世界大战以后,除通过一系列经济法律规定环保的内容外,还颁布许多专门法规,用以完善环境保护制度。诸如1961年的《空气污染防治法》、1975年的《废弃物处理法》和1976年的《自然保护法》等。

第六节 刑 法

一、概述

法国刑法最早可上溯至高卢—罗马时代。其时,刑事法律相当落后,少量同犯罪和惩罚有关的法律仍与民事法律混合在一起,并保留氏族社会的血亲复仇和同态复仇制度。但是,在裁判方式上已具有私人裁判特征。直至12世纪的法兰西王国时期,仍在实行这种以私人复仇为基础的审判制度。自12世纪始,在对杀人犯罪的制裁中,家属复仇制度渐为赔偿金制度所替代。13世纪,在人文法学派思想的影响下,法国摆脱了私人裁判制,代之以公诉审判制。中世纪的法国,继承日耳曼法的传统,将刑事犯罪分为侵犯公共利益罪和侵犯个人利益罪两大部分,直至1810年刑法典仍沿用这一分类方法。法国在中世纪还创立区分轻罪与重罪的制度,该制度仍为现行刑法典所保留,成为罪分三等制度的渊源。罗马法复兴运动后,法国在刑事法律领域内处于领先地位,因其具有国际性,享有"欧洲刑法"之美誉。

17世纪下半叶,路易十四进行大规模刑事诉讼改革,通过1670年的国王法令,使法国刑事诉讼程序趋于统一。中世纪法国刑法具有擅断性、残酷性和分散性之特征。18世纪下半叶,孟德斯鸠、贝卡里亚和边沁诸人的刑法思想对于法国刑法的改革起到重要的推动作用。由总检察长塞文题为《关于刑事司法》的演讲引发的刑法改革呼声,迫使路易十六于1788年颁布诏书,诏书提出的刑事立法改革计划因遭保守势力阻挠而被搁置一边。在革命前夕三级会议上递呈的陈情书中,又进一步强调了改革的要求,并提出了较完整的设想。

法国大革命爆发后,对刑法制度进行全面改革的时机才真正成熟。1789年国民议会颁布《人权宣言》,确立了罪刑法定主义、罪刑等价主义和刑罚人道化等一系列重大刑法原则,为近代刑法制度奠定了基础。1790年1月,制宪会议颁布一项法令,强调刑罚的公正和统一,废除等级性刑罚制度,建立罪及个人的原则等,对其后的刑事立法起到了重要的指导作用。1791年7月和10月,先后颁布关于轻罪和重罪两项法律,合成法国第一部统一刑法典,史称《1791年刑法典》。其主要内容为:(1)构筑了完整的近代刑法体系,首创总则和分则相结合的法典形式,对大量专门用语、基本概念作了明确界定,以保证法典的统一性。(2)确定了法律只能禁止有害行为的原则,规定刑罚只能针对危害社会的行为,据此对法定犯罪总量进行大幅压缩。(3)废除了宗教犯罪的概念,取消了宗教罪名,对刑法规范与宗教戒律、道德准则作了明确区分,使世俗刑法脱离宗教控制。(4) 严格限制死刑的适用范围和执行方法,将可以适用死刑的犯罪由 150 种减至 30 种。宣布死刑执行方法为铡刑,启用既人道又平等的断头台。(5) 建立绝对刑制度。为限制法官的自由裁量权和保障刑罚公正,对绝大部分犯罪的法定刑作了唯一选择的限定。该制度实为对罪刑擅断的矫枉过正。(6) 确立以自由刑为主体、体现刑罚人道化的刑罚体系,废除终身监禁刑、残废刑、羞辱刑和执行死刑前的断腕制度。

1791 年刑法典全面接受了贝卡里亚的刑法理论,对启蒙思想家提出的刑事政策思想予以充分肯定。但由于法国时局动荡,该刑法典并未真正实施。

二、1810 年刑法典

(一) 法典的内容和特点

鉴于 1791 年刑法典最终未能付诸实施的教训,第一帝国非常重视刑事诉讼法的编纂。在刑法典颁布之前,于 1808 年先行颁布法国史上第一部统一完整的刑事诉讼法典,从而为统一刑法典的实施奠定坚实的程序基础,创造较为完善的司法环境。由拿破仑亲自主持编纂的刑法典,于 1810 年 2 月 22 日颁布,1811 年 1 月 1 日生效。1810 年法国刑法典的主要内容如下。

1. 法典的体例和分类。1810 年刑法典沿袭 1791 年刑法典基本体例,分设总则和分则两部分,凡 4 编,计 484 条。该体例日后成为大陆法各国刑法典之基本模式。法典仍将刑事犯罪分为违警罪、轻罪和重罪三大类型,并分别对不同犯罪类型规定相应刑种和刑罚裁量原则,这种罪分三等的立法制度亦为世界各国普遍接受。

2. 法典对未遂犯作了精确定义。首次提出将"已经着手(实施犯罪)"作为未遂犯的重要构成要件。多数大陆法国家刑法迄今仍将是否着手实施犯罪,视为区分未遂与预备、未遂与犯意表示的主要标准。

3. 体现重罚主义倾向。功利主义刑法学者认为,当刑罚的痛苦大于犯罪的快乐时,犯罪人的犯罪动机便可能受到抑制。因此,边沁基于人类趋利避害的本性,主张刑罚制裁的严厉程度应与犯罪造成的社会危害之间保持相应比例。1810 年刑法典的制定者遵循功利主义刑法思想,试图通过加大制裁力度,来增强心理威慑作用,使人们在权衡犯罪可能带来的快乐和惩罚可能招致的痛苦孰大孰小时,将抉择天平向放弃犯罪一侧倾斜。故此,1791 年一度废止的终身监禁、身体刑、污辱刑、死刑前断腕制等重又予以恢复。法典依据边沁的功利主义"苦乐平衡"原则,加强制裁力度,其根本目的是为了扼制动荡时期不断恶化的犯罪情势,以便巩固资产阶级统治秩序。

4. 以相对确定刑制度取代绝对确定刑制度,赋予法官更大的刑罚裁量权。

法典规定了刑罚的最高限和最低限,对某些犯罪还规定了两种不同的刑罚。允许法官在自由刑的上限和下限间确定刑期,在不同刑罚中选择刑种。考虑到法律不可能对现实生活的林林总总作过细的预测,加上现实生活的无穷变化,确立相对确定刑制度,既贯彻了罪刑法定和罪刑相适应的原则,又避免了由于过分硬性的规定可能导致的法律不公正,从而纠正了1791年刑法典不切实际的极端做法。

1810年刑法典的颁布,标志着拿破仑六法体系的完成。它与其他拿破仑法典一样具有简明实用的编纂风格。该法典在法国施行竟达183年之久,足见其生命力之坚韧强大。原因在于法典在保持基本原则不变的前提下,始终处于不断被修改和补充的过程中,故能适应时代变迁之要求。

(二) 法典的修改和补充

自1810年刑法典施行始,至1994年新刑法颁布止,近两个世纪的漫长岁月间,几乎每届政权都要对刑法典进行修改和补充,其中规模较大的约有以下四次。

第一次是在1832年。受自由主义思想影响,七月王朝政府首次对刑法典进行重大修改,涉及条文达90条之多。旨在修正过于严厉的刑罚制度。大幅减轻了各类犯罪的法定刑,废除了烙印刑、羞辱刑和死刑前断腕制,并且严格限制了死刑的适用范围,将部分重罪改为轻罪。在法国近代刑法史上首次出现了刑罚宽缓主义倾向。

第二次是在1863年,第二帝国时期。基于减轻刑罚处罚和维护社会秩序的双重目的,对刑法典进行较大范围的修改和补充,涉及条款65条。一方面,力求更全面、更详尽地对各种犯罪构成要件进行明确规范,使条款更具可操作性。另一方面,将一系列新型危害行为纳入刑事犯罪范畴,如胁迫罪、同性猥亵罪、泄露技术秘密罪等。此外还对大部分犯罪作出新的减轻处罚规定。

第三次是在1958年,第四共和国时期。经过这次的全面修订,刑法典在一般犯罪的构成要件和相应的刑罚制度等方面已经具备了现代刑法的基本特征,对法人犯罪的惩罚原则已被全面承认。

第四次是在1960年,第五共和国时期。此次修改的重点在于全面规范危害国家利益的犯罪和侵犯经济秩序的犯罪,加强对此类犯罪的制裁力度,从刑事立法的角度保障戴高乐新政策的贯彻。

此外,1981年10月9日,法国正式颁布全面废除死刑的法律。同年11月9日,设于里昂监狱、铡死过路易十六和罗伯斯庇尔的那架断头台,被永远搬进历史博物馆。

三、1994年刑法典

在对1810年刑法典进行修改和补充的同时,新法典的起草工作也在进行着。早在1889年就曾完成法典草案的起草,在近一个世纪的时间里,不断公布整部或部分法典的草案,终因条件不成熟而未能遂愿。为了彻底解决刑法体系结构过于庞杂、零乱,犹如置身迷宫、令人无所适从的尴尬局面,同时,也为了突出反映当代社会公认的刑法价值观念,经过数十年的反复酝酿,迟至1992年7月22日,法国终于正式颁布了第二部完整的刑法典,以取代1810年刑法典。本应于1993年9月1日生效的新法典,延至1994年3月1日乃告施行。故而新法典称1993年或1994年刑法典均可。

新法典由"刑事立法""刑事条例""配套法律"三大部分组合而成,其内容特征如下。

(一)关于认识错误与刑事责任的崭新规定

鉴于大量技术性规范和行政控制性规范逐步演化为刑事法律规范,对于上述特定规范内的某些误解和认识错误,已经超出社会一般常识范畴。据此,新刑法总则明文规定:"只要行为人能够证明自己的行为出于自己无力避免的误解,该行为就可不承担刑事责任。"此规定为世界刑事立法所仅见。

(二)关于法人犯罪及其刑事责任的全新规定

在近代刑法史上,法国是最早对法人犯罪追究刑事责任的国家。新法典在同一问题上再次领风气之先,否定了"只有行为人才对自己的行为承担刑事责任"的理论观念,确立了"既追究行为实施人的刑事责任,又追究无犯罪行为的法人或代表人的刑事责任"的崭新刑罚体系。

(三)刑法分则新设若干罪名

新设第一大类犯罪是列于分则卷首的反人类罪,共有种族灭绝罪、大规模屠杀罪、奴隶罪、酷刑罪和群体流放罪等。第二大类犯罪是同"危险状态"有关的犯罪,共分"恐怖活动罪"和"置人于危险状态罪"两种类型。后者包括危及他人生命或健康罪、抛弃无力自我保护人员罪、阻挠救助或疏忽救助罪、非法人体试验罪、非法中止妊娠罪和自杀挑拨罪等六种。第三大类犯罪是有关侵害生物医学伦理的犯罪和洗钱罪。前者包括改变人种罪、侵害人体器官组织罪和侵害人体胚胎罪。

(四)刑法分则结构的重新调整

法典首次将侵犯人身的犯罪列于分则第一位,且将反人类罪置于卷首。列于分则第二位的是侵犯财产的犯罪。列于第三位的是侵害民族利益、国家安全和公共秩序的犯罪。分则结构的这种变化体现出刑法保护对象的根本置换,充分反映当代法国社会重视人的基本权利、强调刑法维护人权和保障财产安全的价值观念占据主导地位的客观现实。

(五) 采取新颖的法典编排方式

新法典在体例编排上改变了传统法典对条文进行连续编号的方式,采用目录法中的编序方式对条文进行了整体的编排。每一条文都显示其在法典中的卷序、编序、章序以及条文本身的编号。此编号方式不仅对保持法典本身的有序性和体例的统一性具有重要意义,而且也为法典的损益提供了技术上的便利条件。

(六) 统一与灵活相结合的制裁原则

对重罪采取严格而统一的制裁原则,对轻罪则采取灵活多样、因人而异的处罚方法,强调刑罚的实际效果。

1994年刑法典既确立了许多前瞻性的刑法制度和立法技术,又保留了传统的罪分三等的立法制度和罪刑法定、罪刑等价和刑罚人道化的三大基本原则,达到了法典连贯性和发展性的有机统一,使之无可争议地进入世界先进刑法行列,对整个大陆法国家都产生了重要影响。

第七节 司法制度

法国的诉讼制度肇始于中世纪,罗马、早期教会和日耳曼的诉讼制度是其源头。其诉讼制度经历了由日耳曼式向罗马—教会式,由私诉向公诉,由控辩式向纠问式,由神明裁判、宣誓、决斗等非理性的证据形式向书证、人证等理性证据形式,由刑事诉讼与民事诉讼不分向两者逐渐分离演变的漫长历程。16世纪以降,国王逐渐在全国取得权威地位。17世纪,在路易十四的亲自主持下,法国先后颁布了1667年《民事法令》和1670年《刑事法令》。这两项法令凭借强大的王权,统一了法国的民事诉讼程序和刑事诉讼程序,为法国近代民事诉讼法典和刑事诉讼法典奠定了坚实的基础。

一、民事诉讼法

(一) 1806年民事诉讼法典

法国大革命期间,革命者通过众多法令的颁行,对旧民事司法机构和旧民事诉讼程序进行激进的改革。废除了封建法院,代之以新的法院体系;废除了鬻官制,代之以法官选举制;废除了听取证言的秘密方式,代之以公开方式;废除了法定证据制度,代之以自由心证原则,并且致力于简化诉讼程序、降低诉讼费用。1799年拿破仑执政后,开始着手编纂一系列法典,并力求纠正过渡时期过激的改革措施。1802年3月,由五名委员组成的民事诉讼法典起草委员会开始工作。起草工作历时四年,于1806年获得通过,1807年元月1日公布施行。

法典凡两卷,计1042条。其主要内容及其特征有:第一,实行当事人诉讼自主和民事权利平等原则,体现绝对的当事人主义。法典规定了民事诉讼首先在当事人之间开始,然后再由法院受理;规定了当事人同时具备实体抗辩权和程序上之抗辩权,并且限制法院的职权介入。第二,规定了公开审判、言词辩论、自由心证等民事诉讼基本原则。第三,规定了检察官有权对案件进行干预。第四,在维护债权人利益方面作出详细规定。

法典开近代民事诉讼法之先河,它适应了19世纪市民社会的需求,遂为后起资本主义国家所仿效。由于法典大部分内容沿袭了1667年《民事法令》,时事的变迁使之日渐陈旧,因而难逃被大幅修改之命运。

(二) 1975年法国民事诉讼法典

1806年民事诉讼法典自颁布至被新法典所取代,历时169年。早在1934年,法国便成立民事诉讼法典修改委员会,但修改进程或因第二次世界大战爆发而受阻,或因意见分歧方案未获通过。延至1969年,政府再设法律委员会,负责民事诉讼法典的全面修改工作。耗时6年,新民事诉讼法典于1975年12月5日颁布,于1976年元月1日施行。新法典之特征择其要者有如下数端:

1. 较之旧法典更具学理性。新法典将"通则"设于卷首,对整部法典的基本原则和制度进行抽象概括,其后各卷才是各项具体规则,从而形成抽象与具体相互参照印证的二重理性结构。同时,力求使用精确的专业用语,并辅之以简明定义。此种偏重体系化、概念化的风格为旧法典所不备。

2. 剔除旧法典中承袭《民事法令》的形式主义因素。法典废除了旧法典有关证据的全部条文,代之以全新的证据提出程序;扩大了独任制的适用范围;允许对判决中的错漏予以补正,力求案件在一审程序中得到解决,从而使诉讼更趋简便,成本更低。

3. 在坚持当事人主义原则的前提下,承认法院职权介入的必要性。1975年民事诉讼法典适应了现代社会对民事诉讼制度改革的需要,是一部典型的现代民事诉讼法典。

二、刑事诉讼法

自13世纪始,纠问式刑事诉讼程序成为法国主要的诉讼制度。这种诉讼制度采取有罪推定原则,其程序是书面和秘密的,被告没有申辩权。由于被告自供被视为"证据之王",拷问成为逼供取证的常用方法。启蒙思想家们曾对这种刑讯逼供、擅自断罪的封建诉讼程序予以无情批判。路易十六也颁布一系列法令,对其实行广泛的改革。大革命期间,这种改革以更彻底、更激进的方式得到延续。颁布了诸多革命法令,宣布公开审判、对席质证、重罪实行陪审制、主张与举证高度统一、无罪推定等原则。第一帝国时期,随着民法典、商法典、民事诉讼法典的先后出台,刑事诉讼法典于1808年12月16日正式颁布,1811年元月1

日施行。法典由总则和两卷构成，凡643条。其主要特征如下。

(一) 采取纠问式和控辩式相结合的综合性程序制度

规定在开庭前的预审阶段实行纠问式程序，采取书面、非对席和秘密方式进行。在法庭审理阶段，实行控辩式程序，采取口头、两造对席和公开方式进行。这种程序规定的矛盾性，反映了立法者既要维护秩序稳定，又要保障当事人权利的双重目的，是新旧诉讼观念相妥协的结果。

(二) 确立诉讼职权分立原则

规定刑事侦查权由司法警察行使，起诉权由检察机关行使，预审权由预审法官和各省省长共同行使（赋予行政长官预审权限是该法典的特色），审判权由审判法官和陪审团独立行使。此乃分权原则在刑事立法中之体现。

(三) 设立等级管辖制和庭审合议制

规定由重罪法庭、轻罪法庭和违警罪法庭分别审理相应犯罪，并规定审理时须组成合议庭，重罪法庭由专业审判法官和业余陪审团组成合议庭。

(四) 确定"自由心证"的证据原则

该原则是对形而上学的法定证据的直接否定，它强调了法官的理性认识和法律信念在诉讼过程中的重要作用。

这部法典首先采用由总则、起诉、审判三部分结合而成的体例，是最早形成的具有完整结构形式的近代刑事诉讼法典体系。它沿用了150年之久，其间亦经过若干次的修改。这种修改不外乎从相互矛盾的两方面着手，一方面是维护被告人的基本权利，一方面是扩大法官的职权范围。或是偏重一面，或是两者兼顾。

1958年12月23日法国颁布了新的刑事诉讼法典，由卷首和5卷构成，凡802条。法典既承袭了旧法典的大量原则和制度，也在诸多方面进行了变革。自法典施行直至今日，又经过不下十数次的修改。以至于"到了90年代，法国的刑事诉讼制度依旧必须在社会和个人之间奔波救援，依旧在纠问与控辩、强制与自由之间徘徊彷徨"，也许刑事诉讼法本身就是一个矛盾的集合体。既如此，"寻求自由与惩罚之间的合理平衡关系的绝对必要"当然是日后改革之不变主题。[①]

第八节 法国法的历史地位

一、近现代法国法的基本特征

(一) 近现代法国法以启蒙思想为理论基础

18世纪法国启蒙运动，是导致法国大革命的一场思想和信仰运动，它以进

---

① 何勤华主编：《法国法律发达史》，法律出版社2001年版，第529—530页。

步和自由思想为特征。该运动的思想家伏尔泰、孟德斯鸠、卢梭、狄德罗等人,以17世纪理性主义为武器,对压抑人性的教会和扼杀自由的专制政府进行猛烈抨击。他们基于自然法观念提出了天赋人权、社会契约、人民主权、分权与制衡等学说,鼓吹改良,甚至主张革命。法国资产阶级革命家是上述学说的实践者,他们根据这些学说推导出:法律面前人人平等、私有财产神圣不可侵犯、契约自由、罪刑相适应等一系列法治原则,并以此类原则为基础,重建了法国近代法律体系。

启蒙思想家们大多是理性主义者。他们相信从公理出发,经过严密的演绎推理,可以获得关于社会发展规律的确定知识。据此规律,人类便可重建理性的社会生活秩序。法国近代的法典化体系,便是以理性主义的演绎方法推衍出来的条理清晰的逻辑系统,是作为理性社会秩序的基础建立起来的,因而是受启蒙思想家的先验构想决定性影响的结果。该体系仍是现当代法国法律制度的基础。

(二)近现代法国法烙下法国大革命的深刻印记

法国革命是一场改天换地的大革命,其激进性和彻底性世间罕有与之匹敌者。它撼动了整个国家的社会基础,废除了旧王朝的全部制度,代之以全新的社会图景。它将理性主义、自由主义、个人主义、国家主义、民族主义诸多思潮汇聚起来化为民众的壮烈行动,形成一股汹涌洪流,猛烈冲击整个旧世界。

大革命使启蒙思想由批判的武器变为武器的批判。恰如法国革命家米拉波所言:"他们发出了光,我将发起运动。"孟德斯鸠的《论法的精神》、卢梭的《社会契约论》,本来只是置于学者书案的高头讲章或是贵妇梳妆台上的时髦摆设,正是大革命使之走出象牙塔,来到十字街头,成为革命的纲领、街头巷尾的标语、广场上山呼海啸的呐喊。革命期间,《社会契约论》几乎没有一段不被宣言、报章、广场演讲、议会发言和宪法文件反复引用,以至自由、平等、博爱成为孺妇皆知的政治格言。

整个大革命不啻是理性主义的一次大规模实践,它将封建遗迹从法国地面一扫而光,然后重新创建法国近代的政治、经济、法律体系。倘无大革命的爆发,便没有宪法和行政法可言,亦没有立法至上和对法官释法的严格限制;倘无大革命的强烈冲击,大规模编纂法典的梦想绝难成为现实;倘无大革命的精神底蕴,拿破仑法典亦无以形成巨大的扩散力,以致声名远播及于全球。被称为大革命纪念碑的《人权宣言》,其精神已内化为法国民众的观念意识,其所昭示的1789年原则,虽经200年风云变幻,仍旧是法国现行法律制度的根本指导思想。由此观之,近代法国法不仅是自然法的产儿,更是大革命的产儿。它是自然法的基因借大革命的母体催生出来的世纪新生儿。

（三）近现代法国法是法兰西民族精神的体现

法兰西是一个特征异常鲜明的民族，它注重思想、崇尚理性、恪守原则、讲究逻辑，素来便有以理性驾驭自然、重构社会的渴望，故而理性主义滥觞于法土绝非偶然。中古以还，法国便有注重法学对立法、司法指导的传统；迄至近代，于欧陆首次掀起大规模法典编纂运动；将具逻辑性、系统性、确定性的法典作为法的主要渊源；强调公与私、民与商的法律分类法；习惯于演绎推理的思维方式。诸如此类，均可视为上述民族精神之体现。

由于过分执著于观念、拘泥于原则，思维行事自然不免易偏颇、走极端。各执一端的结果自然是各立门户。因此，法兰西民族自始便是一个好争吵、嗜批评、不团结的民族。"法国（高卢）人以其缺乏纪律及性喜争吵的特征进入历史"，戴高乐讥之为"我们古老高卢的分裂癖好"。[①] 很早以前，好斗公鸡就被选为法兰西的民族标记。这是一个继承了数世纪敌对关系的国家，这些冲突存在于地方与中央、南方与北方、外省与巴黎、塞纳河左岸与右岸、天主教与胡格诺教、君主派与共和派之间……因此，党派林立，政潮迭起，宪法频更，内阁短命，动辄暴乱、政变和革命，国家翻覆于帝制与共和、专制与无政府之间，法律摆荡于议会制与总统制、重罚主义与宽缓主义、纠问式与控辩式之间……诸如此类，亦可看做上述民族性格的反映。这是一个永远骚动不安的民族，在它六边形的国土上总有"两个法国"在相互对峙，左派与右派之分便是法国人的发明。法国大革命无疑强化了这种民族性。法国在政治上古来即有专制倾向，迄未根绝，在法律上亦以追求确定性著称，恐怕还是希望借此平息无休止的分裂或约束一下国民喜冲突的性情。法兰西所以会产生狂热的理性主义和暴烈的大革命，似乎皆可从中找到答案。所以，从根本意义上说，法国法是法兰西民族精神的产儿。

二、法国法的历史地位

法国在拿破仑统治时期开始进行大规模的法典编纂活动，相继出台了宪法典、民法典、民事诉讼法典、刑法典、刑事诉讼法典和商法典，创立了系统完备的六法体系。它全面规定了资产阶级法律制度，调整和巩固了资产阶级财产关系，保障和促进了资本主义经济的发展，在资本主义法律发展史上具有划时代的意义，为民法法系的正式成型奠定了坚实的基础。法国近代法律体系以公法与私法的划分为基础，形成了民法法系的逻辑分类系统；《人权宣言》所昭示的自由、平等、人民主权等原则，确立了近代欧洲乃至世界宪政发展的方向；法国最先实行普通司法权和行政裁判权的分立，由此形成普通法院与行政法院两套司法系

[①] 〔意〕路易古·巴尔齐尼：《难以对付的欧洲人》，唐雪葆等译，生活·读书·新知三联书店1987年版，第104页。

统,源自行政法院判例的行政法的产生,使法国成为"行政法母国";1804年法国民法典贯彻了个人主义和自由主义的法制观念,确立了民事权利主体自由和平等、契约自由、过失责任等原则,为近代资产阶级国家民事法律提供了范本;1807年法国商法典确立了民法法系"民商分立"的模式;1791年法国刑法典构筑了完整的近代刑法体系,首创总则和分则相结合的法典形式,该体系成为民法法系各国刑法典的样板,它将犯罪划分为违警罪、轻罪和重罪三种,这种罪分三等的分类方法也为世界各国普遍接受;法国刑法典提出的罪刑法定原则,更是成为近现代刑法的根本原则;法国民事诉讼法典开近代民事诉讼法之先河,也为后起的资本主义国家所仿效。在法国法的影响下,经过19世纪一个世纪的努力,隶属于民法法系的西欧诸国相继完成了本国的法典编纂过程,逐渐形成民法法系。由于体系和风格的差异,可将民法法系分为以法国法为代表的拉丁支系和以德国法为代表的日耳曼支系。受法国法典编纂的影响,俄国和东欧各国也先后加入民法法系。随着欧洲民法法系国家的对外扩张,在欧洲之外争夺和占领殖民地,并在该地区推行宗主国法律制度,民法法系的范围扩展至美洲、非洲和亚洲许多国家和地区,民法法系最终成为覆盖范围几乎遍及全球的最大法系。

思考题

1. 近代法国法演进的特征。
2. 法国行政法产生的历史条件。
3. 法国法在大陆法系中的地位。

第十三章 德 国 法

内容提要

德国法是大陆法系的重要代表之一,其法律的发展演变具有自己的特色。德国法全面继承了罗马法的传统,强调法的成文化和理性化;在形成之初,就受到德国古典哲学的影响,在法的价值追求上一直具有国家主义、团体主义的倾向;德国法的每一步发展都有一套理论学说作支撑,这同时造就了德国法语言精确、概念科学、逻辑推理严密的特征。

本章主要论述了德国封建法的渊源,近现代法律的发展演变;宪法制度的发展及其特征,行政法的基本原则与特点;民法典的形成、发展与主要特征;刑法的发展与主要特征;经济法与社会立法的基本内容;司法制度的特色,以及德国法的特点及其对世界法律的贡献。

关键词

德国封建法 《黄金诏书》《魏玛宪法》《德国基本法》《德国民法典》德国宪法法院

第一节 德国法的形成与发展

一、德国封建法的渊源

德国原是法兰克王国的一部分,公元843年,法兰克王国分为东、中、西三部分,东部法兰克逐渐演变为德意志王国。公元919年萨克森公爵亨利一世(Heinrich Ⅰ,约876年—936年)当选为国王,创立了德意志王国,开始了德国的历史。公元962年,德王奥托一世(Otto Ⅰ,912年—973年)率兵进入罗马,因保护罗马教会有功被教皇加冕为"罗马皇帝",从而开创了"德意志民族神圣罗马帝国",史称"第一帝国"。从公元11世纪至12世纪以后,德意志分裂为许多独立的封建领地,处于割据状态。13世纪时,形成七大"选帝候"选举帝国皇帝的局面。14世纪中期,查理四世颁布的《黄金诏书》进一步确认了这一制度。与这种分裂的社会政治经济环境相适应,德国在1871年统一前,始终以其法律的分散性和法律渊源的多样性为主要特征。

（一）习惯法

神圣罗马帝国

德意志早期主要沿用由法兰克时代的日耳曼法演变而来的地方习惯法。由于农村公社的长期存在和封建制确立的缓慢，造成无文字记载的习惯法得以长时间保留，而邦国林立的状态也使法律制度极不统一。至13世纪，开始编纂习惯法法典，较为著名的有《萨克森法典》和《施瓦本法典》。《萨克森法典》，又称《萨克森明镜》，约于1230年由萨克森骑士兼法官艾克·冯·李普高编著。法典的正文主要包括两部分：第一部分为领地法，含有民法、刑法、诉讼法及国家有关领地的法律；第二部分为采邑法，主要是处理封建领主相互关系的法律。从内容上看，法典除萨克森地区的习惯法外，还吸收了若干教会法的规则。从立法水平看，《萨克森法典》不及同时代法国的《诺曼底大习惯法》。法典主要适用于德国北部，后来又扩展至中部和东北部，以及荷兰和波兰地区，并且成为法学家注释与编纂法典时模仿的对象。《施瓦本法典》原名为《帝国国法和封建法合编》，约成书于1275年。该法典主要汇集了德意志南部地区的习惯法以及查理大帝的敕令、罗马法和教会法的某些内容，因特别注重施瓦本的

《萨克森明镜》

习惯法而得名。法典曾在德国境内广泛流传，成为各地法院判案的根据。

（二）帝国立法

13世纪霍亨斯陶芬王朝以后，德国开始出现经帝国议会中封建主同意而公布的制定法。这些制定法涉及面比较广，有关于君臣关系和帝国政治制度的法律，如1122年的《沃尔姆宗教协定》、1356年的《黄金诏书》；有关于社会治安和刑事领域的法律，如16世纪中叶制定的《警察令》《加洛林纳法典》；有关于经济领域的法律，如16世纪以后的《铸币令》《手工业令》等。其中较为重要的是《黄金诏书》和《加洛林纳法典》。

《黄金诏书》是查理四世（Charles Ⅳ，1316—1378）皇帝于1356年颁布的，因其盖有用纯金制作的皇帝的御玺而得名。《黄金诏书》确认了德国皇帝由七大选

候——萨克森公爵、勃兰登伯爵、莱茵伯爵、波希米亚(捷克)国王以及科隆、美因茨、特里尔三大主教选举产生。各选候在其领地上享有司法、铸币、采矿、征税等特权;每年召开一次选候代表大会,讨论国家大事;选候代表有权参加帝国法院;禁止附庸发动反领主的战争;禁止城市联盟反对选候等。《黄金诏书》实质上确认了德意志国家的政治分裂局面。

《加洛林纳法典》是 1532 年根据皇帝查理五世的命令编纂的一部具有重大影响的刑事法典。法典共分为两部分:第一部分是刑事诉讼法,共 143 条;第二部分是刑法,共 76 条。刑事诉讼部分具有纠问式诉讼的特点,实行有罪推定;案件以书面形式秘密审理。刑事诉讼分为侦查和审判两个阶段。侦查又分为一般侦查和特别侦查两个阶段,判决分为有罪判决、无罪判决、存疑判决。刑法部分的特点是:法典吸收了罗马法复兴运动中形成的先进刑法思想和刑法理论。对犯罪未遂、帮助行为和共犯行为作出区分,并规定了相应的刑罚标准,明确了正当防卫的概念;刑罚以威吓为惩罚的指导原则,广泛采用死刑和体刑,对宗教犯罪的处置非常残酷。《加洛林纳法典》虽然并不是全帝国必须遵行的法典,但被作为范本予以推行,在德国刑法史乃至西方刑法史上具有重大影响。①

(三) 罗马法

罗马法在德国法的形成与发展中具有重要影响。德国著名法学家拉德布鲁赫认为:"罗马法是在 1450 年至 1550 年之间开始蹑手蹑脚地潜入了德国,以至于德意志法律史上这个影响最为深远的前奏,几乎在完全没有被当时的人察觉的情况下得以实现。"②德国对罗马法的继受相对较晚,然而其结果却远远胜于法国,更不用说英国。它不仅导致了罗马法律制度和概念的广泛继受,而且还促使法律思想的科学化,这是其他民族所未曾经历的。原因主要在于以下几个方面:第一,当时的德国,帝国权力分化,没有强有力的帝国司法机构及很有影响的帝国法律职业阶层,这就为罗马法继受铺平了道路。第二,德国传统的法律那时还处在"前科学状态",不能满足时代的需要,罗马法丰富的概念和思想方法正好填补了这个真空。第三,当时的观点认为,罗马法是神圣罗马帝国皇帝的法律,罗马法不是外国法,而是帝国法。这种观念上的继受被称为"理论上的继受"。第四,1495 年颁布的《关于设立帝国最高法院的敕令》规定,在精通罗马法法学家占全部法官人数一半的帝国最高法院无专门法规或习惯法可资适用时,应根据"帝国的法律和普通法"审判案件。这里指的就是为德国所接受罗马法。这一实践活动被称为"实践上的继受"。实际上,由于大学的作用,法院特别是教会法院的实践,以及博学的法学家在非宗教法院担任法官等原因,整个欧洲大陆都不

---

① 参见〔德〕弗兰茨·冯·李斯特:《德国刑法教科书》,徐久生译,法律出版社 2000 年版,第 47 页。
② 〔德〕拉德布鲁赫:《法学导论》,米健、朱林译,中国大百科全书出版社 1997 年版,第 58 页。

同程度接受了罗马法,德国也不例外。曾受过罗马法训练的英国法学家阿瑟公爵相当贴切地概括了当时的情形:"罗马法在欧洲得到承认,靠的不是强权的理性,而是理性的强权。"[①] 15 和 16 世纪时,德国固有的习惯法也较多地渗透了精深的罗马法和教会法。许多城市按照罗马法的方式精心修改了他们的法律汇编。如 1479 年的《纽伦堡法律汇编》、1509 年的《法兰克福法律汇编》等。

(四)地方法

地方法作为德意志王国法律制度的重要组成,包括城市法与邦国法两部分。13 世纪以后,随着大量自治城市的出现,德国各地产生了以维护城市自治和保护商业活动为主要内容的城市法。这些城市法是在国王或各地领主恩准取得自治权的基础上,参照习惯法和法院判决先例编制而成的。最早的城市法汇编是《萨克森城市管辖法》,它是一部判决的汇编,编末附有讨论城市法院管辖权和诉讼程序的论文集。其他较为著名的还有:《科伦法》《卢卑克法》等,前者适用于德意志南部地区,后者适用于汉萨同盟诸城。

邦法是在日耳曼习惯法基础上形成的,其表现形式主要是地方习惯法和地方法院的判例,在后期逐渐走向法典化。18 世纪中后期,德国若干邦国进行了法典编纂,如 1751 年《巴伐利亚刑法典》、1753 年《巴伐利亚诉讼法典》、1756 年《巴伐利亚民法典》、1781 年《弗雷德里希法令大全》、1781 年《奥地利刑法典》和《约瑟夫法典》、1794 年《普鲁士邦法》等。其中《普鲁士邦法》最具有代表性,这是一部体现普鲁士自然法精神的法典,一直施行到帝国成立后《德国民法典》施行之时。

二、德国近现代法的演变

(一)德意志帝国的建立与近代法律体系的形成

在 19 世纪初期,德国处在封建割据状态,全国有三百多个诸侯国,它们在神圣罗马帝国的称号下松散地联系在一起。1806 年拿破仑率军攻入德国,将神圣罗马帝国取消,并重新划分了各诸侯国的统治范围。1815 年以普鲁士和奥地利为首组成了德意志邦国联盟,下辖 34 个封建君主国和 4 个自由市。该联盟虽然只是松散的联合,但毕竟向国家的统一又迈出了一步。

1834 年,德国在北南两个关税同盟的基础上,组成"德意志关税同盟"。由于奥地利自成体系没有加入,依附于奥地利的南方三国巴登、萨克森和巴伐利亚基于自身利益,则加入该同盟。在关税同盟中,普鲁士自然成为领导者。关税同盟的建立加强了各邦国的经济联系,促进了统一市场的形成。

1862 年 9 月,俾斯麦(1815—1898)出任普鲁士首相,提出一条以"铁与血"

[①] 〔德〕罗伯特·霍恩等:《德国民商法导论》,楚建译,中国大百科全书出版社 1996 年版,第 10 页。

统一德国的道路。1864年,普奥联手战胜丹麦,排除了后者对德国事务的干涉。1866年7月,普鲁士战胜奥地利,取得对德国的领导权,并将奥地利逐出德国。在此基础上,1866年8月,24个北德意志国家和3个自由市成立北德意志同盟,通过宪法,开始筹划统一立法。1870年7月,北德联邦与法国爆发战争,战争以北德联邦的胜利而告终。1871年1月18日德意志帝国宣告成立,至此德国实现了国家的统一。

在德国走向统一的过程中,德国法也有很大发展。一方面,在这一时期,德国先后制定颁布了1849年的《法兰克福宪法》、1850年的《普鲁士宪法》和1867年的《北德意志宪法》。这些宪法为1871年帝国宪法的制定奠定了基础。另一方面,该时期,德国也颁布了一些民商法律,如1811年的《奥地利民法典》、1848年的《德意志普通票据法》、1863年的《萨克森民法典》、1861年的《德意志普通商法典》。这些法律成为1900年《德国民法典》和1900年《德国商法典》的重要渊源。

从1871年德意志帝国的建立,到1918年德国第一次世界大战失败,是德意志帝国时期,史称第二帝国时期。该时期是德国近代法律体系的创建时期。在宪法领域,德国制定颁布了1871年的《德意志帝国宪法》,基本上奠定了德国联邦制与君主立宪制的国家体制。在民商法领域,德国经过近二十年的努力,制定了1896年颁布的《德国民法典》和1897年颁布的《德国商法典》。在经济法领域,1906年德国学者首次提出经济法概念,1909年修订了《反不正当竞争法》。在刑法领域,1871年颁布了《德国刑法典》,使德国有了统一的刑事大法。在诉讼法领域,1877年颁布的《德国刑事诉讼法》和《德国民事诉讼法》,建立了比较健全的诉讼法制。此外还制定了《民法典施行法》《土地登记法》等其他一系列近代化的法律,至第一次世界大战爆发时,德国的近代法律体系已经基本确立。

(二)魏玛共和国时期法的发展

历时四年的第一次世界大战,使德国陷入了严重的经济政治危机,在俄国十月革命的影响下,1918年11月,柏林爆发革命,推翻了帝制,建立共和国。1919年1月19日,魏玛共和国召开第一次国民大会,2月11日,选举艾伯特为总统。同年6月,国民大会通过了共和国宪法,即《魏玛宪法》。《魏玛宪法》是现代资产阶级的第一部宪法,其中许多创新之处对德国乃至世界产生了重大影响。魏玛时期继续沿用帝国时期颁布的民法典、商法典、刑法典、民事诉讼和刑事诉讼法典、法院组织法,未作大的改动,但在立法上有了新的发展和突破,主要体现在私法方面。在这一时期,由于革命运动的高涨和社会主义思想深入人心,《魏玛宪法》在对过去私法进行总结的基础上,制定了许多体现私法发展方向的新规定。在财产所有权的保护上,《魏玛宪法》在重申保障财产权的同时,规定所有权负有义务,在行使所有权的同时,应当增进公共福利;对于大企业,宪法宣布适于社会化者,可予以赔偿收归公有,或使其公私混合经营;在紧急需要时,政府可以使企业互相联合;职工得参与企业的经营管理。在契约关系上,这部宪法仍然把契约自由作为支配经济关系的基本原则,但对19世纪个人主义的契约自由,作了重大修改。这部宪法还宣布个人经济自由应与公平原则及维持人类生存的目标相适应,重申民法典违反善良风俗的法律无效;在家庭关系上,修改了民法典有关男女不平等、婚生子女与非婚生子女不平等的规定,进一步强调私法上的平等原则。与此同时,在宪法精神指导下,国家在这一时期对租赁法、劳动法和不动产法进行立法性干涉,尤其是劳动法独立出去成为一个部门法。此外,在经济法方面,该时期德国经济法的体系也日益成熟,并最终定型。[①]

(三)法西斯专政时期法的蜕变

1933年1月30日,共和国总统兴登堡任命纳粹党头目希特勒出任德国政府总理,组织政府。1934年8月,兴登堡病死,希特勒将总统与总理权力集为一身,自称国家元首,终身任职,并有权指定接班人。凭借《魏玛宪法》赋予总统的特权,希特勒颁布了一系列法律、法令,取消了资产阶级民主制和议会制,剥夺了公民的民主权利,开始了纳粹党在德国的法西斯统治。

在宪法法制方面,1933年2月4日,德国颁布了《保护德意志人民紧急条例》,授予联邦政府解散、禁止政治集会和停止报刊发行的权力。1933年2月27日,制造"国会纵火案",次日发布《保护人民与国家条例》,取消宪法关于公民权利的条款,并授权联邦政府必要时接管各邦的全部权力。上述两个条例标志着德国法西斯专政的开始。1933年3月23日颁布的《消除人民和国家痛苦法》即"授权法",是法西斯专政的根本法。该法共5条,规定:政府有制定法律的权力,政府制定的法律可与宪法相抵触;政府总理有权起草法律,公布法律并使法律生效;政府不经立法机关同意,得自由订立对外条约,发布施行命令。这项法律使希特勒集行政、立法和外交大权于一身,成为独裁者,与希特勒独裁统治相适应,德国通过《文官任用法》(1933年4月)、《关于政党及国家之保障法》(1933年12月)和《禁止组织新政党法》(1934年7月)等法律文件,正式确认了纳粹党一党专政。1934年1月30日颁布《德国改造法》,废除了各邦人民代表制,取消各邦权力,并将各邦政府隶属于联邦,官吏由联邦中央统一调配,实现了法西斯中央集权制。

在民事法律方面,纳粹时期,民法典名义上仍然有效,但法学研究和司法裁判受到纳粹思想限制。统制经济使民法典丧失了应有的作用。国家社会主义(纳粹)的意识形态追求的是,在集体观念、种族观念和领袖原则的基础上急速地革新国家和法律。以人人平等、自由为出发点的《德国民法典》与这种意识形态

---

① 参见何勤华主编:《德国法律发达史》,法律出版社2000年版,第295页。

无法调和。故有人想用一个"人民法典"来代替它。为此所作的工作因第二次世界大战而停止。虽然此时《德国民法典》仍然有效,但法学研究及司法裁判都要求用新的意识形态予以解释和适用。此外一个基本的倾向是强调个人在人民集体中的义务本位和对其他各族及人民团体的冷漠与轻视。与此相一致的立法上的干涉首先涉入家庭法与继承法领域。《德国民法典》中的实体法权利在财产法领域内基本未被触动。国家在生产及分配进程中不断增加的控制作用超乎异常地限制着"私法自治"的作用空间。

在刑事法律方面,法西斯专政时期仍然采用1871年的帝国刑法典,但对其进行了重大修改和补充,同时颁布许多法西斯刑事法律。1933年发表的《国社党刑法之觉书》(简称《觉书》),是最重要的法西斯刑事法律。《觉书》虽然不是正式法典,但集中体现了法西斯的刑法思想和刑法理论。《觉书》具有以下特点:第一,以类推原则取代罪刑法定原则。授权司法机关可以根据刑事法律的基本原则和人民的健全的正义感,对法律未加规定的犯罪行为处罚。第二,用"意思刑法"取代"结果刑法"。《觉书》认为,刑法惩罚的对象不一定要有犯罪行为和犯罪结果,只要有犯罪的意图和思想,就要受处罚。因此,规定凡有危险思想的人都为犯罪,应予处罚,并认为这样把"结果刑法"转变为"意思刑法"是对公共利益的最好保障。其结果,缩小了既遂和未遂的区别,并在惩罚上注意罪犯的主观意图。第三,宣扬种族主义和恐怖主义。"素质论"是法西斯刑法种族主义理论的核心。《觉书》认为素质是人类行为的原因,犯罪是由人的素质决定的。不同人具有不同素质。素质高的犯罪是偶发性的,是可以改造好的。素质低贱者犯罪则是惯常的,危险性大且无法改造,对这类犯罪须处以死刑、无期拘禁等重刑,使其与社会隔绝。1933年11月24日颁布的《对危险的习惯犯之法律》规定对"危险之习惯犯"和《保安矫正处分的法律》就是法西斯种族主义的产物,规定对于"习惯犯",无论犯罪与否都可以给予包括阉割在内的保安处分。至于法西斯政权在法外用刑、集中营屠杀的事例,更是触目惊心、罄竹难书。

希特勒上台后,对法院组织和诉讼制度也进行了改造,带有明显的法西斯专政的特色。1933年3月21日的法律规定设立特别法庭,专门审理"阴险地攻击政府"的案件。特别法庭不设陪审团,由三名纳粹法官组成。在特别法庭被判处短期监禁的人,刑满后即被送往集中营。1934年4月24日又设立所谓"人民法庭",用以取代最高法院审理"叛国案件"。法庭由2名专职法官、5名纳粹官员以及党卫队和武装部队中选出的人组成。审判通常采取秘密方式,无须证据即可任意定罪和判刑,其判决是终审判决,不得上诉。其实希特勒就是最高法官,他可以任意中止诉讼,也可以改变判决。这一时期,还有凌驾于法律和法院之上的秘密警察——盖世太保。它具有最高警察权,不受法律任何约束,可以随意采取行动,并有自己直接管辖的监狱和集中营,实施所谓"第三级审讯",包括水审监禁、铁丝鞭刑、模拟枪决及其他残酷刑罚。

（四）现代德国法的重建

第二次世界大战后,德国为美、苏、英、法四国分区占领。根据1945年8月2日四国签署的《波茨坦协议》,占领德国的目的是实施非军事化和非纳粹化,重建德国的民主政治。由于美苏之间的严重对立,四国共管破裂。1949年5月,美、英、法占领区成立了德意志联邦共和国,即联邦德国。同年10月,苏占区成立了德意志民主共和国,即民主德国。从此,联邦德国和民主德国分别走上了完全不同的发展道路,直到1990年德国重新统一为止。

联邦德国建立后,其法制的发展一直比较平稳。1949年5月通过的《波恩基本法》虽然没有冠以宪法之名,但实际上一直起着宪法的作用。在民事法律领域,《基本法》本质上确认1900年的民法典继续有效,并赋予合同自由、所有权自由及遗嘱自由等基本原则以宪法效力。同时它又强调了所有权的社会性义务及对合同自由的限制。为解决因技术及经济发展、社会变迁及社会价值观念不断转化所带来的问题,立法者通过颁布一系列单行法补充法典之不足。此外,法院的裁判在其允许的管辖能力范围内持久地、创造性地起着完善法律的作用,并自觉地使用新创造的法律观点。经济立法获得进一步发展,制定了大量的单行法规,如税法、保险法、消费者保护法、产业政策法等。在刑事法律领域,首先恢复了1871年刑法典的效力,此后,根据需要不断进行了修改。1975年制定了新的刑法典,标志着刑事法律的发展进入一个新的历史阶段。

民主德国按照苏联模式进行了社会主义改造。1968年颁布了新的宪法,进一步详细规定了社会主义各项制度和原则,确认了公民享有的各项民主权利,并规定了社会主义的计划经济模式和运行机制。在民法领域,民主德国建立之初,没有触动1900年的民法典,由于《德国民法典》在其立法目的上与社会主义的世界观不一致,后来被逐步废止。1976年德意志民主共和国施行了自己制定的民法典。在刑法领域,初期民主德国以单行刑事法律为主要渊源,1968年才制定刑法典。此外还制定了行政法、刑事诉讼法、民事诉讼法、经济法、劳动法、教育法、海事法、家庭法、公证法、法院组织法等许多法律部门,形成了比较完善的法律体系。

1990年10月3日德国重新统一,民主德国加入联邦德国。根据两德签订的《统一条约》的规定,重新统一后,联邦德国的法律施行于全德国。原东德的法律自行废止。因此,统一后的德国法制实际上是原联邦德国法制的继续发展,只是为适应统一后的形势作了适当修改。

第二节 宪 法

一、宪法的历史渊源

德国制定宪法的历史肇始于 19 世纪初期。当时,受法国资产阶级革命影响较深的萨克森、巴伐利亚、巴登、符腾堡等南部诸邦,开始制定各邦宪法。19 世纪中期,由于 1848 年欧洲民主革命的影响,普鲁士等北部各邦也制定了宪法。与此同时,随着经济的发展,德意志市民意识迅速增强,劳工运动高涨,德国各邦有了各种联合的愿望,统一的德国宪法也提上了议事日程,如 1849 年的《法兰克福宪法》。这些立宪活动对德国统一后的宪法产生了较大影响。其中较为重要的有 1849 年的《法兰克福宪法》、1850 年的《普鲁士宪法》和 1867 年的《北德意志宪法》。

(一)法兰克福宪法

在 1848 年革命高潮中召开的法兰克福议会,把制定统一的帝国宪法作为自己的主要任务之一。当时,德国资产阶级革命面临着反对专制制度和建立统一国家的双重任务,而资产阶级又害怕人民革命会触犯自己的利益,走向与封建势力妥协的道路。在这种情况下,法兰克福议会于 1849 年 3 月通过并颁布了《德意志宪法》,即《法兰克福宪法》。因这部宪法是在圣保罗大教堂召开的国民会议制定的,又称为《圣保罗教堂宪法》。

《法兰克福宪法》共 7 章,197 条。该宪法规定,在 1815 年德意志邦联的范围内,建立统一的联邦制德意志帝国,各邦享有一定的自主权。帝国实行君主立宪制,皇帝是帝国元首,由帝国议会从各邦的国王中选出,但不对议会负责。皇帝有权解散议会下院、搁置议会所通过的法案;皇帝对外代表德意志和德意志各邦,统帅武装部队;皇帝与内阁协同管理国家,每项命令应由一名内阁大臣副署。帝国议会是国家最高权力机关,分为上下两院。上院为联邦院,议员由各邦任命。下院为众议院,议员按人口比例选出,实行普遍、平等、秘密的选举制度。宪法规定,在特殊情况下,议会有权征收直接税,政府的预算案应先提交下院审查。帝国司法权由帝国最高法院行使。帝国的外交、军事、关税、货币等事务由帝国中央政府管理。宪法还专门规定了德意志人民的基本权利,宣布在法律面前一切德国人一律平等,享有各种政治权利,财产权利不可侵犯,永远废除一切农奴制的从属关系等。

法兰克福宪法由于奥地利、普鲁士等大邦的拒绝承认,以及普鲁士国王拒绝接受皇冠而破产,但这部宪法是在借鉴美国宪法和西欧各国宪法的基础上,制定出来的,在当时的历史条件下具有一定的进步意义。在德国历史上,该部宪法第一次把人民的基本权利确定下来,为后来的宪政立法提供了先例。同时,它所确立的有关邦与邦的关系也对后来的普鲁士宪法和帝国宪法提供了参考。

(二) 普鲁士宪法

1850年1月普鲁士颁布了一部钦定宪法。这部宪法受到法国1814年的《钦定宪章》的影响制定而成,共9章,119条。规定了普鲁士人的权利、国王、议会、司法权、王国的财政等内容。

宪法规定,普鲁士实行君主立宪制,但国王拥有广泛权力,神圣不可侵犯。国王享有行政权,是武装部队的总司令,对外有宣战、媾和和订立条约的权力。内阁大臣对国王而不是对议会负责。立法权由国王和议会共同行使,但国王可以拒绝议会通过的任何法令,并可以颁布具有法律效力的命令。议会由上院和下院组成。上院由国王任命的终身或世袭贵族组成,下院通过选举产生。议会享有立法权,但权力极其有限。普鲁士确立了司法独立原则,实行法官职务终身制,但法官却是由国王或以国王名义任命。宪法一方面宣布臣民享有一系列权利和自由,但同时规定了许多限制性条款,实行普遍义务兵役制。

普鲁士宪法反映了容克贵族和大资产阶级的利益。尽管封建君主握有大权,但资产阶级已在国家生活中占据一席之地,这在一定程度上有利于资本主义的发展。这部宪法经多次修改后长期沿用,直到1919年被废除。

(三) 北德意志宪法

1866年对奥地利战争的胜利,确立了普鲁士在德意志的霸主地位,并将奥地利挤出了德意志联邦。此后,成立的北德意志联邦于1867年4月正式出台了《北德意志联邦宪法》。该宪法着意创立了一种德意志的君主立宪政体,规定北德意志联邦的行政权归联邦主席团,普鲁士国王掌握主席团的大权,他有权代表整个联邦决定战争与和平,并享有联邦军队的最高统帅权,签署颁布法律与任命宰相的权力。国家立法机关由国家议院和联邦院组成,前者由各邦根据普选产生,后者由各邦的代表组成。联邦内部形式上保持独立,但实际上普鲁士处于主导地位。宪法没有规定公民的基本权利,不能不说是一个缺陷。总体来看,该宪法体现了在确保君主专制的前提下,一定程度上满足了资产阶级的愿望,从而建立起了以普鲁士为中心的容克贵族和资产阶级的政治联盟。这部宪法虽然存在的时间非常短暂,但它直接为1871年德意志宪法的制定提供了蓝本。

二、《德意志帝国宪法》

1870年普法战争爆发,普鲁士取得胜利,完成了国家的统一大业。1871年4月16日,新选出的帝国国会批准了以《北德意志宪法》为蓝本制定而成的帝国宪法。该宪法共4章,78条,其主要内容和特点如下:

（一）第一次以宪法的形式确认了德国的统一

该宪法宣布德意志帝国是一个统一的联邦制国家，由22个邦、3个自由市和一个直辖区组成。在立法方面，帝国中央制定的法律优于各邦的法律效力，并可以取消各邦与其相抵触的法律。在国家行政、军事、外交、税收、铁路、邮电等重要领域，帝国中央握有相当广泛的权力。各邦失去了原有的独立地位，实际上成为联邦政府的地方自治单位。上述规定加强了中央权力，消除了各邦分立的状态，为加速德国资本主义的发展提供了条件。

（二）帝国的政权组织形式为君主立宪制

帝国皇帝是国家元首，由普鲁士国王担任，拥有立法、行政、外交大权。皇帝有权提出法律草案，公布、监督法律；召集议会和根据联邦议会的决议提前解散帝国国会；作为帝国行政首脑、军队的最高统帅，有权任命文武官吏，对外代表帝国宣战、媾和、缔结条约、建立联盟、任命驻外使节等。帝国首相由皇帝任命，以皇帝的名义主持帝国行政，直接对皇帝负责而不是对联邦议会负责。首相还兼任联邦议会主席，有权确定联邦议会开会的日期并监督其工作。首相不是帝国国会成员，但可以出席其会议并对其施加影响。皇帝颁布法律由首相副署并因此负责。照惯例帝国首相由普鲁士首相兼任。帝国著名的"铁血首相"俾斯麦连任首相20年，皇帝威廉一世赋予其全权，成为帝国政治的实际领导者。

（三）议会由联邦议会和帝国国会两院组成，共同行使立法权

联邦议会议员共58名，由各邦君主和自由市参议院从本邦高级官吏中任命，代表各邦元首。其名额分配方案是根据各邦大小不等各占1—6席，其中普鲁士占17席。在联邦议会各邦地位不平等，普鲁士居于"盟主"地位，因为根据《德意志帝国宪法》第78条的规定，有关宪法修改议案，只要有14票反对就不能通过。联邦议会职权广泛，有权提出和通过法案，决定帝国的财政预算和决算，并作为最高审级解决各邦之间的争端。皇帝对外宣战、媾和、缔结条约须经其同意。

帝国国会议员则由选民采取直接和秘密投票的方式选举产生，共397人，其中普鲁士占236人，每届任期5年。但根据1869年的选举法，妇女、25岁以下的男子、破产者、受救济者和现役军人均无选举权。帝国国会权力有限，要受到皇帝、首相和联邦议会的种种制约。皇帝、首相、各部大臣都不向联邦议会负责，更不向帝国国会负责，帝国国会完全是一个从属于皇帝、首相和联邦议会的咨询性质的机构。

（四）建立军事警察制度

宪法用专章规定了帝国的军事制度，确认了皇帝对军队的最高权威和统帅职权，确认了普遍义务兵役制。宪法规定普鲁士的军事、警察立法、法庭条例、兵役制度等应在宪法颁布之日起立刻推广于全德。这样，宪法的实施就推进了德

国的军国主义进程,后来德国终于成为两次世界大战的策源地。

总之,1871年的帝国宪法以根本法的形式确认了德国的统一,加强了帝国中央国家机关的权力,进一步打破了各邦的分裂割据,有利于资本主义的发展。同时,也确立了普鲁士在德国的领导地位和以帝国皇帝与首相为核心的君主立宪制,显然具有浓厚的封建色彩。特别是该宪法丝毫未提及公民的基本权利,是一个很大的遗憾。所有这一切都表明该宪法是德国容克贵族和大资产阶级妥协的产物。

三、《魏玛宪法》

1919年的《德意志共和国宪法》,因在魏玛召开的制宪会议上通过,习惯上被称为《魏玛宪法》。宪法草案经过7个月的讨论,六易其稿,于7月31日以262比75票通过,8月11日公布实施。该宪法分为两编,共181条,14000余字,是当时世界最长的一部宪法。第一编规定了联邦的组织和职权,第二编规定了人民的基本权利和义务。

（一）规定德意志共和国实行联邦制,并赋予联邦极大权限

根据宪法,国家结构形式为联邦制,由18个邦组成。在联邦与邦之间关系上,各邦的独立性受到很大限制,联邦权力得到了强化。各邦的事务虽然由各邦按邦宪法管理,但各邦宪法和法律不得与联邦宪法相抵触,联邦可以废止各邦的法律。宪法把立法权分为联邦专有和联邦与各邦共有两部分。有关外交、殖民、国籍、关税和货币等重要立法权归联邦专有;刑法、民法、出版、卫生、商业等立法权为联邦与各邦共有,但联邦享有优先权。

（二）规定德意志国家的政权组织形式是总统制共和国

以分权原则组成的政权机关主要由议会、政府和法院构成。联邦议会为立法机关,由联邦参政会和联邦国会组成。联邦参政会由各邦政府的代表组成。同1871年宪法相比,普鲁士的特殊地位受到限制,但并未取消,仍占总数63票中的25票;联邦参政会的权力也大为削减,不再凌驾于联邦国会之上。联邦国会议员由年满20岁以上的男女公民按比例选举制普选产生,任期4年。联邦国会有立法、修改宪法和监督政府的权力,但其权力受到种种限制,联邦参政会在一定条件下可以否决联邦国会通过的法律;总统有权公布法律,在公布前可以用"交付国民表决"的方式否决、阻挠、延缓法律生效。

总统由选民选举产生,享有广泛权力。总统对外代表国家,对内任命包括总理在内的文武官吏,统帅军队,有相当大的立法权,还有监督、提前召集、解散国会之权。《魏玛宪法》第48条特别赋予总统"独裁权"和"强制执行权"。所谓"独裁权"是指总统得用武力恢复"公共安宁与秩序",临时停止宪法规定的基本人权;所谓"强制执行权"是指总统得用武力强制各邦遵守宪法和法律。正是这一

规定为后来希特勒建立法西斯独裁政权提供了法律依据。

联邦政府由总理和各部部长组成。总理由总统任命,各部部长由总理提请总统任命。联邦政府及其成员均向国会负责,如果国会对政府表示不信任,政府应即辞职。联邦政府主持日常行政工作,有权提出法案和颁布行政法规。

司法权由联邦法院、各邦法院和各专门法院行使,联邦法官由总统任命。宪法贯彻了法官独立及法官终身制。

(三) 保留了传统宪法有关公民权利的同时,进一步扩大了公民权的范围

《魏玛宪法》以第2编专门规定"德国人民的基本权利及义务",共5章,57条,内容非常丰富,几乎涵盖了历来宪法和权利宣言中所有的原则,还极力标榜"社会主义"原则。宪法规定法律面前人人平等,男女平等,废除因出身和阶级带来的不平等待遇。规定公民有居住、迁徙、言论、通信、请愿、结社、集会、学术研究和宗教信仰等自由。国家保护公民的财产所有权、继承权、工作权、休息权、失业救济和受教育的权利。这是由于1918年11月德国工人运动对旧政权严重冲击,迫使宪法的制定者不得不考虑工人阶级争取民主权利的要求,科学社会主义的广泛传播也逼迫他们不得不在宪法中写进一些"社会主义"条款,这在以前的宪法中是不可想象的。

(四) 宪法规定了经济生活的基本原则和基本经济制度

《魏玛宪法》将"经济生活"列为专章,详细规定了公民的经济权利,因而被学者称为"经济宪法"。宪法规定了经济自由、工商业自由、契约自由、所有权受宪法保护等原则。同时不再强调私有财产神圣不可侵犯,而是强调"社会化"原则。宪法规定:所有权负有义务,所有权之行使同时又当增进公共福利;土地的分配和利用,受联邦监督,因需要土地所有权得征收之;联邦得以法律按"征收"规定,予以赔偿地将私人企业收归公有。实行"劳工会议制度"和"经济会议制度",前者确认工人和企业主"共同管理企业",后者是由工人、工会、企业家和各界代表组成区及联邦经济会议,经济会议参与重要的社会或经济法律草案的审核等。

《魏玛宪法》是现代资本主义国家第一部宪法。它是在资本主义进入垄断阶段以后,经济政治情况有了很大变化,而又在德国和世界范围内革命运动高涨时期制定的。这个时期德国更多推行社会改良主义政策,因而这部宪法的基本特点是在肯定和维护资本主义制度的同时,贯彻了

《魏玛宪法》

一些新思想,使宪法原则和制度明显向前发展了一步。这种发展代表了20世纪资本主义国家宪法发展的方向,在制宪史上具有划时代的意义。

四、《德意志联邦共和国基本法》

1948年2月,美、英、法在比利时、荷兰、卢森堡等国的参加下,召开了伦敦会议,决定在西德制定宪法。同年7月1日,占领当局召集西德11个州的总理举行会议,授权他们召开起草宪法的代表会议。9月1日,11个州的代表组成议会委员会,在波恩召开制宪会议,并于1949年5月8日通过了宪法草案。经占领当局批准后,又经2/3的州议会同意,由议会委员会公布,于5月23日开始施行。这就是《德意志联邦共和国基本法》(以下简称《基本法》),又称《波恩宪法》《波恩基本法》。该法宣称,它不是正式宪法,只是"为了建立过渡时期国家生活的新秩序"而制定的。有效期至德国重新统一,正式宪法生效之日。实际上《基本法》一直起着宪法的作用。

《基本法》共11章,146条。其中很多内容承袭了《魏玛宪法》的规定,但又有许多新的变化和发展。其内容和特点如下:

(一)《基本法》规定了比较广泛的公民基本权利

针对希特勒统治期间,法西斯政权肆意践踏公民权利的教训,《基本法》明确宣布主权属于人民,并在第一章中较为详尽地规定了基本权利,其内容与《魏玛宪法》大致相同。《基本法》强调人的尊严不可侵犯,人权是和平正义的基础。各项基本权利具有直接的法律效力,并约束立法、行政与司法。在任何情况下,不得危及基本权利的实质,任何人均可因基本权利受到公共权力的侵犯,通过司法途径提起宪法申诉。《基本法》还规定国际法的基本原则是联邦法律的组成部分,直接为联邦境内的居民创设权利义务。

(二)《基本法》规定国家结构形式为联邦制,并赋予各州较大权力

在关于联邦与州权力的划分和相互关系上,《基本法》大体承袭了《魏玛宪法》的一些原则和制度。相比之下,联邦政府的权力仍然很大,联邦法律高于各州法律。各州宪法必须符合联邦基本法。联邦负责外交事务,各州同外国缔结条约应在其立法权限范围之内,并须经联邦同意。如果州不履行基本法或其他联邦法律规定的义务时,联邦政府可以强制各州履行其义务。

(三)《基本法》规定实行三权分立和内阁制的政府形式

《基本法》重新确立三权分立原则,恢复了多党制,并规定有关政党的组织和活动原则。根据分权原则,立法权由联邦议院和联邦参议院组成的联邦议会行使。联邦议院议员由选民依普选、直接、自由、平等和秘密的原则选举产生,任期4年。联邦参议院议员由各州政府委派的州政府成员组成,无固定任期,代表各州参与联邦立法,每州至少有3票表决权。立法程序采"联邦议院中心主义"原

则,参议院虽对联邦立法有审议、通过与否决权,但联邦议院在联邦中具有主导地位并起决定作用。联邦议院还有权监督政府,选举产生联邦总理,对联邦总理表示不信任或否决联邦总理要求信任的提案。

联邦总统为国家元首,对外代表联邦。《基本法》吸取《魏玛宪法》规定总统权力过大导致独裁的教训,对总统的权力作了较大限制。总统由联邦大会选举产生,任期5年,只能连任1次。总统缔结重大条约须获得有关主管机关同意或参与;对内发布命令须经联邦总理或主管部长副署方能有效。总统不再拥有与议会并列的权力,而受议会监督,联邦议会可以联邦总统故意违反基本法或其他法律为由,向联邦宪法法院弹劾总统。

联邦政府是国家最高行政机关,由总理和联邦各部部长组成。联邦总理由联邦总统提名,经联邦议院选举产生后,再由总统任命。一般由联邦议院多数党领袖担任。联邦总理作为政府首脑,有权任命各部部长和其他政府官员,负责制定政府的内外政策,统一领导各部工作。联邦总理向联邦议院负责,而不是向总统负责。为了保证政府稳定,《基本法》规定只有在联邦议院预先以超过半数票选出新总理的情况下,原政府才可以解散。

《基本法》确认了司法独立原则,规定了违宪审查制度。1951年建立联邦宪法法院,防止滥用宪法并解释宪法。宪法法院是独立的宪法机关,主要解决法律规定不明确而出现的纠纷,实行宪法监督。其职责具体为:解决联邦与州及各州之间的争端;解决联邦各机构之间的矛盾;审查联邦及各州的法律是否违宪;受理公民个人或团体的宪法控诉。

(四)《基本法》承诺对自己主权的某些限制,以维护和平

为防止德国再次成为战争的策源地,《基本法》规定:联邦德国可将主权权力移转给国际组织,同意限制联邦德国的主权权力,承认国际法的一般原则是联邦法律的组成部分,并优于其他国内法。规定任何试图破坏和取消现存民族和自由的基本秩序、破坏和平、准备侵略战争的行为,均属违宪应受到惩罚。不得强制任何人违背良心服兵役,妇女不得受雇或被迫在武装部队服役等。

总之,《基本法》作为联邦德国的根本大法,通过重建资产阶级民主制度取代了希特勒的法西斯专政,一定程度上反映了战后德国人民对法西斯统治和帝国主义战争的厌恶。《基本法》比较重视公民的基本权利和维护和平的规定,通过对权力制约体系的建构,以防止法西斯暴政的再次出现,具有极强的针对性。《基本法》在基本制度上继承了魏玛宪法的传统精神,同时又有许多创新,如设立宪法法院等。

《基本法》实施至今,虽有过多次修改,但其基本精神和特征未变。1990年两德重新统一后,其效力扩展到整个德国,目前尚未重新制定新的宪法。

第三节 行 政 法

一、行政法的历史发展

德国行政法最早起源于警察法。在15世纪的神圣罗马帝国就出现过警察法及与秩序有关的法律。与其他法律一样,警察法的制定与否,完全取决于统治者的随心所欲。与此同时,行政裁决机构亦开始建立起来。在帝国和一些地方,最先设置一些调解机构,以此作为对不断扩张的行政的法律救济。后来帝国设立了两个最高法院,一个于1495年建立在法兰克福,另一个于1498建立在维也纳。它们对控告行政机关的案件享有一般的管辖权,但是,这两个最高法院的行政裁判权受到统治者特权的严格控制。在地方,设行政专家小组行使裁判权。但统治者规定,行政专家小组由地方行政当局组成,放任行政机关自己做自己的法官。

1794年普鲁士邦法的出现,在专制德国和宪政德国之间架起了一座桥梁。普鲁士邦法,作为第一部综合而完整的实体法典,虽然不是一部行政法典,但它所确立的"法律统治",成了调整统治者与被统治者关系的基础。此外,它还直接规定了个人因公共福利而遭受的损失由国家给予赔偿。

1808年,普鲁士将某些小组对行政纠纷的裁判权归并给民事法院,这直接导致了裁判机关与行政机关的分离。与此同时,不少地方纷纷模仿法国的做法,单设行政法院。在1863年,巴登建立了一个独立的行政法院,这是德国第一个高等行政法院。接着,在19世纪下半期,其他各邦也相继设立了这类法院,但是,统一后的德国却没有建立单独的行政法院。1919年《魏玛宪法》的颁布对德国行政法的发展起了重要作用,魏玛共和国确立了普通法院与行政法院相分离的审判制度,建立了联邦和各邦的行政法院体系。在希特勒专政时代,采用行政当局受理行政案件的方式,取代了过去的行政法院体制,初具规模的行政法院体系被废除。19世纪中叶,在全德国范围内,以法治原则为基础的宪制国家开始建立,这为德国现代行政法的产生和发展奠定了基础。

1946年10月,德国恢复了第二次世界大战前的法院体系,并作了一些调整。1949年颁布的《基本法》,规定建立一个联邦行政法院。该法院于1952年9月23日正式建立。1960年1月21日制定的《行政法院法》取代了以前的一切法律,并规定在各邦建立统一的行政法院制度。行政审判制度促进了德国行政实体法的发展。1976年德国《行政程序法》的制定和实施,表明德国行政法已进入到成熟阶段。

德国行政法的发展与行政法学的发展相伴而生。当代德国的行政法学,只能追溯到19世纪中叶。在19世纪以前,法学家们对行政法的讨论,囿于行政原则和行政政策。从19世纪中叶开始,人们才论及行政行为的合法性。1852年卡·弗·格伯(C. F. Gerber)对公民与政府的关系揭示了这样一种内容,即使为公共利益所必须,其权利受到影响的公民有权获得法律救济。格伯的观点得到冯·梅耶(F. F. von Mayer)的赞同和传播。1895年德国斯特拉斯堡大学教授奥托·梅耶(Otto Mayer)出版了《德国行政法》一书,标志着德国行政法学的形成。该书根据自己提出的"行政行为"的概念,论述了法治原则及法治原则对管理机关的约束力。梅耶的著作对后来德国行政法的学术研究和行政法的实践产生了决定性影响。此后,经过当代法学家的努力,德国行政法学理论达到了一个新的水平。

二、行政法的基本原则

德国行政法适用许多宪法原则,如三权分立原则、社会国家原则、法治原则等。此外行政法还有自身特有的原则。行政法的基本原则是贯穿于行政法学理论始终的,用以衡量和支配行政机关活动的基本准则。这些原则主要有:依法行政原则、比例原则和信赖原则。

(一) 依法行政原则

依法行政原则是法治国成立的最基本要素,亦是一切行政行为必须遵守的首要原则,其含义是指行政活动必须接受议会法律的规制,并置于法院的司法控制之下,行政活动违法的,必须追究行政机关的法律责任。德国依法行政原则由两部分组成,即法律优先和法律保留原则。法律优先原则,其中心思想是:一切行政行为都必须服从法律,否则无效。所应服从的法律应作广义解释,它包括有效的成文法律和不成文的法律原则,如平等原则、公正原则、非专断原则等。法律优先原则适用于行政机关的一切行为,无论是行政机关的事实行为还是法律行为,都必须接受立法机关所制定的法律的约束。法律保留原则,其中心含义是:一切行政权的实施都必须符合法律的授权,越权无效。这一内容的宪法依据是《基本法》第20条第3项的规定,行政权受法律的约束。

(二) 比例原则

随着德国法治国思想从形式意义的法治原则到现代实质意义的法治原则的发展,比例原则成为行政法的重要组成部分。该原则渊源于法治国理念和基本权利的本质,通过联邦宪法法院的判决逐步成为限制行政权的有效手段,并通过判例的形式予以概念化、体系化而提升到宪法位阶。广义的比例原则包括妥当性原则、必要性原则和均衡性原则。

妥当性原则,又称适应性原则,即行政机关所采取的方法,应有助于达成其目的而此目的仅限于法定的为保护公益的公共性的目的。必要性原则,又称最少侵害原则,是指在众多达成行政目的的手段中,应当选择对公民权利限制或侵害最少的手段。该原则适用的前提是同时存在有若干个适合于达成行政目的的手段,若只有唯一的手段方可达成时,则无法适用,所以,该原则考虑的焦点集中在各个手段间的比较与取舍上,对于不可避免的侵害,行政机关只能选择最温和的手段。均衡性原则,又称狭义的比例原则或法益相称性原则,是指行政机关对公民个人利益的干预不得超过实现行政目的所追求的公共利益,两者之间必须符合比例或者相称。虽然行政机关采取了妥当且必要的手段以试图达成所追求的目的,但是,若该手段所侵害的公民个人利益,与其实现的目的所追求的公共利益相比较两者不相当,那么,行政机关采取该项措施就违反了比例原则。

由此可见,比例原则要求行政目的与行政手段相适应、成比例,要求行政措施符合行政目的且为侵害最小之行政措施。它调整的关系有两类:一是国家活动中目的与实现目的的手段之间的关系,二是公民的自由权利与公共利益需要的关系。它所包含的三项子原则分别从目的取向、法律后果、价值取向三个方面规范着它们之间的关系,共同构成了比例原则完整而丰富的内涵。

(三) 信赖保护原则

信赖保护原则是指当社会成员对行政过程中某些因素的不变性形成合理信赖,并且这种信赖值得保护时,行政主体不得变动上述因素,或在变动后必须合理补偿社会成员的信赖损失。该原则的核心思想是维护法律秩序的安定性,保护社会成员的正当权益。信赖保护原则是第二次世界大战后德国发展的又一项行政法的基本原则。1956年柏林最高行政法院在一个突破性判决中认为,应当用一种专门平衡的办法来协调"依法行政原则"与"信赖保护原则"这两个都代表了宪法价值的原则,后来这个思路得到德国宪法法院的确认,认为这是法律安定性原则在保护公民合法权益的表现形式,侵害公民的信赖即构成违反法律安定性原则。自此以后,信赖保护原则逐渐渗透到行政全过程,如在法律事实的认定、行政法律规范的选择适用等环节,并在众多的成文法中明确加以规定。其中,1976年的《行政程序法》最为引人注目,该法第48—50条对受益、负担双效、复效行政行为的撤销及废止作了详尽规定,使之更具有可操作性。

三、行政行为

(一) 行政行为的概念

行政行为是德国行政法的一个核心概念。1826年,德国学者从法国引进这一概念,并作解释。此后,这一概念的含义不断改进。1895年奥托·梅耶教授将其定义为:行政机关针对特定主体的权利所作的具体的权威性意思表示。这一定义被行政法院采纳,并在尔后的法学著作中得到完善。1949年的《基本法》和1960年的《行政法院法》也正式使用了这一概念。1976年的《行政程序法》第

35条对行政行为作了如下表述:"行政行为是行政机关为管理公法领域的特定事件而采取的,能够直接引起外部法律后果的命令、决定和其他主权措施的总和。"这一定义是目前德国最权威的解释。从这一定义不难发现德国的行政行为具有以下特征:(1)行政行为是行政机关作出的公法上的意思表示,行政机关在私法上的活动应排除在外。(2)行政行为是具体行为,而不是抽象行为。抽象行政命令作为行政行为,与其说是一种例外情况,不如说是一种理解问题。(3)行政行为是法律行为,而不是事实行为。因为它以能够引起法律后果为条件。(4)行政行为是外部行为,而不是内部行为。因为行政行为必须是能够直接引起外部法律后果的行为。

(二)行政行为的分类

与法国一样,德国比较注重行政行为的分类。因为行政行为的分类研究是整个行政行为理论研究的基础。德国行政法学者从不同角度对行政行为进行了分类,主要有以下三种:

1. 命令性行为、创设性行为和宣告性行为

这是依据行为的内容对行政行为所作的分类。命令性行为系指行政主体要求行政相对人进行一定的作为或不作为的意思表示,亦称行政命令行为。行政命令行为包括令、禁令和强制令。令是命令一类人作为,禁令是命令人们不作为,强制令是命令特定人进行特定的行为。创设性行为系指行政主体设立、改变或取消某一具体行政法律关系的行政行为,如规划、职务任命等。宣告性行为系指行政主体明确相对人法律地位的行为,如划分物品等级、确定责任等。它仅是明确现存的法律地位,而不像创设性行为那样直接改变现存的法律地位。

2. 受益行为和不利行为

这是依据行为对相对人所产生的结果的不同所作的分类。受益行为是指行政主体赋予相对人权益或免除其义务的行政行为,如批准建住宅、免税等。不利行为则指行政主体剥夺相对人权益或科以其义务的行政行为,如对相对人罚款。出于保护相对人的合法权益,行政法对不利行为的规范比受益行为更为严格。

3. 自由裁量行为和非自由裁量行为

这是依据对相对人的限制程度所作的分类。自由裁量行为是指法律对这种行为的实行没有法定条件的限制,行政人可以自由作出这种行为。非自由裁量行为是指行政行为的作出与否,应严格依据法定条件进行。在德国自由裁量行为的范围局限于受益的行政行为以及那些属于补助金领域的行为。

(三)行政行为的程序

德国的行政程序比较发达。1976年颁布的《行政程序法》包括如下内容:(1)适用的范围、土地管辖、职务上的协助;(2)行政手续之一般规定;(3)行政行为;(4)公法契约;(5)特种手续;(6)法律救济程序。根据该法规定,作出行

政行为应遵循如下原则：简单和合乎目的原则、回避原则、以职权全面调查原则、告知程序参与人其权利义务原则、听政原则、当事人得查阅案卷原则、保密原则。行政行为一旦作出，即产生既定的效力，但也可因为某种原因，使得行政行为撤销或废止。当行政行为具有明显的瑕疵时，行政行为无效，也应撤销。受益行政行为，如受益人是以欺诈等不法手段而得到这一行政行为，或明知该行政行为违法或对其违法性的认知上有重大过失，行政行为应撤销，否则，受益人的信赖利益应得到保护。撤销行为具有溯及力。行政行为的废止是针对合法行政行为的。非受益性合法行政行为，除非特定原因，可以废止；这种废止不具有溯及力。受益性合法行政行为只有在特定条件下才可以废止。对已经作出的行政行为可以申请复议。

四、公务员制度

公务员制度是德国行政法的一项基本制度。它起源于德意志帝国统一之前的各邦国，尤其是普鲁士的规定，但直到魏玛共和国时期才确立起来。《魏玛宪法》规定了公务员政治中立、无重大过失不得解除职务的原则，推动了公务员制度的现代化。纳粹时期，这一制度遭到破坏。第二次世界大战后联邦德国恢复和重建了公务员制度，颁布了一系列法律，主要有1950年《公务员法》、1953年的《联邦公务员法》、1972年的《联邦法官法》、1980年的《联邦公务员工资法》等，形成了一套完整的现代公务员制度。

公务员享有以下权利：依法取得报酬和享受待遇的权利，查阅本人人事档案的权利，结社的权利，随时辞职的权利，获得公务员服务证书的权利。公务员应当履行的义务主要有：保持政治中立，忠诚职务，支持和服从上级，严守职务机密。公务员在任职期间有违法失职行为的，须受惩戒处分，根据行为的性质由主管机关给予警告、罚款、降薪、降职、直至开除公职的处分。受惩戒公务员不服的，可以法定程序提出申诉。

五、德国行政法的特点

与法国等其他国家相比，德国行政法成文化的特征十分突出，具有以下几个特点：

（一）公法与私法二元化

德国的法律体系具有大陆法系的共同特征，即有明确的公法与私法的划分，行政法属于公法的范畴。德国公私法的划分，具有实际意义，它构成了整个行政法的前提。因为处理公法纠纷和私法纠纷适用不同的实体法规范，并且由不同的法院管辖，公法纠纷受行政法院管辖，私法纠纷则由普通法院管辖。

（二）成文法多于判例法

法国是成文法国家，但其行政法却是判例法。德国是成文法国家，其行政法也是成文法。这是德国行政法不同于法国行政法的一大特点。这一特点并不意味着德国只有成文法，没有判例法。但它表明成文法在德国行政法中占据主要地位。德国1976年的《行政程序法》和1960年的《行政法院法》，分别近似于行政实体法典和行政诉讼法典，构成其完整的行政法的基础。

（三）程序实体合一化

德国具有发达而完整的行政程序法。早在1963年德国就有为数85条的《行政程序法标准草案》（慕尼黑草案）。现行的行政程序基本法是1976年制定的具有多达103条的《行政程序法》。但该法中的"行政程序"并非单纯的"程序"，其内容还是侧重于实体规范。例如，行政处分的构成条件、公法契约和国家责任等。这些行政实体法问题，在德国均是通过行政程序法加以调整和规范的。可见，德国的行政法，程序与实体合一，甚至可以说，行政程序吸收了行政实体。

（四）行政法院非行政化

就行政司法体制而言，德国与法国一样，都实行双轨制，即在普通法院之外，都有独立自成体系的行政法院。但从行政法院的地位来看，两国之间大不相同。法国的行政法院是行政部门的一部分，实质上是一种特殊的行政机关。而德国的行政法院是司法系统的组成部分，不受行政部门干预，具有很强的司法性，而非行政性。

第四节 民 商 法

一、民商法的历史渊源

随着理性法思想的传播，适应中世纪末期资本主义商品经济的发展，以及统一市场、统一主权国家（邦）的政治需要，在德国各地开始出现了对德意志流行的普通法和邦法的汇编统一运动。有些邦进一步将其体系化，开始了法典的编纂活动。能够作为制定《德国民法典》基础的主要有以下法典：

（一）《巴伐利亚民法典》

这部法典出自巴伐利亚宰相冯·克赖特玛雅之手，全称《马克西米利安—巴伐利亚民法典》，公布于1756年，是欧洲启蒙时期最早的一部民法典。该法典以查士丁尼的《法学阶梯》为蓝本，分为四编。第一编为人法，依次为：自然法与正义、法的分类、与人的身份有关的权利与义务、家庭身份、父权、婚姻、监护、奴役。第二编为物权法，包括所有权、时效、占有、抵押、地役权、用益权等。第三篇为继承法。第四编为债法,包括各种合同、无名合同、准合同等。[①] 这部法典的内容仅限于民法,开近代民法之先河。

(二)《普鲁士普通邦法》

这是德意志境内最大邦国的法典,全名为《普鲁士国家的普通邦法》。该法典内容庞杂,包括宪法、行政法、民法、刑法、商法等规定,共分两部43章,有19000条之多。于1794年2月5日公布,同年6月1日施行。法典第一部分以个人的资产为内容,把债法与继承法作为取得财产的方式。第二部分以个人在其所属各社会集团的法律地位为内容,包括亲属、家庭、社会阶级与国家。这是一部体现普鲁士自然法精神的法典,一直施行到帝国成立后《德国民法典》施行之时。

(三)《奥地利普通民法典》

18世纪中期,奥地利就开始制定各种法典统一境内的法律。1811年6月1日公布了《奥地利普通民法典》,于1812年6月1日施行。由于以后奥地利未加入德意志帝国,这个法典一直在奥地利施行到现在。在《德国民法典》制定时,这部法典也产生了重要影响,因为它的质量远高于普鲁士普通邦法典。

(四)《萨克森民法典》

萨克森王国也很早就开始了制定民法典的工作,在1851年就有草案出世。1863年1月2日终于公布,于1865年3月1日施行。这个法典是以德国普通法与萨克森法为基础制定的,共2620条。这部法典的最为显著的特点就是有"总则"编。在民法里设置总则编,在德国的学术著作中早已提出,而在法典中正式设置,则自萨克森法典始。

(五)票据法和普通商法典

早在1834年,以普鲁士为首的各邦为了经济上的需要,组成关税同盟,并致力于制定共同适用的商事方面的法典。其成果之一是1848年的《德国普通票据法》及其1866年的《纽伦堡修正法》。更大的成果是1861年的《德国普通商法典》。这两部法律以后都原封不动地成为北德意志联邦的法律。前一法律亦成为德意志帝国和德意志共和国的法律直到1933年才因德国依日内瓦统一票据法制定新的票据法而废止。商法典则在帝国制定出新商法后失效。

此外,在德国南部还施行法国民法典,在德国其他地方还存在过其他法律。这些都是制定《德国民法典》的基础。这些法典都是经过长时间的准备,吸收了当时的学术成就,在内容上、编制上都为《德国民法典》的制定提供了经验与素材,对民法典制定起了更为重要的作用。制定民法时,还考虑到民商两个法典的

[①] 〔美〕艾伦·沃森:《民法法系的演变及形成》,李静冰等译,中国政法大学出版社1992年版,第136页。

体例问题,将普通商法典中的某些有关民事行为共通性的重要规定,如法律行为、动产的善意取得等,移到民法典中。

此外,在帝国成立前,有些著名学者和法官也曾草拟民法的草案,如1865年提出的称为《德累斯顿草案》的债法草案,以后就成为民法典中债法部分的范例。[①]

二、1900年民法典及其发展

(一) 民法法典化的论争

18至19世纪中期德意志各邦所完成的法典编纂,只统一了邦内法律,就全德而言,民法仍是十分分散。政治上分裂、法律不统一,阻碍着德意志的进步。随着资本主义的成长和民族统一运动的兴起,编纂统一民法典思想也出现了,反对拿破仑统治、争取独立的战争,唤起了德意志的民族意识,从而促进了这种思想的产生。

最早提出编纂统一民法典主张的是德国自然法学派的主要代表、海德堡大学教授蒂鲍特(Thibaut)。1814年在反法联军战胜拿破仑的鼓舞下,他酝酿已久的统一民法的思想成熟了,于是写下题为《论统一民法典必要性》的论文。在文中他抨击了当时德国法律的落后和混乱。他认为德意志各邦的独立只有依靠整个民族的协力一致才能实现,而民族统一必须依靠法律统一。所以编纂民法典就成了德国独立复兴的基础。同时,根据自然法理论,他主张民法典应以"自然正义"和"理性"作指导思想。集合在这一观点下面的法学家被称为法典编纂派。

蒂鲍特的文章发表后引起强烈反响,历史法学派的代表人物萨维尼与此针锋相对,发表了《论当代立法及法学的使命》一书,系统阐述了历史学派的观点。他认为,法不是立法者任意创造的,也不是纯粹理性的产物,而是世代相传的"民族精神"的体现,是一个民族的历史发展所决定的,因此,他反对按自然法、理性制定一部法国式的民法典,认为这将离开民族精神,通过这种方式统一法律是有害的。从根本上说,他并不反对编纂法典,而是主张制定一部符合德意志民族精神的法典,但制定这样一部法典的条件还不成熟。他认为应对德国法的历史发展进行深入、全面的研究,以便建立起能够体现德国历史传统和民族精神的近代私法体系和学说,以作为编纂《德国民法典》的基础和前提。由于19世纪初期德国仍是一个封建势力很强大的国家,资产阶级力量相对薄弱,在这种情况下,古典自然法学说很难取得支配地位,编纂民法典也不可能按照体现了革命思想的法国民法典来进行,而是要在维护传统前提下,使德国民法适应近代社会生活的

---

① 〔德〕K.茨威格特、H.克茨:《比较法总论》,潘汉典等译,贵州人民出版社1992年版,第262页。

需要,所以,历史法学派主张通过对法的历史发展的研究来寻找德国法的基本原则和制度,然后才谈得上编纂民法典。

在历史法学派内部,虽然都强调法是民族精神的体现,法学研究的首要任务应是对历史上的法律渊源进行发掘和阐述,但在哪一种法体现了民族精神、哪一种法更为优越这一点上存在分歧。因此便形成了罗马法学派和德国法学派(日耳曼法学派)。罗马法学派沿着萨维尼的方向,致力于纯粹罗马法即古代罗马法的研究,其中又主要耕耘《学说汇纂》,因为他们认为《学说汇纂》是罗马法的精华所在,是《国法大全》中内容最广博的部分,又没有经过后人修订,具有很大的权威性。由于《学说汇纂》的德文译名为潘德克顿,罗马法学派就被称为"潘德克顿法学派"。德国法学派则努力从德意志接受罗马法以前的日耳曼法中探寻民族精神,又被称为"日耳曼法学派"。对此分立,萨维尼反复强调,罗马法学派和德国法学派的观点是互相补充而非相克的。后来的法典编纂证实了萨维尼的说法。

萨维尼

潘德克顿

(二) 民法典的立法过程

在全德范围内统一私法,这是德国经济发展的需要。但是《德意志帝国宪法》规定,联邦和帝国关于私法的立法权只限于债务法、商法与票据法,这对编纂统一的民法典是一个障碍。1873年12月,帝国国会对宪法有关帝国立法权的条款作了修改,从而明确了民法的立法权属于帝国中央,编纂统一的民法典终于有了宪法依据。

从1874年开始到1896年法典通过,这22年是民法典撰写、修改和定稿所用去的时间。其中1874—1888年期间的撰写过程决定了《德国民法典》的主要内容和特点。

1874年7月,联邦议会任命了后来被称作"第一委员会"的起草委员会。该委员会由11人组成,其中高级法官6人、行政官员3人、教授2人,包括《德国民法典》的精神之父普朗克和当时最孚众望的学说汇纂派学者温德塞特。该委员会经过十余年辛勤工作,于1887年末完成草案。1888年1月31日将此草案连同5卷理由书一并公布,供公众讨论,这就是民法典第一草案。1890年联邦议会又认命了一个新的委员会对第一次草案进行修改。这个委员会被称为第二委员会,由常务成员10人,非常务成员12人组成,前者为法律界人士,后者为经济生活各部门的代表,负责参考第一草案的批评意见书,着手法典的修改工作。法典草案的修改在政府干预下,吸收了一些德国法学派的主张,对概念法学作了批评和纠正,同时仍强调保存法典体系的完整性和法典内容的确定性,以及迅速完成法典。1895年10月,修改后的草案,即民法典第二草案提交联邦议会。经议会稍作修改,于1896年1月17日连同司法部的备忘录一起提交帝国议会,是为第三草案。经国会审议通过,皇帝批准,于8月24日公布,定于1900年1月1日生效。

与民法典同时公布施行的还有民法典的附属法律《民法典施行法》《不动产登记法》《关于强制拍卖与强制管理法》《非诉讼程序法》,其中最主要的是《民法典施行法》。为了配合民法典的实施,还对《法院组织法》《民事诉讼法》《破产法》予以重新修订,对商法典重新制定。

(三) 民法典的基本特点

《德国民法典》是19世纪民法典法典化的集大成者,代表了当时立法的最高成就,与法国民法典比,内容有了很大的进步和发展。主要体现在以下几个方面:

1. 民法典的编纂体例较为科学

《德国民法典》采用五编制的民法体系是潘德克顿法学的产物,即是以《学说汇纂》为蓝本制定而成。这是民法典在形式方面的一大特色。这种编纂方法,引起了各国学者的注意和讨论,一直到现在。《德国民法典》共分五编,分别为总则、债权法、物权法、亲属法、继承法。各编之下设章、节、目、条、款,共35章86节,2385条。与《法国民法典》相比,《德国民法典》体系结构的特点主要在于总则篇的设置、债与物权的严格划分、继承编的独立。总则编是最引人注意的,它涉及民法各部分的一般原则和基本制度,共7章240条;该编集中体现了潘德克顿法学派的学术成就和抽象精神。民法典第二编是债法,第三编是物权法。法典的这种编排顺序表明《德国民法典》把债法置于比物法优越的地位,反映了德国资本主义的进一步发展和债法理论的成熟。继承是建立在一定身份关系之上的一种取得财产的方法,与一般债的关系很不相同,把它们规定在一起不够合理,《德国民法典》设置一个独立的继承编是合理的。

2. 民法典反映了时代的精神

《德国民法典》是一部自由资本主义向垄断资本主义过渡时期的产物,具有时代的法律特征。它继承了《法国民法典》的传统,贯彻了近代民法的三大基本原则:契约自由、所有权绝对、过失责任原则。因为法典制定时反映的是俾斯麦帝国社会自由主义的法律价值观,所以在契约法上体现为契约自由,在物权法上体现为所有权绝对如所有权自由、遗嘱自由,在侵权法上体现为过失责任。可以说该法典是一个"个人本位"的法典,但是在此基础上,也有一些限制,反映了社会化的倾向。不过据此认为民法的三大原则已经改变,法典是依据"社会本位"制定的,不符合历史实际。因为《德国民法典》制定时,对民法中已经出现的一些新问题和处理这些问题的办法视而不见,拒不接受①,远未反映那个时代的社会变革。一些在当时就已经很尖锐的问题,如合同自由及所有权自由的滥用,普遍存在的保护一些公民免遭其他公民侵害的问题,没能在原则上得到解决。人们只是试图把这些"社会问题"通过个别的规则或单行法加以合理解决。② 又如德国早在1838年已在普鲁士铁路法中规定了铁路危险责任,但德国民法仍不规定这种责任。

3. 民法典具有许多创造性发展

《德国民法典》中有许多规定是《法国民法典》中完全没有的。这几乎都是社会经济发达与潘德克顿法学发展的结果。例如法人制度是法国民法典中完全没有的。又如在法国民法典中,代理不成为一个独立制度,与委托混淆不分,德国民法将代理与委托分开,而且从性质上加以区分。《德国民法典》债编中规定了债务约束及债务承认、指示证券、无记名证券,并建立了一套"抽象法律行为"的理论和制度。

《德国民法典》采用了许多《法国民法典》所没有的概念,如"权利能力""行为能力",最重要的是"法律行为"这一概念。法律行为是民法中许多行为的高度概括,是民法总则的核心。法律行为的要素是意思表示,而意思表示也是《德国民法典》首先采用的,意思表示理论为近代民法的个人意思自治原则树立了牢固的基础。《法国民法典》只就合同讲错误、诈欺等问题,《德国民法典》则就意思表示讲这些问题,这是一个重要的发展。

《德国民法典》比《法国民法典》的内容更加充实。一些规定在《法国民法典》中极其简略,在《德国民法典》中都发展成为体系严密的整套规定。如关于无因管理与不当得利,《法国民法典》沿袭了罗马法,只规定了包括管理他人事务与非债清偿两种情形11个条文,而且不适当地称之为准契约(第1371—1381条)。《德国民法典》将无因管理与不当得利各规定为一节,各有11条(第677—688

---

① 谢怀栻:《大陆民法典研究》,载《外国法译评》1994年第4期。
② 〔德〕海尔穆特·库勒尔:《德国民法典的过去与现在》,孙宪忠译,载《民商法论丛》第2卷,法律出版社1995年版。

条,第812—822条),各设有定义规定、原则规定与特殊情形。又如侵权行为,《法国民法典》仅有5条(第1382—1386条),《德国民法典》有31条之多(第823—853条),而且创设了违反以保护他人为目的之法规的行为(第823条第2款)与故意以违背善良风俗的方法损害于他人的行为(第826条)均属侵权行为的规定。由此可见,《德国民法典》内容有多么充实。

4. 民法典在编纂的技术风格上具有自己的特色

在立法技术上讲究逻辑体系严密、概念科学、用语精确。这种法官文本对非法律专业的人士来说,的确深奥难懂,远不如《法国民法典》那样简明扼要,通俗易懂。此外,法典采用了一些"一般条款"。所谓"一般条款"是一种抽象的原则性的规定。它涉及一些在很高程度上不确定的、意义有待充实的概念,要想确定一个既定的案子是否符合既定规范,那么法官必然对这些规范中没有说明的含义进行解释。在《德国民法典》中最著名的概念是"诚实信用"(第157条和242条)与"善良风俗"(第138条、第826条)。这种技术的长处是法律的灵活性,能够与价值观念的变化结合起来。但它的长处也是它的短处,如果法官也是为某种意识形态效劳的话,如纳粹时代所表现的那样,那么一般条款也能为不公平开一扇方便之门。当然现代德国法院是在基本法的支配下,遵从法治原则去理解一般条款的。事实证明,这些一般条款起着一种安全阀的作用,没有它们,《德国民法典》的一些僵硬的、严谨的条文可能已经在社会变化的压力之下爆炸了。

(四)民法的发展

《德国民法典》在其颁布后的一百年里经受了剧烈的变化,这些变化像一面镜子反映了德国经济和社会的变迁,当然也包括与两次世界大战相关联的各种灾难。[①] 这些因素从外部影响法律制度,并成为其发展的一股动力。《德国民法典》在20世纪进行过150多次修订,通过了143项民法典修改法。所涉条款已经超过法典的1/3,内容发生重大变化。这表明了民法典作为德国私法中心法典的地位。

德国民法的重要发展,除了直接对民法典的条文加以修改外,还通过制定民事补充法的方式来实现。这些法律具有漏洞补充的功能,体现了各种社会力量对法律提出的要求,便于实际操作。此外,司法判例和学说对民法的适用也产生了重要影响。民法的发展主要体现在劳动法、租赁法、家庭法、公寓的所有权法以及消费者保护法、环境保护法等领域。这些法律修改或补充了传统民法的基本原则,反映了男女平等、婚生子女与非婚生子女平等,以及对弱方当事人、消费者权益的保护等。

---

① 20世纪德国民法的演变,参见由嵘:《外国法制史》,北京大学出版社1992年版,第288—293页。

三、1900 年商法典及其发展

（一）1900 年商法典

德国统一前曾于 1861 年颁布过一部商法典，1896 年民法典通过后，两部法典规定的内容，如契约和买卖关系等出现重叠，同时旧商法典已不能适应国家统一后迅速发展的商业流通的需要，迫切要求重新修订商法典。1897 年 5 月 10 日新修订的商法典获得通过，并于 1900 年 1 月 1 日与民法典同时实施。

商法典分为四编，共 905 条。第一编商人，包括商人的概念、商业注册、商号、商业账簿、商业代理、店员和经纪人等。法典把商人解释为经营商业事务的人，对商业事务的范围作了划分，并规定了商号的选用应与营业的范围和种类相称。第二编商业公司，规定了公司的种类和形式，主要有无限公司、两合公司、股份有限公司、股份两合公司四种。无限公司又叫合名公司，即以共同的商号从事商业活动，公司成员对商号的债务负无限责任。两合公司是由无限责任股东和有限责任股东共同组成的公司，又叫合资公司，它是无限公司的进一步发展。股份有限公司就是以确定的资本分成若干股份，由 5 人以上的有限责任股东组成的公司，它是德国大企业的基本组织形式。股份两合公司是两合公司的特殊形式，它与两合公司的区别在于有限责任股东的资本必须分成股份，兼有无限公司和股份有限公司的性质。法典还规定了隐名合伙。隐名合伙人以投资方式加入他人经营的企业，分享赢利并分担亏损，不直接对外负责，对企业享有某些监督权。第三编为商业行为，法典明确商业行为是商人从事其经营业务活动的行为，并对各种商业行为作了列举。法典规定了商业合同的一般条款，对商品买卖、批发、运输、仓储、委托等作了详细规定。第四编为海商法及有关商业航海的专用法法规。

（二）商法的发展

《德国商法典》制定于 19 世纪末期，100 多年来《德国商法典》虽然经过多次修改，但其核心部分一直适用到今天。伴随着经济全球化与欧洲经济一体化的发展，很多条款已经不符合今天的情况，改革已势在必行。现在德国商法的变化，主要体现在 1998 年 6 月 22 日颁布并于同年 7 月 1 日生效的《商法改革法》中，涉及了商人的概念、商号法、人合公司和商事登记程序等方面。

1. 商人概念的简化

商人是德国商法的核心，商法适用的前提就是要求当事人是商人。然而，原《德国商法典》在判断一个经营主体是否为商人时，采取了两个标准：经营方式与规模和经营种类。首先，要求经营者必须以商人的方式和规模进行经营。满足了这一前提，如果经营者从事的是基本商营业，那么仅凭他的经营种类，他就可以成为商人（法定商人）；如果经营者从事的是基本商营业以外的经营种类，那么他可以通过登记获得商人资格(登记商人和任意商人)。

由于时代的发展,与传统的商事经营种类如买卖、加工制造相比,服务业大有后来居上之势。因而,一百年前制定的《商法典》中所列举的"基本"商营业已经不能涵盖所有典型的商事经营种类。如旅馆业、商业性经营的疗养院以及一些新兴的服务业,都没有被列入。改革后的《德国商法典》完全摈弃了这种封闭式列举的方法,仅保留了经营的方式与规模作为区分商人与非商人的唯一标准。凡是需要以商人的方式和规模进行经营的经营者都是商人。至于什么才算是"商人的方式和规模",改革后的《商法典》承袭了以往的做法,并没有在法条上作硬性的规定,而是把拟定判断标准这一工作交给了司法机关。

2. 商号法的改革

商号真实原则是德国商号法的重要特点。根据这一原则,在商号构成上,要求商号必须与经营者的姓名或与其经营种类相吻合。此外,禁止在商号中添加容易引人误解的附加部分。这样规定的目的是便于人们通过商号获取经营者的有关信息,以达到保护交易完全和消费者权益的目的。根据商号的命名方式的不同,德国商法将商号分为人名商号、物名商号和混合商号。根据经营者的姓名来命名的商号,是人名商号,如费兰茨·麦尔公司。根据企业经营标的来命名的商号是物名商号,如夏日旅游有限责任公司。根据人名和企业经营标的共同命名的商号是混合商号,如卡尔·穆勒建筑行。

不同性质的商人可以适用不同的商号。独资商人和人合公司必须使用人名商号而不能使用物名商号。而资合公司除有限责任公司还可以使用人名商号外,一律必须使用物名商号。这些一百年前制定的规定在今天看来有些过于严格。一方面,与欧盟其他国家的《商号法》相比,德国商号法过于僵化。商事经营者不能选择那些富有表现力和宣传作用的商号,这使得德国在欧洲统一大市场的竞争中处于劣势。另一方面,司法机关在判断一个商号是否会引人误解时采取的标准过于严格,否定了很多虽然理论上有可能产生误解但实际上在相关交易领域却不可能被误解的商号。

基于以上两点考虑,改革后的商法放宽了对商号的要求。一个商号能否被登记主要看它是否满足下面三个条件:(1)具有区别力和表明特征的作用;(2)明晰公司关系;(3)表明责任关系。满足了这三个条件的商号原则上都可以被登记。从此,无论何种性质的企业都可以自由选择人名商号、物名商号,甚至是与其经营者的姓名和经营标的毫无关系的虚构商号。

3. 人合公司的改革

人合公司的改革包括以下三个方面:向小规模经营者开放人合商事公司;向财产管理公司开放人合商事公司;人合商事公司存续原则的倒转。在改革之前,负无限责任的合伙人的退伙原则上会导致人合商事公司的解散,即所谓的"人的连续性优于企业的连续性"。当时的立法者认为人合公司的存在基础是合伙人彼此之间的信任、而一旦某个合伙人退出,公司就丧失了存在的基础。但在今天,公司的相对独立性已经越来越得到认可,因为合伙人之故强制解散合伙,摧毁了一个欣欣向荣的企业,不符合合伙人、债权人、退伙人这三个参与方任何一方的利益。与将企业作为一个整体转让相比,解散并清算企业常会导致各参与方的损失,同时会导致合伙人与公司员工失业。这次改革把人合商事公司的存续原则倒转了过来:合伙人的退伙原则上不会导致公司的解散,合同另有约定的除外。它体现了今天的人们对公司新的理解,即"企业的连续性优于人的连续性"。

4. 商事登记程序和费用法的简化

为了简化商事登记程序,提高商事登记簿的信息含量,有下列改革措施出台:降低公开公司分支机构日常登记的费用;无须把已做成公证书的手写体商号向登记法院提存;已登记企业要将最新的营业地址提交登记且要保证每个人都能查阅,登记的任何改动都必须立即通知登记法院;在商事登记簿和合作社登记簿上登记的自然人必须登记自己的出生日期以便验明正身;限制有限责任公司对住所的自由选择,以保护债权人的利益;为加快登记程序,适当减少法院对公司合同、章程在设立登记时的监督,并将监督统一化;改变每年提交合伙人名单的做法,规定合伙人组成一旦有变化必须立即申请变更登记;登记簿的记录要求更加集中;限制企业类型改变时的公证费用。

(三) 商法与民法的关系

德意志帝国承袭了法国所创立的民商法分立的私法结构,民法为私法的基本法,规定私法的一般原则,商法为特别法,规定商业活动的特殊制度。两者之间的关系体现为:第一,商法典的许多规范是以民法典确立的一般性原则为基础制定的,但调整的范围及适用对象远较民法狭小。第二,商法典中的不少规范所调整的行为方式超出了一般私法上的行为方式,而且具有商人权利主体的属性,因此,这些法律规范成为民法典的补充规范,其存在补充和完善了私法规范。第三,因民法为一般法,而商法为特别法,所以依特别法优于一般法原则,在商事领域,必须先适用商法,只有在现行商法无相应规定时,方可适用民法的规定。

第五节 经济与社会立法

一、经济法的形成和发展

德国是现代经济法出现最早的国家。德国学者在研究经济发展与法制的关系的基础上,创立了经济法概念。1906年在《世界经济年鉴》中使用了这一概念,用来说明与世界经济有关的各种法规。此后,产生于德国的经济法概念和经济法学很快对欧洲一些国家和日本发生影响,并在第二次世界大战后迅速发展到世界范围内。

第一次世界大战期间,德国执行战时经济统制政策,政府为适应战争需要,加强对重要物资的控制,颁布了大量经济法规,以限制物价、保障粮食供应、实行国家强制征用等。1914年8月,德国议会通过《授权法》,授权参议院在战时可以发布对于防止经济损害所必需的措施。随后,1915年颁布《关于限制契约最高价格的通知》和《强制卡特尔法》、1916年颁布《确保战时国民粮食措施令》等战时经济法。

魏玛时期,为摆脱战争造成的困境,德国贯彻宪法关于社会化的原则,扩大了经济立法的范围。1919年颁布的《煤炭经济法》是世界上第一部以经济法命名的产业统制法。其他重要的经济立法有1919年《钾盐经济法》和《关于社会化法律》、1920年《关于劳工会议的法令》和1923年《防止滥用经济权力法令》。其中,《防止滥用经济权力法令》最具代表性。该法的宗旨在于防止卡特尔滥用其经济力量支配市场,保护社会公正。

法西斯专政时期,希特勒政府按国家垄断资本主义原则组织国民经济,推行战争政策,实行经济军事化。这一时期制定了一系列经济立法,主要有1933年《卡特尔条例》、1934年《强制卡特尔法》和《德国经济有机结构条例》、1936年《冻结价格法》等。

第二次世界大战后,德国经济法的发展进入一个新时代。民主德国仿照苏联模式,建立起一套计划经济体制,无须太多经济法规,一切按指令运行。1990年重新统一后被取消。联邦德国在战后遵循"社会市场经济"原则,经济得到迅速恢复和发展,国家广泛运用经济立法手段,对国民经济活动进行调节和影响。这一时期制定的经济立法主要有:1948年制定和颁布了《货币改革法》和《货币改革后经济政策和指导原则法》,取消了战后定量配给制度和对物价、工职的控制,允许商品自由流通,依靠价格波动达到市场自由化,从而为社会市场经济的建立奠定基础。1957年颁布了《反对限制竞争法》,着力维护自由竞争,这部法律可以看做是德国的经济宪法,共109条,该法历经数次修改与补充,特别是1973年、1990年分别作了重大修正。1967年德国制定了《经济稳定和增长促进法》,在更高的层次和更广的范围内对国民经济实行宏观调控,确定了"持续增长,稳定物价,充分就业,外贸平衡"的经济发展总目标。配合该法,又制定了一批新法规,如《就业促进法》《教育促进法》《能源法》《联邦环境保护法》等,特别是1975年至1990年分编陆续颁布的《社会法典》,已经基本上构筑了一个社会保障体系,成为建设社会市场经济体制的一个重要组成部分。此外,德国还加强了环境保护、消费者权益保护、知识产权、自然资源与能源利用等方面的立法力度。

二、维护市场竞争秩序法

(一) 反不正当竞争法

反对和禁止不正当竞争的法律最早可追溯到 1894 年，当时颁布的《保护商标法》明令禁止假冒商品的不正当竞争行为。1896 年制定了《反不正当竞争法》，但仅禁止某些特别严重的不正当竞争行为。1909 年，该法进行第一次重大修订，增加了"反对一切违反善良风俗的行为"作为总则，使之成为一部反不正当竞争的重要的市场管理法律。此后，该法经过 1969 年、1986 年、1994 年和 1997 年等多次修订，逐渐得到进一步完善。《反不正当竞争法》的目的是维护竞争的质量，同时兼顾所有生产者和消费者以及公众利益。

1. 不正当竞争行为的构成要件

该法第 1 条规定禁止在营业中为竞争目的采取违反善良风俗的行为。根据这一规定，不正当行为的构成要件有三：一是行为必须发生在营业中，所谓营业中，包括所有为了自己或他人的经济目的从事的经营活动、自由职业者的活动和共同机构及其企业在行使非政权职能中的活动；二是行为必须以竞争为目的；三是行为违反了善良风俗。其中，是否违反善良风俗是关键要件。

2. 禁止的竞争行为

该法规定的违反善良风俗的行为主要体现在妨害自由、诱惑和欺骗顾客、妨碍竞争对手、侵权、毁约谋利等方面。具体表现在四个方面：(1) 妨害自由，又称诱逼消费者，即用各种不同方法操纵消费者的选择，表现为误导、强制、诱惑、欺骗、滥用权威等行为。如利用顾客的侥幸心理引诱顾客购物，或以许多与商品的价格、品质无关的优惠诱使顾客注意这些商品而忽视周围竞争者的商品；滥用营业标志，将自己的商品与竞争者的商品及营业状况作令人易曲解的宣传等。(2) 妨碍竞争，是指以阻碍同业竞争者的方式，使其无法在市场上从事正常的营业活动。典型的妨碍竞争的行为包括阻碍进入市场、低价倾销、诋毁对手、滥用经济支配地位和对比性广告等。(3) 违法先占，是指竞争者降低价格或成本，违反税法、价格法、劳工法，如诱使竞争对手的高级职员违反雇佣契约或限制性约款而为自己工作等。(4) 坐享其成，是指坐享他人成果，即不公正地利用竞争对手的工作成果，如模仿、攀附他人信誉，寄生于他人广告，恶意挖人等。

3. 反不正当竞争法的地位

《反不正当竞争法》作为世界上第一部此类专门立法，目的在于打击过分的行使竞争自由的行为。它与反垄断法一起构成了维护市场竞争秩序的基本法律。这部法律对其他国家的反不正当竞争法的制定产生了重要影响，如奥地利基本上援用了该法。瑞士也深受其影响。

(二) 反对限制竞争法

《反对限制竞争法》俗称《卡特尔法》，即反垄断法。该法是第二次世界大战后依"新自由主义学派"的思想制定的，该派认为，国家有义务控制过强的经济实力地位和企业联合采取的限制竞争的行为。

该法共 7 章，计 109 条。其基本思想是维护竞争，与企业限制竞争行为作斗争，因而被称为社会市场经济的根本大法。适用对象是各种形式的私人经济行为，不适用于国家各级政府行使政权职能的行为。联邦政府对某些企业参股，或若干地方政府共同购买某类商品，都属于私人经济行为。其任务是禁止卡特尔、控制兼并和监督滥用经济实力。为实现这些任务，主管机关可依法使用取缔、禁止、要求申请、豁免、民事赔偿和罚款等手段。

1. 禁止卡特尔

该法第 1 条规定，禁止组织卡特尔以及其他限制竞争的协议，如在价格、供销数量和销售地区方面的协议。1973 年的修改法对此规定作了进一步补充，增加了相互协调行为的内容，以防止企业不是通过协议或决议的形式，而是通过"早餐卡特尔"达成口头君子协议，来限制竞争。某些虽对竞争有限制，但从宏观来看有很大好处的卡特尔协议，可以作为例外情况合法存在，即卡特尔禁令的豁免。主要包括：统一采用一般交易条件的"交易条件卡特尔"；提供合理优惠的"折扣卡特尔"；统一工商业标准和型号的"标准和型号卡特尔"；使经济活动更为合理化的"合理化卡特尔"；专业化协作的"专业化卡特尔"；等等。

2. 控制兼并

购买产权、参股、协议等都是企业兼并的形式，但并非所有企业兼并都要受到控制。该法规定，达到下述规模的企业兼并，应向联邦卡特尔局报告：(1) 兼并后的企业占市场份额达到或超过 20%，或者其中一个企业在另一市场上所占份额达到 20%；(2) 有关企业在上个经营年度的职工人数之和达到 1 万人，或者销售之和达到 5 亿马克。如果估计兼并会导致控制市场的企业出现，或有助于这种趋势，卡特尔局应不予批准。

3. 监督滥用经济实力

因为禁止卡特尔和控制兼并并不能完全保证有效竞争，经济实力强大的企业如滥用其实力，排挤其竞争对手，同样会影响企业间的正常竞争，所以，对这种行为应予监督。滥用经济实力主要表现为两种形式：(1) 利用市场实力地位，妨碍其他竞争对手的发挥和损害其他企业的利益。(2) 利用突出的市场实力，哄抬物价和提出过分的交易条件，剥削消费者及他人的利益。无论哪种形式的滥用，卡特尔局都必须予以禁止。

《反对限制竞争法》和《反不正当竞争法》一样都是为了维护自由竞争秩序，但两者指向不同。前者为德国的经济基本法，针对的是根本性地破坏竞争自由的行为,不正当竞争行为仅是滥用竞争自由。前者依靠特设国家机关—卡特尔局来实施,反映了国家对经济的直接干预,具有明显的公法性质。

三、社会保障法

(一) 德国社会保障法的基本理念

社会法,即社会保障法,是保障劳动者和老人、失业者、丧失劳动能力的人以及需要扶助的人的权益之法律规范的总和,主要包括社会保险法和社会救济法。社会法是规范市场经济的一种重要的法律,其目的在于从社会整体利益出发,按照社会公平原则,以法律保护市场经济下经济实力弱者,维护社会安定,保障市场健康发展。

德国是世界上建立社会保障制度比较早的国家,最早可追溯到德意志帝国时代。这一时期立法的重点是,通过对劳动者人身安全和健康的初步保障来维持其正常的劳动和生存,借以缓和劳资对立,减少社会冲突,这些法律的制定和实施为以后德国社会福利制度的发展奠定了基础。1949年《德意志联邦基本法》第20条第1款规定,联邦共和国是一个"民主和社会福利的联邦国家"。国家有义务在其公民陷入困境时给予帮助,并采取预防措施以防止陷入特殊困境。由此,第二次世界大战后联邦德国发展了一套有关社会福利国家的基本理念。其要点包括两个方面:社会平衡,即国家须尽力缩小贫富之间的差距,以建立一个公正、合理的社会秩序;社会保障,即国家须尽力保障其公民的生存基础,使之免受各种可能出现的风险之困扰。

(二) 德国社会保障法的主要内容

自20世纪70年代开始,德国陆续对社会法进行系统整理和修订,于1983年7月开始公布《社会法典》。从已经公布的法典内容看,整部法典共分16编,采取成熟一编、公布生效一编的办法。已公布的几编内容主要包括职业教育和培训补助、劳动补助(失业保险)、社会保险、残疾救济、家庭最低生活费补助、住房补助、社会补助、青少年补助等。

德国社会法的内容分为三个方面:社会保险、社会补偿和社会救济。

社会保险包括疾病保险(对疾病和怀孕的保险)、养老保险(丧失劳动能力保险、老年保险和无生活依靠而死亡的保险)、事故保险(由于工伤事故、由于某种法律上一致公认的事故或某种职业病所造成的丧失劳动能力的保险)、失业保险和护理保险。社会补偿的对象主要包括用于联邦国防军义务兵、官方规定的防疫注射事故的受害者,以及死于暴乱中的无辜者,因公民为国家和社会履行自愿或非自愿性身体健康冒险性义务而遭受健康损害的情形等。社会救济主要是国家对既无力自救又不能从第三方获得帮助而达不到政府规定的最低生活水准的家庭提供生活补助,并对有其他特别困难的公民提供帮助。社会救济法分为一般救济和特别生活救济,前者包括食物、住宿、衣物、身体保护、取暖和个人日常生活需要用品。后者包括家庭计划和孕妇、产妇的救济,残废者的就业救济,结核病患者的救济,对需要护理者的救济等。

第六节 刑 法

一、德国刑法的历史渊源

德国刑事立法的历史可追溯到德意志神圣罗马帝国时期的《加洛林纳法典》。德国启蒙运动时期,受刑事古典学派和1810年《法国刑法典》的影响,各邦纷纷制定了自己的刑法典,主要有1813年的《巴伐利亚刑法典》、1838年的《萨克森刑法典》、1840年的《汉诺威刑法典》、1841年的《黑森刑法典》。其中1813年的《巴伐利亚刑法典》影响较大。《巴伐利亚刑法典》是由德国著名刑法学家、近代刑法学之父费尔巴哈(1775—1883年)主持制定的。该法典体现了费尔巴哈基于理性主义的刑法学体系以及罪刑法定思想,对其他各邦的刑事立法产生了很大影响,成为各邦模范的对象。

1848年的资产阶级革命虽然以失败告终,却为资本主义的发展创造了条件,促进了刑法的改革。从各邦中脱颖而出的普鲁士不仅于1850年颁布了钦定宪法,还于1851年制定了刑法典。这部刑法典虽然在编纂技术上和内容方面深受《法国刑法典》的影响,但并没有接受后者一般预防的严厉性。从编纂技术看,总则的规定科学合理,条文简洁实用,排除了不属于刑法范畴的宗教道德规范。从内容看,将犯罪划分为重罪、轻罪和违警罪三类,对主犯与从犯、既隧与未遂均处以刑罚。由于普鲁士在各邦中处于特殊地位,这部法典被许多德意志小邦作为自己刑事立法的基础。到19世纪60年代,大多数邦都有了自己的刑法典。

1868年在普鲁士领导下的北德意志联邦成立,联邦帝国议会决定由司法部组织力量,以1851年《普鲁士刑法典》为蓝本,编纂统一的刑法典。该法典于1870年5月连同施行法同时公布,并定于1871年1月1日施行。1871年1月18日德意志帝国建立后,为维护统一后的社会秩序,巩固资产阶级和容克贵族的统治地位,在对《北德意志联邦刑法典》略作修改后,于1871年5月15日将其作为《德意志帝国刑法典》正式颁布,1872年1月1日开始实施。

二、1871年刑法典

《德意志帝国刑法典》由总则加两编组成,共370条。总则部分把犯罪分为重罪、轻罪和违警罪三类;确立了刑法的基本原则,如罪刑法定原则、法不溯及既往原则等;规定了刑法时空上的效力范围,在时间效力上实行从旧兼从轻原则,在空间效力上实行以属地主义为主,属人主义为辅的原则。第一编"刑例",规定刑罚的种类有:死刑、重罪监禁、轻罪监禁、拘留、苦役、拘役、罚金和剥夺公权等。同时还规定了犯罪未遂、共犯、正当防卫和紧急避险等。第二编"罪及刑",是法典的分则部分,列举了各种犯罪及其处罚。1871年刑法典具有如下特点:

第一,继承了资产阶级的刑法原则并有所发展。

刑法典接受了资产阶级的民主、自由、人权思想,吸收了1810年法国刑法典颁布以来刑事立法的成果,并在刑法的结构、体例、原则和制度上有所创新,具有先进性。在结构上,把总则性规定与分则性规定加以区分,并在总则性规定中将刑法原则等基本问题与其他刑法适用问题区分开来;在分则中,以"罪名+罪状+法定刑"的方式明确规定每一罪成立的条件和法定刑,比法国刑法典更为系统、条理。在内容上,确认了罪刑法定原则、法不溯及既往原则、帝国公民不受外国政府引渡原则等。在对各种罪及未遂、共犯的处罚原则和不论罪的规定上,注重行为的客观危害和法益的保护。在刑罚适用上,体现了报应刑思想,摒弃了身体刑和耻辱刑。

第二,严格保护容克贵族和资产阶级的既得利益。

法典以维持容克贵族和资产阶级的利益为主旨,严格保护他们的私有财产不受侵犯,将财产犯罪作为重罪,严厉惩治。法典对帝国皇帝和邦君的人身权利给予特别保护,规定了大逆罪、谋判罪、对皇帝和邦君的不敬罪等罪名。凡谋杀德意志皇帝和各邦君主,或欲谋杀而未遂者,构成大逆罪,处死刑。对于大逆罪的预备行为、鼓动行为也处以10年以上徒刑或苦役。对皇帝和各邦君主为暴行者,处无期徒刑或无期重苦役,不敬者,处5年以下苦役或有期徒刑。

第三,专章规定了宗教罪。

《德意志帝德国刑法典》偏重于对宗教信仰的保护,规定对亵渎神灵,侮辱教会戒律,扰乱宗教场地秩序以及强制阻止他人礼拜、妨碍教堂举行典礼者处3年以下苦役。盗窃教堂为礼拜奉献之物处10年以下苦役等。与法国刑法典不同的是,只注重保护宗教信仰的自由,却没有保障公民不信仰宗教的自由。这些反映了教会在德国占有重要地位,并拥有较大权势,也反映了法典具有浓厚的封建性和保守性。

尽管1871年刑法典由于时代的特征而具有封建性和保守性,但它在一定程度上代表了资产阶级的利益,基本上体现了罪刑法定原则,其性质为资产阶级刑法而非封建刑法。它在篇章结构体例及内容上的创新,对欧洲大陆资本主义国家及日本刑法的制定都有不可忽视的影响,在资产阶级刑法史上占有一席之地。

三、1975年刑法典

第二次世界大战后联邦德国仍沿用1871年的刑法典,但对这部法典陆续进行了较大的修改。1949年的基本法规定了刑事立法的基本原则,1951年8月颁布《关于刑法修改的第一号法律》,对刑法典的叛国罪作了修订。1954年联邦议会设立刑法改革委员会,于1962年公布刑法典草案。这个草案虽对1871年刑法典作了大量修改补充,但仍保持了原法典中有关犯罪种类和刑种的划分,对罚金刑和缓刑制度限制适用。1966年14位刑法学教授联合发表《供选择的刑法典草案》,其主要特点是体现了改造罪犯的人道主义精神,强调对犯罪者的教育改造,扩大罚金和缓刑的适用范围,主张建立"社会治疗院"以治疗那些严重累犯和人格严重失调者。由于两部法典草案观点对立,使草案未能成为正式法律。1969年联邦议会刑法改革委员会颁布刑法改革法令,继续对刑法典进行全面修改,并于1975年1月1日正式实施新的刑法典。其正式名称是《1975年1月1日修订的1871年5月15日刑法典》,意在显示刑法典的继承性。

1975年刑法典共28章,计358条,仍保留了1871年刑法典的形式,但废除了原来的总则部分,代之以《刑法典通则第一编》。分则部分的结构和罪名种类变动不大,增加了危害和平罪,危害民主、政治和国体等罪,取消了决斗罪、通奸罪和违警罪。新刑法典反映了德国社会的实际状况以及刑法理论、刑事政策和世界刑法改革的动向。除严格贯彻罪刑法定等刑法基本原则和保护私有财产外,比较明显地反映了轻刑主义的倾向,并在一定程度上体现了刑罚应以预防和改造罪犯为目的的刑法思想。

(一)注重吸收刑法科学的研究成果

自19世纪末期以来,德国的刑法理论取得了很大进步,尤其是发生了以冯·李斯特为代表的新派和以毕克麦耶为代表的旧派之间的论争。新旧学派之间的论争,使人们意识到刑法和刑罚的目的的理解可以是多元的,因此人们试图以对责任采用刑罚,而对危险性采用保安处分的方法来解决立法上的问题。1975年刑法具有这种明显的折中性,表现为在刑法中既强调犯罪行为是处罚的基础,又考虑行为人的不同情况;在刑事处罚措施上既规定了刑罚,又规定矫治与保安处分措施;在刑罚的量定上既注重犯罪的社会危害性,又注重犯罪人的人身危险性。在刑罚方法上扩大了缓刑的适用范围,以及用罚金刑代替短期自由刑等。所有这些规定反映了刑法典综合接受旧派和新派的主张,是刑法理论的融合趋势在立法上的集中体现。

(二)重申和强调了资产阶级的刑法原则

新刑法以基本法规定的"法治国"和"社会国"原则为基础,重申了罪刑法定原则、法不溯及既往等原则。禁止法官适用类推或习惯法填补法律漏洞,注意刑法规定的明确性和正当性,充分发挥刑法规范行为、保护社会、保障人权等基本功能,使刑法在保障善良公民自由的同时,也保障犯罪人自身的自由。

(三) 提倡"非犯罪化"的刑事政策

刑法的机能不是无限的。一方面对犯罪而言,刑法是一种有力的手段,但不是唯一的、决定性手段,要消灭犯罪就必须消灭犯罪产生的原因。另一方面,刑法并不适用于所有的违法行为,而只是在必要的范围内适用,这就是刑法的谦抑性。非犯罪化是刑法谦抑性的体现,它要求将犯罪行为的范围限制在确保国家社会公共利益和公众法益所必需的最低范围内。新刑法体现了非犯罪化的倾向,具体表现为:撤销旧刑法典中的违警罪一章,将其纳入《违反秩序法》或完全取消可罚性;专设告诉、授权与要求处刑一章,将一些轻微的财产犯罪规定为亲告罪,国家不主动追诉。

(四) 减轻刑罚的适用

根据《基本法》的规定,废除了死刑,将无期徒刑定为法定最高刑,并仅适用于恶性犯罪,如灭绝种族罪、叛国罪及造成严重后果的投毒罪、绑架罪、纵火罪等;废除苦役刑,实行自由刑的单一化;广泛适用罚金刑,限制短期自由刑的适用,或者采用社会化的方式如无偿为慈善机关工作等代替短期自由刑。

(五) 完善了矫正与保安处分制度

新刑法规定了适用矫正与保安处分措施必须符合均衡性原则,即刑法典第62条的规定,"如果矫正与保安处分同行为人造成的危险程度有失均衡,则不得判处矫正与保安处分"。这项规定是在预防犯罪的同时,强调保障人权。新刑法规定了剥夺自由和不剥夺自由两种保安处分措施。前者如收容于精神病院、强制戒毒所、社会矫正机构与保安监督等;后者如行为监督、剥夺驾照、禁止从事某种职业等。

四、刑法的发展

1975年刑法典施行后,随着德国社会的不断发展,尤其是经济迅速增长、国际交往的增多以及重新统一所带来的一系列问题,引发了新的犯罪现象,促使立法机关不断对刑法进行修订,这些修订往往是结合单行刑法进行的。具体体现在:

(一) 继续贯彻教育刑思想

1982年的法律,放宽了假释的条件,无期自由刑的罪犯也可以适用假释,促使被判终身自由刑的人改过自新,重获自由;1986年的法律废除了在刑事政策上颇有争议的累犯加重的规定。1990年颁布《少年刑法典》,规定除未满14岁的儿童无刑事责任外,还规定14—18岁之间的少年犯适用少年刑法。

(二) 加强对经济领域的犯罪处罚

随着经济飞速发展,经济领域的犯罪日益增多危害极大,仅靠刑法典的一般规定难以有效打击和遏制经济犯罪。于是联邦经济刑法改革委员会先后于

1976年和1986年颁布了两个专门的《经济犯罪对策法》。在第一部法律中规定了经济犯罪的概念、制裁和程序。在第二部法律中新规定了计算机犯罪、投资诈骗罪、证券交易诈欺和诱使罪、截留保险基金罪等。

(三) 加强对恐怖犯罪、洗钱犯罪和毒品犯罪的惩治

1976年颁布《反恐怖犯罪法》、1986年颁布《防止恐怖主义法》对组织恐怖团体,支持、煽动进行恐怖活动以及对恐怖活动知情不举等都处以重刑。1992年的法律加强了对洗钱犯罪、毒品犯罪的处罚力度。

(四) 加强对环境的刑法保护

1975年的刑法典虽无环境犯罪规定,但在一些行政法规中,如水政法、原子能法、垃圾法中都有一些处罚性规定。1980年的法律对危害环境犯罪作了专门规定,并将之作为刑法典分则的第28章。1994年颁布了"与环境犯罪作斗争的第二部法律",增加了实体环境刑法的内容,还涉及对企业法人和监护人处以罚金的问题,动摇了"法人不能成为犯罪主体"的观念。

第七节 司法制度

一、法院组织

根据《基本法》的规定,德国实行司法独立制度,司法权由独立的法院行使。法院组织体系由联邦宪法法院、联邦最高法院、各种联邦法院和各州法院组成。德国尽管是联邦制国家,但法院系统是上下统一的,与美国联邦法院和各州法院各成体系不同。除普通法院之外,德国还有许多专门法院:宪法法院、行政法院、劳动法院、社会法院、财政法院、专利法院等。这些法院自上而下,自成系统,各自独立行使职权。为了克服因不同法院之间法律判决相互冲突的可能性,德国建立了最高联邦法院的联席会议。该联席会议由各联邦法院主席组成,主要讨论和决定法律适用问题,避免在重要法律原则上出现不一致和冲突的判决。

(一) 宪法法院

德国的宪法法院分为联邦宪法法院和州宪法法院,两者之间各自独立行使职权,没有隶属关系。联邦宪法法院是国家宪法机关,独立于其他国家机关和法院。它同总统、联邦议会、联邦参议院和联邦政府的级别是平等的。受《基本法》和《联邦宪法法院法》的调整。

联邦宪法法院由两个委员会组成,每个委员会有8名法官,两个委员会都有各自不同的管辖权,几乎相当于两个独立的法院。第一委员会审理涉及公民基本权利的案件;第二委员会审理涉及政治性案件。两个委员会都代表联邦宪法法院作出判决,决定必须由6名法官组成的法庭作出。联邦宪法法院的主要职

能是维护宪法,解释宪法。它有权管辖所有宪法规定的有关各种宪法机构的职权和义务的争议,解决联邦和州之间,州与州之间的争议;审查联邦和州的法律是否合宪,如果违宪,可以宣告该法律无效;确认和保护公民的基本权利,可以直接审理有关违反公民权利的申诉;法院的判决具有法律效力,对所有的下级法院和政府机构都有约束力;联邦宪法法院可以宣布政党违宪,禁止某一政党活动根据简单多数或2/3多数作出。

每一州都颁布有自己的宪法,州宪法法院与联邦宪法法院类似。其职权主要是审理本州公共结构之间的争议,审理本州法律的合宪性。不是所有州都建立了自己的宪法法院,《基本法》第99条允许石勒苏益格—荷尔斯泰因与梅克伦堡两个州将有关宪法诉讼的管辖权移交给联邦宪法法院。州宪法法院的法官由兼职法官担任,他们通常是在其他州法院任职的法官。

(二) 普通法院

普通法院主要管辖各类民事、刑事案件。它的管辖范围最广,德国大部分案件都由它审理,因为不属于其他专业法院的案件都归它审理。在组织机构上实行联邦法院和地方法院职能的一体化,由联邦法院、州高等法院、州法院和区法院四级组成,实行四级三审制。

联邦法院是普通法院系统的最高法院,内设民事平议庭和刑事平议庭,各庭由院长和八名法官组成。审理案件采用合议制,由五名专职法官组成,其判决为终审判决。联邦法院一般不受理上诉,只进行再审。但重大刑事案件,如叛国罪,有一审管辖权,其判决为终审判决。向联邦法院提起再审或上诉请求,一般经州高等法院的同意,以减少案件数量。

州高等法院、州法院和区法院均设院长一人和法官若干人。下设民事庭和刑事庭,区法院还设有商事庭。除区法院审理轻微案件可由独任法官进行外,其余案件都采用合议庭。州高等法院的合议庭由专业法官组成,其他合议庭则由人数不等的专业法官和非专业法官组成。不服裁决的,可向上级法院提出上诉或再审,但都只能就法律问题提出请求,事实问题一般实行一审终审制。

(三) 行政法院

行政法院审理有关公法但不涉及单纯宪法问题的案件,也不涉及其他专门法院管辖的社会法和税法案件。行政法院在19世纪末出现在一些较大的州,帝国时期得到发展,但直到1949年《基本法》生效时,行政法院制度才在德国全境实行,其管辖案件的范围也得到了扩大。根据1960年的《行政法院法》,行政法院由行政法院、高级行政法院和联邦行政法院三级组成。不服初审判决的案件可以上诉,实行两审终审制。一审、二审行政法院的诉讼活动由非职业法官参与,其权限与专业法官相同。任何因为行政决定影响个人权利的争议都可以在行政法院提起。这些诉讼涉及所有公共生活领域如计划法、贸易和营业执照、警察、水务、学校管理、道路和公务员。此外,还建立了联邦行政法院的大委员会来监督行政法的发展和法律的统一。

(四)劳动法院

根据1953年9月《劳动法院法》的规定,设立劳动法院、州劳动法院和联邦劳动法院三个审级,实行三级三审制。主要审理《劳动法》规定的劳资纠纷案件和《企业章程法》规定的有关劳工参与企业管理权利的争议案件。联邦劳动法院为最高审级,只就数量有限的上诉进行审查,其判决为终审判决。

(五)社会法院和财政法院

社会法院是根据1953年的《社会法院法》设立的,分为社会法院、高等社会法院和联邦社会法院三级,实行三级三审制。主要受理因社会保险、社会补偿和社会救济引起的争议案件。财政法院是根据1965年的《财政法院法》设立的,分为联邦财政法院和州财政法院两级,负责审理有关财政税收纠纷引起的争议案件,实行两审终审制。

综上所述,可见德国法院组织体制具有以下特点:(1)除宪法法院外,联邦法院和州法院属于一个系统。与其他联邦制国家一样,法院组织分为联邦法院和州法院两大类。除宪法法院互不隶属之外,各州法院均为联邦法院的下级法院;任何不服州法院裁决的案件,均可依照法定程序上诉于联邦法院。(2)行政审判权分属各专门法院。根据《行政法院法》的规定,社会法领域的行政案件由行政法院管辖;财税行政案件由财政法院管辖;劳动行政案件由劳动法院管辖。行政法院管辖的范围比较狭窄。(3)司法审级多样化。

二、诉讼制度

(一)民事诉讼

民事诉讼是国家法院规范私人冲突的公共行为,其目的是维护个人权利,并对案件争议中整个私法体系的适用作出贡献。民事法院在公法冲突方面的管辖权仅限于法律特别授权的范围,即对公务员违反其义务所造成之损害的索赔。民事诉讼的程序适用《民事诉讼法典》。行政、社会和财政事务有单独的法院解决,各有其特别程序法,但是这些程序法的基础是德国民事诉讼法典,它是"诉讼法之母"。[①] 民事诉讼法典在这些特别程序中起辅助作用。

1877年2月1日,德意志帝国颁布的《民事诉讼法典》共10编,1084条。该法典统一了德国民事诉讼制度,确立了民事诉讼的一些基本原则,如当事人主义原则、民事纠纷不告不理原则、关于证据效力的法官自由心证原则、言词辩论原

[①] 宋冰:《读本:美国与德国的司法制度及司法程序》,中国政法大学出版社1998年版,第289页。

则、公开审理原则等。在整个诉讼过程中,建议和鼓励调解。除初级法院外,其他法院的民事诉讼都必须由律师代理。实行四级三审制,对判决不服的,可以向上级法院上诉,但第二次上诉,只能就法律问题提出。

法典主要规定了总则、第一审程序、上诉、再审程序、证据制度、强制执行和仲裁程序等内容。其基本程序主要有:起诉,由当事人提出,除初审法院外,要求提交书面诉状;一审程序,初级法院可以适用简易程序,由独任法官审理,其他法院实行合议制,庭审过程由法官掌握,法官主动进行调查询问;事实调查完毕后,可以进行辩论,并作最后陈述;在判决前,法官可以主持调解,调解不成,再作判决;判决可以当庭口头宣判,也可以择日宣判。对于判决和裁决不服的,当事人可以上诉、请求再审或抗告。

(二) 刑事诉讼

1877年《刑事诉讼法》共7编,474条。主要规定了总则、第一审程序、上诉、再审程序、特殊形式的诉讼程序、刑罚的执行和诉讼费用等内容。刑事诉讼由检察官提起,个别情况下由被害人及其代理人或行政官吏告诉。检察机关和警方均可侦查犯罪事实,搜集证据,但警察侦查的结果由检察官审查,决定是否提起公诉。凡重罪案件均先预审,一般案件无须预审,但检察官或被告要求预审者除外。检察官提起公诉后,即进入审理阶段,庭审中法官掌握主动,查明案情,证实犯罪,检察官与被告进行辩论。最后法官对案件作出判决。不服一审判决的被告或检察官,可以向高一级法院上诉或抗告。

1877年《民事诉讼法》和《刑事诉讼法》,仍沿用至今,虽经多次修改,但基本结构未变,内容变化不大。民事诉讼主要的倾向是简化程序,缩短诉讼时间。刑事诉讼改革的首要目的是,加速刑事诉讼程序和改善受害人地位。现行刑事诉讼改革的努力涉及处理集团犯罪的办法,减少法院的负担及加快审理速度。

第八节 德国法的历史地位

一、德国法对法国法的继承和发展

众所周知,德国法和法国法同属大陆法系,都是在罗马法的基础上建立起来的资本主义法律体系。无论从法的体系、结构、表现形式,还是从法的本质、地位和作用来看,两国都极为相似。德国法继承了法国法的基本原则和制度,又有许多创新和发展。

法国法是近代资产阶级革命的产物,深受古典自然法思想的影响,形成了以"六法"为主体的成文法体系,其基本原则与制度具有革命性;而德国法是社会改良运动的结果,体现了封建贵族与资产阶级的妥协性,其法制具有保守性。

在宪政制度方面,法国大革命缔造的是单一制的、统一的中央集权制国家,尽管经历过共和政体与君主政体的反复,但单一制的统一的国家模式一直未变。德国建立了联邦制的国家结构形式,确立了"法治国"原则,建立了独立的宪法法院制度与责任内阁制度。德国的行政法制也不同于法国行政法,它坚持成文法传统,确立了依法行政原则、比例原则和信赖保护原则。

在民事经济法律领域,《法国民法典》体现了自由主义、个人主义的价值观念,其结构体例是《法学阶梯》式的,语言简洁、通俗易懂。《德国民法典》体现了国家主义、团体主义的思潮,其结构体例是《学说汇纂》式的,用语精确、概念科学、逻辑严密。与法国相比,德国更重视法学理论的创新以及对实践的指导,还创造了法人制度、法律行为概念等。德国还首创了经济法的概念,建立了完整的经济法律体系并使之成为一个富有生气的法律部门。

在刑事法制领域,法国1791年制定的《法国刑法典》在采取自由主义原则的同时,也限制法官的自由裁量权,力求处罚的平等和缓和的刑罚,但仍然太过革新;1810年制定的《拿破仑刑法典》自由主义的倾向稍有后退,重视犯罪预防,以及罪刑法定原则等,它是19世纪欧洲各国刑事立法的典范。1871年的《德国刑法典》继承了法国刑法典的基本原则和制度,并有所发展,表现为以自由主义的法治国思想为基础,注重对法益的保护。此外,德国的刑法学家人才辈出,理论不断推陈出新,独具特色,其学派之争不仅丰富了刑法理论,而且直接影响了刑事立法实践;1975年的《德国刑法典》就是新旧学派折中损益的结果,表现在刑法中既强调犯罪行为是处罚的基础,又考虑行为人的不同情况,既规定了刑罚,又规定矫治与保安处分措施等。而法国1994年的刑法改革时,还未将保安处分写进刑法典,表现了实践上的犹豫不决。

在司法制度上,在《基本法》指导下,注重对公民权利的司法保护,建立了包括民事诉讼、刑事诉讼、行政诉讼、宪法诉讼在内的四大诉讼制度。完善的司法体制和畅通的诉讼渠道,把各种冲突有效地控制在法律秩序的范围之内,有力地保障了整个社会运行在资产阶级法制轨道上,从而实现国家的长期稳定与和平发展。

二、德国法的历史地位

严格意义上的德国法形成于德意志民主国家建立之后。此后百年间,尽管德国社会大幅震荡,民族几经劫难,但德国在借鉴其他民族法制建设成功经验的基础上,勇于探索、不断创新,创制了一套具有民族特色、符合本国实际的法律体系,为德国实现法治国的理想打下了坚实的基础。德国法以其高度的学理性和独创性,成为大陆法系国家的另一典范,对世界其他国家和地区的法律制度产生了重要影响。

作为德语国家的奥地利,曾是德意志神圣罗马帝国的邦国之一。奥地利早在 19 世纪早期就制定有自己的民法典,但在《德国民法典》公布后,受其影响对自己的民法典进行了重新编纂。1938 年以后,奥地利采用了 1900 年的《德国商法典》。第二次世界大战以后,奥地利结束了纳粹政权的统治,但仍采用了德国商法典。

瑞士在历史上也曾经是德意志民族神圣罗马帝国的一个邦国,其部分地区也使用德语。1831 年生效的《伯尔尼法典》,除吸收了《奥地利民法典》的体系之外,也吸收了德国的习惯法。1853—1855 年间的苏黎世州私法法典,是德国历史法学派的理论和潘德克顿法学的产物。1881 年的《瑞士债法》是以 1861 年的《德国普通商法典》和 1865 年的《德累斯顿草案》为蓝本制定的。1907 年的《瑞士民法典》深受德国潘德克顿法学的影响。

希腊民法典全盘接受了《德国民法典》的模式。19 世纪 30 年代,摆脱土耳其统治的希腊对如何编纂自己的法典曾有过争论,有人主张按法国民法典来立法,有人则主张按希腊现行的罗马——拜占庭法的传统立法。最后,由于德国潘德克顿法学的影响持续增强,1940 年颁行、1946 年施行的民法典采用《德国民法典》模式:(1) 在结构形式上,采用五编制的结构体系,分为总则、债法、物法、家庭法和继承法;(2) 总则内容和《德国民法典》基本相同,只是增加了国际私法的规定,并把"物"的一般规定从总则中抽出来,放到物权编的前面;(3) 债法编约 3/4 的条文出自《德国民法典》。① 此外,在物权法、家庭法和继承法方面也受到了许多影响。当然,在各部分的实质内容中,希腊民法典又有不少发展,特别是私法社会化方面比《德国民法典》体现得更明显。

在日本,明治维新后,人们首先想要学习的外国法是法国法。19 世纪 80 年代,在法国法学家布瓦松纳德等人的帮助下,日本先后起草了民法典、刑法典。这些法典是以法国有关法典为蓝本制定而成,自然与日本社会生活有许多不相适合之处,因而法典一经公布,立即遭到一部分学者和政界人士的反对,从而导致了日本法制史上关于法典实施的论争。最后延期派的意见占了上风,国会通过决议将法典延期施行,实质上是否决了这些法典。此后,日本以德国法为蓝本重新进行了法典编纂,主要有:1889 年的明治宪法,1890 年的《裁判所构成法》《行政裁判法》《刑事诉讼法》《民事诉讼法》,1898 年的《日本民法典》,1899 年的《日本商法典》等。从此,日本的法律著作和判例"几乎像奴仆般地步德国的后尘"。②

此外,意大利、荷兰、卢森堡、列支敦士登、南斯拉夫、巴西、墨西哥、埃及、泰

---

① 〔德〕K. 茨威格特、H. 克茨:《比较法总论》,潘汉典等译,贵州人民出版社 1992 年版,第 285 页。
② 参见《各国宪政制度和民商法要览》(亚洲分册),法律出版社 1987 年版,第 196 页。

国、旧中国等,也都不同程度地受到了德国法影响。

总的来说,19世纪末至20世纪中期,德国在理智上处于西方法律的领导地位。与法国不同的是,德国的领导地位并不只是靠《德国民法典》,而主要是靠德国法学家的学术成果,即其学理性。构成德国法理论基础的德国法学对世界法律的影响,远远超过了其具体法律制度的影响。当然,德国法的学理性也不仅仅表现在民商法领域,还表现在宪政领域、刑法领域、经济法等各个领域。在宪政领域,被称为经济宪法的魏玛宪法是世界上第一个现代意义的宪法,其基本法是和平宪法的典范。在刑法领域,其刑法理论,尤其是学派之争,促使了德国刑法学的进一步发展,体现这些理论的刑法典足以模范世界。德国在经济法领域的成就举世瞩目,更是不必赘言。

思考题

1. 德国封建法的主要渊源。
2. 《魏玛宪法》在德国历史上的重要意义。
3. 德国行政法的基本原则。
4. 《德国民法典》的基本特点。
5. 1975年德国刑法典的基本精神。
6. 德国法的主要特征及其历史地位。

第十四章 日 本 法

内容提要

日本法制发展的历史是一部借鉴吸收外国法,不断创制本国法的历史。封建时代日本法深受中华法系的影响,法律形式主要表现为律令制和武家法典。明治维新以后日本走上了全盘移植大陆法系国家法律的道路,先是继受法国法,继而是德国法,其法律呈现出典型的大陆法系的特征。第二次世界大战后,日本在各个部门法领域又吸收了英美法的要素,使其法律风貌呈大陆法系与英美法系的混合色彩。与此同时日本也注意保留本国法的固有特征,体现了东西方法的有机结合。了解日本近代法制发展的道路,以宪法为基础,掌握其近现代法制的变革,对认识日本法的历史地位具有重要意义。

关键词

律令制　武家法典　法制近代化　明治宪法　1946年《日本国宪法》　战后经济立法

第一节　日本法的形成与发展

一、日本封建法的演变

日本地处东亚,是太平洋上的一个岛国,由北海道、本州、九州、四国四大岛屿及周围1000多个小岛组成。公元3世纪初期,日本九州北部地区出现了最早的奴隶制国家——邪马台国。公元3世纪中期以后,本州中部的大和国奴隶制国家兴起。大和国以其强盛的国势,先后征服其他部落,至公元5世纪统一日本,建立起健全的国家组织,其朝廷以最大的氏族——天皇氏为中心,由各大豪族统合而成。这一时期日本法的特征是宗教与法不分,法律的主要表现形式是由不成文的命令和习惯构成的固有氏族法。

公元646年,大和国实行"大化革新",废除奴隶制,仿照中国隋唐,进行了自上而下的全面改革,确立了以天皇为中心的中央集权统治,完成了由奴隶制国家向封建制国家的转变;进而又以唐朝法律为模式,创建了日本封建法律制度。从大化革新至1868年明治维新止,日本封建社会持续了一千二百多年,法律制度经历了律令法和武家法两个时期,其封建法律制度从建立时起就受到了中国封建法律文化的深刻影响。

(一) 天皇政治时期的律令法(645—1192年)

从646—1192年,为天皇制时期。天皇被日本人奉为神之子孙,是民族和国家的象征,也是国土与臣民的最高所有者和统治者。这一时期日本仿照唐朝推行律令制,建立起了日本的成文法体系,基本法律形式有律、令、格、式四种。公元8世纪初先后颁行的《大宝律令》和《养老律令》是这一时期律令的典型代表。《大宝律令》于701年(大宝元年)制定,集大化革新后日本国家颁布的法律、法令之大成。其中"律"6卷、"令"11卷,内容主要有:户田篇、继承篇、杂篇、官职篇、行政篇、军事防务篇、刑法和刑罚篇等。它以唐《永徽律》为蓝本,是一部以刑为主、诸法合体的法典,其条文完备,结构严谨。《养老律令》于718年(养老二年)颁布,主要是在《大宝律令》的基础上,为适合日本国情作了部分修改和补充。两部律令的颁行标志着以中国法为模式的日本封建法律体系的初步确立。

前述律令制定后,日本再没有新的法典编纂。833年编纂了关于令的注释书《令义解》(10卷),于翌年施行,与令有同等的法律效力。以后格、式逐渐在日本法律渊源中居于主要地位,较著名的有820年的《弘仁格式》、868年的《贞观格式》和后来的《延喜格式》。

养老律令

(二) 幕府政治时期的武家法(1192—1867年)

1192—1867年为幕府统治时期。这一时期,天皇的权力被将军所挟持,以将军为首领的幕府成为日本实际的最高权力机关。幕府依靠一定的武士集团,建立"御家人"(武士和家臣)制度,下设行政、军事、司法等机构,从中央到地方形成了一套封建体系,实行武家专制统治。天皇时期律令格式的作用迅速减弱,并被逐渐废弃,武家法典作为幕府基本法律被广泛推行。所谓武家法典,又被称为幕府法,是幕府根据武家的习惯和先例制定的调整武士集团内部关系的基本法律。

1. 镰仓和室町幕府时期的法律

《御成败式目》

镰仓幕府初期,曾有三个法律体系并立。随着武家政权的稳固,武家法应运而生,而早先朝廷颁布的法律(公家法)和调整庄园事务的庄园法仍有一定作用。至镰仓幕府中期,公家法、庄园法的地位渐趋颓废,武家法的地位愈来愈高。1232年镰仓幕府颁布的《御成败式目》是镰仓幕府时期著名的武家法典。"成败"乃审理裁判之意;"式目"乃成文法规之意,因其颁布于贞永年间,故又称为《贞永式目》。该法典内容广泛,涉及民事、刑事、诉讼及行政等方面,对幕府的土地制度、官吏的职责、罪犯及处罚、领土的支配和继承等都作了规定,并确立了臣民对封建主、武士对将军的绝对忠诚义务。该法在继承《养老律令》的基础上较多地吸收了武家的社会生活习惯,在当时皇权颓废的情况下,具有较广泛的适用范围,是日本最高和最著名的武家法典,是武家所有法律的基础。

室町幕府时期,又陆续颁布过一些武家法典,如1336年的《建武式目》等,但内容上创新很少,只不过是对《御成败式目》的个别补充而已。

2. 德川幕府时期的法律

德川幕府时期,法律的主要形式是幕府法和藩法。

(1) 幕府法。德川幕府初期成文法被称为"法度",中期以后被称为"御定书"。德川幕府时期军事封建国家的统治进一步强化,除对原有武家法典进行修订外,也先后制定了一系列法典,1742年仿照中国明律制定的《公事方御定书》,是德川幕府时期较为完备的一部法典。该法典在总结过去的习惯法、法令和判例的基础上而成,共分为两卷,上卷81条,是有关各种法令、判例的汇编;下卷103条,是有关刑法和诉讼法的规定,常被称为"御定书百个条",其中,有关刑罚的规定极为残酷,广泛适用死刑。该法典是日本封建社会后期的一部重要法典,其大部分内容一直沿用到德川幕府末年。

(2) 藩法。德川幕府时期作为幕府将军臣下的各大名本应服从将军,但事实上却在自己的藩内有自治权,因此各藩在接受幕府法约束的前提下所制定的法令,就成为藩法。一般情况下,藩法更多的是幕府法在本藩的实施细则。如《盛冈藩文化律》《仙台藩法禁》等,这些藩法大都受中国明代法律影响。

(三) 日本封建法的特点

日本封建法在演变发展中,呈现出以下一些主要特点:

1. 法律观念、形式和内容深受中国封建法影响

日本封建法公认的三大主要渊源:《大宝律令》《御成败式目》和《公事方御定

书》集中明显地体现了对中国封建法的模仿。因此,大部分日本法学家认为日本封建法是中华体系的组成部分。

2. 诸法合体,刑法发达

日本封建法律诸法合体、民刑不分,尤以刑法最为发达。《大宝律令》《公事方御定书》等都是以刑法为主。而诸如婚姻、家庭、继承、债权等方面的法律规范则相对较弱,大多由习惯法调整。

3. 习惯法占据一定的地位

在日本封建社会的各个发展阶段,基于"义理"而形成的习惯法始终占据一定的地位。"义理"与中国古代的"礼"相似,确认了人们生活中的基本行为准则,既包括家庭成员间的"义理",也有臣民与封建主、佃农与地主、债户与债主之间的"义理"。虽然,从封建政权建立开始,日本就重视颁布各种制定法,但直至封建末期,习惯法也没有完全被摒弃和取代,而且有些制定法实际上就是对固有习惯的吸收和整理。

4. 分阶段维护不同的封建等级特权

由于日本封建社会分为以天皇为中心的中央集权和以幕府为中心的武家政治两个时期,因此日本封建法律的内容在维护等级不平等上具有阶段性特点,即前一时期主要维护以天皇为首的皇室特权,后一时期则主要保护以将军为首的武士集团的利益。

二、近代法制的建立

(一)明治维新及近代法制的开创

19世纪中期不平等条约的签订,资本主义经济的初步发展,国内社会矛盾的加深,使以德川幕府为代表的封建统治日益遭到强烈的反对。1867年明治天皇即位,在倒幕派的支持下颁布了"王政复古"诏书,宣布废除幕府制度,成立天皇政府。这场以建立天皇制中央集权的资产阶级国家制度为内容的倒幕运动被称为"明治维新"。虽然明治维新保留了许多封建残余,是一次不彻底的资产阶级革命,然而它却是日本从封建社会进入资本主义社会的转折点,也是日本近代法的开端。明治政府通过一系列改革纲领,进行国家政治、经济和司法制度方面的改革,创建资产阶级法制。

在国家制度方面,1868年4月,天皇发布"五条誓文",正式提出以西方为模式进行国家制度改革。同年6月,公布《维新政体书》,确立由天皇亲自执政,中央机构分行政、立法、司法三个部门;此后又宣布实施"版籍奉还""废藩置县"等措施,确立了以天皇为中心的统一的中央集权国家。

在经济方面,为适应资本主义发展的需要,颁布了一系列法令。如宣布取消职业规章和行会制度,允许公民自由择业,自由迁徙;统一全国的货币制度,统一全国汇兑业务;改革土地制度,确认土地实际占有者的土地所有权;奖励贸易,积极创办银行、企业、铁路和造船工业等。

在司法体制和刑法制度方面,也进行了初步改革。设立刑部省(后改为司法省)和大审院,地方设各级法院专掌审判。修改刑律,减轻刑罚,缩小死刑的适用范围。

此外,为了沟通日本与西方在法学教育和研究方面的关系,聘请法、德等国专家来日讲学,创办法政研究所和法政学校,翻译研究外国法律,培养法律人才等。总之,这些改革的推行,为日本资本主义经济的发展扫除了封建障碍,也为建立西方化的资产阶级法律制度奠定了基础。

明治维新

(二)资产阶级法律制度的确立

日本资产阶级法律制度的确立,经历了前后两个时期的探索过程。

前期主要仿效法国法模式。在法国法学家布瓦索纳德(Boissonade,1825—1910)的直接指导下,以法国法为蓝本,先后制定了刑法、治罪法、商法等主要法典。由于这些法典过于法国化,有些甚至是法国法原封不动的照搬,而日、法两国在政治经济条件、历史文化传统及资产阶级革命过程方面存在的差异,使之难以符合日本国情,法典公布后遭到朝野上下的强烈反对,不久就酝酿进行修改或宣布延期实施。

后期日本法的西方化转入仿效德国法阶段。日本政府通过考察发现,日本与德国的社会条件更为接近,两者都是后起的资本主义国家,国内存有大量的封建残余,加之"普法战争"中普鲁士的胜利,坚定了日本师从德国的决心。1889年以普鲁士宪法为蓝本制定的日本明治宪法集中反映了德国法的影响,标志着日本法开始走上效法德国法的道路。继宪法颁布之后,日本政府又成立法典调查委员会,以德国法典为模式,对民法、商法、刑法、刑事诉讼法等诸法典进行修订,并对前一时期起草的法院组织法和民事诉讼法重新审议。至1907年,由宪法典、民法典、商法典、刑法典、刑事诉讼法典、民事诉讼法典和法院构成法组成的日本主要法典全部编制完毕,这标志着日本近代资产阶级法律制度的最终确立。

三、第一次世界大战后法律制度的变化

日本法律制度在第一次世界大战后至第二次世界大战期间发生了较大的变化,这种变化以 1932 年政党政治被推翻、法西斯势力控制整个国家政权为分界,前后分为两个阶段,即 1932 年以前法律制度逐渐完善阶段和 1932 年以后法律制度的法西斯化阶段。

(一)第一次世界大战后至 1932 年前日本法律制度的发展

这一阶段,法律制度总体上较以前有所发展。一方面为适应变化了的政治经济形势,对明治维新以后编纂的法典(除宪法典外)进行一些修改,另一方面颁布了许多单行法规,从而使日本的法律体系得到充实。在民商立法方面,1922 年颁布了《租地法》《租房法》《破产法》《信托法》,1924 年和 1932 年颁布了《租佃调停法》《金钱债务临时调停法》,使日本传统的民间和解制度进一步发展。经济立法方面,第一次世界大战时,日本为适应战争的需要,出现了以稳定战时经济为目的的各种法令,战争结束后,为复兴经济对付经济危机,又颁布了大量的经济法规。这一阶段的经济立法对日本经济的发展起了很重要的作用,而且为第二次世界大战后经济法的发达打下了坚实的基础。刑事司法制度方面,主要是制定了《少年法》《治安维持法》和《陪审法》。

(二)1932 年后至第二次世界大战结束日本法律的法西斯化

从 1932 年到 1941 年日本法西斯专政的形成有一个渐进的过程。1932 年少壮派军人制造"五·一五事件"枪杀政友会首相犬养毅,标志着法西斯化的开始;1935 年禁止"天皇机关说",重审国家主权在于天皇;1936 年设立"五相会议",凡政府重大政策只能由首相、陆军相、海军相、藏相和外相开会决定;1937 年成立由天皇、军部首脑和首相组成的"帝国大本营",作为国家的最高决策机关,标志着天皇和军部独裁的进一步形成;1940 年提出"新政治体制"和"新经济体制",解散所有政党;1941 年军部首脑、陆军相东条英机实行独裁统治,太平洋战争爆发,日本法西斯专政最终确定。在日本确立法西斯政权的过程中,法律制度也逐渐法西斯化,明治宪法中消极的、封建军国主义的内容被强调和利用,议会成为摆设,宪法中仅有的一些民主制度被破坏。1943 年颁布《战时行政职权特例》,赋予首相有禁止、限制或废除法律的权力,从而使得法律完全置于法西斯政权的操纵下。除此之外,这一时期日本还颁布了一系列国家统制立法和刑事特别法如《国家总动员法》《治安维持法》《战时形势特别法》等。

四、第二次世界大战后法律制度的发展

第二次世界大战结束以后,按照国际条约的规定,日本作为战败国,应向和平、民主、独立的方向发展,基于此,战后日本法进行了全面改革。废除了《治安维持法》《国家总动员法》等一系列法西斯立法;在盟军的直接授意和操纵下,起草并颁布了《日本国宪法》,为实施宪法,又制定《国会法》《内阁法》《选举法》等;为适应新宪法所确立的原则,对包括刑法、民法在内的主要法典进行了较大的修改,主要是摒弃其中封建色彩较浓的内容,补充进一些新的原则;改革司法制度,制定《法院法》《检察厅法》和《律师法》;改革和重建日本经济,发布《禁止垄断法》等经济法规。这一时期日本法制发展的特点是,在国际社会(尤其是美国)的压力下,一方面吸收了英美法律的部分内容,体现民主与法治的精神,另一方面也没有完全抛弃日本固有的法律传统和特色。

1952年《旧金山和约》生效,日本获得了独立主权。此前日本的各主要法律部门都已进行了较大的改革,此后,日本开始进行了自主的法律制度的建设。一方面对已有的法典继续进行修改,另一方面根据不同时期的特点制定颁布了大量的法规,建立并完善了高度发达的现代法律制度。

第二节 宪 法

一、明治宪法

(一)宪法的制定

明治维新后,在日本资本主义迅速发展、国内外矛盾交织及西方宪政思想的影响下,天皇政府于1881年正式宣布在10年内召开"民选议会",并在1882年派伊藤博文等4人去考察欧洲国家的宪政制度。伊藤博文认为普鲁士的政治制度和日本国情最为接近,回国后,天皇便指令他组织宪法委员会,负责起草宪法的工作。1888年,宪法起草完毕,枢密院审议通过后,1889年2月正式颁布,同时还公布了《皇室典范》《议院法》《众议院议员选举法》《贵族院令》等宪法附属法,并于次年付诸实施。1889年宪法为《大日本帝国宪法》,后通称为"明治宪法",这是一部基于君主主权思想制定的"钦定"宪法,宪法从起草、讨论到通过均是在天皇控制下秘密进行的,直至公布前,外界对宪法内容毫无所知。

(二)宪法的主要内容与特点

明治宪法由天皇、臣民权利义务、帝国议会、国务大臣及枢密顾问、司法、会计、补则共7章76条组成。该宪法深受德国法影响,有46个条文完全抄自普鲁士宪法,仅有3条为日本所独创(第1、31、71条)。这部宪法的特点表现为:

1. 确定议会民主外衣下的天皇专制制度

(1) 天皇是总揽国家最高权力的统治者。宪法规定国家为君主立宪政体，但却赋予天皇至高无上的权威，宪法明确宣布："大日本帝国由万世一系的天皇统治之"（第1条）；"天皇神圣不可侵犯"（第3条）；"天皇为国家之元首，总揽统治权"（第4条）。天皇有权召集和解散议会，提出、裁定或认可法案（包括宪法法案），发布变更法律的命令，任免官吏，宣战媾和，缔结条约，统率陆海军，实行大赦、特赦、减刑等。这些规定集中反映了宪法贯彻的君主主权论思想，确认了天皇在国家立法、行政、司法和军事方面的最高权力。宪法也列有天皇应依宪法条文行使统治权的规定，但同时又广泛保留了享有无须得到议会承认的所谓"大权事项"。

(2) 内阁是从属于天皇的最高行政机关，只对天皇负责。宪法规定："国务大臣，辅弼天皇，负其责任。"（第55条）内阁由各国务大臣组成，首相经元老推荐由天皇任命，各大臣由首相提名，天皇任命。陆军大臣和海军大臣形式上虽由首相提名，实际上人选的决定权操于军部。军部在宪法中并无直接明文规定，但在国家机构中占有特殊重要的地位。日本国家制度的显著特点之一，就是军事统率权脱离内阁而由天皇通过军部独立行使。军部由直属于天皇的参谋本部、海军军令部、内阁中陆军省和海军省4个机关组成。宪法规定："天皇统率海陆军"（第11条），"天皇定海陆军之编制及常备兵额"（第12条）。凡指挥和调动军队，进行战争及制定作战计划等，均由参谋本部和海军军令部直接上奏天皇决定，内阁和议会无权过问。这就使军部成为超内阁的最重要的国家机关，形成所谓"二重内阁"。

(3) 议会由贵族院和众议院两院组成。日本议会不享有独立的立法权，只是"协赞"天皇立法的机关（第5条）。在财政监督方面，议会既无权过问皇室费用和军理开支，也不能拒绝为执行现行法律所需要的拨款。因此说，宪法规定议会对天皇统治权的制约仅是一种装饰。

2. 规定了有限的公民自由权利

宪法使用了"臣民"而未用公民一词，在第2章列举的公民具有的居住、迁徙、言论、出版、集会、结社等自由，以及非依法律不受逮捕、拘禁、审判、处罚等权利，均是以天皇臣民的名义加以规定的，视为天皇对臣民的恩赐。上述对公民自由权利的规定，不仅范围狭窄，且宪法规定在必要时又可以通过独立命令（第9条）、紧急敕令（第8条）、非常大权（第31条）等，对这些权利自由加以限制和剥夺。

1889年明治宪法作为日本历史上的第一部宪法，是一部带有明显封建性和军事性的宪法，它是明治维新的产物，也是学习西方法制的最初成果。明治宪法正式生效以后，一直实施到第二次世界大战结束。在这半个多世纪的时间里，宪法本身并没有被正式修改,但宪法的某些原则和制度却因宪法解释、宪法性法律的发布及新的国家机关的设立而发生了一些变化。1912年东京帝国大学教授美浓部达吉(1873—1948)提出了"天皇机关说",主张国家主权并不属于天皇,天皇只是一个国家机关,只能依宪法行使职权。这一学说旨在提高议会地位,尽管它是非正式的宪法解释,但却反映了民主宪法的意识已有所提高。另外,日本围绕议会民主制进行的几次斗争,也推动了宪法的发展。

二、1946年《日本国宪法》

在反法西斯民主力量的推动下,日本于1946年2月开始新宪法的制定工作。草案经反复审议修改,最后经盟军(美军)总部同意,于1946年11月3日以《日本国宪法》为名正式颁布,1947年5月3日正式实施,它是日本的现行宪法。

《日本国宪法》除序言外,共11章103条。这部宪法吸收了欧美资本主义国家宪法通行的原则,在维护私有制和资产阶级政治统治的前提下,削弱了天皇的权力,以三权分立原则组织国家政权机关,实行对国会负责的责任内阁制,扩大了公民的自由民主权利。同战前宪法相比,它具有以下几个特点:

第一,天皇成为象征性的国家元首。

鉴于天皇制度在日本社会中有着长期的影响,根据美国占领当局的指示,日本保留了天皇制,但从根本上削弱了天皇的权力。新宪法明确指出,天皇"只能行使本宪法规定的国事行为",而且"天皇有关国事的一切行为,必须有内阁的建议和承认,由内阁负其责任"。所谓天皇的"国事行为",实际上只是礼仪上、形式上的活动,从而使天皇地位发生了根本变化,仅为日本的"象征性"国家元首。

第二,实行三权分立与责任内阁制。

宪法采取欧美资本主义国家普遍实行的三权分立原则,并实行英国式的责任内阁制。立法权、行政权、司法权分别由国会、内阁、法院行使,互相制约。宪法使日本由战前以天皇为中心的君主制国家,变成三权分立的议会立宪君主制国家。

第三,规定放弃战争,体现和平。

《日本国宪法》第9条明确规定:"日本国民衷心谋求基于正义与秩序的国际和平,永远放弃以国家主权发动的战争、武力威胁或使用武力,不以此作为解决国际争端的手段。为达到前项目的,不保持陆海空军及其他战争力量,不承认国家的交战权。"这一规定有利于防止日本复活军国主义和重走侵略战争的道路,也反映了日本人民要求维护和平的决心。

第四,广泛保障人权。

《日本国宪法》第3章对公民的政治、经济、社会等方面的权利,作了比较广泛的规定。共计31条,将近宪法条文总数的1/3。如此详细的规定,在资本主义国家宪法中表现得很突出。国民权利具体可分为基本人权、财产权、平等权、参政权、生存权、自由权、要求赔偿权等。同时,宪法对公民行使基本权利和自由所加的限制较少,这较之明治宪法无疑是一个进步。

由于1946年宪法带有较多的资产阶级民主自由色彩,日本学者把现行宪法的基石概括为民主、人权与和平。自20世纪50年代以来,日本的保守势力多次提出要修改宪法,而进步的民主力量为维护这部和平宪法一直进行着斗争。

第三节 行 政 法

一、行政法的形成与发展

(一) 日本行政法制的形成

1889年明治宪法形式上的立宪主义对日本行政法的形成起了一定的推动作用。宪法规定的"由于行政官厅的违法处分而损害权利的诉讼另以法律规定由行政法院审判,而不在司法法院的受理范围之内"(第61条),原则上确定了行政诉讼审判权独立于普通法院司法权之外。据此,1890年6月日本颁布了《行政裁判法》,与之同时实施的"关于行政厅违法处分的行政裁判案件",对行政法院可以受理的具体案件作了规定。随后日本又颁布了《文官任用令》(1893年)、《文官考试规则》(1893年)、《治安警察法》(1898年)、《国税征收法》(1897年)、《行政执行法》(1900年)等一系列法令,对行政组织、财政税收、治安、行政执行等制度都作了规定。至此,近代日本行政法制基本形成,它深受德国行政法的影响,总体上属于大陆法系的体制。应当指出,明治宪法体制之下形成的行政法,无不贯彻着维护天皇专制制度的宗旨,使日本近代行政法制显得相当保守且很不完善。

(二) 战后日本行政法的发展

第二次世界大战后,《日本国宪法》的颁布为日本现代行政法的发展奠定了基础。受宪法颁布的影响,1947年日本制定了《国家赔偿法》《内阁法》《地方自治法》《国家公务员法》《警察法》,1948年又颁布了《行政案件诉讼特例法》等,这些法规确立了战后日本行政法的发展方向。随着战后英美行政法的传入,日本形成了具有大陆法系与英美法系相混合的行政法制度。表现最明显的是日本废止了原来的行政法院制度,一切案件都由普通法院管辖审理,法院对行政行为是否符合宪法有进行司法审查之权,同时效仿美国的行政委员会制度在行政机关内设立公正交易委员会及各种劳动委员会等。另外,20世纪60年代以后,行政判例法的发展,也促进了行政法的发达。

二、日本行政法的基本特点

（一）行政法三大体系基本形成

在日本，尽管至今对于什么是行政尚无定论，学者们的观点也颇不相同，但大都承认行政法是关于行政的法，可分为行政组织法、行政作用法、行政救济法三大体系。

（二）行政法渊源众多

日本的行政法领域渊源众多，没有制定系统、独立的法典。有关行政法的原则和制度体现在宪法、法律、命令、规划、条约等成文法和习惯、判例、法理等不成文法之中，原则上以成文法为主、不成文法为辅。

（三）技术性行政法规在行政法体系中的比重日益增加

随着现代科技的发展，行政领域中出现了要求高度的科学性和知识性的部门，如原子能、航空航天等，这就在客观上对行政手段提出了更高的要求，专门的、技术性的行政法规相应出现，并逐渐增多。

（四）行政诉讼的发展受到重视

行政诉讼在日本的行政法制史上始终占有重要地位。日本不仅制定有专门行政诉讼的成文法规，而且在长期的诉讼实践中形成了许多具有法律效力的判例。经过了近三十年的酝酿，1993年制定出的《行政程序法》代表了现代日本行政诉讼法的发展成就。

第四节　民　商　法

一、日本民法

（一）明治民法的制定

近代法制建设中，民法典的编纂是一系列法典中进行较早且极其困难的工作，明治政府对民法典的编纂予以了较大的重视。初期，围绕民法典的争论颇多，经过两派激烈的争论，明治政府确定以《法国民法典》为依据编纂《日本民法典》。1870年设立制度调查局，着手翻译《法国民法典》，1872年，民法编纂委员会成立，开始进行《日本民法典》的起草工作，1890年公布了民法典。这部草案原定于1893年1月1日开始实施，但因内容过于法国化，不适合日本国情，遭到强烈反对，被帝国议会宣布延期施行。这部法典在日本被称为"旧民法"。

1893年日本成立民法典调查会，以《德国民法典》草案为蓝本，兼采《法国民法典》的法理，根据日本社会的实际情况重新起草新民法。于1896年公布了前三编，即总则、物权、债权；1898年公布了后两编，即亲属编与继承编，并同时公布"民法施行法",确定全部五编于1898年7月正式施行,同时宣布"旧民法"失效。这部民法常被称为"明治民法"。

(二)明治民法的内容与特点

1. 学习借鉴德国法的痕迹明显

《日本民法典》由5编36章1146条组成,即总则、物权、债权、亲属、继承。在日本,一般称民法典的前三编为财产法,后两编为家族法。在立法精神上,明治民法与《德国民法典》相似,财产法中体现的资产阶级民法的内容较多;家族法中保留的封建因素较多。在编排体系上与《德国民法典》基本相同,只是将物权编置于债权编之前,用以强调物权的重要和债权得以产生的根据。在立法技术上,也同《德国民法典》一样,使用了大量专门的法律术语和一些富有弹性的概念,如"公共秩序""善良风俗"等。法典还将习惯的效力广泛地承认下来,特别是物权编充斥着"有异于本条之规定者,从其习惯"的规定。突出表现出资本主义的财产法与封建家族制度及身份法的结合。

2. 财产法集中体现了资产阶级民法的内容与原则

在总则中,法典形式上确认了公民民事权利平等原则,规定"私权的享有始于出生之时"(第1条);物权编中集中体现了资本主义私有财产无限制原则。如,法典规定:"所有者于法令限制内,有自由使用、收益及处分其所有物的权利"(第206条);"土地之所有权,于法令限制内,及于其土地之上下"(第207条)。法典严格保护私有财产权,并对土地所有权作了极为详细的规定。债权编中法典肯定了契约自由的原则,将当事人的要约和承诺视为契约成立的要件,契约订立后,只能依契约本身或法律的规定,经双方意思表示而解除(第540条)。

不过财产法部分也保留了一些具有日本特色的封建色彩。如用专章将明治维新前用以封建剥削的永佃("永小作")制度确认下来。规定佃农虽因不可抗力而使收益受损,但地租不能减免;佃农只有在连续3年以上因不可抗力全无收益,或连续5年以上收益少于地租时,才能要求停止租佃关系(第275条),否则必须在地主土地上永佃20—50年(第278条)。

3. 家族法大量保留了封建时代的内容

亲属编的基本精神在于确认和维护封建家族制度和婚姻家庭关系中的男女不平等。1890年旧民法曾将户主及家族制度列在人事编的末尾,新民法将其提到亲属编的首位,说明新民法对保护家族制度的重视。法典规定,凡以亲族关系而聚居者为家族,户主为家族之长,家族成员须在户主指定的地点居住,家族的婚姻或收养等重要事项须取得户主的同意,否则户主可将其赶出家族,肯定了以男性为中心的封建家族制度。在婚姻关系上也确认了夫妻间的不平等,妻从属于夫,行为能力受到限制,无离婚自由等。

继承编中法典把继承分为户主身份继承(日本称家督继承)和遗产继承两

种。前者是对户主的权利义务的继承,继承原则为男子优先于女子,嫡子优先于庶子,均以年长者为先(第 970 条),目的在于身份地位不致紊乱,使封建家族制度得以传续。后者则是取得财产的方法,虽然规定诸子平分,但庶子及非婚子女的继承权仅为嫡子继承份的 1/2(第 1004 条),使嫡庶在遗产继承上处于不平等地位。

(三) 现代日本民法的发展变化

日本现行民法仍为 1898 年的明治民法。但战后从 1947 年起,日本政府对民法典进行了多次修改,加之大量的单行民事法规的颁行和民事判例的形成与适用,现代日本民法已发生了重大变化。

民法典的修改集中于身份法。从内容上看,总则、物权和债权三编的修改变化不大,仍以维护资本主义私有财产权为核心,但为了缓和国民对资本剥削制度的不满情绪,在总则中规定了"私有权应尊重公共福祉","应依"诚实信用"原则行使权利义务,并禁止滥用权利。民法典修改最多的是亲属和继承两编。亲属编废除了带有浓厚封建色彩的户主及家族制度;过去不平等的夫妻关系改为男女双方具有平等的权利与义务。在婚姻制度上,基本上贯彻了婚姻自由的原则,取消了成年人结婚须经户主或父母同意的规定,并在离婚问题上规定夫妻双方均可以同样理由诉请离婚。继承编中取消了家督继承,确立了子女平等继承遗产的原则,并规定配偶也享有继承权,提高了妻子在财产继承方面的地位。

单行法规在第二次世界大战后大量出现,以对法典的前三编进行补充和实施。如 1951 年的《宗教法人法》、1955 年的《汽车损害赔偿保障法》、1958 年的《企业担保法》、1961 年的《关于原子能损害赔偿的法律》等。

民事判例的形成与适用,也在现代民法的发展中发挥了较大作用。属于大陆法系的日本尽管理论上和原则上不承认判例的约束力,但在实践中,法院的判决往往具有法律渊源的作用,民法典实施过程中形成的判例特别对"物权编"的内容作了补充。

二、日本商法

(一) 明治商法

明治维新后,日本为适应资本主义商业发展的需要,扶植民族企业、保护对外贸易,曾先后颁布了银行、票据、保险、公司等单行条例。1881 年开始制定商法典,由德国人帮助起草,1884 年完成法典草案,1891 年 1 月 1 日起实施。由于商法典内容不完全适合日本商业发展需要,脱离了日本的国情和传统的商事习惯,不久,便决定对其进行修改,这部法典因而在日本被称为"旧商法"。

1899 年,经国会讨论通过的由日本人参加制定的新商法开始颁布并实施。这部法典又被称为"明治商法"。新商法由总则、公司、商事行为、票据、海商 5 编构成,共689条。其中,将票据作为独立一编,是日本商法典的创新之处,其他各编从形式到内容大致与德国商法典相同。商法典同时还吸收了法国商法、英国商法的部分内容。明治商法与旧商法相比,在内容上有诸多特点:第一,旧商法把破产法作为一个重要的部分,而明治商法则把它排除在外,破产法作为独立的单行法有利于其发展。第二,旧商法较重视民法对商业活动的调整、指导作用,而明治商法则强调商业习惯的特殊效力。法典第1条规定:"关于商业,本法无规定的,使用商业习惯法,无商业习惯法时,适用民法。"可见,从渊源顺位而言,商业习惯法优于民法。第三,旧商法公布后遭到激烈批评的焦点之一是它规定必须由会计学校或法科学校的毕业生担任商业账簿的制作,明治商法则改为其他人也可制作商业账簿,这适合了当时日本的国情。第四,旧商法规定股份公司的成立必须经过主管部门的批准,即采取特许主义,明治商法则原则上采取自由设立主义。此外明治商法还新增加了允许公司合并的规定。

(二) 现代商法的发展

日本现行商法仍为1899年的明治商法。第二次世界大战后为适应经济的发展,日本对商法典进行了多次修改,使其法典的体例和内容都发生了较大变化。

从体例上看,由于制定了《票据法》(1932年)和《支票法》(1933年),故法典的第四编票据被删除,海商法从第五编改为第四编,这种四编的结构一直保留至今。从内容上看,变动较大的是公司法部分。修改后的商法典将公司限定为无限公司(合名会社)、两合公司(合资会社)和股份有限公司(株式会社)三种,删除了股份两合公司的规定。公司法修改的要点:一是对外国公司一章作了重大修正,明确了外国公司的法律地位,以保障外国公司的权益;二是适应国际发展趋势,加强与美国资本的合作,吸收了美国法中的一些原则和制度,如授权资本制及对董事的选任采用"适任原则"等。

现代日本商法的发展呈现出以下几个特点:(1) 商法的调整对象越来越专门化,其分支逐渐增多,商法典实际上成为调整商事法律关系的通则性规定;(2) 商事习惯法成文化,社会经济发展的需要,使商人的习惯及彼此的约定俗成,演变为商事习惯法,在此基础上逐渐制定成文法;(3) 商法的发展具有先导性,较少受到社会传统习俗的约束,继而带动日本其他法律部门(尤其是私法)的发展变化;(4) 随着日本对外交往的增多和经济体制、企业活动规范、商业交往方式等与其他资本主义国家趋同,日本的商法出现了国际化倾向。

第五节 经济与社会立法

一、经济法

（一）经济法的形成

19世纪末至第一次世界大战前是日本经济法的萌芽时期。随着日本资本主义经济结构的变化，垄断资本逐渐形成，此期内已颁布了有关银行、证券交易、运输、渔业、森林、产业组合等方面的法规，以加强国家对经济的干预。

第一次世界大战至第二次世界大战前是日本经济法的初步形成时期。一战期间为适应战争的需要，日本颁布了《黄金出口禁止令》《军需工业动员法》等法令，对日本经济的稳定和发展起了较大的作用。第一次世界大战以后，为对付经济危机，控制通货膨胀，日本又颁布了《米谷法》《制铁业奖励法》《卡特尔组织法》《出口补偿法》等，这一时期的经济立法数量多，范围广，几乎涉及日本经济生活的各主要领域。

第二次世界大战期间日本法西斯政策渗透到了经济立法领域。1938年的《国家总动员法》是处于中心地位的战时经济法，以集中一切人力、物力投入侵略战争。后随着战争的进展和经济的逐渐困难，日本对《国家总动员法》进行了多次修改，意图以此来应付日益对日本不利的战局。此外，为控制通货膨胀和保障物资供应，还制定了《价格统治令》《粮食管理法》等。

（二）经济法的发展

第二次世界大战后，日本在恢复和发展经济的过程中，非常重视运用法律手段管理经济，制定了大量的经济立法，从而使经济法成为日本战后发展最快的法律部门，也使日本成为资本主义国家中经济立法最完备、最发达的国家之一。

战后日本经济法的发展大致分为三个阶段：

1. 经济恢复时期的经济立法

1945—1955年是日本经济的恢复时期。这一时期围绕经济领域要解决的突出问题，日本政府颁布了有关农业资本主义发展的法规、有关工业恢复发展的法规，更重要的是颁布了有关禁止垄断，促进公平自由竞争的法规。如《禁止私人垄断和确保公平交易法》（1947年）等。这些法律的实施，使日本财阀家族丧失了对企业的控制和领导权，消除了日本垄断资本封建家族式的统治，并为禁止私人垄断，实现经济民主化，促进公平自由的竞争，改革和重建日本经济发挥了重要作用。

2. 经济高速发展时期的经济立法

日本从20世纪50年代中期以后至1973年，进入了以实现工业现代化为中心的经济高速发展时期。为了从根本上扭转技术落后局面,赶上世界先进水平,日本在大量引进和广泛采用国外先进科学技术成就的同时,制定了一系列经济法律,以促进和保证实现工业现代化。这一时期颁布的重要经济法规主要有:(1)《机械工业振兴临时措施法》(1956年)、《电子工业振兴临时措施法》(1957年)等,这些工业立法旨在以各种方式积极扶植和促进机械工业、电子工业的现代化。(2)《农业基本法》(1961年2月),以进一步改革日本农业,提高农业经营水平和生活效率,加快农业现代化,并使淘汰出来的农业劳动力流入城市,满足迅猛发展的日本对廉价劳动力的需求。(3)《中小企业基本法》和《中小企业现代化促进法》(1963年)等,这些法律的主要目的是保证中小企业的地位,并以提供资金和技术指导等方式,推动中小企业尽快实现现代化,以充分利用发挥中小企业的作用。(4)《职业训练法》(1958年),对已经就业和待就业人员进行职业训练,使其适应不断更新的技术设备和工艺过程的需要。(5)《出口检查法》(1957年)、《出口检查标准》(1958年)等,这些法律的出发点,是为了保证日本出口产品的质量及其在国际市场上的竞争能力,以促进出口贸易的发展,法律规定出口产品不合格者要受到处分甚至刑事处罚。除上述法律以外,日本还制定有《环境保护法》《能源法》等,由此而形成了独立的经济法律部门和比较完整的经济法律体系。这一时期是日本经济立法系统化和完备化的时期。

3. 经济缓慢发展时期的经济立法

进入20世纪70年代后,日本经济进入缓慢发展时期。为摆脱萧条局面,重建良好的经济环境和经济秩序,使新的经济政策得以实现,这一时期制定了大量新的经济立法,这些法律表现出制定和推行各种不景气对策的立法特征,并以促进产业结构向节约型的方向转化、产品向技术密集型和知识密集型的方向转化为其中心内容。主要立法有:《国民生活稳定紧急措施法》(1973年)、《投机防止法》(1973年)、《石油储备法》(1975年)、《中小企业改换行业临时措施法》(1976年)、《稳定特定不景气产业临时措施法》(1978年)、《关于能源使用合理化的法律》(1979年)、《关于促进开发和引进代石油能源的法律》(1980年)等。

(三) 日本经济法的基本特点

战后日本经济立法对于促进产业结构调整、加速国民经济的现代化、维护资本主义经济体制和经济秩序、保证对外经济基本国策的实施起到了重要作用。日本作为一个经济立法比较完备的国家,其经济立法具有以下基本特点:

1. 加强经济立法对国民经济的宏观控制

日本注意发挥经济立法的调控作用,在经济发展的每一阶段和转折点,都及时制定相应的法律来推行政府的经济政策,规制经济的发展特征和要求,充分发挥经济立法对国民经济的宏观调控作用。

2. 法律和政令(省令)配套施行

日本经济立法技术上的一大特点,是法律和相应的政令、省令相结合,使重要的经济活动既有明确的目标和原则,又有具体的实施细则和措施。各方面的立法既有基本法,又有为基本法的有效实施而制定的一系列政令、省令。不但使经济立法尽可能准确地反映经济的特点和要求,而且避免了由于法律条文过于抽象而带来的弊端。

3. 经济计划法律化

日本经济发展的过程中,制定了大量对各个产业部门和各种经济活动进行规定的计划,如行业振兴的基本计划和实施计划。这种以法律形式表现出来的计划,最大可能排除了制定各经济计划时的恣意行为和随意性,提高了经济计划的科学性。

4. "经济刑法"发挥效力

战后日本经济立法不仅规定有明确的目标和实现这些目标的措施,并且几乎都立有罚则专章,这在日本也被称为"经济刑法"。日本政府就是这样通过经济立法途径,采取国家干预经济的法律手段,有力地促进了战后日本经济的迅速发展。

二、社会立法

日本的社会立法主要由劳动法和社会保障法组成,随着日本资本主义的产生与发展,社会立法从无到有,并逐渐得到了发展。

(一)劳动法

日本的劳动法最早可追溯至19世纪末。当时由于纺织业的急速兴起,各种劳资关系问题相继发生,明治政府于1898年制定了《工场法案》,但由于资本家的广泛反对而没有得到颁布实施。20世纪初,在各种压力下明治政府重又起草了《工场法》,1911年3月获得议会通过并公布,1916年开始施行(后于1923年作修改)。第一次世界大战结束以后,相继颁布了《职业介绍法》《健康保险法》等一系列以缓和社会失业矛盾和保护劳动者的法规,不过这些法规的实施效果并不太理想。

第二次世界大战以后,日本劳动法体系开始形成,即由劳动团体法、劳动保护法和事业者保护法三部分构成。战后《日本国宪法》规定的"全体国民都有劳动的权利与义务,有关工资、劳动时间、休息及其他劳动条件的基本标准,由法律规定之"(第27条1、2款)和"保障劳动者的团结权、集体交涉及其他集体行政的权利"(第28条等),为劳动法三个组成部分的发展奠定了基础。

(二)社会保障法

19世纪末日本曾公布《恤救规则》,规定对于残疾、年老及其他无生活能力的贫困者给予一定标准的购米钱救济,但这种救济是基于人们之间的相互情谊而产生的,并不是完全意义上的国家福利保障法规。

1929年《救护法》颁布,从法律上明确了国家的救济义务,与"恤救规则"相比它规定的救济范围大,种类和内容丰富,救济机关和费用承担明确,但该法并未施行。直至1932年经过有关人士向天皇上奏请愿等非常手段才使它付诸实施。其后日本又制定颁布了《虐待儿童防止法》(1933年)、《医疗保护法》(1941年)、《国民健康保护法》(1938年)、《劳动者养老金保险法》(1941年)等法规,形式上充实了社会保障法的内容。

第二次世界大战后日本社会保障法向着平等性和国家统一责任的方向发展。《日本国宪法》规定的"全体国民都有享有最低限度的健康和文化生活的权利。国家必须在生活的一切方面努力于提高和增进社会福利、社会保障以及公共卫生的工作"(第25条),为社会保障法的发展提供了良好的原则依据。现代日本社会保障制度主要包括:社会保险立法、社会福利立法及国家扶助救济方面的立法等。

第六节 刑 法

一、1907年刑法典

(一) 刑法典的制定

明治政府在1907年刑法典颁布之前,曾制定过三部临时性刑事法规,即《假刑律》(1868年,"假"即"暂行"之意)、《新律纲领》(1870年)、《改定律例》(1873年)。这些刑事法规在明治初期,起到了巩固天皇制中央政权,维护社会秩序的作用,但其内容、体例都未脱离封建法律的模式,刑事立法近代化的任务远没有实现。

1875年,日本政府着手制定西方式的刑法典,法国人布瓦索纳德受邀负责法典起草工作,刑法典于1880年公布,1882年开始实施。这部法典以法国1810年刑法典为蓝本,采用了总则、分则的刑法划分体系,将犯罪分为重罪、轻罪、违警罪3种,贯彻了"法无明文不为罪""法不溯及既往"等资产阶级刑法的基本原则,为了限制法官的自由裁量权,还对量刑幅度作了比较严格的规定。但由于它在许多方面不适合具有长期封建主义传统的日本国情,颁布后不久就开始酝酿对它进行修改,尽管它一直实施到明治末期,但地位极不稳定。这部法典在日本近代刑法史上被称为"旧刑法"。

修改草案在旧刑法实施的二十多年间曾多次提出。其中1901年向议会提出的正式刑法草案,参考德国刑法并吸收了新派刑法理论,较旧刑法有很大变化,但因议会停开未能交付审议。这个草案为后来新刑法的制定奠定了基础指明了方向。日俄战争后上述草案由新成立的法律调查委员会稍作修改，1907年经两院审议通过，1908年开始实施，它又被称为日本"新刑法"。

（二）刑法典的内容与特点

新刑法共两编264条，第1编为总则，是关于刑法适用范围、刑种、缓刑、假释、未遂罪、并合罪、累犯、共犯等一般原则的规定。第2编为分则，规定了多种犯罪及应处的刑罚。新刑法既反映了古典刑法学派的报应刑思想，又吸取了社会刑法学派的目的刑思想，而且较多地侧重于后者。新刑法的主要特点体现在犯罪和刑罚两方面。

1. 犯罪方面

（1）取消了旧刑法中"法无明文规定不定罪、不处罚"的规定。立法者认为，此为不言自明的道理，且《宪法》第23条已有类似规定，无重复必要。（2）废除了旧刑法中重罪、轻罪的划分，并将违警罪从法典中抽出，制成《警察犯处罚令》单行法规。（3）改变了旧刑法中的许多用语，如"期满免除"改为时效，"数人共犯"改为共犯等。（4）将"对皇室之罪"视为最重大的犯罪，列专章规定。

2. 刑罚方面

（1）简化刑名，将主刑定为死刑、惩役、监禁、罚金、拘留、罚款6种，将没收作为附加刑。（2）扩大量刑幅度，如规定惩役可长达1年以上10年以下，给法官留有较大的自由裁量权。（3）首次规定了缓刑（刑之犹豫执行）制度，进一步完善了假释制度。另外，法典中还有犯罪未被发觉前自首减刑（第42条）或在犯罪行为未完成前自首免刑的规定（第80条）。

综上，1907年日本刑法典，体现了资产阶级刑法原则，除罪刑法定外，其他资产阶级刑法原则和制度基本都得以确定，但它与同时期的其他立法一样也保留了一定的封建残余。

二、刑法的发展

现代日本刑法制度主要是在对1907年刑法典不断修改的基础上发展的。

（一）对刑法典的部分修改

第二次世界大战后，为配合新宪法的实施，日本于1947年对1907年刑法典作了较大的修改。废除了分则中关于危害皇室之罪，以体现法律面前人人平等的原则；取消了外患罪中的通谋利敌罪、帮助敌国间谍罪等条款，以呼应新宪法中的和平原则；参照各国刑法对通奸行为一般不予处罚的惯例，取消通奸罪；将假释条件由过去有期徒刑执行1/4、无期徒刑执行15年，改为1/3和10年。另外对连续犯、累犯等也作了新的规定。由于这次对刑法典的修改是由占领当局推进的，具有应急措施的特点，因而不可能彻底的修改，不过这种零星修改的做法成为以后日本刑法发展的主要方式。此后，从1953—2001年日本政府对刑法典又进行了多次部分修改,这项工作一直不曾中断。① 修改的主要内容是将1907年刑法典取消的罪刑法定主义原则重新加以确定,并禁止用事后法去溯及既往;废除战前基于封建伦理观念而设立的杀害尊亲属罪,改按一般杀人罪论处;在量刑上更加注重犯罪人的主观条件,以预防犯罪和有利于犯罪人的改造为目的;放宽缓刑和假释条件,加重对累犯的处罚,广泛适用不定期刑等。

(二)对刑法典的全面修改

零星的修补工作难以全面适应日本社会发展的需要,自20世纪70年代以来,法务省组织刑法专家对刑法典开始进行了全面的修改工作,如1974年法制审议会公布了"修改刑法草案",法务省于1976年发表了"关于刑法的全面修改的中期报告",1981年发表了"刑法修改工作当前的方针"。至今日本全面修改刑法的工作仍没有取得最终的结果。

第七节 司法制度

一、司法组织

(一)近代司法组织

明治维新初期,日本还无系统的法院组织体系,司法与行政不分。1871年成立司法省,民刑裁判权统一由其兼管,地方则有地方行政官兼任司法官。后于1875年规定大审院为全国最高司法机关,下设上等法院、府县法院,废除了地方官兼任司法官的制度,初步实现了司法与行政分离。

日本近代司法组织正式确立于1890年。根据明治宪法,1890年分别公布了《法院构成法》和《行政裁判法》,以上述法律的颁布为标志,日本法院以大陆法系为模式分为普通法院与行政法院两个系统。其《法院构成法》参照1877年德国法院组织法制定而成。规定日本设立区法院、地方法院、控诉院、大审院,实行四级三审制;规定采取审检合一制,各级法院内设检事(检察官)局;各级法院的推事及检事均为终身制,非受刑罚或刑戒处分不得罢免其职务。《行政裁判法》规定在东京设立行政法院,由裁判长及评定官5人以上组成合议庭进行裁判。行政法院只审理法律、敕令及有关行政裁判文件所规定的行政违法案件。

(二)现代司法组织的变化

战后,日本根据新宪法精神,参照美国模式对司法组织体系进行了重大改革。

---

① 1953、1954、1958、1960、1964、1968、1980、1991、1995、2001,日本刑法的多次部分修改使日本刑法制度从近代走向现代。具体修改详情请参见何勤华、李秀清主编:《外国法制史》,复旦大学出版社2002年版,第466—567页。

从法院组织看,1947年颁布的《法院法》实行单一的普通法院体系,行政诉讼案件也由普通法院受理,并赋予最高法院享有违宪审查权。法院分为四个审级:最高法院、高等法院、地方法院、简易法院。各级法院一律兼理民、刑案件,实行四级三审制。另增设与地方法院平级的家庭法院,负责审理家庭案件和少年犯罪案件。其后的几次修改,继续完善了法院组织体系。

从检察组织看,1948年颁布的《检察厅法》规定,检察厅独立设置,不再附属于法院,分为最高检察厅、高等检察厅、地方检察厅、区检察厅四级;检察官也不再被视为司法官,而是国家行政官吏,检察机关作为统一行使国家检察职能的机关而出现。

1949年颁布的《律师法》确立了日本的律师自治原则,强调律师的主要使命是"保护人权,实现社会正义",确立律师与法官、检察官平等及统一的原则。日本律师同法官、检察官一起被称为"法曹三者",社会地位甚高,对其任职资格的要求也很严,有严格的考试、录用、培训制度,因其对日本法学和法律制度的发展有很大贡献,被誉为"法制建设上的三根支柱"。[①]

二、诉讼制度

(一) 刑事诉讼

1. 近代刑事诉讼法典的制定

日本最早的刑事诉讼法是1882年的《治罪法》。它以法国治罪法为蓝本制定,采取国家追诉原则和不告不理原则,因其包含法院组织法的内容,显得有些杂乱,1890年日本政府将其废止,并参照德国相关法律正式颁布了《刑事诉讼法典》。

《刑事诉讼法典》的基本特点是:(1) 将诉讼分为公诉与私诉两种,公诉以证明犯罪、适用刑罚为目的,由检察官提起,确定了检察官代表国家进行追诉原则;私诉以赔偿犯罪造成的损害及返还赃物为目的,由被害人提起。(2) 规定了法院的管辖权及回避制度。(3) 程序方面,将预审作为公判审理前必需的诉讼程序,规定了控诉、上告、非常上告、抗告等四种上诉形式。

2. 战后刑事诉讼制度的变化

根据新宪法确立的原则,1948年日本重新制定了《刑事诉讼法》,共7编,506条。对法院的刑事管辖、审级、公诉、审理、判决等程序,都作了比较详细的规定。其主要特点是:强调"保障人权";明确刑事案件的追诉权专属于检察官,检察官根据罪犯的情况享有起诉或不起诉的裁量权;废止预审,限制被告人自供

---

① 日本律师制度的状况,详见龚刃韧:《现代日本司法透视》,世界知识出版社1993年版,第224—249页。

的证据能力;庭审中引入对抗制,贯彻了以庭审为中心的辩论原则,以职权主义作为补充;在证据制度上采取"证据裁判主义"和"自由心证主义"。这个法典体现了大陆法系和英美法系诉讼制度相融合的特点。1950 年还施行了《刑事补充法》,规定在一定条件下被宣告无罪者可就其所受到的错捕、错押和错判一事,请求国家给予补偿。这个法令对完善日本刑事诉讼法制具有一定的意义。

(二) 民事诉讼

1. 近代民事诉讼法典的制定

日本《民事诉讼法典》公布于 1890 年。此前,民事案件的审理程序按单行法进行,并广泛适用传统的和解方法。1880 年仿照法国民事诉讼法编纂的法典草案,未交付审议,后改请德国专家以德国民诉法典为蓝本制定,同时也参考吸收了法国法典的某些原则和制度,草案于 1885 年完成,1890 年公布,次年 1 月开始施行。日本民事诉讼法的主要特点是它贯彻了"当事人主义",即民事诉讼由当事人自主进行,法院不加干涉,具体表现是:诉讼由当事人提起,在诉讼过程中双方当事人可以达成协议停止进行;一方当事人对他方主张的事实不作明确争辩时,视为其已经承认;法院只就当事人申请的事项进行调查,作出判决;上诉审也只在原审提出的请求和上诉申请的范围内进行,变更原判决不能超出不服申请的限度。法典的另一特点是肯定了固有的以和解处理民事纠纷的传统,规定在诉讼程序的任何阶段,法院对整个诉讼或某个争执点都有权试作和解,和解不成再行判决。由于和解是在法官主持下进行的,故称和解裁判。

2. 战后民事诉讼制度的变化

第二次世界大战后,伴随宪法的修改,日本对一直沿用的近代民事诉讼法典通过颁布单行法的方式进行了多次修改。如 1951 年颁布的《民事调停法》,进一步发展了日本的调解传统,并将其扩大适用于所有民事案件。1979 年的修改也较大,将法典的第 6 编"强制执行"独立出来,另行制定了《民事执行法》。

日本民事诉讼制度的最大变革体现在 1998 年 1 月 1 日开始实施的新民事诉讼法中,与前法相比,该法主要的创新之处有:完善争讼点和证据整理程序;扩充和完善搜集证据的手段;改革交叉询问制度;创设小额诉讼制度;改革最高法院的上诉制度等。该法是一百多年来日本引进西方诉讼制度之经验与教训的总结,也是其长期民事诉讼审判方式改革的结果。

第八节 日本法的历史地位

一、大陆法系中的日本法

(一) 以大陆法系为模式创建自己的法律体系

明治维新以后,在列强的压力下日本决定"脱亚入欧",选定以大陆法系的法国为模式创建本国的法律体系。究其原因有二:一是日本的封建法律属于中华法系,制定过许多法典式的法律文件,具有制定法的传统和基础;二是法国资产阶级大革命及启蒙思想家的理论对世界影响很大,也较早波及日本,与此相连较现实的原因是当时法国是大陆法系的主要代表国家,尚无其他国家的法律能与法国已形成的较完整的法律体系相提并论,因而效仿大陆法系的法国法制定日本的法律,成为明治政府早期法制建设的中心。日本聘请法国专家,组织翻译法国的法律著作和法典,并在很短的时间内以法国法典为蓝本起草并制定颁布了民法、刑法、刑事诉讼法等法典。但日本与法国在社会经济等方面存在着太多的不同,所制定的法典有的在实际上根本没有生效,且招致反对声一片,明治政府转而在大陆法系内寻求新的法律借鉴对象。近代初期的立法实践为日本建立属于大陆法系的近代法律体系奠定了基础。

德国法继法国之后成为日本法的仿效对象其主要原因为:(1)日本与德国都是资产阶级革命后保留大量封建残余的国家;(2)德国近代历史上的《普鲁士宪法》和《德意志帝国宪法》都确立了国王绝对主权原则和政府的优越地位,这正好符合通过明治维新重掌国家大权的天皇确立相似专制体制的心愿;(3)1870年"普法战争"普鲁士的胜利,给明治政府带来很大的震动,并对日本近代立法方向产生了特殊影响;(4)至19世纪末期德国已形成了完整的六法体系,所反映的主要是垄断时期资本主义法律的特征,这也符合日本后起的资本主义社会的特点。

(二)具有大陆法系法律的典型特征

明治维新后至1907年,日本以德国法典为蓝本制定了宪法典、民法典、刑法典、商法典、刑事诉讼法典、民事诉讼法典等,确立了完整的"六法体系"。日本近代资产阶级法律制度除具备六法体系这一特征外,还具有下列特点:(1)不承认判例的效力,法官只能严格执行法律;(2)坚持公法与私法的划分界线;(3)审理行政案件的行政法院独立于普通法院,法院内部建制整齐,检察官设在法院内部;(4)法院审理案件以纠问式诉讼为主,程序法中强调职权中心主义;(5)法律条文逻辑性强,所运用的法律术语、概念等也具有大陆法系的法律特征。

现代以来日本的法律制度已发生较大的变化,但其法律风格仍属于大陆法系国家,主要表现在:(1)传统的"六法"仍然存在,并依然对各种社会关系起着调整作用。(2)制定法的主导地位并没有改变。虽然判例的作用和地位不断提高,且特定情况下判例在个别的法律领域具有一定的约束力,但法典的地位不可撼动;大量单行法规的不断出现,使得日本的法律制度不断得到补充而逐渐完善;在日本,法官仍不具有英美法系法官那样的正式造法的功能。(3)诉讼制度中职权中心主义并没有完全被抛弃。(4)制作判决时仍采用演绎推理形式,传统的概念、术语仍被使用,严谨的法学研究工作得到重视,法律教育中仍以抽象的法律原则和理论为主。

二、日本法对英美法的吸收

20世纪以来,随着世界格局的变化及日本与国际社会交往的增加,原属大陆法系的日本法表现出加大吸收英美法内容的特点。日本对英美法内容的吸收主要体现为两个阶段。

(一) 零星地吸收英美法(20世纪20年代)

第一次世界大战后为适应垄断经济发展的需要,提高日本在国际交往中的政治形象,更主要的是为适应资本主义世界发展的潮流,日本零星地吸收了一些英美法系法律制度的内容。如1922年制定了《信托法》和《少年法》、1923制定了《陪审法》等单行法规,引进了英美国家的信托制度、陪审制度和对少年罪犯的特殊保护原则等。尽管这些法规在实施中并没有产生很好的效果,但它是日本法律又一次走向西方的开端,具有一定的积极意义。

(二) 大范围地吸收美国法(第二次世界大战结束以后)

第二次世界大战结束后被美军占领之下的日本,开始了对英美法尤其是美国法的范围广泛的吸收。主要表现为:(1)《日本国宪法》基本上采取了英国的君主立宪制和议会内阁制;废止了行政法院制度,把日本的司法制度由原来的大陆型转为英美型,司法权包含了对行政案件的审判。(2)行政法方面仿照美国的独立规制委员会,设立行政委员会,如国家安全委员会、公正贸易委员会等。(3)刑法方面在修改刑法典的同时,仿照美国刑法制度制定了《缓刑者保护观察法》(1950年)和《预防犯罪更生法》(1950年),并且重新制定颁布了《少年法》和《少年审判规则》。(4)公司法部分,主要吸收了美国公司法中的授权资本制度、董事选任的"适任原则",加强了股份公司经理及董事会的作用,提高了股票持有者的地位等。(5)刑事诉讼法方面较多地吸收了英美法律内容,传统的以职权主义为中心的诉讼程序中融合了较浓的当事人主义的色彩。

应当指出,在第二次世界大战结束之初的特定情况下,几乎日本的各个法律部门都受到英美法尤其是美国法律的影响。但这一时期对英美法的吸收深度,是无法与创建近代法律制度时对大陆法系的整体性、全局性的效仿和继受相比拟的。这种吸收只能是在日本法继续保持原来具有的大陆法系基本特征的基础上掺入英美法系的部分内容,而改变不了日本法的法系属性。

三、日本法的历史地位

近现代日本法的发展师从两大法系,从简单、粗陋到不断完善发达,现在其法律制度在资本主义国家的法律体系中已占据一席之地,颇具特色,对世界法制提供了诸多发展经验。

其一，借鉴吸收外来发达法律，体现不同法律文化的融合。在日本法律形成、发展的几个重要阶段，如在封建法律制度建立的过程中、在明治维新后创建近代资产阶级法律制度之时，在第二次世界大战后重建现代法制之时，日本都非常重视对外来发达法律制度的借鉴和吸收。尽管中间走过不少弯路，但应该肯定的是，现代的日本法之所以能成为资本主义法律体系中的后起之秀，与其重视对外国发达法律的吸收和消化是分不开的。现在日本一直没有停止在保持大陆法系特点的基础上，对英美法内容的吸收和借鉴，这就使得日本法具有大陆法系与英美法系的混合色彩，为当代两大主要法系的逐渐融合架起了桥梁。应指出的是，日本在吸收外国发达法律时，任何阶段都没有放弃其法律制度的固有传统，从而使现代的日本法律体现了东西方法律文化的有机结合。

其二，法律在日本经济发展中的作用突出。明治维新以来，在日本经济发展的各个阶段，法律始终与之相适应并不断发展完善。尤其是第二次世界大战以后，日本法的发展更是如此，其发达的经济法反映了战后各个时期经济发展的主要特点。如果说日本经济的飞速发展带来了日本法律的不断完善，那么不同时期法律的制定和生效又反过来促进了日本经济的稳定和发展。

其三，较为发达、严整的法学理论促进了日本法的进一步发展完善。明治维新后，日本在创建资产阶级法制的过程中，形成了不同派别的法学理论。第二次世界大战后法律制度的发展促进了法学的繁荣，现代日本法学研究领域涌现出了一大批法学专家，他们有的受大陆法理论的影响，有的受英美法理论的影响，在几乎所有的法律领域都存在几派颇具代表性的学说，使得日本的法学理论在世界上独树一帜。各派学说在立法与执法中产生的问题、判例的解释及立法的发展趋势等方面形成各自的观点，在相互争鸣的同时进一步促进了法律的完善和发展。

思考题

1. 如何认识日本近现代法制的发展道路？
2. 举例分析日本法的历史地位。

第十五章 俄罗斯法

内容提要

俄罗斯法历史悠久,11世纪制定的《罗斯法典》是古代俄罗斯最重要的法律。近代时期的俄罗斯就已经形成了较为成熟的资本主义法律体系。十月革命胜利之后,以1918年苏俄宪法为统帅的社会主义法律体系迅速建立起来,苏联成立后颁布的15个立法纲要促使苏俄社会主义法律体系不断完善和发展。随着苏联的解体和俄罗斯联邦的建立,俄罗斯法制发生了重大的变化,鲜明的反映了俄罗斯在社会转型期的时代特征。

关键词

《罗斯法典》 俄罗斯帝国法律全书 1918年苏俄宪法 1924年苏联宪法 1936年苏联宪法

第一节 十月革命前俄罗斯的法律

俄罗斯人属于东斯拉夫人一支,主要分布在第涅伯流域至里海沿岸地区。8世纪以前处于原始社会阶段,8—9世纪时,氏族社会开始瓦解,直接进入了封建社会。公元882年,诺夫哥罗德王公奥列格建立起以基辅为中心的统治,史称基辅罗斯。13—15世纪被蒙古人征服并统治,16世纪莫斯科公国逐渐强大起来,并建立了中央集权制度,1574年,莫斯科和全俄罗斯大公伊凡四世称"沙皇"。1682年,彼得一世建立了君主专制制度的俄罗斯帝国,开始了俄国近代化的历史进程,1861年,沙皇政府进行废除农奴制的改革,建立资本主义制度,形成了一个具有封建色彩的资产阶级君主制国家,直到1917年被资产阶级革命推翻。

一、古罗斯时期

9世纪到14世纪末为古罗斯,是俄罗斯法的形成时期。前期主要以氏族习惯为主,基辅罗斯建立后,习惯开始法律化。公元10世纪开始,立法活动逐渐增多,据记载最早的应为《罗斯法律》,但这只在罗斯与拜占庭之间签署的条约中有所提及,并未有文本流传下来,在弗拉基米尔在位期间还颁布了通行全国的《国家条例》。公元11世纪,古罗斯最重要的法律文件——《罗斯法典》编纂完成,该法典是集习惯法、王公立法和法院判例的法律汇编,是古罗斯时期司法实践的总结。最初的法典形式是简编本,包括《雅罗斯拉夫法典》和《雅罗斯拉维奇法典》,之后出现了文本较长的详编本,包括《详编本第一部分》和《莫诺马赫法规》,吸收了简编本的绝大多数条文,并作出了一系列增补和修改。此外还有一种对详编本进行删改后的缩编本。《罗斯法典》中包括大量刑事、民事规则,以及涉及社会阶层、司法诉讼等方面的规则,体现出了当时的封建等级制度与特权思维,是古罗斯国家社会、经济、政治发展的切实记录,也是俄国历代制定法律的依据和蓝本,对俄罗斯法的发展具有重要意义。

古罗斯时期另一个相当重要的立法活动是制定和颁布教会条例。988年,"罗斯受洗"将拜占庭的东正教引入罗斯,拜占庭《教会法汇编》的译本也原封不动地搬来,作为教会法庭审判的依据,并成为《罗斯法典》的重要补充。东正教在罗斯国教地位的确立,使教会法开始渗透到罗斯的法律之中,并一度与世俗政权分享国家的立法权和司法权。

苏俄宪法的通过

二、俄罗斯封建中央集权制时期

14世纪,以莫斯科为中心的中央集权国家初步形成和发展起来。伊凡四世统治时期极力对外扩张,并自称为"沙皇",莫斯科公国又称沙皇俄国。在这一时期内,俄罗斯国家的立法活动有显著发展,在《罗斯法典》继续有效的同时,还陆续颁布了许多新的法令和法规,其中最重要的立法文件有《1497年律书》《1550年律书》和《1649年会典》,宗教立法也在发展。

《1497年律书》又称《伊凡三世律书》或《大公律书》,是莫斯科王公伊凡三世(1462—1505)在位时期制定的,它是俄罗斯中央集权制国家的第一部法典,其基本渊源包括总督的行政和司法条令、《罗斯法典》《普斯可夫审判法规》以及习惯法,不过多数条文为新的法律规范,将当时分散凌乱的法律系统化。《1497年律书》对各种法院的权限作出了规定,统一了司法收费和诉讼程序,规定了一些新的犯罪并加强了刑罚。对俄罗斯社会影响最大的是限制地役权,不允许农民从一个地主名下随意转到另一个地主名下,这样通过法律将农民束缚在封建主的土地上,致使封建农奴制开始在全国形成。此外在促进和巩固中央集权制度方面侧重保护军功贵族和商人的利益。

《1550年律书》是伊凡四世(1533—1584)为巩固俄罗斯中央集权国家所做的努力。《律书》共12编100条,又称"百条律书""沙皇律书",相对《1497年律书》又称"第二律书"。它以整顿法院体系、司法权及诉讼程序为重点,大大地削弱了波雅尔在司法系统中的特权地位,同时对侵犯波雅尔和普通贵族的财产、生命和名誉的行为规定了严厉的处罚,较《1497年律书》更充分地反映了军功贵族和商人的利益。伊凡四世还非常重视宗教立法,以作为国家法律的补充。1551年莫斯科召开宗教大会,制定了《宗教法一百条》,包括一系列涉及宗教的民刑事规范。这部宗教法可以说是拜占庭《教会法汇编》的摘要,补充了俄罗斯教会法规的条款。

《1649年会典》是沙皇阿列克谢·米哈伊洛维奇(1645—1676年)在平息人民起义后制定的,是俄罗斯君主专制制度萌芽时期的封建法典,共25章976条,内容涉及国家管理、诉讼、物权和刑法方面的内容,但并未对法律部门进行精确划分。《1649年会典》的法律渊源包括:《1497律书》、法令和沙皇令、波雅尔法院判例、拜占庭法、《立陶宛条例》,是17世纪一部重要的法律汇编。此外,会典还包括国民会议议员要求增加的新条文,其中以拜占庭法和立陶宛法的影响最为显著。会典为维护封建国家的政治制度,加重了刑罚,并广泛适用死刑;对物权规范有许多变化,肯定了封建土地所有制的形成;书面契约形式有所发展;诉讼程序向纠问主义转变,并在其中适用刑讯。总的来看,会典加强了农奴制度,确立了军功分地制度,强化了对沙皇、教会、贵族的保护,立法技术较以往法律具有很大进步,对巩固封建农奴制国家的经济基础和政治基础起了重要作用,其法律效力一直持续到1835年《俄罗斯帝国法律全书》生效之前。

上述这些法典的颁布与施行,标志着俄罗斯封建法典的完全确立。此外,这一时期还颁布了许多法令,在1649年至1696年之间对会典进行修改、补充和废除的法令就有1500项之多,被称为"新法令条款",在俄罗斯法发展过程中也具有重要意义。

三、俄罗斯帝国时期

18世纪初,彼得一世开始执政,俄罗斯历史也正式进入到帝国时期。这个时期的法律主要包括《军事条例》《海上条例》《票据条例》和《整饬条例》。值得注意的是,1716年《军事条例》是彼得一世在推行军事改革背景下颁布的俄罗斯历史上第一部系统、完整的军事法大全,有些内容还适用于一般居民,具有很特殊的意义。1719 年改革使得俄罗斯第一次将行政权和司法权分离,明确法律是由元老院、宗务院、沙皇以下的各种会议和各署颁布的文件,法律的批准权属于沙皇,沙皇不在时由元老院颁布法律,但改革以失败告终。此外,彼得一世还进行了政治改革,如调整中央政权机关、废除了经常干预沙皇权力的大贵族杜马、整顿税务机关、设立参政院、划州为省等。彼得一世的改革中孕育了俄国资本主义的萌芽。

18 世纪末 19 世纪初,俄罗斯农奴制逐步解体,而资本主义关系开始形成,沙俄政府则出于限制资本主义发展以巩固封建农奴制的目的进行立法。1804 年,沙皇亚历山大一世组建了法典编纂委员会,学习法国制定法典,但以失败告终。1826 年,沙皇尼古拉一世改组法典编纂委员会为自己的私人官署——"法典编纂处",由著名法学家斯佩兰斯基实际主持,1830 年编纂完成了《俄罗斯帝国法令全集》,包括法律文件 40 卷、法律索引 2 卷、人事编制和税率沿革 3 卷、图谱 1 卷四大部分。之后又在《法令全集》的基础上,在保全原法律体系的前提下,删除了过时、陈旧、相互抵触的条款,并补充新法令,于 1833 年完成了《俄罗斯帝国法律全书》,共 15 卷 42000 余条,其体系按部门法编排为:根本法(1 至 3 卷)、国家制度(4 至 8 卷)、身份法(9 卷)、民法(10 卷)、国家治安法(11 至 14 卷)、刑法(15 卷)。《全书》的效力直至十月革命前的 1917 年,已经达到 10 万余条。为了使法律尽可能适应发展中的资本主义经济的需要,《法律全书》在私法领域中吸纳了一些资产阶级法律原则,但整体仍为封建农奴制的法典,尤其是刑法、法院组织和民法规范明显不适应俄罗斯社会发展的需要,因此 1836 年对《法律全书》第 15 卷中刑事法律进行修改,1844 年编纂了第一部《刑罚和感化法典》,规定对犯罪者处刑以其社会地位而定,刑罚分刑事惩罚和感化惩罚,将惩罚分为 11 种 35 个等级。此外,在《法律全书》颁布之后还将《1864 年审判条例》增补为第 16 卷。

19 世纪后半叶,俄国的社会矛盾加剧,亚历山大二世于 1861 年发布了改革法令和废除农奴制度的特别宣言,并进行了一系列资产阶级性质的改革,其中以司法改革最为突出。1864 年颁布了《司法条例》,建立了陪审团制,规定了司法机关制度、刑事和民事诉讼法、公证制度、治安法官适用的惩罚条例,以及法庭审讯公开制度,建立独立的由训练有素的法官操作的司法制度。1864 年司法改革是俄罗斯摆脱传统司法制度、学习西欧司法理论和实践的结果,也是俄罗斯近代司法传统形成的基础。在立法方面,1885 年颁布了《刑罚与感化法典》,1903 年批准了《新刑法典》,总体看来这一时期的立法并无重大发展。

第二节 苏联时期的法律

一、苏联社会主义法制的创立与发展

1917年11月7日,以列宁为首的布尔什维克以武装起义形式从临时政府手中夺取政权,建立了世界上第一个无产阶级专政的社会主义国家——俄罗斯社会主义苏维埃共和国,俄罗斯自此进入了一个新的历史时期,而随之诞生的苏维埃社会主义法制也使得俄罗斯法发生了根本性变化。

(一)社会主义法制的初建

十月革命胜利后,苏维埃政权在列宁的领导下开始创建社会主义法律制度。1917年11月8日通过了《告工人、士兵与农民书》,宣告一切权力归工农代表苏维埃所有,从立法上肯定了十月革命的胜利,同时通过了《和平法令》和《土地法令》两项重要法律,宣告建立新型的社会制度和土地国有制度。1918年1月28日全俄人民委员会和第三次全俄苏维埃代表大会通过了《工农红军法令》,组建了革命军队,1917年12月至1918年7月,全俄人民委员会先后颁布了关于法院的三个法令以及《苏俄人民法院条例》,在废除旧俄时期的司法制度的同时,创建了新的审判机关体系,并确立了人民陪审员制、公开辩论制等诉讼制度和原则。1918年7月10日第五次全俄苏维埃代表大会通过了《俄罗斯苏维埃联邦社会主义共和国宪法》,这是世界上第一部社会主义宪法,它对苏维埃法的一些基本问题作了原则性规定,为社会主义法制的建立奠定了基础。

(二)苏联法制的确立

1920年底国内战争结束,苏维埃国家的关注重心转向国民经济建设,开始实行新经济政策,这些背景也推动了苏联法律制度的发展。1922年底苏联宣告成立,1924年1月31日诞生了第一部全苏性宪法,同年颁布了《苏联和各加盟共和国刑事立法基本原则》和《苏联和各加盟共和国刑事诉讼基本原则》等全苏性立法文件。1922年先后制定了《苏俄民法典》《苏俄刑法典》《苏俄土地法典》《苏俄劳动法典》《苏俄法院组织条例》《苏俄检察机关条例》和《律师条例》,1923年制定了《苏俄森林法典》《苏俄刑事诉讼法典》和《苏俄民事诉讼法典》,1926年制定了《苏俄婚姻、家庭和监护法典》,此后又颁布了《苏俄劳动改造法》《苏联海商法典》《海关法典》和《内河航行章程》等。这一时期被称为"法典化"时代,也是苏联法律制度确立的时期。如此大规模的立法活动为当时推行的新经济政策提供了法律保障,也为之后的苏联法的发展奠定了基础。1936年新宪法颁布,随之确立了一系列新的法律法规。总的来说,苏联20世纪20、30年代的法制建设成效卓著,标志着苏联社会主义法律体系的确立。

(三) 二战后苏联法的发展

二战后,经过短暂的经济恢复,苏联又掀起了第二次社会主义法制建设的高潮。从 20 世纪 50 年代末开始,共公布 15 部全苏性的立法纲要,即《法院组织立法纲要》《刑事立法纲要》《刑事诉讼纲要》《民事立法纲要》《民事诉讼纲要》《婚姻和家庭立法纲要》《土地立法纲要》《劳动改造立法纲要》《卫生保健立法纲要》《劳动立法纲要》《水立法纲要》《国民教育立法纲要》《地下资源立法纲要》《森林立法纲要》和《行政违法行为立法纲要》,各加盟共和国根据纲要制定了相应的法典,这些立法纲要保证了苏联全境立法调整活动的统一。期间还颁布了《苏联航空法典》《苏联海关法典》和《苏联海商法典》三部全苏性的法典。此外,还制定了大量单行法律,如《普遍义务兵役法》《苏联国籍法》《苏联最高法院法》《苏联检察院法》《国家公证法》《国家仲裁法》《律师法》《人民监督法》等。苏俄主要的法典包括《刑法典》《刑诉法典》和《民法典》。1977 年颁布了苏联第三部宪法,1978 年又开始系统的法律编纂工作,出版了《苏联法律汇编》和《各加盟共和国法律全书》。通过各项立法措施,苏联法律体系走向完善和健全,成为社会主义法律制度的代表。20 世纪 80 年代末,因国内外政治形势的急剧变化,苏联法律制度的发展深受影响,随着苏联的解体,完整意义上苏联社会主义法制也宣告终结。

二、宪法

在苏维埃政权存续期间,共颁布四部宪法,即 1918 年苏俄宪法、1924 年苏联宪法、1936 年苏联宪法和 1977 年苏联宪法,这几部宪法的前后变化也呈现出了苏联宪法的发展轨迹。

(一) 1918 年苏俄宪法

1918 年苏俄宪法全称为《俄罗斯苏维埃联邦社会主义共和国宪法》,它是为巩固十月社会主义革命成果和苏维埃政权而制定的。此部宪法除序言外,共 6 篇 17 章 90 条。列宁亲自起草的《被剥削劳动人民权利宣言》作为第一篇,宣布俄国为工农兵代表苏维埃共和国,中央和地方全部政权均归苏维埃,实行无产阶级专政,国家结构形式为各民族苏维埃共和国联邦。第二篇总纲,规定了苏维埃国家的基本制度和基本政策,劳动者的基本权利和义务。第三篇为政权结构,规定最高国家权力机关为全俄苏维埃代表大会,闭会期间为全俄中央执行委员会,最高国家管理机关为人民委员会,地方各级苏维埃代表大会、中央执行委员会和人民委员会为相应行政辖区的权力机关和管理机关。第四篇为选举权和被选举权,规定凡年满 18 周岁的劳动者均有选举权和被选举权,剥夺剥削阶级的选举权和被选举权。第五篇为预算法。第六篇规定国徽和国旗。整部宪法贯彻了社会主义制度的精神和原则。

1918 年苏俄宪法是第一个宣布国家政权属于劳动人民的宪法,是世界宪法史上的一个新的里程碑,对苏维埃政权的巩固和发展起了重要作用,也为之后苏联宪法的发展奠定了基础。同时,由于苏维埃政权的初创,且战争状态仍在持续,所以此部宪法的内容并不十分完备。

(二) 1924 年苏联宪法

1922 年年底苏联成立,1924 年 1 月 31 日通过了《苏维埃社会主义共和国联盟宪法》。该宪法结构较为简单,由《苏联成立宣言》和《苏联成立条约》两大部分组成。《苏联成立宣言》类似宪法序言或总纲,阐述了苏联成立的历史背景、国际形势和新型联盟国家的阶级性质,总结了苏维埃共产党和苏维埃政权的民族政策,以及联盟国家成立的基本原则及意义。《苏联成立条约》包括 11 章 72 条,规定了苏联的构成与苏联的国籍、苏联最高权力机关的结构及其职权划分、各加盟共和国的主权、最高权力机关的基本结构及其职权范围,以及联盟的国徽、国旗与首都。

与 1918 年苏俄宪法相比,1924 年苏联宪法既有一定的继承性,同时又有新发展:第一,规定了苏维埃社会主义共和国联盟的基本原则、苏联和各加盟共和国的管辖权限;苏联最高国家权力机关有权废除与本宪法相抵触的加盟共和国苏维埃代表大会和中央执行委员会的决议;加盟共和国均独立行使其主权,并受到苏联的保护;各加盟共和国自由退出苏联的权利;未经加盟共和国的同意,不得变更其疆界;每一加盟共和国的公民都是苏联公民。第二,苏联最高权力机关为苏维埃代表大会,大会闭会期间,苏联最高权力机关为苏联中央执行委员会,中央执行委员会闭会期间,由联盟院和民族院两院联席会议选出主席团作为苏联最高立法、执行和权力机关。第三,在苏联中央执行委员会之下设立苏联最高法院,除享有审判权之外,还有权解释法律并对加盟共和国的决定是否符合宪法提出意见。苏联检察长如不同意最高法院的判决,可以向中央执行委员会主席团提出抗议。第四,宪法规定苏联设有联合国家政治管理局,隶属于人民委员会,其职能在于统一各加盟共和国所进行的打击政治上及经济上的反革命活动、间谍及土匪行为的斗争,对该局是否具有合法性进行检察的职权,仅属最高法院检察长所有。

1924 年苏联宪法是联盟的第一部宪法,它的诞生不仅标志着联盟国家在法律意义上被确认,也有效贯彻了列宁有关民族自决和民族平等问题的理论,促进了各加盟共和国之间的团结合作,也为各民族后来在经济、文化、社会等领域共同发展创造了前提条件。

(三) 1936 年苏联宪法

1924 年至 1936 年间苏联的经济建设和社会生活均取得了重大进步,社会主义社会在苏联已经基本建成。在斯大林的主持和指导下,1936 年 12 月 25 日《苏联社会主义共和国联盟宪法》通过,也称"斯大林宪法"。此部宪法共 13 章

146条,分别阐述了苏联的社会结构、国家机构、联盟和各加盟共和国最高权力机关、联盟和加盟共和国的国家管理机关、自治共和国最高国家权力机关、地方国家权力机关、法院及检察机关、公民的基本权利和义务、选举制度、国旗、国徽和首都,以及宪法的修改程序问题。

1936年苏联宪法是在1924年苏联宪法的基础上修改而成的,但其内容也表现出了新的特征:第一,宣布苏联已基本实现了社会主义,剥削已经被消灭。明确宣告苏联为工农社会主义国家,国家领导权属于工人阶级,并规定共产党为苏维埃国家中一切组织的领导核心。第二,苏维埃权力属于全体劳动者,由各级劳动者代表苏维埃行使,较过去工农兵的政治基础扩大了。规定苏联最高国家权力机关是苏联最高苏维埃,由全体人民以普遍、平等、直接和无记名投票的选举方式产生,最高执行机关是人民委员会,最高审判机关为苏联最高法院。第三,明确宣布苏联的经济基础为社会主义所有制,具体表现为国家所有制和集体所有制,公有制财产神圣不可侵犯。经济生活由国家制定的国民经济计划予以确定和指导,同时确定了苏联社会的"按劳分配"的原则。第四,宪法规定公民享有言论、出版、集会、游行等广泛的民主自由权利,并由国家提供物质保证,全体苏联公民不分民族、种族和性别,在经济生活、国家生活、文化生活、社会和政治生活各个方面一律平等;公民享有劳动权、休息权、物质保障权和受教育权,苏联妇女享有与男子平等的权利。这部宪法的内容特征体现了苏联共产党,特别是斯大林本人对苏联社会发展阶段、对社会主义民主与法制、对国家结构和政权建设等一系列重大问题的思想认识水平,具有鲜明的时代特色。

1936年苏联宪法是苏联历史上最重要的一部宪法,实施长达41年之久,极大地推动和保障了苏联国家制度、经济制度和社会制度的建设和发展,同时深刻影响了第二次世界大战后兴起的各社会主义国家的立宪活动,在社会主义宪法史上具有划时代的意义。

(四) 1977年苏联宪法

二战后,苏联的社会状况发生了很大变化,民主和法制建设也有了新的发展。1977年10月7日,苏联第三部宪法——《苏维埃社会主义共和国联盟宪法》通过,由于它全面地体现了勃列日涅夫所谓的"发达社会主义"理论,所以也被称为"勃列日涅夫宪法"或"发达社会主义宪法"。宪法除序言外,共9篇21章174条。这部宪法在保留和继承以往几部宪法的基础上,也产生了一些变化和发展:(1)宪法宣布苏联已经完成无产阶级专政的任务,成为了全民的国家,发达社会主义社会已经建成,当下任务为实现共产主义社会;(2)以"人民"的概念代替"劳动者",用"人民代表苏维埃"代替"劳动者代表苏维埃",增加了人民代表苏维埃监督其他国家机关的权力,扩大苏联政治基础的范围,公民的权利范围也有所扩大;(3)加强了对公民人身、住宅、生活秘密权的法律保护,增加了获得保健、获得住房、享受文化成果和技术改造以及艺术创作的自由;(4)该宪法同时还前所未有地作出特别规定,即苏联共产党的各级党组织都在苏联宪法范围内进行活动,反映了苏联共产党在发展和完善苏联政治体制过程中关于自身执政作用形式问题的最新观念。

此后,1977年苏联宪法经历过两次修改。1988年12月1日,最高苏维埃通过了《苏维埃社会主义共和国联盟关于修改和补充苏联宪法(根本法)的法律》,修改内容集中在改革和完善人民代表苏维埃体制方面:(1)建立人民大会制度,规定苏维埃人民代表大会为苏联最高权力机关;(2)将苏联最高苏维埃作为国家最高机关的常设机构,由苏联人民代表大会直接选举产生,其中设主席一名,对国家实施总领导;(3)为保障宪法的实施,维护宪法权威,设立苏联宪法监督委员会。1990年3月又进行了第二次修改,这次修改的意义更为重大。1990年3月14日通过了《设立苏联总统职位和修改宪法》的法律,规定总统由全国公民直接选举,但鉴于苏联当时的特殊情况,决定首届总统由苏联人民代表大会选举产生,戈尔巴乔夫为第一任苏联总统。同时规定取消关于苏联共产党领导地位,宣布给予一切政党积极参与制定国家政策和管理国家事务及社会事务的平等机会,也即确认了多党制。同年苏联人民代表大会再次修改宪法,扩大了苏联总统的权限,成立由总统直接领导的苏联内阁取代苏联部长会议,设立副总统以履行总统的部分职能,等等。这些修改在很大程度上加速了苏联国内矛盾的激化,最后以各加盟共和国的独立和苏联解体而告终,苏联宪法也随之失效。

三、苏联民事立法

苏维埃政权在十月革命后就颁布了大量的民事法规,但直到1921年才开始进行系统的法典编纂工作,主要包括民法典、土地法典、劳动法典和婚姻家庭法典等。

(一)1922年苏俄民法典

1922年10月31日全俄中央执行委员会第九届第四次会议通过了《俄罗斯苏维埃联邦社会主义共和国民法典》,这是第一部社会主义类型的民法典。法典制定后,除适用于苏俄外,还广泛适用于土库曼、塔吉克、乌兹别克、吉尔吉斯、拉脱维亚、立陶宛和爱沙尼亚等加盟共和国,为社会主义各国民事立法提供了范例。

法典由总则、物权、债和继承共4编436条构成。总则规定,全体公民不问性别、种族、民族、信仰、社会出身,均赋予民事权利能力,非依法律不得剥夺或加以限制;一切民事权利在其与社会经济目的相一致而可实现的范围内,受法律保护;民事权利不得滥用,不得违反国家利益,凡违反法律目的或规避法律的行为一律无效。物权部分将所有权划分为国家、合作社和个人的三种,但在国家监督的限度内可以允许私人经济存在;法典特别强调保障土地、矿藏、森林、水流、公用铁路等的国家所有权地位;法典在维护社会主义公有制的同时,对私有财产的利用进行国家监督和法律限制,私营企业要在国家严格限定的范围内活动。债篇和继承篇规定得比较简单,契约和其他法律上规定的根据,特别是不当得利和侵权行为都可以产生债权;在继承方面,承认配偶或直系卑亲属对于价值在一万金卢布以内的遗产,享有遗嘱继承和法定继承的权利,如6个月起无人继承的遗产即归国家所有。

1922年苏俄民法典在法典体例上独具特色,即将有关婚姻家庭、土地制度和监护制度方面的内容排除在法典之外而另立法典,对传统大陆法系民法典的体例进行了再创新。在具体功能上,该法典对实现国家工业化、农业集体化、社会主义建设,以及加强和巩固所有制等方面起了重要作用。

(二) 1961年《苏联和各加盟共和国民事立法纲要》与1964年《苏俄民法典》

经历二战后的恢复,苏联进入和平建设时期,开始相继制定全苏和各加盟共和国的有关法律及立法纲要。1961年12月8日,苏联最高苏维埃通过了《苏联和各加盟共和国民事立法纲要》,除序言外,包括8章129条。各章分别对所有权、债权、著作权、发现权、发明权、继承权、外国人和无国籍人的权利、外国民事法律、国际条约和国际协议的适用等作了规定。纲要是有关民事立法的原则性规定,成为了各加盟共和国制定民法典的指导和基础。

根据1961年《苏联和各加盟共和国民事立法纲要》,1964年《苏俄民法典》出台,该法典在承袭1922年苏俄民法典原则的基础上,也产生了很大的变化和发展。在体例上,秉承1922年《苏俄民法典》的社会主义民法体例,民商合一,将家庭法、劳动法和土地法单独立法;在体系上,改变了过去的4编而按照纲要分为8编42章,共569条,内容的分布上与纲要大致相同;在调整范围上,较1922年苏俄民法典有所增加,如供应、基本建设承包、运送、结算和信贷关系、名誉和尊严的保护等,同时也取消了一些内容,如与实行新经济政策相关的公司、私人机构的活动等。该法典是当时高度计划经济体制的法律表现,将国家和集体的所有权地位置于一个特殊高度,相比之下,个人所有权及其客体和数量则受到严格限制。

(三) 婚姻家庭法

1917年12月,刚刚成立的苏维埃政府就颁布了《关于解除婚姻关系的法令》和《关于婚姻、子女和户籍登记的法令》,苏维埃婚姻家庭立法由此开始。1918年颁布了《俄罗斯联邦户籍登记、婚姻、家庭和监护法典》,人类历史上第一次将婚姻和家庭从民事立法中独立出来进行专门立法,而且打破宗教束缚只承认世俗婚姻。这部法典所确立的婚姻自由和夫妻权利义务平等一系列重要原则,对其他社会主义国家调整婚姻家庭关系产生了重大影响。在此之后,还颁布了1926年《苏俄婚姻、家庭和监护法典》,分4篇共143条。该法典在苏联早期的婚姻家庭立法中颇具代表性,法典内容确立了婚姻自主、男女平等、婚姻自由等原则,承认事实婚姻,特别注重对妻子权益的保护、限制亲权的滥用、婚生子女与非婚生子女平等、监护人的保障义务等。此外还包括一些法令,如1943年的《关于收养的法令》、1944年《关于加强国家对孕妇、多子女及单身母亲的保护,加强对母亲、子女的保护的法令》、1949年《关于增加国家对多子女的母亲和单身母亲的帮助和改善妇女的劳动和生活条件的法令》,等等。

二战后,苏联的婚姻家庭立法发生了很大变化。1968年6月通过了《苏联和各加盟共和国婚姻和家庭立法纲要》,据此全面修改了所有加盟共和国的家庭法典。依据该纲要,1969年《苏俄婚姻家庭法典》颁布,与1926年那部法典相比产生了诸多变化,如在体例上增加了总则和对外国人和无国籍人的法律适用,以及对外国婚姻和家庭法、国际条约和国家协定的适用问题。1979年10月通过了关于修改和补充《苏联和各加盟共和国婚姻和家庭立法纲要》的法令,并要求各加盟共和国据此修改本国相关立法。

四、苏联刑事立法

(一) 1922年苏俄刑法典

苏维埃政权建立后,1919年12月苏俄司法人民委员部颁布了《苏俄刑法指导原则》,初步总结了苏维埃国家成立两年来刑事立法和司法实践的经验,成为苏维埃刑法典总则的雏形。依据该指导原则,1922年5月24日颁布了《苏俄刑法典》,由总则与分则两部分构成,共227条,规定了刑罚典的目的,明确了犯罪的定义,规定了从驱逐出境到死刑的11种刑罚类别,以及类推原则,同时还规定了送往精神治疗处,强制治疗,禁止担任某种职务、从事某种活动或经营某种事业,放逐指定地区之外四种社会防卫措施。这部刑法典是人类历史上第一部社会主义类型的刑法典,也是苏维埃国家制定的最早和最有代表性的刑法典,第一次对犯罪作出阶级实质的界定,并提出了社会主义刑法原则,创立了新型的刑法模式,也成为苏联其他加盟共和国制定自己的刑法典的蓝本,以及后来苏联刑事立法的基础。

(二) 1924年《苏联和各加盟共和国刑事立法纲要》和1926年苏俄刑法典

苏联成立后为统一全苏的刑事立法,1924年10月颁布了《苏联和各加盟共和国刑事立法纲要》,规定了苏维埃刑法的原则和制度,成为全联盟和各加盟共和国刑事立法的基础。在此基础上,制定了1926年《苏俄刑法典》。法典基本上承袭了1922年《苏俄刑法典》的内容,但是也有一些变化:(1)首次规定了"附则",并在其中发展了犯罪的实质概念;(2)具体明确了对"未完成犯罪"的处罚;(3)对某些犯罪类型以不同章节的形式作出了区分。1926年《苏俄刑法典》共施行了 34 年,其间曾多次通过颁布全苏性的刑法单行条例进行修改和补充。

(三) 1958 年《苏联和各加盟共和刑事立法纲要》与 1960 年《苏俄刑法典》

1958 年 12 月 25 日,苏联最高苏维埃通过《苏联和各加盟共和国刑事立法纲要》,由总则、犯罪、刑罚、判刑和免刑四章组成,共 47 条,实质上相当于刑法典的总则,分则中的有关内容由各加盟共和国的刑法典规定。此纲要废除了实行多年的类推制度,改而实行罪刑法定主义原则,这也是苏联刑事立法的一大变化。纲要规定了主刑和附加刑两种刑罚方式,主刑包括剥夺自由、流放、放逐、不夺自由的劳动改造、剥夺担任某种职务或从事某种活动的权利、罚金、公开训诫,对现役军人还可适用送往军纪营的刑罚;附加刑包括没收财产、剥夺军衔或专门称号。流放、放逐、剥夺权利和罚金既可用作主刑,也可以用作附加刑。死刑作为非常的刑罚方法,可以适用国事罪、情节严重的故意杀人罪以及特别严重的犯罪。根据这一纲要的精神,苏俄于 1960 年 10 月 27 日通过了新的《苏俄刑法典》,取代了 1926 年《苏俄刑法典》。该法典包括总章和分则两部分共 12 章,其内容上发生了重大变化:(1) 遵循立法纲要,废除了类推而实行罪刑法定原则;(2) 对犯罪概念重新作出了定义;(3) 刑罚体系化;(4) 对各种犯罪规定得更为全面具体,准确地说明了犯罪构成。

这部法典对斯大林时期具有明显强制和镇压式的刑事立法加以了否定,但是依然是集权主义和行政命令的产物,烙有许多法律规范过分的意识形态化、宣言式的痕迹。随着苏联政治经济形势的变化,1960 年《苏俄刑法典》陆续作了许多适应性的修改和补充,共计 700 多条。

五、苏联司法制度

(一) 法院与检察院体制

苏维埃政权建立初期,根据全俄人民委员会关于法院第一、二、三号法令,在摧旧法院的基础上,建立了苏维埃法院。1922 年在司法改革的背景下通过了《法院组织条例》和《检察机关条例》两部法规,进一步完善了法院和检察院的组织体系。苏联成立后,根据 1924 年苏联宪法颁布了《苏联和各加盟共和国法院组织立法基本原则》,1938 年根据 1936 年苏联宪法又通过了《苏联和各加盟共和国和自治共和国法院组织法》与《苏联和各加盟共和国和自治共和国检察院组织法》,对法院与检察院的任务、组织、活动原则等作了更加明确的规定。具体包括:(1) 法院与检察院单独设置,采取审检分立制;(2) 法院实行双重领导,检察院实行垂直领导;(3) 各级法院审理案件,除法律有特别规定外,均实行陪审制、公开审理制和辩护制。

1930 年,苏维埃政权为加强依靠劳动群众的司法精神,建立了同志审判会,以感化手段来处理轻微的窃盗、流氓行为、违反劳动纪律等案件或纠纷,在当时发挥了很明显的作用,1961年7月3日还通过了《同志审判会条例》。1958年2月25日,苏联最高苏维埃颁布了《苏联和各加盟共和国法院组织立法纲要》。经过修改补充,在1980年6月25日又颁布了新的《法院组织立法纲要》,修改和补充的要点包括:进一步完善了法院系统;强调切实依据法律进行审判,保证被告享有辩护权;设立律师协会以提供法律援助;加强了检察长的监督权。根据纲要的精神,各加盟共和国先后修订或制定了自己的法院组织法。

（二）诉讼制度

在刑事诉讼立法方面。1922年6月,苏俄颁布了第一个《刑事诉讼法典》,共462条,包括刑事诉讼法的任务、原则、管辖、程序内容,以及公诉制、辩论制、辩护制和公开审理等制度。法典十分注重审判工作的诉讼保障及对公民权利和合法权益的保护。1924年10月通过了《苏联和各加盟共和国刑事诉讼基本原则》,吸收了刑事诉讼立法的实践成果,进一步完善了立法,奠定了统一的刑事诉讼基本原则的基础。1958年又颁布了《苏联和各加盟共和国刑事诉讼立法纲要》,共6章54条,内容包括总则、诉讼参与人及其权利义务、调查和侦查、一审、上诉审和监督审、刑事判决和执行。根据此纲要,1961年颁布了《苏俄刑事诉讼法典》,该法典吸收并发展了纲要的规则,明确规定了各个诉讼主体的法律地位、权利和义务以及保障,全面阐明了刑事诉讼的各阶段情况。在民事诉讼立法方面,1923年苏联为适应新经济政策制定了《苏俄民事诉讼法典》,共5篇39章473条,是最早的一部苏维埃民事诉讼立法。1961年,苏联最高苏维埃通过了《苏联和各加盟共和国民事诉讼纲要》,根据纲要1964年通过了新的《苏俄民事诉讼法典》,对1923年民事诉讼法典进行补充和修改。

苏联诉讼立法的主要原则包括:(1)社会主义法制原则;(2)法律面前一律平等原则;(3)审判和检察独立原则;(4)诉讼公开原则;(5)案件的审理实行合议和人民陪审原则;(6)保障刑事被告的辩护权原则;(7)诉讼职权主义原则。除以上原则之外,还包括一些主要制度,如预审制度、公诉制度、言辞审判制度、辩论制度、民主制度、上诉审制度、监督审制度、回避制、评议室秘密制。

第三节 俄罗斯联邦时期的法律

一、俄罗斯联邦法律制度概述

1991年12月21日俄罗斯等11个国家的首脑在阿拉木图签署了《建立独立国家联合体协议》并发表了《阿拉木图声明》,宣布建立独联体代替苏联,12月25日苏联总统辞职,俄罗斯联邦共和国独立,并以主权国家的姿态正式出现在苏联解体后的国土上,这一重大政治行动由1993年12月12日以全民投票决方式通过的《俄罗斯联邦共和国宪法》加以确认。独立后的俄罗斯进入了一个新的历史发展时期,在国家社会化、经济市场化、政治民主化及文化多元化的改革中,俄罗斯通过立法改革确认、保障、推进和实现其政治体制、经济体制、文化及社会的全面改革,以建设一个自由、民主和法制的国家,并且在社会转型过程中不断发展。

俄罗斯联邦时期颁布了多部法律,主要包括:1993年的《俄罗斯联邦共和国宪法》,1994年的《俄罗斯联邦民法典》,1995年的《俄罗斯联邦总统选举法》《俄罗斯联邦仲裁法院法》《法官以及护法机关和监督机关公职人员的国家保护法》《犯罪嫌疑人和被告人羁押法》《联邦安全局法》《侦查搜查活动法》,1996年的《俄罗斯联邦家庭法典》《俄罗斯联邦刑法典》《俄罗斯联邦司法体系法》《俄联邦人权问题全权代表法》,1997年的《俄罗斯联邦刑事执行法典》《司法警察法》,2001年的《俄罗斯联邦土地法典》《俄罗斯联邦行政违法法典》《俄罗斯邦刑事诉讼法典》,2002年的《俄罗斯联邦民事诉讼法典》《俄罗斯联邦环境保护法典》《俄罗斯联邦仲裁诉讼法典》,2006年《俄罗斯联邦公民诉愿审议程序法》等。此外,还制定和颁布了大量有关经济法、劳动法、环境法、科技法、行政法、司法法和社会立法,以及其他规范性法律文件。

这些法律文件的颁布,基本上构成了一个在根本上区别于苏联时期的非意识形态化、以实现人类群体价值优先于阶级价值理念的全新法律体系,这种具有规模性的法律体系是在继承、借鉴和移植国内外优秀法律文化和制度的基础上加以创新构筑的,并且随着俄罗斯的社会进步而不断发展。

二、1993年《俄罗斯联邦共和国宪法》

1992年4月,俄罗斯联邦第六次人民代表大会通过了《俄罗斯联邦共和国宪法》草案,经1993年12月12日全民公决通过生效,这部宪法是对俄罗斯社会、经济、政治变革的全面总结,也为俄罗斯法制的发展奠定了基础。该宪法由序言和两编组成,第一编共9章137条,规定了宪法制度的基础、人和公民的权利与自由、联邦体制、俄罗斯联邦总统、联邦议会、俄罗斯联邦政府、司法权、地方自治、宪法的修改和修订;第二编内容包括宪法的生效日期、联邦条约、联邦机关、官员、任期及程序等内容。

这部宪法从体系到内容都与俄罗斯以往的宪法相迥异,具有其自身的特点:

第一,俄罗斯联邦是一个联邦共和制的民主法治国家。宪法规定,俄罗斯在国家结构上是一个联邦制的国家,俄罗斯联邦各族人民是它的主权拥有者和权力的唯一源泉,人民直接地或者间接地通过国家权力机关和地方自治机关行使自己的权力;宪法依据主权平等、中央和地方分权的原则进行权限关系规定;联邦宪法和法律在联邦的全部领土上具有最高效力;联邦宪法法院对联邦国家权力机关和联邦主体国家权力机关之间的争端进行解决。

第二，俄罗斯联邦实行总统制和内阁制相混合的制度。俄罗斯联邦总统是国家元首，具有广泛的权力：联邦武装力量的最高统帅，依法有权决定国家对内、对外政策的基本方向，在国内、国际关系中代表联邦，有权任免包括总理在内的国家高级官员，有权确定国家杜马的选举，甚至有权解散杜马，有权提出法律草案，签署并颁布法律，有权发布总统令。根据1993年《俄罗斯联邦宪法》和1995年《俄罗斯联邦总统选举法》的规定，总统由具有普遍、平等和直接选举权的俄罗斯公民以无记名投票方式选出，任期4年，可连选连任一次。当国家杜马对政府表示不信任，总统有权作出联邦政府辞职或解散国家杜马、确定重新选举的决定。当然，宪法也对总统解散杜马的权力作了一些限制。联邦政府在行使国家管理执行权的同时必须依法行政并对总统负责。

第三，国家权力组织及活动按照三权分立的原则进行。宪法规定俄罗斯联邦国家权力的行使建立在立法权、执行权和司法权分立的基础上，各权力机关之间相互独立。俄罗斯联邦议会是俄罗斯联邦的代表与立法机关，联邦议会分为两院，上院为联邦委员会，下院为国家杜马。联邦的执行权力由以总理为首的联邦政府行使，联邦政府担负着全联邦政治、经济、军事、外交和社会等领域的执行和管理任务。宪法规定了司法独立原则，司法权由宪法法院、最高法院、其他联邦法院、最高仲裁法院和联邦总检察长行使。

第四，废除社会主义公有制，实行土地和其他自然资源的私有制。宪法规定所有制形式包括国家的、市政的、私人的以及其他各种形式，法律对此均给予平等保护；全面实行市场经济，鼓励市场竞争和经济自由，保障资本的自由流动；对私人财产给予司法上的保障。

第五，全面、详尽地规定了公民享有广泛的权利和自由。宪法吸收了西方人权理论，并接受了《世界人权宣言》的内容，规定了人权和公民权利的根本原则是"人和他的权利和自由具有至高无上的价值，承认、遵循和维护人和公民的权利和自由是国家的义务"，具体包括政治、社会、经济、文化、司法和诉讼等各个方面的权利，这些权利和自由被侵犯时，俄罗斯联邦的法律将坚决予以保护和救济。

1993年《俄罗斯联邦共和国宪法》确认了苏联解体和俄罗斯独立，反映了俄罗斯在社会转型期进行的政治、经济改革的指导思想，其在体系、原则和内容上都不同于苏联时代的宪法，开始具有资本主义性质。同时此宪法也为民众的个体精神和进取精神的发展开拓了更为广阔、更为自由的空间，拓宽了社会规范所能允许的范围限度。2008年12月22日，俄罗斯联邦委员会通过宪法修正案，将总统任期由4年延长至6年，将国家杜马议员任期从4年延长至5年。此外，国家杜马扩大了权限，即有权对俄罗斯政府实施监督，总理应每年向杜马提交工作总结报告，包括对杜马下达的任务做总结。

三、1994年《俄罗斯联邦民法典》

1991年5月31日,苏联最高苏维埃通过了《苏联和各加盟共和国民事立法纲要》,但因苏联的解体而未实施,然而它对此后俄罗斯民法典的制定具有一定的促进作用,也被视为俄罗斯民事立法史上第三次民法典编纂的开端。

俄罗斯联邦的民法典并非是一次形成的,而是把一部内容丰富的民法典的编纂与颁布作为一个过程。民法典共分四个部分,77章1551条,分别于1995年、1996年、2002年、2008年生效实施。第一部分包括三编:第一编总则,规定了人、民事权利客体、法律行为与代理、期限、诉讼时效;第二编为所有权和其他物权;第三编为债法总则,由关于债的一般规定和合同的一般规定组成,共29章453条。第二部分为第四编,规定了债的种类,共31章664条,每一章由一个典型合同之债或非合同之债组成。第三部分两编,第五编继承法,由继承的一般规定、遗嘱继承、法定继承、遗产的取得、某些种类财产的继承组成,共5章76条;第六编国际私法,由一般规定、确定法律地位时适用的法、对财产关系和人身非财产应适用的法的构成,共3章40条。第四部分为第七编,规定智力活动成果和个别化手段的权利,包括著作权、邻接权、专利法等和其他智力活动成果权的规范与保护,共9章327条。历时12年,民法典的立法编纂工作全部完成,一部完整的《俄罗斯联邦民法典》最终形成问世。

这部民法典特点主要体现为:

第一,确立了民法在俄罗斯法律体系中的地位。法典从立法权限上确定了民事立法属于俄罗斯联邦法律,联邦各主体以及地方自治组织无权颁布民事立法文件,联邦中相关的民事法律规范及法律文件与民法典相抵触时,法院和其他可以适用法律的机构都应以民法典为准。

第二,私法精神在新民法典中得到复兴。俄罗斯近代民事立法中体现的私法精神在苏联民法中死亡了,随着俄联邦民法典的编纂,私法精神开始复兴。具体表现为该民法典以法律的形式确定了主体平等、财产权不可侵犯、契约自由、不允许任何人任意干涉私人事务、不得阻碍主体独立实现民事权利,保障恢复被侵害的民事权利和对民事权利实现司法保护等私法原则。这些原则和制度贯穿于民法典中,不仅在民事法调整中恢复了私法原则,也显示出民法的独特特征,从根本上为经济活动参加者权利独立性的实现提供了切实的法律空间。

第三,法典的内容反映了俄罗斯现代市场经济发展的需要。在民事权利主体制度中,自然人的法律地位加强,他们既可以是消费者、私人经营者,也可作为经济联合组织的参加者;完善了法人制度,规定多种法人类型,并对在计划经济体制下产生的非传统性法人类型企业作出限制性规定,强调了它的过渡性特征。在所有权制度中,明确肯定了私有财产权的合法性,并承认了私人所有权在各种形式所有权中的首要地位,建立了适应俄罗斯市场经济发展的较为完善的物权体系;债权制度方面,增加了新的合同种类并进行了专门规定,确立了契约自由、情势变更等统一的交易原则,首次对有价证券作出了规定。

第四,逐步取消规范中的经济学术语,准确地使用法律概念。俄罗斯民法长期存在经济学概念与法学概念相混淆的问题,《俄罗斯联邦民法典》开始逐步拒绝使用带有经济学特点的术语,比如,在所有权和他物权制度中,不再使用"所有制形式、其他所有制形式、混合所有制、集体所有"等经济概念,而将其相关概念归为"共有""法人所有权"等法律范畴。

此外,民法典在结构、体系和立法技术方面也具有特色,如顺应现代各国民商立法的趋势及潮流,采用了民商合一立法模式;突出了总则和债法的重要性,总则几乎涵盖了民法基本制度的所有方面,内容全面、宏观、概括,突出了总则在整个民法典中的统领作用,而债法方面以"债法总则"和"债法种类"两编对31种不同的债进行了专门规定,凸显了债法的重要性;采用了条文标题和立法解释的技术,并注重基本概念在法典中的功能。

《俄罗斯联邦民法典》将苏联时期民法的公法性质调整转化到私法调整的轨道上来,恢复了民法的私法性,这也被看做是俄罗斯第三次民法法典化的重要特征。同时,《俄罗斯联邦民法典》也是俄罗斯独立后法制变革中的一项重要成果,其所恢复的民法固有的私法精神,为俄罗斯形成和调整现代市场经济关系确立了统一的法律准则,并且在持续发展的过程中体现了更明显的作用,对丰富世界民法及其发展具有重要意义。

四、1996 年《俄罗斯联邦刑法典》

现行的《俄罗斯联邦刑事法典》于 1996 年 5 月 24 日通过,1997 年 1 月 1 日施行。该法典被认为是俄罗斯刑事科学和当代立法实践的重大成就,也是俄罗斯进行司法改革、完善个人权利和自由的保护体系及在刑事立法民主化方面所迈出的一大步,标志着俄罗斯刑事立法发展的新阶段。

1996 年《俄罗斯联邦刑法典》分为总则和分则,共 12 编 34 章 360 条。总则为 6 编 15 章 104 条,规定了刑事法律、犯罪、刑罚、刑事责任和刑罚的免除、未成年人的刑事责任以及医疗性强制措施。分则为 6 编 19 章 256 条,规定了侵害人身的犯罪、经济领域的犯罪、危害公共安全和社会秩序的犯罪、危害国家政权的犯罪、军职罪与危害人类和平和安全的犯罪,并规定了相应的刑事责任及刑罚种类。该刑法典在内容上体现出自身的特点,也体现了与以往不同的变化:

第一,刑法典的任务和目的。规定刑法典的任务为保护人和公民的权利自由,保护所有权,维护社会秩序和公共安全,保护环境,捍卫俄罗斯联邦的宪法制度,以防它们受到犯罪行为的侵害,保障人类的和平与安全,以及预防犯罪。刑罚的目的是恢复社会公正,以及改造被判刑的人和预防实施新的犯罪。其与苏联时期的刑法典相比较已经发生了实质性变化,遵循了公认的国际法原则和人权准则,顺应了俄罗斯各方面的改革需要,基于自由、民主、法制和人权的法律基础,最大限度地体现出了刑法典的任务和目的,其所蕴含的理念充分体现在法典的具体条款中。

第二,重新确定了刑法的基本原则。刑法典规定的原则主要包括法制原则、法律面前人人平等原则、罪过责任原则、公平公正原则和人道主义原则。法制原则的核心内容是罪刑法定,禁止适用司法解释和类推,刑事法律在确定或加重责任时不具有追溯力;法律面前人人平等原则的基本含义为实施了犯罪行为的任何人,在法律面前一律平等地受到刑事追究并负刑事责任;罪过责任原则,即在确定行为时应当具备主客观要件,不仅要强调行为的社会危害性,而且还要强调行为人的主观罪过的心理态度;公平公正原则是在平衡犯罪人个人利益和社会利益的情况下,主要强调法院严格依照罪行的性质、社会危害性等因素公正处罚,同时也要给予被告要求陪审法庭审理的要求,并且不应因同一违法行为被重复判处刑罚;人道主义原则的理念是承认人的价值、尊重人格和谋求人的幸福,在刑法中表现为全面、有效地保障人的安全,保护人的生命、健康、自由、人格和财产,包括缓刑、假释、大赦、对妇女儿童老人的特殊优待等制度。

第三,犯罪及其分类。在犯罪的定义方面,全面清除了以往刑法典中对犯罪作出的浓重阶级色彩的界定,以"社会危害性"为犯罪特征核心,对犯罪重新作出规定,以剥夺自由刑的年限标准将犯罪分为轻罪、中等严重的犯罪、严重犯罪和特别严重的犯罪四类。新增加了一些罪名,如在"共同犯罪"一章中增设了"有组织犯罪",这反映出俄罗斯刑事立法与国内、国际的犯罪现实及其发展趋势相适应。在有关"经济领域的犯罪"一章中大多数为新设罪名,反映出俄罗斯刑法典与其经济转轨时期的社会需要密切相连。此外,刑法典还对特殊主体提供特殊的法律保护,如规定了谋害国家军事要员或者社会要员生命罪,侵犯法官、检察官、侦查人员、审讯人员以及陪审人员的生命罪,侵犯法律保护机关或军事机关工作人员的生命罪。

第四,刑罚和刑罚体系。新刑法典对与刑事责任确立有关的刑罚体系及刑种作了调整。刑罚共13种,由轻到重依次为罚金,剥夺担任一定职务或从事某种活动的权利,剥夺专门称号、军衔或荣誉称呼、职衔和国家奖励,强制性工作,劳动改造,限制军职,没收财产,限制自由,拘役,军纪营管束,一定期限的剥夺自由,终身剥夺自由,死刑。对未成年人的刑事责任与刑罚以专章规定,确定了区别于成年罪犯、只适用于未成年人罪犯的刑罚和感化措施及适用条件。可见,无论是刑罚概念,还是刑罚体系及其排列顺序都发生的重大变化,而其本身所反映出的是一种价值理念的调整。

第五,调整了犯罪种类的排序。罪名的排列按照侵犯个人、社会和国家利益的顺序重新排列各类犯罪。具体而言,侵犯人身的犯罪被排在第一位,经济领域的犯罪和危害公共安全与社会秩序的犯罪分被排在第二、三位,危害国家政权罪则排在第四位,违反军职罪和破坏人类和平与安全罪排在最后,此外还增加了侵犯对普通人及公民宪法权利和自由的犯罪、生态犯罪、环境犯罪等行为的规定。

1996年《俄罗斯联邦刑法典》是俄罗斯刑事立法经验的总结,是刑事立法创新性和连续性的统一。其基本上保留了苏俄刑法典的体例,但是在原则和主要制度上产生了明显的质的变革,正因如此,这部法典在制定之初曾被认为是俄罗斯联邦刑事立法民主化的一个飞跃。

五、司法制度

1991年10月俄罗斯联邦通过"俄罗斯司法改革构想",规定了司法改革的总体方向,成为俄罗斯司法改革的纲领性文件,并在西方三权分立的理论基础上重构自己的体制,开始了大规模的司法改革。

(一)法院组织

俄罗斯联邦法院体系由联邦宪法法院、联邦普通法院和仲裁法院组成,各级各类法院的权限、组成及活动程序都由宪法性法律规定。

1991年5月16日,《俄罗斯联邦宪法法院法》出台,同年7月12日又通过了修正案,12月29日,俄罗斯联邦第五次人民代表大会选举产生了13名联邦宪法法院法官,1993年联邦宪法对此加以确认。宪法法院只设立于联邦中央一级,主要是通过宪法诉讼活动对宪法的执行情况进行监督的一个司法审判机关,其目的是确保俄罗斯联邦宪法在全俄罗斯的至高无上,维持联邦国家的统一性和权威性。宪法法院的主要职权包括:审理联邦法律文件是否符合联邦宪法的条件,解决国家权力机关之间的权限纠纷,根据公民投诉、法院询问对具体案件中使用的法律是否符合宪法进行审查,解释联邦宪法,对指控联邦总统叛国或者犯有其他的重大罪行是否符合法定程序作出结论,等等。宪法法院共19名法官,由联邦总统提名、联邦委员会任命,任期12年,其间不得成为议员,不得参加社会政治活动。宪法法院法官独立行使司法权,无敌不得被撤换,人身不受侵犯。

联邦普通法院,是民事、刑事和行政等案件的最高审判机关,是拥有一般司权的裁决机关,是对联邦法院的活动进行监督、并对审判实践问题有权作出解释的普通法院,它由联邦最高法院,各联邦主体最高法院,各边疆区、州、联邦直辖市,自治州,自治专区,区(市)法院、治安法官以及军事法院组成。联邦最高法院是除宪法诉讼外一切诉讼案件的终审级法院,并对各级法院行使司法监督权和审判解释权。治安法官依据 1998 年《俄罗斯联邦治安法官法》设立。治安法院为基层法院,是民事、刑事和行政案件诉讼的第一审级,其司法管辖范围权限由法律规定,如法定刑不超过 2 年监禁的刑事案件,申请民事执行案件,有条件的离婚案件,财产分割及家庭纠纷,诉讼标的不超过工资 500 倍的财产纠纷,劳动关系纠纷以及行政违法案件等。治安法官为独任审,任期 5 年。

仲裁法院,由联邦最高仲裁法院、各联邦主体中共和国的最高仲裁法院,边疆区、州、联邦直辖市,自治州,自治专区仲裁法院组成,市(区)不设仲裁法院。各级仲裁法院是用以解决经济争议和审理其管辖范围内的其他案件的司法机关,按 1995 年《俄罗斯联邦仲裁程序法》规定的仲裁程序行使审判权。联邦最高仲裁法院是解决俄罗斯经济纠纷的最高审判机关,有权监督下级仲裁法院的审判活动,指导其审判实践。

值得注意的是,2011 年 12 月,俄罗斯联邦设立了知识产权专门法院,其在俄罗斯法院体系中扮演着双重角色,既是一审法院,也是二审上诉法院。知识产权法院将以一审法院的身份审理对俄罗斯专利局所作的决定提起的上诉。知识产权法院的裁决可被上诉到知识产权法院常务委员会。知识产权法院还将以二审上诉法院的身份运作,用以处理知识产权侵权行为。

(二) 检察制度

1992 年 1 月,《俄罗斯苏维埃联邦社会主义共和国检察机关法》通过,成为俄罗斯联邦检察制度的基本法律文件,此外还包括一些总检察长的指导性命令,如 1992 年 3 月的《关于检察机关任务的命令》、1992 年 5 月的《关于俄罗斯联邦检察机关各级机关的监督组织和管理的命令》。

检察机关在体系上由俄罗斯联邦总检察院各联邦主体检察院以及相当于该级别的军事检察院和专门检察院、区(市)检察院和其他区域性检察院三级组成。1993 年宪法对俄罗斯联邦检察机关的组成、权限、职能、活动以及基本原则作出了明确规定。检察体系由总检察长负责,实行垂直领导和集中统一原则,上下级之间是隶属关系。各级检察机关独立行使司法权,不受其他国家机关、社会团体和公职人员的干涉,对俄罗斯联邦的一切刑事、民事、行政法的执行以及对遵守联邦宪法,对一切执行机构行使监督权,有权向宪法法院提出对国际条约、联邦法律和其他规范性法律文件的宪法审查。总检察长由联邦委员会根据俄罗斯总统的提议任免,任期 5 年。各联邦主体检察院检察长、区(市)检察院检察长均由俄罗斯总检察长任免,任期 5 年,分别隶属于上一级检察长和总检察长。总检察长须定期向联邦委员会和俄罗斯总统汇报工作。

俄罗斯联邦检察机关是代表联邦对国家各部门的法律执行情况实施监督的特殊机关,从性质上来说,俄罗斯联邦检察机关并不是司法权力机关,也独立于三权体系之外,被称为"护法机关"。为达到监督和护法目的,俄罗斯联邦检察机关的主要职能包括:(1)对各联邦部门和主管部门、联邦主体的立法机关和执行机关、地方自治机关、军事管理机关、监察机关及其公职人员是否执行法律进行监督,并对他们颁布的法律是否符合宪法进行监督;(2)对遵守人和公民权利与自由的情况进行监督;(3)对侦查机关、初步调查机关、执行刑罚和其他强制措施机关的执法情况进行监督;(4)向法院提出控告,有权在诉讼的任何阶段参与法院审理案件的活动,或对法院的民、刑事判决提出异议;(5)根据联邦刑事诉讼法典赋予的权限对划归其管辖的犯罪案件进行刑事侦查;(6)向宪法法院提出对国际条约、联邦法律和其他规范性文件的宪法审查权。此外,各级检察长还有权向立法机关提出立法建议。

(三)诉讼制度

俄罗斯联邦在最初的十余年中,在诉讼制度方面基本上沿用了苏联时期的《苏俄民事诉讼法典》和《苏俄刑事诉讼法典》,并进行多次修改,与此同时也加紧进行制定新的诉讼法典。在此期间,为保障民法典和刑法典的实施而专门制定两部法律,1996年《俄罗斯联邦刑事执行法典》和1997年《俄罗斯联邦执行程序法》。2002年7月《俄罗斯联邦刑事诉讼法典》生效,2003年2月《俄罗斯联邦民事诉讼法典》生效,这两部法典也成为俄罗斯联邦在诉讼制度方面的主要法律依据。

《俄罗斯联邦刑事诉讼法典》共5个部分,18编55章473条。刑事诉讼的主要原则包括审判权统一专属法院、法官独立审判且只服从法律、诉讼公开、无罪推定、当事人平等辩论;审判管辖分为种类管辖、地域管辖和专门管辖三类;规定了具结、人保、羁押、担保、拘留、部队指挥部监督和对未成年人的监管7种强制处分。该法典随后又经过多次修改,修改后的法典发生了重大变化,主要表现为将控、辩、审关系重新定位:在侦查阶段,强化控辩双方的对抗机制,赋予法官消极和中立的身份,并对涉及限制或剥夺犯罪嫌疑人、刑事被告人权利和自由的诉讼行为进行司法审查;在审判阶段,引进对抗模式,强化控辩双方的平等对抗、法官居中裁判的诉讼机制。《俄罗斯联邦民事诉讼法典》共7编446条,内容包括总则、一审程序、二审程序、对生效的司法决议的重新审查、外国人参与的案件的程序、第三人仲裁争议案件的审理程序、执行司法决议和其他机关的决议的程序。该法典完善了民事诉讼的基本原则,对处分原则和辩论原则进行了修改;废除了人民陪审制,完善对民事案件的独任审理和合意审理之间的关系;重新界定了检察长在民事诉讼中的地位;建立了保护不特定人权利、自由和合法利益的公益诉讼;简化了诉讼程序;确立了对和解、法官判决和裁定的上诉、抗诉程序;完善了监督审中对法院裁判再审的程序。

随着俄罗斯联邦司法改革的步伐加快,提出了新的司法改革的整体目标,并按照国际通用的准则对俄罗斯具体的法律部门和司法制度进行全面的技术性改革,诉讼制度也在这个背景下继续发展完善。

  俄罗斯拥有悠久而独特的法律文明传统,由于其文明形态的演化和社会政治经济模式变革,使它较早地形成了一套相对独立的职业化法律体制且呈现出另类的法律态势。俄罗斯在世界法律发展史上占有重要的地位。俄罗斯法制从传统到现代的变迁过程中,其独特而发达的社会主义法治不仅促进了苏联社会的进步,也对世界范围内的一些国家产生了深刻影响,而解体之后的俄罗斯联邦国家在社会转型期间进行的民主法治建设又大大地丰富了人类的法律文明。体现了法律自身发展的一般规律和基本原则精神。

思考题

1. 近代俄国法律体系的形成。
2. 苏联社会主义法律体系的历史演变及其特点。
3. 俄罗斯联邦时期法律制度的变化与特点。

第十六章 欧洲联盟法

内容提要

欧洲联盟简称欧盟,是世界上最大的区域性一体化组织。欧洲联盟的创建与发展是建立在欧洲法律一体化基础之上的划时代的成果。目前蓬勃发展的欧洲联盟法对于欧洲一体化起到了至关重要的作用。欧洲联盟法在欧洲范围内的趋同性及其超国家性充分体现了法律全球化的本质与趋向。本章主要介绍了欧洲联盟法的形成与发展、基本渊源与效力、基本内容及其历史地位。

关键词

欧洲联盟法 《巴黎条约》《罗马条约》《欧洲联盟条约》 优先效力原则 直接效力原则 《欧洲联盟宪法条约》

第一节 欧洲联盟法的形成与发展

欧洲联盟是以欧洲经济共同体、欧洲煤钢共同体和欧洲原子能共同体为基础,以建立欧洲单一市场和经济货币联盟为核心,以实施共同外交和安全政策及内务和司法合作政策为方向,以促进欧洲平衡与持久的经济与社会进步为目标的一体化组织。欧洲联盟法是关于欧洲联盟的机构设置、职能及其经济货币联盟与政治联盟的条约、条例、指令、决定和判例等法律规范的总称。欧洲联盟法与欧洲共同体法是意义颇为相近的两个概念,前者是后者历史演进的结果。

欧洲联盟法是在欧洲一体化运动中逐渐发展和完善起来的独立的新型法律制度。它既不同于实际效力仅限于一国境内的国内法,也不同于强制力极弱的国际法,它兼有国内法与国际法的某些因素,同时又富有自己鲜明的特色,不仅适用于各成员国之间的关系,而且可以直接适用于成员国公民和法人。欧洲联盟法的出现,是建立新的区域法律秩序的一项重大尝试,对世界法律制度的发展产生了深远影响。

一、欧洲共同体的建立及欧洲联盟法的形成

欧洲历史上战乱频仍,政治版图几经变化。20世纪又接连成为两次世界大战的策源地和主战场,饱受战争磨难和痛苦的欧洲人深刻地体会到欧洲各国

唯有联合起来,才能有和平发展的未来。实际上,早在中世纪欧洲就开始孕育和形成整体意识的欧洲观念;进入18世纪后,欧洲开始探讨联合、联盟、联邦一类的问题;20世纪欧洲联合已从理念付诸行动,从思潮变成运动;但真正使欧洲联合形成气候,使欧洲一体化付诸实践,物化为一个实体,则是第二次世界大战以后的事。联合首先从经济领域开始,进而逐步实现在经济、政治和军事各方面的统一。法国首先在1950年提出"莫内—舒曼计划",主张把可能引发战争的法德两国全部煤钢资源置于一个共同的高级机构的管理之下,根据这一计划,法国、联邦德国、意大利、比利时、荷兰、卢森堡等六国于1951年4月18日在巴黎签署《欧洲煤钢共同体条约》,又称《巴黎条约》。1952年7月25日,煤钢共同体正式成立。欧洲煤钢共同体是一个具有超国家性质的国际组织,具有立法、行政和司法职能,不仅能对成员国当局发布法律指令,而且还能越过国家当局对成员国公民和法人直接行使职权,并以自己的司法机构保障其实现。

1957年3月25日,上述六国在罗马签署了《建立欧洲经济共同体条约》和《建立欧洲原子能共同体条约》,即《罗马条约》,1958年1月1日起生效。条约的一个重要目标是在经济领域使一体化获得突破,为欧洲的复兴打下坚实的基础。1965年4月,上述六国在比利时首都布鲁塞尔签署《布鲁塞尔条约》,决定将欧洲煤钢共同体、欧洲经济共同体和原子能共同体的机构合并,统称为欧洲共同体,但三个组织仍各自存在,具有独立的法人资格。1967年7月《布鲁塞尔条约》生效,欧洲共同体正式诞生。

1973年1月1日,丹麦、爱尔兰和英国加入欧洲共同体。1979年3月,欧洲共同体巴黎会议决定建立欧洲货币体系,建立欧洲货币单位,这是欧元的雏形。1981年1月1日,希腊加入欧洲共同体。1986年1月1日,西班牙和葡萄牙加入欧洲共同体,至此,欧洲共同体扩大为12国。这一时期,欧洲共同体不仅在广度和规模上有明显扩大,在一体化的深度上也有了重大发展,主要体现在实现了关税同盟,统一了外贸政策和农业政策,创立了欧洲货币体系和欧洲货币单位,超越了《欧洲共同体条约》,这些表明欧洲经济一体化取得重大进展。

二、欧盟与欧洲联盟法的发展

欧洲一体化进程中正式提出"联盟"作为奋斗目标的法律性文件是1957年3月25日签订的著名的《罗马条约》。《罗马条约》在其前言中开宗名义地提出把建立欧洲联盟作为奋斗目标。1984年2月,欧洲议会通过了《关于建立欧洲联盟条约的草案》,该文件明确提出要把欧洲共同体进一步转变为欧洲经济和政治联盟,并具体作出了规划。1985年6月,新上任的欧洲共同体执委会主席雅克·德洛尔提出了关于建立统一内部大市场的白皮书,为欧洲一体化的再次振兴发动了一次新的强有力的冲刺。该白皮书指出:"罗马条约明确规定要建立一个一体化的内部市场。在这个市场上,商品能够不受限制地流通,取消人员、服务和资本流通的障碍。建立起一种使竞争在共同市场内不遭破坏的体制,共同市场正常运行所要求的法律一致性得以确立,符合共同市场利益的间接税得到统一。"它简明地勾画出了统一大市场的目标和建设框架,要求以单一市场法的形式加以规制。

1986年,共同体各成员国签署了《单一欧洲法令》,标志着推进欧洲一体化迈出了具有里程碑意义的一步。《单一欧洲条约》在其序言中重申了欧洲共同体"将成员国间的整体关系转化为欧洲联盟的决心",确认了建立统一内部大市场的任务,明确赋予共同体以货币职能,在《罗马条约》中新增加"经济与货币"一章,正式将政治合作纳入共同体一体化范围内,准备在政治合作结构中更密切地协调与安全、防务有关的政治与经济事务;限定实行全体一致通过,即限定成员国可以行使否决权的场合,扩大了特定多数通过共同立场的范围。《单一欧洲法令》本身既是对深化欧洲经济一体化的推动,同时也为政治一体化打下了基础,为欧洲联盟的建立作了法律上的酝酿和准备。

1991年12月,欧洲共同体首脑会议在荷兰马斯特里赫特通过《欧洲联盟条约》,简称《马约》。1993年11月1日《马约》生效,欧盟正式诞生。总部设在比利时首都布鲁塞尔。《马约》是欧洲联盟的成文宪法。它建立了欧洲联盟,在成员国公民权之上创立了欧洲公民权。所以,有人认为欧洲联盟即是一个主权国家的联盟,也是一个欧洲公民的联盟。① 欧盟通过该条约在法律上正式确定以建设欧洲经济与货币联盟和政治联盟为目标,决心把欧洲经济一体化和政治一体化从广度和深度上全面突破,完全实现货币一体化,并在外交、安全、防务和司法、民政等事务领域实行紧密合作。根据《马约》,欧洲联盟成为由"三根支柱"(Three Pillars)组成的大厦:第一支柱是由欧洲(经济)共同体、欧洲煤钢共同体和欧洲原子能共同体组成的欧洲共同体;第二支柱是共同外交与安全政策;第三支柱是司法与内务合作。在第一支柱内,共同体有权进行直接立法,而第二支柱与第三支柱是政府间合作的支柱,共同体无权直接立法,必须由成员国之间进行协商。事实上,这三根支柱并不是对称和平衡的,后两个方面作用有限。

欧洲联盟成立后,就加快了扩大的进程。1995年1月1日,奥地利、芬兰和瑞典加入欧洲联盟的条约正式生效,欧洲联盟扩大为15个国家。1995年12月16日,欧洲联盟马德里首脑会议决定于1999年1月1日正式启动单一货币,并将统一货币定名为"欧元"。2000年12月,欧洲联盟在法国尼斯举行首脑会议,会议通过了旨在改革欧洲联盟机构、为欧洲联盟东扩铺平道路的《尼斯条约》草

---

① 参见阎小冰、邝杨:《欧洲议会》,世界知识出版社1997年版,欧洲议会议长汉施所作的序言,第7页。

案。该条约于2001年2月26日签署,2003年2月1日生效。2003年4月16日,在希腊首都雅典举行的欧洲联盟首脑会议上,塞浦路斯、匈牙利、捷克、爱沙尼亚、拉脱维亚、立陶宛、马耳他、波兰、斯洛伐克和斯洛文尼亚10个中东欧国家正式签署加入欧洲联盟协议。2004年5月1日,这10个国家正式成为欧洲联盟成员国。这是欧洲联盟历史上的第五次扩大,至此欧洲联盟增加到25个成员国。

2004年6月18日,欧洲联盟25个成员国在布鲁塞尔举行的首脑会议上,一致通过了《欧洲联盟宪法条约》草案的最终文本。同年10月29日,欧洲联盟25个成员国的领导人在罗马签署了《欧洲联盟宪法条约》。《欧洲联盟宪法条约》是欧洲联盟的首部宪法,由欧洲联盟宪法、欧洲联盟公民基本权利宪章、欧洲联盟政策和欧洲联盟条约基本规定4个部分组成,其宗旨是确保欧洲联盟的有效运作以及欧洲一体化进程的顺利进行。《欧洲联盟宪法条约》的签署,为欧洲一体化进程提供了全面的法律基础,使成员国的主权进一步向欧洲联盟层面转移,欧洲联盟委员会、欧洲联盟理事会和欧洲议会等欧洲联盟的三大机构拥有更大的权限,在更广泛的领域体现欧洲联盟民众的整体利益。然而,《欧洲联盟宪法条约》在批准过程中遇到了挫折。2005年5月29日法国的全民公决和2005年6月1日荷兰的全民公决否决了该宪法条约,欧盟制宪陷入危机。

欧盟

2007年1月1日,保加利亚和罗马尼亚两国正式加入欧盟,这是欧盟第6次扩大,成员国数量也增加到27个。2007年12月13日,替代《欧洲联盟宪法条约》的《里斯本条约》正式签署,并于2009年12月正式生效。新条约把欧盟最高权力机构欧洲理事会由目前的成员国首脑会议机制转变为固定机构,并设立常任主席一职。把欧盟负责外交和安全政策的高级代表和欧盟对外关系委员的职责合并在一起,设立"欧盟外交和安全政策高级代表",统管欧盟外交和安全事务。

2013年7月1日,克罗地亚正式加入欧盟,成为第28个成员国。

三、欧洲联盟的法律渊源

伴随着欧洲各大共同体的发展及欧洲联盟的产生,欧洲联盟拥有了一整套独特的法律体系,为其内部和各成员国的活动提供了可靠的机制保障。就欧洲联盟的法律渊源而言,可分为两大类:成文法和不成文法。前者包括欧洲联盟基础法和欧洲联盟制定法,后者包括法的一般原则和欧洲法院的判例。

(一) 欧洲联盟基础法

作为欧洲联盟法律体系架构的最为基础性的法律,既包括各大共同体的那些建立条约,也包括它们的修正协定、各个附件与附加议定书,以及共同体与第三国或其他国际组织缔结的条约等。以上基础性条约、条约修订文件及国际条约对欧洲联盟成员国具有最高法律效力。

1. 成员国建立欧洲共同体和欧洲联盟的基础条约。属于这一范畴的最基础条约有创建欧洲共同体的三个基本条约《欧洲煤钢共同体条约》《欧洲经济共同体条约》《欧洲原子能共同体条约》以及《欧洲联盟条约》。这些条约成为欧洲共同体—欧洲联盟一切法律秩序的基础。上述四个条约是最基本和最重要的,因此被称为欧洲联盟的宪法性条约。除此之外,还包括《关于欧洲共同体共同机构的公约》、《单一欧洲法令》等。

2. 关于上述条约的补充性条约。这些条约是欧洲联盟成员国在上述基础条约签订以后,为实现条约设定的最终目的,适应欧洲联盟发展需要而对基础条约予以修改和新修订的条约。比如《阿姆斯特丹条约》《关于民事和商事判决的管辖和执行公约》以及《欧洲联盟条约》框架下的协定、议定书以及与条约有关的司法和内务方面的条约等。这部分法律规范也属于国际条约法的范畴,构成了欧洲联盟宪法性法律规范。

3. 共同体与第三国或其他国际组织缔结的条约。共同体在接受成员国让渡的一部分缔约权后,可以同第三国或其他国际组织缔结国际条约。条约经欧洲法院确认不违反基础条约的实质与程序性的规定后,即对共同体机构及成员国产生拘束力。因此它们是欧洲联盟法的宪法性法律规范。

(二) 欧洲联盟制定法

欧洲联盟制定法是由欧洲联盟理事会和委员会这两个主要的立法机构根据前述宪法性法律的授权制定的,它是欧洲共同体自主立法的结果,不具有从法律上修正或废除基础法规定的效力。欧洲联盟理事会和委员会以及欧洲议会可以按照基础条约的条件和法律要求制定条例、发布指令、作出决定,并提出建议或意见。其中条例、指令、决定均具有法律约束力,建议或意见是指导性的,不具有法律拘束力。

1. 条例(regulation)。作为欧洲联盟最主要的立法形式,条例是指在整个欧洲联盟范围内可直接和统一适用的规定,被认为是基础条约的实施细则。按照欧洲联盟官方的解释,它具有完整的约束力以及普遍的法律效力,可直接适用于各个成员国,对个体(自然人或者法人)也有"直接的穿透效力"。[①] 条例不需要再由成员国的立法机关转化为国内法,成员国的国内法如果与其规定相冲突,

---

[①] 〔德〕马迪亚斯·赫蒂根:《欧洲法》,张恩民译,法律出版社2003年版,第64、144页。

优先适用条例。

2. 指令(directive)。指令亦是由欧洲联盟部长理事会和欧洲联盟委员会依据欧洲共同体条约的授权所制定的立法性文件。与条例相比,指令有以下特点:第一,指令是向成员国发出的,通常要求成员国在规定的日期之前实施的规定。第二,指令允许成员国在实施的形式和方法上留有自主权,但是在应当实现的目的方面不能自立标准。换句话说,指令只强调目的,至于实施的形式和方法则由欧洲联盟各成员国政府自行决定。第三,指令在成员国内国法不具备直接的效力,而且指令不能对个体直接设定权利或者义务。指令的目的不是为了直接适用,而是为了实现各个成员国立法的协调或接近。

3. 决定(decision)。按照欧洲联盟法的解释,决定是由部长理事会或欧洲联盟委员会作出的,具有拘束力的立法性文件。它是一种执行决议,是执行欧洲联盟法令的一项行政措施,目的在于提高欧洲联盟法令的公开性和透明度。确切地说,决定对其接收对象具有全面的拘束力,其接收对象可以是欧洲联盟成员国,也可以是自然人或法人。与条例和指令的立法性质不同,决定具有特定的适用对象、对其特定的适用对象具有全面的拘束力、直接的适用性等特点。

(三) 法的一般原则

欧洲联盟法是一种纲要性法律体系,又处在不断地发展健全过程中,其中某些法律规则难免存在着法律漏洞,例如,对共同体行使公权力的实质性限制、对公民基本权利的保护等方面。因此,欧洲联盟法同其他任何以成文法为主的法律体系一样,需要有不成文法加以补充。欧洲共同体法院在适用和解释欧洲共同体法时发展了一些法律的一般原则,这些原则来源于成员国的国内法、成员国缔结的重要条约以及欧洲共同体条约本身。从欧洲法院的判例来看,作为欧洲联盟法律渊源的一般原则主要有:基本人权原则、平等原则、比例原则、法的确定性原则、正当程序与自然正义原则等。[①] 一般法律原则是欧洲法院在没有其他法律渊源可循的情况下,为保证三个欧洲共同体条约和《欧洲联盟条约》及其建立的欧洲联盟法律制度的实施可资依据的法律渊源。因而,对于那些比较具体而确定的事项而言,无须适用一般法律原则。例如,为保证法律秩序的稳定,时效规则须由欧洲联盟的立法机构来确定,而不是由欧洲法院在有关案件的审理中诉诸一般法律原则来确定。

(四) 欧洲法院的判例法

欧洲法院是有权解释和决定欧洲联盟成文法效力的唯一法院。根据民法法系的法律理论,法院的判决只对其所针对的案件有效,对将来的案件不具有约束力,法院只能适用法律而不能制定法律。但是在实践中,这个理论并没有得到严

---

① 〔英〕理查德·欧文:《欧盟法基础》(影印版),武汉大学出版社2004年版,第14—17页。

格执行,这是因为在法律的适用中需要解释,通过适用或解释,有关的规则就得到限制或补充,其中必然包含具有一般约束力的规则。在实践中,欧洲法院的判例作为法律渊源主要通过三种途经:第一,在判决中提及欧洲法院曾经作出的决定;第二,在判决中重复欧洲法院曾经作出的决定;第三,欧洲法院指示考虑其他类似情况,该判决对于其他类似情况具有拘束力。

欧洲法院

四、欧洲联盟法的效力

在欧洲联盟内部,并存着两个相互独立的法律体系——根深蒂固的成员国法律体系和比较完整的欧洲联盟法律体系,两个法律体系各有自己的存在基础和运作方式。同时,在极为广泛的领域内,两者之间互相合作和补充,共同调整着各国国内和成员国之间错综复杂的关系。根据基础条约和欧洲法院的司法实践,欧洲联盟法与成员国法之间的关系问题,主要体现为欧洲联盟法在成员国国内的效力问题。

(一)欧洲联盟法律的直接效力

直接效力是指在一定条件下,欧洲联盟法为个人直接创设了权利义务,个人可以要求国内法院保护权利和实施义务。这个概念不是《欧洲共同体条约》规定的,而是欧洲法院在司法判例中发展起来的。

直接效力的概念始于1963年 *Van Gend en Loose v. Nederlandse Administratie der Belastingen* 案。[1] 在该案中,欧洲法院认为,条约创立了一种新的法律制度,这种新的法律制度为个人创设了权利,并使这种权利成为个人法律遗产的一部分。法院在此后的一些案件里逐渐完善了直接效力的概念,并对产生直接效力的条件作出了界定:(1)规定必须清楚明确,毫不含糊;(2)它必须是无条件的;(3)它的实施必须不依赖于成员国或共同体机构进一步的行为。

《欧洲共同体条约》第249条规定,具有直接效力的欧洲联盟法律除了共同体条约外,还有条例、指令、决定等。条例"在所有的成员国直接适用"。因此,条

---

[1] Case 26/62[1963] ECR 1.

例可以自动成为成员国法律制度中的一部分,而不需要通过任何成员国的立法转换便可产生效力。然而,这并不是说,条例的所有条款都具有直接效力,其中有的条款可能不符合"无条件和充分明确"的要求,这样,在欧洲共同体法律界中,就产生了"直接效力"和"直接适用"的区别。这种区别的意义也得到了许多学者的支持。但是,欧洲法院对是否存在直接适用与直接效力的区别,并没有作出明确的表示。总的来说,有的条例能产生直接效力,有的则不能,条例只有在满足了上述三个条件后才能产生直接效力。

在欧洲共同体颁布的三种具有约束力的法律文件中,指令的直接效力最富有争议,原因在于《欧洲共同体条约》第249条没有将指令确定为直接适用的法律渊源。指令和条例的最大区别就是指令在成员国国内法上无直接适用的法律效力,但是,如果成员国立法机关在规定的期限内未转化或者错误转化了指令的内容,是否对个人具有直接效力呢? 根据欧洲法院1989年对"Fratelli Costanzo"案①的判决,如果在规定的期限内没有转化、部分转化或错误转化了指令的内容,而该指令的目的在于保护私人利益并含有绝对和充分保护个人的条款时,个人可以对国家援引该条款并提出损害赔偿请求,但不得对其他个人援引此种规定,即指令无"平面的直接效力"。据此,指令在一定条件下也具有直接效力:(1)成员国在转化期限届满仍未将指令转化为国内法;(2)从指令的内容来看,指令对于个案已经是确定的,并且具有充分的适用性。具备这两个条件时,成员国公民和法人可直接援引指令中对己有利的条款对抗国家行政当局和各级法院。② 如果指令规定的时限没有结束,成员国仍有时间来履行实施和转化指令的义务,此时指令不产生直接效力。

根据《欧洲共同体条约》第249条第4款和《欧洲原子能共同体条约》第161条第4款的规定,"决定对它所指向的对象在各个方面具有约束力"。但"决定"的适用对象与条例有所不同,它既可以指向成员国,也可以指向个人,包括成员国的公民和法人。当决定指向公民和法人时,由于其直接涉及公民和法人的权利义务,在成员国具有直接效力。对于以成员国为对象的决定,根据欧洲法院在1970年第9号案的判决,在一些例外情况下,如果"决定"包含有确定的、而且非常明确地要求成员国履行有利于个体(包括公民和法人)的某些义务,则该决定也可以引申出对个体的优惠性的"间接的适用效力",即指向成员国的决定与指向成员国公民和法人的决定一样,都能在成员国直接适用。因此,共同体机构所作的符合上述条件的决定,在成员国也具有直接适用的效力。

(二) 欧洲联盟法律的优先效力

在欧洲共同体的实践中,多数情况下欧洲共体法与成员国法是相互补充的,

---

① Case 103/88 [1989] ECR 1839.
② 〔德〕马迪亚斯·赫蒂根:《欧洲法》,张恩民译,法律出版社2003年版,第148页。

但两种法律制度也可能同时规范相同的情况。此时,如果有直接效力的欧洲共同体法与成员国法规定不一致而发生冲突,则哪种法律制度优先? 对此,基础条约未作明确规定,欧洲法院在实践中确立了共同体法优先于各成员国国内法律的原则。

欧洲法院在 1964 年 Costa v. ENEL 案[①]中,首次明确地确立了欧洲共同体法律的优先效力原则。在该案中,欧洲法院认为,对主权权利的限制和一个既适用于个人,也适用于成员国的法律机制使得这种新的法律制度有必要优于与之不相适应的国内法规定。因此,当欧洲共同体法律与成员国法律发生冲突时,应当适用欧洲共同体法律。后来,欧洲法院通过一系列判例,不仅使欧洲共同体法优先效力原则适用于欧洲共同体基础条约,还适用于欧洲共同体立法以及欧洲共同体与第三国缔结的国际协定。

根据欧洲法院的司法实践,欧洲共同体法优先效力原则具体体现为以下三个方面:(1) 凡是与欧洲联盟法相冲突的国内法,不管是一般法律、法规,还是宪法,也不管是先于还是后于欧洲联盟法颁布的,都必须服从于欧洲联盟法。(2) 欧洲联盟法直接赋予的个人权利,各成员国国内法必须予以确认,成员国的立法机构不得通过旨在剥夺个人根据欧洲联盟所享有权利的法律,成员国法院也不得借口与宪法不一致而不适用有关的欧洲联盟法律。(3) 成员国无权制定或维持可能对欧洲联盟有害的法规,也无权对欧洲联盟法作出权威性解释,更无权阻止本国法院适用欧洲联盟法。

欧洲法院的上述主张已得到成员国法院的尊重。许多成员国或制定专门法律(如英国 1972 年的《欧洲共同体法令》),或修改宪法(如荷兰、法国、德国、意大利),赋予欧洲共同体法优先效力地位,成员国法院在司法实践中也大都承认欧洲共同体法优先效力原则,并以此原则解决本国法与欧洲共同体法冲突问题。这是欧洲联盟各国多年努力的结果。当然,这一结果并不是通过强迫或财政制裁而取得的,而是通过要把欧洲一体化建立在尊重法制的原则之上实现的。

第二节 欧洲联盟法的基本内容

一、欧洲联盟内部机构的法律制度

(一) 欧盟理事会

欧盟理事会的前身是欧洲共同体理事会,它是欧洲联盟的最高决策机构和实际立法机构,在欧洲联盟中居于中枢地位。理事会由各成员国政府部长级代

[①] Case 6/64[1964] ECR 585.

表组成,该代表由该成员国政府授权承担责任。根据《里斯本条约》理事会主席为常设机构,每届任期两年半,可以连任一次。理事会主席负责召集和主持理事会的全部会议,在欧洲议会中代表理事会发表演说等。欧盟理事会依其议程内容和参加者不同有所区别,一般性议题的会议通常由各成员国的外交部长出席,专门性议题则由各成员国的主管部长出席。欧盟理事会的日常工作由其两个常设机构理事会总秘书处和成员国常任代表委员会负责。理事会的职责主要是制定欧洲联盟的各项基本政策,以确保基础条约的执行和履行。

欧洲理事会,又称首脑理事会,是与欧盟理事会完全不同的一个机构,由各成员国元首和政府首脑以及外交部长组成。欧洲理事会的产生与存在,主要是与欧洲共同体的政治目标联系在一起的。1987年生效的《单一欧洲法令》第一次确立了欧洲理事会正式的法律地位,对成员国之间的政治合作特别是外交领域的合作作了规定。欧洲理事会是部长理事会的进一步发展,也体现了欧洲联盟由单纯的经济目的向更多目的发展的趋向。欧洲理事会在确定欧洲联盟的基本方针和政策方面,起着决定性的作用,但它不能直接产生具有法律效力的决议,其决议必须通过部长理事会的程序才能生效。

(二) 欧盟委员会

欧盟委员会是欧洲联盟的常设机构和执行机构,负责实施欧洲联盟条约和欧洲联盟理事会作出的决定,向理事会和欧洲议会提出报告和立法动议,处理日常事务,代表欧洲联盟对外联系和进行贸易等方面的谈判等。自1995年开始,欧盟委员会任期五年,设主席一人,副主席二人,现任主席巴罗佐。委员会委员应当完全独立地履行其职责。在履行职责时必须对整个欧洲联盟负责,而不受其所属国的影响。他们不得从事任何与其职责不相称的行为,否则欧洲议会可以对委员提出弹劾,免除其职务。为确保欧洲联盟的条约和立法得到贯彻实施,委员会有权对各成员国及其公民和法人的行为进行监督,对于任何直接违反欧洲联盟法的行为或拒不履行法定义务的情况,委员会有权进行调查、诉诸欧洲法院,或颁布禁令、实施罚款、作出限制,并要求成员国司法机关协助强制执行;理事会作出的所有重要决定均须以委员会的提案为基础;在指定的范围内行使独立的决定权,即制定法规、发布指令、作出决定;独立颁布无强制力的建议和意见,确保欧洲联盟利益的优先地位。

(三) 欧洲议会

欧洲议会是欧洲联盟的咨询机关和监督机关,在某些领域拥有部分立法权和预算决定权。欧洲议会的调查监督权主要有三项内容,即临时调查委员会的调查监督、申诉专员的调查监督以及欧洲议会的质询。临时调查委员会主要调查在实施欧洲联盟法中受指控的违法行为或失职行为;申诉专员主要审理欧洲联盟任何公民或在一成员国中居住或拥有注册办事处的任何自然人或法人,就共同体机构活动中的失职行为所提出的申诉。欧洲议会对欧洲联盟各机构的监督作用主要表现在对委员会的监督上,委员会向议会负责,议会有权对其提出不信任的动议,从而迫使委员会全体辞职。欧洲议会在一定程度上有权参加其他机构的立法活动,理事会和委员会进行立法活动时,在欧洲联盟基础条约规定的范围内,必须经过征求议会咨询意见的程序。此外,欧洲议会在决定欧洲联盟预算方面的权限比较突出,而且一直在不断扩大,甚至参与某些法令的立法过程。从欧洲联盟的发展过程来看,欧洲议会的权力在逐渐加强,特别是在立法过程中发挥着越来越重要的作用。

(四) 欧洲法院

欧洲法院是根据欧洲联盟基础条约设立的独立机构,其职责是通过争端的解决来保证欧洲联盟的法律得到尊重,进而维护欧洲联盟的统一。它行使欧洲联盟的全部司法职权,同时还有权对条约进行解释,并有权确定部分法律的有效性。欧洲法院由16名法官和9名护法顾问(the advocates-general)组成,法官和护法顾问有时被合称为"法院成员"。[①] 法官由各成员国政府一致同意后任命,任期6年,可以连选连任。各成员国必须保证法官和护法顾问的独立性。法官和护法顾问在任职期间,不得担任任何其他政治职务或行政职务,而且非经理事会允许,也不得从事任何计酬或不计酬的其他职业。护法顾问的职责是"对提交法院的案件,公正无私和完全独立地提出附有理由的结论,以便协助法院完成它的任务"。护法顾问的工作也是独立于法官的,他们的意见对法官具有重要影响。欧洲联盟法没有直接要求有关成员国执行欧洲法院的判决,但规定有关成员国应采取相应的措施,同时对拒不执行判决的成员国规定了制裁措施。尽管欧洲法院对其判决并无直接执行的权限,但判决基本上都得到了履行。

二、欧洲联盟经济一体化的法律制度

欧洲一体化的最初目标就是实现经济一体化。在这个过程中,欧洲联盟逐步制定了适用于各成员国的共同经济政策,在联盟内部对经济进行干预和调节,排除各种障碍,从而建立了统一的共同市场和经济与货币联盟,实现了成员国之间货物、人员、服务与资本的自由流动,以及建立了保证内部市场中竞争不受扭曲的法律制度等,主要体现在以下几个方面:

(一) 经济一体化法律制度的基础

欧洲联盟法追求的主要目标是建立共同市场,为此,对内必须消除成员国之间直接或间接的贸易障碍,建立适用于所有参加国领土的规范和规则;对外则必须对希望把自己的产品输入到共同市场的第三国建立共同政策,共同市场对外

---

① 王世洲主编:《欧洲共同体法律的制定与执行》,法律出版社2000年版,第115页。

应该以统一的面孔出现。欧洲法院把这一目标解释为"创造一个单一市场以达到类似于国内市场的条件"。[①] 欲达到这一目标,就必须消除各种贸易障碍,实现成员国之间货物、人员、服务与资本的自由流动,建立起统一的共同市场。这是经济一体化的基础,也是立法的核心。欧洲联盟于1968年建立关税同盟。为实现共同关税,欧洲共同体进行了系列关税立法改革,尤其是1992年10月颁布的《欧洲共同体关税法典》,进一步完善了欧共体关税方面的法律制度。从关税同盟内容看,几乎涵盖了所有的货物贸易,主要有两个方面:在欧洲联盟内部成员国之间的相互贸易中消除关税壁垒;在各成员国与第三国的贸易关系中实行统一标准的共同关税制度。在建立关税同盟的基础上,成员国之间人员、劳务、资本自由流通的制度逐步形成。

（二）欧洲联盟竞争法

竞争法是欧洲联盟法的重要组成部分,合理有序的自由竞争将促进欧洲联盟经济的健康发展。反之,各种垄断将对共同市场起阻碍甚至破坏作用。《欧洲共同体条约》第3条规定要建立一种"保证在共同市场内竞争不遭到破坏的制度",为实现欧洲联盟所确定的目标,成员国与欧洲联盟制定的经济政策应符合市场开放与自由竞争的原则。欧洲联盟竞争法的主要内容包括三个方面:第一,禁止企业间限制竞争的行为。《欧洲经济共同体条约》第85条规定:"一切企业间的协定、企业联合组织的决定与协议行动,凡可能影响成员国间贸易和以阻碍、限制或破坏共同市场内的竞争为其目标或结果者,均应认为是与共同市场相抵触而予以禁止。"此规定适用于所有企业,包括服务性企业和国营企业。根据该条规定,一切由企业间协议而采取的限制性措施,只要其影响成员国间的贸易往来,妨碍公平竞争,都在禁止之列。限制性措施的协议与决定都自动无效,但欧洲联盟委员会有权批准例外的豁免。第二,禁止企业滥用支配性地位。《欧洲经济共同体条约》第86条规定:"一个或多个企业滥用其在共同市场内或相当大的一部分共同市场内的支配性地位,凡可能影响成员国间贸易者,应认为是与共同市场相抵触而予以禁止。"企业滥用支配性地位往往表现为:直接或间接地强加不公平的购销价格或其他交易条件;限制生产、市场或技术发展而有损于消费者;对贸易伙伴实施不平等的条件,使其在竞争中蒙受不利的影响,签订合同时强加与合同主旨无关的额外义务等。第三,禁止有损竞争的国家援助。《欧洲经济共同体条约》第92条规定:"由国家提供或通过国家资源给予的任何形式的援助,以优待某些企业或某种生产来破坏竞争,或威胁破坏竞争而损害成员国之间贸易者,都与共同市场相抵触。"

（三）欧洲联盟反倾销法

反倾销法是为了打击倾销行为——以低于出口商市场价格或生产商品的成

---

① *Metro v. Commission*, case26/76 [1977] ECR1875.

本价格向进口国输出商品的行为——而制定的。它是近年来欧洲共同体频繁使用的非关税保护措施之一。欧洲共同体制定的第一部反倾销法是在1968年，后多次修订。现行有效的是1995年12月22日通过的《第384/96号规则》。欧洲联盟反倾销法旨在保护成员国产品免受第三国低价出口的竞争。构成倾销必须具备三个条件：一是某产品的出口价低于同类产品的正常价，二是倾向对欧洲联盟有损害或构成威胁，三是征收反倾销税符合欧洲联盟的共同利益。欧洲联盟反倾销法适用于所有产品贸易，包括农产品，但不包括服务贸易。理事会和委员会负责实施反倾销法，受理欧洲联盟内公民、法人以及相关协会对外国商品倾销的指控。欧洲联盟反倾销法的制定，对于保护欧洲联盟的工业在国际贸易中不受损害，特别是对缺乏竞争力的企业公司的保护，都发挥了重要作用。

（四）欧洲联盟公司法

欧洲联盟公司法由欧洲联盟基础法的有关规定、欧洲联盟有关机构的立法以及欧洲法院的判例组成，其中特别以理事会的十余项有关公司法的指令尤为重要。由于指令仅在所要实现的目标方面有约束力，至于实现目标的形式和方法则由各成员国自由选择，因此各成员国有关公司的法律规定显得十分重要。协调和统一各成员国不同甚至互相抵触的公司法，是欧洲联盟公司法的首要目标。到目前为止，欧洲联盟的公司法尚未形成完备的体系，有关公司法的规定，仍然是理论多于实践。公司本身的法律特征主要以各成员国国内法为依据，依据任何一个成员国的国内法而成立的公司，其法人资格得到所有欧洲联盟成员国的承认，即公司是依据各成员国的法律设立的，但同时享有和承担欧洲联盟法所规定的权利和义务。

三、欧洲联盟政治一体化的法律制度

（一）共同外交和安全政策

自欧洲共同体成立以来，一直致力于在经济合作的基础上，进一步实现政治联盟。《单一欧洲法令》第一次为欧洲政治合作提供了法律依据。作为政治一体化核心的共同外交与安全政策和防务政策是在1992年签署的《马斯特里赫特条约》中首次提出来的。该条约规定，成员国将"实施共同外交与安全政策，包括最终制定一项可适时走向共同防务的政策"。1999年5月1日生效的《阿姆斯特丹条约》又进一步提出了欧洲联盟实现共同外交与安全政策的目标和具体措施。其目标是捍卫联盟的共同价值、根本利益与独立，使用一切手段加强成员国的安全，促进国际合作、发展和巩固民主与法治，尊重人权和基本自由。该条约强调欧洲联盟在国际舞台上的重要性，号召成员国应以坚信不渝和相互团结的精神，积极并毫无保留地支持欧洲联盟的对外与安全政策。成员国应避免与联盟利益相违背或损害联盟有效性。

实现共同外交与安全目标的主要措施有：(1) 共同战略。凡在欧洲联盟成员国具有重要利益的领域，应当由欧洲联盟理事会决定共同战略。此类共同战略应有其目标、期限，以及欧洲联盟和其各成员国为实现共同政策所应采取的具体措施。(2) 联合行动。欧洲联盟部长理事会应当根据欧洲理事会的总方针，决定将一定的事务纳入联合行动的范围。联合行动根据情况采取参与和平行动、实施制裁、旨在实施政治合作的贸易抵制等措施。(3) 合作。建立成员国间的合作机制，以及在部长理事会内就与欧洲联盟共同利益有关的外交与安全事务进行磋商，以确保成员国在有关国际事务中相互合作，并发挥整体作用和影响。(4) 参与有关国际组织的工作，推行欧洲联盟的共同外交与安全政策等。

（二）司法与内务合作制度

本来，欧洲联盟各成员国均有各自独立的司法与内务制度。欧洲联盟建立司法与内务合作制度，目的在于在欧洲联盟层面上，使欧洲联盟公民享有一个更高水平的安全和司法环境，以实现欧洲联盟目标，特别是人员的自由流动。其内容涉及避难、非法移民、毒品与诈骗犯罪、民事与刑事司法合作、海关合作等领域。欧洲联盟关于司法与内务合作制度，并不妨碍两个或两个以上成员国在此方面建立和发展更为密切的合作关系，但此种合作以不损害欧洲联盟的司法与内务合作制度为限。为实施司法与内务合作，有关欧洲联盟机构所产生的行政费用，由共同体预算支付等。

如前所述，欧洲联盟共同外交与安全、司法与内务合作制度属于欧洲联盟的第二、第三支柱，其取得的成效还无法与经济一体化相比，欧洲联盟还远不是一个政治实体。从目前来看，由于各国的民族利益和矛盾，再加上近年来欧洲联盟的急速扩大，其政治合作步履艰难，即使欧洲联盟真正成为一个政治上的整体，欧洲联盟这种"经济巨人、政治矮子"的境况短期内恐怕难以改变。

第三节 欧洲联盟法的历史地位

一、欧洲联盟法的基本特点

在人类法律发展史上，欧洲联盟法的性质是没有先例的，它是处于国际法与国内法之间的独立的新型法律体系。欧洲联盟虽然与其他国际组织一样，仍是以条约为基础建立起来的国家间组织，但它不是一般意义上的国际组织，它实际享有的国际法律地位则要比其他国际组织高得多。同时欧洲联盟的权能又受制于欧洲联盟条约，并非一个国家实体。在欧洲一体化的发展过程中，一直有联邦主义和邦联主义之争[①]，客观地说，欧洲联盟既有与二者类似之处，又有明显的

---

① 邵景春：《欧洲联盟的法律与制度》，人民法院出版社1999年版，第39页。

差异。一方面,欧洲联盟的权力是由成员国赋予的,而且成员国在国内事务上有着高度的自治权,这与联邦的特征相似;另一方面,欧洲联盟又缺乏联邦最重要的特征,即欧洲联盟并不是一个完全的主权者,这又使得欧洲联盟像一个类似邦联的国家间松散联盟。欧洲联盟地位的这种特殊性决定了其法律的特殊性。

从欧洲联盟法的性质来看,除了本身所具有的政府间性质外,还含有一定程度的超国家因素。在欧洲联盟法的各级渊源中,只有欧洲联盟条约,包括加入条约是由政府间的协议产生的,其他大量的立法则是由统一的立法机构制定的。其立法与决策机关有权根据基础法自主制定具有法律拘束力的条例、指令和决定,有权以欧洲联盟的名义直接与非成员国及国际组织缔结条约。如欧盟委员会和议会都是独立于各成员国之外的,这些机构制定的法律与政策,通常无需成员国的批准即可生效。

从欧洲联盟法的内容来看,不仅为联盟规定了一套类似于国家的具有制约关系的立法机构、行政机构和司法机构,而且还规定了欧洲联盟内部的行为规则,这些规则涉及经济、政治、文化和一般社会生活的很多方面,实际上已经建立起一种社会秩序;此外,欧洲联盟法不仅规定了成员国的权利义务,还直接规定了成员国公民的基本权利,这些特性使得其中某些法律文件具有宪法性内容。

从欧洲联盟法的效力来看,具有明显的等级之分,各级法律渊源各有不同的效力范围。欧洲联盟基础法是第一级法律渊源。欧洲联盟的制定法是第二级法律渊源。在与成员国国内法之间的关系上明确地形成了欧洲联盟法的直接效力原则和优先效力原则,这是欧洲联盟法不同于其他国际组织法的显著特征。

从欧洲联盟法的实施来看,欧洲联盟法突破了一般国际法的"软法"特征,在管辖权和判决的执行方面取得了一定的突破。其一,欧洲法院具有强制管辖权,这是其他国际司法机构或仲裁机构无法力及的。其二,欧洲联盟法在其司法机关和各成员国的司法机关之间,通过欧洲法院有拘束力的初步裁决,建立了一种纽带关系。其三,除欧盟委员会拥有较大的强制实施欧洲联盟法的权力外,各成员国政府和海关部门在职务上是执行欧洲联盟法的代理机构。欧洲联盟正是通过这些措施和机制来保证欧洲联盟法的统一解释、统一实施和统一效力的。虽然欧洲联盟法在强制实施方面仍不能与国内法相提并论,但它毕竟在较大程度上突破了一般国际法在这方面的分散性和软弱性。

二、欧洲联盟法的历史地位

欧洲联盟法是在西方国家两大法系的强烈影响下建立和发展起来的。欧洲联盟的创始国都是大陆法系国家,因此最初的欧共体法是按照大陆法系的模式,特别是法国法的模式塑造的。这主要体现在法国行政法和行政法院制度上。法国的行政法院通过判例确立起一套行之有效的行政管理体制,保护公民的合法权利。法国行政法院的发展及其突出的位置,对于欧洲法院的创设有着重要影响,而这种影响着重体现在法国行政法的传统对欧洲共同体的法律理念与基本结构上。因为欧洲共同体的功能主要在于通过国际性的公共权力调节各成员国之间的经贸关系,所以,欧洲共同体的法律和法院也就首先依照了法国行政法和行政法院。如根据《欧洲经济共同体条约》第173条第1款规定,当事人对无权管辖、违反基本程序、违反条约或违反条约的任何实施细则、权力滥用等四种情形,可以对共同体提起诉讼。这就借鉴了法国的经验。德国行政法上的比例原则后来成为共同体法的一部分;德国宪法法院对联邦权力与各邦权力分配的观念,对处理欧盟及其成员国或成员国之间的关系是非常适合的。

1973年英国和爱尔兰加入欧共体,对欧共体法律的发展产生了重大影响。英国法律对欧共体的促进作用,主要体现在判例法和对抗制诉讼这两种传统上。欧洲法院在早期很少参考以前的判例,在英国和爱尔兰加入后,欧洲法院经常在判决中提及过去的判例。不过这种判例并没有取得像普通法系国家的先例那样的法律地位。在诉讼程序方面,20世纪80年代,欧洲法院逐渐接受了英国诉讼中的对抗制因素。如在诉讼中强调原告与被告双方的证词和辩论、鼓励法官与律师之间的对话以及重视诉讼程序等。不仅在法院审判中,而且在欧共体的行政机关的工作中,也重视听取当事人的证言。这些都表明普通法对欧盟法院有了较大影响。

欧洲联盟法是在英美法系和大陆法系的共同影响下建立和发展起来的,反过来,欧洲联盟法又对两大法系国家,主要是对法、德、英等国的法律产生很大影响。本身兼有大陆法系和英美法系因素的欧洲联盟法,它在成员国的直接适用和优先适用,必然给这些国家的法律带来另一法系的影响。对于大陆法系国家来说,适用欧洲联盟法意味着其法院正式承认判例法的合法性,并必须对其成文法传统作必要的理论变更。对英美法系国家来说,直接适用这种最初是以大陆法系模式创造出来的法律体系,意味着必须调整本国现有的法律制度,大量接受大陆式法律术语和原理。欧洲联盟法已经成为使两大法系融合的一个重要动力。随着欧洲一体化及世界经济一体化程度的进一步提高,欧洲联盟法对世界法律发展的影响将日益突出。

思考题

1. 欧洲联盟法的发展过程。
2. 欧洲联盟法与各成员国法的关系。
3. 欧洲法院的管辖权。
4. 欧洲联盟法的渊源。
5. 欧洲联盟法有哪些特点?

拓展阅读书目

第一单元　基础理论和总论部分:

1. 〔美〕梯利:《西方哲学史》,葛力译,商务印书馆1995年版。
2. 〔英〕赫·乔·韦尔斯:《世界史纲》,吴文藻等译,人民出版社1982年版。
3. 何勤华:《西方法学史》,中国政法大学出版社1996年版。
4. 〔法〕勒内·达维:《当代主要法律体系》,漆竹生译,上海译文出版社1984年版。
5. 〔美〕约翰·H.威格摩尔:《世界法系概览》,何勤华等译,上海人民出版社2004年版。
6. 〔美〕埃尔曼:《比较法律文化》,贺卫方、高鸿钧译,清华大学出版社2002年版。
7. 〔美〕格伦顿·格登·奥萨魁:《比较法律传统》,米健等译,中国政法大学出版社1993年版。
8. 〔德〕K·茨威格特、H·克茨:《比较法总论》,潘汉典等译,法律出版社2003年版。
9. 〔美〕H·J.伯尔曼:《法律与革命——西方法律传统的形成》,贺卫方等译,中国大百科出版社1993年版。
10. 〔美〕泰格、利维:《法律与资本主义的兴起》,纪琨译,学林出版社1996年版。
11. 〔德〕恩格斯:《家庭、私有制和国家的起源》,仲宪译,人民出版社2003年版。
12. 〔美〕霍贝尔:《初民的法律——法的动态比较研究》,周勇译,中国社会科学出版社1993年版。
13. 〔日〕穗积陈重:《法律进化论》,黄尊三等译,中国政法大学出版社1997年版。
14. 〔日〕大木雅夫:《比较法》,范愉译,法律出版社2001年版。
15. 沈宗灵:《比较法研究》,北京大学出版社1998年版。
16. 〔美〕莫里斯:《法律发达史》,王学文译,中国政法大学出版社2003年版。
17. 封丽霞:《法典编纂论——一个比较法的视角》,清华大学出版社2002

年版。

18. 高鸿钧、赖俊楠等编：《比较法学读本》，上海交通大学出版社2011年版。

19. 曹茂君：《西方法学方法论》，法律出版社2012年版。

20. 〔美〕约翰·梅西·赞恩：《法律的故事》，孙运申译，中国盲文出版社，2002年。

21. 〔美〕R.M.昂格尔：《现代社会中的法律》，吴玉章、周汉华译，译林出版社，2001年。

22. 王亚平：《西方法律演变的社会根源》，人民出版社2009年版。

23. 〔比利时〕R.C.范·卡内冈：《欧洲法：过去与未来——两千多年来的统一性与多样性》，史大晓译，清华大学出版社2005年版。

24. 〔荷兰〕马丁·W.海塞林克：《新的欧洲法律文化》，魏磊杰译注，中国法制出版社2010年版。

25. 〔美〕斯科特·戈登：《控制国家——西方宪政的历史》，英奇、陈丽微、孟军、李勇译，江苏人民出版社2001年版。

26. 何勤华主编：《现代西方的政党、民主与法治》，法律出版社2010年版。

27. 夏秀渊：《拉丁美洲的国家民法典的变迁》，法律出版社2010年版。

29. 王立杰：《黑暗之旅——西方法律前史》，北京大学出版社2010年版。

30. 〔加拿大〕帕特里克·格伦：《世界法律传统》，李立红、黄英亮、姚玲译，北京大学出版社2009年版。

31. 余定宇：《寻找法律的印记——从古埃及到美利坚》，法律出版社2004年版。

32. 徐爱国：《西法肆言——漫步西方法律史》，北京大学出版社2009年版。

33. 郭成伟主编：《外国法系精神》，中国政法大学出版社2001年版。

34. 〔英〕佩里·安德森：《从古代到封建主义的过渡》，刘健译，上海人民出版社2001年版。

35. 〔法〕弗朗索瓦·基佐：《欧洲代议制政府的历史起源》，张清津、袁淑娟译，张清津校，复旦大学出版社2008年版。

36. 由嵘、张雅利、毛国权、李红海编：《外国法制史参考资料汇编》，北京大学出版社2004年版。

37. 〔美〕哈罗德·J.伯尔曼：《法律与革命——新教改革对西方法律传统的影响》，袁瑜琤、苗文龙，法律出版社2008年版。

38. 〔美〕C.H.麦基文：《宪政古今》，霍小波译，贵州人民出版社2004年版。

39. 〔美〕弗雷德里克·沃特金斯：《西方政治传统》，李丰斌译，新星出版社2006年版。

第二单元　上古时期：

1. 〔古希腊〕亚里士多德:《雅典政制》,日知等译,商务印书馆 2000 年版。
2. 〔法〕让—皮埃尔·韦尔南:《希腊思想的起源》,生活·读书·新知三联书店 1996 年版。
3. 〔英〕约翰·索利:《雅典的民主》,王琼淑译,上海译文出版社 2001 年版。
4. 顾准:《希腊城邦制度》,载《顾准文集》,贵州人民出版社 1995 年版。
5. 〔古罗马〕西塞罗:《国家篇 法律篇》,沈叔平、苏力译,商务印书馆 2002 年版。
6. 〔德〕特奥多尔·蒙森:《罗马史》,李稼平译,商务印书馆 2004 年版。
7. 〔意〕彼德罗·彭梵德:《罗马法教科书》,黄风译,中国政法大学出版社 1992 年版。
8. 〔意〕朱塞佩·格罗索:《罗马法史》,黄风译,中国政法大学出版社 1994 年版。
9. 〔英〕巴里·尼古拉斯:《罗马法概论》,黄风译,法律出版社 2001 年版。
10. 〔意〕马尔蒂诺:《罗马政制史》,薛军译,北京大学出版社 2009 年版。
11. 周枏:《罗马法原论》(上下册),商务印书馆 1994 年版。
12. 陈可风:《罗马共和国宪政研究》,法律出版社 2004 年版。
13. 王立民:《古代东方法研究》,学林出版社,1995 年版。
14. 王云霞:《东方法概述》,法律出版社,1993 年版。
15. 〔法〕菲利普·内莫:《罗马法与帝国的遗产——古罗马政治思想史讲稿》,张竝译,华东师范大学出版社 2011 年版。
16. 〔法〕菲利普·内莫:《民主与城邦的衰落——古希腊政治思想史讲稿》,张竝译,华东师范大学出版社 2011 年版。
17. 〔新西兰〕伯纳德·贝克特:《创世纪》,张鲁译,法律出版社 2010 年版。
18. 〔古希腊〕亚里士多德:《雅典政制》,冯金朋译,吉林出版集团有限责任公司 2013 年版。
19. 〔英〕梅因:《古代法》,沈景一译,商务印书馆 1959 年版。
20. 〔美〕路易斯·亨利·摩尔根:《古代社会》,杨东莼等译,商务印书馆 1983 年版。
21. 〔古罗马〕查士丁尼:《法学阶梯》,徐国栋译,中国政法大学出版社 1999 年版。
22. 黄风编著:《罗马法词典》,法律出版社 2002 年版。

第三单元　中古时期:

1. 〔古罗马〕塔西陀:《日耳曼尼亚志》,马雍译,商务印书馆 1977 年版。
2. 由嵘:《日尔曼法简介》,法律出版社 1987 年版。
3. 〔美〕孟罗·斯密:《欧陆法律发达史》,姚梅镇译,中国政法大学出版社 1999 年版。
4. 李宜琛:《日耳曼法概说》,中国政法大学出版社 2003 年版。
5. 李秀清:《日耳曼法研究》,商务印书馆 2005 年版。
6. 〔美〕H·J.伯尔曼:《法律与宗教》,梁治平译,中国政法大学出版社 1998 年版。
7. 彭小瑜:《教会法研究》,商务印书馆 2003 年版。
8. 〔美〕沃尔克:《基督教会史》,孙善玲等译,中国社会科学出版社 1991 年版。
9. 〔英〕库尔森:《伊斯兰教法律史》,吴云贵译,中国社会科学出版社 1986 年版。
10. 吴云贵:《伊斯兰教法》,中国社会科学出版社 1994 年版。
11. 高鸿钧:《伊斯兰法:传统与现代》,清华大学出版社 2004 年版。
12. 〔英〕保罗·维诺格拉夫多:《中世纪欧洲的罗马法》,陈云龙译,中国政法大学出版社 2010 年版。
13. 〔美〕托马斯·埃特曼:《利维坦的诞生——中世纪及现代早期欧洲的国家与政权建设》,郭台辉译,上海人民出版社 2010 年版。
14. 〔美〕伯尔曼:《信仰与秩序:法律与宗教的复合》,姚剑波译,中央编译出版社 2011 年版。
15. 〔法〕菲利普·内莫:《教会法与神圣帝国的兴衰——中世纪政治思想史讲稿》,张竝译,华东师范大学出版社 2011 年版。
16. 〔英〕沃尔特·厄尔曼:《中世纪政治思想史》,夏洞奇译,译林出版社 2011 年版。
17. 黄洋、赵立行、金寿福:《世界古代中世纪史》,复旦大学出版社 2005 年版。
18. 高仰光:《〈萨克森明镜〉研究》,北京大学出版社 2008 年版。
19. 〔英〕爱德华·甄克斯:《中世纪的法律与政治》,屈文生、任海涛译,中国政法大学出版社 2010 年版。
20. 〔英〕罗伯特·巴特莱特:《中世纪审判》,徐昕、喻中胜、徐昀译,浙江人民出版社 2007 年版。
21. 〔美〕汤普逊:《中世纪经济社会史》,商务印书馆 1997 年版。

22. 郭义贵:《西欧中世纪法律概略》,中国社会学科出版社2008年版。

23. 〔比利时〕亨利·皮雷纳:《中世纪的城市》,商务印书馆2006年版。

24. 〔英〕J/H.伯恩斯主编:《剑桥中世纪政制思想史》,程志敏、陈敬贤、徐昕、郑兴风等译,生活·读书·新知三联书店2009年版。

25. 马明贤:《伊斯兰法:传统与衍新》,商务印书馆2011年版。

26. 〔美〕朱迪斯·M·本内特 C·沃伦·霍利斯特:《欧洲中世纪史》,杨宁、李韵译,上海社会科学院出版社2010年版。

第四单元 英美法：

1. 〔美〕罗斯科·庞德:《普通法的精神》,唐前宏等译,法律出版社2005年版。

2. 〔英〕S·F·C·密尔松:《普通法的历史基础》,李显冬等译,中国大百科出版社1999年版。

3. 〔美〕阿瑟·库恩:《英美法原理》,陈朝壁译,法律出版社2004年版。

4. 〔日〕望月礼二郎:《英美法》,郭建等译,商务印书馆2005年版。

5. 〔英〕沃尔特·白芝浩:《英国宪法》,夏彦才译,商务印书馆2005年版。

6. 〔英〕威廉·布莱克斯通:《英国法释义》(第一卷),游云庭、缪苗译,上海人民出版社2006年版。

7. 〔英〕S.李德·布勒德:《英国宪政史谭》,陈世弟译,中国政法大学出版社2003年版。

8. 〔英〕约翰·哈德森:《英国普通法的形成——从诺曼征服到大宪章时期英格兰的法律与社会》,刘四新译,商务印书馆2006年版。

9. 〔比〕R·C.范·卡内冈:《英国普通法的诞生》,李红海译,中国政法大学出版社2003年版。

10. 〔法〕勒内·达维:《英国法与法国法：一种实质性比较》,潘华仿、高鸿钧、贺卫方译,清华大学出版社2002年版。

11. 〔比〕R·C.范·卡内冈:《法官、立法者与法学教授》,薛张敏敏译,北京大学出版社2006年版。

12. 〔英〕保罗·布兰德:《英格兰律师职业的起源》,李红海译,北京大学出版社2008年版。

13. 〔英〕霍尔特:《大宪章》,毕竞悦、李红海、苏文龙译,北京大学出版社2009年版。

14. 〔英〕戴雪:《英宪精义》,雷宾南译,中国法制出版社2001年版。

15. 程汉大:《英国法制史》,齐鲁书社2001年版。

16. 程汉大、李培锋:《英国司法制度史》,清华大学出版社2007年版。

17. 李红海:《普通法的历史解读》,清华大学出版社 2003 年版。
18. 陈绪刚:《法律职业与法治——以英格兰为例》,清华大学出版社 2007 年版。
19. 马克垚:《英国封建社会研究》,北京大学出版社 2005 年版。
20. 孟广林:《英国封建王权论稿——从诺曼征服到大宪章》,人民出版社 2002 年版。
21. 咸鸿昌:《英国土地法律史》,北京大学出版社 2009 年版。
22. 〔美〕伯纳德·施瓦茨:《美国法律史》,王军等译,中国政法大学出版社 1989 年版。
23. 〔美〕查尔斯·A.比尔德:《美国宪法的经济观》,何希奇译,商务印书馆 1984 年版。
24. 〔美〕爱德华·S.考文:《美国宪法的高级法背景》,强世功译,生活·读书·新知三联书店 1996 年版。
25. 〔美〕弗里德曼:《美国法律史》,苏彦新译,中国社会科学出版社 2007 年版。
26. 〔美〕亚历山大·汉密尔顿、詹姆斯·麦迪逊、约翰·杰伊:《联邦论——美国宪法述评》,尹宣译,译林出版社 2010 年版。
27. 王希:《原则与妥协:美国宪法的精神与实践》,北京大学出版社 2000 年版。
28. 钱弘道:《英美法讲座》,清华大学出版社 2004 年版。
29. 姜峰:《立宪选择中的自由与权威——联邦党人的政治与宪法思想》,法律出版社 2011 年版。
30. 〔美〕霍姆斯:《法律的生命在于经验》,明辉译,清华大学出版社 2007 年版。
31. 〔美〕莫顿·J.霍维茨:《美国法的变迁 1780—1860》,谢鸿飞译,中国政法大学 2005 年版。
32. 〔美〕理查德·A.波斯纳:《英国和美国的法律及法学理论》,郝倩译,北京大学出版社 2010 年版。
33. 彭勃:《英美法概论》,北京大学出版社 2011 年版。
34. 〔英〕弗雷德里克·威廉·梅特兰、〔英〕约翰·汉密尔顿·贝克:《英格兰法与文艺复兴》,易继明、杜颖译,北京大学出版社 2012 年版。
35. 童建华:《英国违宪审查》,中国政法大学出版社 2011 年版。
36. 屈文生:《普通法令状制度研究》,商务印书馆 2011 年版。
37. 冷霞:《英国早期衡平法概论——以大法官法院为中心》,商务印书馆 2010 年版。

38. 李栋:《通过司法限制权力——英格兰司法的成长与宪政的生成》,北京大学出版社 2011 年版。

39. 崔林林:《严格规则与自由裁量之间——英美司法风格差异及其成因的比较研究》,北京大学出版社 2005 年版。

40. 黄金鸿:《英国人权 60 案》,中国政法大学出版社 2011 年版。

41. 〔美〕兰博约:《对抗式刑事审判的起源》,王志强译,复旦大学出版社 2010 年版。

42. 〔英〕梅特兰:《英格兰宪政史》,李红海译,中国政法大学出版社 2010 年版。

43. 项焱:《英国议会主权研究》,中国社会科学出版社 2010 年版。

44. 张怀印:《十九世纪英国宪政改革研究——以议会选举制度改革为中心》,中国政法大学出版社 2012 年版。

45. 〔英〕托马斯·霍布斯:《哲学家与英格兰法律家的对话》,姚中秋译,上海三联书店 2006 年版。

46. 〔英〕沃尔特·白哲特:《英国宪制》,李国庆译,北京大学出版社 2005 年版。

47. 〔美〕小詹姆斯·R.斯托纳:《普通法与自由主义理论》,姚中秋译,北京大学出版社 2005 年版。

48. 〔英〕威廉·S.霍尔兹沃斯:《作为法律史学家的狄更斯》,何帆译,上海三联书店 2009 年版。

49. 徐震宇:《自由的缔造者:无地王约翰、反叛贵族与大宪章的诞生》,中国法制出版社 2009 年版。

50. 魏建国:《乡野视野下:英国法治秩序生成的深层解读》,黑龙江大学出版社 2009 年版。

51. 齐延平:《自由大宪章研究》,中国政法大学出版社 2007 年版。

52. 〔英〕靳克斯:《英国法》,张季忻译,陈融勘校,中国政法大学出版社 2007 年版。

53. 何海波:《司法审查的合法性基础——英国话题》,中国政法大学出版社 2007 年版。

54. 〔英〕F.H.劳森 伯纳德·冉得:《英国财产法导论》,曹培译,法律出版社 2009 年版。

55. 〔英〕鲁伯特·克罗斯 S.W.哈里斯:《英国法中的先例》,苗文龙译,北京大学出版社 2011 年版。

56. 〔美〕腓特烈·坎平:《盎格鲁—美利坚法律史》,屈文生译,法律出版社 2010 年版。

57.〔英〕梅特兰:《普通法的诉讼形式》,王云霞、马海峰、彭蕾译、姜栋、徐国栋校,商务印书馆 2009 年版。

58.〔美〕约瑟夫·斯托里:《美国宪法评注》,毛国权译,上海三联书店 2006 年版。

59.〔美〕斯坦利·I.库特勒编著:《最高法院与宪法——美国宪法史上重要判例选读》,朱曾汶、林铮译,商务印书馆 2006 年版。

60.王名扬:《美国行政法》,中国法制出版社 1995 年版。

61.王军:《美国合同法》,中国政法大学出版社 1996 年版。

62.《美国统一商法典》,潘琪译,中国对外经济贸易出版社 1990 年版。

63.储槐植:《美国刑法》,北京大学出版社 1996 年版。

第五单元　大陆法:

1.〔葡〕叶士朋:《欧洲法学史导论》,中国政法大学出版社 1998 年版。

2.〔美〕约翰·H.梅利曼:《大陆法系》,顾培东等译,法律出版社 2004 年版。

3.〔美〕艾伦·沃森:《民法法系的形成与演变》,李静冰等译,中国政法大学出版社 1992 年版。

4.〔德〕罗尔夫·克尼佩尔:《法律与历史——论德国民法典的形成与变迁》,朱岩译,法律出版社 2003 年版。

5.〔德〕罗伯特·霍恩:《德国民商法导论》,楚建译,中国大百科全书出版社 1996 年版。

6.〔比〕R·C·范.卡内冈:《欧洲法:过去与未来——两千年来的统一性与多样性》,史大晓译,清华大学出版社 2005 年版。

7.〔德〕维亚克尔:《近代私法史》,陈爱娥等译,生活·读书·新知三联书店 2006 年版。

8.〔英〕梅特兰等:《欧陆法律史概览:事件,渊源,人物及运动》,屈文生等译,上海人民出版社 2009 年版。

9.戴东雄:《中世纪意大利法学与德国的继受罗马法》,中国政法大学 2003 年版。

10.王云霞等:《大陆法系》,中国人民大学出版社 2006 年版。

11.陈惠馨:《德国法制史——从日耳曼到近代》,中国政法大学出版社 2011 年版。

12.余履雪:《德国历史法学派:方法与传统》,清华大学出版社 2011 年版。

13.何勤华:《20 世纪日本法学》,商务印书馆 2003 年版。

14.谢鸿飞:《法律与历史:体系化法史学与法律历史社会学》,北京大学出版社 2012 年版。

15. 〔瑞士〕萨拉·J. 萨默斯:《公正审判:欧洲刑事诉讼传统与欧洲人权法院》,朱奎彬、谢进杰译,中国政法大学出版社 2012 年版。

16. 〔德〕格奥尔格·耶利内克:《人权与公民宣言:现代宪政史上的一大贡献》,钟云龙译,中国政法大学出版社 2012 年版。

17. 魏晓阳:《现代日本人的法律生活:从宪法诉讼看日本法律意识变迁》,法律出版社 2012 年版。

18. 〔英〕保罗·维诺格拉多夫:《历史法学导论》,徐震宇译,中国政法大学出版社 2012 年版。

19. 〔德〕萨维尼:《萨维尼法学方法论讲义与格林笔记》,杨代雄译,法律出版社 2008 年版。

20. 〔德〕赖因哈德·齐默尔曼:《罗马法、当代法与欧洲法:现今的民法传统》,常鹏翱译,北京大学出版社 2009 年版。

21. 林海:《帝国枢密法院——司法的近代转向》,中国法制出版社 2010 年版。

22. 〔德〕弗里德里希·卡尔·冯萨维尼:《历史法学派的基本思想》,艾里克·沃尔夫编,郑永流译,法律出版社 2009 年版。

23. 史彤彪:《法国大革命时期的宪政理论与实践研究》,中国人民大学出版社 2004 年版。

24. 朱晓喆:《近代欧陆民法思想史》,清华大学出版社 2010 年。

25. 李中原:《欧陆民法传统的历史解读》,法律出版社 2009 年版。

26. 郭华榕:《法国政治制度史》,人民出版社 2005 年版。

27. 王名扬:《法国行政法》,中国政法大学出版社 1988 年版。

28. 尹田:《法国物权法》,法律出版社 1998 年版。

29. 张卫平、陈刚编著:《法国民事诉讼法导论》,中国政法大学出版社 1997 年版。

30. 〔法〕卡斯东·斯特法尼:《法国刑法总论精义》,罗结珍译,中国政法大学出版社 1998 年版。

31. 〔法〕皮埃尔·特鲁仕主编:《法国司法制度》,丁伟译,北京大学出版社 2012 年版。

32. 〔德〕弗兰茨·冯·李斯特:《德国刑法教科书》,徐久生译,法律出版社 2000 年版。

33. 〔德〕海尔穆特·库勒尔:《德国民法典的过去与现在》,孙宪忠译,载《民商法论丛》(第 2 卷),法律出版社 1995 年版。

34. 何勤华主编:《德国法律发达史》,法律出版社 2000 年版。

35. 谢怀栻:《大陆法国家民法典研究》,中国法制出版社 2005 年版。
36. 何勤华等:《日本法律发达史》,上海人民出版社 1999 年版。
37. 〔俄〕О. И. 奇斯佳科夫主编:《俄罗斯国家与法的历史》,徐晓晴译,法律出版社 2014 年版。
38. 张寿民:《俄罗斯法律发达史》,法律出版社 2000 年版。
39. 邵景春:《欧洲联盟的法律与制度》,人民法院出版社 1999 年版。
40. 阎小冰、邝杨:《欧洲议会》,世界知识出版社 1997 年版。
41. 〔德〕马迪亚斯·赫蒂根:《欧洲法》,张恩民译,法律出版社 2003 年版。

经典判例

一、1803年"马伯里诉麦迪逊案"案

背景

1800年联邦党人约翰·亚当斯在总统选举时未获连任,民主共和党的候选人托马斯·杰弗逊当选总统。联邦党人为了改变厄运,使其能够控制司法部门以牵制立法和行政,亚当斯政府在下台前改任国务卿马歇尔为联邦最高法院首席法官。同时,在亚当斯任职的最后一夜,任命了一批联邦党籍的法官担任联邦法官。由于行事匆忙,在有些新任命的联邦法官得到国会批准却未得到委任状的情况下,亚当斯的总统职务就被杰弗逊所取代了。马伯里就是其中未能接到委任状的17名法官之一。杰弗逊上台后,命令新任国务卿麦迪逊不要颁发对马伯里等人的委任状,试图削弱联邦党人对司法权的控制。

马伯里对于这一情况感到十分愤怒,他向联邦最高法院提出申诉,要求联邦最高法院根据1789年的《司法条例》第13条的规定发布执行令,强制麦迪逊交出委任状。

判决原文

审理本案,本案主要考虑以下三个问题:一是申请人是否有权得到委任状?二是如果有,而现在这一权利遭到侵犯,法律是否为其提供救济?三是如果法律提供救济,那么,是否应当由法院发出强制执行令?

首先针对第一个问题,本院认为:委任状一经总统签署,任命即已作出;委任状一经国务卿加盖国玺,任命即正式完成。本案中有关马伯里先生的那份委任状已经总统签署,并由国务卿加盖国玺,马伯里先生已经获得任命。这项任命是不可撤销的,而且赋予受任官员各项法律上的权利,依法受到保护。因此,本院认为:拒发有关马伯里的委任状,不是法律授权的行为,而是侵犯了马伯里的权利。

其次,我们调查第二个问题,它其实是由上一个问题引出的,即如果马伯里先生的上述权利遭到了侵犯,法律是否为其提供救济?政府的首要职责,就是为那些受到侵害的权利提供法律规定的保护。如果合众国政府不能提供这种保

护,那么,她将不符合她所宣称的"法治政府"的高尚称号。这是个耻辱,要除去这个耻辱,必须从本案的特殊性入手,我们有责任查明,在这个社会中,是否有人可以免于法律调查,或者是否某些伤害可以不给予法律上的救济。根据合众国宪法,总统被授予某些重要的政治权力,在行使这些权力时可以自由裁量,以其政治品质对国家负责、对其个人良心负责。为了有助于总统履行这些职责,总统被授权任命特别官员,这些官员根据总统的授权行事,并执行总统的命令。在这种情况下,官员们的行为就是总统的行为,无论对于运用行政裁决权的行为方式持什么观点,不存在并且不能存在控制这种裁决权的权力。官员具体执行总统的意志,是使总统的意志得以传达的机关,其作为官员的行为从来不能被法院审查。但是,当立法机关赋予该官员其他责任时,当该官员被强迫执行特定法案时,当个人的权利依赖执行那些特定的法案时,他就是一个法律的官员,他的行为就要服从法律,其裁量权也不能无视他人已被授予的权利。可以推出的结论是:行政部门首长是政治性的或行政机关的委托代理人,只是执行总统意志或者依照行政机关所拥有的宪法或法律裁量权而行事,显而易见,他们的行为只受政治性审查。但是,当法律授予他们特殊的责任,而个人权利又依赖他们有关责任的履行时,同样显而易见,被侵害者有权求助于法律救济。本院据此认为:马伯里有权得到委任状,拒发委任状侵犯了他的权利,法律为其提供救济。

　　第三个问题是(如果法律提供救济,那么,是否应当由法院发出强制执行令?)马伯里是否有权得到其申请的救济? 这取决于两点,一是其申请的强制执行令的性质;二是法院的权力。

　　关于第一点"强制执行令的性质":通过发出强制执行令提供适当救济,被发官员在法律原则上必须是该命令所发向的人,而申请者则必须没有任何其他具体的法律上的权利。首先,被发官员。由于总统和行政部门首长之间所存在的亲密的政治关系,有必要对作为高级官员之一的那些令人厌恶的微妙行为进行法律调查,也由于这种亲密的政治关系,也使人们在虑及这种调查的适当性时产生某种犹豫。经常给人的印象是不作反应或调查。但并不美妙,正如在本案中,确认个人向法院提出的请求是法院的职责所在,会被一些人看做是一种侵犯内阁并干涉行政机关特权的企图。法院不大可能放弃对这种管辖权的主张。法院一刻也没有怀疑、放肆、荒谬或越权的企图。法院的权限仅仅是决定个人的权利,而不是调查行政机关或行政官员如何履行其具有自由裁量权的职责。

　　在性质上属于政治性的问题,或者根据宪法和法律应当提交行政机关的问题,是不能由法院来处理或决定的,这很显然。

　　但是,如果不是这样的问题,如果不是侵犯内阁的秘密,而是涉及一份根据法律记录的文件,任何人只要支付十美分,法律就赋予他得到一份副本的权利。如果不是干涉行政机关认为应由它控制的事项,行政官员的尊贵身份上有什么东西能阻碍公民在法院主张其法定权利,或者禁止法院听取公民的权利主张,或者针对职责的履行发出强制执行命令呢?何况,这并不是根据行政机关的自由裁量权,而是根据国会的特定法案和法律的一般原则。如果一位行政首长以职务为幌子违反法律,使任何个人受到损害,仅仅因为他的官职使他免受起诉和裁判是不可能的。他的职位怎么可以使他免于接受决定他的行为的合法性的特殊模式的规范呢?显然,决定发出强制执行令是否适当,不是根据接受执行令的官员的职位,而是根据所涉事务的性质。如果行政部门首长是在行使行政机关的自由裁量权,该首长是在传递行政意志,那么,以任何方式试图通过法院去控制其行为的做法,都会被毫不迟疑地予以否决。

关于第二点"法院权力":本院是否可以发出强制执行令呢?由建立合众国法院体系的法律(即1789年《司法法》)赋予最高法院向政府官员发出强制执行令的权力,显然没有得到宪法的授权。有必要查明,如此赋予的管辖权能否被行使呢?

一件与宪法相抵触的法律能否成为国家的法律?对合众国来说,这无疑是个意义极为深远的问题。幸运的是,这里并不涉及复杂的利益分配问题,而更接近于只是承认一些长期以来已经确立和确定的原则。

对于政府将确定的那些有助于人们最大幸福的原则,人民有原始性的权利,这是美国社会赖以确立的基石。这种原始性权利的行使是一个巨大的努力,既不能也不应该反复行使,这样,由其所确定的原则才是最基本的,从这些原则中产生出来的权力是最高的,而很少有法律是永恒的。这种原始的、最高的意志组织了政府,并在各部门间配置权力。对政府而言,宪法对其的授权有着一些不可逾越的限制。对立法部门而言,其权力是限定的、有限的,这些限制决不能被误解或忘记。合众国的宪法是成文的,对此种权力须加以限制,对彼种权力的限制须明文规定,有其明确的态度。如果这些限制可能随时被跨越,如果这些限制根本没有约束那些被限制者,如果宪法所禁止的行为和所许可的行为同样被允许作出,那么,有限政府和无限政府之间的鸿沟就不存在了。这是个显而易见的道理:要么宪法制约任何与之相抵触的立法机关制定的法案,要么立法机关可以以普通的法案修改宪法,二者之间必居其一,没有中间的道路。宪法要么是优先的、至高无上、不得以通常方式改变的法律,要么与普通的法案平起平坐,像它们一样,任由立法机关随时、随意修改。

假如前者是正确的,那么,那些与宪法相抵触的法案就不是法律。假如后者是正确的,那么,对人民而言,成文宪法就是一种用于限制那原本不可限制的自由权的荒唐之物。毋庸置疑的是,每位制宪元勋的意旨,都是要使宪法成为最高的、最根本的法律,因此,理所当然,任何法案,凡与宪法相抵触,必归于无效。这实为成文宪法的基础性理论,也应当被我们视为社会的基本准则之一,惟其如此,我们的下一步思考才不会迷失方向。

如果与宪法相抵触的法案是无效的,该无效法案还能约束法院、使法院有义务使其生效吗?或者换句话说,尽管它不是法律,还能像法律一样构成可适用的规则吗?当然不能,否则将会根本推翻前已确定的理论,显然是荒谬的。然而,对此将给予更为认真的考虑。

应该强调的是,确定什么是法律,什么不是法律,断然属于司法部门的权限和职责。法官在将规则运用于具体的案件中时,必然要对规则进行解释和阐明。如果两个法律相互冲突,法院应当决定何取何舍。如果对于同一具体案件,应当一并适用宪法和某一普通法案,而二者之间存在抵触,则法院必须确定,要么适用那普通法案而不顾宪法,要么适用宪法而不顾普通法案。决定这些相互冲突的规则之中何者应被适用,乃是司法权的本质规定。那些反对宪法应在法院被视为最高法的人们说,法院最好对宪法闭上眼,只看法律。这种主张会破坏所有成文宪法的真正基础。根据我们的政府的原则和理论,它会宣布,如果立法机关实施明显禁止的行为,尽管行为被禁止,却仍然有效,这实际上给了立法机关一种就其实质而言是无限的权力,而另一方面却宣布他们的权力是被限制在一个狭窄的范围之内,既设定了规矩,又说规矩可以随意改易、穿越,这将使我们努力发展出的宪政制度变得意义全无。在美国,联邦宪法备受尊崇,宪法和宪法之成文,构成对上述解释的充分的、甚至过于充分的否定。

根据宪法,合众国的司法权适用于一切案件。在行使司法权时不考虑宪法,是制宪者的意旨吗?一个根据宪法产生的案件能够不审查宪法文本就作出判决吗?不可能。在所有案件中,法官必须查阅宪法,宪法中任何一部分都不会禁止法官去阅读它们、遵守它们。很明显,制宪者们为法院、同时也为立法机构精心设计了这部赖以为规为矩的宪法。在宣布什么是这个国家的最高法时,不是其他什么一般性法案,而是宪法被首先提到。合众国的宪法的语词确认和强化了这一应当成为所有成文宪法基本原则的规定性,即:与宪法相抵触的法案必归于无效,法院和其他政府部门均应受宪法的约束。《司法法》第13条关于法院向官员发出强制执行令的规定必须予以撤销。

二、1819年"麦卡洛克诉马里兰州"案

背景

在"麦卡洛克诉马里兰州"案中,马歇尔对于宪法的从宽解释、联邦政府权力以及联邦政府相对于各州的优先地位做出了影响最为深远的贡献。该案关系合众国第二银行的合宪性及各州对联邦政府所设机构的征税权问题。在合众国成

立后最初半个世纪中,政府组建中央银行的主张一直是个颇具争议的政治问题。由于宪法上的争论,该银行真正的经济和社会意义模糊不清。自1792年杰弗逊内阁反对创建该银行以来,反对派一直主张,宪法从未规定可以设立这样一个组织。对此,汉密尔顿反驳说,该银行的合宪性在于国会所享有的隐含和派生权力(impliedandresultantpowers)。1819年,马歇尔重申该观点并将之纳入宪法。而对于第二个问题的阐释,即各州的征税权问题,则主要是马歇尔的贡献。

判决原文

首席大法官马歇尔(Marshall)宣读法院判决如下:

在本案中,第一个问题是,国会是否有权组建银行?确实如人所言,从国家先前有关该问题的记录来看,可以公允地说,这已不是一个未决问题(openquestion)。现在所争论的原则在我们历史的早期已被提出,并被其后的许多立法承认,且在一些颇具微妙性的案件中被司法部门作为具有无可置疑约束力的法律而遵循……

在该问题的辩论过程中,马里兰州的律师认为,解释宪法时,重要的是认识到这一法律文件(宪法)源于拥有主权的独立各州而非源于人民。联邦政府的权力被认为是经由本身即拥有主权的各州授权而来,其行使必须服从于这些拥有最高统治权的州。这一观点很难成立。制宪会议确是由各州立法机构选派代表组成,但是,当各州立法机关提出这一法律文件(宪法)时,它还仅仅是提案,既不具有约束力,也不能产生任何基于它的权利主张。这一提案,被呈报给当时的合众国国会,同时被要求将其"提交给一个由各州人民在其本州立法机关推荐下,自行选举产生的代表所组成的制宪会议,以获得他们的同意和批准"。被采纳的是这种程序模式:经由制宪会议,国会和各州立法机关,这一法律文件实际最终交给人民决定。人民采取处理这一问题的唯一稳妥、有效且明智的方式,即召开制宪会议。的确,他们是在各州中召集制宪会议,但除此之外,他们又能在什么地方集会呢?还不曾有任何一个政治幻想家狂妄到试图打破各州的分界,将全合众国人民汇聚成一个共同的群体。因此,一旦他们有所行动,他们将在各州内进行。但是他们通过并采取的手段并不因此不再是人民自己的手段,或因此成为州政府的手段。

美国宪法的权威即源于这些制宪会议。政府直接来自人民;以人民的名义"规定并建立",并且宣称其建立目的是"为了成立更为完善的联盟,树立正义,维护国内安宁,保护他们及其后代之自由福祉"。在各州主权能力范围内,州的同意已暗含于他们召集制宪会议,并将该法律文件提交给人民这一行动中。而接受抑或是拒绝,人民有完全的决定自由,他们的行为是终局的,决定性的。这一法律文件无须州政府的确认,州政府也不能否决。一旦这样被通过,宪法就具有完全的拘束力,并限制主权各州……

那么,联邦政府(无论这一事实会在本案中产生什么影响)显然是人民的政府。不论在形式上还是实质上,联邦政府都是产生于人民,其权力由人民授予,直接对人民行使,并且是为了人民的利益而行使。

联邦政府拥有有限列举的权力,这一点已被公认。联邦政府只能行使被授予的权力,这一原则是显而易见的,已无须论证来予以强调和支持(而当该原则还要由人民来决定时,一些英明的人士认为需要竭力主张)。现在这一原则已得到广泛认同。但是,授权的确切范围一直存在争议,并且只要我们这一体制存在,该问题将不断涌现。讨论这一问题时,必须考虑联邦和州的权力冲突情况,而且必须解决它们各自的法律在互相抵触时的优先地位问题。

如果有一种命题能够博得人们的普遍认可,我们想它将是这样:联邦政府——尽管其权力受到限制——在其权力行使范围内是至高无上的。这似乎是联邦政府性质的必然结果。它是全体人民的政府,它的权力由人民授予,它代表全体人民,并为他们的利益而运作。尽管每个州或许都希望控制联邦政府的行动,却没有哪个州愿意其他的州控制联邦政府的运作。就其权力范围内的事项,国家势必需要约束其组成部分。这不仅仅是一个推理问题,合众国人民曾经以明确的用语宣布:"本宪法以及据此制定的法律""是国家的最高法律",并且要求州立法机关成员、行政官员以及司法部门官员宣誓效忠于宪法。因此,尽管合众国政府的权力是有限的,却又是至高无上的。它依据宪法制定的法律是国家的最高法律,"即使各州宪法或法律有与之相反的内容"。

在宪法列举的权力中,我们并没有发现有关组建银行或公司的权力。但是,在这一法律文件(宪法)中并没有任何词语,同邦联条例一样,排除附属权力或默示权力存在的可能,并且也没有任何语句要求对所有授权事项都必须加以明文、细致的表述。其至宪法第十条修正案也将"明文地"此类字眼略去不用(这一修正案本身的目的即是平息各州由于对联邦政府权力的恐惧和怀疑而引发的争议),而是仅宣布"没有授予联邦政府且未禁止各州享有的权力保留给各州及其人民"。这样就留下了一个可能成为争论焦点的问题,即某一权力是否已被授予某一政府或禁止另一政府行使,而这一问题的解决则有待于对整部宪法文件的合理解释。起草和通过这一修正案的人们已经历了邦联条例中使用"明文地"一词所造成的尴尬局面,或许正是为了避免再次陷于这种境地,他们将该词略去不用。如果一部宪法将它规定的重大权力的所有组成部分的全部细节以及行使权力的全部手段都囊括在内,它会如同一部普通的法典,冗长而啰唆,而且恐怕不会被人们所接受。或许人们将永远无法理解这样一部宪法。因此,宪法的性质要求它是纲要性的,仅指出其重要目标,至于这些目标的具体细微构成,则由这些目标本身的性质演绎而来。制宪者正是此意,这点不仅能从宪法的性质而且也能从其行文用语推得。否则,为何宪法在第一条第九款又专门对联邦权力进行了限制呢?而且,这种观点在一定程度上为这样一个事实所证明,即制宪者避免使用那些可能有碍于宪法得到公平合理解释的限制性用语。因此,在考虑这一问题时,我们永远不要忘记,我们正在阐释的是一部宪法。

尽管在宪法所列举的联邦政府权力中,我们没有发现诸如"银行"或"公司"此类用语,我们却发现了这些重要权力:征税、借款、规制商业活动、宣战及从事战争、招募陆军、设立海军并提供军需,等等。兵权与财权,所有的对外关系及全国工商业的相当可观的部分均被托付于政府。我们绝不能认为由这些重大权力而推出一些重要性较小的权力仅仅因为后者是次要的,这样的观点永远不可被接受。然而,一个政府被赋予如此广泛的权力,国家的幸福及繁荣昌盛又如此紧密地维系于这些权力的合理行使,那么,认为这个政府必须被相应地赋予行使这些权力的大量手段和方式,则是颇有道理的。权力已被授予,为其行使提供便利,这是国家利益所在。禁止选用最为适当的行使手段并以此阻碍权力行使,使之陷入窘境,这决不符合人民的利益,更不能被认为是他们的初衷。从圣·库拉哥到墨西哥湾,从大西洋到太平洋,在如此广袤的共和国内,进行财政收支,调动军队并提供军需,在国家迫切需要时,可能还要将在北方筹集的财物输送到南方,把东部筹集的财物输送到西部,或是相反。难道那种使得这些行为更为困难、耗资更巨大而愈加难以实现的宪法解释是人们乐于接受的吗?难道我们可以认可这样一种解释(除非宪法以不容商议的用语如此要求),宪法的制定者为了公共利益授予了一些权力,却又禁止选择手段,以此来阻碍权力的行使?如果这确是宪法的明确指示,我们只有遵从,但宪法并未宣布对它所授予权力的行使手段进行列举,也没有禁止组建一个公司,如果其存在对于权力的有益行使是必需的,那么,作为合理探讨主题的是,在多大程度可以运用这些手段。

无可否认,赋予政府的权力中同时涵括了通常的行使方式。例如,人们一般认为筹集资金并为了国家目的而使用资金的权力同时隐含了在国家紧急需要时,将财物从一地转移至别一地的权力,以及采取通常转移方式的权力。可是,政府选择执行手段的权力却遭到否认;或者说,在设立一个公司成为运用最适当手段之必要时,政府却被认为不可以如此行事。

有权力为一定行为、亦有责任为一定行为的政府必须被容许在理性的指引下选择适宜的手段。一些人认为政府无权自行选择适宜手段,或者认为已排除某种实现目标的特定方式,他们承担证明这一例外成立的责任。

组建公司的权力从属于主权权力,这已被公认。但是,它属于主权的哪一部分?它是否属于一部分而不属于另一部分呢?在合众国,主权在联邦和州政府之间进行分割,由他们分别拥有,他们对于各自被授权事项是至高无上的,对于赋权于对方的事项则不是至高无上的。我们无法理解这样一种推理,它认为人民赋予的权力的范围应该由授权时间而非授权的性质和条件来确定。一些州的宪法先于联邦宪法制定，而另一些则制定于其后。我们无法相信，他们彼此间的关系竟然在某种程度上取决于这一事实。在我们看来，各州宪法应被视作同时制定，拥有同等权力。如果各州宪法同时制定，人民通过宪法授予联邦政府权力，又将所有剩余权力保留给各州，是否还可以断言，尽管联邦的相关立法被宣布为至高无上的，联邦政府对于委托给它的事项却不拥有最高主权？如果不能这样说，我们也就无法很好地理解这一推理，即坚持认为一个从属于主权的权力无法与赋予政府的众多权力结合起来，尽管被用来服务于政府的合法目的。虽然组建公司的权力属于主权权力，但并不是像从事战争、征税或管理商业这样具有实质性和独立性的重大权力。后者不能被视作是从属于其他权力或是用以服务于其他权力的方式和手段。但是，创建公司的权力永远不会作为其他权力的行使目的，而是为实现其他目的而采取的行为方式。正如不是以建立公司为目的进行慈善捐款，而是为了从事慈善事业而组建一个公司；没有哪个学院的创立仅仅是为了被组建为一个法人实体，而是为了通过其赋予法人资格来更好地服务于教育目的；未曾有一个城市是为了创建而创建，而是为治理提供一种更佳方式。组建公司的权力亦非为行使而行使，而是为了实现其他目标。因此，如果创建公司是行使宪法明确赋予权力的一种直接方式，则没有充分理由不将之视作附属于这些权力。

但是，联邦宪法并未将国会在行使被授予权力时采取必要手段的权利留待一般推理。除了对权力进行列举，宪法又补充如下："为了执行上述权力，以及本宪法授予联邦政府或其他任何部门的权力，可以制定一切必要而适当的法律。"马里兰州的律师提出各种抗辩，试图证明这一条款尽管字面上是一授权条款，实际并非如此，而是对自由选择执行手段一般权利进行限制，否则这一权利有可能被视为隐含权利……

但是，这一被甚为倚重的论点源于该条款的特殊用语。此条款没有授权国会制定一切与联邦政府被授予权力相关的法律，而是仅可以制定那些对于权力行使是"必要而适当"的法律。"必要"一词被认为是支配整个句子，为行使被授予权力而制定法律的权利被限定于这样一个范围内：制定那些对于行使被授予权力必不可少的、否则该授权将会毫无意义的法律。这样，就排除了选择手段的权利，使得国会在任何情况下都只能使用最为直接和简单的方式。

这是不是"必要"一词通常所表达的意思呢？它是否总是意味着一种绝对的、实然的必要的呢？这种必要是如此之强烈，以至于当我们称一事物为另一事物之必要时，失去前者后者则无法存在？我们认为并非如此。考察它的用法可以发现，无论就世间一般事物之常理而言，还是在知名的作者那里，它仅仅意味着一事物对于另一事物是便利的，或者有用的，抑或是重要的。使用达到一个目的的必要手段通常被理解为运用任何有望达到这一目标的手段,而不是仅限于那些独一无二的、对于实现该目的不可或缺的手段。这就是人类语言的特点,不曾有任何一个词语在所有情形下总是表达一个单一、特定的意义,没有什么比使用一个词的喻义更为司空见惯的了。几乎在所有的文章中都有一些词,从严格意义上讲表示的是一种不同于作者明显意图表达的含义。因此,对于含有极端意义的词语,取其较为温和的、在通常用语中被认为合理的意义来理解,这对于一种公正合理解释至关重要。"必要"一词即为此种情形。它本身并不具有一种专属的固定不变的含义。它能用于各种程度的比较对照,而且可与其他词语并用,以增强或减弱该词给人们带来的紧迫感受。某事物可能是必要、十分必要、绝对必要或是断然不可或缺之必要。这几种不同词语对任何人而言都不可能表述相同的含义……所以,与其他词语一样,该词亦被用于表达多种意义。在对它进行解释时,所面对的主题、情境及遣词者之意图均应予以考虑。

这也是我们在本案中所要做的。就本案而言,其主题是国家福祉所必须依赖的重大权力的行使。在人类审慎所能容许的最大限度内,保障这些权力的有益行使必定是授权者的意图。假如将可以选择的手段限于如此狭隘的范围之内,以至于不给国会留下任何权力以选择有益于目的实现的适当手段,保证权力有益行使这一目标将难以达到。该条款被规定于宪法之中,这部宪法旨在传诸永世,并因此需能够应付人类事务中各种紧急情况。在宪法之中,对将来任何时候政府可以采用的所有权力行使手段进行详尽无遗的规定,会彻底改变这部法律的性质,使之更具一部法典的特征。试图以不变的规范去应付那些即使事前可以预见也极不明确的突发事件是极不明智的做法。这类事件只有当其发生时,才能寻得最好解决办法。最好的手段被宣布为不能采用,而仅仅可以运用一些使被授予权力不至于变得毫无意义的手段,无异于意图剥夺立法机关利用经验和运用理性使其立法活动适应需要的能力。

对该条款进行最为细致和最为慎重考虑的结果表明,如果该条款没有扩充国会的权力,至少它不能被理解为限制了国会的权力,或者有损于立法机构运用其良好判断能力和选择恰当手段执行宪法授予联邦政府的权力。假若不能指出规定该条款的其他动机,则充分的动机存在于这样一种愿望中,即消除对于就宪法所必须涵括的大量附属权力立法这一权力的疑虑。否则,宪法将成为华而不实的摆设。

我们承认,正如所有的人都承认,政府拥有的权力是有限的,这一限制不应被逾越。但是,我们认为,对宪法的合理解释必须容许国家立法机构对宪法所授予权力的行使方法,享有斟酌裁量之权,以使政府能够以对人民最为有利之方式,履行宪法所赋予的神圣职责。只要目标合法,是在宪法范围之内,则所有适当的、显然合乎该目的而未被禁止的、与宪法条文和精神一致的手段,都是合乎宪法的。……

如果像马里兰州那样解释，该条款将会削减，甚至几近取消立法机构选择手段这一必要且有益的权利。我们认为，该条款之意图绝非如此驳斥该解释是显而易见的，如果它还没有遭到反驳，如果设立公司可以同其他方法一样被用来执行政府权力，就没有什么特殊的理由能够排斥基于政府财政需要而成立银行。如果对于行使政府权力是一种适当的方式，成立一个银行就应在国会的自由裁量范围之内。设立银行是政府财政运作的一种便利、有效的基本手段，对此，现在已不存在争议。但是，即使设立银行的必要性不那么明显，也没有人能够否认它是一种适当的手段。这样，就像刚才我们对必要性所作的探讨，在这里就无须就其必要性进行考察和裁定。如果国会行使权力时采取了被宪法禁止的手段，或是以行使权力为名，通过制定法律谋求并未委托于它的事项，如果有这样一个案件，法院需要作出判决，宣布该法案不能成为合众国的法律，这对本院是一项沉重的任务。但是，若该法律并未被禁止，而的确是基于完成交付给政府的任务这一目的，则对设立银行的必要性进行司法考察将会超越司法权限，侵犯立法权。本院拒绝所有对这样一种权力的主张。……

经过最为审慎细致的考虑，本院形成一致的最终意见：组建银行的法案是符合宪法的，并构成国家最高法律的组成部分。

本院认为组建银行的法律是合宪的，该银行可以适当自主行使权力在马里兰州建立分支机构。我们还会继续探讨。……

马里兰州能否做到对该分支机构征税而又不违背宪法？征税权是一项由各州保留的重要权力，并不因为宪法授予联邦政府类似权力，州政府此项权力而被削减。联邦和州同时分别行使此项权力：无人否认以上事实。但是，宪法具有一项公认的至高无上的特性，它可以使权力对某一事物失效，即使是征税权。宪法明文规定，除非是对执行其商检法有绝对必要，各州不得对进出口征税。如果承认这一禁止的约束力——即它可以阻止各州对进出口行使征税权，则各州行使此项权力时，若其性质与联邦宪法性法律不容或相悖，宪法这一至高无上的特性将当然会对该权力进行限制。一部法律与另一部法律截然相悖，这就意味着撤销了另一部法律，恰似使用了明确表达"撤销"的用语一般。

基于以上原因，银行辩护律师主张排除（马里兰）州对其营业的征税权。尽管没有关于该案件的明文规定，这一主张却有一个宪法原则的支持。这一原则深深渗透于宪法之中，并且与宪法的组成部分相糅合，与其网络相交织，与其构造相混融，以致如果不将宪法彻底打碎，则无法把这一原则分离出来。这一重要原则就是，联邦宪法以及为实施联邦宪法而制定的法律，具有至高无上之权威，它们控制着各州宪法和法律，但其本身不能被各州宪法和法律所控制。从这一几乎被视作公理的原则出发必然可以得出其他一些命题。本案的诉讼根据取决于这些命题的正误及其在本案中的应用。这些规定是：第一，创制的权力同时默示着维护的权力；第二，由他人掌握的否决权力与创制及维护权互相对立，无法共存；第三，一旦这种抵触存在，具有最高权威者必须控制而非俯首听命于效力地位较低者。……

下面要讲的是，国会有权创建银行并维持它的存在，而且这一权力不再受到质疑。显然不可否认的是，各州通过对该银行行使征税权可以对其产生破坏作用。但是，征税权被一些人视作一种绝对权力，如同其他种类的主权权力一样，执行者拥有裁量权。除非宪法有明文规定，否则不能对该权力加以任何限制……

马里兰州的抗辩并不是各州可以直接抵制国会的法律，而是认为各州可以针对国会立法行使他们已被公认的权力，宪法基于对权力不会被滥用的信任授予了各州此项权利。……

不能否认的是：征税的权力同时包含了破坏的权力，而这一破坏权力将使得创制权变得空泛而毫无意义。一方面授权一个政府可以对另一个政府采取的宪法性手段加以控制，而同时又宣称就这些手段而言，后者地位优先于主控者，这显然是自相矛盾的。但是，所有的不一致却被"信任"这一富有魔力的字眼所化解。据称，征税权并不会当然、无可避免地带来破坏。过度行使征税权而导致破坏，这是一种权力的滥用。这种滥用将使对于所有政府都甚为重要的信任荡然无存。但是，这确是一个关于信任的案件吗？会有哪个州的人民愿意将控制其州政府最重要事务的权力委托给另一州的人民呢？我们知道，他们不会这样做。那么我们凭什么假定，一州的人民会希望授权另一州人民去控制一个他们已托付出最重要最宝贵利益的政府？只有联邦立法机关代表着全体人民，因此，基于权力不会被滥用的确信，全体人民仅授权国会可以对关系全体利益的权力执行手段加以控制。所以，这并非一个如马里兰州所言的信任案件，我们必须从其实质出发加以考虑。

如果我们将马里兰州所主张的原则适用于宪法，通常会发现它能够完全改变该法律文件的性质。我们会发现它将剥夺联邦政府可以采取的所有手段，从而使联邦政府听命于各州。美国人民曾经宣布，他们的宪法及据此制定的法律是至高无上的，而马里兰州的原则将导致州权至上。如果各州可以对联邦政府行使权力的一项工具征税，他们就可以对邮政征税，可以对造币厂征税，可以对专利权征税，他们还可以对海关文书征税，可以对司法程序征税，可以对联政府所运用的一切手段征税；以致使得联邦政府的任何目标都不能实现。这并不符合美国人民的意愿，他们并未打算让他们的联邦政府依附于各州。……

事实上，这是一个至高性的问题（a question of supremacy）。如果承认各州有权对联邦政府运用的手段征税，则宣告宪法和据之制定的法律的至高无上将不过是空泛而毫无意义的声明。

有人坚持认为,既然承认联邦和州政府的征税权并行不悖,则支持联邦政府可以对各州特许经营的银行征税的论点,可同时用来支持各州对联邦许可经营的银行的征税权。但是,这两种情况不能相提并论,所有州的人民创建了联邦政府,并授予它一般征税权(general power of taxation)。每个州的人民及各州在国会中都有代表,并且通过他们的代表行使其权力。各州对经州特许成立的机构征税是在向其组成分子征税,这些税收必须是统一的。但是,当一州对联邦政府的活动征税时,它针对的就不再是其组成分子所创设的机构,而是它自己无权控制的全体人民创建的机构。它针对的是由他们自身(本州人民)和他人(他州人民)共同创建的政府基于共同利益而运用的手段。区别存在于且必须存在于整体对部分和部分对整体的行为之间——区别存在于且必须存在于一个政府所制定的、具有最高效力的法律和另一政府制定的、一旦与前者抵触则不具最高效力的法律之间。

本院就这个问题做了极为审慎的考虑。最后本院确信,州无权以征税或其他形式去阻止、妨碍、束缚,或以任何其他方式控制国会为行使赋予联邦政府的权力而制定的宪法性法律的实施。这是宪法所宣称的最高效力的必然结论。我们一致认为,马里兰州立法机关制定的对联邦银行征税的法律违宪,且因此是无效的。

(摘自北京大学法学院司法研究中心编:《宪法的精神:美国宪法200年判例精选》,魏双娟译,张鸿雁校,中国方正出版社2003年版)

索 引

（重要人名、概念等）

A

《阿拉列克罗马法辑要》 84
安尼斯米尼克案 161,163,168

B

巴尔多鲁 76
《邦联和永久联合条例》 212
贝壳放逐法 41,49
辩诉交易 234,235
标准法 208,222
《波恩基本法》 294
布莱克斯通 152,176,206,222
部落民众会议 63,65,66

C

裁判官的直接立法权 58
裁判官法 56,60—62,70,72
采邑 86,282
《查士丁尼法典》 4,60
《查士丁尼新律》 60
城市裁判官 56—58
城市法 5,6,75,76,134—140,284
城市同盟法令 137,140
程式诉讼 74,75
程序先于权利 147,149,155
程序正义原则 169
出庭律师 193,195

D

《大宝律令》 5,327—329
大化革新 5,326,327
大土地占有制 85
《大宪章》 151,155,157,158
待婚期 127,128
戴高乐宪法 257
戴维·达德利·菲尔德 208
德国法学派 304,305
《德国民法典》 79,281,284—288,301—307,323—325,336,337
《德拉古法》 42,45
德莫 46
地产制 145,171
帝国的法律和普通法 283
帝制时期 4,56,69,70
蒂鲍特 303
《独立宣言》 206,211,212,252
对价 145,175—178,227
对抗制 7,195,347,388

E

《俄罗斯联邦共和国宪法》 364,365
《俄罗斯联邦民法典》 364—367
《俄罗斯苏维埃联邦社会主义共和国民法典》 359
《俄罗斯苏维埃联邦社会主义共和国宪法》 355,356
二元制的法院组织系统 262

F

法典编纂处 354
法定继承 70,72,87,126,266,360,366
法定诉讼 74,75

法官造法 182,198
《法国人民的民法典》 265
法经 3,33
《法兰克福宪法》 285,289
法律行为 79,90,303,306,323,366
《法学阶梯》 60,61,68
法治原则 159,162
范特泰姆案 161,163
斐格海 115,116
吠舍 35,38,39
吠陀 3,32,33,36,37
附带意见 154,155,169

G

概括继承 72
刚性宪法 215,258,259
《哥尔琴法典》 42
《格列高利九世教令集》 98
公法 61
公诉 74,192,195,271,275,322,363
公议 111,114,115,117—120
共和时期 4,54,64—66
古东方法 3,4,21,23—25
《古兰经》 5,110—120,122,123,125—129
古希腊法 2,4,41—43,51
古印度法 2,3,32—34,124
《规则公布法》 156
贵族院 151,332,333
《国法大全》 60,76,84,98,248,251,304

H

哈奈斐派 117,118
罕伯里派 118
《汉谟拉比法典》 3,21,23—31
合理性原则 145,167,168
亨利二世 136,148,149,193,197
衡平法 6,7,147,149—153,155,207
《黄金诏书》 281—283
混合分权制 160

J

《加洛林纳法典》 6,282,283,315
家族权 68,69
监察官 50,63,64,66
《建立独立国家联合体协议》 363
教皇教令集 6,93,97
教会法 93—108
《教会法大全》 6,96,98
《教会法汇要》 6,98
教阶制度 99,103
解答特权 57,58
解负令 45,46
经定继承 128
经济刑法 231,318,342
纠问式诉讼程序 108
旧民法 336,337
《旧约》 97
居亚斯 76
决斗 89,135,138,249,275,317
军伍大会 53,54,62,63,65,66

K

卡迪 109,111,129
科伦卡纽斯 57
《克莱顿法》 210,243,244
库里亚民众会议 65,66

L

类比 111,115,117—120
理论上的继受 283
《联邦贸易委员会法》 210,243,244
《联邦行政程序法》 218—221
令状 148—150,153,155,173,175,179,394
《论当代立法及法学的使命》 303
《论统一民法典必要性》 303
《罗得海法》 141,142
罗马法 52,54—62
罗马法复兴 75—79

罗马法学派　304
《罗马条约》　373—375
罗马宪制　62,66,67
《罗斯法典》　351,352

M

马伯里诉麦迪逊案　216,233,399
马尔克公社土地所有制　85,86
马立克派　117,118
蛮族法典　6,82,83,90,146,264
《美国法律汇编》　209
《美国法律评论》　207
美国法学会　209,222,227,228
美国律师协会　208,239
米兰敕令　94
密封信令　249,252
民法法系　7,78,185,196—198,250,251,279,280,301,378,396
民商分立　269,280
民事诉讼高等法院　148
明治民法　336—338
明治宪法　7,324,326,330—333,335,345
模范议会　151
《摩奴法典》　3,5,32—40
摩西律法　3,12,16,17
摩西十诫　4,12,16—20,97
穆罕默德　110—120,122—124,126,127,129

N

《尼西亚信经》　95
《诺里斯—拉瓜迪亚法》　210,245
诺曼征服　145—148,151,179,184,201,393,394

O

欧盟理事会　381,382
欧盟委员会　382,387
欧洲法院　376—385,387,388
欧洲共同法　251

《欧洲经济共同体条约》　377,384,388
欧洲理事会　376,382,386
欧洲联盟　373
欧洲联盟法　373,374
欧洲议会　374—377,382,383,398

P

潘德克顿法学派　304,305
判决理由　115,154,155,410
陪审法院　43,45,46,48,49
平民会议　54,56,66
平民院　151
评论法学派　76,251
婆罗门　32—39
普遍适用的习惯法　149
《普鲁士国家的普通邦法》　302
普通法　154
普通法系　196—198

Q

起诉陪审团　193
《权利法案》　152,157,158
《权利请愿书》　157,158

R

人法　5,60,68,69,78,301
人格减等　69
人格权　68
《人权法》　159,161,164,165,168,169,190,191,200
《人身保护法》　157,158
人文主义法学　76
《日本国宪法》　332,334,335,342,343,349
日耳曼法　80—91
瑞特拉　50

S

《萨克森明镜》　282
《萨利克法典》　80,83,264
萨维尼　77,303,304

塞尔维乌斯·图利乌斯　53,65
三藏　33
沙斐仪派　114,117
沙里亚法院　121
刹帝利　35,38
神明裁判　29,30,82,89,91,275
《圣经》　6,20,95,97
圣训　111,112,114—120,122,123
《施瓦本法典》　6,282
《十二表法》　4,54—56,66,72,83
实践上的继受　283
市民法　52,56,57,59—62,69—72
市民权　68,69
事务官　63,66
首陀罗　35,38—40
赎罪金制度　88
《司法法》　153,401,402
私法　61
私犯　73,74
私诉　28,74,275,346
四百人议事会　45,47
四大法学派　116—118,122
《苏俄民法典》　355,360
《苏联社会主义共和国联盟宪法》　357
诉状律师　195

T

特别诉讼　74,75
特别刑事法庭　103
特许状　134—139,248
《天主教会法典》　98
《统一条约》　288
团体本位的法律　90
妥当性原则　297

W

瓦克夫　126,131
外国法制史　1,2,9,10,11
外事裁判官　57,64

万民法　52,56,57,59,61,71,79,139,140,149
王室最高法院　249
《王位继承法》　152,157,158
王在议会　160
王政时代　53,54
王座法院　148
违宪审查制度　7,205,217,233,236,295
《魏玛宪法》　281,285,286,292—295,325
《乌尔纳姆法典》　3,21,22
无夫权婚姻　70
五百人议事会　47
五编制　79,305,324
五大法学家　58,59
五功　120,124
武家法典　5,326—328

X

西门·德·孟福尔　151
限权政府原则　215
线形文字法　41
宪法法院　236,281,295,297,298,319—321,323,364,365,369—371,388
《宪法改革法》　159,165,190,192
宪法惯例　159
宪法性判例　159
宪法修正案　209,210,214—217,235,254
宪章　134—139
小陪审团　193,194,235
楔形文字法　2,3,21,23,25,30,31
楔形文字法系　3,21,30,31
《谢尔曼法》　210,243,244
新法令条款　353
《新约》　97
信赖保护原则　298,323
信托财产制度　226
信托制　145,173,174,226,349
行政法母国　280
行政行为　168,169,218—221,297—300,335

宣誓断讼法　89
《选举改革法》　153
《学说汇纂》　60,77,79,101,304,305,323
《学说引证法》　59
巡回审判制度　148

Y

《养老律令》　5,327,328
一般条款　307,308
伊纳留斯　76
伊斯兰法　2,5,34,109—133
伊斯兰法复兴运动　112,132
依法行政原则　297,298,323
遗嘱继承　27,72,73,87,101,102,128,
　　201—203,248,360,366
议会主权原则　145,159,160,162,163,167
《1649年会典》　352,353
《1497年律书》　352,353
《1550年律书》　352,353
《英国法释义》　152,206,222,393
英国式违宪审查　161
英国最高法院　190,191
《尤列克法典》　83
有夫权婚姻　70

有限继承　72
《御成败式目》　5,327,328
元老院　45,53,54,56,59,61,62,64—67,
　　69
约瑟夫·斯托里　207,396
越权原则　163,167,168

Z

责任内阁制　145,152,159,161,323,334
詹姆斯·肯特　207
执政官　45—47,62—64,66,67
直接效力　373,379—381,387
制定法　155
中世纪商法　134,139,144,269
种姓制度　32,37,40
属人主义的法律　90,99
注释法学派　76,77,251
准契约　73,266,306
准私犯　73,74
自然法　43,61,107,217,250,267,278,
　　284,301—303,322
自由权　63,68,69
宗教会议决议　93,98,105
遵循先例　77,147,152,154,198

后 记

本书是武汉大学、华中师范大学、华中农业大学、华东政法大学和中南财经政法大学等高校的同仁共同努力、协作交流的成果。这种协作与交流对于我们更准确地把握外国法制史教学的重点和难点、更科学地阐释和介绍外国法制史研究中的理论前沿问题是十分有益的。

本书于2007年出版,它力求全面系统地介绍外国法律制度的发展历史,科学客观地阐释外国法律制度的历史地位和相关理论问题,及时准确地反映学科研究的最新成果。几年来,法学教育和法学研究都有新的成果,外国法律制度本身也有发展变化,为及时反映这些变化,我们对教材进行了修订。本次修订,主要是纠正文字和表述中的错误、反映外国法律制度的重要变化,增加包括索引、经典图片和拓展阅读书目在内的附录,以便于读者更好地理解和把握。

本书的修订得到了意大利罗马第二大学(Università degliStudi di Tor Vergata)博士、中南财经政法大学法学院副教授黄美玲女士的支持,她为本书所涉拉丁文作了统一校订。中南财经政法大学法学院硕士研究生孙聪、李源、舒砚、彭树人、康骁同学为本书的校对辛勤地工作。在此,一并表示感谢。

本书撰稿人分工如下(以撰写章节先后为序):
郑祝君(中南财经政法大学):导论、第二章、第十一章
李培锋(中南财经政法大学):第一章、第三章
李文祥(中南财经政法大学):第四章
李艳华(中南财经政法大学):第五章、第七章、第十四章
陈敬刚(中南财经政法大学):第六章
滕　毅(中南财经政法大学):第八章、第十二章
刘一纯(华中师范大学):第九章
项　焱(武汉大学):第十章
王海军(华东政法大学):第十五章
尚　清(华中农业大学):第十三章、第十六章
李　栋(中南财经政法大学):拓展阅读书目、经典判例、索引

本书编写组
2014年6月